BEAUTIFUL AMBITION

BEAUTIFUL AMBITION

野心优雅

任志强回忆录

任志强 著

江苏文艺出版社
JIANGSU LITERATURE AND ART
PUBLISHING HOUSE

图书在版编目(CIP)数据

野心优雅：任志强回忆录/任志强著. —南京：
江苏文艺出版社，2013.9（2014.2重印）

ISBN 978-7-5399-6559-8

Ⅰ.①野… Ⅱ.①任… Ⅲ.①任志强–回忆录 Ⅳ.
①K825.38

中国版本图书馆CIP数据核字（2013）第213671号

书　　　名	野心优雅：任志强回忆录
著　　　者	任志强
责 任 编 辑	郝　鹏　孙金荣
策 划 编 辑	汪毓楠
特 约 编 辑	李正湫
文 字 校 对	陈晓丹　孔智敏
封 面 设 计	门乃婷工作室
出 版 发 行	凤凰出版传媒股份有限公司
	江苏文艺出版社
出版社地址	南京市中央路165号，邮编：210009
出版社网址	http://www.jswenyi.com
经　　　销	凤凰出版传媒股份有限公司
印　　　刷	三河金元印装有限公司
开　　　本	700毫米×1000毫米　1/16
印　　　张	36.5
字　　　数	586千字
版　　　次	2013年9月第1版　2014年2月第9次印刷
标 准 书 号	ISBN 978-7-5399-6559-8
定　　　价	58.00元

（江苏文艺版图书凡印刷、装订错误可随时向承印厂调换）

— BEAUTIFUL AMBITION —

  赶在女儿18岁生日之际，赶在华远集团公司30周年之际，我谨以此书献上一份心意，并以此感谢生我育我的父母、感谢与我共同生长的兄弟姐妹、感谢陪伴我走过半生的妻子。

  感谢与我共同成长了30年的企业平台，没有你们就没有这本书中记录的生活，就没有我的今天。

  也以此感谢与我共同走过这段旅途的老师、同学、同事、战友和朋友们，感谢你们的帮助！

BEAUTIFUL AMBITION

CONTENTS 目录

序言 是什么让任志强站到了河的对岸？（宁高宁）／001
　　　　"真人"任志强（冯仑）／003

自序 小家的命运与国家的命运／008

CHAPTER 01 辞职惊动总理
股民致信宁高宁／003
与万科结梁子／006
北京的水啊比海深／011
密谋卖公司／022
华远、华润分手／032

CHAPTER 02 摸着石头过马路
我曾是一个皮货商人／040
小商店的创始人／043
我和我的小伙伴们／048
"临时工"的我，就为华远赚了大钱／054
第一个租军用飞机的人／061
城市的机会为什么一次次丧失／067
那个年代的"有罪推定"／076
无神论的我爱上天主教的你／096

CHAPTER 03
出没风波里

- 在西单动土 / 104
- 什么才是"不可抗力" / 110
- "九二派"下海 / 115
- 要有野心，更要优雅 / 119

CHAPTER 04
杀机四伏

- 只流通了一天的股票 / 128
- 官与商 / 133
- 相信自己，相信命——我哥哥的一次车祸 / 140
- 国内第一家中外股份企业 / 148

CHAPTER 05
与华远的前世今生

- 华远借桥上市 / 154
- 激怒中国证监会 / 163
- 王石想要的梦 / 167
- 华润的不解之谜 / 169
- 金融危机的第一批"房奴" / 171
- 批评惹恼了高层 / 176
- "700万年薪"事件 / 181
- 成了"不听话"的国企干部 / 186
- 特殊的高层家宴 / 194

CHAPTER 06
十年争议

- 我走后，王岐山市长把火撒给了潘石屹 / 198
- 座谈会上与汪洋过招 / 200
- 烟盒纸签下的几个亿合同 / 203
- 绝不要与没有契约精神的人打交道 / 207
- "总理，您受骗了！" / 209
- 拒绝为高级座谈会"梳妆打扮" / 213
- 伟大是阳光下干出来的 / 216

部委规则 / 219
被安排的"资本战争" / 223
明知打不赢的官司 / 226
去二、三线城市拿地！ / 238

CHAPTER 07
上帝之手

最难动的是"老臣" / 244
政府管穷人，企业管赚钱 / 250
哈佛讲课："反倒是叛逆者成了奇才" / 254
总理，总经理，谁说了算？ / 261

CHAPTER 08
退与不退

当"菜农"遇见"二道贩子" / 272
曾享有的"总统待遇" / 280
转眼六十秋 / 289
与权威说"再见" / 302

CHAPTER 09
华远哲学概论

好制度都由"罪人"制定 / 306
福利分房的怕与爱 / 310
不招清华毕业的 / 313
道治、儒治、法治 / 315
先富民还是先富企？ / 317
企业文化就是树立一个"神" / 322
与俞正声"打"出来的交情 / 324
给员工的孩子发红包 / 328

CHAPTER 10
我的"红二代"家庭

庆幸有个好父亲 / 334
父母读马列，我读巴尔扎克 / 340

不是所谓的"高干子弟" / 347

父辈的旗帜 / 363

CHAPTER 11
红色年代的中学时光

初中辅导员是王岐山 / 372

"红色"往事 / 375

"串联"闯天下 / 379

在延安插队 / 386

对圣地略有失望 / 397

苦难不是财富 / 404

一个人闯关东 / 407

村里没有"小芳" / 413

CHAPTER 12
咱也是当兵的人

动乱年代的后门兵 / 419

从炊事班到特务连 / 422

寻找荣誉之光 / 425

小兵插曲 / 432

拼爹不如"拼自己" / 437

入党之艰 / 445

1976，准备上山打游击 / 456

战士可以独立思考吗？ / 472

谈恋爱是奢侈品 / 478

CHAPTER 13
我的私享生活

失败的第一次婚姻 / 480

后悔只生一个女儿 / 484

她永远是大事 / 488

《圣经》说：爱是恒久忍耐 / 492

CHAPTER 14	公益的心事 / 498
为公益而共和	授人以鱼，不如授人以渔 / 504
	不被认可的公益事业 / 509

CHAPTER 15	一不小心成了"人民公敌" / 514
逆袭者：	"姑娘们最想嫁的人" / 520
从人民公敌到大众情人	我是"仁心炮弹" / 525

结束语	任历史评说 / 538

后记	用年轻人的目光找寻"老任"（衣锡群）/ 540
	斗智斗勇与亦敌亦友（潘石屹）/ 543
	你是直的（刘春）/ 545

附录：若干文件
1. 我的无罪证明
2. 代理、任职总经理
3. "特急文件"
4. 政府对华远的几次调查
5. "请给我们一次申诉的机会"——
  给刘淇市长的汇报
6. 和西单图书大厦打官司，华远赢了
7. 将国土资源部告上法庭
8. 万科的人在华远做了一把手
9. 股权说明
10. 突击检查华远税务

BEAUTIFUL AMBITION

序言
—— BEAUTIFUL AMBITION ——

是什么让任志强站到了河的对岸？
宁高宁（中粮集团董事长）

像任志强这样的人，不太识时务，也不知道顾全大局，而且有时候不知趣，还老是自以为是，他在中国的社会习俗下，想谋生混碗饭吃都不易，能混出个样来就更难了。可任志强这几年好像火了，越混越好，越混粉丝越多，不仅名气大了，而且时常还被认为代表着真理了。有人说微博时代造就了任志强，也有人说房地产经济的时代造就了任志强，还有人说中国进入了一个言论容忍度高的时代，给了任志强放炮的空间从而造就了他。如果说今天任志强是个人物，是个现象，这可能真是一个时代产物。不过到底是时势造人物还是人物造时势，这件事在历史上就没有说清楚过。

任志强当然生活在了一个五彩缤纷、思想交融的时代，他的身上带着明显的时代痕迹，但任志强与我们大部分人比起来还是有他自身的明显不同特点的。我觉得任志强可能90%与我们大家是一样的，有10%的大脑构造是与大部分人不一样的。比如说他的较劲，较真，打破砂锅问到底，爱钻研还特自信，老是先天下之忧而忧的态度。比如说他的我行我素，无惧真言，任人评说，不怕挨板砖，不怕扔臭鞋的勇气。

态度和勇气好像让任志强站到了河的对岸，一直不停地向河的另一边的众人大喊。今天任志强又要写回忆录了，虽然我觉得任志强现在干这事早了点，但这就是任志强啊，他不管别人怎么说，想干就干，而且我也相信许多人想看任志强的回忆录，因为这个世界上有态度的人不少，但没有勇气，有勇气的人也不少，但没有态度，既有勇气又有态度才造就了任志强的今天。

任志强可算应了一句话，性格决定命运。所以任志强的回忆录你不能当成故事书看，因为大部分的回忆录都是说年轻时多艰苦，奋斗多不易，自己如何坚持到了成功，任志强的回忆录恐怕也逃不出这样的俗套，但这不是任志强的真正价值。同时，你也别想从任志强回忆录里得到做生意赚钱的真经，因为任志强严格来讲并不是个好的商人，他之所以做生意好像是为了争取他不断说话的权利，买地卖楼好像对他没有那么重要。所以，任志强回忆录的价值一定是在他真诚性格中所表现出来的态度和勇气，以及由此而生的许多观点和行为。

从任志强的回忆录中你一定能看到社会的进步，经历过这段时期的人，回头看时都会心潮难平、眼睛湿润。我还记得与任志强合资时股东会差点没通过，也记得发股票路演时任志强在巴黎市政厅给瞪大眼睛的法国人讲他如何改造北京明朝留下来的下水道，在纽约世贸中心给美国人讲北京的拆迁政策。我还记得任志强在北京接待上百位国际投资者，向他们解释为什么中国未来也会有住房贷款，想让他们相信中国的住宅市场会有很大发展。那时的北京房价是现在房价的大约不到5%，那时还没有人知道可以从银行借钱买房子。

回想起来，还有许多事今天都历历在目，让人浮想联翩。记得在与任志强合资的后期，大家出现了一些争议，任志强想辞职、分家。用他的话说，就是他不玩了。但就这样他也不服软，他说："算了，我辞职吧，前几天俄罗斯的叶利钦总统也辞职了，我也辞职吧！"我当时觉得他辞职还找了个这样的借口，是口出狂言。多年后我听说任志强在演讲时被别人扔鞋，他镇定自若地说："你是给我了总统待遇啊！"他这次好像是与美国前总统小布什比的。看来任志强的心气一直是总统的心气，这是他骨子里的东西。

现在看来虽然任志强不是总统，但还会在某个阶段某个方面的历史上留下一点点印记。过了60岁的任志强就像树上的一只果子，这时熟了，熟得丰富多彩、滋味无穷了。

"真人"任志强

冯仑（万通控股董事长）

一眨眼，老任告诉我都写完《回忆录》了，去年他才说退休，刚一年就写完了，这恐怕是从退休到写完《回忆录》时间最短的牛人。一般老人家退休之后会先琢磨琢磨，反复掂量几年才开始着手，直到临终前才把《回忆录》写完，比如许多老干部，即便乔布斯也是在临终前才把这事儿办了。

老任还在旺盛的年纪、最猛的时候，退休一年就把《回忆录》写了，我觉得这个《回忆录》恐怕只是一个上册，最终在有生之年，我估计以老任的速度，70、80岁的时候还会有个中册，100岁的时候可能还会有个下册。

所以这个《回忆录》且得看了，而且越看越好看，不断地演，不断地在做事，不断地把当下当回忆，把回忆变成当下。老任的《回忆录》最大的特点是当下，不是在过去。

这部《回忆录》，活脱脱展现了任志强这个特别典型的大时代中的奋斗者，他始终是一个时代前沿的符号。老任的经历有足够大的时代背景，出身红色家庭，随父母战争、建设、辗转各地，家里兄弟姊妹好几个，上共产党进城后办的最好的子弟学校，做了共产党子弟最应该做的革命的事——听党的话，参加"文革"、红卫兵、插队、当兵、改革开放，然后被周围环境错怪，受委屈被拘押坐牢，又平反，再出来创办国有民营企业——西城区的华远，从拉板车吆喝到开餐馆，再到做房地产、做金融，整个一路过来，每个时代都在他身上刻了一道印，但是由于当时他还不够伟大、不够牛逼，他没有给时代刻上印。到了临退休这几年，的确，任志强定义了一个时代，定义了他所在的一个大时代。

在任志强身上我们集中看到一个大时代最典型的人物面貌：第一个特点是使命大、责任大，年轻的时候叫"革命"，现在叫"改革"——没事找事，把别人的事当自己的事，自己的事不当事；第二个特点是口气大，说的都是大词，操着总理的心，满口大话语、大概念、大理论、大道理，批评的都是大人物；第三个特点是大胸怀、大气魄、大哥大，老任胸怀大，能装下天下很多男人和妇女的谩骂，这胸怀非等闲之辈可比，大气魄也体现在他回敬这些谩骂的时候语言之直率、目光之犀利、口才之善辩、立场之坚定。这个大时代已经过去，给我们剩下了大年纪。大时代的人都有这么几个特点：大使命、大责任、大口气、大话语、大词汇、大气魄、大年纪。在这个大时代里有很多人像任志强一样，也有很多人不一样，但任志强表现得最有个性、最与众不同的特点就是一个字——"真"，"真实"的"真"，真心、真话、真实、真性情、真好玩。这个"真"也表现在对朋友、对社会、对政府、对自己，总之每个方面都表现出他特别的"真"。

从对朋友来看，我和他认识有二十多年，交往也二十多年，有很多事情在一起度过，我觉得他的"真"表现在他跟朋友相处的标准，按古人讲是"畏友"。所谓畏友就是道义相砥，真正把和朋友的关系建立在道义的基础上，不是蝇营狗苟、酒肉朋友、猥琐、低俗，不是建立在这样一种非道义的、纯利益基础上的朋友。在这种基础上就特别符合我们中国传统讲的好朋友的标准"友直，友谅，友多闻"，即直率、宽容、从交往中受益。

万通的第一个项目万通新世界广场是我从任总手上买过来的项目，当时他只留了百分之五的股份，然后我们一起开董事会，当时我是第一次知道开董事会，而且是跟别人一起开，结果在那个董事会上我和小潘（潘石屹），经常头疼就是任志强瞪着眼睛挑我们毛病，我们那会儿也真不懂，而当时老任已经做房地产很多年，他非常懂，他就拿着我们的会议文件，一边拍打着这些纸，一边指着鼻子教训我们，我们当时想这个百分之五的股东可真厉害，这就是他"友直"的一面。回过头我想他说得还挺对，后来就发现从他身上可以学到很多东西，这叫"友谅，友多闻"。

他的直率一直没有改变过。万科王石和老任也是相交了有将近二十年的朋友，但是大家最近看到任志强在公开场合直接批评万科做地王，这个作为同行、作为朋友、作为哥们的确是非常之出位，而且非常之个性鲜明，这就是老任的"真"，真是建立在道义基础上，所以这种朋友都是值得交的朋友，而且是长久的朋友。

第二个就是对政府的"真"。大家都看到老任经常对政府的政策指手画脚，操着总理的心，对一些政策该批评就批评，同时该表扬也表扬。其实老任他不光是批评，他表扬也很多，只不过大家记着的都是批评，但是即使是这样的批评，他也表现出了真诚的一面，他是基于希望政府好，给予建设性的批评，希望能够通过改革、改进政策、改进方法，让政府的工作更有效率，更符合市场的规律，更能够平衡稳定市场的言论，也同时使房地产市场健康持续发展，意图非常鲜明。

正因如此他才不遗余力地去批评、表扬、建议，不仅如此他还积数十年之功力组织社会上最优秀的人对这些政策进行研究，所以老任的表扬、批评和建议是有一个特别扎实的研究作为背景，这个研究团队叫REICO工作室，每年由各方面商会、中城联盟还有企业，给REICO工作室提供数百万元的研究经费。

据我了解这是迄今为止国内包括中央政府部门在内，研究经费数量最多、时间最持久、方向最集中、人员最精干、水平最高的一个研究团队。中央政府在过去十四年里，出过几十份关于房地产政策的文件，而这些文件事先做研究花的钱加起来，远远没有任志强用于研究上花的钱多，所以可见我们的这些政策出台是比较低成本的，正因为成本低所以也比较轻率，以至于把大家都逼"离婚"了。如果我们在政策出台之前愿意花个几千万元、花时间来研究，相信绝不会出一个让大家不得不"离婚"来应对的政策。

当然任志强对政府政策，特别是房地产政策的一种"真"，有时候并不能得到理解，也招致很多批评，也包括来自于政府方面的批评。比如有一次我们两个人在一起开会，讨论REICO报告，正说着他给我看手机短信，就是有一个部长级的干部给他发的一个短信，直接针对他的一些言论给他的批评——"没了张屠夫，得吃带黑毛猪了吗？"意思说，没你中国这事还不办了吗？老任一笑，但我知道接着下来有关部门就查华远的一个项目，所以为了坚持他所认为的"真"，结果不仅招致直接的斥责而且公司被查、被修理，但即使是被查、被修理，任志强仍然坚持了他的"真"，他不动摇。因为他的"真"还表现在他对公司和对自己的"真"，也就是说公司是规范、专业、透明、诚信、没毛病的，这就叫"真"，他能够在社会上说真话，包括批评一些政府政策，主要的基点和硬气的地方是自己企业的规范、合规。

对企业的"真"这很重要，只有自己企业踏实然后才能说话有底气，这在老任身上表现得非常鲜明。

老任还对社会最真诚，他面对购房者、面对投资者、面对当下的年轻人对于社会的一些疑虑还有众多的社会公共话题、公共问题，老任这两年利用微博表达了他自己很多真实的看法，这些看法在一个时期之内常常被误解，以至于他在全国人民最想揍的人员中排名前三位，然而，由于长期坚持对社会的真，现在老任拥有几千万的微博粉丝，大家对真性情的老任慢慢不仅理解而且开始喜爱，开始追捧，让他来了个大转身，由最想揍的人变成了中年女性最想嫁的人，当然也还有很多小美眉想嫁。所以老任对社会的"真"使他自己毫无保留和全身心地交给了大家，大家每个人从他身上都找了一点喜欢的地方，于是大家跟着老任喜怒哀乐，在这个变幻莫测和丰富多彩的社会中，都找到了自己一点点慰藉，现在老任已成为大家生活中不可缺少的味道。如果我们失去老任，社会将会怎样？这是一个天大的问题。

其实，老任对自己更"真"。这个"真"就是想抽烟就抽烟，想说话就说话，想不喝酒就不喝酒，老任是坚决不喝酒，而且好像他从来不喝酒，滴酒不沾，但是抽烟，任何时候想抽就抽，这也很"真"。最"真"的是老任讲，在他最痛苦的时候，他也不委屈自己，当时被误抓进看守和监狱所时，同监舍的几个人实在无聊，关在一起也找乐子，也不委屈自己，一定要活得像个真人一样有快乐。他们就想出了一个游戏，就是假定说今天有一个人病了，来一个护士，大家猜猜夏天的时候护士穿的底裤是什么颜色，大家就为这件事打赌，打赌以后居然就有人装肚子疼躺地下，然后赖在地下往上看，来验证这个看守女（护士）底裤的颜色，以此来娱乐自己，可见老任在任何时候都不委屈自己，都是要快乐的。

总之，我们看见在大时代下的一个真的人，这和小时代下的一个真的人表现得不同，小时代下的"真"都是对自己好，而大时代下的"真"是对别人好。

比如郭敬明的《小时代》，电影里我们看到《小时代》镜像中的人和个性，无非是欲望的宣泄和美好、快乐生活的自我满足，以及个性的张扬。小时代下的"真"不承担道义责任，不承担以天下为己任这样一些大的使命，也不用管社会道德走向，也不用考虑中国向何处去，房地产价多高多低，只要考虑自己有香车宝马、锦衣玉食、美女和华服以及好的房子，以及快乐和自由自在的生活，这就是小时代下的"真"和大时代下的"真"的差异。

在老任的《回忆录》中让我们有机会近距离地窥视大时代镜像中的任志强的特殊的人生和特别的性格以及特别的业绩，这实在是我们一大幸事，也是可以用来和郭敬明《小时代》进行对照的一个很好的样板，通过这个《回忆录》我们能够真正知道社会真的变了，我们真的已经进入到小时代，我们今后到底还需不需要任志强式的大时代的思考模式、人生经历、语言风格和个性，这都是一个问题。

但无论怎样，我相信大时代和小时代都需要真诚，都需要真实地面对人生，真实地迎接变化和真实地改变我们现实中不合理的部分，也都需要我们真实地生活在当下,真实地对别人表达美好祝福,关照自己生活的当下。这就是我想对任志强《回忆录》说的,我希望能够让自己透过这个《回忆录》想明白很多事情。这是一个开端,这件事还没停止,所以我还在期待《回忆录》的中册和下册能够继续下去,这样我们就对任志强有更多期待,对我们自己也有更多期待,同时对大家也充满了美好的期待。

是为序。

自序
—— BEAUTIFUL AMBITION ——

小家的命运与国家的命运

60岁对大多数人来说是一道人生中的坎，到了退休的年龄时，大多数人同时也就退出了工作的岗位，大多数也同时退出了历史的舞台。

因此许多人都想将自己的经历留给下一代，让他们了解这个社会的同时也更多地了解自己的家庭和父辈的一生。不管他们留下什么，那都是一种思考、一种无奈、一种心情的陈述。

我与许多人不同的是60岁退出了国企的工作岗位，但并没有彻底地退出在社会中的活动，也没有退休而尽享天伦之乐的机会。更不同的是我在社会上曾有过各种各样的争议，成了一个社会舆论的焦点，成了许多人爱与恨的靶子，各种各样的媒体报道将一个人像揉面团一样按媒体吸引眼球的需要塑造成了不同的形象。

有人会把这种被塑造的形象当成神话，有人将这种形象当成小鬼，也有人更想了解真实的面貌，而无论这个真实是否让自己失望。

历史的舞台就像演出的舞台一样，通常让人们看到的只是舞台的正面，而大幕之后的化妆之前的原貌却是大多数人无法观察到的真实。有话语权的媒体就像演出中的导演，会选择性地告诉演员们如何在舞台和灯光下告诉观众一些什么和不能告诉观众一些什么。他们只是在将自己想表达的意愿表现给社会，而不管这是否是真实的。

自 序

但网络时代让这个隔离前台与后台的大幕千疮百孔了，于是台前的人们常常可以透过这些孔发现许多背后的东西与幕前不同，继而就开始好奇、开始挖掘、开始怀疑，很想撕开这张大幕，看看后台发生了什么。

因此也开始有了各种各样的故事，甚至是各种各样的谣言，也因此更加吸引了人们的关注。与其让这种猜测长期存在，还不如干脆撕掉这个大幕，让世界恢复其本来面目。其实所有的人都同时站在社会这个大舞台上，只是有时你在扮演着观众的角色，有时你站在了台上，有时你在帮助演员们化妆、有时在导演、有时在指挥、有时在写剧本。

前几天受王潮歌邀请去看了《又见平遥》的演出，最让人震撼的恰恰是印象艺术原来是将大自然作为舞台和背景，让观众参与到大自然无边界的生活中去体验现实。而这次王潮歌则创造或说还原了生活，让所有的观众都融入舞台之中、融入故事的情节之中、融入剧情之中，成为其中的一个角色，用主人翁的眼睛和心灵共同观察和思考，以让观众身临其境而产生共鸣。

没有了大幕将演员与观众隔离，这种感觉改变了观众的位置，不再是局外人，这样才能让那个场景、音乐都恢复到平常的生活中，实实在在的感受冲击。

我写这部回忆录也恰恰是想撕开这张大幕，告诉大家那些并不被人知的故事，这不仅仅是我一个人的故事，也是这一代人的许多共同经历，尽管每个人走过的路各有不同，但思想的认识与变化、对社会的认识与探索中却有着许多的共同点。与其让社会充满着好奇，不如打开这扇窗、打开这道门，让人的心灵回归自然、回归脚踏实地、回归真实生活。

我力争还原自己真实的想法，让社会去重新判断。

这一代人经历了许多至今尚无法解密的事情，尽管我像是在自言自语地讲述自己的故事，但却可以用自己的事情让更多人知道社会变革的过程，知道今天是在昨天的基础上建立的，知道明天会跨越那个曾经的时代。

这个社会最需要的是责任感，是每个人都不再将自己当作旁观者，而共同投身于争取社会进步的潮流之中的时代。民主不是从天上掉下来的，财富也不是从天上掉下来的。要想有所收获必须努力地耕耘，从播下理想的种子开始，辛勤地浇水施肥，这个社会才会在共同的奋斗之中有所变化。

幼儿时的教育让我们只知道有国而不知道有家。"文革"与插队让我们真的失去了家时，才知道家比国更重要。如果没有了家，又哪里会有国呢？国只有在对外抵抗侵略时才是第一位的。于是从国家到个人，形成了一种人性的回归。当有了个人、家的初步安定之后，又发现如果要争取到真正的自由、平等、民主的权利时，仅仅有个人和家的安定是不够的，还要从家中走出来融入到社会之中，推动整个社会制度的变革。这不是一个简单的轮回，而是这个小家的暂时安定却没有一个最终的权利保护，必须让整个国家的制度发生根本的改变。

前者小家的安定追求的也许更多是利益，而后者社会的进步更多追求的是权利。

原以为人民当家做主人的社会，我已经是主人了，后来发现当主人要有当主人的权利，要有说话的权利、有决定纳税的权利、决定委托管理国家的权利等等。更要有强大的法律来保护公民的这些权利，更加关注与国家的命运就成了一代又一代人的努力方向。

也许我们并未做出什么，但至少我们在这条向前的路上努力地留下了一些痕迹，因此要将这些记录下了，让更多的人都记录下过去的努力，就是一种努力。

CHAPTER ▶ 01
辞职惊动总理
―― BEAUTIFUL AMBITION ――

决定写回忆录之前，我就一直在纠结：是否该将自己的私生活及内心的真实感受公布于众？是否该明智地避免对心灵的拷问？是否会因为我的"过度"回忆而变成一种"表白"？是否我该将一些"糗事"掩藏在心，永不公开，以此减少无尽的流言蜚语？

BEAUTIFUL AMBITION

那年的北京下了一场没有丝毫预兆的早雪,并且出奇地大。恰在这个周一的大雪天中,我在公司内部正式宣布了辞去总经理职务的决定,并公布了小股东的来信,介绍了我与宁总(宁高宁,时任华润集团总经理,后任中粮集团董事长)会谈的情况。整个会场一片沉静,有许多部门经理始终低着头,我知道他们心中的滋味,就像这场大雪一样,压得整个天都阴沉沉的。他们在追悔自己没有完成任务指标,但事实已经摆在桌面上,这是在市场经济的竞争中不想接受也必须接受的现实。

很快这个消息就被媒体知道,随之而来的是接不完的电话,探寻辞职背后的秘密。

为了维护企业的形象,我选择用最正面的回答解释辞职的行为,以避免在股市和市场中给企业的经营造成不利影响。但媒体的八卦劲头十足,挡是挡不住的。铺天盖地的报道像大山要倒了一样,远比那场大雪来得更加猛烈,也更加寒气逼人。

"年薪700万的总经理宣布辞职"的巨大标题大大提高了宣传效果和放大作用,也惊动了时任总理朱镕基。

三天后赵康(北京建设开发总公司的董事长)转告我,朱镕基总理有个批示,但不知道什么内容。几天后,通过朋友我从市政府拿到了朱总理亲笔批示的复印件,上面还有通过正式收发渠道转件的各级政府的收发章。

批件是在阿里巴巴网上转载的报道消息的打印纸上批示的,分别批转给了建设部部长俞正声和北京市市长刘淇。也许朱总理认为这是件应该引起重视的大事吧。

连续一个多星期几乎没有消停,前前后后都是有关我辞职的各种猜测,也许更多人不是关注华远公司的发展，而是关注我曾领取 700 万元的年薪。

连续几年风口浪尖的争议，最终以我的辞职宣告结束了。

那些对我有着强烈不满的领导们大约可以松一口气了。

股民致信宁高宁

1997 年亚洲金融危机之后，香港的股市跌得一塌糊涂，华远的业绩也出现了下滑，双重压力之下，香港的股票跌得更剧烈。其实当时市场的股票下跌与公司的经营情况并无最直接的联系，但我很清楚，当公司业绩出现下滑时，股民是不会同意的。

年初下达工作任务的会议上，各部门经理都充满信心地签订了任务书，但我心里知道，面对无数的矛盾和大量单位的违约行为，要完成今年的工作任务几乎是不可能的。签约之后大家习惯性地举起酒杯，预祝任务的完成。干了这杯红酒之后，我将酒杯重重地摔在地上，告诉大家，如果今年的任务完不成，公司将无法向股民们交代。那清脆的响声，也许并没有引起这些部门经理的注意，我却至今无法忘记。

不久前，华润（北京）置地香港公司的一个小股东专门给华润集团总经理宁高宁写了封信。信的全文如下：

本人一直系华润创业忠实支持者，也持有一定数量华润创业股，但自 1996 年 11 月华润创业分拆华润（北京）置地上市之后，我又在市场以 3.2 万元购入北京置地，本人深信华创是优质股之一，分拆上市的北置也有一定素质，可长线投资，故一直不离不弃。1997 年金融风暴后其股价一直坚挺，令人感慰，对北置信心更足。故 1998 年 4 月北置以每股 4.42 元售 249000000 股后，本人又在 4 元左右继续增购北置。但自此以来北置股价却一落千丈，至今只剩下 1.15 元（1999 年 11 月 5 日）。本人不明白何缘此股如今会如此低残。

更令人感到讶异的是，北置管理层置小股东利益于不顾，任由股价低落，亦束手无策，无动于衷，只被动等候上天恩赐，袖手观望等国家经济好转而受惠，不以积极态度面对形势改变，根本无所作为，令人极为失望。我们强烈要求北置管理层彻底改变无所作为的作风和态度，振作精神，灵活应变，如参与科技项目投资，与北京中关村硅谷合作开发科技项目，且如一些国企趁低回购股份，以对小股东有所交代。

宁高宁将这封信转给了我，并在信上批示："这些小股东终于开始忍不住了，如何改善公司的确是迫在眉睫了。"

我很清楚公司的现状，经过此前的过度扩张，自1998年香港再次融资未将资金打入国内，没有了这笔资金之后，很难继续保持扩张的速度和业绩的快速增长。前6年业绩的连续增长和迅速的扩张都来自市场中的成功融资，每年都有大量的资金注入，支撑着土地、项目和业绩的增长。如果没有再融资的能力，也许企业会适度地放慢扩张的速度，但当有再融资的可能，并按照再融资的条件安排了企业的发展战略，当土地大量购入、大面积开工之后，新的融资资金并没有进入公司内循环时，就会造成现金流的紧张，因而无法完成预定的任务。

1998年开始出现现金流的紧张时，我就预知1999年的日子会很难过，加上企业、政府的大量违约，让本应到位的资金不能按时偿还，许多只能靠打官司解决，而这种诉讼大多要拖个好几年，但公司的现金流无法拖上两三年！于是被动的局面自然产生了。

连续数年公司平均利润增长都超过33%，但缺了现金流这一口气之后，就出现了1999年的增长中断。公司2000年的销售再一次打破历史纪录，高达近50亿元，可惜中间差的这一口气让股东们（包括华润的大股东和买了股票的小股东）沉不住气了。

遗憾的是，香港的小股东们并不知道连国土资源部这种国家部委都会欠账不还钱，连司法和政府都不情愿保护契约精神，也不知道为了中国的50周年大庆华远必须承担西单文化广场这种公共事业任务。那一年，除了前面说的政府部门的欠款外，高登公司尚欠1亿多元的土地款未付；中实公司尚欠上亿元的土地款未付；市计委京通土地的转让项目因原定的土地地下是个巨大的军火库而无法向我公司交地，等于政府违约，但政府已经预收华远的土地款，应退回的近两个亿的资金并未退还；西单文化广场应退补的土地出让金也未退还。

这些欠款影响了公司数亿元的利润和数亿元的现金流，终于集中在同一个年份对公司形成巨大的压力，公司业绩自然出现下滑。

我明白宁高宁转给我这封信背后的意思，但我必须尊重华远集团股东背后的政府的意见。

我不但要召开集团公司的党委会说明情况，还要向区长和区委书记汇报上述情况。

宁高宁专程飞往北京，在华润饭店和我进行了会谈，并征求我的意见。通常股民们提出这种想法之后公司有两种选择，一种是不理睬股东的意见，继续执行公司原有的政策；另一种是用总经理辞职、变更管理层的办法来满足小股东的意见，实现公司的结构改善。

其实华润早就做好了更换我的准备，黄铁鹰在此之前就开始物色接替我的人选，而且这个人不是华远原有队伍中的人员。

早在华远与华润合资时，华远为了保护这支队伍，就在合同中约定，第一届的四年合作期间外方作为大股东，但不得更换管理团队，如果四年中管理团队无法完成董事会预计的工作任务，大股东才有权力更换管理团队。

1994年合资期开始，按一届计算应在1998年更换，但1996年为了上市，要稳定管理团队，于是上市前重新签订聘任合同，将我的任职期限从1996年重新计算为4年一届，到2000年终止，其他管理团队同样延期到2000年底。

但经济形势的变化让宁总不得不重新考虑这一决定，背后大约是黄铁鹰在出主意，让宁总下定了决心。

第二天晚上在华润酒店，我、西城区区委王长连书记和宁总三个人一起吃了顿晚饭，双方达成了协议。我仍担任华远地产董事长，但辞去华远地产总经理职务，我在华润（北京）置地的上市公司的职务不变，而新任总经理的人选经双方同意之后另行聘任。

虽然双方都用微笑结束了这顿晚餐，但双方的心情并不相同。宁总也许没想到我会轻松地接受他提出的更换总经理的建议（我可以坚持不许其调换），也绝不会想到我能轻松地做通区里领导的工作，没讲任何的条件。但我的心情并没有宁总那么轻松，我确实在这一两年中感觉到累了。

从建设部的领导到市政府的领导，从国土部到相关单位，我几乎都给得罪光了，这些主管房地产的相关部门手中都握有决定企业生死的大权，这些领导对我的意见不但在北京市也在香港流传着，当然也影响着华润的领导们。

即使没有小股东的这封信，大约大股东也认为该换个总经理了，如果能找到一个合适的并能由他们直接指挥的总经理，当然更有利于他们对企业的控制。

与万科结梁子

我的辞职不仅在社会上引起了巨大的争议，由谁来接任和企业将向何处去，也都还是个问号。我在代理此职务期间也同样在问自己：新的总经理会是谁，双方将如何合作？

我辞职的消息在社会上公开之后，第一个找我、希望竞聘总经理职务的是已移民到澳大利亚的姚慕民。姚曾是万科的常务副总，在过去的交往中，相互也都还有好感，但他当时提出了200万元年薪的条件和每年必须保证数月在澳大利亚"坐移民监"的条件。尽管在当时他提的年薪已经很高了，我却认为只要能完成董事会的考核计划，这不是问题，但每年数月的"移民监"则不是我个人能决定的了，也无法做出保证。其间也还有数人前来寻求这个职位，但都没有能说服董事会的明确理由。

实际上，在此之前，黄铁鹰早就与万科有过沟通，并与郭钧有过密谈。郭钧是万科公司天津分公司的经理，中国城市房地产开发商策略联盟（简称中城联盟）到天津参观时，我们曾有过接触，他主要负责万科在天津郊区的"美国小镇"项目和最早在天津城区的楼盘。郭钧开出的年薪条件是40万元。如果不计算奖励，我当时与董事会签订的年薪只有20多万元（每月22600元），但奖励是这个数的许多倍。华润在征求我的意见之前，已先同意了这个年薪。

当黄铁鹰与我摊牌，要让万科的郭钧来华远地产公司当总经理时，给了我一个最明确的选择理由："因为郭钧曾经在万科犯过许多错误，当一个人把操作项目中的所有错误都犯过之后，就不会再犯同样的错误了。"从一般操作层面看，道理是这样的，一个人犯错误的次数越多，经验就越多，再犯错误的几率就越小，成功的可能性也越大。

但遗憾的是，郭钧在这个岗位上面临更多的是决策与管理问题，而不再仅仅是操作层面的问题，于是犯错误就成了必然会发生的大概率事件了。

郭钧是个很希望做出优秀成绩且十分自信的小伙子，也颇善于表达，只是其严重的鼻炎影响了他的形象和演讲的效果，过于功利则影响了他的判断能力。

关键的问题其实是出在华润，郭钧不是直接和华远房地产公司签的劳动合同，是与华润置地签的聘用合同，由大股东派进华远房地产公司任外方董事和总经理。由于聘任方不同，这个总经理考虑更多的不是公司的整体利益，而是单方股东的利益，这就导致许多关系无法正确处理。

尤其是当他单独向外部股东或董事汇报及请示时，如何处理与我这个董事长之间的关系呢？我宁愿当甩手掌柜不去管那些具体的事务（我相信郭钧也会这样评价我——从不干涉他的权力），但我不能不保护公司和小股东的利益，尤其是必须保护"华远"这个品牌。

2000年3月初郭钧到公司时，尚未取得万科董事会的批准，为此我专门要万科出具董事会的决议。3月27日万科召开了第十届第七次会议，专门为郭钧到华远任职做出了决议，决议中明确认为"郭钧在华远公司任职不会影响本公司利益，并且可借此加强万科与华远两个公司的业务合作，更好发挥各自优势，有利于双方的更大发展"。

随后郭钧先是任华远的常务副总，一段时间后，正式转任命为总经理。

但实际上，华远与万科之间的矛盾，已经在华润（北京）置地对万科股权的收购过程中发生了。

1999年7月，华润指派许志明担任华润（北京）置地的董事和华远地产的董事，负责中国区的地产业务，而其重点工作则是继续华远曾于1997年对万科没有成功的收购。

这次收购与以往不同的是，华润（北京）置地作为主要的收购方，首先在香港的证券市场对万科所发行的B股进行了大规模的收购，持有了万科总股本2.71%的B股之后，又开始与万科的大股东——深圳经济特区发展（集团）公司洽谈，希望收购其所持有的万科8.11%的非流通法人股。

经过几番周折，我第二次站在了深特发的办公室，但这一次不是以华远房地产董事长的身份，而是以华润（北京）置地执行董事总经理的身份，代表华润北京公司进行收购，而北京置地的大股东是华润创业，而非华远地产了。

2000年3月8日，万科发布了提示性公告，公布了华润（北京）置地对深特发的收购事宜。次日，各大媒体都热炒了这一信息，许多报纸都开始关注"南万科，北华远"的走向问题：一是王石高调卖掉了大股东，二是华润已有了华远为什么还要收购万科，三是这两家知名的企业又如何操作，竞争还是合作。

《北京青年报》则在3月9日的第25、26版专题解读了这一热门事件，也由此拉开了两者利益争夺的战争大幕。

万科为什么会出现管理层卖掉大股东的现象？用王石的话说就是"为万科引进有实力的大股东"，并力争通过这个有实力的大股东，打通市场融资的渠道。

王石为什么会有这种迫切希望更换大股东的冲动呢？正是来自华远的榜样。

1999年，万科专门到华远房地产来学习人力资源管理时，就发现在人力资源规划与人力管理上，万科已经处于劣势了，两个企业之间的优劣势变化，成为万科管理层尤为重视的问题。

再加上华远这几年的成功融资，让王石充分认识到规模化发展和不断扩大融资对企业发展的重要性，而要想超越华远，夺回地产老大的地位，就必须卖掉这个不争气的大股东，选择一个有竞争力的大股东，来实现不断融资和发展的计划，这时，华润这个靠山就成了优中之优的选择。

华润通过华远于1997年对万科进行了第一次收购，但并不成功，于是就有了第二次由华润（北京）置地的直接收购，等于由香港上市公司同时持有万科和华远两个公司的股权，同时成为最大股东。这样万科就可以像华远前几年的融资一样，从境内外不断获取资金，全面发展企业了。

对企业的管理层而言，谁是股东并不重要，重要的是控股股东能否不断为管理层扩大发展的平台，如果大股东不能满足这个条件，管理层就会试图寻找一个更加值得信赖的大股东，王石成功地做到了。

由于这个交易涉及国有资产的境外收购，必须上报财政部，由中国证监会等主管部门审批，因此延长了交易时间，甚至后来变更了交易的价格和交易方，数月之后这个交易最终完成了，华润成为了万科的最大股东。

成为万科的大股东以后，华润开始研究和考虑增持万科的股权，希望成为可以合并报表的最大控股股东或有绝对控制力的股东。

在华润的想法中，包括定向增发B股和定向增发A股，而定向增发的购股方式包括了用华润所持有的华远股权置换，用其所持有的华远资产购买和现金购买等各种方式，还包括将华远分立等，华润试图将这两个分别持股的房地产业务进行整合，以建立中国的"地产航母"。

此时万科已经在公开的资本市场中上市，当然比华远多了一条融资之路，如果能将两者整合，就有了境内和境外的两个融资平台，更有利于企业的融资与发展，也减轻了华润用境外融资分别对两个企业注入资金的压力。但是由于华远地产境外资金的股东上市了，中方的股东却未上市，在剥离与保护小股东利益上，另有多重法律的障碍，因此，讨论与比较多种方案之后，放弃了两者的合并。

2000年10月，王石在央视《经济半小时》节目中公开透露了万科将向华润定向增发B股的消息，此前郭钧也在公开的场合透露了在未来的三个月万科将向华润定向增发B股的消息。2000年6月20日，华润本打算以华润（北京）置地收购深圳经济特区发展公司持有万科8.11%的股权，由于审批的问题，最后改为了由华润集团收购（回避了国有资产转给外资的矛盾），并于8月10日获得批准生效了，但华润要真正拥有发言权，则还需扩大股份的占有比例，而我当时所关心的只是如何保护华远的利益。

2000年12月2日，《中国证券报》第17版正式刊登了《万科企业股份有限公司2000年度定向增资发行B股方案公告》，公告中包括了华润集团的承诺条款（公告条文中的第十项），但这些承诺条款严重违背了华润在与华远合资时的承诺，也严重损害了华远房地产公司的利益，我所担心的事情终于发生了。

华润在公告中的承诺，限制了华远公司在北京之外地区的发展，并承诺给万科在北京发展的优先权，这显然是一种一边倒的歧视政策。华润集团虽然在华远地产间接控股，但未征得董事会、股东会的同意，擅自代表公司进行承诺，明显违背了上市公司和公司法的相关管理规定，这当然是华远公司无法接受的。

12月6日，我主持召开了华远地产公司的临时董事会，在京的全部中外董事均到会，监事会全部成员也到场列席了董事会，会议专门讨论了万科B股增发公告中对华远利益的侵犯及其危害，并就这种严重侵害华远公司小股东利益的行为做出了特别决议。

董事会专门给华润集团总经理宁高宁出具了一封措辞强硬、有理有据的公函，要求华润集团严守合同中对华远公司做出的承诺，并严守法律，保护华远公司中小股东的利益和公司的利益，并要求华润集团修改这些违反对华远承诺的条款和明显违反法律的条款。

我管不了华润集团如何确定自己的发展战略和投资取向，但我必须为华远公司的利益负责，并坚决保护华远公司中的股东利益，特别是小股东的利益，必须对大股东的侵权行为做出正面抗争。

我请在京的所有董事和监事都在这份文件上签署了名字，华远地产公司的董事会一共有11名董事，其中中方董事5名，外方董事6名，而这次到会的有5名中方董事和1名外方董事（郭钧总经理为外方董事），6名董事的签字刚好超过董事会的半数，这次董事会是合法有效的。

其实公告刚刚发布之后，我就用电话与宁总取得了联系，提出了公告中华润集团的承诺违反了许多法律与规定，侵害了华远公司的利益和小股东的利益，宁总已在电话中明确表示了道歉，但我还是坚持召开了董事、监事会，让大家共同表示了意见，并正式用签名的公函告知华润集团，以说明这不是我个人的冲动，也绝不仅仅是对华润支持万科的不满。

同时，我还专门以个人的名义给宁总写了一封私信，进一步说明，这不是你我双方两个人的矛盾，而是公对公的矛盾、法规与利益之争，你可以对我的工作提出批评，但不能因此而损害公司和股东的利益。

宁总再一次致电表示了道歉，但公告无法修改了，他允诺在实际操作中做到保护小股东的利益。

在我与宁总的接触中，我知道他是个非常讲道理的人，而且从不否认自己的错误，只要你指出其错误，他就会直接道歉，并不否认错误。但为了各自的利益，宁总有时也会做出许多自认为是对的，实际会伤害小股东利益的事情，这也许是国企的通病吧。

幸亏这个B股的定向发行没有成功，华润集团增持万科的计划没能实现，这个严重伤害了华远公司利益和小股东利益的承诺作废了。

北京的水啊比海深

2001年1月初，华润集团常董会会议上，我和郭钧汇报了华远公司的发展规划。董事会上，华润做出了决定，华远公司的地产业务可以不局限于北京地区，并在增持万科不成功的情况下，改将华远作为重点，北京置地要发展成为中国最大的地产公司。

但是股东利益之间的冲突已变得不可避免了。

郭钧习惯于万科的操作模式，在城乡接合部成片发展，因此取得土地的导向就指向了城乡接合部的郊区，但华远的"历史剧"是专注于城市中心区，尤其是北京市在1991年开始的旧城改造和危旧平房区改造，给了华远在城市繁华与中心区域的发展机会。其一是华远国有控股的基础，在市场还没有全开放之前，尤其是土地未完全招拍挂之前，政府更相信国企的实力和可控度，因此用先划拨后出让的方式交给了华远大量危旧小区的改造任务。同时，工业企业需要外迁，北京下发了"退二进三"的文件。这些污染工业和危险工业在城市外围的扩大中，逐渐变成了居住中心的定时炸弹，因此要用开发的方式向外部转移，也大多是国企与国企之间的合作，如红联北村的改造、志强园小区的改造、西罗园小区的改造、东升园的改造、凤凰城的建设、宣武汽车厂的改造、西城酱菜厂的改造等，都是这种企业外迁的改造项目，更不用说西城区内危改小区的多项改造和西单商业区的改造了，都是政府划拨的项目。但郭钧任总经理之后，希望能独立闯出一片天下，因此拒绝了我和公司原有的各种取得土地的关系与渠道。他也许是缺少在城市改造中建设项目的能力，也许是其万科模式的局限性，总之他将眼光放到了大兴、通州等远郊区了。

郭钧愿意独闯，我也乐得清闲，做了各种理论研究，写了数百万字的报告和文章，许多发表在内刊《决策参考》、亚洲房地产论坛专刊上，并促成了我第一本著作《任人评说》的出版。

事情并非那么简单，郭钧后来碰了钉子，我不能不伸出援手。

郭钧在大兴忙了约半年，终于谈定了1000多亩土地的合约（后来的翡翠城），但方案汇报会上，我发现土地的定价过高，而且预付的费用过多，于是提出了反对意见，郭钧习惯性地甩出了一句话，"那你去谈试试"。

没进过北京的人大约不知道北京的水有多深，更不知道在北京这个官僚主义盛行、国有企业占主导地位的非开放性或叫半开放性市场中官私关系的价值，郭钧不可能知道的是房山与大兴曾有与我在同一个团里当兵的二三百名战友，三十八军也有着常年聚会的战友会，这些战友又都分别在各个政府机关中占有一定的位置，更不用说我这个北京市政协委员本就认识许多官员们，各地的官员在招商引资中无不希望华远到那些尚未开发的区域中去投资，大兴自然也是求之不得。

那时与现在不同，土地不是招拍挂的，更没有发达的交通和城铁，那些远郊区的土地卖都卖不出去，有人愿意去投资，区县当然是举双手欢迎，能卖个好价格就更是欢天喜地了，但是碰上熟人和懂行的，政府也就不敢狮子大开口了。

我谈了一轮下来，土地的价格降低了，预付款减少了，成本也自然就大大降低了，郭钧最终不得不承认老将出马的威力。其实这并不是智力游戏，而是体制下的技巧，如果郭钧不想承认这个社会中关系的重要性，就必然会付出更多的成本。

在通州区台湖的合作就更加荒唐了，郭钧试图用2000万元的预付款与当地镇政府合作，以获取8000亩地的开发权，这我并不反对，但土地还未取得任何手续，也没开始任何经营与开发，郭钧就应镇政府的要求预交了1000万元不知什么名目的税，这我就不能不管了。这种获取土地的办法也许是郭钧从万科学习到的经验或养成的习惯，却不是华远的作风，更不是合理与合规的做法。从控制风险的角度来说，可以有一定保障之下的预付款，却不应该是预付税，尤其是没有纳税依据的预付税。

郭钧可以有权改变公司内部的管理体系和考核办法，只要其认为有利于工作安排，并按程序上报董事会批准，我都不会干预，这是总经理的权力，他带来了万科的许多优点，对提高公司的管理无疑是有益的，但重大的投资决策，我必须要管。

也许是两个企业之间文化不同而形成的差异吧，我与郭钧之间似乎并不是上下级，也没能建立起良好的合作关系。郭钧也许认为其受聘于外方，并作为外方的董事出任总经理，多了个特殊的身份和靠山，因此可以直接向外方请示，并能在董事会上获得多数支持，于是就有些飘飘然了。

但是郭钧并没有能用自己的能力和智慧让员工团结在他的旗帜下，导致公司业绩仍在"吃老本"。

许多人都以为1999年我辞去总经理职务是因为我的无能导致公司工作一团糟，2000年的业绩甚至可能更糟，但真实的情况是，1998年的境外融资未向境内注入，造成了工程进展的延误,让本应竣工结算的利润延后了;同时由于大量的应付款拖欠被会计师计提了呆账损失,使原本应有的现金流和利润被冲抵了,事后虽然所有的官司都打赢了,数亿元的欠债也都收回了(有的还包括了利息),但这些收回的现金流变成超额利润时,华远已变成了华润。

2000年华远的业绩从利润看是下降的,但从销售收入上看则是破纪录的,2000年在48亿元左右,约等于1999年万科公布业绩的1.5倍多,遗憾的是,结算利润的时间拖后了。现在看来,如果没有1998年的资金困难,让这些工程拖延了周期,那么利润的结算也许就完全不同了,但这些销售的业绩似乎计算到了郭钧的头上,没有人会想到,如果没有前期的大量拆迁和建设过程,又怎么会有郭钧一上台就出现的破纪录的销售业绩呢?别说在2000年销售额能达到48亿元的公司根本没有(万科1999年报表中的销售额为28.72亿元),就是今天,虽然有了几个营业额数百亿元的企业,但超过40亿元的企业也没几家,更别忘了,那时的房价只有几千元一平方米,要生产多少房子才能卖出四五十亿元的销售额来啊!

2000年,按董事会确定的任务,华远只能提取非常少的奖金,和历年相比,几乎一个是天上,一个是地下,于是我将区政府奖励华远集团公司的奖金转移到了华远房地产公司,却引发了一场争论。

一是华润集团在整合内部管理时,将控股企业按内部企业实施了直接管理,当郭钧将我要发奖金的情况上报之后,华润提出要将奖金分配方案上报华润集团审批;二是郭钧认为发放奖金要由总经理来说了算。但他们却忘了,这些奖金不是合资公司支出的,更不是大股东给的,是我作为华远集团的总经理和只占13%股份的小股东调配的。

2001年的1月3日,在华润集团常务董事会汇报完工作之后,宁总请北京的董事们一起吃了晚饭,晚饭后,几个人又凑在一起讨论这些奖金发放的问题,从晚9点一直争吵到凌晨4点钟,我向外方董事说明了情况,并拿出了区政府奖励华远集团公司的文件,明确指出华润集团无权决定这批奖金的发放,合资公司和总经理也无权决定这笔奖金的发放,总经理可以提出工作考核的评比结果,但发放奖金的原则则是要由华远集团确定的。

双方各有各的理由,华润则认为钱是发给合资公司的员工的,当然合资公司董事会有权管,总经理也有权管。我必须服从华润集团的管理。双方争吵到甚至要搬出合资合同的地步，好在宁总很英明地告诉大家，不许搬合同，如果双方争吵并无法协商解决这个问题，真要到了搬合同的地步，那么双方不如分手算了，要想继续合作，就只能就事论事，双方协商解决。最终宁总决定，这笔奖金不是来自于合资公司的支出，可以由华远集团自行发放，但希望分配是按照业绩考核的标准，保证公平的原则，由董事长任志强按考核结果制定最终的分配方案。这一场争论虽然平息了，但双方的矛盾已经开始显现了，并在管理理念上产生了冲突，合作开始出现了裂缝，这里面有万科收购的影响，有郭钧造成的矛盾，也有华润集团大国企作风的冲突。

其实我从来没管过中层以下奖金的具体分配，只管由我考核并评判的副总以上的高级管理人员的奖与罚，这是我的责任与权力；中层以下（含中层干部）的奖励则是由人事部门分配的。国企的特殊性使得华远地产公司的奖金分配是由党的支部书记牵头和监督管理的。因此自华远地产公司成立以来，奖金分配都是我的搭档周坚书记在负责。周坚是个铁面无私、很讲原则的好书记，这件事交给他我最放心，每次他上报的奖金分配方案我从不细看就签发批准了。

我与郭钧在管理思路上的差别，华润在管理奖金问题上的态度，大约都反映出这样一种根本认识上的差别，而这种只为大股东服务和大股东操纵合资公司的做法，早已为华远与华润的分家打下了基础。

自郭钧到公司之后的半年中，只服从大股东华润的调动与安排，并与万科合谋，多次发布万科要合并吃掉华远的言论，甚至将两个竞争关系的公司内部情况通报给对方。我反而要从万科处听说华远将参与某处项目的收购或投资，包括华润将增扩万科的股权。万科将定向向华润增发 B 股的方案和操作细节，都是先见诸媒体，而我却后知后觉。甚至连董事会召开的通知，郭钧都不告知我这个董事长，反而以总经理办公室的名义发布，更请了些不是董事的成员列席董事会。而且在我去观看悉尼奥运会期间擅自修改公司的制度和投资计划，还违反工会法规定，不允许财务部门从工资中扣缴工会会费，干出了一大堆的荒唐事。

于是我给宁高宁写了一封长长的信，列举了郭钧违规违法的无数罪状，并要求董事会批准我实行罢免其职务的选择权（这个罢免其总经理职务的选择权是宁高宁以华润集团控股股东名义给我的承诺）。但华润为了其整合万科与华远的目标，让闫焱来找我协商。此时原负责中国事务的华润集团副总、华润创业的总经理黄铁鹰已辞去华润的职务移民澳大利亚了，闫焱接替了黄铁鹰的大部分工作，包括在华远地产的工作。闫焱让我再给郭钧一个机会，给华润一个面子，否则一个上市公司不到半年就撤换了总经理，市场的反应一定是负面的，对公司的管理和市场的发展也是负面的。

闫焱同时也找郭钧谈了话，要求其注意工作方法和与我的配合，但郭钧也许因为签了两份聘任合同，一份是与华润（北京）置地签的聘任合同包括董事席位，一份是与华远地产签的工作聘用合同，而有恃无恐，认为我无法除去其在华润（北京）置地的董事席位。因此他并未改变其工作习惯，反而加强与万科的勾结，包括回访与学习，还特别带着公司的手下去天津参观其开发的"美国小镇"，在公司内推广万科的经验和文化理念，也引发了公司内部的一些反感。

但这时我的注意力早已转移到处理华润集团与华远集团的关系上了，并未将郭钧这个我仍拥有一票罢免权的小人物放在心上。

更严重的问题是，2000年10月16日《香港经济日报》刊登了华润创业公司的公告，将华润创业所持有的华润（北京）置地公司44.2%的股份转让给了华润集团。这是宁高宁重组华润集团的资产，将间接持股的上市股权转为华润集团公司直接持有的重要战略。

华润集团要进行内部资产重组，这不是我关心和应该管的事，但这涉及华润创业在华润（北京）置地上市之前对华远集团和华远地产公司所做的承诺，我就不能不管了。尤其是这种严重违反承诺的做法，事先并未与我协商，更未通知华远集团公司，就更为不应该了。

华润（北京）置地公司上市时的唯一资产是持有华远地产公司52%的股权，在1996年华润（北京）置地公司组建并准备在香港上市之前，为保证华远地产公司未上市的中方小股东的利益，我要求华润创业做出承诺，即华远公司中方在股票公开上市之后，不得转让其在坚实公司的任何实质性股权，并保持其实质控股股权。坚实公司正是华远地产的最大股东，也是华润（北京）置地上市之后的最大股东。

华远集团同时做出承诺，同意不在中国以直接或间接的持股方式从事华润（北京）置地已知和已认可的地产项目之外的任何项目。这些已知项目包括华威大厦等地产项目，即华远集团用放弃再做有竞争性的房地产项目的权力，换取了华创不得变更股东控股权的承诺。

双方本应都严格遵守上述承诺，但在华远集团严格遵守了上述承诺的情况下，华润创业却违反了承诺，欲将华润创业上市公司所持有的股权转给华润集团这个完全按国资进行管理的企业，这也是后来引发华润集团要直接管理华远地产公司发放奖金一事的原因，而我不愿意华创将股权转让的重要原因之一在于华创是个上市公司，必须按上市公司的规则来进行管理，包括董事会、审计、公告等一系列问题，但转给华润集团之后就不同了，大股东可以不按上市公司的要求而行使大股东的权力，从而干预公司经营。

华远集团本身就是个国企，我深知国企在发展与决策上不得不接受上级审批的苦恼，会因此失去许多投资机会。因此我力争将下属企业都进行各种各样的改造，如股份制、职工持股、合资、合作等等，尽一切可能削弱国企体系对企业发展的制约；尽量减少国企垄断、一股为大说了算的弊病，尽一切可能将国企民营化，进行市场化管理。在早期同步成立的区属企业中，华远集团之所以一枝独秀，就在于这种民营化的管理经营理念，正由于我饱受国有体制瞎管理、乱指挥的痛苦，因此多次力争将华远集团公司改制，但始终没有获得批准。同样我也深知上市公司的股权转入华润集团之后，必然会出现许多管理的矛盾和问题。

比如郭钧虽然是党员，但其以大股东的代表身份自居，拒绝将党员关系转入华远集团党委，也拒绝接受华远党委的管理，而将党员关系留在万科，以保留其与万科的联系和勾结。万科由于王石不是共产党员，因此也不会有华远这套党委决策监督的管理体系和工会与职代会发挥作用的基础文化，只是更突出个人英雄主义，并非华远以企业为家的团队战斗精神，当然万科也就不会更多地考虑员工的住房利益了。

由于华润集团资产重组的需要，华创违反了承诺书中的承诺，2000年10月20日，我以华远集团公司的名义，向华润（北京）置地和华润创业公司发出了抗议函，一是要求华润创业在未向华远集团公司和华远房地产公司中方股东说明情况之前，中止股权转让的一切交易；二是要求华润（北京）置地公司解除华远集团公司上市之前对华润（北京）置地做出的一切承诺——华润（北京）置地在上市之前曾承诺将北京华远地产作为唯一资产，上市招股书中有明确公告。但收购万科股权之后，其所持有的已不是华远这唯一的地产企业资产。因此华远集团公司也有权解除承诺，可以重新开始以华远集团持股或参股的方式从事房地产业务，包括同业竞争的项目。

此外，华远集团公司在华远房地产公司中承担了全部境内贷款的担保业务，这一担保责任远远超出了华远集团在华远房地产公司中的所有股权比例，我要求华润集团对这一系列问题给予反担保或置换担保。至此，双方已在股权转让这一问题上寸土不让地开战了。因我有理有据，明显站在了守约的一方，华润创业则站在了违约的一方。

对此宁高宁给我的解释是，华润集团公司本就是华润创业的控股股东，华润创业将其持有的华润（北京）置地的股权转给华润集团,按照香港的法律,这不是"实质性"的控股股权转移，也未改变北京置地公司的控股地位，只是由间接控股变成了直接控股。但有关法律上的法人责任关系的变动，会涉及和影响原有文件和承诺的相应法律关系变化，华润集团有限公司有必要重新研究各方的利益保护关系，并重新出具保证函。但这些保证函应在完成交易之后出具，华润集团公司会负责任地与华远集团公司协商，出具承诺函的内容，并征得华远集团公司的同意，给华远集团公司一个满意的答复。

但直到上述股权转让交易于2000年11月17日交割完成，我始终没有收到华润集团给华远集团的承诺函，2001年初到香港参加华润集团公司常务董事会的时候，我再一次与宁总协商如何解决这一问题。

华润集团公司及其控股的华创公司、坚实公司和华润（北京）置地公司，最终同意了华远集团公司提出的全部要求，并于2001年的2月1日和2月5日，分别以上述公司的名义做出了不同的承诺，出具了保证函等。

一是由华润集团有限公司给华远地产公司出具的承诺函，承诺的要点为：1.未经合资公司中方事先书面同意，华润集团有限公司不得向第三方转移其在坚实公司的控股权；2.华润集团未经合资公司中方事先同意，不得向第三方转移其在北京置地公司中的控股权；3.未经中方事先书面同意，不得将上述股权以担保、抵押、质押等方式转让或处置给任何第三方；4.保证华远集团公司在北京置地中的董事会席位数不变；5.即使合资公司中方同意转让，也必须转让给在北京市西城区注册的第三方公司；6.如华润集团违反上述任何承诺，都必须以高于合资公司净资产值10%的收购价格收购中方的全部股份。但华远集团公司的股权被收购之后，上述承诺失效，华远集团公司在北京置地董事会的席位也自动丧失。

二是坚实公司给华润（北京）置地公司的公函，宣布北京华远集团对合资公司外方公司和对北京置地公司过去所做的一切承诺全部失效,上述两公司放弃原应享有的承诺书中的任何权利。

三是华润集团公司对华远房地产公司债务担保的协议:1.当华润集团公司不再是合资公司的股东时,华润(北京)置地公司将承接地产公司债务的全部担保责任;2.免除华远集团公司超出持有合资公司股权比例的全部担保责任;3.华远集团公司接到书面通知10个工作日内,北京置地应立即以各种贷款银行可接受的方式免除华远集团超比例担保的责任。

几家公司同时要求华远集团公司,在接到上述承诺、担保与协议之后,放弃对华润创业承诺书的权利。

实际上,这一系列变化已经为今后华远与华润的分家打下了基础,甚至包含了华远集团所持有股权的最低收购价格、华远集团公司和其他中方股权被收购之后董事席位和债务担保转移等一系列问题的处理意见,只是双方都互相留了个面子,同时都还抱有共同改善合作关系的良好愿望。

在华远集团公司与华润集团公司就股权转让问题进行交涉期间,同时又发生了万科定向向华润增发B股的事件,关系着华润的发展、华远与万科之间的关系、华远集团公司和合资公司中方小股东利益的保护等一系列问题,而我则首先不是站在华润的立场,而是站在华远集团公司的立场来考虑问题。

尽管我与宁高宁都想保留继续合作的关系,尽管宁总仍怀念着过去几年成功合作的愉快,尽管我也感谢通过与华润的合作让华远地产有了突飞猛进的发展,但无奈中间夹着郭钧,并没有给我们两个股东的继续合作留下应有的空间。

年初华创刊物向我约稿时,我写的那篇文章题目就是《别了,华润创业》。

郭钧并不知道华润集团公司给华远集团公司做出的承诺、担保以及签署的协议书具体内容,也许他以为华远集团公司对华润的股权转让无可奈何地接受了。2月23日郭钧即在《北京晚报》的楼宇专刊上刊登了其与王石保持职业距离的采访稿,高调宣传其与王石的对等地位和将超越王石的雄心大志,年仅34岁的郭钧掌管了华远地产70亿~80亿的资产盘子,好像已是个了不起的大人物了。

同年的3月7日,《财经时报》刊登了宁高宁纵论华润增持万科的计划。我则认为"不是华远吃掉万科,也不是万科吃掉华远,而是华远与万科都被华润吃掉了"。宁高宁认为，在华润集团公司的业务重整中，发现华润600多亿元的资产中，有200多亿元是地产业务。当然他也希望增持万科之后，能将万科与华远的业务进行整合，重建华润集团在中国地产中的领先地位。

3月8日是我的生日，大多数员工虽不知道内幕，但或许已看出了我与郭钧之间的分歧，还有华远集团与华润集团之间的矛盾，也感觉出了一种危机。生日那天，无数人以个人的名义、部门的名义、小单位的名义给我送来了一屋子的鲜花、花篮、蛋糕、贺卡和礼物，似乎每个人送来的不是欢乐，而是一种怜悯和伤感。许多鲜花和花篮更是前一天晚上我还没离开办公室时，就摆在了我的房间里。那天当我推开办公室的门，看到许多的鲜花与蛋糕时，看到贺卡中的那些留言时，我感动得眼泪不由自主地流了下来。

由于我的生日是3月8日，也是国际上妇女们的节日，因此会很容易被大家记住。一般人的生日大多习惯于和家里人一起过，年轻人则愿意聚在一起共同庆祝。而我则更多的是和公司的同事们一起过。此前的生日中也有人和单位会偶尔送来些花束、花篮和蛋糕，办公室的女同胞们也会一起品尝蛋糕，并分享那些鲜花，但绝没有像这次一样堆满了整个房间、走廊和会议室，也没有这么多人写了各种祝福和希望的贺卡。许多人已经预感到这大约是我和大家最后一次过生日了，于是就变成了一次感情的爆发，汇集在一起，成了一股洪流，产生了巨大的震撼力，这证明的恰恰不是我的失败，而是一种成功。当一个人的意志能影响和融入到每一个员工的心中时，你就是成功的。

在我面对部长、市长、副市长的批评、被冤枉时，我没有流泪；当我受到华润不公平的对待时，我没有流泪，当我面对一系列伤害、选择勇敢面对和捍卫自己的权利时，我更不会流泪；当我看到这些员工们热心的关怀时，我流泪了。我认为这是许多人对我的支持和信任，大家以为我是在走下坡路，希望我坚强，能战胜眼前的困难，并再一次站起，再一次带领华远走向辉煌。

我给所有的员工写了一封公开信《谢谢你们——生日有感》，并发在公司的内网上，同时邀请所有的员工下班后和我一起过生日，吃蛋糕。

行笔至此，已是子夜时分，我翻看着印着泪痕的公开信原稿，心中激情如潮涌，无法提笔，于是发了条微博就睡了。

第二天，我重新拿起笔准备摘抄公开信中的几句来表达当时的心情时，发现难以取舍，于是，决定将全文记录如下，也许只有这样才能全面地反映我当时的心情。

谢谢你们
——生日有感

今天是我五十岁的生日，一晃在这个世上我已度过了人生一多半的路途，或者说已跨越了人生最黄金的时代，将漫步在夕阳之中。

虽然我还有着光辉，有着权力，但这一切都只属于过去。未来永远属于有时间等待和追求的年轻人，这是任何人都无法靠人为的力量而改变的。只有人的精神可以不受年龄的约束和限制，可以保持常青。

十几年的军旅生活使我有了强壮的体魄和坚强的性格。也许所有的员工都只看到了我严厉的一面，而赞誉我为"铁汉子"。殊不知坚强的背后隐藏在心灵深处的另一面则是软弱。古语曰："男儿有泪不轻弹，只缘未到伤心处"。前半句是对男儿外在表现的表述，后半句则未必如此。男人活着比女人辛苦，在于他们常常为了面子和形象而不敢在世人面前流泪。作为一个企业的领导，则在于他们无法在家人和下属面前流泪。而流泪也未必是因为伤心，除了辛酸之外，喜悦也同样会让人流泪，并且可能是带着红色的沸腾的泪。

从昨天开始就接到了一连串的祝福和邀请，有年迈的长辈，有同事和战友，有朋友和客户，也有家庭和子女，还有领导的关心。也许是由于我的生日恰恰与全世界的妇女节日重逢于同一天，而被多数人容易记住；也许是我这个人暂时还是个"人物"，这种友情、亲情、客情与例行公事都集合于同一个时刻了。

然而最使我心中引起波澜而久久不平，并不由我不拿起笔来表达这血泪之情的并不是上面的这些邀请和问候，而是你们对我的信任。

昨晚8点多我回到办公室时巧遇了想让我第二天一上班就有一个惊喜的送花人。她并不在乎让我知道她是谁，而只想默默地献上一份祝福。当时虽然我也心存感激，但却未以为然，只说了声"谢谢"，而此刻我突然理解了这无言之中的许许多多。从今早的一上班开始，各种各样的生日祝福连续不断地涌入了办公室。窗台和地上摆满了鲜花，更有蛋糕、贺卡和小礼品。有的代表个人，有的代表集体，有的是公司的员工，有的曾经是公司的员工，也有的虽然是公司的员工却似从未相见。

这是我一生之中收到公司员工祝福最多的一刻。这里的每一束花，每一句祝福都有着深深的情、浓浓的血，也孕育着无限的希望和重托。

一种是真心的生日祝福。五十大寿总是人生一大要事、喜事，应该和值得祝贺。

一种是担心的生日祝福。希望我在工作的重重压力之下有一份喜悦和轻松。

一种是以我为企业化身的生日祝福。借我生日之机的祝福表达对企业前途的关注。

一种是怜悯和惋惜的生日祝福。好像明年就不再有这样的生日机会。

一种是换取支持的生日祝福。被祝福的是我，想得到的是自己的未来生活。

一种是向往追求的生日祝福。将感情注入到企业之中的员工对领导者的信任和依托，转化为命运共同体的祝福。

一种是纯个人感情和私人情谊的生日祝福。这一切都与他人无关，而只是两个人之间的秘密，一种只可意会不可言传的祝福。

一种是力量对生日的祝福。它不需要更多的语言表达，但当他们抬着沉重的花篮，用坚定的步伐踏入的一刻我可以深深地感受到这是一种集体的力量、团体的精神，这是一种支持和信任。

一种是心灵对生日的祝福。从那精心挑选和制作的卡片上，从那工整和认真的笔迹和短语中，我能从心底油然升起一分崇敬。这种相互的尊重是没有职务界限的。

对快乐有无数种的理解，对祝福我还能列举出无数的感觉。有人说我还只是二十五岁的生日，也有人说我是金太阳，更多的人在我的生日时祝福华远的发展和腾飞。

我不是神，我也和大家一样是用血和肉组成的人，有着同样的感情、同样的心。这些生日的祝福告诉了我你们想说的许多许多的心里话。也有我们的心和魂。

人生之中会有许许多多的没想到，也会有许许多多的意料之中。如果有相互之间的信任，会减少物质传递之间的语言，但却会加深凝聚在我们之间的真挚的爱。

谢谢你们的祝福！谢谢你们的真情！谢谢你们为我所做的一切！

谨用1975年在柳州时我送给友人的一首小诗回敬：

茂树苍葱非一日，
自有深根而年青；
夕烟倾射桔光泛，
莫敌云开雨后虹。

（另请今晚五时在六楼共享生日蛋糕。）
再次谢谢各位！

任志强
2001年3月8日

密谋卖公司

4月初是香港上市公司公布上年年报、召开股东大会的时间，我再一次来到香港，历年的股东大会都是在香港华润大厦的50层召开。

那天晚上宁总请我到华润大厦旁边的"松板屋"日餐厅吃饭。自从和华润合资并上市之后，我们常到这里聚会，许多事关华润（北京）置地发展历程的重大事件的决策也都是在这里的聚会中产生的。这一次也一样，我和宁总再次做出了一个重大的决策——"分手"。

在餐桌上，我们回忆了双方历年合作的成功，也剖析了1999年以来出现的问题和各自的责任，更检讨了最近一系列的矛盾和冲突，宁总解释了华润集团资产整合的来龙去脉和许多不得不做的发展战略，也希望得到我的支持和谅解。会谈一直是在非常友好、相互充分信任、开诚布公的气氛中进行的，不管我和宁总之间有过多少不同意见和争议，两个人都对对方的人品没有丝毫的怀疑，也都相信对方是个通情达理、完全市场化的聪明人，也都理解各自的利益出发点不同，都必须捍卫自己所代表的企业利益和权利。

为了整合万科与华远的资源，实现华润集团公司在境内建立中国房地产龙头地位的战略计划，宁总提出将我调入华润集团公司，出任华润（北京）置地的总经理，不再单独管理华远房地产公司，而是代表华润集团公司负责管理万科与华远，并将两者进行整合，建立起华润强大的地产品牌。宁总相信我的能力，但不愿看到我仅代表华远集团公司（背后是西城区政府）的利益，并因此而成为华润集团公司整合两个地产资源的障碍。

或许是因为我对西城区的感情太深，对几代领导共同建立的"华远"这个品牌的投入太多，我无法接受宁总的感情邀请，也对华远集团难舍难分。"华远"就像自己培养的孩子一样，与我的成长有着千丝万缕的联系，更不愿意看到"华远地产"的大旗在我的手中倒下。或许这就是我这个"宁做鸡头，不做凤尾"的坏脾气造成的恶果，我坚持不离开华远，也不放弃"华远"这个品牌。

双方探讨了各种其他方式合作的可能性，但最后得出的结论是："如果无法从理念上达成一致，那么双方就只能分手了。"是的，如果双方合作的理念不同，一个想合并、整合资源，建立中国的"地产航母"，一个坚持捍卫自己独立的品牌价值，那么就一定会在合作中不断发生利益冲突，而无法正常发展。那么就不如双方协商和平分手，各自发展各自的品牌优势，华润建立自己的华润品牌，华远建立华远的品牌。或许分手之后，双方都会是个好公司，但强捆在一起，也许会变成一个大而不强的公司，那么就不如双方各退一步，分手言和。

当时中国已出现了大量这类两败俱伤的案例，如熊猫洗衣粉的品牌永久地消失了，北京吉普不见了，还有后来的"娃哈哈"的闹剧等，但我和宁高宁不会干这种两败俱伤的事。

我告诉宁总，华远集团是国有资产，我需要按程序事先上报各级批准，因此要求各自保密，当我做通了相关的申报工作之后，再签署合同并对外宣布，以避免过度的宣扬而造成审批上的障碍。

接下来，我们都没有对外透露相关的信息，甚至没有告诉内部的管理层，但都开始了各种准备工作。

1993年4月18日，为了合作西西工程，敬远公司（华远与戴小明合作的公司）与华远房地产股份公司合并，在人民大会堂举办了庆祝活动，许多市领导和区领导都参加了这次活动，到2000年时已完成了大量的土地开发和工程建设，却面临着贷款困难的问题，后通过原区委书记陈元（时任国家开发银行行长）取得了国家开发银行7.5亿元市场基础设施的贷款授信，但国家开发银行只能将贷款给国有控股的企业，而敬远公司是由外资公司和合资公司作为股东成立的，为加速西单地区的改造与建设工作，区政府决定让西城区金融街开发公司入股敬远公司，并占51%以上的股份，这样一是能从国家开发银行获得巨额贷款，二是可以由区政府主导西单地区的改造和建设工作，原有股本的双方都同意用入股的方式改变股东的结构，以争取国家开发银行的市场基础设施贷款，这样也有利于保护原有股东的利益。

华远地产公司起初在合资筹建敬远公司时，抽调了部分人员去组建敬远公司，这次由金融街公司控股之后，人员将由金融街公司调派了。对这些从敬远合资公司调回的原华远地产公司的骨干，我没有让他们回到华远地产公司再签劳动合同，而是调回了华远集团公司。并且重新启动了西城区改造计划，将这批人拨给华远集团公司的西城区什刹海开发公司。根据当年华远集团公司对合资公司的承诺，华远不得再成立与华远地产有竞争业务的同类企业。因为西城区政府将西城区什刹海开发公司划拨给华远集团时，华远集团按照承诺书的要求将这个公司的业务委托给华远房地产公司代管了，其中一些土地项目的转让和利润也都归属了合资公司，严格履行了承诺书中的约束条款。直到华润集团公司受让了华创转让的上市公司的股权之后，双方解除了原有的承诺条件，华远集团公司才收回了委托的权利，重新启动了什刹海开发公司的业务。

因此，当敬远公司股东变化之后，华远集团将从敬远公司退出的这批骨干和员工调入了什刹海开发公司，重新启动了房地产开发的业务，并为与华润的彻底分家做好了准备。

回京后，我就召开了华远集团公司的党委会，汇报研究了分家重立、华远与万科合并华远地产单独A股上市、华润增持万科、华润可能用北京股权置换万科股权等一系列问题，并将各种可能对华远集团的影响及后果都分别做出了研究报告，以便向区政府汇报，利用各种情况的变化来说服西城区政府同意华远集团将所持有的华远地产公司的全部股权转让给华润（北京）置地，但对外严格封锁了消息，避免在区政府批准和支持我们的决定之前发生任何的意外。

区政府并不愿意放弃华远集团对华远房地产公司的控制权，因为要保证华远集团和华远房地产对西城区财政收入中的税收贡献，当时约占区税收的40%多（最高时55%左右），同时要利用华远房地产公司拥有的巨额资金，进行西城区危旧平房区的改造。区政府担心当华远集团退出对华远房地产公司的控制之后，会造成区财政收入的巨大损失。这个说服工作还是有一定困难的，区政府甚至想过要动用陈元书记的关系，与华润集团公司新任董事长陈新华直接对话，想要求华润放弃将万科与华远合并等不利于华远品牌建设和华远地产公司发展的一切资产组合的行动。但被我制止了，我认为和平协商解决是最好的方式，更不应因企业之间的事，动用或破坏陈云的家庭关系。从根本上，我就不主张利用这种非管理系统的家庭关系去解决公对公的合作关系和利益冲突，更不愿意用这种方式破坏华润集团的发展战略。

换位思考，如果我站在宁高宁的位置上，充分考虑华润集团公司的发展问题，我大概也会做出同样的决定：将华润集团公司分散的房地产开发项目和持有的华远房地产公司的控股股权及对万科的非控股股权进行最有利于发展华润地产品牌的组合。

每一个优秀的企业管理者都会充分考虑将集团内分散的同类业务和资源进行有机的组合，分头管理当然不如攥成一个拳头更有力量，更有利于品牌的建设。自己培养专业的人才队伍，当然不如通过股权的收购控制一支市场中已经成功和最优秀的人才队伍。控股几个公司，当然不如将几个不同的公司合并成一艘航母更有力量。仅有境外的融资渠道当然不如同时拥有境内、境外的双融资渠道更能互补，并能扩大杠杆效率的倍数，撬更多的资金，分散更多的风险和获取更多的合并报表利润。

尽管我对华润集团公司某些事先不通气、不按法律程序办事的做法有极大的意见。尤其是对这种大国企自恃拥有大股东控股地位，而对小股东意见不闻不顾的作风，更是颇有微词，坚决反对，甚至不惜撕破脸对抗。但我对华润要进行地产资源的整合，包括华润集团将间接控制转为直接控制的做法，或者说是一种长期发展的战略却不能表示反对。只是华润没有解决好技术层面操作中的问题，在操作层面出现的错误，也是大股东无视小股东利益，代替小股东做出决定而造成的。万科的品牌不是万科大股东创造的品牌，而是管理层建设出来的品牌。但华远的品牌则不仅是管理者创造的品牌，更是大股东创造的品牌。要想解决万科的品牌生存问题，就需要解决好与管理层的协商工作。但要解决华远的品牌问题，则不仅要解决好管理层的问题，更要解决好华远集团公司股东的问题。

万科早期就同时拥有多个地产品牌，如万科城市花园系列和万科银都系列，而处理这两个品牌之争时，先要解决好管理层的问题，就可以分立两个品牌，保留万科的专属性问题。蔡程作为管理层的一员，可以携带银都品牌离开万科独立，而不应在万科内部再出现品牌之争的矛盾了。

也许品牌之争永远是个无解的方案，但从一开始就选择两个矛盾点而非一个矛盾点作为突破口，这无疑是战术上的一种错误。

王石可以试图卖掉大股东而寻找一个有利于管理层发展的大股东，却不能卖掉一个公司，再建立一个企业。因为王石没有这个权力，也没有这个资本和能力。当王石离开了万科这个企业时就一无所有了，他还必须去继续寻找股东和投资人。但王石成功寻找到了一个好的非控股的大股东，他也非常希望能让这个有实力的大股东变成相对控股的股东，以实现管理层更快发展的梦想。

但这一梦想没有成功，华润想尽了一切办法，最终却没有实现对万科相对控股并绝对控制的战略目标。从目前最终的结果看，王石是最成功的。王石利用了华润的大股东支持，实现了国内资本市场的多次融资，并在华润无法形成最终控制权的情况下实现了管理层利益的最大化、企业规模的最大化和万科品牌的最大化。也恰恰由于没有绝对和相对的大股东，反而形成了管理层有效操作和有效决策的机制，更有利于企业的发展了。如果华润真的成了万科的控股股东，并将万科按控股方式纳入华润集团公司国有化的直接管理，那么也许万科就不是今天这样，王石也不是今天的王石了。

华远集团公司则完全不同。我不但有权选择地产公司的大股东，有权卖出公司的控股权，也有权卖掉公司的股权，卖掉公司，并在华远集团公司的支持下有权、有资本、有能力去重建一个新的地产企业。在这一系列的操作中，我不但可以实现管理层利益的最大化，也可以实现股东利益的最大化。但也许恰恰因为我有这么多的选择权、自主权，反而使我在企业的规模化发展上成了失败者，更无法与王石和王石所代表的万科相提并论。

正因为王石无法以管理层的身份离开管理层所必须依赖的企业和企业品牌，因此其必须将企业规模最大化作为目标，而不是将股东利益最大化当成目标，他可以不考虑股东的利益保护，可以以企业的规模化为优先目标，但我却不能！

如果我也仅仅是个管理层的角色，不从股东利益的角度出发，如果我不代表华远股东的利益，那么我完全可以放弃华远集团股东代表的身份，放弃华远集团股东的利益，放弃华远这个市场中的品牌价值，只身到华润集团工作。专门管理按华润集团意愿进行全部地产资源整合之后的华润（北京）置地，同时管理万科和华远或更多的企业。那样也许华润就可以将华远地产全部装入万科，并获得万科的控股权，我就是这个合并后的资产的管理者了，这也是宁总的设想之一。

但是，我不仅是一个房地产公司的管理层，同时还是国有资产的代表，是华远集团公司的法人代表。我不仅要考虑华远地产公司的发展，同时要更多地考虑华远集团公司的发展。这时管理的重心就不同了，并发生了变化，我更多地是股东的代表，要更多地考虑股东的利益，包括那些因信任华远集团公司的信誉与品牌、最初参与华远房地产公司股份制改造的其他股东的利益。

从房地产公司规模发展的角度而言，我成功地进行了股份制改造，却赶上了国家宏观经济调控，失去了在国内资本市场整体上市的机会。华远地产公司只能走合资的道路，走利用外资而在境外上市的道路，这几年，无疑华远取得了比万科更快、规模更大的发展成绩。但当中方股东与控股股东利益发生冲突时，我就必须将股东的利益放在优先的地位，保证股东利益的最大化，而非管理层利益的最大化和企业规模的最大化。

我只能选择与华润分手，卖掉在华远房地产公司的股权，卖掉这个已经是全国资产规模最大、销售额和营业利润都远远超越万科的企业。从征税的角度而言，当时的万科享受着特区的优惠政策，只缴纳15%的企业所得税，而华远房地产不享受任何优惠政策，要缴纳33%的企业所得税。这几年仅华远房地产多缴纳的税大约就超过了万科的所有利润，而人均年利润超过了200万元，人均纳税超过了150万元（那时还没有实行土地增值税的征收，是缓征期间），这些经营指标都远远超过了万科许多倍（按万科的自我评估报告，相当于万科人力资源效率的5倍）。

当我卖掉华远房地产公司的股权时，毫无疑问对华远集团这个股东是非常有利的，其他中方股东获得了投资的数倍效益（包括历年的分红效应），应该说是一项对股东而言极其合算、投资回报率数百倍的成功投资（这个股东的收益是王石所不可能拥有的）。换句话说，作为华远集团这个国有资产的投资股东而言，我是极为成功的。但如果从房地产公司管理层的角度，与王石的万科对比，我是失败者。从房地产管理层角度看，我通过股份制、合资、境外上市，将公司的规模飞速地发展了，但当我卖掉公司股权、不再是房地产公司的管理层时，等于空转了一周。所有的努力都只是为其他管理者和剩下的股东做了嫁衣裳，所有的管理者建立的成果都归了他人所有了，这就是我与王石，华远集团公司与万科的差别。

而我最终选择的是后者，是从股东角度看，股东所获取的利润增长是多少，财富增加是多少，这个股东地位的优势和控制品牌能力的优势则是我拥有而王石并不拥有的。

我之所以说华润的战术出现了错误，正在于华润最终地产资源整合的结果是没能实现对万科的控制权收购（万科并不能算是属于华润的品牌），又失去了华远的品牌。最后只好用华远房地产剩余的资产和队伍重新建立完全属于华润的品牌。当然目前看这一品牌也是成功的，就资产规模看也是中国前几名的，只是没能将万科、华远都融入其中，没有变成中国的地产航母。

万科则在大股东的更换之后，赶上了中国股市的开放和暴涨，抓住了连续多次扩股增发的机会，并且单次增资高达100亿元，将重新二次创业的华远远远地甩在了后面。华远因二次创业和重入A股的时间较晚，不但没能从公开的资本市场取得一分钱资金，反而分出了十多亿元的现金和股份分红。又恰赶上了宏观调控对房地产市场的严格限制以及对房地产企业进入资本市场再融资的严格限制，与万科已不可同日而语了，根本不在一个起跑线和数量级上了。当然，就企业创造财富能力和经营能力而言，华远并不输于万科，尤其是从净资产的回报率上看，华远的盈利能力年年超过万科。2012年低于万科。

话题转回到当年。万科和郭钧都不知道我与宁高宁已经会谈，并做出了分家的初步决定，王石还在继续努力，希望华润通过增发实现控股万科的目标。

2001年6月25日的万科会议上，华润增持万科B股的方案终于宣告失败了，自2000年万科定向向华润增发B股的方案被小股东们反对而失败之后，在万科和华润中不断传出华润将用北京置地的股权注入万科的信息。但在这次股东大会上，华润集团公司的副总经理、万科的新任董事宋林（如今的华润集团公司董事长）宣布了停止万科向华润增发B股的方案。

2001年7月2日，《21世纪经济报道》大篇幅刊登了有关万科股东大会及王石的报道，但在相关的报道中则用的是"华远并入万科？"的题目，专门谈到了华润、万科与华远的三角关系，其中也有对我的采访。我含糊地提到，如果华远房地产在A股市场上市，则可能通过股权置换将万科与华远合并，并让华润实现对万科的控股；如果万科与华远合并，华远的品牌也将从市场上退出。但如果华远与万科合并让华远的品牌消失时，华远集团有可能组建新的公司。

但这篇报道则让更多人关注的是万科吃掉华远，这也是王石、郭钧都多次含糊地向社会透露或有意传递的信息，而这也是我希望看到的。

我与宁总会谈并达成一致意见之后，我最主要的工作则是说服政府批准我卖出在华远房地产公司中的全部股权，另建新的华远地产公司，但要说服政府同意，就要借助于市场中有关华润要通过万科吃掉华远的传闻。西城区政府当然也不愿意看到"华远"这个西城区政府引以为傲的品牌在他们手中被别人吃掉。万科这次股东会的信息和报道，则更有助于我说服区政府同意我卖掉股权而重建新华远的计划。

终于，在我的说服与媒体的各种猜疑及有倾向性的报道的帮助下，区政府同意了我的建议，但同时提出了几个要求：一是出让的价格不得低于净资产值。这个不用担心，虽然那时香港上市公司的股价在不断下跌，早已跌破了公司的净资产值（区政府担心，华润会按下跌后的香港股市价格收购华远的股权）。但我与宁总的定价则是按2月5日华润集团给华远集团公司的承诺书中的定价原则，华润对华远和中方股东的收购价为净资产价加10%的价格，这个价格并不与香港上市公司的价格变动挂钩。二是区政府要求华润收购之后的地产公司必须仍然在西城区注册，并在西城区纳税。这其实是直接涉及区财政收入的大问题，这也许与区、市公司有关，但对央企来说无关，因为央企的股东没有地方政府的税收利益冲突，无论在哪儿纳税都没关系。我知道这对宁总而言不是个条件，这个公司原就注册于西城，办公楼建在西城，并且在西城区还有大量的项目，也需要区政府的支持（如西城项目的拆迁），自然不会有意将公司的注册地和纳税关系转移到其他区域去的。三则是华远集团必须收回华远的品牌，不能在西城区出现另一个不属于西城区的华远的品牌。

保留"华远"的品牌，当然也是华远集团的想法，更是我这个参与了华远品牌建设、深知这个品牌的价值和来之不易的管理者，首先会重点关注的问题。当初华远的品牌并未折价进入合资公司，而"华远"地产公司的工商注册权也在华远集团，华润希望创出自己的品牌，自然也不会将华远集团收回华远的品牌看成是分手的一个障碍。

7月份，虽然市场上和媒体上都在争论着"万科吃掉华远"的问题，虽然数月以来我已不再关心华远房地产公司的内部业务工作，让郭钧以为我已被大股东说服了，他可以放手应对华远房地产的工作自行做主了。表面上看，我在忙着去美国休假，在忙着和潘石屹打嘴仗，在忙着写自己的研究报告，但他们与社会并不知道，我已经开始和宁总指派的律师研究股权收购的协议、合同和分家之后华远重建的工作了。

直到8月底华润集团派王印、何正荣先后到北京来，并向郭钧了解华远地产公司的各种情况时，郭钧才知道我早与宁高宁协商好了分手的事宜。王印将接替我的公司董事长职位，而何正荣则是今后的常务副总经理（后调任西宁市副市长）。

郭钧大概直到那时才恍然大悟，我之所以很长时间都不关注公司内部的工作，原因在于我早就开始准备将这个公司卖掉了。

与宁高宁的谈判是件非常愉快的事情，宁高宁是个知恩图报的君子。他很清楚我之所以卖掉公司与华润内部的资产整合有关，华润也确实有工作不到位的地方。华远地产在前几年合资上市时对华润创业的利润弥补是起到了极大的贡献作用的。如今这样的分手，对华远和对我个人也都有一些不公平的地方，因此作为补偿，宁高宁按照香港的惯例给了我一个极为优厚的待遇和条件。除了在合同中满足了华远集团和西城区政府提出的全部条件（包括转让股权中要包括华远股份改造时的所有发起股东的股权等），还给我保留了许多待遇：一是给我保留了一个香港上市公司终身董事的席位和待遇；二是给我这个终身董事每年100万元港币的年薪待遇；三是保留我在原地产公司中终身董事的办公室（我没要）；四是永久保留我公司高尔夫会员资格；五是保留我在华远（北京）置地公司的认股权；六是给了我在组建新公司时从现公司任意抽调除我之外的已签劳动合同而未到期的5个人员的名额。同时也对我提出了继续以董事身份帮助做好分手后工作移交、审计，与地方政府和政

20多年前的我

府管理部协商协调等要求。

其实我很清楚宁总是讲道理的,既希望我在新的创业中能干得更好,能帮就帮我一把,也希望我能帮助分家后的公司平稳过渡,如果有困难时还要努力地帮一把,毕竟王印是个初次进入地产行业和初次到北京工作的新人(此前长期在香港工作),许多情况还要有个帮手才好,等于给自己多上了一个保险,让此举变成了一举两得的好事。

华远、华润分手

那天早上去公司时,我专门换了套干净的西服,选了条大红色的领带,以显示这个场合的正式、隆重以及我喜悦的心情。几个月以来压抑的情绪也该得到释放了,我终于可以卸下这个"伪装",不再担任华远房地产公司这个有名无实的董事长,重新干一番属于自己的事业了。

我知道重新创业的困难,也知道重新从小到大是个痛苦的成长和追赶的过程,更知道二次创业的风险和可能招来的批评,更深深知道如果失败会是一种什么样的结果!但这一切都远不如可以实现自我尊重和自我理想更重要,同时我也坚信,我有能力、有信心,重新塑造属于华远自己的品牌。

当我在会议上正式宣布这一股权转让的消息,同时宣布辞去现公司董事长的职务时,许多员工都流下了眼泪。尤其是那些在公司股份制之前就参加了公司艰苦创业过程的老员工们,多年的奋斗成果和曾经拥有过个人股的公司,如今突然换了东家了,曾经引以为自豪的视为自己的家一样的企业,如今因股权的变化而失去了家的感觉。连那些因华远品牌而调入的骨干们也同样像一下子失去了主心骨一样。虽然天没有塌,企业还在正常运行,更换的是有实力、有央企背景的大股东,但人是有感情的,从熟悉到陌生总是一种变化,至少他们已熟悉我的管理文化与风格,熟悉我的为人与习惯了。我同时宣布的新任董事长王印,许多人则是初次相见,多少有不知深浅的感觉。

也有些职业经理人类型和技术类型的员工,尤其是股份制或合资之后进入公司的员工,并不关注公司的最终股东是谁,也有人认为华润的牌子更为响亮。当王印解释华润的增持是对现公司管理团队的一种信任之后，许多人更放心了。毕竟华润也是一家好公司、大公司，也许会有更多的发展机会。

会议在各种复杂的心情交错中结束了，会后的议论则比会上更为热烈，这也是件好事。

下午，我在同一个会议室召开了有许多媒体参加的新闻发布会，公开宣布我辞去了公司董事长的职务，华远集团公司卖出了所持有的全部股权，收回了"华远"名称及与"华远"形象相关的全部品牌，组建了新的华远房地产开发公司，开始重新创业等一系列的消息。并充分回答了记者们的提问，包括华润集团计划将万科与华远合并打造中国地产航母的相关问题。这个从去年12月2日的万科增发B股的公告开始就引起社会不停争论的问题，终于在今天有了结果，各种传闻都因这一消息的公布而终止了。

第二天，北京市能看到的媒体都用很大的版面、用了特殊的能吸引眼球的巨大黑体标题刊登了这一消息，但各自的角度不同，标题更是五花八门。有的是以"房地产巨头辞去董事长"为题，有的是以"任志强另组新华远"为题，有的则从"华远与华润的分家"入手，还有的则是怀疑"廉颇老矣，尚能饭否"。

这些新闻有的刊登在专门的地产版，有的刊登在时事、新闻版，也有的从合资双方分手的经济角度出发剖析事件，刊登在经济版或时评版上，还有的从对万科的股价影响出发刊登于证券版。当时也有香港的驻京记者参加了新闻发布会，他们则从华润（北京）置地增持股份的角度出发，分析了华润（北京）置地的前景和对股价的影响度。

一时风云变幻，从北京的各相关单位到区里的各级机关也都在议论这一话题，都在关注着新华远的成立与未来的变化，像小潘这些地产界的朋友，同样也在密切关注着此事，许多人不断打来电话，并试图询问一些媒体报道中没有的内幕。

华远地产曾经是北京的一面旗帜，是全国的融资案例，也是创下惊人发展速度的企业，一夜之间消失了，要重新二次创业了，而在激烈竞争的市场中，能否让华远这个曾经的品牌再次闪耀光芒？这中间确实有许多疑问，也有巨大的风险，我无法用几句话来表达，但我可以让事实证明我有着自己的准备。

毕竟我不是初入市场，我有着华远集团雄厚的资金支持，我有着一支经验丰富的管理队伍，我有着丰富的社会与市场资源，华远的二次创业是站在一个不同于初次创业时的高度。

华远房地产第一次独立注册时的注册资本名义上有1500万元，而实际的账面资产是负的，那时一群大多数外行的管理者和少数的几个专业人员就能干出一番轰轰烈烈的事业。如今的条件、资金、队伍与经验都远远超越了那个时代，又有什么可以担忧和怀疑的呢？

有人担心华远二次创业时的资金。华远集团从股权转让中获得了大量的盈利和现金，完全有能力帮助新的公司完成注册和支持发展，同时我还有更多的资源可以进行股份制和再融资。资金对于我这个在资本市场中滚过一圈的老手而言，并非是创业的主要困难因素，更不会成为二次创业的障碍。

有人担心华远二次创业时的管理队伍。是的，我仅从原华远公司带走了四个人，一是跟我一起第一次创业时就在的财务总监袁绍华，一是董事会秘书，一是人事部经理，一是我的秘书。但我预留了一套从敬远合资分司退出来的管理班子，虽然只有十几个人，但已经足够我开张的了，并且他们已经开始了新的项目准备。

在我与华润分手之前，华润其实最担心的是我将整个管理团队都带走，而让公司成了个空架子。在王印与郭钧的谈话中，郭钧非常有信心并且骄傲地认为，以他的能力，可以保证原公司的管理团队不会跟我走，郭钧完全有把握让这个团队稳定地保留下来。我确实不会做将管理团队带走这种缺德事，我绝不主动去干这种挖人和拆台的事。华远集团公司传统文化中的"来去自由，择优录取"的原则，也不允许我干这种事。我和宁总同时达成的共识是，劳动合同到期之后，所有人员可以重新选择，如果有人重新选择回到新华远，是每个人自己的权利，双方也都不应干涉和追究。宁总也许是相信了郭钧的解释，而我更相信我的为人，相信员工们的选择，相信华远的企业文化，相信任志强的人格魅力。

第二年的3月之后，原有的劳动合同到期了，于是原华远地产公司的员工队伍出现了巨大分化，一大部分重新回到华远的怀抱中，一部分人独立创业当老板去了，还有一部分留在了原公司。在留下的人中，相当一部分人都想回到华远来，但我努力说服他们仍然留在原公司，一是华润也是好公司；二是他们年龄已大，服务的年限不多了，更适合在一个老的、稳定的公司工作；三是华润的工资收入要比新华远高许多；四是背靠香港上市公司还可以获得大量股权激励的认股收益；等等。我努力帮助华润尽可能地保留更多的管理人才，毕竟我还保留着终身董事的席位和待遇，我更希望两个公司都能良好发展。

即使是这样,也仍有许多人愿意回到华远来。如我的司机,明确对我说要坚持回到华远来,当我说华润的工资收入高时,他明确地回答我:"人活着更要快乐,钱多但如果不舒心,则再多的钱也买不来快乐。"并且他相信华远的二次创业会成功,工资收入也会大大提高的。我被这种朴实和信任所感动,我同时也相信,那些回到华远来的人都会有这样的想法和信任。

这次人事的大变动,并非是因为华润的文化不如华远,也不是华润的机制出了问题,其实问题只出在郭钧一个人身上。也许是万科的文化无法融入华远和华润的文化之中,最终以郭钧任职不满一届就离职结束了这种文化差异的战争。

应该说《万科周刊》是一本非常好的企业周刊,我、黄铁鹰、宁高宁等都在上面刊登过许多文章,共同讨论企业管理与对市场的认识等。郭钧就曾是《万科周刊》的创刊人,林少洲、吴有富等干将都是从《万科周刊》的总编岗位上提拔的,都是名牌大学毕业生中的佼佼者。《万科周刊》也是培育万科企业文化的重要工具,应该说在建立企业文化上,他们都应是高手。但不知道为什么,他们却都难以和其他的企业文化相融合,最终都只能选择单干,我只能将这一差异也解释为企业文化了。

郭钧离开华润(北京)置地之后,也同样引起了媒体的关注。一个年轻人曾在两年前以一个胜利者的姿态进入了一家大公司,并直接当上了总经理,所有人都希望看到他的成功。但刚刚两年,这个红了一阵子的"新星"就从这个岗位上消失了。许多媒体认为郭钧只是当了万科与华远试图合并成为航母中的牺牲品。其实,无论万科与华远是否会合并,郭钧都不可能是领头人,他的道路是他自己走出来的,失败与成功都与华远与万科的变化无关。此后郭钧再也没在这个行业中做出响亮的成绩,也说明他并没有领导一个好的大的企业走向辉煌的能力,尤其是没有独立创造的能力。即使有人给了他一个好的舞台,他也没有充分利用好这个舞台,或者说他根本没有能力站在这个舞台上,演好自己的角色。

但无论是华远还是华润,双方分手之后都成功地在市场中占有了一席之地,华润无疑靠雄厚的资本实力,无论在北京市还是在全国,都取得了长远的发展。同样,华远虽然成长较慢,但至少拥有自己的品牌,拥有自己的市场地位。

许多人担忧分家之后华远取得土地资源的能力,却不知道分手之前,华远集团在解除了不能从事竞争行业的承诺之后就已开始寻找土地,并开始"海润国际公寓"

的前期合作、设计等工作，同时收回了"什刹海开发公司"，重整了原公司拥有的土地和项目，虽然公司起步艰难，却并非一无所有。

尽管原华远公司拥有的全部资产和数千亩的土地资源都归了华润，这也让华润吃了许多年老本，至今尚有余存。但这并不会成为华远二次创业的障碍，过去我白手起家，今日仍可利用各种资源去取得土地，让新华远迅速扩大和发展。

失败会给人留下许多宝贵的经验，分手后我想得最多的恰恰是总结所有的成功与失败，以充分利用成功的经验并避免出现新的失败，将风险控制在最低而盈利最高的范围内。

回想过去的成功，是1993年的股份制、1994年的合资、1996年的香港上市、1997年的国际发债，几年之内公司从仅有1500万元的注册资本，增长到近30亿的净资产和80多亿的总资产，这几年可以说是风光占尽，连续数年人均利润超过300万元，人均纳税超过150万元，并且在招商引资金额上连续多年成为北京第一，更突破了多项中国的法律障碍，推动了市场的改革，年开发面积近300万平方米，也成为了西城区第一纳税大户。

我失败的原因之一大约在于发展的速度过快，预支了未来的融资条件和资源。当1997年亚洲金融危机爆发，切断了外来的现金流支持时，就暴露出了过速、过度发展的漏洞，几乎造成巨大的风险。当年香港的百富勤公司就是因为这种过速、过度的发展，在亚洲金融危机中现金流断裂，造成了企业的破产，整个企业都被低价收购了。

在新华远的二次创业中，我会变迅速扩大企业发展规模为合理控制扩张的节奏，加大企业发展中的现金流保险系数。换句话说，就是更强调稳扎稳打、产品优先，发挥品牌效应的优势，追求的不是规模化而是利润的最大化。

确实，十多年来，新华远地产公司的发展规模远远比不上那些销售额上百亿、上千亿元的企业，如万科、保利、恒大、金地、华润、远洋等，值得我骄傲的则是华远的净资产回报率，这么多年一直排在上市公司的前列，大多数排在前十名之中，至少远远高于前面从规模上看远远超过华远许多倍的企业。新公司的资产规模却只排在了上市公司的第七八十位的位置上，也许这种战略管控的转化，虽然未能让华远房地产的规模像以前一样高速发展，但内在的实力却比过去要安全得多。

失败的第二个原因大概就是失去了企业的控股权，因此让管理层预想的计划与安排无法顺利实施。当初合资时我让出了公司的大股东控股地位，原计划是想让公司能整体上市，但实际是仅外方上市了。外方拥有资本市场再融资的能力，中方却没有这种再融资的能力。因此几次扩股之后，外方的股权早已超过了73%，从相对控股变成了绝对控股，可以独家说了算了（一票超过三分之二了）。而中方，特别是华远集团公司，虽然在几次扩股中也曾努力以华远集团所持有的其他资金注入的方式，尽可能保持相对的第二股东的地位，如曾将华远集团公司所持有的华威大厦的股权分两次注入到华远房地产，没有降低自己的股权比例，但其他中方股东却没有能力每次扩股时者再投入，因此整体中方的股权比例在几次扩股中迅速稀释了，也由此失去了在公司内部平衡决策机制的能力。

因此二次创业时，我会非常注意安排好股权结构，防止再次出现控股权失控的现象，以保证管理层的决策与战略能不受干扰地实施。

其三则是要主动地全部进入资本市场，防止一部分股权可以在市场流通，而另一部分股权不能在市场自由流通，造成两种股权利益之间的冲突。1998年香港上市公司未能将再扩股的资金投入内地而去回购债券，就是出于这两种股权结构的特殊性。华润作为香港上市公司的大股东，首先要保证的是香港上市公司的安全，即持有华远房地产公司70%多的股东权益的安全，中方的股东对此却无能为力。同时，当香港公司回购债券产生了巨大的盈利时，这部分盈利与中方股东无关，不能共同分享，但当时香港华润（北京）置地增资扩股的理由则是在中国内地扩大房地产业务，并且借助的是朱总理上台讲话要振兴中国经济的东风。

从股东要保护自己的利益上看，香港华润置地的做法没有错。为了防止境内公司无法还债而自我消化了债券的压力和风险，还能从中获取巨额的利润，当然是件好事，却由此产生了两个不同股权结构的公司之间股东利益分配的不平衡，如果资金进入境内，则境内不会出现资金断流的困难，则共同盈利，华远地产完全有能力还债，却无疑会增加还债的成本。提前回购，则大大降低了境外公司股东的压力，也降低了风险和成本，却增加了境内公司的经营困难。

任何人站在上市公司的角度看，无疑都会采取股东回购债券的决定，这不是对与错的判断问题，而是我最初股权设计安排和预想中的错误。不能整体上市，必然形成双重股权结构之中的股东利益之争。

我要接受的教训正在于，不能再设计这种双重且管理层不能控制的股权结构。

其四的教训是，要处理好股东与操作层、管理层之间的利益。控股股东如果只进行战略投资，而不负责操作，则两者之间容易避免矛盾，等于是投资人聘用管理层的关系，股东不满意管理层时可以随时变更管理层。如果控股股东同时是管理层，这种矛盾也不会产生。华远房地产合资的过程中出现的问题，恰恰是原有控股股东的管理层与后来控股股东的管理层在战略上发生了矛盾，而原有控股股东却控制着管理层，因此造成后来的控股股东无法全部更换管理层，或单靠更换某个管理人员来改变管理层，非控股股东也无法完整实现其发展战略。尤其是当控股股东从自己的层面要进行资产重组与战略调整时，控股股东有权调整这些资产，以服从总的战略，而非控股股东则只处于服从的地位，这就会让矛盾激化，最后造成分手。

以前，当媒体宣传华远合资与在香港上市的成功时，我是一片欢欣，并以此为骄傲，包括因华远的香港上市国家出台了红筹股指引的文件，包括因企业境外发债国家出台了境外发债（企业债）的管理文件，也包括北大 MBA 案例库将这些成功经历纳入了教学案例，我也曾一次次对外鼓吹和宣讲华远的几级跳，如何成功。

但当我与华润分手冷静思考之后，才发现这些事件中存在这么多的弊病，也许从一开始就打下了分手的基础，才造成今天这个必然的结果。除非我像万科的王石一样，只做管理层而不当股东，否则这种股东利益之间的冲突与股东主导管理层的矛盾就成了必然。

当然，也许有更聪明的管理者和股东代表，能比我更好地处理好上述的几种矛盾，但我肯定算是个失败者，最终只能靠分手来解决这个矛盾了。

或许如果没有郭钧这个不成熟的年轻人来当控股股东的代表，这个矛盾会掩藏得更久些，却不等于这个矛盾并不存在。郭钧引发了这个矛盾，并及时结束了这种尴尬的局面，或许对双方而言都是件好事，让双方都能在未对公司资产和社会影响造成更大的负面作用之前就可以解脱，并放下包袱，轻装上路。

2001 年年底，"新华远"公司完成了全部的工商注册等相关手续，名称为"北京华远新时代房地产开发有限公司"，并正式开展业务了，这时公司的注册资本为 3 亿元，这个速度不能说不快，一个新的重新创业的时代由此开始了。

然而，若再往前追溯 20 年的故事，那才是我真正赤手空拳在河里摸到的第一块石头。

CHAPTER ▶ 02
摸着石头过马路
BEAUTIFUL AMBITION

当我在部队荣立三等功时，我满心欢喜地向父亲做了汇报。父亲却对我说："立个功有什么可吹的？我在你这个年龄早就是××级的干部了！"从那时起，我决定要靠自己闯下一片天，而邓小平提出的改革开放则给我提供了这样一个机会。

BEAUTIFUL AMBITION

　　回忆录一般都会从儿时说起，按时间排列，但当今社会中更关注的不是历史，而是与现实生活关系最密切的话题，于是我也将社会所关注的"第一桶金"作为重点讲述。

　　许多人知道这是一个"拼爹"的时代，在许多人眼中我是一个"红二代"、"官二代"。初入社会，我只是个集体所有制企业北京市青年服务社的临时工，做的第一笔生意是卖兔皮，并且不是发生在我今天任职的华远。这一切都与"红二代"、"官二代"的身份无关，更不是"拼爹"的结果。

　　我只是一个普通人，一个像任何普通创业者一样从最基层奋斗起家的成功者，一条敢于在中国改革浪潮中游泳的"鱼"。

我曾是一个皮货商人

　　人生总是由许多偶然和特殊事件构成，但主角永远是自己。

　　1980年春节我回到了北京，当时北京为安排待业青年就业，解决城市供给与服务的困难，采取了一系列的改革试点措施，姐夫的堂兄在北京市供销合作社联合社（简称"市联社"）下面成立了"北京青年服务社"，是个集体所有制企业，是专门安排待业青年自谋出路的小企业，这引起了我的关注。

　　那时除了原来计划体制之内的企业外，还没有放开对工商业的管理，但开始了有组织的集体所有制企业的试点工作。或许是因为父亲一辈子从事商品供应和经济方面的工作（在新四军五师时即负责后勤供应而非战斗）引发了我对经济活动的兴趣，而改革使我有了参与这些活动的机遇。

于是，我向团里递交了申请退伍的报告，之后就到北京青年服务社当了一名不领工资的临时工，试试运气。

第一笔生意是出口兔皮。河北一些地区的农民养兔子，而兔皮却很难做成衣物，只能做成垫子，国外有些需求。那时国家的商品出口都是由国家的外资公司垄断的，农民很难有直接的出口渠道，我们就当起了中间商，代理农民的兔皮，通过外贸公司出口，赚取中间服务费用。

那时我没有成熟的商路，但有点野路子，利用战友的关系到了广州——中国改革的前沿阵地。刚刚开放的广州，并不像北京死气沉沉，一些人已经开始走上经商之路。那时我住不起旅馆（虽然一个床位只收几块钱），更别说酒店了，大多投住亲友家中，省些费用，人生地不熟，也要靠朋友带路跑东跑西。这次我来广州也不例外，吃住都在战友家。

这个战友叫李大南，曾是七连的一名战士，父母也曾经是军人。记得到广州那天正下着蒙蒙细雨，过了黄花岗七十二烈士陵园和动物园，才到了他家。没有他的帮助，也许我连去外贸公司的路都找不到。

外贸公司的办公室挤在一幢八层高楼的第七层，那时八层以下的楼不装电梯，来往的人全挤在楼梯间上上下下。还好我在北京时与他们事先联系过，我拿出带来的优质样板后，很顺利地通过了验收，合同也按照事先谈好的条件顺利签订完成。

那时的外贸公司大多早就有了合适的客户，只是缺少供货的生产源，而我正好将货源送上门，减少了他们收购、组织生产和运输的环节。计划经济常常使得需求与供给两方在国家体制的障碍中被隔离，改革开放与市场化的探索恰恰打通了这个被封闭的通道，于是双方一拍即合，很容易地建立了合作关系。

服务社与外贸公司都会从交易中收取中介费用，制度的约束让农民在整个出口的链条上不得不在每一道"关卡"留下"买路钱"。

挤在楼梯中上上下下的许多人都是和我一样的中间商，搭起需求之间的桥梁。中国最初放开的外贸出口就是在这种环境中逐步成长和逐步开放的。

记得这第一份与农民签订的合同是用带格的稿纸，用多层复写纸和圆珠笔复写的方式完成的。当我把合同安全放入军用挎包中时，一颗心也就落了地。背着兔皮样板从北京上火车时，我的心就像火车一样"哐噹哐噹"地跳，这毕竟是个责任重大却完全陌生的工作。幸亏有战友的帮忙，有事先的沟通，很顺利地完成了这份出口代理合同的签订，也让我对闯入经济领域有了信心。

开始时，北京青年服务社设在北京东城区东总布胡同24号，在一个普通的居民四合院中占了三间北房，院里的其他房子里还住着许多居民。服务社没有多少办公设备，只有一张桌子，是给总经理用的，我只能在值夜班的床板上写字。

合同中注明了美元兑人民币的汇率，一美元大约兑换一块四角四分人民币，而实际完成交易时，一美元兑换一块六角七分人民币，于是又与农民打起了差价的官司，还好在合同中注明了汇率，双方分担了人民币贬值的损失。

这笔生意让我第一次接触到了外汇，第一次知道了汇率的变动对商品价格的影响，也第一次感到自己的无知和对知识的渴望，读书成为了我的必修课。

就在我准备在北京大干一场时，退伍的事却并没有我想象中顺利。班里的一名陈姓战士，曾在我的推荐下到司令部担任了工兵参谋。一天，陈参谋专门到北京，向我传达了团长的指示：退伍报告没有被批准，要求我回部队参加演习。

邓小平当选军委主席后领导的第一个军事行动，就是全军著名的"八〇二"军事实战大演习，是多兵种配合的实战演习。我所在的团是主席台位置前的主攻团，和历次实战演习一样，工兵要做好各种爆破、烟火的配合方案，这正是我的拿手好戏，因此团长要求我回团参加这次重要的演习任务，并承诺干得好就给我个更大的官当当。

但我已下定决心离开部队，非要和老爸赌上这口气，不靠父母的安排，干出一番属于自己的事业来。

我让陈参谋带着我的第二份退伍申请报告和我做的演习初步配合方案回了部队。后来听说这次演习非常成功，全团都受到了通令嘉奖，只是有点小遗憾：陈参谋将装药量计算大了，爆炸的效果很壮观，却震碎了旁边村庄的所有玻璃，团里不得不给老百姓重新安装玻璃。

由于演习的紧张和成功，团长也许忘了我的存在，随后就传来了邓小平要进行大裁军的决定，"部队要减员一百万"，我也多了个退伍的理由。我的退伍报告就这样批下来了。

当年一般来说，部队要求转业的干部都会被安排回各地方公、检、法系统工作，以恢复被"文革"打烂的公、检、法系统，建设一批新的公、检、法队伍。军队的干部在那个敌我界限不清的年代成了最优秀的并可靠的力量。

但我的志向恰恰是要退出这套正统的体制内工作，恰恰是要摸索一条新路。选择转业与复员的差别在于，转业可以保留干部级别，由组织安排就业，而复员不再保留干部级别，也不是由组织安排就业，而是自谋生路。

这对于农村入伍的干部来说是非常重要的选择，意味着他们或者可以留在城市、县镇工作，或者只能回农村，因此几乎所有的干部都选择了转业，只有我选择了复员。

好在这一年多的临时工期间，我有了些从商、从企的经验，有了一个可以安排自己的位置。更重要的是这一年左右的时间里，我上了许多补习班、学习班、夜校，有工商管理的，有计算机的，也有合同法与会计的。

当然，那时补习所学习的知识，在今天大多没什么用，比如计算机，那时学的是 0 和 1 的关系与运用，是贝斯克语言系统，除了画框图与我的参谋业务类似，留下了较深的印象之外，其余的大都忘了。但那些知识无疑开阔了我的思路，比军营中见的世面更多了，也有了一定的闯荡江湖的勇气和胆量。

虽然离开了军营，但我没脱下军装。那时没有更多的钱用于买衣服，军装陪伴了我很多年，也为我出门办事带来了许多的方便。在那个时代，军人是正义、诚实、可靠的象征，几乎所有人都愿意与退伍军人打交道、做生意。在刚刚开始的小商品经济中，军装也成为了一件奢侈品。

小商店的创始人

北京市青年服务社注册为集体所有制企业，是市联社下面一个相当于处级编制的直属独立机构。那时的市联社由王纯副市长主管，各区也都有区联社的机构，专门负责解决北京的五难问题（吃饭难、做衣难、修理难、购物难、服务难），以税收优惠的方式，解决大量城市待业青年的就业问题，同时为城市增加经济活动。青年服务社既没有政府的计划内安排的资金支持，也没有固定的经营内容与渠道，完全是市场中的"野狼"，自己寻找生存的条件和经营的方向。

正式退伍后，首先要解决的是落户问题。自 1969 年开始，所有插队学生的户口都统一迁到了插队所在地的农村，变成了农民户籍，我当然就变成了陕北的农民户了，后来走后门当兵时没有户籍关系，户籍仍保留在延安的山沟沟里。1971年初，北京的知青工作队还专门派人到我家去追查我的行踪，要抓我回农村，接受劳动改造，是妹妹拿出了我当兵第一年获得的"五好战士"证书和奖状，才使北京的知青工作队无话可说，那可是个"全国学习解放军"的时代。但我的户籍是仍留在冯庄公社还是被注销了，我至今也不知道。

当我拿着复员的一套手续回家，到当地的派出所落户时，因为已经搬过家，派出所没有我迁出的户籍登记。我只好回到原来父母家的所在地二龙路派出所，幸好还有几个我当红卫兵时认识的干警，当时已当上了副所长和所长。他们看到我是个立过功的复员干部，对我有充分的信任，找出了十多年前迁出户籍的底子，给我开出了原户籍是从北京迁出的证明，这才让我在北京落了户口，又恢复了北京人的身份。

为了更好地开展业务，北京青年服务社决定开一家商店。要想开商店先要有营业执照，而办营业执照之前，先要有经营的场所，找房子就成了首要的问题。我们没有房子，就骑着自行车满街地转，四处寻找空着的门脸房。终于发现在地安门与平安大街的交叉路口南侧，正在盖几栋简易的板房，一打听，是厂桥办事处在马路边占地建的临时建筑，我喜出望外，这就是我的立脚之处了。

经过与街道办事处的艰苦谈判，以每个月1500元的租金签订了租约，一个约60平方米的临街板房，成了我作为独立法人代表的第一个创业基地。

那时一个月的工资大约只有几十元钱，我担任北京青年服务社副经理时，每月也只有六七十元的工资，却要承担1500元的租金，还要给几个人发工资，再加上货架、柜台的折旧，每个月如果不倒腾出来几千元的利润就会亏本，而那时一个月要获得几千元的毛利可不是件简单的事。

我开始招兵买马了，尽管身上承担着许多经营的风险，但一想到这是自己开创的事业，又有了一种当"山大王"的自豪。

第一个上门应聘的是我数年之前同一个连队的战友，叫张小冬，也是后来和我一起入狱的难友。他的父亲曾是南京军区肖望东的手下、宣传部的部长。"文革"前周恩来总理成立了东方歌舞团，专门将他的父亲调到东方歌舞团任第一任团长，"文革"时被打倒，"文革"后才恢复了工作，先后到北京京剧团和一些艺术团当了团长。

"文革"时凭着战友的关系，尽管不够入伍年龄，张小冬也当上了小兵，却只能以战士的身份复员，进了北京钢琴厂当了一名调琴工。知道我复员后开始创业，他也想改变生活的现状，闯闯世界，宁愿抛弃铁饭碗，也不愿安于现状。

那是一段思想混乱的日子，打倒"四人帮"之后，国内的文艺作品大多是反映"文革"时期现象的伤痕文学，如话剧、同名电影《于无声处》等。人们开始反思"文革"的错误，但并不明确未来的方向，"四人帮"被打倒了，所有的传统信仰也随之被粉碎，新的信仰却没有随之而产生。虽然大部分被打倒的干部又恢复了工作，但他们的头脑中只有毛泽东时代的信仰，没有除此之外的新东西。党的十一届三中全会虽然确定了对"文革"的反思，对毛泽东做出了"三七开"评价，明确了"实践是检验真理的唯一标准"，号召"摸着石头过河"，但尚处于"摸"的阶段，既不知道"河"的彼岸是什么，也不知道正确的"过河"方式。

当时，已经开始的农村经济制度改革和承包制尚处于摸索与推广之初，城市中的经济制度改革尚没有明确的文件和提到议事日程上来，改革开放与吸引外资尚刚刚开始，怀疑与观望占主导地位，短缺经济仍占主导地位，南方已经开始的小商品经济尚未在全国催生出许多新生事物，尚未冲击传统意识而影响整个社会，更别提什么市场经济意识了。

生活逐渐恢复正常的人们在反思新中国成立后的经济发展和政治路线的同时，大多在不甘于现状的感慨中试图寻找一条生存的新路，许多人羡慕父辈在混乱的中国变革中于青年时代就投身革命，并浴血奋战，打下了一个新中国。他们也感受到肩上的重任，希望尽自己的力量，像当年的父辈一样，从没有路的荒野中走出一条属于自己的路，同时也是造福整个社会和国家的路。

这一代人不甘于现状，就像不甘于寂寞一样，他们可以抛弃已有的安稳生活，打破体制内的沉闷，宁愿承担失败的风险，也硬要在这个混沌的社会中试一试自己的运气，绝不安于已有的命运安排。

由于战友关系和彼此的了解，我招收了张小冬担任商店的副经理，他又约了还在原单位继续工作的朋友齐跃兼任商店的会计，从此，我们三人在一起走过了许许多多曲折的道路。

有一个被组织安排在我父亲家烧锅炉的工人，听说我在开商店，尽管只是个集体所有制企业，也满怀希望地将自己的女儿介绍给我，我把她安排在商店里当了个小头头。此外还有一些待业青年加入，这七八个人就组成了这个商店的第一支队伍。

人招满了，我租下的临时建筑尚未完工，我们就自己动手铺地面、安装和布置柜台、摆放货架、张贴标语、制作宣传画、采购商品，所有的一切都是从头开始。晚上我还要睡在后院的小仓库里值夜班。此外，所有的工资制度、管理制度和各种规章规定等都需要我亲自动手草拟，虽然没日没夜地连轴转，非常辛苦，但我心里有股甜甜的味道。

经过一个多月的努力，商店终于开张营业了，商店的位置不错，刚好在一排商店的中间，门前就是几个公共汽车站，公交站边还有几个小饭馆，人来人往的也算热闹，等公交车的人都会有意无意地进来看看，这就有了交易成功的机会。

小商店没有什么专营，只要能采购到的商品，从文具到服装，从电池到化妆品，都摆出来卖，真是五花八门，样样沾边。那时并没有经商的门道和经验，都在"摸石头"的过程中探索，甚至连卖水果也要试上一试。

靠门店的零售经营无法满足盈利和交租金，我们就通过一些私人朋友的关系，帮各种单位采购办公用品和劳保用品，送货上门，这样就形成了批量交易，靠数量创造盈利。

那时大多数办公用品如铅笔、钢笔、墨水、电池、算盘、纸张都是单位统一采购使用的，连肥皂、毛巾、围裙、袖套等劳保用品也是单位统一发放的。有了几个单位按月采购，我们就保住了租金和工资，开始多少有了点盈余。那时每个人月工资只有几十元，一个月下来，也就剩个一两千元的利润，这是靠我们的努力和劳动创造的利润和价值。

生活就是这样从脚踏实地一点一滴干起的，哪怕是卖苹果、卖香蕉，也是一种生意，我既是经理，又是搬运工，还要值夜班、跑采购，也因此学会了算账，学会了管理，学会了如何在竞争中生存。

当时的青年服务社还开了个小工厂，由陈立群带着一群孩子生产那时最流行的玩具魔方，童培则带着一群人搞起了邮购和集装箱货运，这一群从五湖四海走到一起的陌生人，就在这样一种艰苦的条件和环境下一步一个脚印地拼搏着。我们还不知道什么是发财，但我们知道我们在创造机会，我们有成就一番事业的梦想，我们在努力从实践中寻找更多的市场机遇，我们在干着自己说了算的喜欢的事业（如果这也算是一种事业的话）。

今天，我可以轻描淡写地一笔带过当年的艰苦日子，从今天的角度看，体力上的辛苦远不及管理上的劳累，那时以千元计算的投资与经营的风险，远不及今天动辄数十亿元的决策责任，那时一笔几毛钱、几元钱的商品买卖，更无法与今天一个项目几十亿元的交易规模比较，两者在数量规模的变化、交易的复杂程度上都不可同日而语，但那是最初的独立创业的开始，也是初生牛犊的冲撞。就当时而言，除了无畏和乐趣之外，任何困难都可能随时打破我们的成长之梦。摆在我们面前的只有一个选择，那就是必须成功跨越任何一道拦在我们前进路上的障碍。

那时我们连几千元的采购资金也没有，更无力从银行取得贷款支持，大多数面向单位采购的供给都是先收到单位采购的支票再去采购，两日内将采购品送到单位，更不可能保留充分的商品库存，除了日常用的小型商品之外，最好是先卖后买，货架上摆的许多都是样品。

一辆三轮平板车是我们的重要交通工具，也是一项重大的资产投资，拉货、送货都依赖它，而专业的"司机"就是我了，连修车、补胎都要自己动手，丰衣足食。

北京的冬天很冷，那时的房屋中大多没有暖气，要靠生炉子烧煤取暖，更别说我们的沿街临时建筑了。安炉子、装风斗、接烟囱、运煤、倒炉渣，都要自己干，尤其是晚上值班时，既要保证火炉不熄，又要防止失火，总要上个闹钟半夜起来看几次，今天看来，那真不是人过的日子，但那时却丝毫不觉得辛苦和劳累。这是自愿做出的选择，没有退路，也没有可以抱怨的对象。

尽管我很想将部队的管理方式移植到企业之中，但当你的"兵"都是未经过正规训练的待业青年时，部队的这一套纪律就完全无能为力了，许多事要手把手地教，而不能命令，连如何开购货小票、如何进行商品编号等，都要从头教起，按岗培训，用了许多时间才慢慢地走上正轨。

开商店，要与顾客打交道，就难免发生种种纠纷，这些纠纷中既有我们的不是，也有顾客的挑剔甚至是无理的要求，依着我当兵时的性格，可能会发生许多冲突。但得罪顾客就等于堵住了财路，唯一能做的只有改变自己，这确实是一种磨炼。也许我们无法改变外部的环境，但我们可以改变自己，去适应生存环境的要求。今天的我能坦然地面对各种批评、谩骂与攻击，一个重要的原因正在于那个时期的磨炼让我的心宽了，人也变得更加理性，开始用大脑控制和管理自己的四肢了。

我和我的小伙伴们

20世纪80年代初,城市面临的最大压力有两项,一是短缺经济中的供给,二是大量待业青年的就业安排。政府出台的政策将就业安排分成两类,一类是社会无统一组织的闲散人员,由地方政府组织市联社、区联社,开办各种小企业,吸收和安排分散在各街道中的待业青年;一类是中央各部委的机关大院采用批准单位下设劳动服务公司的办法,由机关单位主导并出资,开办各种小型企业,自行解决大院员工待业子女的就业问题,这也成了一项政治任务。

当时中国农业科学院的贺院长,曾在"文革"中被列入"六十一人叛徒集团"打倒了,打倒"四人帮"之后,中央将这一冤假错案平反,贺院长恢复了工作,但这种中央所属的研究机构中,大多是只懂研究的"书呆子",找不出有组织和经营能力的干部人才,服务公司成立之后由一位将要退休的后勤干部负责管理,却无法解决大量的干部家属、子女的就业问题。贺院长希望能用委托管理的办法,用有限的资金最大限度地解决大院中干部和研究人员的后顾之忧和家庭收入问题。恰巧贺院长的秘书与北京青年服务社的经理曾小凡是朋友,于是就推荐了北京青年服务社作为中国农业科学院劳动服务公司的代管单位。

贺院长专门找我们会谈了代管的问题,提出了院里的要求,并最终签订代理的委托协议,而代表服务社去担任服务公司经理的重任就落在了我的身上。就这样,我和一个助手进驻了农科院。

那时小商店刚刚走上正轨,但这个小商店并不能满足我创业的冲动,正希望开辟第二战场,农科院的委托刚好给了我一个机会,或许是个更大的发展舞台。也许这正是一种事业性扩张的心态,虽然将进入一个完全陌生的环境之中,我却信心满满,斗志昂扬,就像一个将军面对一个未知的战事,不知胜负却义无反顾,充分相信"胜利只属于那些勇往直前的战士"。

大院的情况和社会的情况不太一样,除了安排待业青年的就业,还要解决为院里的工作提供服务的问题,这就必须将服务公司的工作与院内的科研服务项目相结合、与院内的生活服务相结合,对我提出了新的要求与挑战。

为了解决就餐问题,我组织人在农科院的西门北侧盖了几间平房,从院里的食堂调了位张师傅,带了一帮孩子,办起了对内和对外经营的"天天饭馆"。从白案到红案，从服务到灶台，都是按内部食堂的风格学习和管理的，虽然员工都是大院里的孩子，但总算有了个安身之地，开始也都很努力，也算是有模有样的。

此外，在院门的南侧，沿着院墙盖起了五间板房式的临时建筑，一位原来派到服务公司的钱姓大嫂带着院里职工的家属（几个女孩子）用其中的两间开起了缝纫部，请了个裁缝，给院里的职工缝补工作服、做工作服和衣服。这在那个艰苦朴素、缺少供给、大家都不富裕的时代，也算是个弥补服务难题的项目。

这期间院里调了个职工的家属进京，正愁无法安排工作，他是位电器工程师，正好他原来的厂生产冰箱和空调，就由他带了几个孩子在另外的三间房里开了个电器修理部，修理冰箱和空调，除了对外服务之外，也能修修院里的试验设备。

农忙时，院里的各个所都大量需要临时工，如蔬菜所、小麦所、品质所、种子所等，研究农业产品和种子，都有大量的农业试验田，都要应季节安排一批临时工，播种养护、除虫、除草、采种。服务公司就专门设了个部门负责与各所接洽协调临时工用工计划，让孩子们去干临时工，按天计价。院里的孩子满足不了用工需求时，也帮忙从社会找人干临时工，以保证科研任务。

那时没有电脑、打印机、复印机之类高科技的东西，而院里的科研单位有大量的科学论文、会议文件等，除了院部有个小打字室，保证院里的文件使用之外，各所都缺少这类服务，于是服务公司将院里一个废弃的旧澡堂维修改造，变成了正式对外营业的打印室。

打印室里是一群高中毕业的姑娘，没个挑头的人，我就成了小班长，从买打字机、安装到修理，都要主动带头干，从背字盘、背疑难字到输入、校对、修改，再到印刷、装订，样样都要从头学，从头教。有时还要刻蜡版，制作大字和图案的封面，有些图表也要靠蜡版来解决。

还好我在"文革"当红卫兵时就干过这些刻蜡版、印小报的活，那时《红岩》里的《挺进报》就是我的榜样和楷模，后来在部队时也出过板报和通讯，这次也算是重操旧业了。

刚到农科院时我住在大北窑，大冬天早上六点钟就要出门，赶在七点多到院里，先给打字室生炉子，让孩子们八点钟上班时不至于冻手冻脚地无法工作，晚上要把火炉完全熄灭，以保证安全——满屋子都是纸张、蜡纸、油墨等易燃品，室内要严格控制烟火。有时文件材料要得紧，不得不晚上加班印刷、装订，经常在回家的公共汽车上就睡着了，一直睡到终点站郎家园。有时还不得不在办公室里睡行军床。

后来业务量越来越大，仅仅靠手摇油印机已经无法满足院里工作的需要了，就进了一套专门的印刷、装订设备，将剩余的澡堂也改了，办起了正式的装订厂，开始对院外接活。直到几年后院里办了正式的印刷厂，这套装订设备仍在继续发挥作用。

时间长了，几个女孩子都和我成了好朋友，把我当成家长一样，常常把许多不敢对家长说的话悄悄说给我听，许多年过去了，她们仍然把我当成老大哥，保持着偶尔的联系。

那时我无法用军队的命令方式让这群女孩子们加班，却可以用感情的纽带让她们自愿和我一起加班，以满足院里、所里加急印刷材料、文件的需要。有时一份厚厚的报告要印刷几百本，这确实是一件苦活，打字、校对又很废眼睛和时间，白天忙着打字，只好晚上印刷和装订。由于每次都能按时完成任务，打字室受到了院里的好评，而连续几次加班之后，除了按件计算，她们可以多得一些工资之外，我也会偶尔请她们一起去莫斯科餐厅大吃一顿，那时能在"老莫"吃饭大约是北京最奢侈的消费之一了。

小田、屈国第、徐岚平、徐梅霞、周丽妹、李睿等人的模样，虽相隔几十年仍历历在目，她们对我的信任到了任何人有困难时都可以毫不犹豫地向我张口的程度，哪怕是借钱或要钱。在我眼中，她们借钱和要钱是一样的，我从来没想过要她们还。

一次李睿和父母吵架，一个人跑出去不见了，她的父母急得来找我，我就派小田等人到北京火车站去找她。我告诉小田，你们要先转转，再四处大张旗鼓地找人，找不到时，就去女厕所找。回来后小田悄悄问我，你怎么知道她藏在女厕所？我笑一笑没有回答她。几年后再相遇，小田还在想这个问题的答案，我还是没告诉她，这群女孩子从此更加佩服我了。

李睿坚持不肯回家，我就让小田带着她到我的小屋里住几天，我告诉她的父母："请放心，女孩子几天之后就气消了。"果然，几天后李睿回家了，一切又恢复了正常。

让小田与李睿更奇怪的一件事是，住在我家时，她们看到我写字台的玻璃下面压着的全是厚厚的一排排十元钱的人民币，小田问我："你把钥匙交给我们单独住了好几天，不怕我们偷你的钱吗？"我说："我相信你们，该用的就用，这不是偷。"

从生炉子、打饭、一起加班到处理了这几件特殊的事，我在她们的心目中成了神，也培养出了她们的自主能力，慢慢地打字室的业务我不再参与管理，而由她们独立运行。

已建立的企业尚无法完全满足院里安排孩子们的需要，我的目标是要给所有从事季节性临时工的孩子一份相对固定的工作。

动物所的一个专家善于做动物标本，我就办了个模型厂，专门为学校提供教学模型和动物标本。那时并不懂许多动物是受国家法律保护的，只知道有的是鹰有的是隼，开始经营得还不错，后来他私下做起了老虎与熊猫皮的生意，违反了国家法律，模型厂就改为玩具厂，转行了。

当时刚刚改革开放，中国丝织品开始出口，我通过做外贸的朋友参观了崇文区一个街道的丝毯厂。这个厂专门生产出口用的丝毯，领我参观的是一位与我基本同龄的女性副厂长，叫齐玉珊。送我走时，我向她提出能否调到农科院服务公司来，我负责投资，单独办一个丝毯厂，由她来当厂长。

正好她的家在海淀，离农科院较近，我又给出了一个高于她当时工资的待遇，就这样她被我的真诚感动，同意调到服务公司来。经她介绍，我们从河北涿县一个停产的工厂购买了配套二手织架，在玩具厂的院里开办了丝毯厂，开始生产外贸出口产品。

齐玉珊很能干，从画图、放样、采购、配丝到编织，整个生产的"一条龙"都能独立承担，为我解决了生产、管理、营销的全部问题，同时解决了几十个孩子的就业问题。虽然生产的周期很长，但每天都能看到一定的成果，也许因为是同龄人，我们更容易建立朋友的关系，她连处理家庭关系的问题也与我讨论，并在我的劝说下挽救了一段濒临破裂的婚姻，如今我们不常见面，但仍以朋友相称，这就是信任。

依靠这种天不怕地不怕的闯劲和从部队带来的组织能力，我先后办了大量的企业，如汽车修理厂、建筑施工队等，最成功的大约就是建筑施工队了。

一天，一群退了休的老头们在老周、老朱的带领下找到我，希望能利用老头们的力量组织一支施工队，解决院里的基建盖房问题，同时能安排许多就业，我们一拍即合。在后勤主任李明堂的支持下，占了几间破房做办公室，就开张了。院后勤将几个所的盖房与改造任务都交给了施工队，当年就取得了盈利，并将业务从院内发展到院外，后来我到华远后的许多业务都是"老头队"帮助完成的，双方建立起了友好的合作与联系。

正在此时，饭馆的老张师傅生病回院里休养，饭馆一时乱了手脚，我再次成了救火员，到饭馆带班并进行整顿，这又是一场攻坚战。

饭馆早上六点开门，要提前在四点多起床，屋外一片漆黑时，就开始生火、和面、热油、熬粥、烤小烧饼、煮豆浆，一开门就排起了长长的队。

饭馆的对面就是理工大的校门，也有许多教职工和学生到这里买早点吃。

每天早上，我们大约要炸两三袋面粉的油饼，煮一大锅米粥和一锅豆浆。四五个人忙得昏头转向，还要收拾桌子，洗刷碗筷。

一碗豆浆两三分钱，糖浆五分钱，一个油饼六分钱，一个烧饼八分钱，一碗米粥四分钱，有时不煮粥就包馄饨，忙了一早上，数数也就一二百元的营业收入，有时天冷，连一百元钱也卖不到。

收拾完早饭又开始准备午饭，洗菜、包饺子、蒸馒头、做花卷，小馆里做不出什么大餐，那时也没人吃大鱼大肉，常常一天也就卖出一两条鱼，生活困难的时代，人们不敢大吃大喝，多是家常便饭，以填饱肚子为主。一天经营下来收入不到千元，一个月下来也就一两千元的利润，幸亏是自己盖的房子，不用交租金。这样的经营状况实在无法提高孩子们的工资，也无法让孩子们安心。

那时的商品供应还是以计划性的为主，许多商品短缺，连好烟好酒也很难采购，啤酒更是紧俏物资，夏天则是哪个饭馆能供应啤酒哪个饭馆就有生意。

正巧原商业部的王磊副部长调到北京市任副市长，并主管北京市的商品供给，中央正是想借这种工作关系，在短缺经济时给北京市更多的保障。王磊副市长就从部里调了两位熟悉的干部到了北京，一位是黄洪年，到北京市一商局任局长，负责工业品的供给；一位是我母亲，到二商局任职，负责糖烟酒和副食品的供给——妈妈"文革"后就恢复了工作。

万般无奈中我到母亲那里去走后门，拿着院里开的介绍信，申请在小饭馆里安排啤酒罐，有了啤酒罐就等于有了散啤酒的供给专点，就有了啤酒的供给保障。那时保障中央在京单位的供给也是一项摆得到桌面上的正当理由——当然不是保障我的小饭馆，而是保障院里接待外宾进行研究工作。中国农业科学院的大红印章，给了妈妈一个可以行使自己权力的理由。而这个啤酒罐则改变了"天天饭馆"在周围这一片饭馆中的地位，也改变了"天天饭馆"在院里的地位，至少这里有啤酒供应的优先权了。

同时我又压缩了一间办公室，开了一个对外的门，在饭馆里开了个冷饮店，专卖烟酒和冰棍、酸奶等冷饮，力求用多种经营的方式吸引顾客，提高营业收入和利润，为职工多发一些奖金。

每天吃完中午饭，我们就蹬上三轮车，把装酸奶的空瓶拉到西直门或四道口的批发店，再装上新鲜的冰棍、酸奶，蹬车赶回小饭馆，赶上天热，一天就要跑好几趟去换货，一直忙到晚上十点才关门结业。

当院里、大街上已经夜深人静时，我们将一箱硬币倒在桌上，分清一分、二分、五分的硬币，再十个一叠地摞在一起，然后将每叠硬币用裁成条的报纸卷起来，按数量捆在一起，然后再数有多少不同币值的捆，数出一天的总收入。

常常我们会在数硬币时不小心打了个瞌睡，将刚叠放好的硬币碰掉一地，不得不满地捡硬币再重新数，那时靠的完全是年轻，在部队锻炼出个好身体，否则早就坚持不住了。

一次，我的老战友阎阳生代表他所在的单位北京市环保局在离我不远的友谊宾馆开会，中午饭后，非常得意地到我的小饭馆来"吹牛"，那时能参加有外宾出席的国际性会议是个莫大的荣誉，能有机会住在友谊宾馆这种高级宾馆里，更是一种奢侈了。他的西装革履与我一身沾满油花的工作服相比，那更是天壤之别了，他很自豪自己的工作和进步，我却更自豪在干一场自己的事业。在部队我们之间就暗暗地较着劲，非要比个高下，如今仍在较着这股劲，遗憾的是争论之中我累得坐在床上不知不觉就睡着了，连他什么时候离开的都不知道。

除此之外，我还联系了老家，送来了山东苹果，在饭馆的门前摆上了水果摊，晚上还挂灯"作战"。没有仓库放苹果，晚上就睡在苹果筐上。夏秋的蚊子满天飞，我就用被单把自己包得严严的，只在枕头旁边点一支蚊香，即使这样早上起来身上也到处是蚊子叮咬的包。那时似乎并没有把吃苦当成一回事，只知道要拼命干出一番事业来。

为了培养这些年轻员工，我还通过院里申报了职称评定，随着院里的安排和社会的安排，让红案白案（厨师分为红案白案两种）的孩子先考有级别的办事员，再考有级别的厨师，以此来吸引他们精益求精地学习业务，干好工作。后来确实有几位考上了二级或三级厨师证。慢慢地从孩子们中选拔出了管理者，我才又回到公司里考虑新的发展。

院里除了免费提供了一些房子之外，还给了我 30 万元的启动资金。第二年我就用盈利还了院里 5 万元,并计划用几年的时间还清院里的借款。有了施工队之后,还款就变成了轻松的事,至少我们有了不断增加的盈利。

两年多的时间里,我在农科院建立了十多个企业,帮院里解决了大量的服务困难,同时也安排了院里上百个孩子的就业,让他们有了稳定的工作和收入,也在逐年、逐步地提高他们的工资,许多孩子月收入最高时超过了 80 元,甚至超过了他们的父母(那时一个正式二级工月工资只有 40 多元钱)。我虽然没有在青年服务社干活,却为服务社赚到了应得的托管费(相当于上缴管理费)。

由于我的成绩,院里后勤干部找我谈话,希望我能调入农科院,解除委托管理,并答应给我个处长的职务,请我认真考虑。正在此时我接到了回社整顿的通知。

"临时工"的我,就为华远赚了大钱

1984 年初,市里要整顿经济秩序,当时最典型的是前邮电部部长钟夫翔的儿子钟家伦新办的企业,号称是北京最大的个体户(那时候法律还没有公开承认个体企业化经营),超出了经营管理的范围并违规,因此要对全市类似企业进行整顿,当然也包括北京青年服务社这个挂着集体所有制的牌子实际是个体经营方式的企业。

那时还没有明确的民营经济的相关法律,于是市联社派出了工作组,全面接管了北京青年服务社,并开始了整顿学习。当我回到小商店时,发现连我的法人代表也被取消了,经营的权力被工作组全面接管了,而当我到东总布胡同的青年服务社总部时,发现曾小凡也已经大权旁落,没什么话语权了。

在整顿学习的过程中,我接到了戴小明的电话,要约我面谈一次。这是我第一次听说华远公司这个名字。

那时华远公司已经从南千章胡同的三间平房搬到了花园宫七号(如今已经被拆除,变成了金融街),当时是在按院胡同八中的旁边,这是我上中学时经常走的一条路。那时我的家在三里河,每天要从按院胡同或察院胡同穿过,经小口袋胡同到三十五中上学。清代按院、察院都是官方的机构名称,有着悠久的文化历史,按院胡同和察院胡同中都有一些四合院和四合院改造的小洋楼,而花园宫七号则曾是一个部队首长的院子,后改建了一个二层的小洋楼,大约每层有三个房间。我与戴小明久别之后终于在这里见面了。

戴小明的弟弟戴小安是我的同学，本来比我高一个年级，因肝炎休学，上初二时留了一级，就和我同班了。"文革"时我们都是被打倒干部的子女，经常在一起相聚，也是最要好的几个同学之一。有一段休课时，我们常约在一起去香山、颐和园玩，还一起骑车去上方山云水洞。记得他家搬到光明日报社时要刷房子，我们几个同学一起去帮忙，用铲刀刮掉墙皮，再重新粉刷，看我们一身白粉的辛苦劲，他母亲还专门为我们准备了肉菜，那时这可是个过年的享受啊！就因为这层关系，戴小明小时候也与我们见过几面，有了此后不解的渊源。

我还在农科院时的模型厂厂长叫夏小泉，他父亲曾任全国总工会副主席，母亲夏非是北京市的干部，也都是我父母的老战友，夏小泉找到关系，希望调到华远。戴小明希望通过我了解夏小泉的能力和情况。

"文革"之后，我与戴小明同在一个师当兵，却不是一个团，因此没有见过面，这次见面难免要聊聊过去的经历和现在的境况。"久别胜新婚"，自然就像开了闸一样无话不谈。他退伍之后先去了北京市冰箱厂，后来调到西城区当计委副主任，西城区政府希望做个改革的试点，才向市政府申请成立了计划外的全民所有制企业，叫"华远公司"，第一任董事长是时任区委书记的陈元，区长赵重清任副董事长，马凯、平永泉等副区长任董事，戴小明任董事总经理。

公司于1983年10月底注册，区里指令从区联社借给了华远20万元做注册资金，同时将区属的13家集体企业划拨给华远公司管理，那时华远正准备成立自己独立的企业，开始大干一场。这有些像我刚到商店时的招兵买马，后来段永基、卜大华、王东明等人都曾到华远的大旗下混过。

我也谈了我复员之后这几年的经历，特别是在农科院办的十多个企业，聊到天黑时大家都觉得不过瘾，我就提出请他吃饭，当时在座的还有副经理赵胜利。于是赵胜利开车，我们一起去了崇文门的便宜坊。那时区里给华远配了一辆130型的小货车，但破得打不着火，要用手柄摇车才能打火开动。

那晚的一餐饭花了我40多元，这顿大吃大喝，吓得赵胜利直咂舌头，他说这大约是他一个月的工资，而我那时每个月已有二三百元的工资和奖金了。

饭桌上聊的已经是企业的开办、经营、管理的话题了，既包括了我开办企业的成功经验，也包括了我的雄心壮志和生活理念，以及青年服务社正在清理整顿的现状,最后要分手时,则变成了相珍相惜,戴小明最后留下的一句话是"干脆你来华远干吧"。

事后我们又见面谈了一次,戴小明明确表示希望我调到华远,我也明确表达了我的意见。我告诉他我的个性是"宁当鸡头,不为凤尾",我这个人已经不习惯于听从别人的指挥了,经过几年的闯荡我有了自己的经营思路和管理方法。要让我去华远,必须给我个独立的公司,由我挑选和任命干部,经营调度由我说了算,小公司服从大公司,但公司具体的经营由我自行做主,你不得干涉。只要遵纪守法,要允许我有所突破,否则我宁愿不去。

当时我有多种选择,一是整顿之后重干青年服务社;二是调入农科院,继续当我的服务公司经理,管我那十几个企业;三是调入华远公司去争取一个更大的平台。

正因为我有了多种选择,谈起条件来就硬气得多,有了谈判的资本。最后我和戴小明达成了口头协议,他负责给我办一张独立公司的营业执照,不给一分钱的注册资本,给我三个正式调入的人员名额,先干半年调用,有了成绩之后再正式调入。

回到农科院后,我就提请院里正式调一个干部来接我的班,回到原单位青年服务社时,就与张小冬和齐跃谈了我要调入华远的想法,希望他们能和我一起调到华远去,同时也向曾小凡汇报了我将调到华远的想法。

许多事情常是无巧不成书,我调入华远完全是一种巧合,如果没有夏小泉想调入华远,也不会有戴小明找我,也许这个机遇就永远不存在了,如果没有我与戴小安的同学关系,也不会与戴小明聊这样多的个人和企业的故事,也没有戴对我调入华远的兴趣,当然也就不会有后面的事情发生了。

如今许多人都认为我是"官二代",因此才能在华远这个国企中当上总经理,许多人都以为我拿到的高工资是"拼爹"拼出来的,他们并不知道我在创业过程中的艰苦奋斗经历,也不知道如果没有青年服务社中的起步和农科院时的发展,我根本没有资格进入华远这个国企。

许多人更不知道的是,我的父亲是中央部委的干部,根本不可能与西城区这种级别的官员们有工作来往,更不可能用权力影响北京市的区属政府,如果真的要"拼爹"至少也要混入一个央企或市企吧,哪会将我安排在一个区属的新成立不到一年的公司中呢?更何况那时我父亲早已退休,没有任何正式的职务,更没有施展权力谋私的可能。父亲的战友们大都已退休,没有了职务。大多数人不知道的是,父亲即使想给我做任何安排，我也不会服从，我恰恰是要和父亲赌上这口气，才毫不犹豫地抛弃了旧体制的约束，要靠自己闯出一番天地。

按周其仁教授的总结，中国的国企大约分为三类：第一类是实行全计划体制下的旧国企，当计划渠道被市场替代之后，这类企业大多无法生存而破产了，能留下来的大多是靠原有的实物资产长期免费使用而降低了市场经营的成本，大多不是靠市场竞争力而是靠传统的生产方式与补贴生存，它们存在的最大意义是养活大量的就业人员和退休职工，如区属的饮食公司、服务公司、副食公司、蔬菜公司等，都属于这样一种情况。当然现在有些改制了，有些增加了新的经营内容，不再是传统的国企了，而北京市属的电视机厂、冰箱厂等都破产和改制了。第二类是华远、联想这批在中央城镇改革的政策推动之下，以国企之名成立的新企业，也是一群在市场中找食吃，没有计划内资金和项目支持的"野狼"，完全靠市场培育、自主经营独闯天下，有些在后来改制了，如联想；有些破产和被淘汰了，有些发展得较好被收编了，华远就属于被收编的。第三类国企是中央或地方占有垄断性资源的企业，如中石油、中石化、电信、银行等，也包括地方的平台公司等，这类企业才能真正依靠完全的政府资源和政府支持，从取得项目、资金到价格垄断、整体上市等都以政府信誉为后盾，去占领市场，谋取特殊收益。

进入华远时，戴小明给我的是一张非国企的营业执照，和我在青年服务社时一样的集体所有制企业性质的营业执照，并非直接进入了国企的总部，只能算是下属的企业，并且不给一分钱的注册资本，还要安排待业青年以享受税收优惠，完全"拼"不上"爹"，我所要求的只是一个完全独立的经营自主权。我有充分的准备和能力，我相信只要有这个独立的平台，一定能干出一番惊人的事业。

我首先要用华远的平台做生意，为新成立的公司赚出注册资本来。

张小冬的第一任夫人在国防科工委下属的晓峰公司工作，恰巧晓峰公司要采购80多台录像机和其他设备，我们知道这个消息后，就利用华远的平台签订了供货合同，收取了预付定金，并到广州东莞一带寻找货源。也许供货方向我们提供的是走私品，因此我们获取了高额的差价，扣除税收之后还有30多万元的利润。供货方要求必须再用一半的差价以购买家具的方式支付，这大约就是如今的信息费或回扣吧！于是我们又签订了家具的供货合同，预付了10多万的定金。

那时一笔生意就赚这么多的钱，确实让人吃惊，除了施工队之外，我所有的企业都是一整年的经营也才赚个万元、几万元的利润。这次小试牛刀也让华远的工作人员目瞪口呆，这一下我们没从华远领取工资，但有了进入华远的资本。

刚做完这笔生意，戴小明就通知我到区委开会，那是我第一次见到陈元书记，也就是华远的董事长。陈元指示要发展华远的事业，就要广泛利用社会上的优秀人才，于是给我成立的公司就叫"华远人才交流开发公司"。除了公司自身的经营之外，更要发挥社会人才的作用，为西城区的发展提供服务。

8月份我领取了营业执照，并开始正式经营了。我接受的第一个专项任务是地安门商场三楼的改造，改造完的商场也将成为华远多家公司的办公地点和经营场所。

最初的华远除了区里划拨的13家区属企业组成的实业公司（这些公司一年后又划回了区县）之外，又分别成立华远技术开发公司（以下简称"技术公司"）、华远新产品贸易公司（以下简称"新品公司"）、华远展览公司、华远人才交流开发公司等多家企业。

技术公司是个以计算机开发销售为主的公司，当时西城区建立教学试点，在一一〇中学建立的中国第一个中学的计算机教学课堂，就是华远技术公司负责建设和赞助的。后来以独家授权方式完成了苹果计算机的中文汉化，推广了最初的"小麻雀"机上办公系统，但因为管理与开发理念的不同，技术公司的骨干人员经过几次分裂，变成了多家公司，一部分人离开华远单独成立了祥云计算机开发公司，一部分在华远集团内部成立了自动化公司，专门开发工业自动化控制系统，而原有的技术公司母体在多次经营的重创之后消亡了。

新品公司则是另一个市场化探索的试点。当时的制度中除了计划体制下的百货公司等专业公司之外，没有不受专业范围限制的贸易公司，也没有体制之外的产品供给渠道，更没有由计划外全民所有制公司下辖的全能贸易公司。新品公司的注册要经区政府行文上报市政府申请试点，市领导批示后转由市计委审批，当时的市计委商贸处处长正是如今北京首创集团董事长刘晓光，这个当年北京市的优秀人才、青年干部，曾在百货大楼兼任过经理，却也是官气十足的"流氓"。

每次我去市计委办理批文时，刘晓光处长常常连头也不抬地大喝一声"到外边等着"，然后继续干自己的事。那时的政府机关中的"外面"，不是会议室、待客厅，也没有椅子、沙发，只能在走廊中站着，来来往往的人会将你当动物看一眼，但不会问安，更没有水喝。更糟糕的是，刘晓光常常会把站在外面的人忘掉，有时候让我足足等了四个小时，等到要吃中午饭时，他才走出办公室，才想起来外面有个我在等着拿批文。也许是因为我的坚持和等待，刘晓光才大发善心，给予批准放行。那时这种气受得多了，但只要事能办了，受气也是值得的，慢慢地我们也成了朋友。

许多人会质问华远公司是否贿赂官员，我无法明确地肯定或否定，刘晓光就是典型的案例，我可以肯定地说刘晓光没有从我的手中为了个人拿过一分钱，最多会有一些政府对企业的"摊派"行为。

当年市计委办了本《投资》杂志，以普及投资动态和吸引投资为主，办杂志没钱，刘晓光动员我捐款。1992年北京市组织到香港招商的大型活动，刘晓光张罗着让我为省计委配套计算机，我不但提供了大量设备，还要负责编制软件程序教他们如何使用。类似这样的事情都是刘晓光觉得自然和值得骄傲的业绩，那时也许他们只是把国有企业资源看成是他们可以调动、指挥的一部分，也许是相互信任之间的一种默许。

如果有审批制度在，如果企业想要突破旧的体制而有所创新，那么就必须争取官员们的支持，如果官员们愿意与企业共同创新，并勇于承担审批产生的风险，那么企业当然愿意支持官员的改革和机构的建设，这也是一种"交换"。刘晓光恰恰是敢于尝试、敢于摸着石头过河、敢于承担改革责任的官员。

我不知道应该如何定义这种企业与政府间的行为，但我知道国家与国家之间也有这种利益之间的交换。政府与企业之间的交换，恰恰是中国改革之初的一种进步，如土地有偿出让制度之前，房地产开发企业都必须是国有的（也许试点城市有特例），因此土地的利用价值不能私有，同时政府总会用土地划拨换取城市道路的建设和公共设施，这实际也是一种土地价值的交换，城市最初就是这样改造和发展的。

华远下属的展览公司是个中介，那时没有大型的综合购物场所，非计划内的交易大多用开各种展销会的方式集合成贸易的集市，于是这种中介组织就诞生了。

我的人才交流开发公司则以培训、教育、外包、外聘方式组织各界人才进行相关活动。

新品公司说白了就是组织各种工业类产品的销售活动（当时的民用产品销售基本还是由各商委管辖的专业公司负责）。地安门百货商场的三楼本来是商场自身的库房，经协商之后租给了华远公司，并改造为商场，重新从二楼的商场接了楼梯，并将一间间的库房隔断打掉,除保留了边上的一侧房间做办公室外,其他地方改成了空旷的大厅。新品公司、技术公司和我的人才公司,分别有了几间办公室,大厅就成了新产品的展销场地。有一个近千平方米的经营场所在当时来说是少有的,这当然是公司的一件大事了。

那时华远公司还没有人能组织这种大型工程(如今看是个小工程),我当然是不二人选,我有最可靠的农科院施工队,这次我从公司上级领导的位置变成了甲方。

齐跃的父亲是北京建筑设计院的高级工程师,曾参加过人民大会堂的结构设计,请他帮忙画张改造图小菜一碟。我的施工队中也有设计人员,将草图轻松地就变成了施工图,砸墙、吊顶、粉刷、安灯,很快就完成了全部工程,那时的装修很简单,也没有瓷砖、石材类装饰,地面用的都是塑料胶面。一是没钱,二是都这样,只要灯光够亮,墙面够白,就漂漂亮亮的。

有了办公室,我又开始招兵买马了,张小冬仍然是我的副经理,我们一同从北京青年服务社调入华远,同时任命齐跃当公司的会计。齐跃的调动却遇到了难题,他所在的西城饮食服务公司坚决不同意调动,齐跃只好选择辞职。今天辞职早就被当成一种权利了,但那时辞职则被看成是一种"处分"。僵持之中,饮食服务公司的经理同意调动,但要齐跃交3000元的培训教学费。那时大多数人的月工资只有四五十元,3000元对一个普通职工来说简直就是天价,也许当时一个普通职工所有的存款加起来也没有3000元。我却一口答应下来,由我的公司支付这3000元也要调来。齐跃有张会计证书,这在当时也顶得上一张大学文凭了。

一天,我到了阎阳生家,开始吹嘘我的新公司,并希望他能调到公司来当我的副手。九月的夏天,北京很热,那时家里都没有空调,阎阳生和妻子卓柳江就提着暖瓶和茶壶,坐在政治学院的小院的石桌前侃大山。阎的父亲那时已从四十一军调回政治学院任职。我说我已有了新的活动平台,可以干一番大事业。而阎阳生正在忙着学德语,他已经获得了公派去德国留学的资格,他说这个机会难得(能有机会学一门外语,在当时也算件大事了),并把学外语看得很重。我说有了事业出国自然就变得很容易了。他说,但你出国不会外语,无法交流,我说:"有了钱,我可以带翻译。"这次"请贤"最终无果而终。在改革开放的初期,创业其实是比学外语更难得的机会,当大家都去创业时竞争就更激烈了。

也许是阎阳生咽不下给我当副手这口气,几年后也下海开始自己干,学的德语都泡了汤。但还没等他干出个名堂，就像我一样被抓进检察院，几经折磨就没了锐气。虽也同样无罪释放，却再也不敢干企业、搞经营，仍靠笔杆子为生，混了个官路，当了全国工商联的宣传部部长，后来又在中国工商出版社办起了杂志。退休后仍在办杂志，不过是澳门注册、内地出版的杂志。

我们之间的争论从来没有停止过，这种不服气其实也是一种动力，要想证明自己的能力，就必须拿出点硬功夫，干出点像样的成果。每过一段时间我们相遇时都会摆摆龙门，看看谁的谱大。2011年12月，《第一财经》栏目组在上海录制"中国范"的节目（2012年元旦期间在湖北台播出），小编导事先没告诉我邀请的嘉宾都有谁，到了现场，才知道原来他们搬来了阎阳生，舞台上我们又重演了一场掰腕子、走正步、唱军歌的对台戏。当人们总能从不服气中找到压力和动力时，就会让生活不断地更新而丰富多彩。

阎阳生仍坚持自己出国留学的选择，却对我的新企业、新事业动了真情，最后他将漂亮的老婆卓柳江"送"给我，当了公司的办公室主任，一直跟随我许多年，我也总算是没有空手而回。

除此之外我还招了几个待业青年，其中的一个成了我的第二任老婆，给我生了个女儿，至今我们都很幸福。

新的公司成立了，新的事业开始了。

第一个租军用飞机的人

在那个刚刚开放的时代，国外的先进技术和产品大量进口，人们的生活也随着这些设备的进口而改变，计算器、录音机开始向计算机和录像机过渡，逐步升级。开始我们只能从录音机中听到美妙的歌声，却不知道那些歌曲来自哪部电影，如今我们有了录像机，琼瑶的电影和歌声也随着录像带进入了中国。从前我们都是看别人的生活，如今有了摄像设备，得以将我们自己的生活搬到了银屏上。

与晓峰公司做完第一笔录像机生意之后，打通了我们与南方的采购渠道，恰好国内正在开办各种电教系统，学校里和社会上都有很大需求，我们就从录像机等生活用品扩大到电教设备的专业摄像范围（这也正好符合人才公司营业执照允许的电教设备供应的范围），大规模的采购开始了。

当时企业大多是小本经营，就如我最初开的小商店，普遍都是百元以下的商品，甚至几块钱、几毛钱、几分钱的商品，摆满一个六十平方米的商店，也就几万元的价值。而如今的录像机、投影仪、摄像机大多是数千元或数万元的商品，大多数走私者都是从南方一次偷偷带过来三两台录像机，卖完了再回去采购，那时我开始显示我的"大手笔"：一次就买价值几百万元的货，这在那时的南方也算是个超级大客户了。

我从银行申请了几百万元的贷款，并通过公证处做了公证，授权给张小冬，让他去南方负责采购商品，我在北京负责销售。张小冬拿着几百万元的授权书一亮相，身份、地位就大不一样了。那时的广东人已经开始发家致富了，他们看不起北方来的"倒爷"，这些"倒爷"大多是小打小闹，"倒"一次背上两麻袋的衣服、化妆品，加起来也超不过十万元，要倒腾电器商品就更没多大油水了，像张小冬这样能拿出几百万元来采购的大客户少之又少，或绝无仅有，因此我们也能成批地拿到最低价的货。我们无法追溯这些货物的来源和是否走私，但我们会在合同中要求有进口报关单和合法手续，以确保进货的安全。

张小冬将采购单和报价传真回来后（那时传真机和复印机都是少有的"先进武器"），我就开始张罗销售的事，有的给了各专卖商店，有的给了学校，也有的给了电视台，那时连北京电视台都来我这里订货，商品还没运到北京，我已收回了大把的银子。

当时做过的事里，最牛的是：我是中国第一个包了军用飞机来运货的商人。那时运货用的是一架安-24型飞机，载重有几吨，装了满满几卡车，从广州到北京费用是一万多元钱（当时北京到广州的飞机票只有91元钱）。但最不牛的是，我这个可以调动几百万资金的大经理，同时也要当搬运工，大半夜的将这些贵重的商品从一楼运到三楼去。

我们没有摆柜台零售，而是以商店、单位为主要销售对象，当然也包括我的兄弟公司——同在三楼开办零售业的新品公司也是我的主要销售客户之一。大多数商品都批发出去了，再由商店提供零售。后来民用录像机成了新品公司主打的销售产品，每天《北京晚报》的中缝都是新品公司的广告，而新品公司的商品价格就成了北京市同类商品的指导价格，那几年北京市录像机的价格差不多是由它们决定的。

新品公司的经理童培，也是我在北京青年服务社时的同事，他那时负责管理集装箱运输的业务，有自己的车队和机构，同样因为北京青年服务社的清理整顿到了华远。我大量采购录像机的业务，给了他巨大的启发和吸引力，开始他从我这儿进货零售，后来开始自己直接采购，这是他的专项，而我在几个飞机架次的集中采购之后，慢慢地退出了以商品交易为主的经营模式。

1984年，虽然公司成立只有几个月的时间，戴小明却给各公司下达了极高的利润指标，印象中给我下达了70万元利润的任务，按一九分成，一成给企业发奖金，九成上缴总公司。我们不得不将主要的精力首先放在商品经营上获取盈利，年底结算时我的任务差2万元没完成，戴小明还罚了我200元钱，相当于我几个月的工资，但奖金留了十分之一，还是可以照发的。

那时华远就有严格的考核与纪律，虽然职工每个月只有约6元钱的奖金，但开会迟到一次就要罚2元钱，三次就把一个月的奖金罚光了，完不成考核任务同样是要罚款的，纪律严格与多劳多得是约束员工的两把刀。这个创业之初的规矩，几十年来一直是企业管理的优良传统，至今仍在发扬光大。

1984年的春天，西城区经审批立项，准备对西单老商业区进行拆除重建。

西单是北京传统的三大商业区之一。东城由王府井、百货大楼、东安市场组成了一个热闹的商圈。崇文、宣武则合用着一条前门大街，这是元代就有的一条商业街（元代时丽正门外通往郊外的大道就是它的前身），顶至南头就是传统的天桥，大街西侧分布着全聚德、瑞蚨祥等老字号，也有传统的八大胡同。西城则主要靠西单一条街，从西单牌楼到西四牌楼之间零散布着中国书店、又一顺、砂锅居等老字号，最集中的则是新中国成立后建的西单商场、新华书店、食品商场、红光电影院这一商圈，既有茶楼、曲艺院，又有餐饮、书店与百货商场。但1976年的唐山大地震让西单的建筑大片倒塌或成为危险建筑，除了西单商场，几乎没剩下什么完整的建筑，部分建筑干脆已变成了碎砖乱瓦，中国书店、新华书店都是旧建筑，靠加固支撑才没倒，食品商场曾发生过一次炸弹爆炸，二层小楼摇摇晃晃，红光电影院早已不见了踪影。

这里曾经的繁华也在地震之后慢慢衰落了，于是西城区决定将这一片危房拆迁，将几十家零碎的铺面变成一座现代化的大楼，形成集中的大型商场，平复地震的创伤，这项基建任务就用文件委托的方式交给了华远公司，华远公司由此涉足房地产领域。那时还不是商业性、市场化的房地产开发，而是一种基本建设任务。

文件确定由市财政拨款2640万元投资建设，原被拆迁单位等面积回迁，并增加建设的面积，由华远公司负责融资建设并使用。当时最紧迫的是如何将大楼建设起来，让回迁商铺能正常经营，并为政府提供税收。

记得1984年时，一个区政府的机动财务大约只有130万元，政府的财务税收除了满足"吃饭财政"的公共支出之外，几乎没有能力进行投资建设来发展经济，更无力发展教育、解救民生、补贴贫困。今天的国务院副总理马凯，那时是西城区主管经济工作的副区长，也是华远公司的董事，每天最头痛的问题恰恰是如何发展经济增加税收。

当时华远公司并没有这种搞过建设工作的人才，于是我就主动申请承担该项任务，至少我是组织过打坑道、有施工经验、领导过施工队的功臣，至少是个看得懂图纸的"半瓶子醋"，也向戴小明提供了组织计划书。但那时公司刚刚成立，戴小明对我还缺少基本的信任，更不知道我有没有这两把刷子，因此拒绝了我的请战，希望引进更多的专业人才来承担此项目工作。但戴总将提交这个项目的可行性研究报告的任务交给了我。

随后公司调入了如今任中信证券董事长的王东明负责该项工作，又调入朱熹豪、于火等人，区里还分配了刚从学校毕业的第三梯队的培养苗子许立行等人，开始了拆迁和方案设计等工作。

那时没几个人懂什么是"可行性研究报告"，连官方项目也是拍脑袋做决定，根本没有要先做可行性研究报告这一要求，但华远公司要盖一座大楼，楼里放些什么东西、如何设计和分配面积都是一张白纸，除了基建之外还要干些什么和如何干更是难题，又要自筹大量的资金，则难上加难。而这些问题都希望能通过可行性研究报告找到解决方案，我这个人才交流开发公司正好有了利用的价值。

我一方面通过各种关系建立自己的专家库，如原中国人民银行副行长、现全国人大财经委副主任的吴晓灵，尚是五道口的学生时就进了我的专家库；另一方面开始寻找做可行研究的队伍，逐步从商品经营转为靠咨询、研究提供技术服务盈利。

我与人民大学工经系的研究生班建立了联系，领头的四个人是邹刚、黄铁鹰、刘鹤与顾从之。前三个是人大的研究生，老顾则是不用上研究生课而具有研究生水平，也懂计算机的编程和应用，也是唯一一个我与其分手后没再见过的人，据说后来在美国的夏威夷当了教授。其他三位则与我保持了较长时间的联系,直到今天仍是好朋友。

邹刚后来也去了美国,并曾在世界银行工作过,曾与华远合作在美国开了公司,但经营得并不成功。近几年失去了联系,记得他留下了一屁股的债还没还,但那几年他还是很活跃和成功的。也许成功的博士理论都很不错,但真正下海办公司就书生气太浓了,还不如我这个没有学历的实干家。

黄铁鹰算是成功的商人,曾在华润集团任过副总,也是华远与华润合作时的重要桥梁。如今长居澳大利亚,但仍在北京大学任教授,专为MBA的学生讲案例分析,我们之间的合作也成为北大的教学案例。黄铁鹰闲下来总会写几本书,谈谈宁高宁和我。

刘鹤是唯一一个从政的人,曾任国家信息中心主任,后来是国务院发展研究中心的书记,如今是发改委副主任。但他干的还是中央财办局主任的活,是经常在中南海里与党和国家领导人打交道的高官,"中国经济50人论坛"中我们常常见面,在我心目中他不是什么官,私下里我们仍以朋友相交。

这个团队后来加入了现在天则经济研究所的所长盛洪等一些研究生,后来的研究中还动用了大批的大学生,先后共完成了西单食品大厦(今华威大厦)、四川大厦(今阜成门桥西北的四川大厦)、青岛市人防工事利用(后得了国防部二等奖)三个研究报告,另外还完成了《西城区发展战略研究报告》。

尽管这些当年的学生们如今都当了大官,当了教授,成就了一番事业,但最牛的还是我,是我给他们发的第一份工资,并帮助他们走入了社会,1984年就让他们成了万元户。

我们共同研究这份可行性研究报告的开题与内容,我提出报告必须佐证和回答的问题,他们负责进行调查和论证,并提出结论性的意见,这份报告后来成了设计方案的重要组成部分。

他们调查了包括广州南方大厦、北京的百货大楼、西单商场等当时的许多大型商场的经营方式、财务与盈利情况,结合西单地区的客流和现有商业经营的情况,给出了商场经营规模与盈利能力的对比、建设资金的要求与经济效益的分析等。这是我们共同合作的结晶,经过反复的讨论、修改,虽不是最好(尚有许多我们也不懂或不满的地方),却也让公司和区里的所有领导都大开了眼界。

而第二次关于四川大厦建设的可行性研究报告(这是西城区与四川省政府合作

的项目，区政府也委托给华远公司负责，后因我入狱而转给了区里的另外一家公司）则完全不同了，这份研究报告则是从拆迁调查、补贴费用入手，从四层楼房商场的经营到两幢塔楼的办公楼出租使用效益的分析，从设计院建设方案的提供、交通组织的分析，到对地区经济的影响等，都做了完整的报告，最终的建设方案恰恰是我们在可行性研究报告中提出的方案。

记得在贡院胡同四川省驻京办事处进行可研报告汇报时，在座的有张百发副市长带领的北京市计委的曹、李两位主任，市规划局刘晓石局长等各有关部门的官员，以及四川省副省长和四川省的相关官员，几十个人坐满了一个大会议室。

当我们用投影仪演示完全部可研报告时，张百发副市长问：还有什么不清楚的问题吗？没有一个官员说话，或许是因为他们在大量的信息面前尚没有来得及消化和反应，但至少他们能想到的问题我们都有了明确的解释和答复，并解决了许多他们根本就没有想到的问题。

张百发副市长同时问北京市的计委、规划局：你们是否有能力做出这样的报告？他们都回答说不能，于是张百发副市长指令市计委，以后的项目立项不应仅仅是一个简单的说明情况的报告，要立个规定，都要在大型项目建设立项之前提供这样的详细的可研报告。

一段时间之后，市计委规定项目立项必须有可研报告，虽然不要求具有我们报告中那么详细的经营分析和建设方案，但至少要有基础的建设分析和粗略的经济效益分析，于是我们的可研报告成了市计委审报的范本。

改革之初，许多事情都是由先行者创造出既成事实之后，才变成了政府的相应规定，而我们这一批人就是推动中国经济制度改革的先行者。我们创造了许多中国的第一，也因此改写了许多中国落后的制度规定，虽然华远因各种原因没有成为中国的五百强，但因为我们的推动而受益并变成大公司的不在少数。至少我们承担了推动改革的责任，我们的无私无畏和对陈旧制度的不断挑战，让整个社会和经济的发展有了进步，让更多的企业在制度的变革中受益了。

作为第一个吃螃蟹的人，也许面对的是触犯法律的风险，就像小岗村的十八户农民，是以生命在挑战法律、挑战制度、挑战旧的思想约束，他们"明知山有虎，偏向虎山行"的精神却永远不会被历史遗忘，他们最终让整个中国的农民从这种挑战中受益了，让宪法修改了，让改革改变了中国，也改变了世界。

社会无法仅仅用吃螃蟹者从改革中或挑战中得到了什么来评论第一次吃螃蟹的效果和成就，但社会最终会从整个社会与法律制度的变化中给他们以掌声。

城市的机会为什么一次次丧失

1984年10月下旬，华远公司在民族馆召开了成立一周年的庆祝会，陈元书记到场讲话，并给了我们另外一个任务：要做一个"西城区发展战略的研究报告"，要以当时的情况入手，提出未来数年的中期、长期发展规划。这正是由于看中了我们的可研报告有特殊的新意，也希望我们能利用社会的人才，为西城区的长远发展提出建议。

于是我们又开始了新的地方经济发展的研究工作，从一个局部的项目扩展到一个区域的经济发展研究。一方面我重新组织了原有的研究班子，从了解和分析西城区的现状开始，找出区域发展的优势与劣势，并提出短、中、长期的发展意见；另一方面我要充分利用现有的摄、录像设备，用电影纪录片的方式拍一部电视片，将研究报告的精华用电视片的方式反映出来。

干这事的正是卓柳江的老公阎阳生。我将区里的调查资料、区情况的分析报告等交给阎阳生，由阎编写了电视片摄制的剧本，并从北京电视台找来了谢芳导演和摄影师，开始了制作工作。同时调来一个原来在照相馆工作的美工，制作各种图表、标板，丰富电视片的表现形式（那时的计算机功能少，还不能像现在这样制作视频，连四通的打字机都还没有诞生）。

为了表现某些特殊的变化与改革的预期，我们还让自己的员工、员工的家属和孩子当演员，用生活化的表现形式生动地反映社会的变化，用实景拍摄，同时也动用了北京电视台一些原有的资料带，组合成了一部《机遇与挑战》的汇报片。因为时间限制，我们要不断地压缩、编辑与剪接，使用的设备都是我们的商品，录音、剪接也都是我们自己操作的，我也成了熟练的编辑、剪接的能手。

我们只有几个人，却完成了一件放到今天也许许多人都无法相信的制作：几十盘的录像带，最终剪接成了一部45分钟的精品，既要说清历史与现状，又要揭示问题与优劣势，更要提出建议、展示未来，这并不是一件容易的事。

同时我们还提供了一份厚厚的文字研究报告，印制了几百份，所有报告的印制工作当仁不让地都是由我在农科院时建立的打字装订室完成。虽然每次我们要求印制报告的时间都很紧，但凭着我的老关系，所有人知道是我的活时都十分激动，她们为我的成绩感到自豪与骄傲，都主动地加班加点，精益求精地完成了任务。

1988年，打字室的一个女孩子徐岚平要去日本留学，跑到我的办公室借美元，我们俩聊天时，她就跪在地上，双手伏在我的办公桌上翻动我的图纸。我的办公室主任一进门看到这种情况十分惊讶，她并不知道我和打字室的孩子们曾在一起度过了最初的艰苦创业阶段，又有后来的许多联系，这群我眼中的孩子，始终把我当成长辈一样信任。

当时区政府负责组织战略研讨会工作的是政府办公室副主任胡纪平（后来调到华远当书记），她非常想提前知道研究报告的内容和电视片的内容，但被我们拒绝了，理由是独立机构的研究报告最好不要受政府的干扰和影响，否则就失去了独立性。她很担心我们的报告会让政府的官员们不满意，领导会连带批评她。

区委负责该项工作的是当时的组织部部长李三友，他也提出了同样的问题，我也给予了同样的回答。李三友部长不放心，就另行委托了一些人出了一份简单的报告，以避免发生领导意见一边倒或出现较大的偏差。

1985年春节后，区里在工商管理学院组织了几百人的战略研讨会，除我们之外还从中央、市里、学院等分别请了一些专家、学者共同研究西城区的发展问题。当时陈元书记已调到市委任常委工作，但仍关心西城区的发展，专门回来参加会议，并听取研究工作。我们首先进行发展战略的研究成果汇报。

我们给每位参会者提供了一份文字研究报告，会议也同样将李三友单独做的报告下发了。会议首先播放的是我们的电视片《机遇与挑战》，一开场就引起了重大的轰动，不但区里的领导们没想到我们会采用这种汇报方式，连外请的那些专家们、领导们也都惊呆了，感觉就像看电影一样。电视片从区情开始列举了西城区行政区划内的人口、地理、经济、现状，暴露了城市发展中的问题，进行了城市、区域间的比较，从改革的思路、理念上提出了新的看法，并提出和列举了发展的战略与未来的预期。片子放映时的惊讶之情在放完之后变成了全场的掌声，也给寒冷的冬天带来了一丝的暖意，长时间的掌声不但让我们松了一口气，也让胡主任紧张的心落了下来。

随后我们又简单地进行了文字报告的发言，解释了背后的原因和我们的思考，并将"繁荣西单，发展西城"八个大字作为最后的总结。

西城区没有什么工业，除了街道的小厂之外，不可能靠工业发展西城的经济，且最大的财政收入来源于商业的经营，财政收入的下降与地震之后西单地区商业活动的减少有着最直接密切的关系。借已经开始的西单旧商业街区的改造之势，将整个西单地区进行改造，变成北京市最大的商业中心区，是完全可能的，也可以带动整个西城区的繁荣。

大量的数据、论证明确了未来几年区域发展的路径，最后经过外部专家与区政府的研讨与交流形成了共识，区政府决定将"繁荣西单，发展西城"作为一项中长期的重要的发展战略强力推进和实施。

正是因为这次西城区的发展战略研讨会，奠定了这样一个发展战略的基础，才有了此后西单北大街东侧工程的规划与改造，有了西单北大街西侧"西西工程"的规划与改造，有了中组部的搬迁与改造，有了今天整个西单北大街880米路段的全新面貌，有了将西单与金融街连成一片即西单向西扩展至西二环的战略扩张，又有了如今金融街西扩的战略。

此后的连续四五届政府都始终坚持这一发展战略不动摇，也从这一发展战略中取得了巨大的收益和成效，既改变了城市的面貌，又增强了区域财政的实力，让西城区从此进入了北京市财政税收的前列，连续十数年获得人均财政收入第一名。

其他几个城区恰恰因为没有在当时确定这样一种全区上下认识一致的发展战略，才出现了这任政府和下任政府在发展地域、方向和实施方法上的差距，长时间靠零敲碎打的城市改造摸索经验，直到西城区推行一致的经济发展战略初见成效，才引起重视。

如宣武区到20世纪90年代初才确定了前门大街改造的想法，但因没有协调好与崇文区的关系而无法实施，打通两广路计划则是在90年代中期才在市里的推动下实现的。崇文区前门大街的改造更晚于西单地区改造许多年，因而失去了先机。朝阳的CBD区域改造战略也晚于西城许多年，东城的二环西侧战略则更晚，至今尚未全部实现。

不能不承认，西城区的发展战略不但优先于各区，并且连续多年不变，坚持不懈，因此取得了巨大的发展，而我在那时所做的发展战略是十分重要的。

按照政府的指令，这次的研究我并没有收费，而这个好的建议被政府确定为明确的发展战略之后，为西城区的经济发展做出了无法用金钱衡量的巨大贡献。

衣锡群是后来上任的区长，没有参加最初的研讨工作，上任后很想了解当时的情况，还为此在几年之后向我要了当时的录像带，专门做了研究。虽然距录像带的拍摄已过了多年，但战略意图依然明确，因此他和他的后几任区长都能坚持这一发展战略，让西城区发生了巨大的变化。

我没当过政府官员，但我接触过许多政府官员，也了解许多城市的发展战略及变动的随意性。一个地方政府能否用科学的方法确定基本的中长期发展战略是这个地方是否能稳定发展的一件大事，但许多地方政府是靠官员的长官意志和业绩追求而制定短期发展战略的，因此每换一届政府官员就被动地调整一次战略方向，失去了许多的时间机会和成本机会。虽然城市也在这种忽左忽右的变动中有了一些发展和进步，却缺少整体性、连贯性，也削弱了城市的整体竞争能力。

只有科学地分析，形成上下一致的共识，确定以地方经济发展而非以官员短期利益为主的中长期发展战略，并由多届政府始终如一地坚持实行，才能显示出人民群众的力量和区域发展的优势。

1984年底，华远组织了西单食品大厦的设计方案评审工作，一个现代化的设计方案被市政府批准了，随后华远开始组织设计与准备材料。那时还是以计划为主的建筑材料供给时代，钢材的供给刚刚开始实行部分计划外的双轨制，因此要发挥各公司的关系和力量准备钢材。我也通过农科院订购了一批钢材，因型号不符，只好转让了，没想到这却成为我日后被判刑的一项罪名。

1985年春节，市政府决定在北京展览馆举办春季展销会，以增加节日生活的气氛，这个任务交给了西城区政府，又由区政府转交给华远公司（国有企业重要的社会责任和义务就是为政府分担社会公益任务）。从组织商家参展，到组织货源自展，都是一件新事情，而要吸引更多的群众参加这项展会，最重要的莫过于在短缺经济的时代提供紧俏的物资。

为了让首都人民的节日过得丰富多彩，我又拿着区政府的介绍信去找了妈妈，也找了一商局的黄洪年叔叔，并通过他们的特批，争取到了一些节日的供应商品和自行车、彩电等紧缺商品。虽然无法满足整个市场的需求，却为这次春季展销会增添了许多亮点，确实起到了吸引群众参与的作用。

许多人痛恨"官二代"（或"红二代"）们利用父母的职权"走后门"，我确实也多次利用过父母的关系（主要是母亲的关系）办过许多事情，但我可以很坦然地将这些"走后门"的事情写在书里，恰恰是因为我觉得这是特定时代的产物，并非像许多人理解的那样，是为了自己发财、为了简单的个人受益去跑去要，或形成腐败与贪污。我不能说这些"走后门"都与个人的利益无关，但确实并非出于敛财的目的。

我是靠父母的关系"走后门"当的兵，虽然不是父母主动出面，却必须承认确实是父辈老战友的关系在发挥作用，并且是与个人利益相关的，但那时我当兵是抱着为保家卫国尽义务的一种理念，而非为当官发财谋私。

我通过父母的战友关系为部队买过汽车、采购过节日的商品，但要解决的不是个人的当官发财，实际上也没有因此升官，而是为部队建设做贡献。

我通过母亲为农科院安装啤酒罐而让小饭馆受益，但小饭馆并非我的个人财产，也不是我的公司的财产。

为了展销会我通过父母的关系给社会提供了商品，同样并不是为了个人发财，这些商品满足了消费者的需求，满足了市场的需要。

通过关系办事并不可恨，哪怕是通过父母的关系或权力，但要办得坦荡，不是为私、不是为个人谋财富、不是腐败与贪污，而是让社会受益。

1985年初，开始了企业的诊断活动，企业要清查自身发展，分析存在的问题，以取得更大的进步。我的研究团队成了企业诊断的咨询方，用外部第三方的检查判断企业发展的优劣成了当时的一股流行风，我们的这种做法登上了《北京日报》，成为典型案例。华远也邀请了区政府的各管理部门参与公司的自查、外查和诊断。

5月7日，在月坛公园的天香院（华远公司总部的第三个办公地点）召开了由马凯副区长主持的大会，总结了这次自查和外查的情况。我的人才公司购买钢材的情况属于超出营业执照批准的经营范围。其实在华远公司的营业执照所批准的范围中，有经营计划外钢材产品这一专项，本来为大厦购买钢材的事宜是由华远公司办理的，但后来因钢材型号问题要处理转让，而由人才公司直接转账处理少了这道手续，却增加了许多的麻烦。

区政府在战略研究会上确定了西城区"繁荣西单，发展西城"的基本战略之后，就展开了强大的攻势。

一是加速了西单商品市场的拆迁工作，但同时遇到了新问题。市里财政支出困难，决定取消文件中确定的两千多万元财政投资，但批准由华远自行筹措资金，在保证回迁商户的使用面积的情况下，允许用一部分面积换取投资。于是戴小明决定由我来替换原有的人员，兼任总公司建设部经理（那时华远公司已从华远经济建设开发公司升级为北京华远经济建设开发总公司了），并负责洽谈投资与合作事宜。

二是由华远牵头，委托市规划院进行西单北大街东侧的整体改造规划方案，这件事也由人才公司负责。当时我们再次使用了市场经济的办法，第一次采用花钱支付研究费用的方式，委托市规划院进行城市成片改造的规划工作。那时的政府机构还从来没有用商业的办法进行城市规划的先例，城市规划院的知识分子从来只知道由上级单位拨款，按上级的指令完成工作，而这次打破了传统的工作方式，政府的规划研究机构被市场"撞了一下腰"。

为了保证规划工作的时间与质量，我将规划院负责该项设计的整套班子都拉到了月坛公园管理处我们包租的一层办公室中。当时带队的是规划院的副总工芮总，队员中有如今已经是故宫博物院院长的单霁翔等人。研究人员在我们的办公室中切割各种模型，分割各种地块，安排道路系统，确定建筑高度、密度与功能，并根据容积率、客流量计算交通流量等，并安排了城市中心的绿地和地下的交通。如今除了右翼王府异地重建计划没有实现、民族大厦未能如愿建设之外，西单的现状就是1985年我组织完成的城市规划中的预期。

这也许就是城市成片规划改造的先锋，开创了一条企业买单、城市规划领先城市建设的新路。市政府批准这个区域的城市规划之后，开始推广这种成片规划的旧城区改造方案，如后来的西单北大街西侧的改造、金融街的整体规划和CBD的成片规划等。

早期我所做出的任何努力与创新都被事后的情况证实，中国人并不缺少智慧和创造性，缺少的是制度开放的自由，缺少的是市场的机制，只有自由的市场机制才能真正激发整个社会中企业与个人的思想开放和创造力。当时华远之所以能有所突破，得益于政策的开放、允许试验，也得益于我们这样一群年轻人没有受传统的计划经济的框框束缚，敢于和勇于进行各种探索，因此有了创新，有了对整个社会的推动。

三是戴小明组织各公司经理像区战略研讨会一样，也在华远发展的战略问题上召开了研讨会。区里的发展战略确定之后，公司必须重新确定自己的发展战略。经过各种激烈的争论之后，我们确定了"从经营性扩张到资源性转换"的发展战略，并确定了公司的宗旨和定位是"来源于社会,服务于社会"，明确了华远的精神是"团结、坚韧、探索、奋斗"，明确了华远的原则是"总体最优"。

1983年成立这个计划外全民所有制的企业时，区里的领导也并不明确公司的定位和发展战略，只知道要从旧的体制中寻找一个突破口，用新的市场化经营方式探索改革之路，既要解决区域经济的发展问题，又要用公司行为为政府的公共利益提供支持（包括方法、资金和管理上的支持），既要让政府想实现的经济意图有法可依，又要有人去干、有钱去干，华远就充当了这样一个角色。人从哪来？钱从哪来？要靠华远自己去解决。华远绝不是仅仅为了自身的发展而只图赚钱的企业，华远要成为区域发展的推动力，成为区域经济增长的领头羊。

1983年华远刚成立时，区里划拨了13家企业给华远，其实是政府在"甩包袱"，这些企业的经营情况都不好，政府希望靠华远的整顿和管理让这些企业起死回生。华远经过一年多的努力，通过制度的改革和兼并重组，给这些企业注入了活力。当时最简单的一条就是承包机制和激励机制，让多劳多得落实到每一个职工、干部的头上，发挥他们的自主能动性，而制度的改变也改变了人的积极性，这些企业除一家被关闭之外,都取得了成倍增长的效益。这样就解决了退休职工的利益保障问题，也扩大了就业。一年后，区里看到解决了这些麻烦之后，又把这些企业转回了区里，有的给了街道，成为街道发展经济和提供财力的支柱产业。

除这些企业之外，华远采取了"跑马圈地"的发展方式，一些人能提出一些好的想法（也许是并不现实的想法），就可以挂靠在华远的大旗之下，独立经营，上缴高额利润和管理费。那时华远迅速从只有七个党员的小公司发展成拥有十多家下属企业的总公司，"诸侯割据"的现象开始出现，却没有核心业务和拳头产品，一些上不了规模的小公司都在单打独斗，无法形成企业的合力。这种情况有些像瞎猫抓老鼠，碰上谁算谁，碰不上就自生自灭。

那时华远的内部政策，基本上是有好的经营思想和相对成熟的管理团队都给予办理执照、登记注册的支持，但通常没有资金的支持，要靠自己去找钱、找合作、找投资、找场地，并要服从管理、上缴管理费或利润。如果干不好就自生自灭，总公司不救也不安排。改革之初，这确实给了许多人成功的机会，让他们不管成功或失败至少都可以按自己的想法试上一把，但多数都以失败告终了。

1985年华远提出了要向资源转型的战略。什么是资源？当时制约企业发展的要素是资源，最主要的要素一是资金资源，二是土地资源。当时的西单地区改造给了华远土地资源，下一步要争取更多的土地资源，同时要解决钱的问题，那就要筹建银行、信托公司或财务公司，于是那时总公司的核心层开始将注意力从开办多个经营性公司与管理这些经营性公司向建立与拥有资源性公司转移了，同时从公司的整体发展战略上提出了要实现"集团化、股份化、国际化"的未来战略。

应该说关于华远发展的战略问题的研讨会是华远未来发展过程中的重要里程碑，明确了发展的方向，打下了理论的基础，此后的许多年，应该说华远都是沿着这样一条主线发展的，并于1993年实现了"三化"目标，至今仍拥有一定的资金资源（如多家银行的股份）、可以获取土地的开发公司，以及股份制上市公司。

为了实现上述目标，总公司同时开始了管理干部的培训，有组织地安排大批人员去工商管理学院参加培训，培训这一优良的传统从那时开始一直延续至今。人才是企业发展的重要要素之一，那时还无法靠社会招聘的方式征集人才，必须靠内部培训的方式提高现有人才的素质，使现有的人员从人力变成真正的人才。

我也参加了工商管理学院的带考试和文凭的学习，其实自从部队回京之后，这种夜校式的培训班我不知自掏腰包参加了多少个，却没有机会参加正规的、系统的学习，这次有机会参加学校的学习，准备考个文凭或证书。

遗憾的是我的工作太多，无法保证上课时间，更惨的则是，一次去学校的路上，我的雅马哈50摩托车撞上了一位推着自行车的中年妇女。那是在海军总医院门前的红绿灯前，红灯时，一辆公共汽车停在最外道，而我停在了第二道，绿灯亮了，公共汽车还没启动，着急上课的我一拧油门就冲了出去，没想到从我视线盲区、公共汽车的前面推出了一辆自行车，我正好撞到了自行车的前轮上。这位推车的中年妇女想横穿马路，但走到半路时灯变了（那时没有黄灯的间隔，红灯后立即变绿灯），公交车驾驶室位置高，能看到她，但我在公交车的侧后方，看不到有人推车过来，等发现时已经撞上了，于是两个人都翻身倒在了地上。

我只觉得右小腿一阵剧痛，但救人要紧，于是将摩托车锁在一边，扶着这位中年妇女进了海军总医院。一系列的检查之后，幸好这位中年妇女只是倒地时受了点外伤，没有骨折之类的问题，交警做完处理记录后，她就在家人的陪同下回去了，后来我按交警的要求赔了些医疗费、误工费就了事了。

等送走了这位中年妇女，我才发现自己的腿坚持不住了，一照片子，原来是骨折，只好在医院打了石膏。之前我并没有想到会骨折，还来来回回地走了不少路，也许是因为精神紧张，注意力都集中在被撞的中年妇女身上，等她走了，我松下了心，才发现原来自己摔得比被撞的人更重，也许是摩托车倒地时砸在了小腿骨上的原因，只好打电话求援。

撞车的地方正好在阎阳生的小家旁边。刚开始阎阳生一直住在办公室，他的父亲调回北京后才住到父母家，后来单位分给他一间十平方米左右的小平房，我们又帮他在院里搭了间两平方米左右的小平房，他们夫妻就搬到了这个所谓的"自己的窝"里来了。三十五六岁的人总希望有个自己说了算的天地，哪怕再小，也是自己的地盘，在当时一家三口住在这种平房的人非常多，还有许多人连这种房子也分不到。

于是我的摩托车就让朋友推回了家，而公司来车将我送回了家。

俗话说"伤筋动骨一百天"，但我两次骨折都没能享受这一百天：插队时胳膊摔断了，休养了八十多天，已经很不错了；而这次只在家里休息了三天，就架着双拐上班了，公司还有许多事情要处理。

1984年底，公司投资拍摄了电视剧，用了些商业化的办法。拍摄电视剧我大约也算得上是创始人之一了，那时还没有类似于华谊兄弟、紫禁城这种专业的制作公司，除了电影厂之外，没有演员的团队和导演的团队。张小冬和陈国星（方舒的前夫）向我提出了投资拍摄电视剧的想法，拍好的电视剧可以卖给电视台或卖录像带。

于是陈国星任导演，拉了北京电影制片厂的一帮制片人、摄影等，又拉了一帮演员，开始拍摄了。拍了两集的电视剧，叫《同谋》。那时两集的电视剧投资费只有五万元人民币，原想着也许会发个大财，但最后只有四个电视台买了这两集电视剧，只有几千元的收入，还被剧组"贪污"了，没回到公司的账上。我摔断腿时正是电视剧杀青的时候，而我看到这部电视剧在电视里播放时则是在市局的看守所一监旁边的K字楼里（据说K字楼是日本占领北平时期建设的监狱，因楼的形状像英文字母K而得名），颇具有讽刺意义。尤其是字幕上打出我的名字时连管教的警察都吃了一惊，私下里问我："这个真的是你拍的吗？"当时我回答"是"之后，管教也对我另眼相看了，此后对我的态度也好多了。

后来我不断遇上很多人，希望我投资电影或电视剧，但每次都被我明确拒绝了，最初投资的失败（也许是不逢时）和受骗，让此后的我坚决拒绝了这种投资。即使许多优秀的导演、演员后来都与我很熟，并成为朋友，我也从不参与。

我曾给胡玫捐过几十万元，拍摄了反映部队生活的八集电视纪录片，就算是做公益。当胡玫拍摄《汉武大帝》时，只拍了几集，原来的投资人就放弃了投资，胡玫找到我让我投资，我说我可以借给你钱，但我不投资，你先继续拍片，同时去找别的投资，等找到其他投资时，把钱还给我，通过这种方式解了胡玫的燃眉之急。后来胡玫找到了其他的投资人，完成了这部巨作。应该说这部《汉武大帝》拍得很不错，也赚了很多钱，尤其是陈宝国的表演在当时也引起了轰动，但我并不眼红，对那些投资赚了钱的人，也许我骨子里有一种对抗的情绪。

胡玫很感谢我的帮助，因此坚持将我的名字放在字幕中制片人的位置，如今大家看到的《汉武大帝》结尾字幕中有我的名字，但我并不是投资者，也不是制片人。

断腿并没有影响公司的工作，但我开始将精力放到合资建楼的谈判中，我们将最初的可研报告改制成招商资料，开始通过各种关系与一些大公司、大企业联系，希望通过合作的方式，由我们出地，对方出资，然后按面积分成。我负责从我方应得的面积中安排回迁事宜，或共同承担回迁面积，在剩余面积的分配中我方与对方按"我小你大"的比例分配，以确保区政府应得的利益和投资方的利益。

当时最重要的投资理念还不是能为华远赚多少利润，而是要确保大厦尽快取得融资和进行建设，要优先确保区政府的利益和回迁单位的基本保障。有了大楼，有了商业的经营，繁荣了地区的经济，政府才能提高税收和机动财力。

正当我们为公司成立一年取得重大成绩而沉醉时，不幸的事情发生了，初生的幼苗还没开花结果就夭折了。

那个年代的"有罪推定"

1985年9月29日上午，我接到区纪委的通知，去区纪委谈话。我答复说，上午有个大厦合作的重要谈判，是几天前就约好的，不便更改，我可以在下午去谈话。经区纪委同意后，我去组织了合作的谈判事宜。

中午，按传统的做法，节日之前全公司的人会在一起聚餐。9月29日恰好是阴历八月十五中秋节，第二天是"十一"国庆节假期，公司全体员工在月坛公园北门旁的峨眉酒家聚餐，还发了月饼等过节的礼品，下午大家就准备回家过节了。

我正准备去区纪委赴约下午的谈话时，总公司的副总经理赵胜利满脸阴沉、神神秘秘地进了我的办公室，悄悄地跟我说："跟我出去一趟。"我问是什么事，并告诉他我下午约了去区纪委。他小声说："别问了，你跟我走吧。"我匆忙安排了节后上班的事，并让小胖子（公司的司机张伟平，最初是我们在地安门办公时包租的出租车司机，也是齐跃的朋友，后来调入了公司）开车将我的过节礼品先送回家（那时还和父母住在一起）就跟赵总出门了。

此时的总公司已经从公园里的天香院搬入月坛北街九号楼的一层，将原住宅楼底屋的配套商业装修成了办公室，离月坛公园很近。出门沿着月坛公园北门向东走，正好是去总公司的路，因此我也没再问，就跟在赵的后面往前走。

当走到月坛体育场的北门时，赵胜利突然在一辆小面包车前停下，并让我上车，我跟在后面看不到车里有什么，还谦虚地让赵胜利先上，但赵胜利不上车，只让我上，我还在奇怪，为什么他不上车呢？等我上了车才发现车上坐的是区检察院穿着制服的检察员和法警，是专门来抓我的，严守纪律的赵胜利，一路上都没向我透露过一个字，并且既没有告诉公司的其他人，也没有告诉我的家人，我就这样莫名其妙地失踪了。

那时的西城区检察院、西城区法院以及西城区区政府同在一排连在一起的两栋楼办公，区政府占一栋，检察院和法院合用一栋，合用楼中间用墙将两个楼门分开，法院占一多半，检察院占一小半。从中午饭后我一直被关在一间关押室中，在问了姓名、年龄等确认身份相关的问题之后，就一直没人理我，几个小时过去了，既没人管我的晚饭，也没有水喝。渐渐地窗外的天黑了，路灯亮了。大约夜里12点钟，检察员进来让我签了一张拘留证，拘留证上没写原因和罪名，然后法警就给我戴上手铐，送进了西城区公安分局的看守所。

那时西城区公安分局的看守所在北师大女附中的南墙外，如今胡同和看守所已经拆除，变成西城公安局的宿舍区。我忘了胡同的名字，却对看守所印象深刻。

进门的一排房子是看守所的办公室和伙房。小院里的一排房子是牢房，东边住男犯，西边住女犯。牢房里漆黑一片，仅能靠昏暗的灯光照明，有一条通长的大走廊，走廊的南北两侧各有一排一间间的牢房。每个牢房的铁皮门约1.6米高，犯人进出都要弯腰低头，铁皮门外面有个大插销，带锁，门上方有个盖着布帘的小玻璃窗，可以从外边打开帘子往牢房里看，但盖上帘子后里面无法向外看。玻璃窗大约有15厘米宽，10厘米高，也有个插销，可以从外面打开，向牢房里喊话。铁皮门下面还有个比玻璃窗大不了多少的小门，同样安着从外面开关的插销，这个小门是用来送饭和其他小型物品的。

每个牢房面积有十一二平方米，靠内的一侧有一个马桶和洗手池，除了一条小走道，紧贴着距地面大约10厘米的床板。后墙的高处有一个对外的小窗，窗上有密密的铁栏杆，跟电影中看到的差不多。床板有3米多宽，2米长，多的时候要睡10多个人，每个人只有立着肩膀的宽度，挤不下时就只能睡在地下的走道上和马桶边上，只有牢头、狱霸可以享受平躺着睡觉的最优待遇。

刚进看守所的第一道关就是在门口的办公室里登记和搜身，每个人都必须将随身携带的全部物品上交，无论何人都要脱光了严格检查，再将口袋里的东西登记扣押，签一张清单，犯人签上字，装在口袋里，出去时再凭这张单子领取扣押的物品。连皮带也被没收了，大约是怕犯人们用皮带打斗、上吊或逃跑吧！

当天晚上我被送进了临时号，就是当天被送进看守所的、没有明确罪名和处理意见的临时犯们（现在叫"犯罪嫌疑人"，那时是"有罪推定"，都叫"犯人"）关押的地方，其中有公安局临时扣留的，有法院代押的，有检察院代押的，我就属于被检察院代押的。看守所并不直接管案件的审理，只管关押，就像管理垃圾、货物一样，可以虐待，但不能让其产生毒气和社会危害，并不保证关押的"物品"活着或数量不变。

临时号是罪名未经判决，没有预定关押期限的犯人临时住的地方，没有人通知家属，也没有衣被，一间小房间里挤了二三十人，只能挤在一起蹲着睡，也没有人交谈。有的也许天一亮就回家了，有的罚钱了事，有的也许会转送其他地方，也有的要转入其他牢房长期住一段了，这叫"转号"，即从临时号转入正式号，就是带有数字编号的牢房，称××号。进了××号牢房的大多就是已经有了罪名的犯人，只等待检察院的起诉和法院的判决了。

我一直不知道为什么上午让我去区纪委谈话，下午就变成了检察院拘留，只在猜想，为什么一下午都不审问我，而是忙着去办理拘留证？这一年的中秋团圆节就在看守所中与家人相隔千里地度过了，而家人根本不知道为什么我让员工给家里送了中秋的螃蟹，人却没有回家。那晚我正从检察院去看守所，夜深人静的路上，仰望天空圆圆的月亮，遐想着嫦娥孤守月宫的寂寞，那一刻心中的滋味，既无法用语言表达，也无法向他人倾诉。

第二天，正式的审讯才开始了，检察员叫武利剑，好像是个副科长，正是去公司接我并将我拘留的人，一段传奇的故事就从这里开始了。

事由来自1984年年底的分奖金。总公司完成年终考核之后，对利润进行了九一分成的分配，留成的部分作为奖励，由我进行了分配，我和张小冬各分到了16000元，齐跃分了3000元，剩余的分给了其他员工，并保留了一些未作分配。这个数字在当时称得上是巨额了。按当时的法律，集体企业的个人奖金没有个人所得税。那时邓小平刚提出了"让一部分人先富起来"，"万元户"这个词刚刚出现在媒体宣传之中，一般员工的工资一年也就几百元，而我们一次性发放的奖金就相当于普通人十多年的工资的水平了。

今天网上许多人对我的工资收入颇有微词，却不知道我早就是个靠劳动收入不缺吃穿的人了。在部队提干之后，每月固定要存几十元，复员时又领了几千元的复员费，尽管当了很长时间的临时工，没有工资却能吃老本。在农科院当经理时我同样是高收入，高的时候每月有二三百元，达到一个高级干部的收入水平。到华远之后固定收入是水平最低的，奖金却是大把的，只要制度规定多劳多得，有合理的激励制度，我从来就没对收入失去过信心，因为我相信自己的能力和努力。

在合理的激励制度下，我用不着去走歪门邪道，完全可以合理地获取高于其他人甚至远高于社会平均水平的合法收入。当今天公司的报表中公告我的收入为六七百万元年薪时，大多数人并不知道，十五六年之前我的年薪就超过了700万元，最早是1996年在香港的上市公司公告中披露的。

而20世纪80年代改革初期，我的收入同样远远超过普通人数倍或数百倍，这不是什么新鲜事，更不是什么不合法的事情。

80年代中期我就有了摩托车，改变了出行的条件。1985年初拿到奖金之后，我又买了一辆报废了的旧汽车，苏式的拉达车（张小冬也买了一辆进口的报废车）。当今天的年轻人还在为汽车奋斗时，并不知道改革的初期我们比其他人更早经历了这样一个过程。

也许正是因为我们的奖金和汽车，某些人嫉妒、仇富心理作怪，私下去区纪委告黑状，区纪委未经查证，就以"领导批示"的方式将我转交给了检察院，欲将我打成贪污犯，以解"仇富"之恨。但实际的奖金发放是有财务记录的。

关于发放奖金的问题，公司早在1985年初自查和请区县各部门检查中就做过说明和记录；同年5月7日，区里对公司的自查和清查问题做总结报告时，也未对此提出异议。我早以为这事过去了，却没想到大半年之后变成了犯罪！于是在十五天拘留期满的那天，我被按"贪污罪"逮捕了。

家里派人送来被褥和衣物，坐牢的日子开始了，我也被分到了号里。巧的是，原来住在我们楼下的全国合作总社的一位领导的孩子，警校毕业后正好在西城公安局的看守所当警察，于是我被分配到了劳动号中关押。

所谓的劳动号，就是把不会有过度伤害生命安全的犯罪行为的人关在一起，劳动号里的人要参加劳动，即所谓的"监狱中的生产活动"，产品同样供应市场并取得加工费，看守所会根据加工费的收入情况，给犯人一些物质生活的奖励，如食品供给得多些、好些等。区、市看守所中有些差别，在区看守所一般就是多给几个窝头或馒头，而市看守所则多了些糖果和瓜子。

每个牢号中都有个被警察专门指定或培养出的"牢头"，即犯人的"小头头"，替警察管理着这个房间里的秩序。一般来说牢头都是罪名较轻而能打的，或进号时间较长的，牢头通常能指挥几个小兄弟当打手，每个新进入这个牢房的人大多会先被盘问，如果是刑事犯罪的就先被暴打一顿，让其服从牢头的管理，有的态度好则会先"坐个飞机"，弄些象征性的处罚，让其知道牢头的权威地位和厉害。也有不服气的，会强烈反抗，如果牢号里控制不住，警察就借打架斗殴之名将其拉到外面的厕所或单号去暴打一顿，或关禁闭饿几天，这样一般就都老实了，然后送回号里，也就没人敢对牢头不服气了，号里也因此有了等级制和平稳的秩序。

也许是因为警察们不可能同时监视每一间牢房，也不可能白天晚上都在号里待着，所以就必须从犯人中找个"委托代理"，以保证警察工作的完成，而尽职的牢头除了可以享受房间内的"霸主"地位之外，还能享受警察给予的特殊待遇，如可以被奖赏抽上一支香烟等。

我因为是经济犯罪，又有当警察的朋友做后盾，因此没有被其他犯人欺负。那时大多数警察和罪犯们都不知道啥是经济犯罪，牢房中大多都是小偷、强奸、抢劫的社会治安类案件罪犯,也没有那么多的社会公恨。十多天后才给我安了贪污的罪名。

我房间中的牢头,是个比我年轻的小伙子,也是个复员军人,长得挺帅,曾经穿着警服替别人要债,被关了进来。因为都有过当兵的历史,我们成了朋友,我在号里也享受了二等的优先待遇,虽然吃的都是白菜汤、玉米面窝头,但好歹能吃饱,对我这个在农村中插过队吃过苦的人来说,并没有什么苦的感觉。

每天早上,警察会安排每个号的人集体上厕所,这样就可以尽可能避免犯人们在房间里大便,保持房间内的空气质量。牢房中本就一周或两周才能洗上一次澡,还要在室内小便,要再加上大便,那房间内的味道,别说是犯人,连警察们也受不了,因此大便都统一安排在早上,一个号一个号轮流去大厕所(兼澡堂)方便。

也正是利用这样的机会,几月后我发现张小冬和齐跃也被关进了看守所,一年的时间公司的三个主要领导"全军覆没"了。但我是企业法人,我负责分配奖金,他们只是领取奖金的人,怎么会也被当作贪污犯呢?看守所里同一案件的犯人相互之间无法通话,这是规定,怕犯人之间串供,因此必须把同案犯分别关押在不同的房间。

对我来说这是个谜,对办案人来说这其实也是个谜。检察院以为我们是个犯罪团伙,于是按有罪推定先都抓进去再说,反正当时也没有《国家赔偿法》,警察还沉醉在"文革"和计划经济的那套管理之中,骨子里的想法就是,不管怎样,权力在我手中,想咋干就咋干,只要抓进去就一定能找出点错来,大不了再找个理由把人放了。

不提审时警察时不时地会安排劳动号里的人干活,我们的工作是贴药盒,就是那种医院中常用的装针剂药、长方形、折叠开盖的药盒,里面是一排软隔断,可以放小玻璃药瓶。

拿来的原料是一堆裁好了的纸壳、纸片与糨糊,一些人负责折盒底、盒盖,按照压好的印,将平板纸壳折好;一些人负责折折子,即将一张有压痕的纸片折成一横两竖的"长城"形;另外一些人负责用白纸条将纸盒的上下盖连在一起,并将纸盒包上白纸边,让所有的接合部都连在一起,最后将折好的"长城"贴在盒里,这样就包完了。

干活是最愉快的事了,警察有时也会在一旁监督,这样就能打开牢门透透气,大家还能说话聊天。通常干完活的那天总有一顿好饭吃,也许是馒头,也许是大米饭,总之,只要有活干,大家就会忙着手里的活,有说有笑地忘记了烦恼。

提审并不是每天都有,通常是隔一段时间讯问一次,然后他们根据讯问的情况去做调查取证，有不清楚的情况再来提审。

因为我被定为贪污罪，检察院为了寻找更多的证据，就去查抄了我的办公室，也带我出了牢房，见了天日，还专门去查抄我的家。其实根本就没有任何证据可查，不就是简单地分了奖金吗？账上有支出凭证，凭证上有每个人的签字，还有啥说不清楚的呢？

从我的家中他们翻出了许多香港的武打片和台湾产的故事片（琼瑶的作品），于是就将这些都装到我的书包中作为查抄物品扣留了，还让我签了张扣押物品清单。其实，这些录像带是被他们开了小灶，当娱乐品贪污了，最后当我被释放，凭单子领取扣押品时，检察院什么都没退。

事后才知道，他们按我的贪污罪数额，早就要求我妹妹上交了所谓的"赃款"，为此妹夫只好将新买的摩托车卖了，将钱押在检察院。其实他们最想扣押的是我的拉达车（俄罗斯最大的汽车制造厂伏特加旗下的汽车品牌），只是苦于没有证据，收到妹妹送去的"赃款"，就只好作罢了。

我也是事后才知道的另一件事，是检察院在调查我贪污罪分奖金的问题时，找到了公司总经理戴小明查问此事，而戴小明承担了全部责任，签字确认总、分公司之间九一分成之后，允许分公司将留成的部分发奖金，并由分公司经理根据工作情况决定分配，并出具了当时的会议纪要。为此检察院又去调查了其他分公司的情况，它们的钱不多，也不够分的，因此没分，却不能证明不许分配。赵胜利为此专门找了两个分公司的经理，让他们回忆当时会议的情况，查证是谁说的不让分，后来查明是一位姓于的领导安排不许两个分公司经理分奖金。我对这个人的印象不深，我到华远时，他被派到西城区三十五周年国庆指挥部去工作了，根本不了解总公司开会确定九一分成的情况，而他从指挥部回来后，已经按当时的规定进行考核和分配了。也正是他向区纪委告的密，试图陷害，大约是因为他没有从公司的经营中获得奖励吧！

最终检察院从分公司拿到的，是有九一分成规定和可以将留成部分给员工发奖金的书面证据，于是我的贪污罪名不成立了，后来的调查等于都是为了寻找新的罪证，而与贪污无关了。

为了寻找新的证据来证明检察院的"功劳"，或者是为了满足上级纪委书记的指令，他们还搜索了公司其他人的家，包括我后来的妻子的家，但都一无所获。

同年的 12 月份，在我已被关押了三个月时，检察院已经知道这是一起冤案了，尤其是与公司的会计齐跃没有任何关联，于是检察院派人悄悄地告诉齐跃的妻子，让她以要生孩子（这是真实的）、家里无人照顾的名义向检察院申请对齐跃的保释，于是检察院用这种方法将齐跃释放回家了，而保释的通知却早被检察院遗忘了，至今也没再有任何的结论和说法。

1986 年初，检察院通知我妹妹，将扣押在检察院的所谓"贪污款"全部退还了，并准备对此案进行退案，但上面似乎意犹未尽，还想从我这里找出点什么问题，其目的也许是想从华远找个突破口，来"收拾"曾是华远董事长的陈元书记吧！

1986 年初，审问我的不再是武利剑检察员，而升级为一个副检察长。第一次见面时副检察长并没有问我与个人有关的任何问题，而是让我写了许多与公司交接工作有关的事，我以为这是总公司来询问我的工作意见，其实他们也许是想从中找到些什么吧？我写了十几页纸，用了整整一个下午，直到吃晚饭的时间才回了看守所。

第二天，在笼子（专门关押犯人的铁笼子，外面可以上锁）里等待提审的时候，法警们没有关上房门，被我看到他们在房间里打牌，并赌博，那时的赌注很小，赢一把牌只有一两毛钱，却并不是什么好事。

我坐在笼子里要水喝，他们不理我，于是提审时我就向副检察长告了他们一状，此后他们对我的态度就好多了。直到我出狱之后几个检警都还记着这件事。

1988 年，我负责的月坛工地发生了塌方，死了两个民工，正是这几个检察院的检警出的现场进行调查，按理本应询问甲方的负责人，但当他们知道负责人是我时，都没有要求和我见面，直接找了我的副总了解完情况就走了，后来副总还专门问了我此事。

武利剑检察员是个好样的，他坚持认为我的案件不成立，为此受到了上面很大的压力，他认为这种以上级指令而不以法律为依据断案的活不能再干了，因此提出了辞职。检察员的任命是地方人大常委会批准的，辞职也需经地方人大批准，为了坚持自己的辞职决心，武利剑不惜到北京火车站前去卖冰棍，终于辞去了检察员的职务，放弃了公务员的身份，独立创业当了律师，以维护法律的尊严。后来武利剑成了我公司的法律顾问。

1986 年 3 月，按市里某领导的批示精神，我被从区检察院升格到市检察院审理了（这位当时主管政法的领导后来任司法部部长，却是个从来不将法律放在眼里的人）。

那天看守所的警察让我带好行李出去，许多狱友以为我被释放了，还表示祝贺，但我领完被扣押的东西之后，却被带上另外一辆押送犯人的警车，拉到了宣武区的半步桥。这里是市公安局的看守所和市第一监狱的所在地，一个大院分别属于两个机构，看守所在K字楼。"半步桥"，预示着进入这个监狱的人大多数只剩半步的生命了。

重复看守所的一套搜查、登记、关押的手续后，我被送入了二楼的牢房。

市看守所的房间比区看守所的平房亮堂，面积也大，沿着房间的两侧各排一排50厘米高的板床通铺，两排床铺之间有1.5米宽，多了活动的空间，坐在床边也舒服多了。

但室内没有洗手池和马桶，而是摆了两个中等大小的塑料油漆桶当马桶用。人多的时候两边床铺不够用，中间过道上也睡满了人，将头伸到一边的床铺下面，防止床上的人下来时一脚踩到下面睡觉人的头上。

市看守所中几乎每个房间中都有几个戴着手镣、脚镣的犯人，大多是杀人、抢劫或有暴力倾向的死刑犯，可见市看守所审理的大多是重刑犯罪，比区里水平高了一级。

市看守所也有更多的经济罪犯和高级干部（13级以上的干部），并且设有专门关押高级干部的牢房，看管的警察（称"管教"）也相对文明多了，他们更会分辨刑事犯罪与经济犯罪的差别。

市里的管教虽然不管案件的审理，却会找每个经济犯聊天，了解情况，一是因为几乎所有的人都对经济制度的改革有许多疑惑，尤其是对第一次严厉打击经济领域中的犯罪活动有所不解；二是可以据此对犯人关押中可能出现的行为进行有效的预测与管理，合理安排关押的房间，为防范突发事件起到预防的作用。

市看守所里的管理水平也有所提高，每天会有《人民日报》，至少可以了解一些国家的大事和政策信息，还有《法学概论》等书，有心的人总会利用这些条件，不放弃学习的机会。我们会将《人民日报》中的英文招商和投标书剪下来，当作英文稿学习。那两本《法学概论》（上、下册）更是认真地从头学到尾，恨不能倒背如流了。许多人的起诉书一到，大家就能从起诉书中的用词上猜出大概的判决结果，刑期相差不了多少，开始我们把它当成一种赌博式的游戏，后来猜中的次数多了，许多没有太多文化的年轻人就将我当成了律师，求我帮他们写答辩，寻找法律上的漏洞，以减少刑期。我至少让一个戴了手镣、脚镣睡在我身边的刚成年的孩子免除了死刑和无期。

刚开始的一个月没有人提审，也没人过问我的事，一个月之后才见到了市里的两个检察员，一个女的主审，一个男的副审。女的叫什么我忘了，只记得是外交部的一个干部的孩子，正巧与华远旅游公司的经理吴爱平住对门，而吴爱平恰恰是和我在一个团当兵的战友，因此多了一些私人间的关系。男的叫李东明，通过审理此案了解了华远，后来将老婆也调到了华远技术公司工作。

市检察院已不再查问我的奖金分配问题了，问了些全新的问题，或者说他们认为是可能有问题的事，最后集中在了华远人才交流开发公司未成立之前我们与国防科工委的晓峰公司的那笔生意上。按理说那笔生意不是人才交流开发公司签约的，而是用总公司的名义签约的，应该与我没关系，那时我还不是华远的职工。问题大约出在张小冬曾动用过我们后来用订购家具名义支付的中介费上。在广东做生意时，有时要先支付定金，而张小冬就借过去做生意的关系借过这笔钱用于支付定金，但钱全部还清了，而且是在我们被抓之前就全部还清了，我不知道这中间还有些什么问题。

终于可以见律师了，我的律师是公司指定的，是当时崇文区律师事务所的所长蒋京川和公司的法律顾问吕冬民。其实我的案子没什么好辩护的，看着法警们不在，我可以借机抽上一支烟，并悄悄地将大半盒香烟藏在内裤里，两个律师心里很清楚，却假装没看见，让我把香烟带回了牢房。

我在第一个牢房中待的时间不长，第一次提审后，管教民警知道我的案情并不重，就将我转到了另外一个牢房。这个牢房中有七个经济犯，还都是党员，无形中成了"党支部"，因此这个单号中再也没发生过犯人打犯人的情况。七个党员的力量巨大，有公司的经理，有国家机关的处长，有篮球队的大汉，有工厂的厂长，还有个钢琴家，最后七个人中有四个无罪释放了，另外三个人中我认为有两个也应该是无罪的。

其中一位是北京冷冻机厂的厂长洪永建，也是全国制冷协会的专家，那时风行"星期日工程师"，即工程师们可以利用星期日、休假日到各地帮工，解决难题，并获取劳务费，有些像今天的歌星、名家们的"走穴"，领取劳务费。但洪厂长来了个"星期日厂长"，就违反了规定，厂长是行政职务，不能干工程师的活、拿劳务费。洪永建比我晚出狱，但出狱后给我当了阳江空调机厂的厂长，经营到退休，并为家乡做出了贡献。

一位曾是原外经贸部部长李强的秘书王天怡，改革后成立了公司，李强任董事长。当时在香港或境外设立公司都只能以个人名义，如外经贸部批准华远在美国设立的公司，至今仍是以我个人的名义注册的，王天怡在香港注册公司拨付了2500万港币，被当成贪污罪，如果这个罪名成立，按当时的法律大约要枪毙十多回，后来他确实被关进了我们隔壁房间的死刑号，最后却无罪释放了，如今是中实集团公司董事长，北京国宾酒店就是他与我合作建设的项目。

牢房中同样组织生产劳动，缝白线手套。在第一个牢房中时，我主要负责打结，就是将白线手套的指头端头，用钩针将敞开的机织口用线头连在一起，并要将每个手指头的接合部用线头钩在一起。白线手套是当时重要的劳动保护用品，也是冬季骑车时的重要取暖工具，但到了监狱才知道，大部分的手工活都是由犯人完成的。

在第二个牢房中负责的是织腕，将机织的手套巴掌后面接上一段线手腕，这两个部分是用不同的机器编织的，然后用针线将两个部分连接在一起。这可是个细致的针线活，先要将手套巴掌和手腕对好每个机针孔，套在一个圆木棍上，然后用三角针或四方针的交叉线将针孔密密地连缝在一起，一个孔都不能空隔或漏掉，否则机织的线头一碰就全线崩溃了。每次缝好后还有人验收，合格才能上交。

任务是有强制性定额的，每天每人必须完成多少双手套的缝制工作，没完成的要加班或受罚，而完成和超额完成的会有奖励，警察会发几包瓜子或水果糖。在缺少营养补充的牢房中，一块水果糖也变成了好东西。周日会给牢房象棋和扑克，让大家娱乐，于是瓜子和糖果就成了输赢的赌注，以增加一些竞争的乐趣。

在牢房中的大部分时间是等待，于是许多人会每天坚持锻炼身体，早上统一上厕所、倒尿桶、洗面、刷牙之后，我们会做仰卧起坐或俯卧撑，保持身体的健康。当有病号时，会对着窗户高喊"求医"，女民警会带着体温计和听诊器前来看病，叫病号蹲在牢房走廊的地上，仰着头，张开嘴，医生将药片放入病号口中，再给口水将药送下，再张开嘴，检查药确实咽到病号肚子里。有时为了取乐，一些坏孩子会故意装病，在蹲着的时候假装蹲不住而倒下，乘机从女民警的裙子下面看看她穿了什么颜色的内裤，回到房间后再大吹特吹一番。

长时间不见女人，那些强奸犯会站在尿桶上从高高的小窗中向外看，希望能看到提审的女犯人经过，连听到杀猪声都会讨论一番是公猪还是母猪。最难熬的是许多烟鬼们没有烟抽，不抽烟的人也会在无奈的等待中希望抽上一口烟解解烦，于是每个被提审的人都有一个重要的任务——满地地寻找烟头。到审讯室的路上，或者是厕所中，都可能有机会，发现烟头后就假装摔倒在地上，将烟屁股偷偷地藏在手里，起身后将烟头捏碎了放在衣服口袋里，把过滤嘴或烟纸皮扔掉，这样就不会在回来的检查时被发现。

哪个被提审的人要是能带回来烟头，就成了屋里的英雄，大多会受到奖励，如少干点活，或多吃块糖等。当一群人共同被关在一个牢房中时，不管每个人曾有过什么样的犯罪行为，都在局部生活中变成了一家人，虽仍有新旧之分、等级之分，但共同的"敌人"都是监狱和看管监狱的人，抽烟的乐趣，会让几乎所有的人团结在一起。

而我能从外面带进来几乎一整包烟，就成了大大的英雄了，全屋的人恨不能将我当爷爷供着，讨好着，就为了能抽上一口烟。平常带一个烟头的烟丝回来后要小心地清理口袋，珍惜地倒在一张报纸上，然后精细地卷成长长的细细的一根香烟，比一般用的圆珠笔芯还要细，这样才能让更多人有机会吸上一口。而我的这包烟，同样要将原来的整根烟破开，再用报纸卷成细烟，供大家分享，以便能享用更长时间。

许多人会疑问在牢房中如何取火，最常用的三种方法是：

一是有长住监狱的老江湖，他们会让家里人寄信时将打火机用的火石藏在信封的封口处，故意用许多脏的干硬糨糊块做掩护，这样就不会被检查的民警发现，也有的塞在牙膏的尾部或手纸的中心，然后将火石塞在牙刷把尾部的小孔中（那时的牙刷把后头都有个小孔），将棉被中的棉花绒放在火石边，再用碎碗片顺着牙刷把刮火石，这样就能打出火星，点燃棉绒。

二是什么都没有时，也可以用碎碗片硬刮床边的三角铁，也会产生火星，但大多数人不会用这种办法，因为夜深人静时动静太大，容易被狱警发现，个别离狱警室较远，或刮风下雨时，也会有人用这种办法。

最有技术含量的是第三种，搓火。古人钻木取火采用的是摩擦生热的道理，牢房里用的也是摩擦生热的道理，不过不是用钻，而是用鞋底搓棉花棍。

先将棉花搓卷成一个约一厘米直径的硬硬的棉棍，搓得越硬越好，有的人还会在棉棍芯里放上一根扫帚棍，这样容易搓得紧，也增加摩擦力，没有扫帚棍时会洒上一些洗衣粉，也能增加摩擦力。

然后，将搓好了的棉棍放在床板或地上。床板上搓着方便，但有的床很结实，有的床板会响，要有许多人坐在床板上就不会响。一个人用布鞋的鞋底两边一合，折成一道板棍状（那时的塑料底布鞋穿一段时间，鞋底就磨薄了，很容易折合），与棉棍十字交叉，来回地搓，两个着力点之间的摩擦系数加大了，快的只要十几下，棉棍就变软了，其实里面已经生热着火了，拉开棉棍一吹，火就着了。

通常这种事都在晚上九点响了熄灯铃之后，夜深人静的时候进行，全屋的人都有机会美美地抽上一口香烟，那个滋味就像神仙一样，许多人都有一种醉了的感觉，终于可以在那一刻忘记所有的烦恼了，这大约是比吃块糖更幸福的事了。

王天怡的英文不错，于是借着某个人可以借纸、借笔写答辩状时，在一卷手纸上写下了几百句英语，这也成了每天消磨时光的必修课，到我出狱时这卷手纸已被卷来卷去破烂不堪了。那几百句英语到今天我早就忘得没剩几个单词了，但那时看这些英语成了支撑自己坚强活下来，并不被冤情所苦恼和纠缠的一种解脱，困境之中总要找到一种替代，而学习《法学概论》和英语无疑都起到了积极的作用。

我被从西城看守所上调到市看守所时还是1986年的阳春三月，从窗口向外看去，高高的大杨树刚刚开始生出嫩芽，一片欣欣向荣的景象，慢慢地杨树开花了，结穗了，叶满了，夏日的骄阳从窗口一直照到了尿桶上，半年过去了，秋风秋雨来临了，终于我也等来了第一份起诉书，起诉书中的罪名是张小冬挪用公款，我应承担领导责任，或说是同谋。

确实，我作为公司经理，给张小冬开出过经公证处公证过的授权书，委托其为公司采购商品，可以动用上百万元，但这怎么能算挪用公款呢？连我的律师都认为这是没有任何法律依据的。

10月份，我和张小冬分别从西城看守所和市局看守所被带到了位于正义路的北京市中级人民法院，这是我从分局看守所到市局看守所后第一次走上了大街，看到了市容，也又一次见到了张小冬。开庭时还看到后面坐的有华明，大概是代表华远公司来旁听的。华明是我三十五中时的同学，打篮球的好手，后来去当了兵，退伍时好像是旅参谋长，也算个团级干部了，我估计他是凭着和戴小明的关系调入了华远。

开庭审理没用多长时间，主要是说张小冬动用了公款（公司支付给广东家具厂的中介费），虽已归还，但挪用公款的时间超过了三个月，要按贪污论处，并要将这笔罚款没收。我作为经理，应为同案犯处理。

事实是，支付这笔钱时我和张小冬都不是华远公司的职工，我更不是经理，支付这笔钱是合同之中的约定，事后张小冬从家具厂借过钱我并不知道，而且张小冬是为办公事，事后又归还了，张小冬也当庭陈述借钱的事我并不知道，于是很快就宣布休庭了。

一个月后我又收到了新的起诉书，这一次起诉的罪名改为了投机倒把罪（如今的《刑法》中已经取消了这一罪名），原因是我任经理期间倒卖了一批钢材，数额超过六万元，因此要算作投机倒把罪（那时量刑的标准大约是六万元起步吧）。那批为华威大厦建设而购买的曾被工商局批评为超出经营范围的钢材，如今用在了这儿。

律师告诉我，这是找不到罪证，又不能承认抓错了人，检察院不得不选择的一种办法。不然早就过了关押期限，又无法无罪释放，检察院如何下台呢？并且告诉我这个罪名很轻，不会让我进监狱的，或者是缓刑，或者是按关押期计算的刑期，总之开完庭我就可以回家了。

回到牢房中我将这个情况告诉了室友们，许多人为我高兴。除了高兴我很快能回家了之外，更兴奋的是他们有可能通过我给家里人带个信了，可以让家里人知道他们的真实情况了。许多未起诉和未开庭的人员是不允许与外界通信的，只有已判刑、上诉期或等待转入监狱的人才能和外界通信和送生活用品等（新入狱的也会通知家属送生活用品，包括长住犯定期的手纸、牙膏等），而同房间的人能出去，则是最好的传信方式。

于是借着我写答辩的机会，十来个人分别给我留了地址和写了小纸条，大家都在和我一样焦急地盼着我开庭的通知，当然我只替那些罪恶小、非刑事犯罪的人传递信息。

1986年12月4日，管教民警终于出现了，牢门打开之后，管教喊着我的名字，并喊了声"收拾行李出来"，所有人都松了一口气，因为凡是在开庭时要收拾行李的人都是不会再回到看守所的，一定是判了缓刑或是刑期已满，或是无罪释放，如果要判服刑，就会回到看守所中再上诉，或者二审之后才能转入监狱。

此前，当我在西城看守所收拾行李时，许多人也是这样想的，才有人祝贺我可以回家了，但其实我是到了市看守所。不同的是那时我并没有被检察院起诉，而这次是有了起诉书的开庭，那收拾行李的含义就更加明确了。

我换了一身干净的衣服，并将所有的小纸条藏在袜子里的脚底下，告诉狱友们我会将他们的口信带回家的。——告别之后，就出了牢门。民警奇怪地问我："你的行李呢？"我告诉他："我要回家里了，这里的东西都不要了，我不会将监狱的东西带回家的。"

民警早就知道我可以回家了，因此也就没有再问，正好有个别的犯人家里并不愿给送衣被，我留下的那些衣物刚好对他们有帮助，不管怎样他们也是人。

到了交接室，看守所的民警并没有进行严格的检查，将扣押的手表等物品直接还给了我（上一次是装在一个封闭的口袋让我拿着，到市看守所之后再整袋上交，这次是交给我原物），当我检查、核对扣押清单时，检察院的法警说："要回家了还不快点！"因此我的小纸条就完整地带出了看守所。

检察院的警察很清楚我要回家了，在去法院的车上，连手铐都懒得给我戴了，看到这种情况，我心里暗自高兴：我终于可以回家了！

到了法院就更简单了，检察院提起公诉，法庭宣布判决，甚至不给我和律师更多的陈述与辩护机会，只是强调不服本判决，可以在10天内提起上诉，我当庭提出上诉，就宣布退庭了。

判决是投机倒把罪，判有期徒刑二年，缓期执行三年。

不管是什么判决，自上诉之后就都不生效了，须经再次审理之后才能形成终审而生效。

我终于可以回家了，公司早就接到了通知，开庭当日要送我回家，还是华明（当时是总公司办公室的副主任）到法庭接的我，并把我送回了家。

我从档案调入华远开始算起，大约不到一年的时间就进了看守所，在看守所中待了一年两个月零六天。按贪污罪被捕却按投机倒把罪判决，这大约就是不按法律而按长官意志和有罪推定办案的结果。

还是由蒋京川律师代理，我于10日之内向法院递交了文字的上诉书，并很快收到了法院的通知："本案退回市检察院重新审理，原判决作废。"我无罪了，本案却还没有真正地了结，我也无法恢复正常的工作。

回家后的当天和家里人一起吃饭时，父母并没有问太多的话，大家都不愿扯起这段伤心事，我只告诉爸妈：你们的儿子没有贪污，也没有犯罪。父亲点点头，并没有接着往下说，母亲则看着我的半头白发（看守所中都理的是光头，只有我在最后一次没有理光头，民警也默许了），眼泪在眼眶中打转。我知道这一年多的时间里他们承受了不知多大的压力。一方面是亲情上的压力，毕竟是自己的儿子，有哪个父母愿意看到自己的儿子成为罪犯，被抓到监狱里呢？另一方面，他们都是党的高级干部，一生都在严格地遵守党的纪律和国家的法律，绝不敢越雷池一步，却不得不面对儿子被检察部门抓走的现实，承受上级、同事、下级、战友们的非议，那些满天飞的各种议论、指控，让他们既不愿承认又无法辩解。他们不相信我会犯罪，却无法了解真实的情况，他们也绝不会为此而动用自己的关系和权力，他们知道，事实总会有最终的结果的。

他们也经历过"文革"的摧残，经历过误解、冤枉、打倒和牛棚中的生活，他们坚强地忍受着、工作着、等待着。

反倒是哥哥在为我的事情东奔西忙。陈元同志从西城区调到市委之后，接任陈元同志担任区委书记的是从东方红炼油厂（今北京燕山石油化工有限公司）调来的田成平同志。我哥哥正好曾与田成平在同一个工厂任技术员（后来哥哥调到中国技术进出口公司），曾为我的事专门找过他。但案件进了检察院之后，区委书记也无能为力了，只是向哥哥介绍了一些情况。

最令父母感到安慰的反倒是我在部队时的老团长陈晓庄，知道我被抓起来的事情之后，专门到家里来拜见了我的父母，他对我父母说："我相信，任志强不会犯罪。"这大约是"鸡肋"之外，他给我的最高评价了。部队一直与我有着许多的联系。我在地安门卖录像机时，部队为改善团里的文艺生活和扩大经营，曾从我这儿借了一台录像机和许多录像带，一方面在大礼堂给战士放映，另一方面对外卖票，让周围的村民、居民来看，也为团里增加些收入。他们随时关心着每一个战友的成长，当他们知道我出事之后，自然也给予了一份关心，最重要的是，他们坚决相信，我绝不会做出违法的贪污之类的事情，团长的信任和个人保证，至少给了父母一些希望。

后来，检察院通知妹妹领回了扣押的钱款则给了父母一些安慰，他们至少已经知道我没有贪污了，贪污在他们心中是天大的罪过。父亲在战争年代就专门负责管理钱财，也当过银行行长，最痛恨的就是贪污。中原突围时，许多银元都分散在战士的身上携带，最强调的就是不得贪污，一生大公无私的父亲，听说我犯的是贪污罪时，几乎病倒。还好这个罪名很快就被清除了，我知道，如果我真的犯了贪污罪，首先不能饶恕我的一定是我的父亲。

我最应该感谢的则是华远总公司的领导，主要是戴小明和赵胜利，如果不是他们确认九一分成和允许分配奖金，我就有口难辩了，正是公司出具了相关的证明，我才免除了贪污的罪名，还了清白。

在西城看守所和市局看守所时都遇到过一种情况，那就是单位的党组织会在某人被捕入狱之后，先宣布开除此人的党籍，以摆脱关系。其实这一开除的行为本应在法庭的终审判决之后，但当时有罪推定的法理让许多领导不敢也不愿承担责任。

戴小明没有这样做，他不但没有开除我的党籍，也没有停发我的工资，他勇敢地承担了作为一个公司领导的责任。尽管我和戴小明之间有过无数的争吵，包括后来的合作期间，甚至会拍桌子，相互之间的基本信任却从未被破坏过，尤其戴在我入狱之后的一系列做法都让我终生无法忘记，不管戴做过多少我认为是错误或双方意见有分歧的事，"朋友"这两个字在我们俩身上是经得住考验的。

我出狱之后的第二天，戴小明就专门请我到燕京饭店吃饭，他问我监狱中的感觉如何，我回答他的则是"还要跟着共产党走"。在狱中我看到了当时的法律的不公平，包括我自己和其他的无罪释放者都是法律不公平的受害者，也看到了监狱中的黑暗面，但我看到更多的则是那些真的违法乱纪者，有强奸犯、抢劫犯、杀人犯等，有黑社会式的破坏社会秩序和安定生活的犯罪行为，如果没有党的领导、国家的法律和改革开放，中国将不知走向何处去。

而当戴小明问我如何看待被冤枉时，我则回答他"妈妈也有打错儿子的时候"，并没有因此对党的主张与信仰产生动摇。我更愿意相信这对我是一次考验，也是一种锻炼，也许正因为这一次的经历，让我学会了在此后的生活中更加注意严守纪律和有效地保护自己。

也许许多人会怀疑，我是为了写这本回忆录而编造这些故事，但当事人都在，我无法回避。一定会有许多当事人看见这本书，这不但是我当时的想法，也是我今天真实的想法，即使后来又发生过无数的事情，也没有改变我对党的信心和看法。

中国共产党在执政过程中确实犯过许多的错误，走过许多的弯路，我也经常会对一些政策提出各种批评，有些也很尖锐，但我从不认为党的初衷和目标是错的，也不认为哪一个党不会犯错误，更不认为中国目前能有一个新的党能更好地领导中国的发展与进步。

几个月之后的一天，我被叫到了戴总的办公室，戴总告诉我，市检察院来送裁定书了，并且提出了两个条件：一个是我要承诺在接到裁定书之后不能去告检察院抓错了人，否则就拖着不给我发裁定书；另外一个是检察员的老婆要调到华远公司工作。这个事由戴小明去安排，就与我无关了。

说实话，我从来没有要告检察院的想法，就像我说过的，"妈妈也会打错孩子"，尤其是我的父母都在"文革"中遭受过不公正的待遇和冤屈，但是要恢复他们的工作时，他们从未想过、说过要让党对他们的冤情道歉。他们可是受苦受难地革命了一辈子，枪林弹雨中流过血、受过伤，每天将脑袋捆在裤腰带上闯过来的。他们都能承受这些冤情，我又何苦浪费精力和时间呢？

戴小明又领我到了胡纪平书记的房间（胡纪平已从区政府办公室副主任调到华远公司，估计是我出事之后区政府要加强党对华远的领导，后来就再没有从区里调到华远任职的干部了）。屋里坐着两名市检察院的检察员，一名是原审案子的李东明，另外一名是新面孔，他们履行了登记手续后，向我宣读并递交了检察院的裁定书。

检察院找不到将我送进法院判罪的任何证据和事实案例，以缓刑的名义将我从看守所中放出来后，就接到了法院退案的通知，裁定书只是个下台阶的事，但裁定书中的用词却是为了防止我起诉检察院而故意留下伏笔的。检察院并没有直截了当地用"无罪释放"一词，而是用"可不认为犯罪"代替"无罪"而推卸责任。如果按今天的法律，大概就不会有这种用语了，今天的法律早就改为"无罪推定"，所有的行为人都必须在法院判决有罪之前被当作"犯罪嫌疑人"，检察院根本无权认定、裁定"犯罪嫌疑人"是否有罪，只有法院才有权认定"犯罪嫌疑人"有没有犯罪。我并没有想过告检察院，我也知道这个裁定书的真实含义是：我无罪。

检察员们也明确地当着戴小明和胡纪平解释了"可不认为犯罪"就是"无罪"，并不受法律惩罚的意思，也明确告诉了公司领导我可以恢复正常工作了。

也是从检察院那里，我知道了另外一个消息：张小冬因"挪用公款超过三个月期限"，按贪污罪判决"无期徒刑"。

数年之后从衣锡群的口中得知，他调到区里来时处理的第一件事就是我放出来之后的问题，田成平书记交代，这件事要处理得"抓得有理，放得也有理"。

大约胡纪平书记接到的就是区里的这种指示精神，于是在我接到检察院定案无罪的裁定书之后，召开了党支部大会（那时的党员已从7人发展到30多人）。戴小明作为总经理兼副书记，针对张小冬和我的两个不同案件的情况，提出了支部的意见：我作为公司经理，应对张小冬的问题承担领导责任，给予"记过"处分（其实张小冬的问题并非发生在公司内，也未动用公司名下的任何钱财，广东那家企业也并非公有企业而是个体）。当戴小明提出要举手表决时，并不是按照同意、反对和弃权的程序宣布的，而是先说"反对的请举手"，并且带头举手投了反对票。大多数党员都并不了解真实情况，看到戴小明反对给我处分，多数人都投了反对票，第一次给我处分的党支部大会流产了。

不给我处分无法向区里交代，胡纪平只好私下分别做党员和我的工作，又召开了第二次支部大会，最终以戴小明等七票反对、多数人通过的结果，给了我一个最轻一级的"党内警告"的处分，这才算给了区里一个交代。区纪委其实比检察院更怕我去告，这毕竟是区纪委向区检察院报送的案子，也是区纪委要求市纪委转市检察院审理的案子，我至今不知道这背后还有什么故事，但有了这个党内警告处分，区纪委就能下台了。

如果当时做出的处分决定是开除我的党籍，我也许就干个体户了，也许今天要比潘石屹富得多，可能也进了富豪榜的前几名，但一个党内警告处分不足以让我去干个体户。

许多人曾多次问过我为什么不去干个体户，我说"老妈让我干国企"，许多人不信，但那一代的马列主义老太太们恰恰就是认为只有国企（包括集体）才是为人民服务、为国家争光，而干个体户则是为个人谋利。

也有许多人问我，在华远受了那么多的委屈和冤枉，为什么不换个单位呢？在华远不是永远会想起那段伤心事吗？而我当时的想法恰恰相反，我认为一个人在哪里跌倒了，就要在哪里爬起来，用我的行动和成绩去证明，我不仅没有犯罪，而且是个忠实的共产党员！换个地方反而有可能被人误解为要隐瞒这个处分和不光彩的一段经历，那就更说不清楚了，我就是要在华远公司证明我的一切。

党内的处分是无法撤销的，但我的成绩更是无法否认的，为了给我平反和证明，后来区里选举我当了区人大代表，以证明我的无罪，又被评为劳动模范，获得了"五一劳动奖章"。此后又连续当了三届北京市的政协委员，可以说，政府用这些职务与荣誉为我这段入狱的经历画了一个句号。

1996年11月8日，华远地产与华润合资并将在香港上市的前一天，香港8家主流媒体和香港联交所同时收到了匿名信，信的内容正是用这段入狱的经历揭发我犯过罪。香港上市的法律是极其严格的，有过犯罪记录的人是不能出任公司董事和总经理的，尤其是资料公布之前，我们都必须在英国驻华使馆或香港宣誓，证明所有公布的个人资料信息是真实可靠且特别注明是没有犯罪行为和记录的，必须没有被法律处罚过，更不用说是判过刑了。这可成了件天大的事，整个香港华润创业的总部都为此闹翻了天，各家媒体的电话都打爆了，也有电话直接打到了北京我的办公室。

香港华润创业公司的律师告诉我，不要回答任何香港媒体的询问，要由公司统一回答。

我找不到当时的裁定书放在哪里了，按照香港律师的要求，我必须去市、区检察院查出原件，并开出复印件证明，向联交所汇报，否则第二天就无法开盘了。

我当时的书记是周坚，他先是专门跑到市检察院去说明情况并要求查档，但市检察院说案卷已退回了区里，周坚又到了区检察院，最后在下午 5 点由区检察院开出了"虽于某年某月至某年某月接受了我院的审查，但没有查出犯罪行为，无罪释放"的证明。我们将文件立即传真给香港公司的律师，并将原件办理快递邮寄到香港，由公司的律师将情况说明和传真件提交了香港联交所，同时给香港所有的媒体发出律师函说明了情况，警告说如果媒体刊登错误的信息，将要承担法律责任，这才保证了第二天联交所的敲钟开盘。

第二天，香港只有一家媒体刊登了此消息，说昨天接到了匿名信，但已经香港联交所证实是假信息，才没有影响华远在香港的上市。

至此之后，各种媒体中、网络中仍不断出现此类的消息，我也曾在博客中专门公布了此经历的来龙去脉。现在网络中常有许多人对开发商恨之入骨，常会用"查查任志强，肯定能查出贪污、腐败问题"的说法来煽动不明真相的群众。也有"查查华远的税"的说法，却不知道华远公司年年都是纳税先进单位。许多人并不知道的是，有了一次牢狱之灾后，我绝不会再让这种冤情重演了，更不会去跨越法律的红线。

幸好我不是斤斤计较的人，否则永远无法走出生活的阴影。我手下确实有一位部门经理因为被冤枉而愤愤不平，怀恨在心，一心想与检察院打官司，最终犯了脑溢血。

脱离苦海的根本不是身在何处而是心在何处，只有心从那段阴暗的经历压迫中彻底解放出来，人才能真正地脱离苦海。

无神论的我爱上天主教的你

有个段子说"同上过山,同下过乡,同当过兵,同扛过枪,同蹲过大狱,同受过冤枉",有这种经历的感情最深厚,也最容易长久。

出狱之后一项重要的工作就是处理这些情。

狱中的人,既有为人父的,也有为人子的,既有为夫的,也有相恋的,既有孤儿,也有上有母、中有妻、下有子的。夜深人静,常可听到各种哭泣之声、喃喃之语和呼儿唤妻之梦,也常引发更多人的共鸣。白天众目之下大家都忍着心中之情,装作平淡无事,而当独自面对昏暗的灯光,望着窗栏外的月亮时,却各有自知之痛,想起各种情,难免情到深处而外溢,不由得泪水泉涌不停。

虽然国家有明确的案件处理时限,但实际上除了上面点名的大案、要案之外,几乎没有不严重拖延的。在看守所中长住一年以上而未判决的是大多数。因案件尚未审理,为避免传递消息与串供,不得与家人见面,反倒是判决之后进入狱中,才有了与家人见面的机会和法定的看望日。久拖不决会让更多的人在看守所中精神恍惚,神不守舍,狱中墙上挂着的是"坦白从宽,抗拒从严",但狱友们交流的心得则是"坦白从严,抗拒从宽",自然也让案件审理的时间更长。

那个时代大多是有罪推定,而非有证据之后的犯罪审理,因此许多案件是先入狱再查证的,坦白反而给了审理一个寻找证据的机会,而抗拒自然增加了审理后找证据的难度。有罪推定的先抓后审与无罪推定的先有证据后抓人的重大差别正在于对人权的保护。

除了那些抢劫、杀人、强奸的现行罪之外,当时许多由纪委或政法委转移的案件大多存在着有罪推定在先、寻找证据在后的问题,"坦白"则不是"从宽",而是定罪的原因了。

送信的过程中我接触了各种不同的家庭,也受到了不同的接待。

有的家庭将我当恩人,终于让他们知道了孩子的情况,白发苍苍的老人不问案件和缘由,只关心子女的健康与是否安好,在他们的眼中只有亲情,孩子永远是自己的命根。

有的家庭大义凛然,他们深爱党和国家,对子女的犯罪行为绝不苟同,却也难免想多知道一些子女在监狱里面的情况。

有的夫妻之情不断，深深切切，泣不成声，子女幼小心灵亦饱受创伤，失去了家里的顶梁柱，又不得不支撑起家庭生活的门面，心中的痛苦，本无处可诉，恰可对我这局外之人又是同窗之难无所顾忌，久久未能释放的压力，终于倾泻而出。一张小小的纸条，却如见亲人，沉甸甸的。

也有的家庭百般无奈，只有乞求上天的保佑。他们根本不了解子女在单位的工作情况，又如何去判断未来的可能呢？经济犯罪在当时也许并不是一个具体的犯罪行为描述。他们无法理解其中的深浅，罪的轻重。他们唯有一份信任，相信自己的亲人不会去犯罪。但他们没有其他的办法减轻内心深处的压力。

有的家庭将我当朋友，在他们的眼中，能将狱里的信息带给他们就是一种信任，也是一种风险，而敢于承担风险并履行诺言的都是朋友。不管我与狱友的关系如何，但对狱友家人而言，这就是朋友。

有些信是真心想送的，有些信是朋友之托，有些信则是出于怜悯之心，有些则是出于无奈，但这个社会就是由各种并非都是出于自愿的因素在相互影响着，有情总比无情强。

事后也有许多人表示了感谢，不管最终结果如何，这总是一种惦念。社会中常说多一个朋友多一条路，从狱中出来之后，我深深地体会到，人总有顺境与逆境，切不可在顺境之时把事做得太绝，不给别人留后路，这样的结果常常是在遭逢逆境时断了自己的后路。

其实我是个幸运者，虽然在看守所中待了很长的时间，并且最终坐了冤狱，但一般的人难有这种磨炼自己的机会。此后的工作与生活中我之所以会在遇到各种困难与挫折时表现出超人的镇定，大约就得益于我已从地狱之门中重生了。这一段不平常的经历，也会成为修炼的资本，让人生更加丰富多彩，正因如此，我从未对冤狱表示过抱怨，反而成为一种骄傲。

狱中人最挂念的是自己的家人，也知道家人的不易，于是有些人一出狱，第一件事就是与妻子办了离婚手续，并将财产全部转移到妻子的名下，双方过着外人看不出来的夫妻生活，却免除了后顾之忧，至少从法律上免除了家人的痛苦。改革总是会有风险的，但许多人又不甘心不去改革而沉睡在现有的体制下面，这就犹如小岗村的村民可以为了改革而按下手印，可以将生命和家人的安全放在改革的后面。活下去当然好，但有尊严地活下去，则比生命本身更重要。

另外一些人则相反，他们缺少的不是家人的关怀，而是渴望那种两个人之间的爱。当许多人在狱中谈到那份情、那份甜蜜的爱和那些家的感觉时，单身汉们就会有无限的仰慕，他们也想有个家，有个能在疲劳和创伤之后回去得到体贴与治疗的家，他们也想留下个后代，即使自己再出了事，也给父母留下一个自己的影子，让父母不再孤独，让家中有人照料。

我也许就属于这类人，虽然我已经结过婚，并且有一个儿子，但离婚时儿子归了女方，自离婚之后，儿子就再也没回家见过爷爷奶奶。父亲和前岳父两位老战友之间似乎除了集体性的活动也不再来往，连儿子的抚养费都是妹妹在间接地替我支付，因此在狱中的时候，除了思念父母之外，更想给他们留下一个孙子辈的孩子，让他们可以尽享天伦之乐。

其实早在我与前妻分居一年多的诉讼期间，我就喜欢上了一个女孩，我并没有隐瞒婚姻现状，也希望在办完离婚手续之后再谈恋爱之事，但命运并不是这样安排的。

那是一个社会刚刚开放的时代，刚刚有了各种各样的舞会，有了迪斯科，我虽然会为应酬进入舞场，却并不热衷和沉迷于舞厅，而我的一位曾在同一个连队当兵的战友，正好是舞林高手，通过我的关系，他和她相遇、相识、相约，等我办完法律手续可以正式求爱时，她在两者之间徘徊，并最终投入了他的怀抱。

我真的喜欢这个女孩，虽然我比她大了许多，她的父母也很喜欢我，但生活的选择权有时并不在我的手中，而决定于另一方的选择，我当然只能尊重她的这种选择。

离婚后的一段时间中，许多战友和朋友纷纷出动做媒，有的家庭希望我有正式的工作，而不是还在"大海"中"游泳"，让她们没有安定感，有的则对我曾经的婚姻表示遗憾，我也接触了许多的女孩，却没有最终的决定。

入狱让我下定决心。

在人才公司时有一个从照相馆调来的美工，专门负责当时的宣传广告和布景，性格温顺，年轻美貌，家里信天主教，她也在天主教的陶冶中充满了善的阳光。当我被检察院关押调查时，检察人员也到她家进行了搜查。我在看守所中的一年多时间里，她并没有对我失去信任，更没有寻求其他人的爱，我从法院回到家中的当天，她就到家里来陪伴我，嘘寒问暖，根本没把这段入狱经历当成我们沟通的障碍。

尽管我的家庭信仰共产主义无神论，她的家庭信仰上帝，但并不影响我们相爱，也没有影响我们结婚生子和睦生活。

在生活中我们也会有争吵,但我永远会记住,在我最困难、最被别人看不起的那一段时间里,一个女人能忠心地相守在我的身边,只此一点,她所有的过错都会和应该被原谅。也许这些争吵并非是她的错误,而是我的责任。或许正因为这样的一段经历,我们反而更容易解决两人之间的矛盾,既不会闹得鸡飞狗跳,更不会离婚。

如果说这段看守所中的生活改变了我什么,这就是重要的改变之一——更加珍惜生活、珍惜今天。我已经浪费了最美好最宝贵的一段青春时光,更应珍惜剩下的时光。也许生活中有许多诱惑是无法抗拒的,但守住最基本的道德底线是婚姻的责任,也是做人的责任。

我不是圣人,也曾有过苦闷之时的荒唐,但最终我会在不拘小节之中守住大节,承担起应该承担的家庭责任,让孝与忠、诚与信,让整个大家庭和自己的小家庭最终融为一体,共享美好的生活。

也许我的一生中最亏欠的就是我现在的妻子,我可以给她提供生活的保障,也尽可能地满足她的一切要求,却无法弥补她为我做出的牺牲。

因为同在一个公司,她不得不从我管辖的公司调到另外一个我不管辖的公司,以达到公司回避制度的要求。当我担任集团公司总经理时,她彻底无处可去,不得不辞去工作。当我不断地因工作加班、应酬、出差时,她也从问"今天几点回家吃饭"变成了"今天是否回家吃饭",再变成了"哪天有空回家吃饭",最后变成了她要有事找我商量需要提前预约我的时间。这对于一个妻子来说确实有些不近人情,没有她的默默支持,也许根本就不会有我的今天,而她从来没有因为我的工作而抱怨过。这种理解与承受,并非每个女人都能做到,能做到的一定是一个伟大的女人,一个好妻子。

20世纪90年代初,华威大厦四层的金店被一个农民工半夜大扫荡了,因为他参加了大厦的装修工作,了解保安的岗位、查哨的习惯和摄像头的位置,于是一件新中国成立以来北京最大的黄金盗窃案发生了。虽然经公安部门的努力,这个案件很快告破了,没有造成太大的损失,但按公安部门的要求,此后晚间必须有领导值班。最初我和总经理轮换值班,每人一天,后改为每人一周,又改为每人一月,因为值班轮换的不便,最后变成了我常住办公室,从此就基本告别了回家住的日子。

好在我的办公室是公寓式的，夫人可以同住，省了许多麻烦。但有了孩子之后，情况就变了，当我坚持要回家时，却无法保证回家的时间，太晚回家时常会惊醒熟睡中的孩子，于是夫人给我规定了回家的时间，过点就不能回家了，以便让孩子和坐月子的她能好好地休息。结果是我基本无法在规定的时间回家，只好仍然在办公室居住。孩子大了一些的时候又是她带着孩子来办公室住，家反而成了旅店。

许多人无法理解一个努力工作者的责任，更以为当上了总经理这样的"大官"一定是前呼后拥有人侍候，却不知道除了重大活动的外出之外，连司机的活都要由我兼顾，更不知道我们并不是每次都能处理好工作与生活中的落差，也常常无奈地做出许多让人无法面对的愚事。

夫人曾发生过一次宫外孕，输卵管破裂引起大出血，情况非常危险。当她父亲打来电话时，我正在区政府开会，讨论的是与华远有关的重大投资决策问题。我向主持会议的区长、副区长请假时，区长坚决不同意。那次动手术是我岳父在手术单上家属一栏签的字。

当我开完会后赶到医院时，她已经从手术室出来回到了病房，我走到病房门外时，就听到屋里七八张嘴在大骂我这个不称职的丈夫，当我硬着头皮走到她的病床边时，其他八九个病床上的女同胞们更是七嘴八舌地甩出阵阵风凉话。当时的场面真的让我无地自容，无法向任何人解释我的苦衷，就是解释也不会被这群女同胞们理解。我只好当着这些妇女同志的面，大声对夫人说"对不起"，以求得她的原谅。我的夫人含着眼泪原谅了我，并劝阻了其他人的议论，当我离开病房时，背后又响起了议论的声音。这并不是件光荣的事，更不是一个男人负责任的做法。

由于有过宫外孕，在生我女儿时医生建议夫人选择剖腹产。事先与医院约好了时间，准备在11点进手术室。那天我正好在区里开会，商议华远给区政协盖房做贡献的事，作为第一个议题，时间应该够了，没想到医院临时安排了一个急诊病人的手术，要将夫人的剖腹产时间提前。接到夫人的电话之后，我又向区领导请假，区领导仍是不批准。这次我可不客气了，"上次就差点出了人命，这次我必须去医院了。"甩下这句话，我就赶往医院，是否得罪这些可以随时摘掉我的乌纱帽的官员已不再重要。

等我赶到医院，恰遇护士把夫人和孩子从手术室推出来送往住院处，手术单上又是老岳父替我签的字。平常夫妻两人即使不能事事相陪，但手术与生子是一个家庭中的大事，夫人此时最需要的就是丈夫的陪伴，我却两次重大的时刻都不在场，这成了我一生的遗憾。

从反映历史的革命影视节目看来，为争取中国革命的胜利，似乎共产党人从来不讲家庭的亲情、夫妻之间的爱与人权，每个家庭都在为革命的利益做出巨大的牺牲，《人间正道是沧桑》、《潜伏》等都是如此。其实进入和平年代，当工作需要时，领导干部们也从来不考虑家庭的问题，每个干部都是颗独立的棋子，好像在革命的工作面前，每个人都不能有亲情与家庭，而只能服从上面的需要。

我们的父辈就是这样，他们经常为了工作而无法照顾家庭，上小学时我们就经常周日也无法回家，只能去老师家或独自住在学校。"文革"时，许多家庭的父母同时被关进了牛棚，两代、三代分离，有的还家破人亡。今天仍有许多夫妻、子女因户籍限制等制度原因而两地、三地分居。为工作而加班或加点，无法照顾父母与家庭的事更是司空见惯了，而这些都体现出我们对人权还缺少尊重，也许是为了能在竞争中生活得更好些，不得不牺牲人权和家庭暂时的幸福。这种牺牲在某些人眼中是暂时的，在许多人眼中却是一辈子的遗憾。亲情、家情有时是不能轻言牺牲的。

我希望看到社会中的每一个家庭都充满爱，都是幸福的，正像茅于轼老师书中写到的"人的一生最重要的是追求快乐"，虽然我们追求快乐的过程中会有痛苦，会有挫折，会有牺牲，但目标并不因此而改变。

我在狱中看到，许多人错在只图一时之快，从而毁了社会，也毁了本来美好的家庭。人不可为一己之私而忘了亲情、友情和家庭，这也许就是人在这个世界中应承担的义务和责任。一个年轻人如果因失去爱情而自杀，或因一时之苦而干出蠢事甚至犯罪，却伤害了父母、兄弟姐妹、爱人、子女和朋友等许多人的各种情与爱，这种自私的、逃避义务与责任的做法，没有任何理由可以原谅，甚至也不值得同情。

正因为我有了这样许许多多并不愉快的经历，因此我更加清楚地认识了这些情之意、情之深、情之重，更会努力地将这些情、这些爱都牢牢地记在心里，并善待周围、身边、家庭中的每一个人，也善待这个社会中的每一个人。

社会中的大多数人只能从媒体中看到我说过的一些只言片语，并将我称为"大炮"，但生活在我身边并对我有更多了解的人则会说，我是"刀子嘴，豆腐心"。也有人会说我只是"抗上",但从不"欺下",就像在部队当兵时,最好的干部都是"抗上"而"爱兵"的干部。这么多年的管理工作中,可以说我从没用恶言恶语痛斥过一个下属,我认为,善待员工也是管理者领导艺术的重要一环。

情在许多情况下是无法用语言表达清楚的,当情占据了上风时,也许人们会失去理智而犯错误,但只要是出于爱,大约对的时候会比错的时候多,为爱而犯错,也许是值得的。

CHAPTER ▶ 03

出没风波里

BEAUTIFUL AMBITION

当你拥有了百万级资产的管理能力时,你会希望管理千万级的资产,而当你拥有了亿元资产的管理能力时,你就会把目标定在十亿、百亿。正是因为人类有这种不断修订成长目标的野心,也才有了不断追求更新、更高目标的动力,人们要做的不仅仅是有一个舞台去演出,而是要不停地将这个舞台扩大、扩大再扩大,以创造更多的社会财富,推动社会的进步。

BEAUTIFUL AMBITION

在西单动土

由于我的入狱，西单地区的改造规划中断了，但原有的规划设计合同仍然有效，出狱后我找到了市规划院，重新完善了整个西单地区东侧的改造方案，并开始分步实施。

除了已与挪威合资的华威大厦之外，沿西单北大街的东侧，经与国家民族事务委员会（简称"民委"）协商，准备将中央民族学院附属中学（今中央民族大学附属中学）迁走，在原地建设一栋民族大厦，并将原右翼王府整体迁移至异地保留（最终这项工作未进行）。同时在小石虎胡同以南建设一栋华南大厦，在西单十字路口东北保留西单文化广场的绿地，在横二条西侧建设另外一栋商业大厦，将西单北大街东侧的居民全部迁移，将整个地区改造成一个集中的商业中心区，同时将在堂子胡同建设煤气站和11万伏的变电站。如今这些规划已经全部实现了。

实施这些改造项目需要大量的改扩拆迁工作，也需要投入大量的资金，要扩宽西单北大街还要完善市政基础设施，大型的改造项目需要各级政府的支持。

已调到市委工作的陈元同志仍然关心着西城区的建设与改造工作，整体方案确定之后，陈元同志联系了上海市的市委书记江泽民和广州市的市长朱森林（后任广东省省长），建议共同合作，在北京为上海市与广州市建立一个集约型经营办公场所，三方政府签署了合作合同。北京市由华远地产公司作为代表，上海市由锦江集团和上投公司作为代表，广州市由广东国际信托投资公司（简称广国投）、南方大厦、广州大厦和粤海公司四家为代表，共同出资建设华南大厦，并委托华远地产代为拆迁和建设。

民族大厦由国家民委负责投资建设，并参加西单地区改造中的统一市政建设，并由国家民委与市政府以红头文件的方式下发了会议纪要。

我又翻阅了华威大厦所有的合资文件，发现合同中规定，与挪威的合资公司应支持西单地区统一改造的市政费用，但并未支付。

借着合资公司在珠海召开董事会，我带着律师正式向合资公司提出了支付400万美元大市政费用的要求和各种预算，终于筹到了启动西单地区改造的资金。

那是我第一次住进五星级的涉外宾馆，每个房间都有许多小瓶装的洋酒，我以为都是赠送的，不但品尝了几瓶，临走时还将剩下的所有小瓶洋酒都打包带回家。结账时戴小明发现多出了一笔额外的消费，问我是否动了洋酒，这时我这个土包子才知道那些洋酒是要单独付费的。也许是看在我成功地从合资公司要到了400万美元的大市政费用的分上，戴小明并没有让我掏腰包。回来后我将剩下的洋酒摆在书柜里，要永远记住这次"无知"的"耻辱"！

当时西单北大街两侧沿街的街面上布满了各种各样的商铺，也有许多的个体户门脸和餐厅，还有历史悠久的第一理发店。其中的一些商业单位（如新华书店等）我们准备将其回迁到未来建设的华南大厦和民族大厦中，但建设周期中有合理的周转问题，当时除了经济的因素之外，更重要的一个考虑因素是职工的就业安置问题，也包括不可能离开这个地区的治安派出所等，这就要就近安排临时的过渡方案。

于是区政府同意在未来的规划绿地中将原有的西单体育场拆除，在原地建设两层楼的临时"劝业场"，将必须保留的商业单位和机构搬进临时商场过渡，而居民则全部外迁到其他的地区进行安置。

我再次动用了农科院的施工队，用加班加点的突击方式建设了"西单劝业场"，并将西单的各种市政路由长安街穿横二条，引入了西单北大街。

拆迁的工作并非一帆风顺，一般的居民可以用盖好的新房改善其居住条件（当时都是实物拆迁，以房换房，而非先现金补偿再由居民去买房，那时也有"宁要西单一张床，不要外边一间房"的说法，但现在看，那时的三环如今早就变成城市中心区了），但保卫中南海的四团无法外迁，还有延安保育院的院长帅孟奇大姐，曾在"文革"时任北京市革命委员会副主任的黄以俊将军和任北京卫戍区副司令员的李钟奇少将，我们既不可能让他们成为钉子户，也无法让他们留在当地，这就不得不以异地改造的方式解决。

而在这些城市建设过程中的酸甜苦辣，只有亲身经历过的人才能体会。

"拆迁，拆迁，一步登天"。在住房实物分配的时代，大多数家庭根本没有能力和条件改善住房，只能服从单位或房管部门的分配，因此拆迁是额外获得住房改善的重要路径。住房实物分配几乎与单位分配相似，却又能摆脱单位对住房的控制与约束，虽然居住的距离远了一些，但条件大大改善了。那时大多不是私有产权，即使是单位分房，个人也无能力选择地点，因此绝大多数家庭在拆迁中都获得了"一步登天"的改善。

难处理的一般是军产、传统私有住房和个体经营户。

军产在法律上没有明确的界定范围，只能参照相关法律协商解决，而绝大多数军产需要异地安置，保证其土地权属不变，这无疑会大大增加城市改造的成本。大面积的央产（部委产）大多也会参照军产执行，但杂乱和零星的部分则按居民住房处理。"文革"时大多数的原传统私有住房被没收、征用了。有些家庭还保留了彭真担任市长时下发的产权证书，但多数使用权已被挤占和改变，大规模的退还还没开始，因此有许多争议，通常以产权换产权，使用人另行安置，让私有产权人可以收回产权，也是一种改善。

当时进入市场干了个体户的经营者，大多是政府、社会无法安排就业，而自己拥有私有房屋的，多数是有过社会不良行为，有过犯罪记录，或来自"文革"中被打倒、被歧视的家庭，他们无路谋生，不得不自己努力。当多数人还在依赖政府、单位时，这些人中的少数人则成了第一批进入市场中的吃螃蟹者。最初时他们就像黑社会中的老大，但后来我们也成了朋友，原因正在于他们也从拆迁中获得了应得的收益。

也许在最初拆迁时许多人只看到了眼前的利益，但城市的发展会改变他们的生存条件，他们也是城市发展的建设者。

目前的社会对城市建设中的拆迁有许多非议。今天，我们从媒体、网络中看到许多涉及强拆的事，人们几乎一边倒地认为被强制拆迁的居民一定是正确的，仅仅因为有一些强制拆迁行为是违法的、恶劣的，是强制侵犯了私人的财产权利的，由此导致人们对强制拆迁的痛恨。因此，大家也就不去分析真正的事实和判断真正的是非了。其实，在媒体与网络中也可以看到，在现实中普遍存在另一种情况，那就是许多"天价"钉子户滞留的原因并非是出于对私有产权的保护（有些甚至是租用的公房），也并非是提出了合理的要求而得不到满足，而许多强制性拆迁是经过法院合理判决的。也许有些人认为开发商都是坏人，因此认为强制拆迁都是开发商干的，也就都是坏事，因而支持被拆迁户。其实，大多数的强制拆迁都不是为开发用地，也不是开发商的行为，如网络上有名的钱云会案件根本就与开发商无关，而是涉及电厂的建设用地。

其实，绝大多数的城市拆迁都有严格的法律程序和合理的补偿条件，绝大多数家庭的生活条件都在拆迁中得到了改善与提高，钉子户通常极少，尤其是在实物分配的时代更是如此。而当今最没有严格的法律约束的是农村集体土地上的征用与拆迁活动，产权不清、集体利益的分配、宅基地的分配等问题造成补偿安置通常不直接到户，而是通过集体转移，因此增加了大量的社会矛盾。

最大的问题来自经济的宏观调控。1988年的投资高涨和价格闯关，引发了全国性的通货膨胀，并引发了社会的不满，于是政府决定用指令性计划的手段"停缓建所有的楼堂馆所"，全国大规模的停工活动开始了。

自新中国成立以来，这是历史上第七次指令性停缓建调控。计划经济时代，大多数楼堂馆所并非商业性开发，而是以基本建设立项纳入计划的一种投资行为。每当投资进入高潮时，自然就引发通胀。在商品与物资短缺的时代，多数建材如钢材、水泥、玻璃、沥青等都是按计划供给的，20世纪80年代中期之后开始有了计划外产品的供给，但价格上实行双轨制，当投资猛增时，价格就出现暴涨，也就引发了所有物资的供应紧张和普遍的价格上涨。历史上每当出现这种通胀时，最简单和直接的方式就是压缩基本建设规模，强制命令许多正在建设的项目停工、缓建，让发展速度慢下来。

80年代末期的通胀其实不完全在于投资过热，还在于价格闯关的叠加作用。放开价格的改革是想用价格杠杆的作用扩大市场的生产能力，从而让短缺物资的产品供给增长，以保证市场的充分供给，再让价格在竞争中和供需相对平衡中回落，但市场在短缺供给的饥饿症中并未能在短期之内迅速增加有效的供给，尤其是无法弥补历史欠账中的短缺，因此价格在短期内上扬而形成通胀。

就像过去一个人只能买一双鞋，大多穿破了还要补上几回才能换一双鞋，而改革开放之后，一个人大约要买两三双鞋，有穿的、有换的、有适用不同场合的，但那时的生产只能满足每人一到两双鞋的供给，当每个人都要买三双及以上鞋时就出现了价格的上涨，其他的商品也面临类似的问题。

当中央发布"停缓建"的文件时，正是华南大厦要打桩挖土的阶段，施工单位已经进场开始进行施工前平整场地的准备了，但一纸命令让项目停工了。

当时西单的大市政工程已经全线开工，市政工程的费用本应由华威大厦、民族大厦和华南大厦三家共同分担，但民委因大厦的建设资金未落实而一分未付，华南大厦又因"停缓建"的文件而停工，广州、上海方面同时发来函告，要按照中央的指示，停止建设和停止支付各种款项，这就给正在进行的西单大市政工程的现金流带来了极度的困难。

今天，许多媒体与开发商在评论2003年之后的各种宏观调控措施，特别是行政限制性措施时，总愿意用"史上最严厉"来形容，却并不知道最严厉的政策是非市场化的指令性，不问什么原因和理由，也不管企业面临什么样的困境与风险，只要一声令下，就必须无条件地服从，至于如何弥补各种损失那就是企业自己的事。

像华南大厦这种正在进行施工准备的项目，停下来还算是好的，许多项目已经完成了基础建设，或正在结构施工之中，也都要说停就停下来，最多允许施工到一个能保证安全的部位。如四川大厦的项目已经出了地面，只被批准建设到地面四层的裙房部分，除了考虑施工的安全因素之外，全国所有的类似项目几乎都"一刀切"地停工了。

面对如此严厉的命令，不仅是我们面临着巨大的压力，全国所有的停工项目都面临着同样的问题，谁能最先从困境中找到渡过危机的出路呢？

华远及时修改了战略，我在原准备建设华南大厦的工地上迅速申请了修建临时建筑的方案和指标，用快速拼装的轻体钢结构板房搭起了上万平方米的集贸式商场"百花市场"，用出租商铺的经营方式，通过市场的经营和出租，既让杂乱的施工场地变成了城市的一道景观，又换取了现金流，增加了地方的财政税收，活跃了地区经济。这一模式受到了建设部的重视，当"停缓建"给所有的地方都带来了巨大的善后处理压力时，矛盾开始向建设部集中，我们的"百花市场"则在"停缓建"中闯出了一条新路，于是各地的市长们、建委主任们、商委主任们纷纷跑到这里来参观学习，并召开了多次现场会，这也成了一条弥补损失的先进经验。

从北京到全国各地，这种半截子的工地都建起了临时建筑的市场，一方面改善了市容市貌，另一方面充分利用场地，回收了部分的资金。

那个时期并不像现在有大量的现代化购物场所，更没有综合体式的大型超市和百货商场，也没有综合性的集吃、购、玩于一体的场所，我们在这群建筑中安排了多种商品类经营，有多个风味餐厅，大型的台球厅、保龄球厅，还有美容、美发厅，各种名牌精品店，张大中的"大中电器"就在这里起家，西苑饭店的风味餐厅也在这里落户，各种小商品在这里云集，并散发到全国各地，这里成了北京休闲、购物的重要场所。

随着大市政工程的改造，道路扩宽了，我们又通过申请，在管线走廊上面沿街建设了一长串临时的二层铺面，将西单的商业人流与大型商场连成一片，原来位于民族大厦位置上的中学搬迁了，但大厦的建设没有资金支持，右翼王府已改造成了小商品市场。整个西单这一片在恢复基本建设之前，通过这种市场化的改造，又从一片废墟的拆迁现场变成了繁华的商业中心，直到邓小平南方谈话之后，西单地区的改造才重新开始恢复。

当人们回忆过去时总会显得比较轻松，当时的岁月磨难却是心中无法忘怀的。刚听到"停缓建"的命令时，我试图利用各种关系向国家计委专审办公室申请列入非停缓的项目；当得知项目必须无条件停工时，我恳求上海、广州方面能继续拨款以完成前期市政工程；当上海、广州方面拒绝拨款时，我乞求银行能给予贷款支持，但被拒绝了。当一系列求助于外部的努力都失败之后，我不得不打消一切依赖于他人的念头，独立思考如何自救，我不得不独自承担失败的风险，尽自己最大努力去拼搏。

说实话，当我试图办个"百花市场"时并没有成熟的经营经验，最初的市场中，个体户们经常发生买卖商品的纠纷，多次发生动刀动棍的打斗，流血事件时有出现，一段时间之后，经营才逐步走上了正轨。等到有了稳定的经营收入时，我才从银行换取了信任，争取到了贷款。那时，我走过的每一步都是在创新的路上探索，都是在做着别人没有做过的事情，每一次的尝试都要承担经济上的与心理上的巨大压力，也都是在拿自己的未来在赌博。任何一个决策，不管事前有多少的讨论、研究，没有一个决策是有先例并有谁敢打包票说一定能成功的。破釜沉舟的背水一战，往往就在于决策者的决心，而成功也常常就藏在这种拼死的努力之中。人生没有退路时，会迫使人们不得不选择前进,我无法知道前进的路上有多凶险,但我知道只有前进才可能有生存和成功的机会,这也就成为了唯一的选择。

什么才是"不可抗力"

前进的道路并非是一帆风顺的。1988年的"停缓建"命令之后,紧接着是全国房地产开发公司的情况整顿,这也是配合压缩投资高涨、防止过热的重要措施。

当时北京约有40多家已注册的房地产开发企业,而市里要求18个区县中,每个区县只保留一家开发企业,市里保留两家,给中央保留41家开发企业名额,其余的开发企业要"关、停、靠、转"。当时,东城、朝阳、宣武、海淀等区都将各区的两三家企业合并为一家,但西城区有3家开发企业,一是房管局系统以维修旧房为主的开发企业西城区住宅开发公司,并拥有与四川省政府合作的四川大厦项目,因而暂缓调整(四川大厦原本是与华远合作的项目,也是华远做的可研报告,但因我被检察院抓捕,区政府将该项目划拨给了该公司);二是西城区城市建设开发公司,这是一家由统建办公室改造的传统的正牌开发企业,当然是唯一应正式保留的;三是华远这个后起之秀,但由于我们有正被"停缓建"的华南大厦项目和其他正在建的住宅项目等,因此给华远地产公司的"判决"是"死刑,缓期执行",要求华远开发公司除完成已立项和开发的项目之外,不得再申请新的立项和开发新的项目。

其实,早在1987、1988年,戴小明已经开始在北京之外寻找更多的生存机会了。华远在广州设立了办事处,在深圳购置了物业,在海南设立了与中国金融学院、中国人民银行北京分行合作的华银国际信托公司、海南环岛旅游公司,以及租用军方的蜈支洲岛进行开发。华远总公司计划以北京为支点向全国发展。

我坚信,房地产开发将是未来中国发展的重要路径与手段。我要努力将"死缓"的判决变成再生的动力,要想尽一切办法生存下去。

在严峻的生存环境下,我给员工的承诺是,尽管我们面临着巨大的压力和困难,但如果别的人能吃上一个窝头而活下去,我就一定能让员工吃上两个窝头或馒头;只要我们共同努力,就一定会渡过难关,取得胜利。

福无双至，祸不单行，当我们正在为生存苦苦挣扎时，两道更大的难题出现在我们面前。

其一是华威大厦总承包的乙方香港瑞安建筑集团和中国铁建股份有限公司合体，以 1989 年发生的某起事件为不可抗力为理由，要求华威大厦的总施工期向后推延，原定于 1990 年初全部竣工，要拖延至一年之后竣工。这些理由中也包括因运送大厦玻璃幕墙的集装箱在事件中被推倒而造成大量损失，不得不重新加工订货，从境外完成订货加工和生产运输则需要大量的时间，竣工时间无疑要大大延后。

在这份联合总承包中，香港瑞安公司提供了巨额担保，出具了 500 万美元的担保函。如果不能按期竣工，我方有权扣押和兑现这 500 万美元的担保函；如果这个不可抗力的理由成立，我方就不能要求承包方履约并按时竣工，并且我方也无权扣押和兑付对方的担保函。于是，这起事件是否被认定为不可抗力事件就成为关键，而又由谁来认定呢！

毫无疑问，法院与仲裁委员会都无法裁定它是否算是不可抗力事件，或者说也不可能承认这是合同履约中的不可抗力的理由，更不愿意以一个案例来引发更多的合同纠纷案件。

合资公司作为甲方当然也会坚持它不是一个执行合同中的不可抗力因素，仍然要求合同的承包方必须履行合同，按期交付使用；如果不能按期交付，则要扣押和兑付保函，由承包方承担给合资公司造成的损失。这样至少可以减少合资公司因推迟经营而产生的经济损失和贷款利息支付。

同时公司还面临着另外一方面的压力，这个压力来自国际贷款银团。

华远面临的第二个更严重的问题是：按照贷款银团的规定，建设资金的使用有明确的严格的规定，即必须在规定的时间完成计划中规定的工程进度，并领取和支付相应的贷款，按规定的时间开业和经营，并按规定的还贷期限支付贷款利息和本金，所有的每一步期限是确定的，贷、还款的数额与期限也是确定的。但当"政治"事件发生之后，首先是施工总承包提出了要拖延工期，并不支付违约担保，那么我们就不可能按期经营并按期还款了。

更严重的则是贷款银团的代理行向合资公司提出，因公司工程进度违约，要求合资公司提前还款，并要求中国银行北京分行履行贷款全额担保的义务，要扣押并兑付中国银行为贷款银团开具的担保函。

这是 1949 年以来，中国政府和中国企业在所有涉外贷款中第一起要求提前还款的案件，也是第一起要求中国银行承兑担保函的事件，这件事无论是对国家的信誉、中国银行的信誉还是合资公司的信誉都是一件重大的事情，当然也引起了各级政府的重视。尤其在那样一个特殊的时期，正是中国改革开放初期，对外政策面临重大考验，并受到众多批评，如果真的出现国际贷款银团要求提前还款并兑付中国银行保函的事件，会在国际上产生重大的不良影响，这就不仅仅是一家企业的事情了，就变成了一件涉及国家改革开放进程的大事。

针对这种情况，我们也大胆地做了一件中国历史上第一次的事情：我们抓住贷款银团未事先通知担保银行而要求贷款方提前还贷这一漏洞，同时在香港和斯德哥尔摩的两个法庭起诉贷款银团，我们这一起诉，对方就必须中止提前还款和兑付担保函的执行，等待法庭的判决，这就为我们解决相关问题争取了时间。

通过区政府的协调，政府用红头文件的方式首先化解了合资公司与总承包方的矛盾，双方各退一步：一、肯定了承包方应对合同违约延期承担责任；二、同时承认特殊情况给按期完成工程造成了麻烦，事出有因，最后决定承包方支付 300 万美元的担保费用，并应按所约定的工期完成全部工程。这种各打五十大板的做法，双方虽然都不够满意，但都选择了接受，毕竟如果拖延下去，双方的损失都可能会更为严重，这种处理也有利于针对性地解决后续贷款银团的贷款重组问题。

而针对贷款银团提出的延期经营必然带来无法按期还款的问题，市、区两级政府也采取了一些措施，张百发、吴仪、张建民三位副市长联合召开了多次办公会以协调各方，并做出了一些利益调整的规定。

在中外合资时，虽然华远与挪威方各占华威大厦 50% 的股权，由中方负责出土地并支付合资期间的全部土地租用费用（土地使用费），但由于中方需要将大厦的一至三层还建给原区里的被拆迁单位（这是合资的前提条件），因此虽然双方各持 50% 的股权，但收益的利润分红按中方 35%，外方 65% 的比例分配，而且还建部分不计入合资公司，合资公司要用扣除还建中方的面积之后的剩余面积进行经营，并偿还贷款本息，而贷款银团正是根据这些剩余面积的经营能力测算，认为延期经营会无法偿还贷款本息的。

为此区政府决定，为增加合资公司的还贷能力，满足贷款银团的要求，将本应还建给区政府的面积中的第三层，在偿还银团贷款阶段，由合资公司无偿经营使用，以增加合资企业的收入，增加还贷的能力。在偿还完银团贷款后，再将大厦的第三层还给中方的还建单位，或按市场价格租用，由合资公司有偿使用。

为了挽救合资公司的危机，华远通过区政府协调，将三层商业楼面还贷前的无偿使用权转给了合资公司，那么中方与外方在合资公司各占50%的股权，也同样应改变原有不平等的分配关系，改为了50%对50%的分配比例，双方重新修改了合资合同，并向国家外经贸委申报，并得到了批准。

完成了这些境内的协调工作之后，我们也有了要求贷款银团重组贷款合同的条件和资本，合资公司增加了出租物业的面积，增强了收入与还贷能力，也让贷款银团看到了希望和保证，当然也不愿意打一场旷日持久的官司了。

这个过程中间工程在继续加紧进行，公司靠施工方的履约担保罚款的300万美元和从中国银行北京分行取得的400万美元的临时贷款支撑了工程的建设。

前后与贷款银团多次协商、扯皮，大约用了一年多的时间，终于基本达成了重组贷款的一致意见，扭转了这一连串的危机局面。

签订重组贷款协议时，说实话我们心里并没有充分的把握，也做出了一些再退让条件的准备，但希望能争取到最好的条件。

那天，当代表贷款银团的代理行代表到京时，担任华威大厦总经理的王汉光告诉我说，只给他办理了24小时的入境签证。从其10点多到京后就开始紧张的谈判，许多问题的细节上双方仍有许多争议，律师、担保银行、合资公司、翻译都在各种大会、小会中拖得筋疲力尽。到晚上12点时双方仍未达成协议，这个犹太人却无法离开中国了。我再次与王汉光、中行担保行的蒋月萍共同商量，坚持必须签署完重组贷款合同之后才去为其办理延期签证，让其离境。

终于在凌晨4点钟左右，各方就合同文本条件达成了一致，开始打印装订文件，各种文件最终摞在一起有一米多高，都是中英文双语文本，仅签字、盖章就用了两个多小时。凌晨，我们非常抱歉地将中国银行北京分行的牛忠光行长从熟睡中叫醒，并拉到谈判桌上来签署各种文件，直到早上8点多钟才最终完成全部重组贷款文件的签署，所有的人都终于松了一口气。

为犹太人租用的宾馆只有未打开的行李箱待了一晚上，所有人都吃的盒饭，一夜没有合眼。早上我们为犹太人换了机票，将其送上了飞机。其实我们根本没有能力只为其办理在京只停留24小时的签证，但这种虚假的消息也许会有助于我们促成双方尽快地达成协议。

这次重组贷款合同签署之后，贷款的额度增加了，但执行合同并没有再出现问题。尤其是邓小平的南方谈话之后，市场经营情况也发生了很大的变化。合资公司在王汉光总经理的管理之下（我虽是合资公司董事长，但从未管理过具体的事务）不但实现了经营的目标，反倒是真正地实现了提前还贷。1998年出现亚洲金融危机时，贷款银团出乎意料地向我们提出，如果有需要，银团可以再提供新的贷款。正是因为严格地按期还贷和提前还贷，让双方有了充分的理解与信任，2001年我们还清了所有的银团贷款。

由风波引发的另外一场危机，则是华威大厦合资股东的变更。挪威的合资伙伴对中国的政治与改革失去了信心，没有坚持到大厦的开业就将全部股权转让给了德国的一家企业，从中国脱身了。这家德国的企业看到了中国商业发展的前景，提出将原来大厦设计的四至八层的办公楼改造成商场，并从德国带来了最先进的墙体切割设备，硬是在已经建好的钢筋混凝土楼板上切开了可供自动扶梯上下的楼梯口，将自动扶梯从一层一直通到了八层（原来只到三层）。

这种大型改造当然要有精确的设计计算，要确保大楼的整体性与结构的完整性，更要有重新的加固计算，保证抗震的强度和安全。遗憾的是德国人也没有等到收获的季节，在开业不久后又将合同中50%的股权转让了。这次接盘的股东，恰恰是总承包的施工方之一的香港瑞安集团的罗康瑞先生。正因为他对大厦充分了解，也因最后施工中的结算和被扣罚的300万美元保证金，为此他成为了大厦的股东，有些事反而更容易解决了，通过减免税费的政策，也减少了其在承包施工工程中的损失。

仅仅这一个合资的项目，就发生了许许多多的故事。这既是华远的第一个西单改造项目工程，从而带动和引发了整个西单一条街或说西单地区整体的改造与变化，也是华远第一个国际合资的项目，第一个国际银团贷款的项目，从而带动了华远此后的多项国际合作，以及跨境的上市活动。这些国内、国际事件的发生，也让我积累了大量有关国际交往的知识与经验，学会了如何与国内的政府合作，如何突破现有体制的约束；如何处理各种危机；如何处理各种不同的股东合作关系；如何利用金融的杠杆作用；如何进行商业综合体的建设与经营；如何随着外部环境的变化而改变自己的战略、战术，以适应市场的要求，实现目标利益的最大化；如何利用各种社会关系和银行的优势，过渡和搭桥，为解决危机而换取时间，并用时间换取操作的空间，最终完成本来不可能完成的任务，实现最终想实现的目标。

1988年、1989年的一连串危机，可以说是雪上加霜，一波未平一波又起，但通过集体的智慧和勇敢积极的应对，我们终于化险为夷了。每一次危机来临时，总有一些人退却；每一次问题加重时，总有些人会绝望，但是要敢于正视和面对。只有充分地利用可以寻找到的机会，只有一步步扎扎实实地解决问题而不存在任何侥幸心理，才能战胜一个又一个的困难，距离目标更近；只有将一次又一次的成功累积起来，才能攀登到山顶，实现我的梦想。

没有任何一次的成功是从天上掉下来的，没有任何一次的成功是别人送上门来的，更没有什么是可以不付出牺牲而轻易获得的。男人的肩膀只有在重担之下才能锻炼得更加可靠，更加坚强。也只有担当得起历史的重担，才能开辟出创新的道路。

"九二派"下海

之后，北京相当长一段时间沉浸在死气沉沉之中。

完成西单市政工程和"百花市场"的经营之后，公司开始到深圳寻找房地产开发的机会，希望在北京之外的领域开辟第二战场，并在深圳南关外投入了一个几万平方米的建设项目，后来又在广东省阳江市收购了空调机厂并寻找开发项目，也和朋友去了广西北海。

我代理了总公司的全面职务之后，首先取消了各分公司向总公司上缴的管理费，减轻下属企业的负担，创造更宽松的企业生存环境，改变总公司靠吃管理费生存的局面，并在那时鼓吹企业多元化发展的影响下，用总公司直接投资的方式合资建立了服装厂、染织厂等企业，冲动地试图在短期内将公司的规模迅速扩大，结果那时的扩张虽然曾红火一时，最终大部分都以失败告终了。

我开始检讨自己的多元化战略，发现没有最专业的人才和技术，没有综合的管理能力，大多数的多元都会是失败的，华远总公司必须将所有的力量集中在自己最擅长和最专业的领域，将五个手指合起来形成一个拳头，才能形成企业发展的核心竞争力，并占领和扩大市场。

邓小平的南方谈话给了中国发展的新契机，也给了华远第二次生命。股份制改革试点和北京市的危旧城改造，让华远有了更多的发展机会。公司收缩了京外的业务，将更多的力量集中于首都的建设和西单地区的再改造，邓小平的讲话解除了华远房地产公司的"死缓"判决，也让房地产开发成为华远总公司的拳头。

1980年，中国有了第一家房地产开发公司中国房地产开发公司，也是建设部下属的试点。杨慎副部长牵头起草了《城市房地产开发公司的管理办法》，那时国家还没有实行土地的有偿出让制度，因此全国的城市开发公司都为全民所有制，按企业登记法注册的公司承担了之前的城市统一建设办公室的工作。政府从土地中获取收益的办法是由开发公司代建市政基础设施、道路、站点等配套，相当于政府收取的实物地租，因此住房销售的价格是按成本加法定利润的方式由五个部委联合审批的，销售的渠道也是按照购买单位审批的建房计划和资金批复分配到不同的开发企业，由单位统一购买之后再行分配，实行严格的计划管理，而非市场化的自由定价和自由交易。

1991年，国家出台了《土地有偿出让的暂行条例》（55号令），开始实行土地的有偿出让制度。1992年邓小平的南方谈话打破了开发企业的国有垄断，开始允许境外的资本进入国内成立独资和合资的房地产开发企业，用有偿出让的方式获取土地并进行商品房的开发，合资企业建设的商品房按外销房管理，打破了商品房的管制和按计划购买的限制条件，成为了第一批真正意义上自由交易的商品房。同时也开始允许非公经济进入房地产领域，同样用出让的方式获取土地并进行商品房的开发，而大部分原国有的房地产开发企业仍主要面对单位团体，很少有私人单独购买的情况。

南方谈话后，14个试点城市开了商品住宅面向市场的先河，尤其是深圳、广州等市场最先开放的试点城市，但北京等非开放的试点城市仍未充分开放公开的商品房市场。北京比较特殊的是，1991年开始启动了危旧城区的改造工作试点，第一批改造试点主要是西直门外的德宝地区，用国家补贴一点、单位出一点、个人出一点的"三个一点"办法，进行了今天所说的"棚户区"的改造，当政府已无力对旧城区中的危房进行大规模的维修、维护以保证房屋的质量与安全时，不得不依靠各方的力量共同对这些危房进行成片改造。

正是这种成片的危旧房改造带动了北京市基础设施的建设和居民居住条件的改

善，华远地产公司也承接了除西单地区改造之外的万明寺地区的改造、阜外大街的改造、东冠英小区的改造等项目，同时和一些单位拥有的其他改造项目合作，如将工业污染和危险行业外迁相结合的项目，包括将汽车修理厂、油料储运站、商品混凝土站外迁等。1992 年之后，北京除了大搞城市建设之外，还进行了大规模的香港招商活动，以吸引更多的外资进入北京。

最初的旧城改造项目房价很低，靠"三个一点"的办法才能消化这些棚户区"硬骨头"，而后来房价的不断升高则让这些改造成了有利可图的大肥肉。如万明寺小区的改造中，居民回迁率高达 80%，回迁补偿的新房超出原住房面积的部分只需支付 240 元 / 平方米的补差价。开发企业要靠超出回迁面积之后的剩余住房销售的盈余弥补回迁的巨额成本，而单位购房的价格却很难提高，拆迁的实物安置政策又占压着开发企业的大量资金，如何解决资金的问题就成了制约企业快速发展的瓶颈。

1992 年总公司召开年中工作会议，把总公司与各分公司的领导拉到了南戴河自动化公司的小基地里，专门开了两天的闭门会，学习邓小平的南方谈话，分析国家的经济改革形势，检讨企业存在的问题，充分地解放思想，拓宽改革的思路，重新确定企业下一步的发展战略。

在这次被我们称为华远公司"遵义会议"的南戴河会议上，总公司做出了一个重要的决策——全面进行和推动除合资企业之外的下属企业的股份制改造，得到到会者的一致拥护。

此前公司都是按企业法注册的，没有员工的股权，也无法吸收外部的社会资金进入，前者无法将员工的利益与公司的利益紧密地结合在一起，尤其是以个人技术为支点的高科技企业，不利于吸引和留住人才，也难以实现收入与贡献结合的合理分配；后者则不利于充分利用资本市场和社会资金，除银行借贷之外，难以进行社会融资，而股份制改造则有利于解决上述的问题。

公司没有对股份制改造的方案和条件进行任何限制，各公司申报方案经批准后，既可以用现金认购的方式让员工入股，也可以将员工的专利等技术条件作价入股，还可以与合作单位合股，并可以吸收社会资金入股，对高科技企业和小企业甚至不限定总公司或原公司的持股比例，也允许员工全部持股（但只要使用华远的名称或留在华远总公司的系统中就必须缴纳一定数额的管理费）。

当时股份制还是个大多数人都不理解的新课题，要经体改委（经济体制改革委员会，现在已经并入发展和改革委员会）的股份制改造审批办公室进行专门的审批，才能到工商部门注册。股份制改造之后要解决公司治理结构的问题，总公司将不再拥有原来的干部任命权力，只能按持股比例在董事会中发表意见，并由股东和董事会决定公司管理的班子和董事长。

改变管理架构，这可是件大事，习惯于传统管理办法的政府要接受，总公司要改变过去发号施令的习惯，要放弃一部分管理的权力，这种改革，既是从上向下的一种推动，也是总公司管理机制的一种自我革命。过去华远公司中就有"亲兄弟，明算账"的说法，但这主要指的是经济账，管理上还是总公司说了算，而股份制改革之后，也许连行政上的有些事总公司说了也不算了，如股份制改革后的工会管理、职工代表大会制度、党支部制度等，都遇到了许多没有见过的新问题，都需要在改革的进程中一步步解决。

在今天，股份制并非是什么新鲜事，而在当时从国家法律到工商登记注册都还是个试点中的新问题，而更多的人根本无法理解什么是股份制，如何操作股份制。特别是区里各级政府部门管理机构，都对股份制一无所知，甚至不理解什么是公司章程，公司章程有什么样的约束力！

当我们解开了心中的疙瘩，看到光明时，胸怀豁然开朗了，看到天变蓝了，海更宽了，从高高的沙坡上乘着板船顺坡快速滑落时，从我们喊声中传出的不再是恐惧而是胜利的欢乐。当我们乘车而来时，尚在争论着当年的任务如何完成，而当我们统一了认识，满载着理想而归时，则在畅想着如何创造美好的未来。

邓小平的南方谈话不但明确了未来中国的改革方向，也提出了具体的路径，在国内掀起了改革的热潮，让整个社会从阴影中走了出来，让许多人看到了新的希望。

改革的初期是大量的失业，待业的青年要如何解决就业的问题？大多数人希望能进入旱涝保收的体制内，机关不行就事业单位，国有不行就大集体，只有少数的人敢于下海闯世界，剩下的则是哪都去不了而不得不在"海"里求生存的人群。1989年之后，许多人争取从"海"里"上岸"，寻找一种安全的保护。邓小平的南方谈话之后，则出现了新一轮下海的浪潮，这轮想下海"打鱼"的，不是那些失业和待业者，反而是大量已有一定社会地位，有稳定的工作，甚至是有一定的官职的人群，他们抛弃了稳定的工作，抛弃了官位，要在"大海"中冲向"彼岸"了。

改革初期面临的是短缺的商品供给，大多数的民营企业和新生企业多是从产品供给的角度出发寻找生产、生存的机会，也有大量的企业进入流通领域，以活跃商品的流通，解决市场供给短缺的问题，但1992年之后，大量的下海人员、新生的企业则多集中于第三产业的领域。正是因为改革开放，中国也放开了一些过去被严格控制和垄断的行业领域，如保险业、金融业、物流业、高科技产业、咨询、律师、会计师、评估师等，而那些本就拥有一定知识、理论和眼光的改革者们，就有了施展才能的机会，也因此诞生了一批自称为"九二派"的下海者。

当社会改变了对从企、从商的看法时，当企业家得到社会的尊重并改变了原有的社会地位时，就会有更多的人从体制内转行到企业家的行列，加入实践改革路径的探索之中。同样这股浪潮也推动着那些不甘于现状的企业进行改革，华远同样卷入了这股改革的浪潮之中。

要有野心，更要优雅

1989年出现的各种困难也增加了华远总公司内部各企业之间的竞争和矛盾，总公司也曾一度削弱了对各分公司的支持力度，完全按市场竞争的原则，让企业自生自灭。

从1985年的"跑马圈地"开始，总公司迅速扩张，有了许多分公司，但1989年之后，许多公司被淘汰了，许多公司陷入了困境。自动化公司将账上剩下的几千元拿出来吃了最后一顿散伙饭。饭桌上大家都在感慨，奋斗了多年仍然失败了，而成功可能就在最后的坚持之中。饭后大家决定不散伙，宁可都不领取工资，科研经费自己掏腰包解决，也要再拼一把，希望能获取成功。后来他们终于获得了一批出口中东的军用设备配套的订单。当总公司拒绝给予担保贷款时，当时的自动化公司经理刘辉忠找到了我，希望得到支持。我为他们提供了担保，自动化公司获得了银行的贷款支持，一个将要破产的企业又活了起来。

各公司"诸侯"则在这种合作中相互增加了信任与团结，总公司则将精力集中在了华银国际信托公司的建设和危机的处理之中。

1990年年中的郊区工作会上，戴小明再次强调了总、分公司之间的关系（这几年的变化中，总、分公司之间的关系已经从最初的九一分成过渡到七三分成，再过渡到一九分成，总公司只取10%的管理费，剩余利润均归分公司所有，用于分公司的发展），并提出了"诸侯"们可以申请独立的想法，似乎在宣布除了总公司直接投资、由总公司控制的分公司或独立企业之外，其他的独立企业都可以脱离总公司了。

表面看，这是给了分公司独立于华远之外的自主选择权，或者是一种"甩包袱"，但我认为在最困难的时候如果大家不能抱成一团，那么渡过难关的希望就更渺茫了。我们的创业都不易，如果能一起走过五年，为什么不能一起走过十年或更长远呢？虽然各自创办的企业的业务不统一，甚至无法互补，对企业经营的理念还有差异，但毕竟在文化上有共识，为什么不能共同努力一起奋斗呢？

几个月后我们才知道，原来戴小明要调离了。也许正是因为这样，戴要对得起那些因他之名而投靠华远旗下创业的朋友，因此给了大家一次选择的机会。他自知调离之后无法选择后续接任的人选，也无法预测华远的发展思路与未来。

临近年底时，公司里议论最多的是谁来担任华远总公司的总经理。

一种选择是由区政府选派一名区里的干部来担任总经理。戴小明本身就是从区计委副主任职位上调来组建华远公司的，公司党委书记胡纪平也是由区政府办公室副主任的岗位上调来的，并从支部书记升任党委书记。因此完全有可能从区政府重新调一名干部到华远总公司来任职。

第二种选择就是从华远总公司现有的副职干部中提拔一名担任总经理。

当时的副总级干部主要有三人：

一是刚成立公司时就担任副总的赵胜利，是戴小明四中时的同学，也是资格最老的副总，是对华远公司的建立立下过汗马功劳的核心力量；

二是在我于狱中时调来的副总兼副书记周坚，也是戴小明在四中时的老同学，还是我所在的地产公司的党支部书记，从地产公司一独立就一直和我搭档；

三是我这个竞选上来的副总，虽然后来被政府正式补充任命了，但一直在房地产公司任职，既没从总公司领过一分钱工资，在总公司中也没我的办公室。

区委组织部曾先后多次分别找这些副总和其他的干部、职工谈话，但没有及时地做出决定，而戴小明临走前匆匆忙忙地以自己有病需要离职为由向区政府建议，由我先以副总经理的名义代理公司的工作。

事后从赵胜利那里知道，赵胜利在谈话时的表态是不想当这个总经理，理由是担不起这份重担。其实赵胜利是个最优秀、最让人放心的看家人，也是最没有想当一把手的野心的好助手。有时一个企业中最难找的不是有竞争力的副总，而是没有野心、踏踏实实甘当副手的看家人。一个公司中可以有无数个能创业和干业务的副总，但绝不可缺少一个可以在总经理不在时、在其他副总杀出去闯天下时，能维持整个公司的正常运转秩序、保证政令畅通、保证不出各种事故的副总，否则任何人都无法放开胆子向前冲，会担心后援问题和大本营的安全，而赵胜利恰恰就是这样一头老黄牛。但赵缺少企业战略的确定、企业发展的规划和敢于承担企业责任风险的能力（不是缺少承担应尽责任的能力），自知之明让他坚决地放弃了出任总经理职务，这也恰恰证明他对企业的忠诚，也是一种责任心的体现。

　　周坚是我最放心的搭档，也是好朋友，从地产公司的经理与党支部书记之间的搭档，到集团公司总经理和党委书记之间的搭档，十几年的合作中我们没吵过一句嘴，无论什么事情都能通过友好协商解决，一直能相互补台，相互配合，给了我巨大的支持和帮助，成了我至今都不可缺少的助手。后来他告诉我，他给组织部的答复是：组织让当就当，组织不让当就不当，完全服从于组织的安排。真是一名优秀的共产党员。

　　周的父亲是中国少有的老革命、老上将。海南岛出了三大名人名家，一是宋家，三姐妹中出了一位新中国的国母，一位台湾地区"中华民国"的"国母"，在中国近代史中，任何家庭都不可能超越宋家的社会影响力与地位；二是张云逸将军，曾跟随邓小平同志参加百色起义，直到解放全中国；三是周坚的父亲周士第将军，黄埔一期的学员，随叶挺将军在肇庆起义时任叶挺独立团参谋长，是八一南昌起义打响中国革命第一枪的师长，经历了抗日战争、解放战争、解放大西北，有着辉煌的战功，曾任成都市市长，也培养出了周坚这个以党的利益为先的共产党员。

　　戴小明从实际工作的角度考虑，认为我更了解公司的主要业务情况，特别是地产工作是总公司中的重要一环，包括西单地区的改造、华威大厦的合资项目等业务都与地产公司密切相关，而当时这一系列的危机并没有全部解决，尤其需要一个全面了解情况的人来代理戴的工作，因此暂时推荐我负责全面的工作。区政府最终接受了这个意见，于是我临危受命，代理了公司的全面工作。

　　其实戴早在调任之前就将华远按南北地域划分成了两个分部，南华远有华银信托、深圳物业等企业，北华远则拥有在北京的各类企业。南华远被当作一种所谓的"保险"，其实等于是一种被权力私化了的"小金库"，而北华远则是正在苦渡难关的企业和项目。戴小明调任后仍局部控制着南华远，而后赵胜利、华明、童培等人先后从华远调入了戴小明以港资身份在内地设立的公司，并合并了南华远的一部分资产。给我剩下的则是华银被关闭之后的债务。

1991年初企业年审，必须将戴小明的企业法人代表变更，公司向区政府写了专题报告，要求将华远总公司的法人代表更换为我的名字，否则无法对外签署各种合同、文件，无法开展正常的经营活动，同时要变更的还有华威大厦合资公司、山釜餐厅合资公司等以戴小明为法人代表的企业登记。衣锡群将报告转给了主管区建委的张燕生副区长，提出办理意见，我清楚地记得当时的批示同意变更法人代表，但不涉及职务和待遇问题。

批示的意思非常明确，我可以作为华远总公司的法人代表，全权处理总公司内的各种业务工作，但我不是区政府（或组织部）任命的总经理，并且不得按总经理的职务领取劳动报酬和工资，不享受总经理的待遇。

其实他们并不知道，除了我出狱后的政治审查到房地产公司独立注册之间的一段时间，我从来没有在总公司领取过工资。之前我在人才交流开发公司自己赚利润给自己发工资，之后在房地产公司领取工资，实际上我的工资和奖金远高于华远总公司的总经理的工资收入，只是在我没有解除政治审查的一段时间，由总公司支付了没有职务和级别的工资。即使区政府正式任命我为总公司的副总经理之后，我也仍由房地产公司支付工资。

华远有许多兼职干部，一个人身兼多职，因此有明文规定，兼职干部可以自己选择在总公司或兼职的企业之一领取工资，一旦选定之后，除职务与工作发生变动外不得变更。因此，兼职人员总选最高收入的位置领取工资。大多数兼职干部都选择在总公司领取工资，不管高低，至少相对稳定，没有风险，只有我坚持在房地产企业领工资（后来周坚的工资也转入了房地产）。我的想法是，企业主要责任人必须要承担企业的经营风险，和员工同在一个工资和奖金的体系中生存，否则就会争取不到员工的信任。只有当自己的收入与企业的经营效益挂钩时，才可能真正为企业着想而不懈努力，因此我一直坚持在我担任主要职务的企业领取工资（尽管一开始远低于总公司的收入标准），并坚信我有能力提高自己和员工的收入（后来一直高于总公司的收入标准，至今也仍然高于集团公司的收入标准）。

区政府的批示其实是一种不信任，也可以说是一种不公平的歧视，让我干着总经理的工作，承担着法人代表的责任和经营风险，却不能有相应的职务和待遇（不管这个待遇高低）。我的配车都是房地产公司的，而非总公司的，这算是一种人格的侮辱吗？

至今仍有许多人认为我这个华远集团的总经理大约来自"拼爹"，是天上掉下来的馅饼，并非靠自己的努力，他们也从来就不相信个人的努力能获得公平的认可。确实，我在最初并没有得到公平的认可，但重要的不在于某个职务是否被认可，而在于你是否有资格担当这个职务。我更看重的是责任，每个职务都是一种责任，这个舞台不是让你关起大幕来欣赏自己，而是要拉开大幕让所有的观众来看你的演出，如果你占有了这个舞台，却不能演出一场让观众热烈鼓掌的好戏，那么当没有观众时，这个舞台也就不属于你了。

我不管区政府是否信任，都要坚持当这个总经理，是因为我曾在这里被关进监狱，我要从这里站起来，证明自己，并最终获得信任。我更不愿意我为之创业、为之建设了许多年的企业错失了改革的契机，不愿意因总经理的变更而让正在成长中的事业夭折，与其让别人去占领这个舞台，不如自己来掌握自己的命运。

我坚持当这个总经理，还因为我充分相信，我有能力和勇气处理面临的各种危机，有战胜困难的决心和对策。我相信华远在我的管理之下只会比原来更好而不是更差，只要区政府允许我占领这个舞台，我一定会让这个舞台不断地演出一幕幕的好戏。

当时戴小明给我留下的华远总公司的全部资产大约只有7000万元，给区里贡献的税收也只有1000多万元，并且大头都在房地产公司，华远并不是一个实力雄厚的大企业，但我相信华远会在我的管理之下成长为一个好企业。

当你拥有了百万级资产的管理能力时，你会希望管理千万级的资产，而当你拥有了亿元资产的管理能力时，你就会把目标定在十亿、百亿。正是因为人类有这种不断修订成长目标的野心，也才有了不断追求更新、更高目标的动力，人们要做的不仅仅是有一个舞台去演出，而是要不停地将这个舞台扩大、扩大再扩大，以创造更多的社会财富，推动社会的进步。

我们想做和要做的正是要用我们的努力与"优雅"的方式推动整个社会的变革。

经过了一年半的考验后，张大力副区长和组织部部长才到华远总公司宣布了区政府的正式任命，我终于被批准担任华远总公司的总经理了，而这个任命对我来说似乎已经是过时的消息了。

从在部队入党、提干，我就没有一次是顺利的，都经过了多次的波折。在华远的这许多年中，同样是历经坎坷，无论是入狱、平反、处分，还是竞选副总经理、代理法人，一路走来不能说是杀出了一条血路，却也不平坦，许多并不被外人所知的辛苦都被深深地埋在了心底，俗语说"男儿有泪不轻弹"，只好"打落牙齿肚中咽"，更多的时候，则是"男儿有泪独自流"。我无法将公司中任何不愉快的事情带回家中，更不愿因此而破坏本就不太多的家庭生活，所有的泪水都只能留给自己。不是我没有七情六欲，而是我所扮演的角色决定着我永远也不能将软弱的人性暴露在员工的面前，或许我比一般的人更坚强，经历了更多于常人的冲击和挫折，但我也是人啊，人总会有眼泪要流出来的时候。

早在1979年，中国就出台了"三资法"，但许多的配套法律并未出台，因此大多合资的项目都是餐饮、加工类的项目，而邓小平南方谈话则真正打开了对外开放的大门，开放了几乎所有的投资领域，包括房地产类、金融类等，虽然还有些没有放开的条条框框，但至少是打开了大门，准许进入了。

借着这股东风，北京市经过几个月的准备，拿出了大量的项目和土地，要直接进入香港市场，与国际资本、国际企业对接。

今天的年轻人也许并不知道，那个时代，除了一些好的企业，大多数机构和企业还没有用上计算机，都还是以四通打字机为主、复印机为辅的手工工作方式，而华远则是这一领域的开拓者。

北京市计委几乎已经无法接纳手工操作的这些文件了，于是刘晓光依靠手中的审批权力，让华远公司为市计委配备全套的计算机设备，并配备所需的软件，编制申报、审批、可研、招商的各种应用流程、报表和检索，外带负责培训那些根本就没见过计算机的干部（有些新招的大学生们还是玩过计算机的）。

我只好拿出大把的银子，为政府机构改善工作条件，还专门派出几个技术人员，常驻在市计委的小楼上，日夜加班为他们编程，还要手把手地教他们使用。

那时许多公司没有做过建设项目的可行性研究报告，华远是最早建立可行性研究模板的公司，我们的可研报告成为标准的文本范本，做起了代各公司起草可研报告的生意。刘晓光也乘机在市计委下面成立了个收费的咨询公司，专门负责起草和审查可研报告，只有华远起草的报告可以免检。这并不是华远用计算机设备换来的特权，而是我们经验丰富，报告格式标准，比刘晓光的咨询公司做得还要专业。

由多个市领导带队的庞大的招商团浩浩荡荡杀进了香港，邀请了香港几乎所有数得上名的大佬们参加各种推介活动，当然也有大量的现场签约活动。有些是早就接触和洽谈好了的项目，如华远与戴小明合作的"西西"工程项目，有些则是现场各种优惠政策吸引下的合约，还有些则是为了"跑马圈地"先签后谈的。

这也是一次新老朋友的聚会，这样的招商活动创造了国内外企业家之间的接触机会，为许多人搭起了合作的桥梁，也开阔了人们的眼界和思路。

当然少不了要招待这些人，我和戴小明以敬远公司的名义，请全北京的招商参会人员集体大吃了一顿，更少不了为每人送上一份礼品——一对电子表。对许多第一次"出国"而收入又不多的普通工作人员来说，这也算得上是一件心仪和拿得出手的礼品了。

另一件重要的事就是要招待好这些负责审批的相关部门官员了。刘小军喜欢照相，自然去逛照相器材店，借机买个好镜头、好相机。张孟江、白云生除了照相之外还喜欢钓鱼，香港有最好的各种渔具。那时的官员们尚没有今天这么腐败，大都自己掏腰包，但请客、送礼与腐败大约就从这样的交际与交易中开始了。

敢于出手大吃大喝和疯狂送礼的并不是内地的公司，那时内地的公司也很穷，而那些外资企业和港商就完全不是这样了，他们也许对这样的吃喝、送礼习以为常。我们公司不仅囊中羞涩，也有纪律约束而不敢违法，并且办的是公事，并非为个人牟利，犯不着搭上个人的前途性命，但境外的商人并不受中国境内法律的约束，于是就有了北京市多位领导因一块金表而纷纷落马的教训。

这次香港的招商活动可以说代表着中国全面的对外开放，活动中也有大量的非地产项目的合资、合作项目，但金额最大的多是与房地产投资相关的项目。

那时各城市都在攀比谁能引进外资，这个指标就相当于今天GDP的考核指标，也是城市领导者业绩的表现，当然就格外引人注目了。

那时许多外资企业还有所顾忌，担忧中国的经济改革和政治格局。北京市这次招商活动给全国各城市带了个好头，随后几乎各省市都先后进入香港举行了类似的招商活动，创出了一个比一个高的签约业绩，带动了国内投资的高速增长以及物价的飞速上涨，这一片大好形势带来的必然是再一次的调控措施。

此次招商活动打开了中国和北京对外开放的大门，是之后三十年中国经济高速发展的重要因素之一。也由此让企业走出国门，走向国际资本市场，引进资金与管理，开阔思想与视野。

这次招商无疑也为华远今后借力国际资本打开了一条新路。

CHAPTER ▶ 04
杀机四伏
BEAUTIFUL AMBITION

危机面前，正是领导发挥作用的时候，在别人的眼中不可逾越的问题，领导却要想出解决的办法，并跨越这些障碍，带领大家走出一条正确的道路，这是你待在这个位置上的责任。这就是我在华远遇到融资难题时，坐在办公室里望着天花板想到的。

BEAUTIFUL AMBITION

只流通了一天的股票

每一次的政策放开都会有一轮投资高涨,而每一次的投资高涨都必然带来通胀。1993年这一次比过去更为严重,CPI(居民消费价格指数)超过了20%,连储蓄保值(银行在储蓄利率低于物价指数时给予储户一定保值补贴的储蓄方式,是在通货膨胀条件下稳定和增加储蓄、防止挤兑的有效措施)都到了13.5%了。

朱镕基虽然只是副总理,却担当起了调控的"主刀手",1993年6月23日,国务院决定"釜底抽薪",向房地产关紧金融信贷的闸门。

1988年的"停缓建"曾让房地产市场急转直下,随后又让海南与北海等地形成的巨大的房地产泡沫破裂了,这次的调控同样让刚刚热起来的市场面临巨大的压力。但与1988年的不同在于,那时完全是由计划经济主导的,因此政府可以用简单的行政命令的方式将正在开始、准备开始或已经动工的项目都停下来。这次完全不同了,一是房地产市场已经实行了土地的有偿出让,二是许多项目是招商引资的合资项目,三是有许多项目是民营企业的私人投资,因此已经无法用指令性命令的方式来进行"压缩基本建设规模"的调控了,只能用严格控制信贷规模的方式来调控,让靠自有资金投资的项目继续进行,让境外融资的项目继续进行,让卖出去能收回资金的项目继续进行,同时让大多数更多依赖于银行信贷的项目不得不停下来、慢下来,以达到压缩基建规模的目的。

恰恰在这次调控政策出台之前,借邓小平南方谈话的东风,华远地产公司完成了向社会直接融资的股份制改造，同时获取了大量的土地资源，并签署了一系列的合资、合作合同，减轻了独立操作和完全靠自有投资的压力。但摊子铺得大了，仍然有很大的资金压力，仍然要靠出让一些已开发的土地和项目换取更多的资金。

华远房地产公司是在1993年的3月完成了股份制的改造，万通则是在4月被批准进行股份制改造。华远早在此前已经获得了大量的土地，而万通除了在怀柔区有入股的土地之外没有其他的土地，这就给了我与万通合作的机会。

其实，在与万通合作之前，我曾与多家房地产公司接触过。参加北京市在香港的招商活动时，我遇到了曾在我手下做过各种咨询研究工作的黄铁鹰，1985年我被检察院抓捕后，检察院也曾对他们这些从我这里领取工资做咨询活动的中国人民大学的研究生们进行了审查，那时黄铁鹰等几个领头人就已经是"万元户"了，但我们之间的合作合同中没有任何的猫腻，当然也不存在贪污腐败的问题。此后黄铁鹰调入华润集团工作，开始是管理服装加工和贸易，后来在宁高宁领导的华创公司任职，将华创成功上市之后又准备进入地产行业。招商引资会上我们相互了解了分手之后的情况，我也向华创推荐了现今已是万通大厦的那块地皮，希望双方合作开发。

1993年初，宁高宁和黄铁鹰专门到北京来看了土地的情况，但高瞻远瞩的宁高宁并不想只合作一个项目公司，仅开发一个实体项目，而是想收购一个完整的团队进入国内的房地产市场，因此我们没有达成交易。

随后在国贸的一次活动中，我遇上了唐欣和冯仑，当时冯仑正在通过各种关系希望在北京寻找更好的土地和项目。这群从海南杀进北京的年轻人，在海南的楼市泡沫破灭之后，将阵地转移到了北京，冯仑的股份制改造拿到了资金却苦于没有项目，我将现成的土地送上了门。

万通公司的总经理潘石屹为此登门拜访，这是我和潘石屹的第一次接触。

冯仑在1989年之后就跑到了海南，在海南市体改所（经济体制改革研究所）任职，潘石屹、王功权、易小迪等6人投靠在冯仑的名下，号称海南"六君子"，下海、烧砖、倒地皮，小潘也号称是干过了房地产，却从没盖过一平方米的房子，更没进行过大宗的土地交易。当我们就万通大厦的土地转让进行谈判时，小潘甚至不知这个行业内的通用术语，不知道什么叫"七通一平"（建筑行业术语，指的是生地在通过一级开发后，使其达到具备给水、排水、通电、通路、通信、通暖气、通天然气或煤气以及场地平整的条件，使二级开发商可以进场后迅速开发建设）。

如今的土地公开市场招标条件中大多会标明土地出让时的基础设施条件（如三通、五通、七通等），是指出让土地外部的大市政配套情况，如路通、上下水通、电通、暖通、雨水通、电信通等，这些"通"意味着项目不需要增加外部市政条件的投入，在建筑红线外已经有了接驳点，可以保证项目的使用。

与小潘的谈判接近尾声时，我得到了内部消息：新的一轮调控将开始了。于是我将报价减了 2000 万元，给了小潘一个惊喜，小潘仍然不放心，又让我在新公司中加入 5% 的股权，终于我们签订合约。

就这样，当调控的信号正式对社会公布时，虽然我在交易中降低了价格，但收回了大量现金，在银行高度紧缩银根时保证了企业有充足的现金，这对企业的发展来说，也许要比多盈利一些更为重要。

许多人在每次调控时都会问到同一个问题："什么时候买房？"开发商则会问："什么时候买地？"这也是每一个投资者面临的问题，二十多年过去了，仍然有许多人没弄懂其中的道理。

最简单的原则是"低潮时买地，高潮时卖房"，但必须有几个前提条件。

地主之所以能成为地主，从经济学的角度看，绝不会是在农业丰收的年景去收购土地而成为地主。因为丰收的年景中农民并不缺粮，当然也用不着卖地，如果一定有人要买丰年的土地，那么农民也会按丰年的产出估了高价，那也就没人会去买了。

地主一定会在灾年收购农民的土地，一是灾年农民没了存粮，不得不用土地去换取粮食渡过难关，活下去至少还有生存的希望，如果宁可饿死也不卖地，那么地又有什么用呢？二是灾年土地的价格低，只能以灾年的产量来估值。

因此灾年是地主购买土地的好时机。

但地主靠什么在灾年还能购买土地呢？那就是靠存粮，有充足的粮食渡过灾年，并有充足的粮食可以用于交换土地，还要充足到有能力进行下一年的生产投入和等到获得下一年的收成。如果不能形成这样一种有足够能力的循环，那么地主也会饿死。

"低潮时买地"的前提条件是"是否有足够的现金流"，我转让土地就是为了获取必要的现金，让剩余的土地能产生更多的效益。

还可以举另外一个例子，说的是同样的道理。大家都知道库存 80 年的茅台酒要比 50 年的贵，而 30 年的酒要比 10 年的贵，为什么茅台酒厂不将所有的酒都库存 30 年、50 年、80 年再卖呢？因为需要有现金流，要维持生产和生存。

因此，1 年的酒要卖，5 年的酒要卖，也会存一些到 10 年、20 年、30 年之后再卖。酒厂要兼顾的是正常生产盈利和获取更高利益之间的平衡。

地主购买的土地每年都能生产出成果，不但自己能年年分享，也可以让子孙后代分享。酒则不同，库存 30 年的酒可以让当代人受益，而 30 年以上的酒只能留给儿子和孙子受益了。

在房地产交易中，不管是土地或是房子，大约都是同等的道理，不管是土地的交易还是房屋的交易，都要从现金流与盈利两者之间找到平衡，尤其是当中国政府在经济高潮时会调控降温，天冷时又会添柴烧火，企业在市场中最难应对的正是这种不时出台的调控政策。经历了 1988 年的"停缓建"之后，我更加看重这种政策的变化可能给市场带来的不利影响，对于一个企业管理者来说，重要的考验恰恰在于能否事先预见这种政策风险，并能抢先一步，夺得先机。

华远的每一次土地交易都成为招商引资的一种交换，并因此加速了企业的资金周转效率，加快了城市建设的步伐。对地方政府而言，更看重的则是这些城市建设和经营过程中源源不断地创造和产生的税收。

市场最初并没有因银行信贷的紧缩而产生迅速的变化，但一连串的调整后（如出台《房地产管理法》、土地增值税政策等），大批的房地产企业在这一轮的调控中被淘汰了，当 CPI 下降时，中国的 GDP 也在银行紧缩中快速下滑了，随之而来的则是 1996 年和 1997 年房地产全行业的亏损。

华远则在宏观调控的紧缩政策之下选择了另外一条生存之路。华远完成股份制改造后，我们希望股票在市场上流通，通过增资扩股获得更多的市场直接融资，但天不逢时，华远地产公司的股票仅在 NET 系统流通了一天，朱镕基就下令关闭了法人股流通市场，并在紧缩政策中明确表示禁止房地产企业上市。这种"关门打狗"的政策逼着企业向境外资本靠拢，闯出一条新的改革之路，以突出重围。

1991年2月13日，潘石屹在海南吃瓜

1992年2月在海南合影，从右至左分别为：潘石屹、王功权、易小迪、冯仑

官与商

1993年，总公司内已有了多家股份制企业和合资公司，并有经外贸部正式批准在境外设立的多家企业，在美国、德国、中国香港都有了立足之地。当年，经区政府正式批准，华远总公司升级为华远集团公司，设立了紧密层、半紧密层和松散层不同控股股权关系的管理层次，基本实现了1985年时提出的"三化"（集团化、国际化、股份化）目标，形成以房地产为主业的多元化发展。

同时，集团公司也为集团所属的紧密层企业发展进行了支持性的安排，以成本价格合作建设了华远大厦，将原本分散、自行租用和寻找办公地点的各企业都集中到华远大厦。

随后，集团开始向金融领域转移了部分投资，并积极支持改革的公益活动，此后集团进行了多项金融投资。

当初招商银行北京分行成立时，筹建处就设在华远地产公司，华远也是当时招行北京分行的大股东。陈小宪（现任中信银行行长）、尹凤兰（现任招商银行股份有限公司副行长）等曾在和仍在招行总行任职的领导，正是北京分行筹建的主要力量。为了招行北京分行的成立，华远无偿提供了办公条件和电话、传真等办公设备，并管他们的中午饭，从此招行北京分行也成了华远发展中的重要合作伙伴。当招行北京分行因股权抵押信贷出了问题时，也是华远接收了股权抵押品，替无能力还贷的贷款方偿还了全部的贷款和利息，而已有招行董事会决议的应属于华远集团的一部分股权却还在纠纷之中，至今未向华远集团转移。

华远集团也是北京银行的重要股东，并曾是前十名的股东之一。从最初的城市信用社开始华远就有了投入，当北京市将所有的城市信用社统一收编组成商业性银行时，我们自然成了股东，并在多次增资扩股中不断投入，我也担任了银行的监事和董事，北京银行同样成为华远集团成长中的重要合作伙伴。

华远集团原有与中国金融学院和中国银行合作的华银国际信托，最初由中国金融学院为主管理，1992年我曾试图改组时用完整的股东会决议和董事会决议，向海南分行申请改组董事会，却没有被当时的央行（中国人民银行）海南分行批准，致使这个企业被一些居心不良的人利用，最后被央行接收宣布破产了。

除此之外，华远集团还投资了新华人寿保险，成为并列大股东之一。

这一系列对金融产业的投资，让金融业务成为华远集团的重要资产组合之一，不仅获得了银行信贷的支持，同时获得了良好的收益，虽然这些领域我们无法直接管理，却是集团业务重要的一部分。

房地产则在业务管理上成为集团公司最重要的直接管理业务，并向区、市提供大量的税收，成为区政府城市建设和税收中的主力。

原先"跑马圈地"时的一些企业和后来合资发展的一些企业，则组成了华远的第三板块高科技产业和第四板块服务业。

集团系列内的企业总数最高时达到50多家，主要分为参股、控股、直接投资、间接投资、直接管理、间接管理和不参与管理等多类，逐步进入了快速扩张与发展的阶段。

目前仍有许多人以为华远仅仅是个地产公司，并不知道华远是个企业集团，有四大主要产业板块，房地产只是其中之一，华远的其他企业也曾是各行业中的骄子。

譬如，山釜餐厅就是北京饮食行业中的"不老松"，虽算不上老字号，却是改革开放之后历史最早的一批合资餐厅中唯一的幸存者，开张九个月之后中外双方就收回了全部的投资，经营数年，双方各收回了二三十倍的投资利润，至今仍是年利润高于初始投资的优秀企业。

华远自动化控制股份公司，曾是"九五"之后每个五年规划中重点的国家高新技术研究委托单位和863重点研究单位，曾多次获得国家科技金奖一、二等奖的荣誉。

华远旅游公司曾多次被评为北京市的先进单位，并开创了市内散客游的先河。

还有后来的华远西单购物中心，不但多次被市里评为先进单位，也成为北京市最受欢迎的购物中心之一，其保持至今的以传统北京食品为主的经营风格独具特色。

华远集团那时就十分注重开展公益活动，最早也最多地支持了中国经济的改革，并成为中国改革基金的最大赞助人，支持该基金对中国体制改革研究的各种活动经费、课题经费等的投入。华远集团还支持创建了中国经济学奖等奖项，致力于推动中国的各项经济与政治制度的改革。

华远还是中国唯一一个连续二十多年支持中国桥牌事业发展的企业，多年的坚持终于有了回报，最终于2010年和2011年连续获得女子世界冠军，荣获了"威尼斯杯"和"百慕大杯"两个女子世界杯冠军和北京国际华远杯女子邀请赛的冠军。

如果没有邓小平南方谈话，也不会有此后华远集团的一系列成就，而1993年、1994年恰恰是集团建立与发展的重要时间点。

华远赞助了多届中国桥牌协会

1995年华远大厦建成,这大约是全北京市市属、区属企业中第一栋自有产权、第一个以企业名字命名的大厦。

华远集团公司从最初成立时的三间平房,到花园宫的一栋公寓,经月坛公园租用的天香院,再到阜成门南大街九号楼的底商,再到汇通祠的地下与半地下室,最终进入了华远大厦的大楼。经过十多年的时间,我们终于将鸟枪换成了大炮。

1993年的11月1日,华远集团在人民大会堂庆祝成立十周年,并邀请了国家领导人和部、市领导出席集团的庆祝活动,组织了名人桥牌赛,并组织了文艺晚会,参演的演员以总政文工团演员为主。

在庆祝活动上,我们为5年以上的创业员工发了24K金的金司徽,为其他员工颁发了18K金的金司徽,以鼓励和表彰这种为华远艰苦打江山的创业精神。

此外,我们请总政文工团为华远编创了华远集团公司的司歌《前进,华远》,并在晚会上请员工和文工团的演员们共同演唱了我们的司歌。至今这首司歌在公司每次重要活动中都会成为开场的第一个节目,也激励着员工们不断地努力奋斗。

晚会上我们的员工与杭天琪、蔡国庆、宋祖英等演员共同表演了节目,体现了企业的文化和员工的创业热情。虽然我们的企业还不够强大,但我们勇敢地走过了这最艰苦创业的前十年,就像司歌中所唱的,"在改革的春风里诞生",也同样在推动着中国改革的进程。

华远的十年并非顺利的十年,我们曾无情地自我淘汰了下属的一批企业,也在不断发展着新企业。无论是什么样的企业,都只能在竞争中自找出路,或是随着改革成长,或是在大浪淘沙中灭亡,总之我们没有什么退路,只有一路向前。

看到十年发展辉煌的同时,我们也看到了危机,看到了不足,看到了风险,重要的不是已经过去的十年,而是我们能否继续发展成百年老字号,至少华远在我们这一代人的手中还要继续走下去、闯下去,我们承担着历史的责任。

"华夏大业,任重道远",各级领导在推动中国社会进步与改革之中,都对新生事物和改革的产物寄予了无限的希望,祝愿我们能将这个企业变成中国改革的先锋,闯出一条改革的新路。

在中国还没有进入市场化的改革初期,这是一个历史的重托,而我们要做的就是将各级领导的重托变成社会的现实,并促成一代人的观念转变。今天,也许许多人会说这是典型的官商勾结,其实在改革的初期,恰恰是这种无私的信任,才推动了中国经济制度的改革，使中国经济从计划走向了市场。

当紧缩政策关闭了房地产企业上市的大门之后，我们不得不用其他方式解决融资的问题。当时万科（深0002）已经完成了上市，而我们刚刚开始股份制的改制，如何解决这一与资本市场结合的问题呢？

联办（中国证券市场设计研究中心，前身为证券交易所研究设计联合办公室）成了我们的融资顾问。联办集合了中国最早进行资本市场、证券市场改革设计的一群人，正是他们推动着中国资本与证券市场的建立，最早的"法人股交易"也是在联办进行网上操作的，我们之间也建立了良好的关系，值此特殊时期，联办成了我们打开境外融资渠道的拐杖。

联办当时正好获得了境外的国泰财富基金6000万美元的委托，在境内寻找投资机会，需在境内寻找5家不同行业的领头羊，分别投入1200万美元的股权，并争取在境外上市。这样联办就必须联合其他境外资本组成境外的投资公司，共同投入资金，分别在这5家公司中持有控股权，争取合资之后在境外上市。

如今境外基金大多采取的是这种进入与套现方式，如红杉、赛富、今日资本等。但当时境外资本的进入与流出存在着极大的风险，有许多法律与政策的障碍，我们就成了突破这些障碍、推动中国制度改革的先锋。

当时联办会谈的5家企业分别是房地产业的华远公司、生产柴油机的玉门柴油、生产白色家电的小天鹅股份有限公司、食品业的春都火腿肠和制药业的三九胃药，最先完成合约的是玉柴，华远则紧随其后，与三九胃药同一天签约。

大多数人都知道华远最终与华润合作并在香港上市，却很少有人知道，最初的合资结构中并没有华润集团，合资框架中最初的控股人是光大投资公司。

注入华远的所有外资集合起来，在英属维尔京群岛成立了一家合资公司，三个股东分别是光大投资公司、国泰财富、中国石油在境外的香港上市公司"太阳世界"，其中光大投资公司占51%股权。最初谈判时试图参与投资的还有新加坡的政府投资公司淡马锡，以及另外几家国外的基金，其中一家美国基金的管理者来公司谈判时，居然带了个中国"小蜜"，被我们强烈要求不予合作，华远哪怕无法完成境外的合资，也绝不能与这种基金管理人合作。

淡马锡控股公司在谈判过程中并没有提出太多的反对意见，大约谈到凌晨4点多钟，仍有个别细节未达成一致意见。本准备第二天继续会谈，但第二天新加坡人不辞而别了，最终境外公司就只剩了这三家。

1994年5月，在股份制改造一年之后，华远房地产公司股东大会通过决议，按当年利润进行分红送股，同时增发配售新股，按每10股送2股，配售新股的方式使公司的注册资本扩大到了37500万元（股），而各方的持股比例不变。

这次合资将总股本扩大为78125万元（股），其中外资公司出资7700万美元认购52%的股份。入股的价格则是按公司经境外的毕马威会计公司审计的公司净资产值计价，美元按当时汇率中间价计算。

为了稳定公司的管理层，双方的合同中特别强调了现有管理团队四年不变，同时为调动公司员工和管理层的工作积极性，特别规定，扣除法定的公积金和公益金后，要拿出税后利润的4%用于公司对干部、员工的奖励。这其中董事长占0.9%，总经理占0.6%，中层以上管理干部占1%，员工占1.5%。当时我一个人兼任了董事长和总经理两个职务，等于我一个人就占有1.5%的奖励。谈判中，外方坚持要给予最高决策和管理者以最高的奖励，这在当时国有体制的管理之中几乎是不可能的事，尤其是国企中有工资最高与最低不得相差多少倍的规定。当我向外方人员谈到这些国有体制管理中的规定时，外方坚决地回复我们："就是要打破这些原有体制中的错误规定，打破平均主义与大锅饭，才能调动管理者的积极性，才能取得投资者的信任。"是的，如果最高管理者的收入没有体现出管理者的价值，就无法吸引最优秀的人才，也无法赢得投资者的信任。

我曾经因为多发奖金而被误认为是贪污，因此被纪检部门和检察部门死死地盯住，还被关押了一年多，这次我可不想再次被怀疑和误解。为求得保护，我要求周坚书记专门召开了集团的党委会，将这些奖励条款提交党委会讨论，并集体做出党委决议，批准将这一奖励条款正式写入合资合同之中，严格按合同执行上述奖励条款。这一党委会的决定确实起到了应有的作用。

当年的7月底，为了和三九胃药同时签约，我们到了深圳，并于30日的晚上正式签约了。外资以在英属维尔京群岛注册的坚实公司的名义，投资入股华远房地产公司。经过一年半艰苦的谈判、审计、资产评估、法律文件的编制、章程合同的修改，我们终于有了喘气的机会，也有了扩大生产规模的底气。

当时，北京市准备建设长安街向东的沿长线，即今天的京通快速路，并预留京通轻轨的路线。市计委市政处的李平山处长与我公司协商，用京通快速路北侧的三块土地换取建设京通快速路的资金。按照土地拆迁和评估的费用，我的公司要取得这些土地，需向市政府支付 7.4 亿元资金。放到今天，即使把这一金额再乘上 10 倍，也无法购买这些土地，同时也不可能修建京通快速路，但在当时，7.4 亿元是一个巨大的数额，不但我的公司拿不出来，全北京大概也没有一个房地产企业拿得出来。

我一直在等着外资的进入，外资进入之后我不但能支付这 7 个多亿的资金，还有能力进行全面的开发建设。

当 7 月 30 日合资合同正式签署之后，我就有了向市政府分期支付这 7 个多亿的资本了。8 月 3 日，张百发副市长亲自主持了华远与市计委的交换协议，由市计委负责向华远提供上述三块土地，华远向市计委缴纳 7.4 亿元的土地费用，市计委市政处负责安排京通快速公路的建设。这在当时算得上是一笔巨额的交易了。

1998 年住房制度改革之前，北京市没有完整的房地产市场，单位购房然后进行福利分配占主导地位，私人购买的住房比例很低，大约只有不到 10%。土地出让不是以现在的招标和挂牌的拍卖方式，而是以划拨为主，因此大部分市政基础设施和道路的建设资金基本上是靠用土地交换的方式获得的，前三门大街如此，阜外大街如此，亦庄、望京等小区的市政也都是用土地交换来的，西单地区改造的市政工程和道路同样是靠这种方式建设的，也因此才有了四条以华远命名的街道和以四通、联想、航天等企业、机构名称命名的各种桥梁。京通路的建设资金也是用土地交换得来的。

3 天之后，我就向市计委缴纳了第一笔 4.3 亿元的资金，并开始着手组建京通分公司，开始了京通新城的项目规划与建设工作。

同时，我们经区经贸委和市经贸委的批准，开始向国家外经贸部申报华远房地产公司以增资扩股方式进行合资的合同与章程。区、市两级政府巴不得企业能吸引更多的外资进入，以加速北京市的城市建设，很容易就批准了我们的合资合同与章程，并在不到一个月的时间就上报了国家外经贸部。这也算是北京吸引外资的重大利好项目。

然而好事多磨。正当我们热火朝天地扩张时，一盆接一盆的凉水不断地浇到我们发着烧的头上，我们就像从热澡堂里一下子掉进了冰窖，走向成功的宽广道路突然断裂，变成了一道道无法跨越的断崖。

相信自己，相信命——我哥哥的一次车祸

1994年9月11日，突然传来消息，哥哥在海南出了车祸，尚不清楚伤势有多严重。次日，嫂子和妹妹、妹夫（嫂子是眼科医生）飞到了海口。传回来的消息就更可怕了：哥哥已经做了大型开腹手术，手术中发现，除了心脏和大脑之外，其他器官都严重受损，肋骨断了四根，胯骨断裂，危在旦夕。

当时哥哥在中技公司（中国技术进出口总公司）负责日本对中国的援助基金的全国项目，海南的一期高速公路建设就是由日本的协力基金支援建设的。哥哥这次就是去海南考察环岛高速公路的建设情况，并安排使用下一笔援助基金的工程。海南当时的第一期工程是按单向半幅三车道修建的，但建成后是双向单车道行驶，中间的车道作为双向的超车道使用，等下一笔基金完成另外半幅三车道的建设之后，再改为双向各三车道行驶，结果哥哥在考察的路上出了车祸。

后来我了解到了车祸发生时的详细信息。哥哥乘坐的车辆超车之后，看到对面车辆也在借中间道超车，就并线回原车道，但后面的车辆赌气被超越而加速行驶，结果两辆车猛然撞到一起。当时哥哥坐在前车的副驾驶座上，在猛烈的撞击下，整个车座都向前挤到了前挡风玻璃上，哥哥身上斜挎和横挎的安全带组成一个斜向的"L"字形，将他身体的肋骨、内脏等全部挤坏了，只避开了心脏。

哥哥的肋骨断了四根，和安全带的宽度相等，两头都断裂了；肺部挤压后发炎积水，医学名称叫阿尔列斯症；肝、脾、膀胱等也都发生了破裂，无一完好，综合的并发症同时出现，连气管都切开，靠氧气机呼吸了。哥哥的生命正在逐步消失。

这个消息让我紧张起来，我们没有将这个情况告诉父母，但做了最坏的打算。

9月12日下午，我一面安排去海口的飞机票，一面安排公司的人去接哥哥的女儿，至少我要让她和哥哥见上最后一面。她刚考入大学，刚好在车祸发生那天被学校拉到部队，进行为期一个月的军训。当然我没有告诉她发生了这么严重的车祸，同时我还是希望能尽全力将哥哥从死亡线上拉回来。

我向西城区主管卫生的杨骥川副区长求援，他是有名的外科专家，我希望他能给我介绍最好的医生去海南参加会诊和抢救。他告诉我，这种情况最好还是拉回北京抢救，但首先要过ICU（重症加强护理病房）重症急救这一关，于是他帮我联系了首都医科大学附属复兴医院的ICU主任席修明（现任该院院长）。席主任问了

些基本情况后，让赵护士长带上一些必备的急救药，准备去海南。9月13日我与席主任、赵护士长以及嫂子的妹妹、妹夫和哥哥的女儿一起飞往海南。

当晚我们去病房看望哥哥。七八根管子插在他身上，一堆仪器闪烁不停，让人很不舒服。没想到，海南省人民医院并不同意席主任参与治疗，更不允许我们带去的护士长进入病房参加护理。嫂子、嫂子的妹妹以及我的妹妹、妹夫都对院方的决定十分不满，为避免他们的干扰，我决定让他们都回酒店，不许再到病房。

9月14日，我和席主任来到医院，与当地的医生们协商抢救方案。当地的医院是海南建省后新建的医院，医生们大多是建岛引进人才，为解决家属的农村户口和就业问题才从农村和一些中小城市来到海口，根本无法与大城市的医术水平相比。鉴于席主任的名气，他们很不情愿地详细汇报了各种情况，也部分听取了席主任的治疗意见，并使用了一些我们从北京带来的海南没有的进口药。当天我让部下从北京送来一些海南没有的药物。

席主任听说手术之前没有给哥哥做B超，现在哥哥的情况无法用大型B超机，建议医院用手提式B超机做检查，但医院里没有这种设备。还好海南的中实公司在北京与华远有着紧密的合作，共同开发阜外大街的改造项目，我与中实的老总王天怡（他也是我在监狱中认识的好朋友）联系之后，让海南中实公司购买了手提式B超机送到医院给哥哥进行检查，并根据检查情况调整了治疗方案和用药（这台机器事后就算我送给海南省人民医院了）。

看到海南省人民医院的这种情况，午饭时，席主任向我提议，这里的医疗条件和技术能力太差，只有回北京才有可能救治，并希望能转到协和医院救治。于是，席主任给全国ICU治疗的第一把手、协和医院ICU主任陈德昌教授打了电话（陈教授是席主任的老师），向其求救。陈教授立刻飞到海南。

陈教授看完病情和医院的情况之后，更坚定地对我说，要坚决拉回北京去治疗，否则只有死路一条，并开始向医院提出转回北京治疗的想法。但海南医院怕承担医疗责任，并没有及时答复，说还要开院务会商量。

9月16日，我们等不及医院的答复就开始准备回京的工作了。我们到了深圳机场，要求包一架专机运送病人回京，航空公司也同样提出了运输途中的安全和责任问题。陈教授以国家专家级教授和国际SOS救援中心驻中国代表的名义，给航空公司出具了担保和负责的保证书，解除了航空公司的担忧和顾虑。

航空公司又提出包机费用要按双程计算，因为是非航班的加机，没有固定的航线和起落时间，要单独向空中交通管理局申请航路，因此要按一去一回的双程计算，这我也同意了。

飞机上没有平放担架的地方，就必须从中间登机，并临时拆除中间两侧的各排座位，以保证担架平放，并有利于起飞、降落时的固定（将担架固定在两边的座位上）。

飞机上也没有专门的氧气设备，需要我们自己准备专门的氧气瓶。陈教授利用SOS的全球救助系统联系了香港的SOS机构，让其专门送特制的小型氧气瓶到海口，送来的氧气瓶还要在海口充氧（一般客机不许携带满氧的氧气瓶），我又要联系海口的氧气厂。

还好哥哥管的是全海南日本协力基金的贷款项目，原海南省省长阮崇武亲自主抓此项工作，得知哥哥考察工作途中被撞，当时就让秘书到医院看望，也提出有任何问题都可以找他解决，于是我就将联系氧气厂充氧气的事委托给了省长的秘书。这确实有难度，要没有省长秘书帮忙就成了问题，氧气厂正常的工作时间是晚上8点下班，而香港的飞机晚上9点才能将氧气瓶送到，这就必须让氧气厂不停机。SOS组织派了个印度人在机场将氧气瓶交给了我们就乘机返回了香港，我们这才转道氧气厂充上了压缩氧气。

航空公司的问题解决了，还要联系机场的服务安排。给飞机送餐、送货用的升降车是地面服务的部分，运送担架上的病人要用垂直升降车而不能用斜梯，这一切都必须提前安排并支付费用。

病人的运输是个难题，也是个技术活。这方面全国最优秀的专家是陈教授的副手、协和医院ICU副主任刘大为。1993年曾有一名日本登山者在新疆受重伤，危急时刻，国家就是安排刘大为带队去急救并护送病人回京治疗的。于是陈教授又安排了刘大为带着协和的护士长一同飞到海口，并携带各种必要的运输和急救设备。

同时，我还要做出多种预案，防备可能出现的各种意外。

为防止运输途中的各种风险，我要准备非压缩氧气的氧气袋，整个海口的医院只有10个氧气袋，我买了8个，并答应飞机返回时返还给各医院。

为防止从医院到机场的路上遇到各种麻烦而耽误了时间，我又找到了当地的武警部队帮忙，当时正好我的一位朋友也是张太雷的儿子在当总队长，他安排了一个班的战士负责抬担架，并用了警车开道。救护车上的氧气瓶也是临时性的，只能保证一个小时的使用，如果路途上出现延误，可能造成氧气不足，需要救护车再携带一些氧气袋。

同时我用电话联系了北京的公司和协和医院，做好了各种安排，包括机场的地面服务、医院的救护车要开进机场、升降梯的准备以及警车的开道等等。

就像是一场作战，针对可能发生的各种情况都要有充分的准备，并且要有充足的弹药。也许是因为我在部队做过参谋，常制订各种行动计划和战术演习等方案，因此养成了按部队的那一套方法周密地编制任何一次行动方案的习惯，这样可以避免许多意外的发生。

这一切都安排完毕已经是下午5点多了，回到酒店，有两拨日本人在等着我，一问得知，他们分别是伊藤商社和丸红商社驻海南办事处的负责人。因哥哥曾在日本担任过中技公司的总代表，又负责协力基金的采购事宜，和日本的大商社都非常熟。他们听说了哥哥车祸的情况后专门派人来看望，并提出要给予经济上的帮助，如支付包机的钱等。我谢绝了他们的好意，收下了他们送来的鲜花，请他们放心地回去了。

接下来，我与哥哥的主刀医师、也是海南省人民医院的刘副院长一起吃晚餐，打算再一次商量将哥哥转院运回北京的问题。我们刚落座还没来得及点菜时，嫂子的妹妹就从医院打来紧急电话，说哥哥不行了。

我立即带着刘副院长和陈教授等人赶往医院，发现哥哥的整个胸部和肚子都鼓胀起来了，医生们都搞不清是怎么回事，陈教授立即上去将插在哥哥气管上的氧气管子拔掉了，还是协和的教授医术高明。

原来是氧气机的插管发生了位移，机器强行泵入的氧气本应从气管打入肺中，靠压力挤出肺里的水分，强行让肺部呼吸，但位移之后氧气没有进入肺部，而是进入了胸腔和腹部，因此造成了肚子的鼓胀。如果早一点发现和解决位移，并不会出现问题，但如果胸腔和肚子长时间泵入大量的氧气，就十分危险了。

一分多钟之后，哥哥肚子上动完手术的缝合线就开始崩裂了，几个人七八只手纷纷伸出去按在哥哥的肚子上，想让伤口不再裂开。但就像气球有了个针眼，整个气就会从这一针眼中涌出，并将气球炸裂一样，当第一个缝合口出现破裂之后，哥哥肚子里的气体都集中于这个破口，迅速将所有的缝线都撑开了，约90厘米的刀口全线崩溃，肠子、五脏都开始向外流。陈教授马上让护士拿来了还叠成四方形的床单，托住肠子等堆回了哥哥的肚子里，再用床单挡住伤口。

这个镜头就像在连队和农村时杀猪，当刀在猪膛开了一个口子时，所有的肠子、脏器就都从这个口子迅速地向外挤出来。但那是杀猪，而这是个活人啊！整个场面对医生们来说也许是司空见惯了，但对我来说则意味着"完了，人可能没救了"。

刚好席主任也在，他与陈教授协商了急救方案，决定重新动手术。这时哥哥刀口边的皮和肉已经被原来的缝合线撕烂了，无法再用手术线缝合了。我们被赶出了手术室，但陈教授和席主任被准许留在手术室中。经过这次事故，也许医院后怕了，不得不请北京的高参们在场指导。

后来听说，是用类似于订书钉式的铁卡子硬将哥哥肚皮上的伤口连合在了一起，一边打卡一边撤出床单，而肠子等脏器在肚子里的位置早就乱了套了。几个小时之后手术终于结束了，各种卫生带将哥哥的肚子捆缚得像铁桶一样，身上留下了十多根预埋管，从不同的部位解决输入与输出的各种问题。哥哥的生命已经不是靠身体的内动力维持，而是完全靠外部的供给延续了。

当你看到一个亲人已经完全无奈地只能靠外部的条件维持生存时，最先想到的是什么？

许多人首先想到的大约是死亡，大约是如何准备后事，而我首先想到的是责任。作为一家人，作为亲兄弟，不管我们之间是否有过家庭矛盾和不愉快的事情，亲情都是永远也不可替代的，血缘之情是无法用任何理由隔断的，而这种亲情赋予人们的就是责任。

许多人会说"长嫂为母"（通常是父母都不在世时的一种情况），但关键时刻男人必须承担起所有的责任，尤其现在哥哥处于生死关头，长嫂不但不能为母，更不可能做出任何理性的决定。

这种责任中包括尽一切可能全力救助的责任，也包括承担风险的责任，因为任何救助的行为都可能产生这样或那样的风险，任何决定都可能出现医疗上无法预知的意外，当你要做出常人不敢独自做出的决定时，必须要确定自己有能力承担这些风险。

当我决定要采取什么样的医疗手段时，我背后要有最优秀的医生提供方案；当我决定要将哥哥运回北京治疗时，我要有运输的能力和把握；当我要决定哥哥的生死时，要有一定的医疗依据，并能无愧于我的父母，无愧于所有经历过和知道这段故事的亲朋好友，要让他们对我的每一个决定都无可指责。这就是承担责任。

正是因为这种责任感，我只要认为可行就不会向任何人请示。我们都不愿意让父母知道此时的情况，更不希望他们为此事操心，尤其是不能让他们去做决定并承担责任，只要还有一线希望，只要我还有能力去做出决定，就必须用自己的肩膀撑起这个家。

当我们一群人从医院回到酒店时已经是半夜了，刘大为与护士长携带着从北京来的设备也刚到酒店不久，在等我们的消息和安排。

我和陈教授第一次与医院谈转运回北京治疗时，医院还有些不情愿，他们也许认为自己的医术没问题，转院是对海南省人民医院的一种歧视，但连续的医疗手术之后，他们知道了自己医术真的有限，反而巴不得我提出转院，好将这块烫手的山芋扔出去，以避免发生医疗事故，更不愿给自己弄个官司出来，现在正好有个就坡下驴的机会。在我出具"自己要求转院，免除海南省人民医院的一切医疗责任"的书面材料之后，海南省人民医院同意全面配合转院的工作，服从我的计划、时间和安排。

航空公司给我申请的飞行时间段是9月17日下午3点至5点的任意时间点起飞。

9月17日上午，我带着陈教授等人赶到医院，再一次进行转运之前的各种准备，陈教授又做了各种检查和安排。

海南省人民医院是个新建的医院，虽然医术和设备尚未健全，但医院的ICU病房的建设还是到位的，比陈旧的协和医院还要好。比如进门时要用磁卡或门禁对讲等，而协和还是过去的走廊门，一推就开，得靠专人把守。安下心做好各种准备之后，陈教授不断欣赏着这套门禁和对讲系统，我对陈教授说："不用再看了，安全回北京之后，我给协和医院的ICU病房专门配一套更好的系统。"听到这话，陈教授高兴得像个小孩一样。

虽然我十分相信陈教授和席主任，但仍然担心这次飞行，以及到京后的医院的安排，我担心虽然救回了一条生命，却成了植物人，岂不是更要受罪一生？我悄悄地对陈教授说，如果您没有把握，就干脆在飞机上把管子都拔了，我不能让哥哥死在海南，让父母见不到尸体，但也不希望运回北京的是个植物人。陈教授告诉我，这么严重的伤情，死亡率高达95%以上，但不太会成为植物人，如果治疗得当，仍有生存的希望。

人总是生活在希望之中，只要还有一线希望，我都会尽最大的努力，去争取最好的结果。

午饭后，大家兵分两路。我安排了嫂子、妹妹等一行人直接去机场，我和陈教授等人带着武警的张队长给我派的一个班的战士去了医院，约好在机场会合。

经验丰富的刘大为主任亲自组织了搬运工作,我原以为要用担架把病人抬到汽车上,还担心担架不安全,其实完全不是我想象的那样。

刘大为主任带的专用设备是一个里面装满了小颗粒的气囊,平铺在地上像一床褥子。战士们将哥哥抬起平放在这个褥子上之后,刘大为打开了一个专用的抽气筒,将气囊里的空气抽出来,气囊就开始收缩。气囊收缩的同时将哥哥的身体严丝合缝地包住,又留出人体正面的部分,正因为里面都是小颗粒,因此可以弯弯曲曲地将不规则的人体包得纹丝不动。当将袋子里的空气抽完之后,整个气囊就变成了一个硬壳,就像一只船里躺个人,但船体与人体是紧密结合成为一体的,除了那些管子上接着的瓶子、氧气等,哥哥在这个硬壳中无法移动。

不再用什么担架,战士们直接将这个硬壳式的气囊抬起,几个护士分别举着点滴用的药瓶、呼吸用的氧气等,一起离开病房,上了医院的救护车。我们分别乘坐不同的车,由武警的警车闪着警灯、拉响警笛开道,向美兰机场驶去。

半路确实遇到了麻烦。一辆面包车撞上了一辆三轮车,双方谁也不让,挤成了一团,还有许多围观的群众,警车也无法将人群驱散。还好有一个班的战士乘坐军车护行,战士们迅速在警车喇叭的指挥下腾出了一条路,让我们的车队通过了。这一折腾大约浪费了十多分钟,而救护车上的氧气却消耗了许多。

还好没有耽误太多的时间,还算是比较顺利地到达了机场,再晚半小时车上的氧气大约就用完了。

机场上,飞机和升降梯早就准备好了,嫂子等人也早就上了飞机,整个一架737飞机,只有我们一行十几个人。

靠近中舱门的几排座位已经拆除,中间腾出了一个空间,放下包着哥哥的气囊之后,还有一些空间,刚好有医生、护士操作的位置。将气囊固定之后,正准备起飞,突然发现从香港送来的氧气瓶漏气了,昨天晚上灌入的氧气已经剩得不多。这可有些麻烦,此时已无法再去灌氧气了。紧急情况下,我们从飞机上卸下了一个压缩氧气瓶备用,还好还有几个氧气袋,这才做好了起飞的充分准备。

根据在海南发生的情况,我再一次打电话,请北京的同事提前做好各种安排,以防止出现意外。

飞机上无法使用氧气泵,就要靠人工用压力囊一下一下地按,将氧气加压当泵用,以维持哥哥的呼吸。这一路上两位护士长和三位主任医生轮留严密监护,一会儿量血压，一会儿量体温，一会儿打点这药，一会儿打点那药，从飞机起飞到落地都没闲着，连饭都没吃上一口。家里人很想帮忙，至少嫂子的妹妹也是个正式的军医，但陈教授为了安全没有让家里人参与。嫂子和其他人都被我命令坐在后面，不许靠近，我最担心他们一哭一闹，让医生们也左右为难。

天公作美，没有什么恶气流，也没有刮风下雨，一路平安地回到了北京。飞机降落时北京的天已经有些黑了，停机坪上早已停放好了协和医院派来的救护车，交通局派了开道的警车，公司的一些同事也来帮忙，晚上9点钟，终于一切顺利地进入了协和医院。

忙忙碌碌的五天中，我几乎没睡几个小时，满脑子的事都必须迅速地做出决定和处理。也许那时年轻力壮，没觉得累，等到了家人就像瘫了一样，睡到第二天中午才醒来。

这次如果没有公司的同事、合作的单位、战友、朋友等人的帮助，也许进行得不会这么顺利；没有陈教授、席主任等人的智慧和能力，也无法完成这次的转院。

刘大为告诉我，他代表国家去新疆救日本登山者那次，许多事情要不断向上面请示，结果用了大约一周的时间才协调好医院、飞机和各种工作。这次从陈教授到现场做准备，到最终降落在北京，只用了两天的时间，对于抢救一条生命而言是十分宝贵的。

年初的时候，哥哥曾遇上一位普陀山的僧人，硬说哥哥今年有大难，破解的方法就是花钱重修祖坟。哥哥在清明前给在老家的大伯的儿子、我的堂兄寄去了几千元，请他们重修爷爷的坟墓。

爷爷葬在老家的村外，靠海边的一片林子里，坟边有几棵松树围绕。堂兄重修了坟墓，但农村人舍不得花钱，除掉墓碑费用后，将剩下的钱退了回来，于是哥哥遇上了血光之灾，未能逃过大难。妹妹后来开玩笑说，幸亏爷爷知道是修了祖坟，哥哥这次去鬼门关后，被爷爷推了回来，才捡回了一条命。

经过陈教授一年多的治疗，哥哥终于康复了。虽然哥哥醒过来之后可以有问有答，但完全不记得前一百多天里发生过的事情，也不知道从海南回北京的经历。哥哥后来又做了多次的修复手术，总算没留下太多的后遗症，现在又能打高尔夫球了，也幸亏他年轻时身体的底子好，否则也难熬过这一关。

陈教授将救治经过编成医疗案例，并获得了国家医学二等奖。哥哥与救治过他的医生都成了好朋友，过节过年总要聚在一起请大家吃个饭。哥哥当然少不了要去普陀山还个愿，也常回老家修祖坟。过去爷爷的坟边没有多少村里其他人家的坟，大约是海边的人不再想看海了，自哥哥的事之后，村里人都说这是宝地，周边的坟也就多了。

我回京后的第一件事就是给协和的 ICU 病房安装了一套最高级的门禁系统，以感谢陈教授的救命之情。

回京后我忙着与外经贸部谈审批，安排"十一"的庆祝活动。"十一"当晚我还带队参加了广场的舞会活动。

10 月 8 日参加了潘石屹的婚礼。但高兴没几天，传来了坏消息。

国内第一家中外股份企业

10 月下旬，第一个好似迎头大棒的坏消息是光大投资公司的投资计划未被集团总公司的邱晴董事长批准。小道消息说大约是因为邱晴与陈元往日的冲突，导致邱晴坚决反对入资华远。不管小道消息是真是假，已不值得关心，核心的问题是光大不准备入资了！必须找到新的资金来填补，否则这个境外公司的实体就要破产了，双方的合资合同就会被撕毁，我们就拿不到这笔境外的资金。一旦合资破裂，我们将面临着巨大的危机。

一是合资的合同、章程已被区、市两级政府批准，并上报了国家外经贸部，这种重大的合同失误，将会给公司今后任何审批都增加难度并降低政府对企业的基本信任。在那个尚不开放的时代，这也许会成为政治问题。

二是因为合资合同已经签订，我们以为有了充足的后续资金支持，因此与市政府、市计委签订了京通快速路的土地交换合同，并已支付了首期的大量资金，已经启动了京通公路的建设工作。合资的外方可以在合同未经国家外经贸部审批前中止（合同中约定，须经国家外经贸部审批后生效），华远却无力单独承担这笔巨额的资金支付。外商可以中止合同，我却无法与政府中止合同。

当我们的融资顾问联办通知公司这个消息之后，董秘窦志康一脸绝望地进了我的办公室，几乎以哭泣的声音向我报告了这个不幸的消息。短瞬之间我的大脑一片空白，但我知道在这关键的时刻，作为一个公司的最高领导，就是公司中的神，而神是绝不能倒下的！就是装也要装出一副镇静的样子！哪怕心里在流着血，这种痛只能深深藏在心中，而不能让丝毫的忧虑流露在脸上。如果此时公司的最高领导显示出慌乱，这种情绪就会迅速地蔓延到整个公司，并传染社会，给公司带来巨大的不利影响。

我假装若无其事地告诉董秘：一不许慌张，二不许泄露这一消息，我会与联办研究解决的办法。董秘犹豫地问我是否要撤回正在部里审批的报告时，我明确告诉他：坚决不能撤，一切要按正常的审批程序办理。我知道这是要承担风险的，但我更知道，摆在我面前的只有一条路，那就是必须成功！要想尽一切办法补救，而不是等死。

在这生死关头，我告诫自己千万不要被这坏消息打乱了阵脚，要冷静、冷静、再冷静。

什么是领导？领导就是要在企业的发展中领头选择正确的战略和道路。如果我已经在正确的路径上迈出了第一步，那么不管遇到多少困难也必须坚持走下去。领导的第二个作用就是要能处理危机，当在前进的道路上遇到在别人的眼中不可逾越的问题时，领导要能想出解决的办法，并跨越这些障碍，这就是你待在这个位置上的责任。

接下来的好几个小时我都在闷闷地抽着烟，靠在太师椅上仰望着房间中装修出的圆顶，心里默默地念着"镇静"二字，直到心情完全平静下来，才拿起电话直接与联办的总干事王波明沟通这个情况，并协商解决的方案。我得知其他两家外资并不准备退出，并且所有的问题都与合同、章程无关，问题仅仅出在光大一家的出资方案上，而且明确了只要能找到替代光大的出资人，合同就可以继续。

找到了问题的焦点，剩下的就是如何解决这个焦点了。幸好我还认识香港的一些著名律师行与会计师行，也认识与合作过一些有实力的港商，我决定亲自飞去香港分别拜会这些有实力的企业，希望能找到替代光大的投资人。

在香港，我分别会见了多家企业与基金，包括新加坡的淡马锡（上次不辞而别的谈判者）和与我有过合作关系的瑞安集团的罗康瑞先生等十多家企业与基金经理，当然也少不了专门拜访宁高宁和黄铁鹰。

宁高宁无疑是我见过的所有企业家中最优秀的管理人才，不但自己有一套思维清晰的管理章法，同时最具机会投资的慧眼，最能清楚地判断投资的利弊和风险。和宁总汇报或会谈几乎不用过多地解释，他懂的实在太多了，每次都能一针见血地把问题的实质点出来，能最直接地提出其最关心也是最关键的问题，也能最直接地说出自己的判断和可能出现的风险。

当我向宁高宁和黄铁鹰介绍了我的情况和这次合资的投资组合情况,以及今后在香港上市的设想之后,立即得到了宁总肯定的答复。

一年前我们第一次接触时尚停留在项目的层面——推销一块土地,而宁总更关注的不是一个项目,而是进入一个行业或领域。这次我向宁总推销的是一个公司、一个完整的专业团队时,宁总认为这恰恰是其进入地产行业、进入中国内地房地产领域的最佳途径,也恰恰可以解决华创企业利润低的问题,并是一个可以迅速获取盈利及改善财务报表的好机会。

宁总一锤定音之后,我心里的一块石头才算落了地,但尚有许多细节要协调。宁总为了在境外的坚实公司中控制绝对的权力和有利于合并报表,提出将原有的光大控股的51%的股权比例提高到57%。这样就要调整原有两方的投资比例,这仍然是一场艰苦的谈判,多次的会谈(包括跨国的电话会议)后,各方终于达成了协议。华润作为大股东也要承担相应的义务,如解决上市的问题等。

最终坚实公司以香港华润创业有限公司(华润集团控股的香港上市公司)占有57%的股权、美国国泰财富基金持有14%的股权、太阳世界持有29%的股权完成了重组工作,可以继续履行合资合同。11月12日才完成了重组的签约,我还要去更换上报给外经贸部的股东资料。

按道理说,境外公司的重组应该是我们的融资顾问联办的事。但当联办在短期内对实现境外公司的重组无能为力时,我不得不冲到第一线,去解决境外企业之间的重组问题。毕竟钱是要投到境内的华远的,选择好的合作伙伴是我的权利,自然我就要努力汇集各方的力量去完成这个使命。

当我把境外的问题解决了之后,境内的审批又发生了问题。

1979年公布的"三资法"(《中外合资经营企业法》《中外合作经营企业法》《外资企业法》)是以项目公司为前提的,因此在合资、合作的法律规定中要明确项目的投资总额和合作年限,但股份制公司是没有投资总额的,要不断地融资扩股,并且没有合作的年限,要不断地开发与发展,这就必然要突破法律上的硬条文的约束,要对法律提出挑战,而中国的改革恰恰就是在企业的不断创新和探索中推进的。

当我第一次为说明股份制企业的特殊性进入长安街南侧的外经贸部大楼时,遭遇了早年间我去市计委大楼找刘晓光时同样的待遇——被马秀红司长大喊一声,在门外等了整整一个上午，直到吃中午饭时，马司长才想起外面有个我，而我本就是接到通知去做说明的，就这样白白地浪费了一上午的时间。

下午汇报完情况，并搬出了大量的文件之后，马司长要求我去建设部开证明，让建设部来说明房地产开发企业可以没有合资的时间限制，说明股份制企业可以没有投资总额的限制。其实就是外经贸部不愿独立承担责任，而要拉个垫背的。其实在股份制企业试点的文件中已经对股份制企业的情况有了明确的规定，由股东决定企业的终止、延续和解散，国家不再对股份制企业的寿命做严格的规定和审批，同时也不限制股份制企业的增资扩股，都由股东做出决定。但涉及外资的相应法规并没有对股份制企业网开一面，而体改委的文件又不是全国人大批准的正式的立法，于是就要让建设部出个文件，这样就有了审批的理由。

为此我们不得不再向建设部提出报告，说明情况，并要求建设部出个说明函。在此之前我从没进过建设部的大门，好在建设部有几个爱打桥牌的领导，而我是北京市桥牌协会的副主席，自1988年以来年年组织全市的各种桥牌比赛，并赞助了北京市华远桥牌俱乐部队，经常在桥牌比赛场上与领导们比赛，也建立了良好的关系，这次可算是有了敲门的机会了。

谭庆琏副部长亲自接待了我，仔细地看了我们的报告，又详细了解了各种情况。谭部长不但对我们的股份制改造与合资表示了支持，也对推动制度改革给予了肯定，尤其是其勇于推动改革和敢于承担责任的精神，给我留下了很深刻的印象。

比在任何部门办事都快，第二天我们就拿到了盖有建设部大印的说明函，并且建设部在函中明确表示了对我们合资的支持。在进入建设部的大门之前，我的心一直悬着，在突破现有法律法规的限制面前，遇到的官员大都是为难和退却，我也很担心会在建设部的官员面前碰上这种钉子，没想到我们的改革不但被建设部认可，而且他们迅速地做出了反应，给了我们极大的支持。这为我们的合资审批扫清法律的障碍，打出了一张有力的牌。

当我拿着建设部的文件再次进入外经贸部时，腰杆也直了许多，建设部的文件也许帮外经贸部减轻了承担责任的负担。而合资之后再次扩股时，外经贸部才发现我们的合资公司里还有大量的个人持股，他们再次提出了《中外合资经营企业法》中的规定——不允许个人股的存在。于是那次扩股时我们没有再坚持，而是由外资的大股东按新的扩股价收购了全部的个人股股权，解除了外经贸部的法律担忧。

如果在第一次审批时外经贸部就提出这一问题，就又会增加我们合资的困难，不知道那时我会做出什么样的选择和反应。在改革的路上，每前进一步都要付出极大的努力，要靠信心、坚强与智慧，虽然这一路走来有着无数的沟沟坎坎，但从未挡住我前进的步伐，我总是"兵来将挡，水来土掩"，一次次从死亡线上挣扎着生存下来，并茁壮成长。

当我终于拿到了外经贸部的批文时，心里别提有多喜悦了，但我知道后面的事情并非都会一帆风顺。我仍然要保持高度的警惕和不懈的奋斗精神。"开弓没有回头箭"，不管前面还有多少问题，我都要一个一个地解决，人生的乐趣也许就在于这不断地攻克一个又一个堡垒之中。

确实，拿到了批文不等于一帆风顺。办理工商执照时，要求外资先入资并且取得验资证明，领取了营业执照之后，才能将内资企业变为外资企业，并新刻外资企业的带有英文的章，而外资在没有自己的公司时将资金汇给谁呢？改造一个旧的公司比成立一个新的公司程序反而更复杂，这就变成了先有鸡还是先有蛋的问题。

我们只好申请华远内资公司的外汇账号，请外资先将资金汇入此账号，并在银行办理了共管协议，这笔钱必须经外资代表黄铁鹰先生签字才能提取。取得验资证明之后，去领取营业执照，之后再去提取这笔外汇和解封。

终于赶在年底之前办完了全部的营业执照等手续，可以提取美元了，这时公司可是急得快揭不开锅了。黄铁鹰先生连续签署了三次解封提款的文件，但银行每次都说黄铁鹰的签名与当初给银行留存的签名印鉴不符，最后只好请黄铁鹰验明正身，当场签名，才被银行认可了。

我不知道是银行真的本着对这样大的一笔巨款负责的精神，还是要故意保留这样一笔7700多万美元的存款记录而拖延，我只知道因为他们的拖延让我遭受了几百万元人民币的汇兑损失。

那时的美元汇率要求稳定，而大量的换汇会让人民币升值，因此银行每天兑汇限额500万美元，7700多万美元要用半个多月的时间才能都换成人民币，前前后后的时间里仅因汇率的变化就损失了几百万元人民币，其中也包括因银行而延误的一段时间。

不管怎样，我都艰难地走出了这关键的一步，华远成为中国第一个中外合资的股份制企业，推动了中国合资企业立法的进步，也为此后的企业打开了一条通往国外的合资通道。此后的万科被华润置地收购，就是延续着华远走过的这条路径而实现的。

CHAPTER ▶ 05

与华远的前世今生

BEAUTIFUL AMBITION

在境外融资时，投资者最关心的是你是否有一个好的故事，以及你的故事是否可信，又好比你给投资者画了一张大饼，要让投资者感受到这个大饼有多么美味。如何将故事编得生动而有趣味，就是我要认真解决的问题。而华远确实有许多好故事可讲。

BEAUTIFUL AMBITION

华远借桥上市

房地产是个资金密集型的产业，资金量不但制约着企业的发展速度和规模，也决定着利润的高低。

合资完成之后，我们就开始了境外上市的准备。

1994年合资之后，华远房地产的税后利润比上年增长了24.4%，1995年比1994年增长了30.5%，连续的增长为上市创造了业绩支撑。

1996年3月，坚实公司向香港联交所（香港联合交易所有限公司）提出了在香港资本市场上市的申请，由于当时为了免税，坚实公司注册在英属维尔京群岛，该地的法律不符合香港联交所的法律要求，外方将注册地修改，重新在开曼群岛注册了华润（北京）置地公司，以"华润（北京）置地公司"的名义向香港联交所提出了上市申请。同时为了保证已在香港上市的华润创业在华润（北京）置地公司内的控股权不被稀释，在这次调整中将华润创业在境外公司中的控股比例提高到了73.5%，美国国泰财富的执股比例下降为14%，太阳世界的执股比例下降为12.5%。

申请上市的过程中，美国的高盛公司收购了香港太阳世界所持有的股权，并派王兟作为公司的董事，这一境外股权的变化，不但没有影响公司上市的进程，反而优化了境外上市公司的股东结构，更有利于公司在资本市场上吸引股民。

华润（北京）置地公司聘请香港英高财务顾问有限公司作为上市公司的推荐人，专门解释中国的相关法律问题，香港的廖倚云律师事务所和北京长城律师事务所作为公司的法律顾问，香港的关黄陈方会计师行代替了过去的毕马威，负责公司的审计事宜，香港的梁振英测量师行是当时地产行业的专业估值机构，负责公司的地产评估，我因此有幸认识了这位如今的香港特首。

负责包销公司股票的是摩根士丹利和法国里昂证券公司，这两家都是世界著名的证券公司，他们邀请了史密夫律师行为法律顾问，验证招股书的各种法律文件与真实性，并聘请了香港达维律师行为专门的美国法律问题顾问。

复杂的上市过程中，庞大的各种服务团队汇聚，一支来自各路专业队伍近百人的团队进入了华远地产公司。

每个专业团队都提出各种各样的问题，问题的清单就像雪片一样飘进我的办公室，一会儿就堆得满桌子都是，几天就堆满了办公室的茶几、沙发，有些不得不分门别类地堆在地上。这些专业的团队不但要审查全部的档案、文件、资料，还恨不得扒光你的衣服，让你裸体接受各种各样的检查，连身上的每一颗痣都必须要有说明和记录。

当时香港还没有回归，所有的文件都必须符合香港式英国的法律，每个董事必须签署英国法律规定的确认书，其中包括证明个人历史清白、证明公司信息公开无误以及个人如违反了上述承诺将接受香港法律处罚的内容。由于华远的周坚书记不能去香港宣誓，不得不到英国驻华使馆宣誓，并证明上述文件的合法性、可靠性，尽管这些都是必要的法律程序，但还真有些签卖身契的感觉。

国内的审查与法律文件的准备虽然数量巨大，但并不复杂，问题主要出在香港法律与内地法律的接轨上。当时国内有许多属于行政划拨的土地，有许多是尚未拆迁的土地，也有只缴纳了部分土地费用的土地，如何对这些土地估值，如何确认土地的归属权利，政府划拨土地的权利和规划需要怎样调整，这一系列问题都成为境内公司香港上市的障碍。

而这一环不仅需要中国官方出具相关的法律文件，需要长城律师事务所做出法律说明，还需要香港的英高财务顾问公司与香港联交所进行沟通，需要廖倚云律师事务所按照香港的法律来认证和解释。

华远房地产公司并没有全部在香港上市，只是持有华远房地产公司52%的股权的外资部分在香港上市了，因此我将其称为"借桥上市"，但上市的股权部分所拥有的全部资产都是华远房地产公司的资产，包括现金、在建工程和土地，今后的获利能力也都来自于这些资产，并依赖于公司的管理团队和实际管理人。

因此公司的金融资产和土地的合法性就成了关键。包括华远公司与政府签署的京通高速公路建设的资金换土地的合同，虽然公司支付了首期资金，政府也提供了部分土地，但后续的土地只有合同，并没办各种手续，这些都需要有律师的法律文件来说明和证明。

华远房地产公司尽管只是借桥上市，但与整体上市的审查几乎没有任何差别。这是中国第一家在香港上市的地产公司，其案例将成为今后中国房地产企业在香港甚至在境外上市的范例，不但香港联交所十分重视，连美国的法律、欧洲的法律也要兼顾，否则就无法说服和吸引投资者进入香港的市场和购买公司的股票。

我们所做的是推动中国改革与国际资本市场接轨的大事，第一个吃螃蟹的人不可避免地要承担比其他人更多的压力，也需要有更多的能力与勇气。

尤其是此前北京发生了王宝森副市长自杀事件和陈希同被捕事件，北京市不得不将用BTO（Build to Order，按照客户订单生产）式吸引外资共同建设京昌高速路的合同撕毁，引起国际资本对北京市政府的执行力和信心的怀疑。此时我的一举一动都牵涉这些敏感的政治问题，我们的上市推销中被问到最多的也是这些问题，也就是说，我公司上市成功与否关系到北京市的吸引外资政策和重大的发展问题。

为此，北京市政府将我们的上市作为北京市的一件大事，给予了充分的支持。市政府同意让原北京市政协主席白介夫和刚刚从市建委主任的位置上退下来的施宗林出任公司的董事，以增加投资者的信心；让陆宇澄副市长在公司的宣传广告片中代表市政府给予支持；批准让当时为国家申办2000年奥运会而担任市长助理的万嗣铨担任路演团中的政府官员角色，为公司做正面的宣传，为北京市的投资环境和市场前景做推广。

当时的特殊背景之下，华远地产公司的借桥上市已经变成扭转北京市在世界投资者心中形象的大事，也是市政府准备为后期的"北控"——北京市在港的窗口公司上市打前站。

当然，华润集团的国资背景和外经贸部所管辖的公司也在各种组织和宣传工作中发挥了巨大的作用。

经过七个多月的努力和不断的折腾，终于进入香港联交所的委员会聆讯程序。给我留下深刻印象的是，香港不过中华人民共和国的"十一"国庆，我们上市的聆讯恰恰安排在那年的 10 月 1 日晚上，当国内一片欢腾庆祝国庆放大假时，我们正赶赴香港准备接受询问。

那天晚上宁高宁、黄铁鹰和我赶到了摩根士丹利在香港的办公室，一堆人守在电话前等待着消息，不时有从联交所打来的电话，询问和解答个别问题。最终聆讯通过了，所有人齐声欢呼。半年多的努力，没日没夜的奔忙，终于有了一个好的结果。我们共同突破了中、英各种法律上的障碍，走出了中国房地产公司在香港上市的一条新路，也为此后中国内地的房地产企业在香港上市建立了一套完整的法律框架。中国内地的企业除了可以在中国的资本市场直接融资之外，也可以曲线救国，走进国际资本市场融资了。

按照香港的规定，联交所的聆讯只审查公司信息披露的合法性，公司通过聆讯之后必须在两个月内完成融资扩股的活动。联交所既不管公司股票的定价，也不管谁来定价认购，只要市场有人购买该股票，就是发行成功，可以上市交易，如果该股票无法得到市场的认可，无法完成认购，则宣布发行失败。聆讯通过的发行日期一至就作废，公司如果想再次发行必须重新申请，重新经过聆讯批准。

通过香港联交所的聆讯只是上市的第一步，更重要的一步则是全球路演，公司要说服投资者们尽可能地认购我们的股票，认购的倍数越高，股票的定价就越高，或者我们还可以按比例增加 15% 的超额发售，为公司融取更多的资金，但这并不是一件容易的事情。

当时摩根士丹利最有名的大胡子首席分析师（我忘了他的名字）为全球的投资者写了一份投资分析报告，推荐华润（北京）置地的股票，后来该报告被评为全球最佳的投资分析报告，为公司打开投资者的大门起到了积极的作用。

按照交易回避的原则，由摩根士丹利负责向欧洲的投资者推销我们的股票，由法国里昂证券负责向美国的投资者推销股票，在亚洲和其他地区，两家公司联合推荐我们的股票。

第一场投资推介会（路演）是在北京召开的，许多基金负责人和投资人来到北京，参观了公司的部分项目。公司举行了晚餐会，北京市、西城区的领导和华远的第一任董事长陈元（时任中国人民银行副行长）都参加了会议，给了第一批投资者充分的信心，也获得了投资者的好评，同时也给了我们充分的信心。

随后大队人马开始了全球的推介活动。我带公司的一行人从香港开始了一连串的早餐会、午餐会及单独会见，又飞往新加坡，再从新加坡飞到印度。在印度等待转机时，我有幸领略了印度的市场，并购买了一些带有印度宗教色彩的纪念品。随后飞到苏伊士，还是早上的六点钟，天刚蒙蒙亮，洗完澡，换上一身正装，又开始了与投资者见面的早餐会。

苏伊士是个自然风光秀丽的小城，小酒店建在河边上，四周开满鲜花，各种各样的颜色把小酒店装扮得像是婚礼的现场，我们在露天的阳伞下开始了与投资者的交流。电脑上枯燥地打出各种图表，我按照事先准备的稿件机械地介绍着公司的情况及市场的情况，由我的翻译官、华润公司派出的公司财务总监邓智辉翻译成英文，然后是回答各位投资者的提问。

当投资者们酒足饭饱时，我也结束了介绍，开始喂饱自己的肚子。

离开了可以完全用中文进行交流的香港和新加坡之后，我就成了一个机械人，要依赖于翻译才能进行交流。当我讲完之后，回答提问就成了邓智辉和宁高宁等其他人的事了，除非他们有不了解的情况才需要我来回答。而每次出席这种一边吃饭一边推介公司的会议，我大多数情况下要饿肚子，经常是我还没来得及吃完饭，这场推介就结束了，下一场推介又将开始了。

还好苏伊士的早餐会结束后要搭乘中午的航班飞往法兰克福，中间有一段休息的时间。我们趁机坐车过河到了对面的山上，观看了整个苏伊士城镇的全貌，有机会参观了当地著名的古老大教堂，然后沿着河边穿越了这座旧城的古老街道。这些古老的街道仍保留着当时的风貌，街道两侧大多是18世纪末期的建筑，每栋房子都有个标明是哪个年代建筑的铭牌，墙上也有些现代人的涂鸦和"资本主义教会了我们什么？"之类的口号与标语，这些小街道无法通行汽车，并且随着地形上下起伏，别有一番风情，也许是个拍老电影的好地方。

我们在苏伊士待了几个小时就乘飞机到了法兰克福，匆匆忙忙地进行了一个午餐会后又飞往巴黎。到了巴黎已经是晚上七点多钟，在飞机上看到的却是一个灯火通明的世界。

我们把行李放到酒店后，就被拉到了著名的红磨坊。摩根士丹利安排我们这些没开过眼的中国人观看巴黎最有名的脱衣舞，在乐曲声中共进晚餐，并专门给我们预留了最好的位置，我就坐在舞台中心的边上，桌子紧紧地贴着舞池边。

我们饿着肚子品尝法国面包与奶油汤时，桌子边的人们还在唧唧喳喳地活跃着，几杯红酒下肚，睡意就开始袭来，不是醉酒产生的睡意（我平时根本就不喝酒），而是时差反应开始显现。一阵欢快的乐曲声将我们从蒙眬中唤醒，我一抬头，映入眼帘的就是连丝袜都没穿的大腿，当演员们站在舞台边上向前踢腿时，我恨不得低下头。遗憾的是，连第一节的舞蹈都没有结束，我已趴在饭桌上又睡着了。

从香港出发之后，时间的顺序就彻底打乱了，欧洲的早晨正是北京的下午，一路的奔波，上了飞机又下飞机，再上飞机，再下飞机，几个来回，行李都没打开，人也没上床睡过觉，但已经不是原来意义上的二十四小时了。按理说巴黎与北京有7个小时的时差，巴黎的晚上大约相当于北京的清晨，并不是睡觉时间，但我实在坚持不住了，如果再不睡也许就会病倒了。

红磨坊的表演丝毫没给我留下什么印象，那是一场什么剧情的表演？除了肥胖的大腿之外，演员满脸的彩妆并没让我看出法国女人的美。

第二天的日程排得更满，除了早、中、晚的三餐会议之外，还安排了六个一对一的交流和一个电话会议。从一起床就开始马不停蹄地奔跑，其他工作人员都被安排去参观巴黎圣母院、埃菲尔铁塔、博物馆和大教堂，我们几个头头却要忙着出席各种会议。

时差并没有因睡了一晚上的觉调整过来，下午的一对一交流中，我们不得不在车上打个盹并相互提醒，不要在开会期间或交谈期间睡着了。

还好，每次的会议中都有漂亮的姑娘在场，提醒我们注意自己的仪表。我很奇怪的是，为什么只有在法国有大量的基金经理人是年轻的小姑娘，我连着遇到两三个都是二十岁出头的小姑娘，却掌管着数亿美元的基金，并独立拥有投资的决策权，就连电话会议的另外一端都是个年轻的姑娘的声音在做着最后的决定。

第三天仍然是一连串的工作会议和一对一的交流，直到乘坐下午的飞机飞往伦敦之前，我都没有机会真正了解一下巴黎。

从汽车中看到了香榭丽舍大街和凯旋门，在半路上停过一次车，远远地与埃菲尔铁塔合了张影，埃菲尔铁塔对面就是著名的拉德芳斯，我来不及拥抱巴黎的古老文化，就再一次登上了飞机。

我曾先后两次因公到过巴黎，但没有一次有机会走进那些名胜古迹，甚至没有机会走进一个商场、酒吧，没有独立走上马路了解一下法国的风土人情。这就是我的工作状态。每一次成功都不是偶然的，都是要付出努力和代价的。许多人认为因公出国是一种享受，并不知道我的因公出国竟会是这样一种情况。

伦敦的天气不如法国的晴朗，但英国的酒店却比我们在法国所住的酒店更古老（法国也有非常古老的酒店），所有的标准间似乎都不是按照统一的标准，而是各有不同。休息一晚上之后，又开始重复类似法国的日程安排，早餐会，一对一，午餐会，一对一，在英国还多了个下午茶的聚会，没时间吃饭时就只好在汽车上吃麦当劳了。

在法国时，也许是时差和语言的关系，我并不知道为我们提供服务的专车是什么公司的，在英国我才知道，为我们提供专车服务的不是专门的礼宾公司，也不是标准的出租车队。都是私人提供的车辆和服务。司机戴着白手套，穿着笔挺的西服，为我们开车并拉车门。但替我们买麦当劳和可乐的司机们也都不是普通人，各有自己的职业和身份。

其中一个黑人壮汉是个保镖，没有任务时用自己的奔驰车为我们提供服务，当我们途中路过蜡像馆时，恰恰还有点空余时间，他问我们要不要去参观蜡像馆。蜡像馆的门前早就排了长长的等待参观的队伍，我们说排队要等很长时间可能等不及，他说不用排队，可以直接进去，原来恰好是他所在的公司负责这里的安保。支付了门票和小费，我们从另外一个门进入了蜡像馆，很快参观了全馆，并没有耽误下一个一对一的会谈。

另外一个为我们开车的司机则是一个很大的装修公司的老板。在英国历史上最有名的房地产泡沫中，他承担了狮子港许多办公楼的装修工作，却被拖欠了大量的工程款，官司打了许多年，对方每年都从租金和卖楼的收入中归还给他一部分钱。他困难了许多年，刚刚恢复了元气。

英国是个充分开放的市场，每个人都有自己的生活方式，也有许多人兼职从事不同的工作，投行安排的这种标准的商务服务在英国算是收费较高的一种服务，因此有许多私人专门为国外的这种高级商务活动提供优质的服务。

满满一天的安排没有给我们留下参观游览的时间，第三天一早宁高宁、我和财务总监又飞往爱丁堡，这里是英国除了伦敦的金融中心外第二个基金最集中的地区。爱丁堡是个历史悠久的城市，在中国人的眼中也许就是个中等的县城，这里没有太多的工业生产，却是适于老年人居住的城市，于是这里有大量和老年人有关的养老基金。

当我们乘早班机到达时，大多数的商店还没有开始营业，小街上只有一家很小的咖啡厅在营业，我们几个人一进去几乎挤满了这个小店，牛奶、鸡蛋、面包是最常见的早餐食品。

吃完早餐进入小旅馆时，工作人员还没有准备好会议室。这里的小旅馆非常多，但大多是家族式的小型经营，大多数只有几个房间，多的只有十多个房间。会议室也并不大，只能容纳十几个人，爱丁堡是个旅游城市，却大多采用接待散客的接待方式。

这里是此次欧洲之行安排在英国的最后一站，十多个基金经理比其他任何地方的基金投资人更加保守和谨慎，也许是因为他们管理的是养老基金，因此不愿承担高风险，偏爱回报较低但保险系数更大的投资。

公司副总刘进军的女儿正好在英国爱丁堡附近的一个学校读书，借着我到爱丁堡的机会，专门和一个男同学到小酒店来看我。异国他乡，能见到熟人自然是件愉快的事情。这个我看着长大的孩子已慢慢成熟。

回到伦敦之后有了更多的空余时间，我们去参观了女王的白金汉宫。在英国的时间要比在法国宽松，整整一个下午的空闲使我们有机会参观了大英博物馆。组织方还专门安排我们看了英国带有赌博性质的赛狗，也专门去了为非英国人开放的小型赌场，我们用很少的钱试了下运气。

第四天的早餐不用开会，这是这次行程中第一次的独立早餐，随后就要登机飞往美国。

当我们走进早餐厅时，服务生并没有问我们是哪个房间的客人，饭后也没有要我们签单，我以为每间客房都包含早餐，但实际上他们准确无误地将账单记到了我们的房间号上，不知道他们是用什么方法来分辨我们这些东方人的面孔的。

在我们吃早餐时，有位身高不超过一米五的老年妇女，手中扶着一根银色的拐杖走了进来，一头的银丝，看年纪至少有七十多岁了，但她挺直的腰板、高昂着的头，让人从远处望去有一种特殊的气质，这大约就是英国的贵族吧？中国人常说"三代培养出一个书香门第"，而英国的贵族至少要有几代人的传承，才能培养出这种高贵的气质。

在法国，室内不能吸烟，但大楼的门外会站着一些人吸烟，男男女女都有，并且将烟屁股扔得到处都是，有时我也会参加他们的队伍。英国人的举止则庄重多了，也许是因为我在法国没遇到法国的贵族，而在英国恰恰遇上了一些这样的贵族吧！

毕竟在法国我几乎没有时间去观察和了解更多的民情和习俗，但在英国我有了更宽松的非工作时间，于是有了英国比法国更贵族化的错误认识。

在中国我们常常看到城管队伍限制沿街叫卖食品与货物的小贩，在英国却不是这种情况。我不知道英国对这一现象是如何管理的，守卫唐宁街10号的警察们值班时可以和游人合影，换班之后也会到十米之外的小贩的推车上去买"热狗"吃。在可以与大本钟合影的桥头上，也有许多小贩在叫卖纪念品和明信片。

看来英国是个自由度很高的国家，法国则是个浪漫度很高的国家。在法国，许多浴室的窗口中晃动着裸体的半身，却没有人去过度关注，男男女女悠闲地在街头接吻，我无法判断他们是否都是法国人，但法国人大约占了多数。

出欧洲的下一站是纽约——世界金融的中心，虽然时差会影响我们，但为了争取最好的结果，我们仍然不断激励自己。在英国时我们已经知道了认购倍数大可以让我们的发行取得成功，但没有足够的信心将定价放在预计的最高区间，而美国之行将最终确定股票的定价。每股发行多1分钱，3亿多股就可以多许多钱，当认购倍数足够多时，公司才有把握用最高价增发15%的股份。

美国有许许多多世界著名的投行和投资基金，也是认购的重点争取对象，我们又开始了与各种基金经理的聚会和一对一的会谈。纽约的最大特点是基金的集中化办公，大大提高了效率，几乎不用乘车，直接从一栋办公楼走进另外一栋办公楼，甚至在一栋楼中的不同楼层都有着不同的基金公司。一般来说，认购数额可能较少的基金经理会用午餐会的方式邀请，有可能下大单的客户大多会用一对一的方式面谈，以获得更充分的了解时间，如铁狮门、美林等大牌基金经理都会要求安排单独的一对一的访谈、面对面的交流。

离开纽约之后，我们专门到了波士顿的美林总部。这次的一对一不是面对一个基金，而是面对美林公司下属的多个基金，如养老、理财、个人账户管理等，不同基金代表着不同的客户，各自有独立的操作系统和不同的投资偏好，财大气粗的基金总是要特殊对待的。

我们此行的最后一站是洛杉矶。在洛杉矶举行了大型的晚宴活动，做了最后一次推介，也许是因为后面不再有新的安排了，可以更充分地与客户交流，这次并没有像过去的日程安排那样早早地就结束了，宴会进行到很晚，所有人都累了，支撑此行的那股精神在任务完成之后也松懈了。

第二天是在室外泳池边用早餐，当我们陆续集中到用餐地点，听到了路演之后的阶段性成果——全球配售的认购金额超过了 30 倍（这还不是最终的结果）。于是宁高宁在与摩根士丹利和里昂证券的负责人商谈之后，我们可以轻松地将股价定在发行区间的最高价了。

10 月 29 日，华润（北京）置地公司正式在香港发布了已定价的招股说明书，以港币 2.36 元 / 股增发 3 亿股，其中 15% 在香港对个人公开发售，85% 在全球配售。招股书正式定价发售后，在香港引起了轰动性的效应，到 11 月 1 日中午认购的截止时间，香港地区的发行获得了高达 125.7 倍的超额认购，创造了当年香港上市发行认购倍数的最高纪录。向全球配售的认购也获得了高达 50 倍的超额认购，于是增发了 15% 的股票。总计上市发行了 3.45 亿股股份，获得了 8.142 亿港币。

精彩的路演获得了成功，公司的发行获得了成功！8 个多月的日日夜夜，我们一直满怀希望在辛勤地浇灌，期待打开境外融资的大门，让企业不断发展壮大，今天我们终于可以为我们的合作借桥上市成功而欢呼了！

激怒中国证监会

公司借桥上市在香港引发轰动效应，却激怒了中国证监会。中国证监会以华润（北京）置地公司未经该会批准而违规在香港上市为由，向国务院上报了此案，要求国务院限制和撤销这次上市的行为。并通过外经贸部财务司，通知华润集团暂停上市工作，等待指示。同时向中国长城律师事务所发出了撤销其从事证券法律业务资格并罚款一百万元的决定书。

证监会试图用境内资本市场的管理办法限制企业借桥上市的行为。

我为此专门拜访了证监会上市部的主任李小雪，明确解释了华远房地产公司的中方股权并没有在境外上市，只是坚实公司所持有的外方股权在香港上市了，并且合同中有明确的约定，上市公司获得的资金将全部用于在华远房地产公司增资扩股，投入境内使用，而中国证监会的明文法律规定中并没有规定外资在境外上市需经中国证监会的批准。

李小雪最初的答复是，华润集团属于国有资产，其上市应经中国证监会批准。

这简直是天大的笑话，1938年华润在香港成立时，还没有建立中华人民共和国，虽然如今属于党产、国资，却是来自境外的资金，按"三资法"的规定，其投入到国内的资金按外资办理，经外经贸部正式审批，有合法的外资身份。后来李小雪的答复是华远房地产是国内的资产，不管是公产还是私产，其上市都应经中国证监会的批准。这其实是个法律的盲区。

确实华润（北京）置地公司没有其他的资产，所拥有的全部资产就是其在华远房地产公司中的股权，也只拥有华远房地产公司的部分资产，按会计合并报表的计算原则，华润（北京）置地公司取得控股地位后，等于拥有了全部资产的控制权力和按比例分配利润的权力，但法律上并没有说清楚这种情况应如何申报和办理。让外资持股公司在境外上市似乎并非中国证监会的权力，而中国证监会应管理中国的公司资产出境吗？也没有相关的法律。

在改革进程和与国际接轨中，不断地反映出当时中国法律的不合理、不完善，并严重滞后于先进的资本运作方式，更不适应千变万化的境外资本市场。

长城律师事务所原隶属于外经贸部，当然也不认为其法律文件违反了中国的现有法律，更不认为坚实公司的外资在境外上市需取得中国证监会批准，因此他们向中国证监会发函，要求召开听证会说明情况，并拒绝认可中国证监会的处罚决定（最后听证会的结果是中国证监会撤销这一决定，改为暂停中国长城律师事务所证券业务资格一年的处罚）。

尚且不论中国证监会的决定和报告有什么不合理之处，李小雪也十分明确表示这与华远房地产公司的中方股东无关，华远的中方股东并没有违反中国的任何法律，但如果发行不能成功，不能获取更多的资金，却会影响中方股东的权益，更将在国际资本市场上闹出大笑话。华润（北京）置地公司已经收到了全部的认购资金，并支付了数千万的上市费用和包销费用，已准备正式于11月8日在香港联交所敲钟挂牌交易，中国证监会只给了我们几天的处理时间。

华润集团立即将此情况上报外经贸部，中国长城律师事务所也向外经贸部做了汇报，外经贸部财务司并没有权力和能力解决这个问题，矛盾都集中在了时任部长的吴仪身上。我们能做的只有等待。

这也许只是中国证监会在垄断权力，当发现有法律的漏洞可以让企业实现境外上市时，想把审批的权力控制在自己的手里。这绝不是改革的思路。

麻烦事并没有就此结束。

当我还在北京为中国证监会提出的问题找关系做最后的努力时,一大早就接到了香港报社的电话,电话中记者并没告诉我关于信中的事,而是问我1985年被抓一事,以及是否被判刑和服刑。我只告诉他"我是人大代表",这可以证明我不是犯罪分子。紧接着我就接到了黄铁鹰的电话,他告诉我香港收到匿名信举报的事情,告诉我不要对香港的媒体透露任何信息,由公司的法律顾问统一处理此事。

黄铁鹰虽然不是我这个案件的当事人,却是知道情况并被调查的人员,当然也了解我被无罪释放的情况,他要求我将当年检察院的裁定书复印件传真到香港,并由律师提交给香港联交所,但我早就不知道这份裁定书放到哪里去了,也许早就丢失了,更没有想到还会出这种事情。这件事已经过去了近10年的时间了,又是谁会提出这个问题呢?至今我也不知道是谁干了这样一件"伟大"的事情,这真是火上浇油。

我和周坚书记商量之后,决定由公司党委出面,到市检察院去查底档,以取得复印件或证明,但市检察院似乎也没把这种已裁定无罪的案件当回事,竟然未能查到底档,只说有可能这种由区上交市检察院的文案会在结案之后退回到区检察院。

于是周坚书记又回到区里,一是向区委、区政府的领导汇报了些情况,二是到区检察院去查底档。还好区检察院中还有了解些情况的人在,我不知道是否查出了底档,但区检察院的检察长亲自为我办理了检察院出具的证明,第一证明我在1985年确实被区检察院抓捕进行过审查;第二证明审查的结果是我没有违反法律,也没有被判刑,更没有被剥夺过政治权利。

当周坚书记拿到这封西城区检察院出具的证明函时已经是下午5点钟了,香港的公司律师在接到传真件之后,立即向各大媒体发出了律师函,要求各大媒体不得刊登这种不实的消息,否则公司将采取法律的手段捍卫自己的权利,这封证明函同时递交了香港联交所,并于此后向联交所提供证明函原件,香港联交所同时也向各大媒体通报:匿名信属于谣言,大陆官方已证明了任志强未被判过刑,是清白的。

第二天正式开盘后,香港媒体只有一家提及了此事,并说明已得到香港联交所证实这为谣言,最终没有因此匿名信而影响公司的挂牌上市。

7日晚上9点多,我与宁总通了电话,宁总尚未得到部里明日可以挂牌的通知,晚饭时宁总与黄铁鹰两个人在香港最高级的日餐厅大吃大喝了一场(据说花了3万多港币），吃最好的海鲜，喝最高级的酒，一吐满腹的苦闷。

如果华润（北京）置地真的因为中国证监会的一纸命令而撤销上市，必然会严重损害华润集团在国际市场包括国际资本市场中的形象，影响其在香港的生存地位，当然也会影响作为主要股东的华润创业的业绩和市场股价，尽管华润（北京）置地公司的所有行为没有违背中国明文的法律和规定，更严格地符合香港的有关法律和规定，符合国际资本市场中约束各投资人的法律和规定。

辛辛苦苦的数月努力，数千万的成本支出，只因为中国证监会的机构权力问题就弄出了这种风闻国际资本市场的丑闻，真成了天大的笑话。

宁、黄二人准备在这一场大吃大喝之后静等着国内的宣判，如果国内不批准，在香港也能如期上市，但需要二人承担政治风险；如果停市，二人则要承担市场风险，不管怎样都不是一种好的选择。二人准备如果上不了市就彻底放弃上市。

事后我们才知道，吴仪部长为此事专门见了朱镕基副总理，在朱镕基的办公室中待了数小时，向朱镕基阐明不能上市的严重后果——这不仅是一个公司的事，也会影响北京市和中国的国际信誉和招商引资工作。吴仪部长还自我检讨地将全部的责任归结到自己身上，为企业摆脱责任，终于换来一句"下不为例"放行了。半夜1点多，宁总才接到8日可以正式敲钟挂牌交易的"命令"。

国务院虽然对华润（北京）置地公司的上市放行了，但"下不为例"，专门出台了《关于红筹股在香港上市的指引》文件，用这个文件堵住类似的借桥上市。当境外上市融资的大门打开之后，很多企业回避中国境内的各种限制性文件，寻找合理合法的境外融资之路。

11月8日当天，股票交易的收盘价为4.05元股（港币），比发行价上涨了60%多，这次借桥上市扣除发行费用之外，获得资金约1亿美元，其中绝大部分以每股2.85元人民币的价格认购了华远房地产公司的21874.72万股，将公司的注册资本扩大为10亿股，其中外资持有62.5%的股权。

4年的时间里，华远房地产公司通过股份制改造、与境外资本合作合资、香港间接上市，迅速将一个注册资本只有1500万元人民币的公司变成了一个注册资本10亿元人民币的公司，溢价发行的股票让公司的净资产值和总资产量都大大增加了，公司的业务也扩大到年开工交工300多万平方米，也为西城区创造了巨额的税收。

王石想要的梦

境外上市并不是终点，而是进入资本市场的起点，上市之后的下一个融资项目是海外发债，这次的融资顾问由摩根士丹利独家包揽。

我再一次登上了路演的征程，这次走的是相反的路径，从香港开始，先去美国，后去欧洲，最后到伦敦。虽然这一次的日程安排仍然很紧，但我们的心情放松了许多，毕竟有了前一次的经验，我们知道投资者更关心什么，因此准备的文件更加充分和精确。

投资者最关心的是你如何讲一个好的故事，并让投资者相信你的故事，又好比你给投资者画了一张大饼，要让投资者感受到这个大饼有多么美味。而如何将故事编得生动而有趣味，就是路演者要认真解决的问题。

华远房地产确实有许多可讲的故事，从西单地区的改造，到无数个小区的开发，以及北京大量的团购市场与合作关系，让投资者不但对过去的业绩充分满意，也对未来的回报有充分的信心，让投资者愿意把钱交给你，坐等着丰厚的收益。

当我们到达伦敦时，实际的认购早已超出了许多倍。债券的发行不同于股票的发行，债券的条件是个事先标明的定数，没有价格的浮动。由于事先明确了价格，定数的把握较大，当认购倍数较高时就不用再争取了；而股票路演时会给投资者一个价格的浮动区间，有可能认购倍数多时定价就高，认购倍数少时定价就低，许多投资者会因股票定价的高低不同而改变认购的选择。

本来我们要从伦敦去爱丁堡的，但到伦敦时我们已经知道了认购数量，于是宁总准备放弃爱丁堡之行。由于事先约好了投资者，至少应对他们表示尊重，也许下次融资时仍需要他们的支持，于是我和财务总监两个人单独跑了一趟爱丁堡，完成了全部的行程安排。等我们回到伦敦时，实际的认购已经完成了。

宁高宁破例开恩，晚上带我们去见识了英国的夜总会。

1997年5月1日晚，中央电视台一套《新闻联播》的头条新闻是中国银行成功地在全球发行了两亿美元的债券，我们也是在同一天以华润（北京）置地有限公司的名义在全球成功发行了1.5亿美元的可换股债，并在市场投资者反应强烈的认购中增发了15%的可换股债（香港联交所规定允许增发15%），实际发行了1.725亿美元的可换股债，与中行的发债同样值得庆祝。

可换股债的面值为1000美元，年利率为2%，换股期限为5+2年，每年4月30日付息一次，7年年满时按面值的135%溢价一次性还本。债券持有人在1997年6月16日到2004年4月16日之间（即发行结束后的一个半月开始到最终兑付日前半个月的这段时间内），均可要求将该债券转换成华润（北京）置地有限公司的流通股票，换股价为发行前5个交易日平均价的118%，按当时计算约为6.3港元/股。实际的债券发行后即可在卢森堡债券交易市场上市交易。

这部分债券发行所获取的资金主要用于认购华远房地产公司1997年的配股增发（每10股配售3股）和收购华远房地产公司原个人持有的全部股权，其余的资金作为股东贷款交给公司有偿使用。扣除发行费用之后，约1.68亿美元再次从境外进入到公司。

1997年华远地产公司完成了每10股配售3股的增资扩股之后，总股本达到了13亿股，而这次的配股价则再次提高为每3元人民币一股。这次的增资扩股申报中，外经贸部向公司提出，合资公司不得持有员工个人股，因此我们借配售之机让华润的外资公司收购了全部的员工个人股股权，并将外资总持股比例提高到了78%，而华远集团的持股比例则在外资的不断扩大中缩小了。这次增配股时华远集团为保持一定的持股比例也认购了配售的股权。

华远集团并没有从国际资本市场不断融资的优势，也没有能力用大量的现金增持股权，不得不将原来持有的资产经评估之后进行置换。这次的认购就是将华远集团所持有的华威大厦50%的股权经过评估之后作价进行了置换，保持了华远集团对地产公司的持股比例和董事席位。

公司获得了大量的资金，也扩大了实力，但这批债券并没有给购买人带来任何效益，反而造成了债券持有人的巨额亏损，原因在于1998年的亚洲金融危机爆发，让华润（北京）置地的股票不升反跌了。这次金融危机让债券市场暴跌，许多投资者为了应对危机而低价卖出债券，只有少数一直坚持到最后的人才获得了合理的回报和巨额的收益（2004年的股票高涨）。

从合资到发债，我先后从境外融资约5亿美元（包括外方的分红全部留存在公司作为股东贷款和扩资的资金），公司的股本也从2.5亿股上升到了13亿股，几年时间的增长让全国的地产公司都红了眼，媒体评论的标题也从"南万科，北华远"改为了"华远公司的三级跳"，媒体的各种报道几乎都是头条消息和各种转载、连载，最眼红的大约就是万科的王石。

自华润（北京）置地有限公司成立，王石就被华润创业聘为上市公司的非执行独立董事，王石参加了华润公司所有的董事会，也目睹了华远借桥上市和发行债券的全部过程，了解华远通过增资扩股将大量的资金转入到境内，让一个名不经传的小公司迅速超越许多国内的上市公司。巨额的融资能力让人眼红，这既是每个地产公司的梦，也是王石一直想要实现的梦。

华润的不解之谜

华润不但与华远有着不解之缘，同样与万科有着不解之缘。华润的黄铁鹰，这个毕业于中国人民大学工业经济系的硕士生，精通企业的管理理念，现在是北京大学光华管理学院组织管理学访问教授，专门讲企业案例分析和企业的内部管理，也出过几本"领头羊"之类的书籍，是我多年的好朋友，也是个优秀的将才，却不是个有深谋大略的帅才。

黄铁鹰也曾任过万科的董事，华润与万科的交易正来自于王石的"减法"。20世纪80年代中期建立的企业，大多中过"多元化"的毒，都采用过"跑马圈地"的办法，看到机会就去试试，一是因为没有一个支撑企业发展的长期战略，二是因为没有具有市场竞争力的主业，于是总想东方不亮西方亮，这大约是摸着石头过河的必然结果。

几年的磨炼之后，王石认识到，要集中精力做好主业，并将这个主业选择为房地产，因此决定大刀阔斧地做"减法"，将万科非房地产的多元化都减掉，将管理的核心和资金集中于房地产的产业化。

于是万科首先将净化水业务卖给了华润，其后又将万佳商业卖给了华润成为华润超市，还将制造礼品的企业和拍过几部电影的文化公司也都逐步剥离了，只留下房地产的核心业务，并将房地产业务集中于住宅产业。这种减法最终让万科成为世界生产量第一的住宅开发企业。

但仅仅有减法是不行的，还要充分利用资本市场的融资，才能让万科迅速成长起来，华远的境外融资让万科看到了榜样。华远恰恰是凭借境外合资与境外市场，迅速从一个远远小于万科的企业变成了超越万科数倍的企业,这是让王石最眼红的融资,也是在中国紧缩调控时期整个中国最典型的融资案例。

王石领导的万科并非没有进入资本市场,万科早于华远进行了股份制改造,是最早进入深圳主板市场的先行者,也是中国排在第二号的上市公司。但不同的是,万科缺少一个像华润这样的大股东,一是有战略的发展眼光,二是有资本市场的运作能力,三是自身有投资入股的支持能力,四是有市场的号召力和影响力……当然,华润还有许多方面的优势。

王石眼红的恰恰是华远找到了一个好的大股东,万科则因为自己的大股东不具有能力和优势而无法施展王石的抱负。

万科的股权结构中,78%的小股东的流通股是最大的原始股东,万科改制前的上级公司只持有8.11%的股权,却是第一大股东,并控制着董事会的席位。当这个大股东无能力在扩股时跟进时,就拒绝万科进行扩股,因为扩股会降低他们的持股比例而失去对万科的控制权。每次万科的股东大会通常都达不到50%以上的股东参会,只有25%~35%,因此大股东虽然只有8.11%的股权,却控制了董事会和股东大会。

华远的一连串融资让王石产生了主动卖掉大股东的念头。

从1996年我和王石就开始讨论,借助上市融得的资金进行收购,让华远成为万科的最大股东。1997年我与王石再次沟通,得到的答复是,深圳特区发展公司(简称深特发)大股东同意转让这8.11%的控股权。华远公司于6月17日召开了董事会,通过了同意收购万科的决议,6月18日晚,我带着1000万元的定金支票去深圳签署股权转让的合同。

那天的飞机因天气问题晚点了,到达深圳已经是半夜12点多,万科的财务总监郁亮(现任万科地产总经理)在机场迎接我和董秘窦志康及助理郭锋锐(现任华润置地副总)。在路上,郁亮告诉我,深圳特区发展公司刚刚换了书记,可能情况有变,让我做好思想准备。我以为是转让的条件可能会发生变化,并没有太在意,晚上还香香地睡了几个小时。

第二天上午,按预定的计划安排,郁亮带着我们三人到了深圳特区发展公司的办公室,准备开始协商股权转让的事宜。深特发公司的工作人员将我们接到了会客区,让我们先休息,说:"领导们正在开党委会。"让我们等消息。我不知道他们在讨论是否继续转让股权，还以为他们在商量转让的条件。

约10点钟，党委会结束后给我们的答复是，决定不出让万科的8%的股权，我连党委书记的面都没见着，就郁闷地离开了深特发。

这本来是件事先有沟通的非常严肃的事情，却因党委书记换人，竟连转让的决定也被改变了，白让我高兴地召开了董事会，高兴地带着定金飞到深圳，最后无奈地返回北京。

华远对万科的第一次收购就这样失败了，如果当时的收购成功了，也许万科的发展和华远的发展都不是今天这个格局。

王石并没有死心，仍然坚持卖掉大股东，但这次不是卖给华远，而是直接卖给华润（北京）置地有限公司。虽然那时我是华润（北京）置地有限公司的董事总经理，并主持了对万科的大股东收购，但这一股权的收购方变化引出后面更多的故事。

当华远是万科的大股东时，华远与万科或许是同一利益的共同体；当华润（北京）置地成为万科的大股东时，华远与万科则成了一对竞争对手般的兄弟。

最后因为国家的审批，华润（北京）置地的收购也没有成功，改为由华润集团直接收购，但这种竞争关系并没有改变。

金融危机的第一批"房奴"

1997年下半年爆发了亚洲金融危机，同时中国实行紧缩的政策调控，经济出现了严重的下滑，硬着陆的呼声不断高涨，中国的房地产业出现了全行业的亏损，但华远地产公司业绩仍在以30%的速度增长，仍在不断的扩张之中。

那年刘晓光因为陈希同、王宝森的事件被"双规"审查之后，离开了市计委副主任的职位，去北京首创集团任总经理。首创当时已经穷得叮当响，但手中握有许多借官方的力量而获得的土地资源，恰逢华远上市之后手中持有大把的现金，于是刘晓光再次找到我合作。

看在多年朋友的关系，我既恨又爱这位曾经的政府官员。

如今的月坛大厦用地就是我们搬迁腾退一一二中而取得的旧校址。当时项目卖给了北京市工商局，已经为北京市工商局新的办公楼开工并挖了大坑，刘晓光以市计委的名义，硬将市工商局另行进行了安排，并且只给了我700万人民币的补偿，就将土地没收了。市工商局的建设资金是由市计委划拨的，我只好无奈地将土地留给了刘晓光，而刘晓光则将这里修改规划之后建成了月坛大厦。

刘晓光让企业赞助市计委实现现代化办公，这样的事更是数不胜数，但刘晓光被所有的人认为是好官。一是刘晓光从来没有为个人的利益发生过任何的贪污腐败；二是刘晓光是个热心于推动改革的好干部，他会努力帮企业想办法跨越政策的障碍，转个弯也要让事情能办成，为企业和北京市的建设做出了巨大的贡献。正是因为这一点，许多人都不把刘晓光当成官员而是当成朋友，不是因为他当过官，而是因为他的努力和当官的便利条件，为改革和市场化的建设做出过力所能及的贡献。

于是我购买了原来属于刘晓光的在北四环边上的土地，建设了华亭嘉园小区，同时还用企业拆借的方式借给刘晓光一个多亿的周转资金。刘晓光正是用这笔钱收购了广西的阳光上市公司（现改名为北京首创阳光房地产有限责任公司），后来也正是用这家公司做了我二次创业建立的现在的华远房地产公司的股东。

我这几亿的资金让刘晓光扭转了首创的局面，解了燃眉之急，让刘晓光有了发展首创的喘息之机，并让首创走上了正轨。

但自1997年下半年开始，国际与国内的形势发生了巨大的变化，经济一路下滑，中国的GDP也出现了严重的下滑，尤其是香港的股市也开始出现波动和下跌。

1998年初的"两会"期间，朱镕基当选为国务院总理，其此前的中国保持汇率不变政策曾给亚洲的金融危机中的汇率稳定带来一丝希望，而这次他当选总理让正经受经济冲击的香港多了些主心骨，尤其是其不惜闯地雷阵的表态让世界都为之一振，也让香港的股市出现了反弹，也给了华润（北京）一次机会。

宁高宁敏锐的经济眼光迅速地抓住了朱总理讲话引发的香港股市反弹和全球投资者看好中国经济的瞬间，马上做出了上市公司增资扩股的决定。

我乘早上的第一班飞机飞往香港，而宁总已经开始了与摩根士丹利的会谈，希望摩根士丹利能成为这次增资扩股的承销商，并包销这次的增资。摩根士丹利这次却没有十足的把握，讨论多时之后摩根士丹利打了退堂鼓。

于是我们除了准备相关的董事会决议之外，又与法国里昂证券取得了联系。摩根士丹利与法国里昂证券都曾为公司上市做过总承销商，对公司有充分的了解，并且双方一直保持着良好的接触，他们在为投资者服务时也常带领投资者到公司了解情况，进行深入的沟通，各方之间保持着充分的信任。我们甚至没有见面，而是用录音电话在沟通、交流，就达成了协议。

中午吃饭时双方就准备好了相关的法律文件。下午1点多，里昂证券就来电通知"获得了香港联交所的增资批准"，可以正式开始工作了。下午5点，里昂证券来电说已发行完成了基本的认购，因时差，尚需等待欧美的消息。晚上约10点钟，整个增资扩股的1.4亿多美元的资金就全部到账了，而我们与里昂证券的全部法律文件直到凌晨2点多才整理完毕并互相签署。

按香港的法律规定，上市公司增资不超过原总股本20%的股票时，不需要召开股东大会，只需要由董事会做出决定。宁总恰恰是抓住了这一时机，决定增发2.5亿股，按当时反弹后的市场及5天的平均交易价定价，迅速拿到1.4亿美元的资金。这宝贵的十多个小时的奋战，在金融危机中为公司的发展存储了足够的弹药。

遗憾的是，虽然融资非常成功，但如何用这笔钱，我和宁高宁之间却有了不同的意见。我当然希望这笔钱能转入国内为我利用，如今华远在国内的摊子铺开了，正是需要大量资金的时候。由于对金融危机的看法不同，我和宁高宁的意见产生了分歧。

宁总的看法和大多数香港人的看法一致，都认为亚洲金融危机会严重地损害全球经济，朱镕基"保八"的决心恰恰说明中国的经济已经出现了问题，很可能出现的是不能"保八"的继续下滑，那么中国的房地产业也一定会出现重大的问题，甚至可能是泡沫的破裂。

确实，中国1997年、1998年的年GDP增速都低于8%，朱镕基的最重大的改革不是打压房地产业，而是通过摧毁中国完全靠福利分配供给住房实物的堡垒来全面推进住房供给的市场化，并以此项改革推动中国经济的可持续增长。

年初时谁也不知朱总理会真的走出住房制度改革这步棋，因此宁总坚持从整体经济可能下滑的角度，保守地安排了整个华润（北京）置地有限公司的计划：一是这次1.4亿美元的资金不能调入国内，而是提前偿还去年增发的可换股债，以避免国内的房地产市场持续下滑，华远公司无力偿还2004年的到期债务；二是华远公司在境内大规模地压缩竣工和储备项目，以准备过一个长期的"冬天"。

境外的股票和债券市场在朱总理讲话几天之后就开始连续下跌，香港的房价也开始连续暴跌，整个香港陷入一片恐慌之中。

华创在香港有个楼盘，华创控股占 60%，新鸿基公司占 35%，并负责操盘，李嘉诚 长江实业 (集团) 有限公司占 5% 的小股权。该楼盘恰在 1997 年香港回归之前房地产的高潮时进行销售，每平方尺 8000 多元港币，在华创内外，从宁总的秘书到司机都抢着按公司的内部优惠价购买了房子，支付了全部房款 10%~20% 不等的定金。但当楼市下跌时，每平方尺的价格下跌到了不足 4000 元港币，跌了 50% 以上，这样一来，所有的人都只能放弃和撕毁合同，许多人上百万港币的定金就这样一下子都打了水漂。

当房价下跌的金额超过了已经支付的定金时，重新买房的价格会比含定金的原房价要低得多，于是香港开始有了"房奴"这个词。已贷款支付了房价全款的人比让定金打了水漂的人还惨，他们已经无法用放弃定金的方法撕毁合同了，而必须继续偿还银行的贷款，他们用高价买了一套早已不值这么多钱的房子。

李嘉诚先生专门为此给宁高宁写了封信，要宁高宁仍然按原来已签订的高房价合同，要求买房人继续履约。确实，按照香港的法律，宁高宁完全有权向法院提出继续履行原合同的要求，但宁高宁没有这样做，而是允许所有购房人放弃定金而不再履行原合同，毕竟这些人已经出现了巨大的损失，公司也有了大笔的收入，房子也还可以再卖一次。"房奴"这个词自那时起流入大陆，但大陆对"房奴"的理解却与香港完全不同，香港房子的跌价远大于 50%，房子已经贬值得很厉害，要还的贷款超过了房子的价值，让还贷者成了"奴隶"，但中国的"房奴"在房价的上涨之中都发了大财，用更少的钱买到了更值钱的东西，天下哪有投资房子发了大财的人反而成为"奴隶"的呢？

亚洲金融危机和董建华特首的"八万五千套居屋"政策让香港的房价暴跌时，也引发了香港的股市大跌和债券大跌。华润因此可以用扩股新收的 1.4 亿多美元在卢森堡的债券市场上用远低于票面值的价格回购大量的债券，最低时只有原面值的 50%~60%，并因此获得了大量的盈利。但这个盈利却只有香港的上市公司可以享受，而内地的中方股权无法从中受益，于是本为一体的借桥上市开始出现两个不同利益体之间的矛盾。其实在 2003 年至 2004 年（即债券发行的可换股后期），香港的股价早已回升到可以不用还债的价位以上了，但当时的危机让许多人对中国的经济失去了信心，因此不敢也不愿承担远期的风险。

这笔融资用于债券的回购，解除了香港上市公司的还债风险，取得了大量的盈利，却给内地正在扩张中的华远地产带来了巨大的损失和风险。

年初的华远地产董事会上，当我雄心勃勃地汇报年度经营发展规划时，黄铁鹰表示了坚决的反对，并代表大股东重申了香港经济下滑和中国经济下滑的危险，提出要将风险意识放在首位，要首先保证企业的安全，甚至提出在目前危机前景不明的情况下，"不投资就是最好的投资决策"。

我自认为比黄铁鹰更了解中国的情况，因此坚持可适度压缩，但不能全面退却，由此我们之间开始有了更多的分歧。当时华远与曙光电机厂签订了合同，收购其三元桥厂区的土地并进行开发，其中首期应支付的 8000 万元定金已经支付，凤凰城的一期工程也已准备动工了，但黄铁鹰要求中止合同，宁可 8000 万元定金不要了，也要让华远退出三元桥曙光电机厂的项目。双方争执不下，最后各退一步，达成了妥协，这 8000 万元只做第一期的土地费用，只盖第一期的楼，后期不再继续执行合同。

实际上这个项目最后还是由华润（北京）置地完成的，但因合同中止，2003 年重新续签这个合同时华润多支付了两三个亿的土地成本，当时如果继续执行原合同，也许就完全不一样了。仅凤凰城这一个项目，就为华润创造了大量的盈利。

没有境外的大量资金进入确实给华远地产带来许多困难。为了东升园和东冠英地区旧城改造的拆迁，华远地产购置和建设了近 40 万平方米的拆迁房，占压了大量的现金。1998 年的城镇住房制度改革（简称"房改"）取消了住房的福利分配，实行货币和市场化的改革，同时北京市将拆迁政策由原来的实物拆迁安置改为货币化分配。于是开发企业的拆迁房就都变成了废物，同时还需要在拆迁房未能变现之前用另外一笔现金进行拆迁，但我的手中已没有多少可用的现金流了。

同期阜外大街与改造中的中实公司因中国银行和建设银行发生了购房合同纠纷，未能按时向华远支付应支付的土地转让款，西单高登大厦的土地转让款也出现了拖欠，包括中国国土资源部的办公楼项目等也拖欠了购楼款，几项因素的综合，致使 1998 年公司开始出现资金紧缺，而不得不压缩部分工程。

虽然公司 1998 年的战略调整和资金情况变化并没有在当年造成重大影响，却在 1999 年凸显出问题的复杂性了。

假如 1998 年从香港国际资本市场上获取的资金进入到内地，那么华远的发展就不是最终与华润分家的二次创业，而是会连续增长和不断扩大。

后来发生的一系列变化,既与亚洲金融危机的影响相关,也与1998年的房改相关,当然也与华远房地产未能及时地市场化,并在转型之中暴露出了许多非市场化的问题息息相关。

批评惹恼了高层

北京的房地产市场基本上是以单位购房为主的市场。1998年房改政策出台之前,私人购房(包括外销房)所占市场份额不到7%。因此华远房地产的机构设置中没有面对市场的销售部门,也没有自己的物业管理队伍。最初是凭市建委或开发办转来单位购房的计划单子进行定制,后来是凭公司与各国有单位、机关的关系成批量地按购买单位的分配要求进行定制,因此公司的经营和设计部门长期不研究个人住房市场的需求,也没有个性的产品。

20世纪80年代末期,最初执行的80住-1和80住-2的标准图纸对户型、面积都有严格的限制性要求,如一居室的建筑面积不得大于40平方米,二居室的建筑面积不得大于60平方米,三居室的建筑面积不得大于80平方米,超过100平方米的四居室必须有高知、高干的建设指标,且最大建筑面积也不得超过130平方米。

邓小平南方谈话之后,14个沿海开放城市和南方大部分城市的住房基本已完全市场化,大多以个人购房为主、单位购房分房为辅,但北京仍然是单位福利分房为主。

这就产生了市场化与福利分房之间的巨大差别。万科会在房子的设计合理性、个人的爱好上下更多的功夫,并且已经有了一整套规范的物业管理体系,同时也有了整套如何面向市场进行宣传和销售的经验。我们在设计上仍然注重于如何在规定的面积数之内规划合理的面积和位置,如何降低造价争取更多的利润。而单位购房要求的恰恰不是市场中的个性化,反而要求尽可能在面积上平均化,减少户与户之间的差别,减少福利分配中的矛盾;销售上则取决于领导的选择和对上班地点的位置选择;管理主要由各单位房管科、基建处之类的机构自管。

为单位服务时,大多不是地产公司选择盖多少三居、二居、一居,而是按照购买单位的要求定制不同户型的房子,这种定制完全是计划性的,而非市场化的,连装修的标准都是在固定标准之外另行计算的。

最初北京的分房要按照国家或单位资金拨付的标准设计,如前三门一带的高楼是北京在改革开放之后建成的第一个成片的高楼。包括酒店和外交公寓,全北京在1978年之前8层以上的楼大约只有14幢,前三门这片楼群的出现打破了北京无高楼的历史。前三门楼群正是严格按预算限制设计的,因此都只重居室的面积,没有厅的设计。

那时只能尽量解决居住面积问题,而不注重社交和活动空间,不但无厅,更没有起居室的概念。中国的设计师们大多也就住过这种房子,并不知道富裕起来的家庭应如何享受生活。

邓小平参观前三门的房子时,曾专门问道:为什么都没有厅的设计?陪同人员说造价与面积限制不允许有厅,邓小平说那就将层高限低一些,将省出来的钱用在扩大厅上。这样原来2.9米标高的层面降到了2.7米,图纸也开始有了个4平方米左右的门厅的设计。

完全市场化后,这种层高与小厅的设计概念才完全被打破了。就连北京市的拆迁法规中都明确规定,还给拆迁户的住房面积中,只计算居室的面积,后来扩大到厅的面积计算一半,而厨房、厕所、阳台等都不得计算为拆迁面积。因此北京大量的拆迁实物安置用房以及单位的福利分房中存在着许多的设计缺陷。

正因为在这种环境下生存,华远真正依靠的不是市场中的面向个人的销售,更多的是面向单位的福利分配。这种局面直到1997年之后才有所改变,华远增加了面向市场的个人销售产品,在公司内组建了面向市场的经营销售部门和物业管理部门,但已经远远地落后于万科之类一直在市场上摸爬滚打的开发公司了。

1998年的房改彻底改变了公司管理层和全部员工的经营观念,但福利分房式的生产定制一直到2001年才基本结束。

记得在华远的上市路演中,我重点展示的华远的销售优势不是市场,而是与各大单位的合作关系,如各部委、各大银行、各大机关等等,如今这一切优势都烟消云散了。

1998年8月,朱总理批准下发国务院23号文件,拉开了停止住房福利分配、全面推进商品房市场化的大幕,同时在工资中增加住房补贴,提出"高收入家庭购买或租赁市场中的商品房"、"中等收入家庭主要依靠购买经济适用房"、"住房困难的低收入家庭用廉租房"解决住房问题，并限定了发放住房补贴的标准。

将住房推向市场，实现商品化交易，是1995年生效的《房地产管理法》中要实现的目标，这对于房地产开发商而言当然是件好事。在亚洲金融危机的冲击之下，朱总理想得更多的则是如何拉动和保障中国的经济增长的问题，因此在俞正声部长四次上报经济适用住房"可租可售"的文件中坚决砍掉"可租"两字，试图用经济适用住房的建设和销售拉动中国的投资增长。

正如朱总理所希望的那样，用经济适用住房能拉住中国经济、撬开民众的钱袋子。但同时从中央到地方政府都必然会放弃对廉租房的建设，必然会忽略对最低收入人群和住房困难家庭的保障。

当年10月4日，中国第三届房地产协会年会召开，杨慎会长专门邀请我作大会发言，解读23号文件。

当时主席台上坐了许多领导，包括时任建设部部长的俞正声，但我并不认识也不知道主席台上都坐了些什么官，只知道按自己的思路和理解评论23号文件对市场的影响和其中存在的问题。

我认为，最核心的问题是"当把住房推向市场化的同时，应同步建立城镇住房的社会保障体系，而社会保障不是让民众都去拥有住房财产，而是用租赁方式保障最基本的居住权利"，至今我仍坚持这种观点。

如果1998年同步建立了"城镇住房的廉租房或租赁房的保障体系"，也许今天就不用在"十二五"规划中用"大跃进"的生产方式建设3600万套保障房，也不会有房价的不断高涨和限购政策的出台。

我的批评激怒了台上坐着的各位官员，也从此与俞正声部长结下了不解之缘。

当年冬天，俞部长和谢家瑾司长等人到香港时，宁高宁接待了俞部长，饭桌上听到的是俞部长的一顿臭骂，说我太缺少政治敏感性了，怎么可以在国务院文件刚出台时就公开批评呢？

也许当时朱镕基的首要任务是拉动中国的经济增长，这是个破题的大局，而我说的应同步建立住房保障体系则是个局部的小局，但如果在中国经济已经有了增长之后不去补这个缺陷，就可能造成今天恶补的局面。

十多年过去了，许多人并不知道我也许是在房改文件出台之后第一个提出必须同步建立住房保障体系的人，大多数人只是从媒体中看到了一个被扭曲的侧面，以为我只在鼓吹房价的不断上涨,却并不知道那段曾经被政府批评的过去——问题的核心正在于市场化时应同步建立住房保障制度。

关于建立廉租房的制度化问题,我连续提了 10 年(包括我的政协提案),终于在 2007 年国务院出台宏观调控文件,正式将廉租房的建设与保障问题纳入政府的责任之中。整整 10 年之间,即使那时每年只建设几十万套,今天也用不着为房地产市场的越调越涨发愁了。岁月只留下了我发言的痕迹。

1997 年 2 月 23 日,建设部在重庆召开了全国房地产工作座谈会,侯捷部长、李振东副部长和谢家瑾司长在会上做了重点的主题发言,提出"要逐步将住房的实物福利分配制度向货币分配制度转换,把过去覆盖全社会的住房福利制度缩小到合理的限度,……逐步形成住房的居民直接消费市场"。

这次会议是拉开住房福利分配制度改革的序幕,于是我又一次被抛到了中国住房制度改革的风口浪尖上。

华远是中国经济改革研究基金会的最大赞助人,先后投入了超过 2000 万元的赞助费用,专门用于资助对于中国经济体制改革的研究。1997 年的重点研究报告恰恰是针对中国住房制度改革的,先后发布十多份研究报告,包括《加快住房货币分配机制转换》《培育新的经济增长点——深化城镇住房制度改革思路和政策建设》《关于住房分配体制改革的北京建议》等,也有我写的《现代住房制度中的误区》等。

这一系列的研究报告在国家体制改革委员会的工作会议上引起了轰动效应,也对 1998 年最终下发 23 号文件起了巨大的影响,最终促进了中国住房制度的市场化改革,可以说华远在实现房改制度的改革中起到了重要的作用。

麻烦不是出在 23 号文件出台之前,而是 23 号文件出台之后。

国务院于 1998 年 7 月 3 日下发了国发〔1998〕23 号文件(《国务院关于进一步深化城镇住房制度改革,加快住房建设的通知》),紧随其后中共中央办公厅下发了厅字〔1999〕10 号文件,北京市下发了京发〔1999〕21 号文件,出台了实施方案及细则,福利分配作为"最后一顿免费的晚餐",将彻底退出市场。实际上,今天仍有部分单位和机构借用 23 号文件中经济适用房的名义坚持着半福利分配式的分房制度。

还好,我早在此前就用公司提取的公益金安排了职工的住房建设问题,兑现了我在华远房地产公司成立之初对员工许下的诺言。

公司制定了明确的制度,员工住房的建设与分配完全交给工会,包括如何计算

中国经济改革研究基金会第一届理事会第二次会议（左六为任志强）

工龄，如何计算住房补贴的金额，如何使用公益金和如何限制以权谋私，图纸、户型、装修的标准，都由工会讨论确定。我既不参加这种讨论，也不参与制定分配方案，也不允许任何职工来找我讨论，除非发现工会有违规违纪的问题，否则一律按工会的决定办理。

住房分配之后，又按照国发23号文件，让所有的职工按房改价购房，将住房用低价卖给了员工。1995年之前到公司的员工都分到了大小不同的住房，90%以上的员工从公司分到了住房。

此后，华润按照香港中资机构的规定，又给不同职位的人员发放了一笔住房补贴（除了个别新到公司的员工），许多人借机购买了公司对市场销售的商品房。

住房制度的改革促使公司不得不进行彻底的调整，由单位购房的定制生产方式转向完全面向市场个人购买的生产方式。

此前华远最先开始的面向市场的房子只有外销房。早期的万明园小区、红联北村小区、志强园小区、东冠英小区、建工西里小区、西罗园小区、鲁谷小区等大都是对单位进行销售的产品，后来京通新城、华清嘉园、华亭嘉园、凤凰城等项目全都变成完全向个人消费群体销售的项目了。

当北京的拆迁政策也由实物拆迁改为货币拆迁时，公司手中的30多万平方米的拆迁房成了一个沉重的包袱。为换回现金，我不得不做出不以营利为主而以套现为主的决定，乘着最后一顿福利分房的"晚餐"机会，将这些拆迁房低价卖给了一些追赶福利分房末班车的单位。如承担公司施工的大企业中国中铁股份有限公司，他们要求用住房顶工程款，于是鲁谷的一些拆迁房就变成了他们的福利分房。没想到这给公司带来的不是利润，而是一个巨额的亏损。

"700万年薪"事件

华远集团公司本是个北京市西城区所属的公司，在最初北京市的企业布局中根本就排不上号，八个城区的房地产开发企业联合起来成立了"八小"集团，将华远排除在外。如今"八小"集团已经全军覆没，华远集团是最早一批区属企业中唯一生存下来并持续发展的企业。

为什么在同样的发展环境之下,华远房地产起步晚但生存了下来,而那些号称区属王牌的城建开发公司却都被市场淘汰了呢?

重要的正在于1993年的宏观调控之后,华远用股份制、合资和境外上市等多种组合方式进行了突破性的改革和融资,由此从一个默默无闻的区属小企业变成了"南万科、北华远",又通过境外融资的多级跳跨入了中国房地产业的领先行列,也因此被推到了媒体的风口浪尖上。

企业如此,个人也是如此,从1993年之后,任志强这个名字始终处于媒体与民众的密切关注之中。

1997年公司在香港上市之后的第一份年报公布了我的年薪超过了"700万港币",这在香港并非什么新闻,许多香港上市企业高管的年薪都在这个数字之上。对于在香港的上市企业而言,如果一个执行董事总经理拿不到市场上公允的收入,就无法取得股民和市场对这个企业制度的信任,也许投资者根本不敢购买这家公司的股票。同时许多企业为了稳定人才资源,还对高管层实行股权和认股权激励制度,鼓励高管层获得更高的收入,以保证企业的盈利性、成长性和稳定性。

遗憾的是,我是个香港回归之前的中国大陆的企业管理者,于是这成了媒体炒作的头条新闻——毕竟当时中国政府的官员们还拿着很低的工资。

许多媒体不知道,当年在同是美国国泰财富作为股东参与投资的玉柴公司,老总拿了1250万元人民币的年薪,我的董事长黄铁鹰(时任华创的老总兼华润的副总)当年拿了2360万港币的年薪,被香港列为"打工皇帝"前三名。只因为我在中国,在北京,就成了新闻的焦点和政治的焦点。

陈希同事件之后,中央政治局常委、中纪委书记尉健行曾任北京市的市委书记,新闻媒体的炒作首先惊动了中纪委。尉健行特别批示,请北京市委副书记陈广文(后来的北京市政协主席)带队到西城区区委进行调查,市委组织部和区委书记、区长陪同,好像调查天大的案件。

合资企业的合同是经区经贸委、市经贸委和国家外经贸部层层审核批准的,引进的外资被列入北京市吸引外资成绩的大榜中。境外上市与境内股权无关是境外控股股东的权利。为支持华远的上市,市政府批准前任市政协主席白介夫和前任市建委主任施宗林担任上市公司的董事,境外上市的路演中市政府副秘书长、市长助理万嗣铨一路随行,所有的审批都是合法合规的。合资合同中早就明确了根据年利润指标完成情况提取奖金的额度，并在合资合同中明确了董事长、总经理、中高层及普通员工的分配比例。每次的年度财务情况是由境外和境内会计师严格审计的，提取奖金是董事会批准的，公司的财务总监是外方从香港特别聘任的，华远集团公司党委专门开会研究做出了可以领取高额奖金的决议。我领取合理合法的劳动报酬是当之无愧的。

但这一切仍然被怀疑，似乎这中间会有什么猫腻。

我无法单独向陈广文书记带领的检查组进行解释，就像当社会上无数的民众都在怀疑和攻击我的合法收入时，我无法向他们做任何解释一样，在一个普遍对劳动力资本无法市场定价的社会，这永远无法解释。

我只好请上市公司的董事长同时是华润集团总经理的宁高宁和上市公司董事黄铁鹰向陈广文书记澄清这700万元年薪的事实，在无数的文件审批和外方董事的充分解释之后，陈广文副书记不得不承认和肯定我的年薪收入是合理合法与应得的。但最后陈广文副书记补了一句："你应得的，但最好先别拿，等到退了时再拿。"理由是市委无法对干部队伍进行管理。

于是此后的几年中，我必须每年按规定缴纳个人所得税和党费，但不得领取奖金，公司的账上记载的仍是应付工资。几年下来我不但损失了大量的投资机会，也损失了巨额的存款利息。

这既不是审查中的第一次，也不是中央政治局常委批示的第一次，全中国大约只有我一个人享受了这种特殊的"待遇"。当我辞去这700万年薪的总经理职务时，时任国务院总理的朱镕基再次将此情况批转给建设部部长俞正声和北京市市委书记刘淇。

我的合法劳动收入总是成为媒体和中央领导关注的问题，至今这片乌云也没有散去。

合资时我按照香港上市公司的规定领取年薪，那时还没有成立国资委（国务院国有资产监督管理委员会）这个标准的"官僚机构"。当我二次创业再上市之后，已经有了国资委，多了个不按照市场游戏规则进行管理的机构，国有企业最高管理者的工资由国资委来确定，而这个工资的确定与市场和个人的劳动、贡献几乎没有任何关系。虽然表面上仍有国有资产的增值保值的考核与奖励，但只计算国有股获得的收益，不计算股份制企业特别是上市企业中其他股东的收益。如果没有其他股东的资金，国企的股份会有这些收益吗？其他股东的收益难道不是管理者的劳动成果吗？

于是就形成了股份制企业或上市企业按市场和股东的意愿给予支付的年薪和工资标准（或者说市场和股东同意支付的年薪与工资）和国资委自定的考核奖励标准。你不能合法地取得股东大会批准的年薪，只有国资委批准的年薪标准才是你能自由领取的薪酬。换句话说，国资委名义上应遵守中国的公司法和涉及上市规则的相关法律，应尊重股东大会的决定和意愿，但实际上国资委既不遵守国家的相关法律、法规，也可以随便地剥夺其他股东的权利。

改革开放的三十年中，特别是邓小平南方谈话之后，从党的十四大文件到此后的所有改革，强调的都是要实行市场经济。市场经济中的竞争强调的恰恰是人力资本的竞争，多劳多得，小平同志实行改革的本意，正是要打破"大锅饭"，调动生产力的积极性，最大限度地挖掘生产力的潜力。创造社会财富、发展中国经济的基础之一——"让一部分人先富起来"，正是反对平均主义对劳动生产力的破坏。但国资委成立之后，似乎所有的政策措施与管理不是向前面而是向后地大步倒退。

华远房地产公司在A股市场二次上市之后，每次公告之后都会有许多非公司股东之外的股民和非股民对我的年薪提出质疑，并有各种各样的反对与攻击之声，难道上市公司的劳动薪酬不应由股东来确定吗？股东大会批准、董事会批准的年薪不应成为个人所得吗？这是一个让市场经济无法接受的制度。

也有人将我与其他同行同职位的人相比，比如和万科的王石相比。是的，我们都是被委托的经理人，都是拿工资的，尽管间接或直接地持有少量的股权，却不是靠股东身份或股东权益的分红生存，而是以年薪工资为主要收入，但两个企业之间完全没有可比性。

在华远与华润的合资期间，华远的资产规模和业绩都远远地超过了万科（王石也是华远上市公司的独董），那时我的年薪自然要比王石的高许多。而十多年之后我的年薪并没有提高，仍维持在1996年的水平上下，恰在于当我无力完成任务指标、无法给股东创造足够多的利润时，我也许一分钱的奖金都拿不到，这种事情在1999—2001年就发生过。能按股东的要求创造出相关的利润时，股东当然应该给我相应的、股东大会通过的范围内的奖励。

华远二次创业之后只是个小公司，没有从资本市场中取得一分钱的资金，买壳上市之后，却没有被批准扩资，但我挽救了一个将退市的企业的同时，每年都给股东提供了高于一般企业的现金分红和送股。由于未能从资本市场中融资，华远的资产规模远远小于万科，但又有多少人认真地分析了财务的报表呢？最重要的不在于因资金的规模而形成的生产规模的大小，而在于股东的净资产回报率有多高，即评价一个管理者的经营能力的最基本的指标是，当你同样拿到股东的一元钱投资时，你能给股东创造多少回报，这就是经济增加值（EVA）的概念。至少从公布的上市公司的报表中，2012年之前，民众可以清楚地看到，华远每年的净资产回报率都远远地超过了万科，那么我为什么不应该比王石获得股东更多的奖励呢？

万科第一次的股权激励因2008年的经济下滑而失败了，第二次的股权激励则以获得净资产回报率超过16%为基础标准，而华远的净资产回报率在数年之内从来没有低于20%。这恰恰说明在对资产的运用能力和对贷款的运用能力上，华远项目操作的盈利能力远远超过了万科。当万科的盈利能力提高时，王石的收入自然也就比我高了。

企业规模的不断扩大固然重要，但做大远不如先做强，企业的单位盈利能力是做强的重要衡量指标，比规模的大小更重要，更能体现股东的回报和收益。

许多网民总在微博上高喊查查我的税，也有许多媒体在用类似的语言提出疑问。年薪高也许会永远成为社会关注的话题，但合法与应得是最基本的原则,古语云"君子爱财,取之有道"，正是告诉社会,合理、合法也合情地取得劳动所得是当之无愧的。

很高兴的恰恰是我曾被多位中央常委批示过要审查而无过，更年年被北京市税务局评为优秀纳税人。当许多人质疑我的工资收入时，是否想过如果我仅仅为了贪财是否应该退党？我每年缴纳党费几十万元，早就超过了一般人数年的收入，这几年我缴纳的党费累计起来早就超过了几百万元（还不计算每次因救灾、扶贫而缴纳的特殊党费），也许除了个别中央领导将书稿捐了交党费之外，我是中国普通共产党员中缴纳党费最多的党员。遗憾的是，至今我的年薪问题仍被社会当成一种不光彩的事而备受歧视。

又一次将我推向风口浪尖的是华远对万科的收购。1997年初华创就在董事会上提出了收购万科的设想，5月华远完成了对万科收购的方案研究，同期王石也在社会上发布了希望吸引一家大公司成为股东的消息，在万科集团1997年展望业绩的介绍会上提出要找一个"比王石强"的。1997年6月1日《北京经济报·产经周刊》专门刊登了"新闻热点"，标题是《王石天下觅英雄，谁做万科大股东》。

几经谈判之后，王石与大股东协商之后，华远成为第一收购方，虽然当年华远的收购并没有成功，却在社会上引起了巨大的反响。这次的收购失败埋下了一个重大的隐患，并在2000年由华润置地（华远地产大股东在香港的上市公司）直接收购万科之后爆发了危机。

两种收购形成了两种不同的利益链，冲突也因此产生。

前者由华远的收购是垂直的收购关系，由华润控股华创，华创控股华润（北京）置地上市公司，上市公司的外方股东控股北京的华远房地产公司，华远房地产则成为万科的最大股东。

而后者华润（北京）置地上市公司分别成为华远的控股股东和万科的最大股东，我则是华润（北京）置地上市公司的董事总经理。原来的约定是华润（北京）置地用华远的资产在资本市场上市之后，从境外获取的资金只能用于华远地产而不得用于华远之外的其他同业竞争的企业，但收购万科后，此后再融资的资金分配变成了市场同业竞争中的矛盾。利益之争最终导致华润的天平倒向万科一方，最终华远只能与华润分手并二次创业，由华远引入华润集团对中国的地产行业的投资，万科成了"摘桃子"的最后受益者。

虽然这些都是几年之后的事情，但毫无疑问，1997年对万科的收购失败（虽然不是华远的原因造成的）已决定了此后无法避免的矛盾。从现在看万科也许称得上是成功者，华远不过是华润收购万科的踏板，因此华远只好选择了与华润分手，二次创业。

成了"不听话"的国企干部

如果说前面的大多数是些个别的事件，我偶尔出现在风口浪尖，后来还有一些个别的事件发生，当将这些事件集合在一起时，我就不仅是处于风口浪尖，而是进入旋涡的中心了。

张百发副市长卸任前，安排了西单文化广场的建设事宜，这是城市规划中的绿地，地面不能进行建设，并有大量的地上拆迁补偿，因此批准华远地产可以用其他项目的土地出让金冲抵西单文化广场的拆迁和建设费用，同时将此项目列入了新中国成立五十周年"大庆"的献礼工程。

会议是在如今的国家大剧院的位置召开的，当年北京建委系统的人员都将这里简称为"大坑"，这是当年李鹏任总理时准备建设全国人民代表大会的会堂的位置，挖完大坑时遇上全国楼堂馆所的"停缓建"命令，只好停了下来。后来这里经常被市建委系统作为一个重要的会议场所，直到重新建设中国大剧院为止。

参加会议的有孟学农副市长、陈书栋副秘书长、首都规划建设委员会宣祥鎏等人，并以市政府名义出了相关的会议纪要，于是华远投入大量的资金进行了文化广场地上的拆迁和建设工作。

但汪光焘接替张百发担任主管城建工作的北京市副市长之后，想推翻过去北京市沿用的城市建设的老路子，试图取消政府对开发企业的土地出让金减免，只想让开发商为政府做贡献。

北京市历史的城市建设中，由于政府财力有限，无法独立支撑城市发展中的基础设施建设任务（当时也缺少政府的融资平台），又想加速城市的建设和发展，于是就借开发企业的融资平台尤其是国有开发企业的力量，用土地和土地出让金的减免交换城市基础设施的建设，等于预支了土地出让金，将未开发的土地变成了七通一平的可建设用地，由开发商自行进行基础设施的建设并进行城市开发。

北京历史上的方庄小区开发、望京小区开发、西单大市政的建设、京通快速路的建设等均采取这种交换的方式，我理所当然地认为市政府出了会议纪要的文件，就等于认可西单文化广场也应用这种方式建设。但汪光焘副市长上台之后却翻脸不认账了，说不承认市政府应减免的土地出让金，还试图将只有地下建筑面积而无地上建筑面积可用的西单文化广场进行出让，让我另外支付一笔巨额的土地出让金。为此，1998年8月22日的西单文化广场工作调度会上，我与汪光焘副市长大吵了一架，直到我将市政府的会议纪要拍到桌子上，汪市长仍坚持批评我与政府讨价还价，并在有众多市政府机构参加的大会上公开点名批评我不以"五十年大庆"的重点工程为重而计较企业的得失。

华远集团虽然是国企，但华远地产是香港的上市公司，我不能按国企的方法处理上市公司的财产。汪市长直到当了建设部部长之后也没有弄清楚这两者之间的关系，仍习惯性地用政府指挥国有企业的方式操纵市场。于是我就成了汪市长眼中不听话的国企干部。

同年的 10 月份，继我在中国房地产协会上对经济适用房改革提出批评，与俞正声部长形成直接的对立之后，在汪市长参加的北京市政协会议上，我再次对北京的经济适用住房政策提出了严重的批评。汪市长当然不敢在市政协会议上对我提出批评，不敢驳斥我的意见，但我的发言被参加市政协会议旁听的记者们在报刊上正式发表了，于是汪市长找到了批评我的机会，数次在大会上对我提出批评，表示不满。

按照 23 号住房制度改革的文件，经济适用住房应有明确的准出准入制度，但汪光焘用商品房的销售办法，不对经适房进行任何限制，如可以建设建筑面积高达 200 多平方米的户型，购买经适房也没有任何的限制条件，连卖出都没有年限之外的任何限制，等于将经济适用住房的保障政策变成了有钱人投资和发财的工具。

2004 年对经济适用住房情况的调查显示，山西不符合经济适用房购买标准的家庭约占 7%，北京市不应享受经济适用住房待遇的家庭高达 64.7%，所有的经适房小区都车满为患，高档车比比皆是，成为北京的一道特殊的风景线。

我对经济适用房应有严格的准出准入制度并应建设更多的廉租房而非自由买卖的经适房的批评，后来被俞正声部长接受，但在汪副市长的眼中仍被认为是"反动"的。直到 1999 年 10 月北京市人民政府才正式下发了第 80 号令《北京市已购公有住房和经济适用住房上市出售管理办法》，对经济适用住房的出售做出了规定。

同年 11 月份，又出现了一件轰动全市的新闻。

刚刚开业的北京图书大厦被停止供热而成了冰窖，北京各媒体都将此消息当成重点新闻报道。

是的，这又是我干的事。

西单大市政工程是整个西单地区改造的重要工程，市政府为此组织了专门的会议，并以红头文件的方式出了会议纪要，特别说明西单大市政工程由华远房地产公司组织垫资修建，此后所有西单地区建设的工程凡用此市政管线的单位，都应按面积的比例分摊上述市政工程的费用。北京图书大厦恰恰在该范围，应分摊相关的市政费用。

当图书大厦向市政管委和相关管理部门申报接用市政管线时，热力、上下水、电信等有关部门均明确地按市政府和北京市规划委员会的文件告知，必须与华远地产公司协商分摊相关的大市政管线费用之后才能接用。

1998年3月20日，北京图书大厦按北京市规划委员会协调的上述要求，在北京市规划委员会主持的三方会议上明确承诺，分摊西单大市政贷款4500万元，并出具了相关的会议纪要。

但图书大厦在拖欠了8个月的集资款、一分未缴纳的情况下就接用了市政管线。11月15日进入供暖期后，华远曾多次要求图书大厦按北京市规划委员会会议的要求支付集资款，并发出了相关的律师函，但图书大厦一意孤行，仍拒绝交钱。

多次协商不成之后，我下令关闭热力阀门，给图书大厦断暖，并取下了阀门轮盘。第一次断暖之后，图书大厦半夜用扳手再次打开阀门，并使阀门严重损坏。中国竟然有这样无耻的单位，他们以为有交通银行做后盾就可以赖账（图书大厦是以图书大厦立项，交通银行出钱，各分一半面积建设），也以为华远这个区属公司不能把他们怎么样。

一气之下，我命令工程部门将地下的热力控制阀门重新关闭，用一块巨大的钢板将整个热力室都盖上，并在钢板上浇灌了混凝土，让图书大厦再也无法用无赖的方法私开热力。

图书大厦找到热力公司告状，但热力公司明确地告诉图书大厦，热力室是华远公司自管的部分，整体热力系统并未向热力公司最终移交，热力公司不能干预，并且市政府有明确的文件，要先交集资费用才能使用。

图书大厦又动用媒体的力量，希望借助媒体的声音以保护消费者利益的名义向我施压，但我坚决按北京市规划委员会纪要的精神办理，不交钱就不许用热。

1999年1月28日，北京市政管委、建委、计委、规委联合召开了协调会，并再次明文下发通知，要求"北京图书大厦应缴纳大市政集资款总额4379.55万元"，并要求图书大厦在接到通知后一个月内先缴纳1000万元。华远收到通知后重新恢复了图书大厦的供暖。

为此汪市长再一次上纲上线地认为，北京市为市政基础设施投入了大量的资金，华远只投入了一部分资金，却因此让图书大厦断暖，在北京市造成恶劣影响，华远应为此负责，更将我视为坏人了。

其实自1993年图书大厦开始建设期间，市政府、市计委、市规划委员会、市建委、市管委就先后发过七份文件，说明图书大厦应缴纳西单大市政集资款的事项，但图书大厦根本无视政府的文件和华远公司的利益，一而再、再而三地拒绝缴纳集资费用。汪市长根本不维护华远的企业利益，还将造成恶劣影响的错误归罪于华远。

而图书大厦即使在多部门会议明确了应缴纳的集资费用，与华远签了分期付款的协议之后，仍然拒不执行协议的规定，没有按时向华远付款。

一直到2000年，华远不得不向西城区法院起诉，要求图书大厦付款。西城区法院判决之后，图书大厦继续赖账，华远不得不于当年4月19日向西城区法院申请了支付令，要求图书大厦向华远支付大市政集资款余额3079.55万元。

2000年4月29日，《北京晨报》将华远申请支付令的情况刊登在报纸上之后，图书大厦才不得不最终向华远支付全部集资款，这场长达三年多的纠纷才最终解决。

我明明干了件有理有据的事情，在市政府领导的眼中却成了不折不扣的坏人，在依法办事与照顾市领导的面子问题上，我又一次犯了错误。

1998年遇到的一个新问题是，华远集团到底是个什么性质的企业。

1983年区政府决定成立华远公司时，从改革的角度出发，想建立一个政府指挥得动、为改革做试点的企业，但这个企业无法从政府手中获取经营经费、渠道和计划，成了一个计划外的全民所有制企业。企业的注册资金不是政府出的，而是从区联社这个集体所有制企业中借的20万元，一年后连本带息全部偿还之后，就没有了自身之外的注册资本来源，名义上戴着计划全民所有制的"红帽子"（所谓"红帽子"企业，是指由私人资本投资设立，而又以公有制企业包括国有和集体企业的名义进行注册登记的企业，或者挂靠在公有制企业之下的企业，即名为公有制企业实为私有制企业），却没有全民的资本注入，也从来都是自己在市场上找食吃。

1983年时区政府手中的机动财力只有137万元，根本不可能用于给公司注册。

1992年购买车辆要实行控办（控制社会集团购买力办公室）审批时，华远试图按处级单位上报控办购买车辆时才发现，华远没有任何级别，也没有在编办（编制委员会办公室）列编，完全是个体外循环的"个体户"。

1993年成立华远集团公司时，许多人就提议华远不应是国有企业，可以名正言顺地实行私有化，但只有我坚持注册为全民所有制的企业，即戴着"红帽子"的企业都当作国有资本对待，只允许注册为集体的企业私有化，而戴"红帽子"的企业的私有化应上报政府批准后进行。

1996年进行国有资产清查登记时，华远集团仍然无法成为国有资产，因为没有一分钱的国有投资，但华远集团在区财政中的税收贡献已经超过50%（1998年全区财政税收13亿多元，华远占了6.9亿元）。为企业定性成了个两难的问题。

我坚持华远集团应成为国有资产，并说服区政府用减税、退税的方式向华远集团公司注入国有资本金，以使华远集团公司名正言顺成为真正的国有企业。

如今当联想私有化之后，当无数同时代创业的红帽子企业都私有化之后，许多人对我当年的坚持表示怀疑和不解，似乎是走错了一步。如果当年我顺理成章地摘掉红帽子，也许我今天早已是个富豪，华远也早就不是今天的发展规模了，但我从来不为此后悔。也许是我的父母和家庭对我的影响太大了，当华远立业之初将"来源于社会，服务于社会"当作宗旨时，我就始终坚持认为华远是国有资产的一部分，企业服务于国有资产是我们这一代人的责任。

终于西城区区委、区政府联合下发了西办发〔1998〕30号文《关于进一步促进华远集团公司发展的意见》，明确了华远集团公司免缴国有资产收益，并将企业所得税由33%降为26%，上述退税资金变为国有资产直接投入，从此之后华远集团公司才有了国有资本的投入，变成真正的国有企业。

这场风波在当时引起不少争议，虽然最终以我的坚持和国有资产的确立而圆满结束了，但风言风语从未平息过，外界疯传的是我如何侵吞国有资产。

1992年，华远承担了西城区东冠英地区危改小区的建设任务。1995年，经市国土局史全英处长介绍，国家土地管理局（后并入国土资源部）与华远地产公司开始接触,商讨建设国土部办公楼一事。1995年7月18日双方签订《意向书》，25日签订了《华地大厦＜暂定名＞代建合同书》，约定华远为国土局代建办公楼，每平方米造价8900元，完成全部不含内部装修的毛坯建设工程，按总建筑面积分解为土地费用、建筑安装工程费等几个部分，并以此上报国家计委备案。

1995年10月30日，国家计委下发了《国家计委关于同意国家土地管理局办公楼工程变更建设方案的通知》，批准了代建合同，并明确了分三年安排相关的建设资金。

国土局只按合同支付了第一笔881.1万元的首付款，之后一直拖欠应付款项，至1997年4月华地大厦正式竣工验收时，国土局仍拖欠巨额款项未支付，并希望在不支付全款的情况下提前接楼。经市国土局多次出面协调，国土局出文承诺，同意 1997 年支付 1500 万元，1998 年结清全部 3800 万元余额，并出具了《关于华地大厦工程余款支付意见的函》，并盖了国土管理局的大章。

但后来国土局将国家计委拨付的应付给华地大厦的建设资金挪用于装修山水宾馆，拒不向华远公司付款，直到 1999 年，在多次催款之下仍不支付欠款，完全没有一个国家机关遵守合同的基本诚信，完全是一副准备赖账的嘴脸。

华远地产公司不得不于 1999 年 7 月 7 日将国土资源部告上法庭，要求法院判决国土资源部支付工程款。这一下可在北京市引起了轩然大波，一个区属企业将国家土地资源部告上法庭，这在北京市是从来没有发生过的事，大约在全国也是从来没有发生过的事。

国土部并不把法院看在眼里，并把欠钱不还看成是应该的，而且试图用各种无耻的官僚手段赖账，我无法想象，堂堂的一个国家部委居然没有丝毫的契约精神，甚至连最起码的耻辱感都没有。

国土部领导做的第一件事，就是用停止给北京市审批一切土地指标来威胁北京市政府，这让刘淇市长大怒，直接要求法院判华远败诉。华远手中有无数的证据和盖着政府机构公章的欠条，法院明确答复市长，法院无法判华远败诉。但刘淇市长有权用行政命令的方式限制华远在政府机关办理各种手续的节奏。

政府机关明确地向华远发出信号，要求华远撤诉，否则将无法顺利办理任何审批手续。汪光焘副市长也多次在大会和公开场合指责华远状告国土部是不讲政治，影响了北京市的发展和土地审批工作。

国土部领导做的第二件可耻的事则是指令北京市房管局（当时北京市国土局合并在北京市房管局内统一办公）合谋故意造假，试图用此用地未缴纳土地出让金的方式来赢得华远公司的诉讼，并用领导指示的方式让法院推迟开庭时间。

法庭受理本案之后，决定于 1999 年 9 月 1 日正式开庭审理本案，并发出了北京市第一中级人民法院的开庭传票，却于开庭前三天临时通知说因国土部的两位诉讼代理人要去日本出差，故本案延期 7 天开庭，为北京市房管局和国土部合谋造假争取时间。

9 月 7 日，华远收到了第一中级法院转来的国土部提交的证据，这份证据是 9 月 6 日北京市房管局向国土部办公厅出具的京房地出字［1999］第 876 号文《关于国土资源部所购冠英园西区 37 号办公楼办理产权过户手续的函》，函中的抬头是国土资源部办公厅,而第一句是"来函收悉",透露出了两者之间的关系。函中明确此楼应支付土地出让、代建合同应为预售转让房地产。

早在1995年,代表国土资源部与我司联系代建事宜的北京市国家土地管理局史全英处长非常清楚,国家土地出让的文件和《房地产管理法》中都明确规定,国家机关办公楼建设不需缴纳土地出让金,并多次向华远公司做出承诺。尤其是国家计委审批之后的代建合同签订时,又再次明确国家计委批准的国家办公楼建设不缴纳土地出让金。更何况华远与国土部的代建合同中明确注明,华远代建的费用中不含土地出让金,华远出具的费用构成分解单据和国土部已上交国家计委作为审批的证明中也注明不含土地出让金。如果现在北京市房管局想将代建合同改为转让房地产的买卖合同,也应是国土资源部向华远补交土地出让金之后再由华远缴到北京市房管局。

在史全英处长协调国土部先接楼后补交钱的时候,就很清楚这个楼不存在缴纳土地出让金的问题,否则为什么不在我司未收到国土部的欠款而不交楼时说清楚呢?史处长只是在国土部领导、北京市领导、房管局领导的压力之下不得不干一件违心、违规、违法的事。

实际开庭时,北京市房管局派出两名证人在法庭外等候,试图为自己出具的伪证再做伪证,但法院根本没有提请这两位证人做证。法院十分清楚国土部与北京市房管局的上下级指挥关系,这种伪证根本不可采信,即使采信并应缴纳土地出让金,也应是国土部出钱。

法庭没有当庭宣判而要求双方和解,并故意拖延判决的时间,因为按事实判决他们无法向领导交代,但又不可能改变事实——国土部的欠条是无法抵赖的。

休庭期间我通过朋友的关系约了时任国土资源部副部长的李元一起打高尔夫球,以协商和解的办法,李元副部长首先要求我撤换诉讼代理律师。

其实双方都很清楚,国土部是打不赢这场官司的。我聘请的律师正是当年国土部与我司签订代建合同书时的国土资源部的法律人员,因为看不惯国土部的违法行为而辞去公职当了律师。国土部也许是怕他揭露国土部更多的违法与贪污行为,坚决要求我撤换律师之后再谈合解。

没过多久,国土部部长田凤山因贪污腐败问题被"双规"了,我写此书的前一年(2011年),李元副部长因退休后腐败贪污案情暴露,也被"双规"了。

特殊的高层家宴

一面是官司缠身,另一面是文化广场要抢在 10 月 1 日国庆节之前亮相,所有工作都挤在一起,而我每天听到的几乎都是批评声。

汪光焘副市长是个工作狂,常常为了工作将会议安排在半夜。他恰恰负责城建工作和"十一"五十年大庆的重点项目建设工作。西单文化广场是长安街沿线、城市绿化的重点工程,自然成为汪市长关注的工程。这个"技术官员"常常会突发奇想地乱指挥,我最怕的恰恰是本来时间就紧,还要常常被打破计划乱来,因此每次会议都会发生许多的不愉快。

第一次的现场会就遇到汪副市长否定张百发前副市长做出的会议纪要的决定,否定市里为华远完成西单文化广场工程应给予相关项目土地出让优惠的政策。为此,我们面对面地都拍了桌子,最后由孟副市长协调,汪才承认了这一事实,但减少了应减免的额度,从原来认定的 1.42 亿元变成了 9000 多万元的减免。不仅让我多花了几千万元,他还在大会上批评我多次。

第二次则是其让我修改已批准的规划条件,将带防雨罩的露天滚梯改为下沉式的滚梯。他好像不知道这要多花许多钱,并且无法按时供货,我又一次坚决不同意。后来是因为贾庆林书记最后验收时认可了,他才没有坚持让我拆掉。

第三次是傍晚 7 点钟,我刚要去吃晚饭,接到汪的通知,只好赶到工地。一番检查后他坚持让我请他到工地北侧华南大厦(先后更名为中友百货、汉光百货)一层的星巴克喝咖啡。一堆人在露天桌边聊天,汪来了兴趣,大说其曾经是徐州的开发公司经理,也干过房地产(当时是非商品房的统建),是第一批被国家派到香港去学习房地产改革的人才。他喝了好几杯不加糖的苦浓咖啡,直喝到星巴克要关门了。这次聊天让我们之间的关系有了缓和,汪不是个爱记仇的人,但仍不断地批评我缺少政治头脑。

第四次,我接到其要到现场检查的电话是晚上 10 点半多,我已经上床睡了,于是我下令让施工现场将全部的灯关掉,向汪副市长报告说现场更换电缆无法检查。汪副市长的秘书刚好快到现场时,看到现场的灯全熄了,立即给区委书记王长连打电话询问怎么回事,王长连书记又立即将电话打给了我。我对书记说了实话:本计划后半夜换电缆,我将时间提前了,就是不希望汪副市长没有作息时间地乱检查,好像我们第二天都可以不工作一样。王书记气得说要派公安局的警察把我抓起来，我说等把我抓到现场供电局也真该停电换电缆了。王书记只好无奈地转告汪副市长说，是因为临时电要改为正式电而停电熄灯了，让汪副市长白跑了一趟。

汪副市长确实是个工作认真的干部，但这种半夜检查和开会的习惯，让北京市所有的干部都非常痛恨和头痛。我有两次是晚上11点到大坑开会，各区的建委一把手似乎都在逃会，而让副主任们去对付汪副市长。为什么白天不能开会而非要半夜开会呢？据说升任建设部部长之后，汪光焘仍保持着这个"坏"习惯，也许部里的干部们也很头痛。

终于，一个特殊的机会让汪副市长对我的态度有所改变。那是汪道涵来北京开会，我公司下属的华远旅游公司的副经理孙丹的姑姑是汪道涵的夫人，于是我被邀请参加汪道涵的家庭聚会。饭桌上还有北京市政协主席陈广文，陈主席与汪道涵是一担挑，也与我很熟，而汪光焘也参加了这个家宴。

汪副市长是来向汪道涵寻根的。汪光焘的上几代的确是出自汪家，但离乡较早，到上海做了丝绸生意，也算是个小业主、资本家之类的出身，按名字中的"字"排行，大约与汪道涵出了五服（"五服"制度是中国礼制中为死去的亲属服丧的制度。它规定，血缘关系亲疏不同的亲属间，服丧的服制不同，据此把亲属由亲至疏依次分为五等），并差着辈分，但总算是归了亲，有了个依靠。

这种家庭式的聚会是最能拉近参加者之间的关系的，汪光焘看我和汪道涵聊得很开心，汪道涵还送了我两套书，也就不再摆出副市长的架子，并对我另眼相待。如果没有这次机会，我在汪光焘心中大约永远是个"坏人"的形象。后来虽然我们之间仍有多次的争吵，但都没有撕破脸，或许正是因为这次特殊的家宴吧！

1998—1999年这一连串的事件让北京市市长刘淇对我恼羞成怒，并多次在大会上表示对我的不理解和批评，这股批评传到了海外，连华润的老总们都在谈论。曾在西城区当过书记的刘志华当选副市长之后，也曾向我悄悄转达了刘淇市长的愤怒。

我曾多次通过各种渠道和途径传递信息，希望向刘市长当面汇报，得到的答复则是"不撤销对国土部的起诉，就绝不见我"，并拒绝了解真实的情况。我只好写了一封长长的万言书作为给市长的汇报，几经周折让市长秘书转呈给刘淇市长，让其知道事件真相和企业的苦衷。

同时我又求华润集团的董事长谷永江专门给刘淇市长写了封信，让市长知道真相。可惜这一切努力都泡了汤，刘淇认定，是我的起诉让北京市失去了上报国土部审批土地的权力，丝毫不认为国土部欠债不还有什么错误。

国土部与北京市政府合谋之后各退一步，最终用付钱还账的办法庭外和解。一是国土部支付了1000多万元的零头（据说是某地方土地局的"进贡"），二是北京市国土局在华远其他一个项目中名义上核减了2000万元的土地出让金，但北京市减免的土地出让金是从评估值上核减的，不是先交后退的，因此没有票据可以做账。至今企业的账面上仍记录着国土部欠债2000万元，国土部绝没有单据证明其向华远支付了全部的代建合同款。

1997年华润集团不断追求的是如何抓住机遇扩大发展，但1997年底的金融危机让华润改变了战略，也让国内已经实施了扩张战略的华远地产吃了大亏，无法在短期内迅速调整战略，已经完成的拆迁房屋在住房市场化政策的调整下变成了废品，而现金几乎因此断流。虽然华远曾发行1亿多元人民币的债券，却无法弥补华润置地扩股但未投入境内的1亿多美元。1998年境外扩股的资金没有调入境内，现金流开始制约企业的正常运转，加上各种官司缠身，所有的企业和国家机关都完全不讲信誉地欠钱不还，更让华远地产困难重重。

延安时期就流行着"白毛女"的故事，"文革"时"白毛女"改编成芭蕾舞剧，深入人心的欠债不还钱的杨白劳是个正面形象，而按合同办事的黄世仁则是被打倒的地主恶霸。市场经济的基础是契约精神，没有契约精神，何来市场秩序？中国的法律至今未能有效地维护市场中的契约精神，至少对政府机构是网开一面的。权力大于法律的局面，在中国不知道要多长时间才能被扭转。

市场经济是中国不得不走的路，契约精神则是无论如何无法回避的一道长城。一个人如果没有诚信，一定无法立足于社会；一个国家如果没有契约精神，也难以强大。

旋涡中心不仅仅是这一系列的不公平待遇，不仅仅是我个人无法抗拒的政府力量，还有市场的力量，而市场的力量远远大于政府的力量。

CHAPTER ▶ 06

十年争议

BEAUTIFUL AMBITION

老干部、大干部我见过很多，从小就被许多领导抱着，这些从枪林弹雨中闯过来的人，身上没有一点的官气，反而带着浓浓的乡土气息。这些人不管官有多高，权有多大，从不在下级和普通民众面前耍威风，他们可以抗上，可以去拼命，却不会将一身的傲骨、傲气端在桌面上，而是将它们撒在对敌的战场上。

BEAUTIFUL AMBITION

我走后，王岐山市长把火撒给了潘石屹

2003年初爆发的"非典"打乱了一切正常的生活，同样打乱了经济的步伐。

在北京饭店举行的一次活动中，新上任的孟学农市长苦恼地发牢骚说，地方政府无权管理军队的医院，因此无法准确统计"非典"病情情况，无法统计准确的死亡人数，也无法判断和发布病情通报。没过几天，孟市长就当了"替罪羊"，因"处理病情事故不力，发布病情通报不及时"被撤职了，从上台到下台不过两个月。

孟学农早在当北京市工商局局长时就和我很熟。那时华远负责万明寺小区的改造，包括新建一一二中学。因一一二中学校址紧靠月坛体育场，各种体育活动频繁，严重地影响教学环境和教学质量，区政府决定将一一二中搬迁扩建并增建小学，而将一一二中的旧校址交给华远进行开发。

同期，北京市工商局也经北京市政府批准要建新办公楼，正发愁没有合适的位置，于是市计委推荐市工商局与华远合作，在一一二中的旧校址上建设市工商局的办公楼，由华远公司负责代建。为此我和孟局长多次会谈、接触，签订了各种合同，完成了设计和基坑的建设。后来刘晓光看上了这块好地，由市计委强行将市工商局异地建设，而将此地改建为月坛大厦。借助一纸红头文件，刘晓光只给了华远700万元的补偿款，土地就强行被"霸占"了，但我与孟市长的关系并没有断。

接替孟学农出任北京市市长的是从海南省省长位置上调任的王岐山，他也是我

的老相识。上初中时王岐山是我班上的辅导员,那时流行同一所学校的高中班同学到初中班当辅导员,我班上的第一任辅导员是姚明伟(王岐山夫人的哥哥),中间是蒋小泉,后来是王岐山。从"文革"、"复课闹革命"直到插队,我们都在一起。我复员之后再一次相见时,王岐山已经是农研室(中共中央书记处农村政策研究室)主任杜润生杜老的手下了,后来王岐山先后担任中农信(中国农业发展信托投资公司)总经理、体改委副主任、建行行长等职务,我们都有许多接触,记得在郭庄插队的全体同学还曾专门到他家进行了一次聚会。

王岐山到北京之后,最忙的就是对付"非典",盖新医院,进行隔离治疗,消灭和处理疫情。几乎每天的新闻中集中报道的都是全球、全国各地的"非典"消息,直到疫情警报的解除。

"非典"之后几乎所有的市场都因这种怪异的传染病而冷却了,人们无法聚会,不敢逛街和消费,不敢外出和旅游,连投资和生产都下滑了。GDP 的下滑不但让那些"严格的调控措施"无用武之地,"限制过热"已经变成"过冷"了,政府开始担心经济的下滑。

那一段时间最好的去处是高尔夫球场,许多商务谈判都从办公室转移到空旷的球场,大家球技大幅提高,身体更健康,过去的 9 字头也变成了 8 字头(高尔夫初学者一般打 100 多杆,俗称"三轮车"。破百、见 9、进 8,是成绩一步一步慢慢变好的过程),许多宣传活动也从楼盘搬到了球场。

在这种情况下,孙安民副市长主持召开了企业经济发展座谈会,就是想改变经济下行的被动局面。孙安民原来是全国工商联(中华全国工商业联合会)的领导,专门负责民营经济的发展,这次请了三十多位企业家,大多数是北京和全国各地的民营企业家。王岐山回京后与我的第一次见面就在这次座谈会上。

领导讲完话后是企业家发言,王市长点名让小潘发言,小潘上不了大堂,一看见市长坐对面就开始结巴,我只好打个圆场,抢先发言。我提出应维护市场的稳定,政府应有诚信,并提出了一些问题和现象,发完言后,我说后面还有个国务院发展研究中心的会,就不等王岐山讲话先告假离席。

会后小潘打来电话,对我抱怨了一顿。小潘说:"你走了之后,王市长将火都撒在了我头上,说'开发商真不讲理'!你发完言就走,也不听市长说什么。王市长说,'革命是拿刀革别人的命,而改革则是自己革自己的命。当年我带着你去延安插队，就是去寻找革命的真理'。"我不知道小潘说的是真的还是假的，但我打断了小潘的话："上山下乡是毛主席的一挥手，怎么是他带领我们去插队呢？"总之，小潘受了一肚子的气，向我抱怨了半天，此后这成为了小潘专门用来打趣我的一段闲话。

一段时间后市长的秘书周亮打来电话，说王岐山让我到他的办公室去一趟。多年不见的我们聊了半天旧情。王岐山在学校时就是佼佼者，上山下乡时是负责人之一，好像还是团支部书记。当年让我入团时我不入，还被他斥责了一顿。

数年后，王岐山的官越做越大了，见面的机会也越来越少。

孟学农则没有这么幸运，后来被调任山西省省长，上任时间不长就遇到溃坝事故，造成大量人员伤亡，不得不主动承担责任辞去了职务。

座谈会上与汪洋过招

和孟市长一样，我所面临的不幸运的事也还有许多。

二次创业之后，我一直寻求再次进入公开的资本市场的机会。中信证券作为公司上市辅导的中介，年初为华远推荐了壳公司（Shell Company）京西旅游公司，4月份双方开始接触，并拟定了收购方案，准备用收壳上市的方式快速进入公开资本市场。

5月份，我向西城区政府提出申请报告，汇报这次收购的方案，并在月底获得区政府的同意和批复，双方开始正式的会谈。几个月的磨合之后，"十一"国庆节之前有关各方签署了《合作与保密协议》，约定了华远收购京西旅游公司的具体方案和基本条件。按协议要求华远支付1000万元的定金（实际用于京西旅游公司还债和给员工发工资了）之后，审计师、评估师、律师机构进场开始了全面审计、评估和尽职调查。

京西旅游的三大股东是门头沟区政府、山东电力集团和天津南开戈德集团，各持1/3的股权。董事长是原龙泉宾馆的总经理刘利华，刘利华是人大代表、劳动模范、区政府眼中的红人。龙泉宾馆是京西旅游公司的资产，但宾馆的管理委托给了刘董另行组建的职工股私人公司，这种关联交易让宾馆不盈利而管理公司盈利。

这种委托管理和区政府将宾馆当作私家专用品的腐败让公司经营陷入亏损，也是预料之中的。

意料之外的是，宾馆欠有6000万~7000万元账外贷款，并已形成巨额亏损，且这个亏损既无法解释，三家股东也不愿从公司账上核减。三方股东的利益无法协调，谁也无法做出根据审计结果进行重组方案调整的决定，收购只好中止了。其实南开戈德集团同样存在用虚假技术和产品装入上市公司造成大量烂账的情况。

2004年1月，相关各方因无法达成一致意见，只好签约解除《合作与保密协议》，协议退还华远支付的1000万元保证金。但实际到账的只有不到300万元，近一年后门头沟区政府才将剩余的保证金全部退还了。

我并不知道这几千万元的银行贷款干了什么或被谁贪污挪用了。两个月之后，媒体正式报道了一则消息：刘利华到检察院投案自首了。这一查账，查出了巨额的漏洞，也查出了一个贪官，应该说这是件好事，但对华远而言，我浪费了大量的财力、人力和时间，同时失去了许多的市场机遇。

这大约一年的消耗无疑是一种浪费和失败，值得庆幸的是我没有糊里糊涂地掉进陷阱。当时有许多壳公司（壳公司也称壳资源，指那种具有上市公司资格，但经营状况很差，准备成为其他公司收购对象，注入资产的公司，即成为非上市公司买壳收购目标的上市公司）在重组，但为了选择注册地在北京的公司，我选择了京西旅游，本以为可以通过两个区政府便于协调收购中的一些矛盾，却不知道有个巨大的财务漏洞，这是股东的事，政府无法协调。我为他人做了嫁衣裳，也失去了许多的时间、金钱与机会。

急于求成让人难免失去聪明，乱中求静才能避免失误。这次收购的失败不同于几年前对万科的收购，那次收购并没有浪费时间、精力和机会，但这次收购的时间延误让华远错过了在股市高峰时通过市场公开增资的机会，也是我至今仍无法实现市场融资的痛。无疑，正是这次失败，让华远被大多数在股市高涨时从市场连续融资的企业远远地抛在了后面。

2003年时，大多数地产企业之间尚难分出高下，企业的规模差距较小，但随后的几年之中，股市曾出现了六七千点的高峰，利用这一连串的股市高涨，许多企业从市场中高溢价地连续增资扩股，拿到上百亿或几百亿的资金，就将那些未能充分利用资本市场的融资机会取得现金的企业迅速甩在了后面，拉大了企业经营规模的差距。那时最多的是几十亿或上百亿元的经营收入差别，如今变成了上千亿和数百亿元的收入差别，真是失之毫厘差之千里了。

尽管公司里没有人抱怨我发现被收购企业出现巨额亏损之后放弃收购的做法，但我无法摆脱这一责任。那时许多人都以为还有机会弥补这个错误，但实际的结果则是一步赶不上步步赶不上。现在回过头来看，那些浪费的时间真的格外宝贵。

值得欣慰的是，在全国工商联不动产商会的组织之下，行业协会发出了对"121"号文件强烈不满的呼声，要求取消这个针对房地产行业的歧视政策。在"非典"造成中国经济连续下行的压力之下，这个文件并未完整执行，市场没有因政策的限制出现大起大落。

2003年之前的数年中，房价指数（房屋销售价格指数是反映一定时期房屋销售价格变动程度和趋势的相对数，它通过百分数的形式来反映房价在不同时期的涨跌幅度）每年增长3.5%，城镇人均收入却增长了9.5%。自1998年以来，房价收入比不但没有扩大，反而在缩小，全国平均只有1：3.68。上海市为了鼓励住房消费，自1999年开始实行个人购买住房减免个人所得税的措施，直到2003年6月30日才停止。

此前几年，按月计算的土地供应增幅平均保持着40%的增长，这些土地的供给并非全部支付了地价，许多是毛地划拨出让。正是房地产业在"非典"时期支撑着中国的经济增长，更是中国经济下行中需要鼓励和发展的重要产业之一。

7月，国务院决定就房地产业的发展发一份文件，为此需要征求各方的意见。

那天我接到中国房地产协会副会长兼秘书长顾云昌的电话，通知几天之后建设部要召开座谈会，并传给我一份文件的草稿，要我提出意见。我认真阅读并逐条修改，提出了和主流观点不同的看法和建议，希望建设部能通过这份文件对整个中国的房地产业市场化发挥前瞻的指导性作用。

几天后，我接到正式通知到建设部参加座谈会，讨论这份文件。到了会议室才知道，这份文件不是建设部的文件，而是国务院的文件，参加座谈会的有建设部的汪光焘部长、刘志峰副部长、谢家瑾司长等人。主持会议的是国务院副秘书长汪洋（现任国务院副总理），工作人员是国务院二处的人员。会议现场发了一份印有"机密"两字的文件草稿，明确要在会议之后收回。当刘志峰副部长知道我们事先已经有了草稿时（内容不完全一样），马上对顾云昌提出了批评（也许是怕机密文件未定稿之前外泄），幸亏我们都认为这只不过是建设部的一份文件，本就没太当回事。

参加座谈会的非领导除了我还有两位协会的负责人和两位企业家：房地产研究会会长张元瑞、房地产协会副会长顾云昌、北京城建开发公司赵康、北京天鸿开发公司刘希模。

汪洋不但认真地听取了发言者的意见，还仔细地询问提出这些修改意见的理由，而不是摆出官大一级压死人的强词夺理。座谈结束时，汪洋副秘书长谈道：各位的意见都很好，现有的政策中确实存在许多问题，并有许多尚未明确的内容，政府会认真地研究各方提出的修改意见，但现有的发展条件和各种不同的意见很多，最后的文件也许仍然是个各方妥协的结果，因为许多改革的配套条件尚未具备，还需相关部门的配合。我能感觉到他的态度是诚恳的，也是对参加座谈会的人员的一种尊重。

几周之后，《国务院关于促进房地产市场持续健康发展的通知》（简称"18号文件"）正式发布了，是继国务院1998年"23号文件"之后下发的第二份关于房地产市场建设的文件。"18号文件"确实与座谈会中的许多意见有差别，但与原稿相比做了大量的修改，听取了座谈会的许多意见（据说这种座谈会开了不止一次），做了几点重大的修改：一是房地产业被正式确定为中国经济发展的支柱产业；二是经济适用住房不再是面向中产阶级的主要供给品，而是针对低收入家庭的一种保障；三是应建立完善的住房保障制度以弥补市场经济的不足，政府提供更加公平的居住权利保障等等。这三条恰恰是我所提出和坚持的。

2004年的"两会"上，政府工作报告第一次明确提出房地产业已经是中国经济发展中的重要支柱产业，并在拉动中国经济发展中发挥了巨大的作用，再一次肯定了"18号文件"的基础，无疑"18号文件"给"非典"造成的下行市场打了一剂强心针。

烟盒纸签下的几个亿合同

2004年初的北京市政协会期间，潘石屹给我发来手机短信，说"没存粮了，救救我吧"。我给小潘回了个短信，说我这儿还有点"粮票"。晚饭后小潘来电说"我去找你",我说"等政协会结束吧",小潘告诉我"饿得肚子痛,现在就去"。小潘当晚就赶到京西宾馆(北京市政协会议会场),门卫的哨兵坚决不让小潘进门,小潘心急火燎地打来电话,我只好到大门口填写会客登记,把小潘接到了房间。

地产商处于相互竞争的对立之中,但并非不能合作。我与小潘的第一次合作是万通新世界的项目,我出土地,万通投资购买,最后我将股权全部转让给了万通,小潘建起了从海南进北京后的第一栋楼。

第二次是小潘找我合作建外SOHO项目,华远是上市公司,需要合并报表,因此我需要大股,他没同意,没有合作成。

这一次合作则用复杂的交易模式,上演了一出市场上广为传播的"鸡蛋换粮票"的大戏。

华远开发的尚都国际项目原名"建华花园",是个烂尾项目。原股东是北京市京泰投资管理中心和香港的一家企业,陈希同事件之后因资金问题只完成了一期的地下基础部分就停工了,一停就烂了许多年。通过与京泰的其他项目合作,华远将这个项目收购,恢复了一期工程的建设,并完成了二、三期项目的拆迁和规划工作,同时清理过去烂尾时的所有法律障碍,使这个烂尾项目变成了一个干干净净的可开发项目。

同期华远地产也在与北京城建开发公司秘密会谈着收购东直门交通枢纽的更大项目,正是急需大笔收购资金的时候。听到小潘要寻找项目的消息之后,我就将这个项目的二、三期工程介绍给了小潘,小潘当然是紧追不舍,这才有了急于登门拜访而不得入的一幕。

随后小潘让工作团队对项目的情况进行了深入的了解,就急着等我开价了。

春节后在《北京晨报》组织的一次论坛活动上,我们又见面了。开完论坛会已经是晚上9点多,小潘坚持要拉我谈收购的事,可这里不是办公室,又不希望有外人听,我说约个时间到公司办公室去谈吧!小潘坚决不干,非要立即做决定。我们只好到地下商业街找咖啡厅,这个时间各商铺都开始清客关门了,只剩一家茶馆还没熄灯,小潘拉我冲了进去,服务员说要关门了,小潘赶紧说:"先来壶茶,一会儿就走,晚了就多给点小费吧!"

小潘知道我是个诚实憨厚的农民,只会直来直去,不会砍价,三下五除二地就把几个主要条件和价格敲定了,服务员的茶还没泡好,我们俩就把几个亿的交易谈完了。现场谁的口袋里都没有纸，小潘就让我把烟盒拆了，把烟用锡纸包着装进口袋，在烟盒纸的背面（软包装的烟盒纸）写上谈定的这两三个主要条件，我和小潘分别签上名，这就变成一纸合同，剩下就是律师和工作人员的事了。

3月29日，在尚都一期已建好的楼里，双方组织了新闻发布会，进行现场签约仪式，签约的背板上用的是"鸡蛋换粮票"的标题，一屋子的记者都在关注"鸡蛋换粮票"的故事，没有人注意合同的标的和交易的结构。第二天，北京的媒体几乎都打出了同一个专用词"鸡蛋换粮票"。

如今的年轻人，包括大多数的80后们，大都没见过粮票，更没用过粮票了。计划经济的短缺时代，城市户籍人口的粮食供给是按月份按年龄定量供给的，有粗粮票、面票、油票等各种分类。各地有各地的粮票，如果要去外地，如北京到天津，则要用全国通用粮票。用本地的粮票换成全国通用粮票时，必须按发放时的标准分别配上一定比例的粗粮、细粮和油票，才能在异地使用，可以直接消费，也可以换成当地粮票后消费。

那时一个学生大约是24~26斤粮食一个月，再按不同地区分成不同比例的粗粮和细粮票，粗粮票只能买玉米面、小米或豆类，不能买大米和白面，去饭馆吃饭同样要用粮票和钱两样一起购买，连买糕点也要用粮票。要是有钱没有粮票，几乎是寸步难行。

那个时代粮票就是一种权利，购买与消费某种商品的权利，没有粮票就无法消费，就会饿肚子。就像开发商没有土地的批文就没有土地，因而无法建设和开发一样，光有钱并不能解决问题。粮票是一种法定的权利，为获取这种权利就有了权利的交换。取消粮票的前期，农村的改革开放、土地承包制已经开始，农民会带着自产的蔬菜、农产品、鸡蛋等到城里开自由市场，把农产品变成钱，但他们要在城里生存，最缺的就是粮票，没有粮票就没有购买粮食的权利。那时城里人的副食多了，肉也可以不用票在自由市场购买，但城里却缺少鸡蛋，他们就用粮票去换鸡蛋。就像将权利转换成金钱，权利在交易中就有了价格，粮票也成了城里人不花钱而拥有的一种特殊的权利，并且在自由市场中形成了公开的权利交换。

我有土地的使用权利，并投入资金完成了土地的一级开发和搬迁，完成了城市规划的批准，而小潘拥有的是现金，如同农民手中的鸡蛋，于是就有了小潘用"鸡蛋"换我的"粮票"的比喻。

"潘任"一直都很美

其实我并没有将土地的使用权和土地证办到小潘的公司名下，而是注册一个公司，将一部分的公司股权转让给小潘，用共同持有股权、共同开发经营的方式建设整个项目。不同股权对应的是公司名下两块不同土地上的收益权，我的股权对应的是尚都一期的土地及其收益权，而小潘拥有的股权对应的是二、三期合并的土地和土地上的收益权。公司用的是同一个账号、一个账本、一个纳税人、一个申报，也用同一个完整的市场基础配套。这个似乎很复杂的交易与操作程序在友好合作的基础上实现了共赢。

几天之后，在尚都二、三期的围墙上和沿街马路的广告墙上，打出了我与潘石屹两个人的头像，我在帮助小潘大做二、三期尚都 SOHO 广告的同时，小潘也在为我做着一期尚都的销售广告。这既是一种面对面的竞争，也是一种各取所需的合作，更是一种双方都有收益的共赢。

将竞争与兼并的表象变成合作的实质，这不能不说是一个特殊的案例，这个案例也被我和小潘多次使用。

绝不要与没有契约精神的人打交道

我对东直门项目的收购却并不像我和小潘的合作这样顺利。

这也是个烂了多年的项目，一个香港的公司投入了几个亿的现金，因为未完成合约条件，未能取得境内项目的股权，港方公司投入的资金其实是中国境内银行的贷款，于是就有了一连串的官司。

按照合约，华远地产从境内收购了所有的实质性股权，保留了北京市东城区政府以固定回迁楼为条件的 10% 的无投资与经营权的股权。北大青鸟则同时在香港收购了香港公司的控股权，变成了多重交叉官司的交易。于是我只好与北大青鸟签署境内收购股权的再交易，将这些股权转给北大青鸟，退出了这个项目。其中，东城区区政府某些人的腐败是我选择退出的重要原因。

缺少最基本的契约精神，是这次收购失败的重要因素。当时项目已经具备了竣工使用的条件，但打了数年的官司并没有结束，如果没有东城区某些人的腐败，这个项目大约早就竣工许多年了，产生的税收也比东城区政府某些人索要的那些小钱多了不知几百倍。

一个东城区政府竟然可以用区政府一级的会议纪要否定一家A股上市公司股东大会的决议，似乎更是一件荒谬的事。

幸亏我提前发现这些无法合作的官员们的不诚实，也不想卷入腐败，及时退出了这个纠纷不断的项目，避免了更大的风险。

这次收购的失败（一场没有经济损失并有少量利润的失败）给我的最大教训是：不管一个项目可能产生多少利润，有多大的诱惑，或许没有法律上的风险，但如果合作方没有市场中最基础的契约精神，就永远不要合作。所有的市场交易中最起码的一条合作底线就是绝不要与没有契约精神的人打交道！说白了就是绝不能与不讲交易规则的骗子打交道，尽管你可能比骗子更聪明，你也许有充分的法律意识保障你的利益不受损失，但你没有足够多的时间和精力去提防一个站在你身边的骗子，并且这个骗子靠你的劳动获取利润。更不可为了完成一个交易而容忍官方的腐败，如果你真的这样做了，很可能在某一天把自己送进坑里，把牢底坐穿。

这个失败的收购几乎浪费了我将近一年的时间和数亿元资金的投入，我必须承认这次收购的失败，如果用同样的精力投资收购的是别的项目，也许会获取更大的利益。唯一值得庆幸的是我半路及时地转向新的投资，并没有将金钱和时间纠缠于一场旷日持久的官司。

做生意谁都想多赚一些利润，这无可厚非，但合法守信是立市之本，用欺骗、权势和垄断牟利则不可取，用愚弄某一方的方式显示强势政府的能力更不可原谅，但现实的中国恰恰常常遇到这种因政府缺少诚信而让投资者很无奈的情况。

真正想在市场上站稳脚跟、扩大市场占有率并树立企业品牌的商人，最重要的就是诚信，只有当企业的产品质量和契约精神赢得客户信赖时，企业才可能有品牌的效益。

许多人将"无商不奸"挂在口头上，并认为价格是证明一个商人是否是奸商的标准，价格是由供求关系和稀缺性决定的，高价格一定是由消费者提高的，而供应者只能按质论价，价格在商品充足供给时只会越竞争越低，而不可能越竞争越高。就像我国的稀土资源，稀土在世界上是稀缺产品，但在国内是供给者之间的竞争，价格越竞越低，但在供给者与消费者之间竞争时，则一定是消费者与消费者之间的比价关系起决定作用。

当商品明码标价时，则无奸可谈，消费者有权选择不买，如外国在中国销售的大量奢侈品的价格，远远高出国外售价，仍然销售火爆，因为许多中国人无条件在境外购买，只能在境内竞争，而价高者得。

中国的土地供给制度是垄断稀缺中的竞价，同样是价高者得，于是地价一路上涨，但土地的价格本应是由产出决定的，而产出品的价格由消费者决定，当商品稀缺时，土地价格就会上涨。商品房这个商品的价格既决定于土地的成本，也决定于供给的数量，更决定于消费者之间的竞争能力。

只要市场中的游戏规则是公开透明的，那么商人获利多少就与奸不奸无关了，判断标准则是商人是否诚信，是否严格地信守契约，如承诺的商品质量和数量的保证等，而不取决于商品的价格。当购买关系形成价格，一定是双方同意才能成交的，而不可能是一方不同意而能成交的，讨价还价的结果只有在达成一致时才会生效。

东直门项目的交易让我看到了各种各样的嘴脸，有忠有奸，有贪有腐，也让我终生受益，以后公司仍有多个收购活动，但都未出现此类问题。

"总理，您受骗了！"

2004年7月，我参加了曾培炎副总理召开的房地产市场分析座谈会。

前一天，建设部部长汪光焘和该部官员召开了以上海、江浙地产商为主的座谈会，并邀请我作为北方的地产商代表，另有来自中、西部的各一名地产商代表参会，会上各地产企业的老总们充分讨论了当前的市场，特别是土地市场供给的下滑将对后期的供给与价格造成的影响。但建设部领导更多考虑的是如何控制价格的上涨，并不从产业发展的角度出发，尤其是忽略了从1996年开始高速发展的城市化需求。自1996年中国的城市化率超过30%，进入到高速发展的阶段，每年约有2400万人口从农村进入城镇，并从小城镇向大、中城市集中，这一特定的历史发展阶段决定着住房需求的增长。经济发展之后，破旧的城市要进行改造与更新，每年的巨大拆迁一方面改善了城镇住房落后的条件；一方面改善着城市的规划和面貌，也产生着巨大的住房需求。

那时每年因拆迁造成的刚性住房需求高达2.7亿平方米，而每年的住宅竣工量仅四亿多平方米，拆迁和城市化造成巨大的住房需求，供给不足时必然造成房价的上涨。

但当时政府似乎并没有充分认识到这个问题，仍将注意力放在用无限制的经济适用房来满足市场的需求。

汪部长在北京市任职时就坚持大量建设经济适用住房，但并不限制购买者的条件，任何人都可以购买这种享受了政府税收和土地优惠政策的住房，因此北京的经济适用住房没有房型面积的限制，许多都远超过了140平方米，甚至有200多平方米的经济适用房。望京的经济适用住房与普通商品房没有任何差别，许多大房型超过180平方米，有的购买者还将两套相邻住房打通变成了豪宅。天通苑则成了北京的豪车停车场，大量的豪华车穿梭在经济适用住房小区，"九五"、"十五"两个五年规划中，北京市70%以上的土地拨给了经济适用住房和享受经济适用住房政策的国家机关单位。

在后来进行的北京市经济适用住房的调查中，超过50%的购买者都属于高收入阶层，本不应享受国家的补贴，却因购买时无限制条件而浪费了大量的国家公共资源。

晚饭后，汪部长继续召开会议，并总结了8条相对统一的意见，直到晚上10点多才散会。

晚上11点半，汪部长的秘书来了电话，让我到汪部长的房间里讨论问题。这次汪部长提出的是在商品房的土地招拍挂中坚持配备一定的限价房，保证每个城市都能有一批中低价格的房屋，同时开放市场中的商品房价格，用限价房和经济适用房解决中低收入家庭的住房购买问题。

我认为，在市场中国家应控制一定数量的低价房屋的土地供给，但不应在高档商品房用地中配置，这样不利于管理与提高住房的品质，这就是后来媒体上爆炒的"穷人区、富人区"的争论。我和小潘专门为这个话题在香港凤凰卫视的《锵锵三人行》中连做了两期节目，产生这个问题的根源正在于商品房用地中的配建制度。至今许多人仍认为应混区居住，这是个"大区"与"小区"的概念差别，在一个完整的地区中应有不同的配置，但在一个仅有几万平方米或十几万平方米的小区中进行这种配建必然产生管理与歧视的冲突。

现在许多小区已经出现一部分业主要求提高小区的管理水平与绿化水平，而另外一部分业主无能力缴纳较高的物业管理费的矛盾，也有些配建廉租房的小区，连低价的物业管理费也无人缴纳，出现了一系列的管理矛盾。

汪部长是个坚持己见的人，但第二天汪部长没有在会议上提出这一想法。

第二天的会议是由汪洋副秘书长主持的，邀请江、浙、沪三地的副市长、副省长们参加并汇报各地的情况。参会的有建设部、发改委、国土部等相关管理机关和各地政府的相关部门官员，虽然也有昨天开会的地产商代表，但会议似乎根本就没准备让地产商们发言，只是由两个副省长、一个副市长主讲汇报，由各部委的参会领导汇报性发言。

当浙江省副省长发言时，曾副总理再一次询问是否当年的销售面积小于施工面积意味着还有大量存货和积压时（前面上海市、江苏省也提到同样的问题），我实在忍不住地高喊了几声："曾副总理，您受骗了，实际的施工面积中包含了大量的人防、车库、站点、配套房屋面积，实际的销售面积已经开始超过可销售的竣工面积了……"也许是破坏了会场的秩序与气氛，我高喊完之后全场一片安静，或许都在等曾副总理发话，但没有人反驳我的意见，浙江省副省长看曾副总理没有表态，又开始继续汇报。

如果各种座谈只听官方的汇报，而不听听第一线人员的声音，那么这种误解将会继续，决策也仍然会是错误的。

2003年之前确实有这种情况，即实际竣工的面积远大于销售的面积，每年都形成一定的现房存量而未能及时销售。重要的原因在于未实行"8·31"大限和土地招拍挂之前，土地的供给是充分的，平均每月保持着40%的增长，但2003年之后，土地市场被压缩和限制了，消费市场却逐步扩大，2004年恰恰是发生这一变化的转折年。虽然只是5月份，但我已经判断出全年的销售面积会接近于施工面积。

2003年之前的销售与施工的比例大约是0.7~0.8∶1，但2004年超过了0.9∶1，销售面积接近竣工面积，如果扣除不可销售的面积（如人防、车库等），实际销售面积已大于竣工面积。2005年之后这个比例达到了1.3∶1，预售的面积开始远远地大于竣工的面积。

地方政府汇报完情况之后，汪部长汇报了昨天开发商的8条意见，发改委副主任刘江汇报了发改委对市场的看法，曾副总理和汪洋副秘书长分别作了指示，其中有一条建议是限制个人消费信贷，以防止房价继续上涨。

散会时，谢家瑾司长对我说："你要专门跟汪洋副秘书长说说，可不能对消费者信贷进行限制，那样市场就完了。"

我理解谢司长的好意，她是从市场健康发展的角度出发的，但在行政级别上隔着汪部长，因此虽然不太同意汪部长的意见，也不敢直接对汪洋副秘书长反映。我则无官一身轻，尤其是上次在部里座谈会讨论18号文件时，我已经给其留下了一个好的印象，于是撤离会场走向餐厅的路上，我拉住汪洋副秘书长，专门就我在会上的讲话和不能限制消费信贷问题做了一连串的解释和说明。我明确地提出，可以限制土地的供给和开发商的信贷，但要注意供应量的萎缩有可能产生的供给不足的问题，那样会出现房价的恶性上涨。

一面是供给，一面是需求，这两者之间本是靠看不见的手来调节的，缺少供给就会抬高价格，价高就会吸引投资，供求平衡了价格才会稳定。但看得见的政府的这只手，总想用房地产来调节中国经济的整体运行，如经济过热时要压缩房地产的固定资产投资等，这样一定会造成市场中的不平衡。

最终出台的政策是执行严格的"8·31"大限的政策（"8·31"大限为多部委联合下发的文件，要求于2004年8月31日之前完成已出让土地的批准手续，8月31日之后要执行严格的土地招拍制度），没有强制限制土地招拍挂中的配建，也没有限制个人消费信贷，但限制了各城市的旧城拆迁规模，次年拆迁量由2.7亿平方米下降为1.4亿平方米，等于压缩了强制性的需求总量；也按"8·31"文件要求限制土地必须执行严格的招拍挂，但2005年市场中的销售面积仍然高涨并远远大于竣工面积。土地的供给连续出现低增长和负增长，为后期的房价暴涨打下了供给短缺的基础。小潘的"鸡蛋换粮票"其实就是土地供给短缺的一种表现，但人们关注了故事的趣味性，却未关注到故事背后隐藏的土地供给问题。

市场中缺少了公开的土地供给，对"8·31"大限之前的土地和项目的兼并、收购就活跃起来，但这种土地和项目的存量并不多，于是竞争越加激烈，价格随之水涨船高！

市场价格的波动必然带来政府的调控政策，此后几年，这种建设部与开发商的互动活动也在不断的矛盾冲突中发生。建设部的纪检组也加入到了密切关注开发商行动的行列中。

拒绝为高级座谈会"梳妆打扮"

中国建筑协会会长郑一军,原是北京市市长助理兼市政管委主任,后调任建设部副部长主管全国的建筑工作。郑一军早在北京市工作时,就常为解决建设开发中的市政配套工作组织各种建设项目的协调会议,在部里工作期间也常与北京市的老相识、老部下们保持着良好的关系。2003年之后郑部长转入协会工作,但仍关心着城市的建设工作,特别是城市的生态环境建设。

一次聚会中郑部长提出,开发商要更加注重于小区开发中的园林绿化和生态保护,并提议由开发商捐助一个生物多样化保护基金,并在社区中推广这种生态保护。我和北京城建开发总公司的董事长赵康当即同意并响应这一号召,发动开发商们积极参与,并建立生物多样化保护基金,支持环保活动。

几个月后的一天(2004年9月5日),由郑部长组织在北京植物园召开生物多样化保护基金的捐助活动,十多家开发商积极参加了此项活动,共捐助了365万元基金,并与组织和使用这项基金的北京植物园签订了合作协议,由植物园帮助指导小区中的绿化工作。这本是一件完全公益、积极支持生物多样化保护的工作,几个月之后却被建设部纪检监察部当成了一件大案来查。

我不清楚建设部纪检监察部是要督查这件事中是否有贪污腐败,还是要查这件事中郑部长有什么违规违纪,抑或是查开发商联合起来要搞什么非法组织。

建设部纪检监察部让我专门到部里汇报这次生物多样化基金捐赠的来龙去脉。我拿出刊登有现场报道的各种报刊、杂志的原件,详细地说明这种完全自愿的公益捐助资金全部交付给生物多样化保护基金(已有国家批准的公益金),并拿出企业与植物园签订的合同。部里没有提出任何疑问,也未给出任何结论,甚至没做询问笔录,只将一部分媒体报道的原件留存下来。

后来的一次建设部会议上我才知道,原来汪部长在暗查一些开发商的经营情况,希望能查出这些企业的违规、违章等各种行为,用这些小辫子控制这些开发企业,并借以维护市场。尤其是一些常对建设部的政策提出不同意见的人,更是被汪部长列入严查的"黑名单"。

2004年出台的调控政策并未取得管理层预期的效果,"8·31"大限让土地的供给迅速下降,2005年上半年迎来更多不同声音的批评。汪部长急于平息社会上对政策不满的意见，于是不断地召集开发商的座谈会，名义上是征求开发商对市场改革与调控的意见，实质是想用建设部或者说汪部长的看法来统一开发商与社会舆论的声音。

2005年6月6日早上，小潘急急忙忙地打来电话，非要约我一起吃中午饭，我问他有什么要紧事，他说："下午不是要到部里开座谈会吗？"原来他要与我商量一下会上说些什么。

小潘很少有机会参加部里的座谈会，这次又被告知部里派人查了他很长时间，心里一直在打鼓，不知道到座谈会是个什么局面，因此急于从我这里打听些消息。于是我请小潘到月坛大厦的"美林阁"餐厅吃中午饭。

小潘穿了一身的新装，西服革履，还一本正经地扎了条漂亮领带，看到我穿的是便装，还是条休闲的多兜裤，很惊讶地问我："见部长你就穿便装？"我哈哈一笑，说："看你紧张的，不就是个部长吗？他也一定穿的是便装。"

汪部长曾是北京市的副市长，工作中的接触本来就多，一起喝咖啡、一起吃饭的次数也很多。他在穿着方面很随和，虽然我俩因工作意见不同、政策看法不同经常争吵，但他人还是不错的：一是允许下属有不同意见当面说，这是个优点；二是当面批评完人之后并不记仇，这也是个优点。我自然用不着刻意地打扮自己。

老干部、大干部我见过很多，从小就被许多领导抱着，这些从枪林弹雨中闯过来的人，身上没有一点的官气，反而带着浓浓的乡土气息。这些人不管官有多高，权有多大，从不在下级和普通民众面前耍威风，他们可以抗上，可以去拼命，却不会将一身的傲骨、傲气端在桌面上，而是将它们撒在对敌人的战场上。

华远每年都组织各种桥牌比赛，自1988年开始从未停止过对中国桥牌的赞助。中国的国家领导人中许多人都热爱桥牌这项运动，我也有幸经常和这些领导们一起打牌。如邓小平、万里、丁关根、李岚清、曾培炎、李铁映、刘华清等，我们在桥牌比赛场上都不止一次地较量过，更不用说那些爱打牌的人大副委员长、政协副主席们了。越老资格的干部，越是平易近人，反而是有些新秀的干部会时时端着架子。

见得多了自然也就见怪不怪，见官只需尊重，却不需拍马屁。但如果是请我去开座谈会，不管坐在上面的是什么官，我都会直言提出自己的看法，绝不因对方官位大而说假话。

到建设部参加座谈的次数就更多了，从林汉雄、叶如棠、侯捷到俞正声等部长，包括谭庆琏、郑一军、刘志峰等副部长，都不陌生，有些还成了好朋友，又何须为座谈会"梳妆打扮"？

会议提前发了个讨论提纲，让开发商对当前的市场和政策提出意见，但刚到会场坐下，汪部长就给了办公厅主任朱中一当头一棒，说给我们的提纲过时了，要讨论他昨晚最后总结出的几个问题，并让办公厅重新给我们发提纲。会场气氛一下子就变得紧张了。

参加会议的有来自北京市和各地的开发商，包括河南建业的胡葆森、四川成都的米瑞蓉，还有几个不太熟的同行，我和小潘则是汪部长主要的批判对象。

会议中，先是汪部长让大家自由发言，每人提出各自的看法，而汪部长不时打断发言，提出一些不同的意见；讨论得更加热烈时，汪部长开始逐个地批评，指出一些公司曾经出现过的违规。从汪部长手中拿着的一叠材料看，他自认为调查得很详细了。

说到小潘时，汪部长指出其在长城脚下的公社建在园林景区之中，但并未取得建设部的批准。小潘急忙从挎包中拿出一堆的批准文件和房产证来，证明自己不是四证齐全而是五证齐全。其实早在汪部长组织人到北京市调查小潘时，苗乐如局长（当时北京市房管局局长）就通知小潘汪部长在调查此项目的情况，而小潘之所以要提前找我吃饭询问情况，就是怕查问他的项目，因此专门在挎包中带齐了各种批准文件和房产证。

没想到汪部长话锋一转，说小潘你不用拿了，我早查过了，你的房产证不是北京市政府发的，是昌平县政府发的，项目存在问题，但不是你的事，是政府的事。这才让小潘一颗提到嗓子眼的心落了回去。

早在2003年，汪部长一上任，就将眼睛盯在了我和小潘身上，他专门让也是刚上任的建设部政策研究室主任陈淮查我和小潘的情况，包括项目成本和利润情况（那时我和小潘的公司都没上市，没有公开的资料），于是陈主任狡猾地以建设部政策研究中心的名义给我和小潘发了个函。函中明确说汪部长让其来了解我和小潘公司中的一些情况，希望我们配合并报送相关的资料。小潘和我通过电话之后，一致同意积极配合，不但按要求提供了各种数据和报表，还专门提供了每年的会计师事务所的审计报告，让汪部长挑不出毛病来。

野心优雅 // BEAUTIFUL AMBITION

伟大是阳光下干出来的

许多不明真相的民众总以为我和小潘的业绩（我不敢用"成功"两字）是靠违规违章、偷税漏税或贪污腐败换取的，却不知道越是出了名的企业越会引起各种监管部门的重视，越会被派出更多的调查组来审查、抽查。早期税务局曾每年连续9个月派驻各种调查组常驻华远公司，直到他们查无可查才给华远发了荣誉纳税人的证书，并不再常驻。

国有企业获取的各种利润都与我个人无关，我未从国有企业中领取收入，而华远地产公司则是集团的下属企业，必须受上级部门的监管，利润再多也同样装不进我的口袋里，我犯不着为不属于个人的利润承担风险。尤其我是个曾被关进监狱、接受审查而无罪释放的人，深知没事也会有人找麻烦冤枉你入狱，更不会去犯这种错误。

我宁愿承担风险去突破体制上的障碍，推动法律与制度的改革，这是国家体制建设的大事，但不会为了企业的利润干违法的事。

在这一年凤凰卫视《一虎一席谈》上曾有过一次争论，许多民众高喊要求开发商公布开发"成本"，所有人都以为房地产是暴利行业，同样以为开发商公布了开发成本就能证明开发商的暴利。于是我说上市企业需要公布成本与利润，任何人都可以看见，但强迫非上市公司公布成本就等于问女人的胸围，这就像模特大赛的模特要公布三围、选美小姐要公布三围，但你不能在大街上随便问一个女人的三围一样。于是几乎所有的新闻媒体都在爆炒这一"三围"热闻，也引起了许多人的围观和愤怒。

其实2005年公布的2004年全国经济普查的数据早就证明了房地产业并非暴利，个别品牌企业存在暴利，但不等于全行业的暴利。普查的数据中房地产全行业的平均销售利润率只有6.4%，但这样的数据似乎没人信。

REICO（Real Estate Market Report）工作室当年专门做了一个专题报告，将中国的房地产业与其他行业的利润率做了比较，房地产业在全国19个主要行业中排第8位，并非暴利；同时与世界多个国家的房地产业做了比较，也排在尾部，远低于世界发达国家和发展中国家的利润率。但建设部不希望对社会公布这个报告。

很多人热衷于讨论为什么胡润榜上有许多的开发商，其实这个道理很简单，主要理由有三。其一是除房地产外，中国几乎所有与资源相关的产业都被政府垄断，个人无法涉足，自然也就上不了胡润榜，如矿业、石油、电信、银行等行业，有些煤贩子很富有但财务不公开，所以上不了胡润榜。其二是杠杆效应的规模效益，这个杠杆有二：一是生产经营中的杠杆效应，开发商可以利用银行信贷和购房人的预付款扩大生产规模，而其他产业很难利用这种金融的杠杆效应；二是上市之后的杠杆效应，让一些人的财富可以数倍或数十倍、数百倍地增长。其三是规模与营业额巨大。从单位上讲也许每平方米的房价比不上汽车，比不上许多产品的单值，但规模化的总值却无法估量，这就形成了规模效应，从行业上讲全国任何单一行业都达不到房地产行业的营业额能力，但生产周期长、单值毛利率并不能证明房地产业的暴利。

从俄、美、英、日、韩等国看，首富的前100名、200名中几乎没有房地产业企业家。越是完全开放的市场，越可以看出其他行业远超越房地产业的优势，因此不管房地产业自身如何开放和竞争，只要其他的行业仍被垄断和限制，那么最具竞争的行业就最能产生利润。

许多人不理解，不是房地产业在垄断，而是其他产业的垄断形成"山中无老虎"，才让房地产业"猴子称大王"，认为凡是从事这个行业的管理者都必然是腐败或违法的。

许多人都不知道华远是个国企，不是我个人的资产，连时任北京市市委书记的贾庆林也曾在市政府的一次座谈会后问孟学农副市长，华远是家什么企业？他有此一问正因为那次座谈会上我说："我一个人交的党费超过了你们全部在座领导们交的党费。"

汪部长虽然知道我代表的是国企，却以为我是从市计委当官之后才到华远地产公司的，我一听就知道汪部长将我与刘晓光混淆了，当场进行了纠正。

汪部长又提出了一些看似是我的问题，其实都是张冠李戴，正当我与汪部长争执时，小潘站起来要出门，汪部长大喝一声"小潘不许逃会"，小潘忙说："对不起，汪部长，我要上厕所。"其实小潘已不是第一次跑出去上厕所，大约是看我与汪部长吵得凶，怕牵连到自己，害怕地找了个借口要溜出去。

那天天很热，好像办公室里没有空调，按事后小潘的说法，我与汪部长两个人都吵得脑袋像个蒸锅,冒着热腾腾的白汽,吓得小潘总想尿裤子,只好一个劲儿地往外跑。

那天会上讨论了经济适用房的建设与分配问题,我直接指出正是汪部长任北京市副市长时购买经济适房没有任何审批制度,任何人有钱就能买,造成了收入分配的差距加剧,而低收入家庭无法分享公共福利。

要求开发商合理制订住房销售价格,但没有土地供给的开放,如何保障充分的房屋供给呢?当土地价格不断高涨时,又如何在昂贵的土地上扩大普通商品房的供给呢?

也许是建设部很无奈自己管不了信贷政策,管不了货币政策,同样管不了土地的价格,又恰恰承担着管理和抑制房价的责任,只能强调让开发商降低价格,这又怎么能让开发商不与建设部进行辩论呢?而开发商摆出来的事实、提出来的问题恰恰是汪部长无法解答的。

许多外地来的开发商也许没见过这种你一句来我一句往的争吵场面,坐在汪部长旁边的谢家瑾司长也悄悄地摆手暗示我不要再争,但我习惯于这种直来直去的争论,更知道经过建设部暗查之后证明我自身没有能被汪部长摆到桌面上修理的问题。

确实,散会时汪部长明确地对我说,华远这几年表现还是不错的(二次创业之后),没查出偷税漏税、违规违章的任何问题。汪部长承认我与他之间的意见不同,但华远是个守法的好企业。

几天后与刘志峰副部长一起聚会时,刘部长问起了那天开会的情况,并说第二天汪部长高高兴兴地跑到刘部长的办公室,说:"昨天把开发商请到部里来臭骂了他们一顿。"刘部长反问汪部长:"你请大家到部里来,就是为了骂他们一顿?"汪部长无言以对。坊间的传说则是开发商把建设部汪部长大骂了一顿,小潘也成了会议中的插曲。其实谁骂谁都不重要,重要的是如果能在争论之中找到合适的政策,市场就能健康地发展,但从上到下,这种认识从来就没统一过,尤其是有能力影响和做出决定的一方,从来没有将社会的意见当成一种帮助决策的营养,而是当成了对立的垃圾。

部委规则

8月份,一份以央行名义发布的研究报告明确提出,要"取消中国房地产市场中的预售制度",并认为此制度是催生房地产市场泡沫的罪魁祸首,再一次在市场上引起了巨大波动。

也许是上面有领导的批示,也许是这份报告触动了建设部88号令的神经,建设部立即通知我和一些研究机构准备召开座谈会,讨论有关"预售制度"的问题。

8月17日,即央行报告发布之后的第6天,建设部邀请了央行的报告组,中、农、工、建四大银行,以及开发商和房地产相关协会的领导,在建设部召开了座谈会,共同商讨"预售制度"问题。

我依托REICO工作室在几天之内迅速地收集了世界上主要的几十个经济体中有关房地产预售制度的情况,分析了预售制度对市场发展的利弊,特别是对国家经济发展的影响,也对民众解决住房问题、用杠杆力量增加有效供给等问题做了详细的分析。

预售制度在"二战"之前就有,"二战"之后欧洲战场国主要靠这种制度进行战后的重建工作,民众用今天的预售限制了土地未来可能增长的价格,也用未来的收入流解决了今天的消费和生活享受问题,凡是市场经济的国家和非福利分配供给制的发展中国家,大都使用预售制的方式,减轻消费者的负担,解决民众的住房问题。

中国曾流传着这样一个故事,两个老婆婆死后在天堂相遇,美国的老婆婆说我到死前都没还清住房的贷款,但我住了一辈子的好房子,也用住房抵押获得了养老的生活费用。而中国的老婆婆则说我死前终于存够了买房的钱,但房子没买成,一辈子都住在茅草屋中,没享受过一天的清福。这其实就是预售制度的一种真实写照。

消费者的选择是如此,生产者的选择也是如此。预售制度让生产可以扩大,而生产者的利息支出远高于消费者的贷款利息支出,用高利率扩大生产还是用低利率扩大生产,规模效益是完全不同的。同样,如果不能扩大生产的规模,保障适量的供给,又如何保证价格的平稳呢?

经济学从来认为是供求关系决定价格,稀缺性会影响价格,虽然房地产不同于可移动产品，有极强的地域性。

没有预售制度，就无法利用这一金融杠杆发挥倍增的供给效应，在中国非开放金融市场的条件下，缺少了这种杠杆的作用就更不行了。

会上，除了我提供的REICO工作的报告之外，万科的郁亮也提供了多个国家预售制度的情况，一些中介如中原机构同样提供了许多境外预售制度的案例及比较。

会场上来自市场经营主体的声音与翔实的案例像万门大炮轰向央行，一些银行的领导也同样认为，预售制度有利于银行业务的开展和市场的发展。也许是我的言论有些过激，让坐在我对面的央行主笔报告的姑娘（据说是个处级以上的干部）痛哭流涕，但会场中一致的意见共同认为，央行不负责任地发表此类言论有损中国房地产市场的发展，不是什么好的建议。

第二天，建设部即公开宣布继续执行商品房的预售制度，明确表明了国家态度，这场风波才平静下来。

应该说，这一次争论是国家两个行政主管部门之间的争论，也可以说是一场推进市场经济还是退回计划经济的争论，更是建设部发挥市场经营主体的力量，捍卫自己公布的政策的一种胜利，只用了一周时间就迅速地用正面回应的方式避免了错误建议对市场产生的不良影响，保持了市场的稳定。

高值产品的供应大多实行预售制度，如波音公司的飞机，没有订单就不会大批量生产，大型船舶的订制也是同样，连成批订制的许多普通商品也是订单式的，只有市场化的预订才能尽可能地避免市场的风险，降低生产与购买的成本，产生更高的经济效益。

尽管2005年建设部明确回击了这种非市场化的建议，但至今仍有许多人通过不同的渠道用不同的声音攻击预售制度；许多人换了个角度，不再说预售制度严重地影响价格，而改为预售制度无法保证产品的质量，这更荒谬。

华远早在新华远二次创业时就推出了第三方质量担保制度，并在全社会做了大量的宣传推广。同时建议建设部能立法要求在全国统一实行这一制度，我也用北京市政协委员提案的方式要求北京市建委推行这一制度。

世界上发达国家都强制要求执行质量保证制度，如日本的开发商从不讨论质量，不管其住宅产业化率达到多高，都由施工单位保证质量，并有明确的处罚条款。西方国家同样有立法要求，除纯私人工程外，强制性要求有第三方的质量担保，克林顿任美国总统的8年期间，先后提到过两次质量保证问题，都是在全国性的表彰大会上，因为有严格的立法，所以不用操心建筑业的质量问题。

中国虽然十多年前就有建设部的条例、规章要求建设单位（施工方）必须保证工程质量，并有质量检查的制度，但实际上大多数建设单位只保留了技术人员与管理人员，没有自己固定的建筑工人，工人都用包工的方式由农民工们替代了，因此罚无可罚，于是建筑工程都将责任转移到开发商的头上。

其实开发商只是社会生产的组织者，不是建筑施工的产品生产者，产品是通过委托生产的方式由建设单位负责并保质保量的，就像委托加工产品，没有人会在委托购置飞机时考虑质量问题，恰恰在于有完善的法律保证。

中国在引入BTO的高速公路（首都机场高速路）建设中，都必须按境外资金的要求提供第三方监理的质量担保，首都机场、广州机场、国家博物馆、国家大剧院等也都有这种第三方的质量担保。

质量担保不同于保险，保险是一种风险的补偿，是按出事故的概率保证出事之后的赔付，但质量担保的目标是不赔，不赔的唯一办法就是将质量事故消灭在萌芽之中，让建筑工程不出事故。我将华远二次创业之后的第一个项目——海润国际公寓实行了第三方担保，把精装修和配备的家具同步纳入担保，因此获得了质量保证。

全国大约只有华远敢公开提出质量问题，不是华远不承担质量的事故责任，而是华远用第三方质量担保的方式将质量的保证责任转给了第三方，交房时给客户一张质量担保的单子，当客户对质量不满意时也可以凭单子索赔。正因为有了可能产生的索赔，施工单位必须在整个生产过程中保证质量，质量担保单位也会在生产过程中不间断地检查。

生产过程中的质量问题是管理问题，与交易行为无关，放弃对质量的法治管理才会产生质量的问题。

中国有许多拖欠工程款的问题，第三方担保是双向的，既保证施工单位保质保量交付产品给开发商，也保证开发商向施工单位支付工程款项。

北京市建委接受了我提出的一部分建议，即要求开发商给施工单位提供付款的第三方保证，却没有立法要求建设单位（施工队）必须保证质量。

在控诉预售制度时，首先应弄明白市场的交易规则与质量保证是不同的两件事。

针对市场中的各种对政策的争论，这一年REICO工作室连续向建设部提出了关于低收入家庭解决住房问题的多个专题报告，以期对政策的制订有所帮助。

建设部一方面在充分地发挥开发商对市场的推动作用；另一方面汪部长仍在深查企业可能存在的问题，试图用非正当的手段减少开发商的不同声音。

9月，市规划局的领导要上门来会谈，我觉得这是件非常奇怪的事情，审批单位都在坐等开发企业去求他们加快审批，怎么会有市规划局的领导要到开发公司拜访的事呢？这必然不会是什么好事！

果然如此，市规划局的一位副局长和一位处长来拜访，提出了一个难以处理的问题：汪部长在秘密调查小潘的长城脚下的公社时，也派人调查了华远所有的项目，包括各种土地的取得、项目的审批和实际执行的情况等，没有发现华远的各种项目中有违章违规的情况，但发现华远建设的昆仑公寓有一部分楼层高度为7.2米，于是就找了市规划局的麻烦，认为市规划局审批的单层高度超标了，要对市规划局进行处理，并要追究规划局领导的责任。

其实市规划局的审批没有任何问题，因为此前没有任何文件对单层的高度有明确的法规要求，只有外形、总高、容积率、密度与绿化的要求，在不突破总限高时，开发商有权将楼层的空间提高。

问题出在汪部长要抓华远的"小辫子"，因此用威胁处理市规划局的方式让市规划局约谈我，市规划局副局长介绍完情况后非常明确而又婉转地告诉我："要么是你给汪部长写检讨承认错误，要么是市规划局给建设部写检讨。"让我进行选择。

我可得罪不起审批机关啊！除非我今后不再做房地产，否则必须每天和规划部门打交道。与其让市规划局写检讨，不如我来写检讨，既让市规划局有台阶下，也让我以后的项目审批更顺利。

许多人以为华远是靠官商勾结取得成功，其实国有企业都是政府直接领导的，向政府领导汇报与请示，并按领导的要求办事，并不存在勾结问题，若为非直接业务去麻烦领导，我坚决不干，也从不给领导找那些麻烦事。

华远所在的西城区，领导中出了许多大干部，许多曾是华远的董事，但华远从不因自身工作中的麻烦事去请这些大领导出面协调，更不会依靠权力谋求私利，否则也不会有前面说到的那些被整得哭笑不得的伤心事了。

从全国人大常委会副委员长何鲁丽、国家开发银行行长陈元、国务院副总理马凯、劳动人事部部长田成平，到曾在北京市担任领导的大小干部，都出现在华远的历史记录与相册中。公司年庆都会邀请他们听取汇报和给予指导，但从不去麻烦这些领导额外批条子，干那些以权谋私的事。

他们都是华远的老领导，给华远留下的是一身正气，也绝不允许华远的后任领导破坏他们的声誉。

北京市规划局的前任局长平永泉也曾是华远的董事，但华远并不会因此干违规违章的事，包括突破限高和提高容积率。华远赢得了各级机关的信任，因此市规划局才会找我协商，认为我一定会努力承担责任，不让市规划局难堪。

是的，我准备给汪部长写检讨了。我多次与汪部长联系，希望能当面汇报，但都没有回音，于是我写了一封长达万字的检讨，向党表忠心，向汪部长做检讨，并表示道歉，同时为市规划局做了解释和辩护，态度诚恳得连我自己都要落泪了。

两天之后苗乐如局长打来电话，说："今天开会时汪部长说你写的检讨很深刻，他很高兴，并在大会上表扬了你。"

其实，汪部长就像个老顽童，当你认真地向他汇报并提出不同意见时，他的心里总有些不舒服（也许每个人都这样），但当你认真地向他做了检讨，他会高兴地又把你当成朋友。我与汪部长的意见常不一致，也常争吵，但我一直认为汪部长是个不贪不腐、认真工作的好官。

后来，当汪部长的儿子出了事故英年早逝时，我和许多开发商联名发了悼念函，许多人开始时以为我邀请大家联名发函是谣言，不信真的出了事故。我真心祝福汪部长能节哀并健康，不管我们的意见有什么冲突，仍祝好人一生平安！

被安排的"资本战争"

自与华润分家并成立"新华远"进行二次创业时，我就确定了再次进入资本市场的目标，房地产是个资金密集型的产业，离不开对资本市场的依托，否则虽能发展却步履艰难，尤难扩大生产规模和市场份额。

我几年前就开始了对ST上市公司的关注与收购，但很难找到合适的壳，有的业务无法清理，有的债务矛盾不清，有的盘子大小不合适，一直未能实现这个目标。

野心优雅 // BEAUTIFUL AMBITION

早在1985年初的工作会议上，华远的领导班子就确定了"从经营性公司向资源性公司"转型的战略，那时认为可能开放的和资源相关的领域有两个：一个是国家已经允许和鼓励的房地产开发（1980年中国成立了第一家房地产开发公司），这和土地资源密切相关，且当时只允许国有企业进入这一领域（1991年实行土地有偿出让制度后才允许非公经济进入房地产），因此集团一直将房地产作为主业之一；第二个和资源相关并可能市场化的是金融领域，国家开放了信托公司的试点，于是华远做出了这种努力。

1989年由华远出资占大头，中国银行北京分行参与外汇业务占小头，中央金融学院占5%的股权，合股成立了海南华银国际信托公司。实际注册时因外汇业务未获批准，因此中行北京分行没有实际入资，就变成了华远占总股本的95%，金融学院占5%，因华远没有经营金融业务的人员资格，由金融学院派出一名副校长任董事长，华远和金融学院各派出一些干部分任总经理、副总经理等职务。

当我接手华远公司的业务时，戴小明做了个南北华远分家的决定，将海南、深圳的业务划给了南华远（名义上的华远，实质为戴小明与赵胜利控制的一部分资产），而我接手了北京的资产和业务，因此并未对海南华银国际信托有过任何管理。

社会上曾流传的仰融拥有金杯股份有限公司股权的故事，就发生在华银国际信托。仰融是央行下面的教育基金会的负责人，也是金融学院的资助关系单位，借金融学院参股华银国际信托，用华银投资的方式占有了金杯汽车的股权。上市之后，仰融不承认这部分股权，坚持按借款方式还贷，并将上市后已升值N多倍的股权据为己有。华银整个发展之中，类似这种腐败的借贷活动不知有多少，涉案金额高达260亿元之巨，被称为"中国金融第一案"。

1993年，曾在华远工作并被派到华银工作，后将各种关系都转出华远的朱熹豪和邵长宇，以华远总公司的名义办理出国护照，北京市驻海南省办事处发函来公司查询此事，这时我才发现，在华银国际信托公司那些从华远迁出去的人的手中另外有一枚华远总公司的公章。

于是我立即以正式函回复北京市驻海南省办事处，这是一枚假公章，并上报公安部门。当时华远总公司已经经西城区政府批准改为华远集团公司，已不再使用华远经济建设开发总公司的名称和公章了，虽然我收回了这枚公章，阻止了两人的第一次出境，却没有收回对海南华银的控制权。

1994年初，我以大股东的名义，要求召开股东大会，金融学院事先说好了来参加，却在开会的前一天拒绝参加。

股东会照常进行，华远和中行两个股东正式出具了股东大会决议，并向海南省人民银行提出了正式的改组董事会的报告，由李三友（原西城区组织部部长）任董事长，由王东明（原华远公司副总经理，现中信证券公司董事长）任总经理。但华远申报的改组董事会的文件被当时的海南省人民银行行长马蔚华拒绝并搁置了，马行长没有回复任何理由，也没有解释任何原因。

据说马蔚华收到田纪云副总理秘书的电话，不能同意华银股东的决议，并不受理申报，于是华银变成了没有股东约束的企业。

随后陆续传来消息，邵长宇携款外逃了，后是朱熹豪的总经理被董事长罢免了，接着继任的总经理夏军也被罢免了，朱熹豪又回去担任总经理，总之是一团乱，并出现大量的官司与亏损，但海南省人民银行从未因这些问题找过华远，也从未征求过华远这个大股东的意见。

华银国际信托投资公司是1988年6月向中国人民银行海南分行提出申请的，由华远集团、中行北京银行、中央金融学院（后划归对外经贸大学）三家股东发起设立，1988年9月10日，中行海南分行以海银[1988]管字第112号批复同意设立，1991年批准进行了注册登记。其业务分为人民币业务与外汇业务。

1992年2月9日，华银公司董事会批准将华远集团持有的4000万股份分为两部分，北华远持有400万股，南华远持有3600万股，但并未办理工商备案。

1993~1995年，华远集团先后8次致函华银公司和海南人行，要求召开股东大会和董事会，解决华银公司存在的问题，但因海南人行的干预，一直未能妥善解决。1994年4月关于更换董事会与领导班子的股东大会决议再次被海南人行拒绝，致使华银的问题更加严重。

1998年，马蔚华行长和魏副行长来我公司，要求华远集团行使股东权利，更换海南华银公司的总经理。我质问海南人行，为什么当初股东提出更换董事会和经理班子时你们不同意，如今出了问题才让股东来承担？华远作为股东而无法参与管理，又怎么可能提出更换总经理呢？如果股东此时提出撤换总经理，岂不是将责任都推给了大股东？魏副行长解围式地回答："这是上级的安排。"

华远明确地拒绝了海南人行提出的要求，答复说，如果真是那个所谓的"上级"

安排的事，那么就请人行提出明确的撤换意见，作为股东我同意和服从，但绝不承担责任。

3月12日，海南人行发出《关于建议更换海南华银国际信托投资公司总经理的函》，我司表示同意海南人行的意见，由海南人行决定更换总经理。这大约是海南人行明确地干涉股东权利的又一铁证，因此华远并不对华银的错误和问题承担责任。结果由海南人行任命的总经理石雪后来被判处死刑，缓期两年执行。

1999年6月，海南省海口市中级人民法院在审理中国太平洋保险公司广州分公司与华银的纠纷时，曾认定华远集团公司出资不实，并委托北京高院查封了华远集团的巨额资产。2000年10月25日，华银公司致函北京高院，并提供了2000年的审计报告，证明华远集团没有抽回投资资本金后，北京高院才解除了对华远集团的资产冻结，并于2001年12月17日再次裁定华远集团没有抽回投资资本金。

2001年11月19日，中国人民银行总行认为华银公司因严重违规经营，不能支付巨额到期债务，决定对华银公司实施全面停业整顿。2001年11月21日，人行总行发布《公告》："鉴于海南华银国际信托投资公司严重违规经营，为了维护金融秩序稳定，保护债权人的合法权益，根据《中华人民共和国中国人民银行法》和人行总行的有关规定，决定对该公司实施停业整顿，并自公告之日起，停止该公司有关金融业务。"

2005年12月31日，海南省海南中级人民法院受理了华银公司的破产还债申请。

2006年6月15日，华远集团公司收到了华银公司破产清算组要求补缴注册资本金及利息共3.66亿元人民币的通知。

至此，一场为捍卫国有资产和股东权益的战争打响了。

明知打不赢的官司

华远集团公司已经为了华银股本金的问题打过多次的官司，并已有北京高院的裁决书，为什么还会出补缴股本金和利息的问题，且数额高达3.66亿元呢？

原来，华银公司于1996年7月利用私刻公章的假材料，向国家外管局海南分局申请经营外汇业务。同年 8 月，海南分局向国家外汇管理局转报了华银公司的申请。1997 年 1 月 8 日，国家外汇管理局批准华银公司开办外汇业务，颁发了经营外汇业务许可证，有效期至 2000 年 1 月 7 日，因此要求华银的三个股东补缴因开办外汇业务而应投入的二级本金。

问题是作为股东之一的华远集团公司从来不知道华银公司申请了外汇经营业务，当华远从海南中院调取了相关申请办理外汇经营业务的资料时发现，华银的董事会决议等文件使用的均是虚假材料和伪造印章，尤其是华远总公司已于 1993 年更名为华远集团公司，并登报公告和更换了公章，并曾因华银使用假公章申办出国手续一事向公安局通报和协查此事，但这次的伪造申报材料使用的仍然是华远经济建设开发总公司的印章。

6 月 30 日，华远多次向国家外管局申请调阅华银公司申报的各种材料，但均被国家外管局拒绝了。无奈之下，华远集团公司正式向海南中院要求申请调阅华银公司向外管局上报的申报材料。外管局向海南中院提供了上述材料之后，华远公司发现外管局所提供的外汇入资票据及验资报告均为虚假和伪造。

为此华远公司专门请第三方做了伪造公章的鉴定，并于 2006 年 9 月 13 日正式向国家外管局的上级主管机关——国务院法制办提出《撤销行政许可的申请》，同时法制办转给了国家外汇管理局。但在大量证据之下，企业的正常和正当主张却未能得到两个政府主管部门的认可。

最终海南中院确认，上述申报经营外汇申请的材料虽然是伪造的，但国家外汇管理局批准的《经营外汇业务许可证》是真的，因此华银的三个股东必须补足因外汇业务而应投入的资本金，但上述资本金不应计算利息。华远因为国家外汇管理局的工作严重失误和不负责损失了 2400 万元。

为此华远不得不再致函国家外汇管理局，要求外管局进行行政赔偿。2007 年 9 月 14 日，国家外汇管理局回函，要求 2007 年 9 月 26 日下午华远集团公司领导到外管局办公室当面交换意见，方副局长主持了见面会，听取了华远公司的意见。

随后在民族饭店，由海南外管分局的局长出面再次与华远公司会谈，当时外管局建议华远公司放弃行政赔偿，由海南分局以其他名义给予一定补偿，并达成口头协议。

但随后外管局态度来了个 180 度大转变，坚决不同意给华远补偿，同时也不承认外管局的工作失误。

同期，我以华远集团公司党委和纪委的名义向国家外管局提交了《关于石雪以伪造、虚伪材料骗取行政许可的情况反映》的书面材料和证据，并要求外管局查处相关人员的腐败问题。外管局于12月4日05号文复函，以国家外管局根据工作程序应由海南分局保留申报档案，但从海南分局的收文登记中未查找到华银公司递交申请的记录，原有当事人自己调离人民银行系统为由，拒绝继续查处。

外管局的文件中最不能自圆其说的笑话是，海南分局没有华银公司经营外汇业务的申请，却有国家外管局经营许可的批准文件。如果一个企业并未申请该项业务，没有相关文件的报送，外管局凭什么对企业进行许可经营的审批？

难道海南分局不是故意未保留上述申报档案？难道上级主管单位对下级不能按规定保留申报档案的做法可以不负责任和不对下级进行处理吗？

完全是一派胡言的欺骗！于是我决定将外管局的违法行为告到法院，用法律的武器保护企业的权利。华远正式向北京市第一中级人民法院提出了立案申请。

在中国，民告官就像是一场闹剧。几年前我曾将国土资源部告上法庭，但行政的压力让官官相护，由北京市政府承担一部分损失，逼企业和解。这次外管局不但动用了最高人民法院的力量，也动用了北京市的力量，最终由区政府要求华远撤诉，自行承担损失。

我明知可能打不赢这场企业有理有据的官司，仍一定要告，并拿到法院受理的各种文件，就是要将这些问题用法律的程序证明企业经营的艰难和政府官员的腐败。

华银由我的前任领导戴小明负责建立和主持工作，华远南北分家时，戴小明代表的南方华远占有更多的股权，北方华远和后来的华远集团公司并没有参与过华银的具体管理与经营，公司的账上自然没有这笔资产。

当华远集团发现华银出现管理中的问题时，开始努力争取成为真实股东并承担法律的责任时，却被海南人民银行拒之门外，用行政干预的强令剥夺了华远履行股东职责的权利，并多次无视和剥夺了华远股东的权利。

直到华银公司出现问题之后，海南人行也未将权利还给股东，仍然用行政的权力要求更换企业法人代表和指令经营者、管理者，始终海南省人行也没有给我行使股东权利的机会。

当华银已成为被"内部人控制"的典型案例，并出现许多问题时，国家的管理机构居然分不出申报资料的真伪，居然没有人核对已在报纸和工商注册中有明确登记和公示的资料，进一步给"内部人控制"的犯罪行为提供审批的方便条件，华银最后不但资不抵债地破产了，还给股东和国家造成了数十亿元的经济损失。事后外管局在众多的证据面前不肯承认错误，并坚持错误，让企业蒙受了因外管局的审批错误而造成的损失。

华银的成立最初是一种改革的突破，最终的结果却是官僚与腐败结合。

当华远无法在华银行使股东权利之后，华远开始了收购信托公司的第二次尝试。北京市原有三家信托公司：一是京华信托，也被官员控制并最终破产清理了；二是北京市国际信托，经清理整顿之后复牌；三是北京中川房地产信托公司，1996 年清理整顿时，北京市要求银行股撤出，由市经贸委重组后复牌，于是华远联合联办（中国证券市场设计研究中心，前身为证券交易所研究设计联合办公室，简称"联办"）投入了 9600 万元，占控股地位，但北京市人民银行在各银行股东收到钱退出之后却没有批准企业复牌，恢复信托业务，而公司的烂账和追债高达 9.6 亿元。

签约入股时北京市经贸委出具了文件，提供担保，在该企业重组不能恢复信托业务时，由市经贸委负责返还华远与联办的投入，但当后来真的出现北京市人民银行不批准复牌经营时，市政府说市经贸委的担保无效。几年协调不下来之后，将这个烂公司整体扔给华远集团公司代管，但市委组织部却在按局级单位下达文件任命党委书记和总经理。市政府几任副秘书长出具的市政府会议纪要在组织部却不发生效力，这个烂公司中居然至今还背着六名局级干部的退休人员包袱。王岐山任北京市市长时曾专门就中房信恢复金融经营许可一事拜托银监会协助解决，但刘明康、唐双宁口头答应得很好，等申报文件上报之后却不批准恢复金融业务，反而让西城区为银监会解决了多个干部的户籍问题、子女上学问题和银监会的员工住房问题，结果是银监会占完了便宜却至今未解决问题。

幸亏这个企业在华远的清理整顿之中靠别的经营基本还清了债务，退还了联办和华远的投入，重组之后华远并未从中获利，只是为市政府解决了包袱。

华远集团公司作为国有企业，最离不开政府的支持，也最不得不与不讲理的政府打交道，因为政府有充分的权力命令和干预企业的行为。

区政府可以无偿地向华远要求建设党校、西城经济科技大学、法院、老干部活动室等数万平方米的建筑，也可以用调拨的方式要求上缴公司的股权转让收益。

华远集团曾是新华人寿保险公司的发起股东，当华远集团公司转让股权获得数亿元的收益时，区财政可以一纸划拨要求全部上缴这部分收益。

华远集团公司在招商银行北京分行成立时就是最大的股东，最初招行北京银行无偿地使用华远的办公室、电话、传真、汽车等办公条件和免费的中午饭。招行北京分行获得了巨大的股东收益，为解决招行北京分行用股权抵押的一笔烂账，陈小宪行长与华远协商由华远偿还这笔贷款并获得相应的抵押的招行股权，但至今尚有100多万股未划归华远所有，而经过多年的分红送股，这100多万股早就变成几个亿了。企业与银行和政府间的官司总是你欠他的债要还，他欠你的账却可以不还，区政府也无法与市政府或更高一级的国家机关以及银行对抗，最终都是以区政府施压，企业打掉牙齿往肚里咽告终。

为进入资本市场，华远不但是招商银行的股东，也是北京银行的股东，从北京开始成立城市信用社，华远就开始进入，城市信用社变成北京银行之后，华远不断增资扩股，曾经多年一直是前十位的大股东之一，直到上市之后的最后一次增资时才退出了前十的地位。除了在银行的持股之外，华远其他的进入资本市场的各种投资大多是失败的，包括企业的上市，也是失败的案例。

除了和华润的合作最终变成分手之外，华远又重组了两个 A 股的上市公司。

早在 20 世纪 90 年代初期，通过一个特殊的关系，深圳的一家公司挂靠在了华远集团公司全民所有制下属，这家公司后来收购了宁波上市公司甬成功（后资产重组，更名为荣安地产股份有限公司）的大部分股权，变成了一家上市公司，但 2005 年之后这家上市公司出了些问题，列入了 ST。当这家上市公司财务上出现问题时，许多债主发现这家企业的最终股东是华远集团公司，于是银行等债主开始间接地寻找机会要求华远偿还债务。为此我向区国资委做了汇报，并提出用华远地产公司的资产，用增资的方式装入这家上市公司，让华远地产公司成为这家上市公司的最大股东，通过重组实现地产公司的上市，虽然这样会承担一些债务损失，但远比购买一个壳公司合适得多。

西城区国资委自从主任李武好调任安徽省合肥市财政局局长后，名义上由西城区常务副区长兼职挂名主任，实际上只有一个不熟悉业务工作的书记主持工作。这位好心的书记不敢做这种决定，并且认为上市公司的债务会造成巨大的损失，或者其中还有许多经济上的问题，甚至可能会有腐败问题，于是就向区委、区政府单独做了汇报。

夏日的一天，我接到了区国资委的通知，要专题讨论上市公司甬成功的债务问题。当我进入区委的会议室时，发现区委书记、区长都在座，同时还有纪委的同志与法院的院长，这似乎是我接触西城区区委起就从来没有过的事。讨论企业的问题，居然会有法院的院长和纪委的同志，那么讨论的不应是企业的管理，而应是经济犯罪了？

当我汇报完整个企业的情况之后，区委书记与区长都坚决不同意我用华远地产的资产置换股权而上市，坚持要让这家企业退市，自生自灭。虽然我并不同意这个决定，但我必须执行这个决定。

会上，无论我怎么申辩都无法改变领导的看法，大约事前他们被国资委不熟悉业务的书记吓住了，我不知道那位书记如何向领导做的汇报，但我知道那位书记根本不懂企业，不懂实际的企业经营，更不懂资本市场与上市公司！因此不管那位书记向领导汇报了什么，都一定是不承担任何责任与风险的逃避，绝不会对企业有任何的益处，尤其是他们可能不知道这将给华远带来多大的经济损失。

当我知道不能用自己的壳进行重组时，不得不委托投行为我寻找其他的壳，几经周折，中信证券为我推荐了湖北潜江的上市公司幸福实业。

这是一家非房地产的上市企业，当时的大股东是湖北的名流投资集团，是通过法院拍卖方式取得的大股东地位，名流同时持有另外一家上市公司，而幸福实业早已不"幸福"，净资产值已经接近于零，恰是重组的最好时机。双方很快敲定重组的保密协议，开始重组的谈判和方案的设计。

这是一个复杂的交易过程，一是名流集团要负责将原有的资产、债务全部清理干净，将上市公司的壳清空；二是幸福实业上市公司以增发新股的方式购买华远房地产的全部资产；三是要用缩股的方式清除一部分公司债务（否则增发的新股数量巨大，流通股的部分小于上市规定）；四是董事会的改组；五是华远地产的评估与股权的合并。经过几个月时间的讨价还价，才确定了基本的方案。

2007年2月，最终落实了方案，并与各相关方签订了重组、换股及吸收合并的协议，同时准备好了上报证监会的各种文件。

这时真正的麻烦来了。麻烦不是出在上报的重组方案中，而是出在华远集团同时控股的甬成功的重组问题上，证监会认为当华远集团不能管理好一家已经上市的企业时，就不能重组另外一家上市公司并占有控股地位。

这等于给西城区委、区政府、区国资委泼了一盆冷水，让他们知道当初的错误决策给企业带来的影响。

证监会地处西城区，其办公楼、治安、子女上学、调入进京干部的户籍等许多问题都依赖于西城区政府，因此常务副区长就专为此事出面与证监会领导多次协调，同时让华远做出对甬成功进行有效重组的保证，才正式受理对幸福实业的重组申请。

于是我只好两面作战，一边安排幸福实业的重组，一边安排甬成功的重组。

最可笑的大约正是自己有壳却不能利用和管理，要购买别的壳进行重组，一边是自己的壳要清理债务和处理清壳的麻烦，一边是让别人清壳自己进入。

由于国资委的幼稚，华远至少要付出损失4个多亿的代价，国资委也许并不知道企业要赚出这4个多亿是多么的不容易。

华远的成立本是个改革的试点，名义上是国有企业，却没有国有投资，实行的是完全的民营化管理。在成立国资委之前，华远每年的资产都打滚翻番地增长，十多年时间增长了6000多倍，从20万元的注册资本翻到了130多亿元的资产总量，纳税超过100亿元，还为政府做了大量的无偿贡献。但成立国资委之后，从干部的任命、投资的项目、经营的内容、资产的买卖、奖金的发放、出国的考察和谈判、每年的投资预算、计划和利润的分配，到所谓的计划考核等，无不请示汇报，而许多审批过程和限制条件严重地捆住了企业的手脚，贻误了决策的战机。大量的各种政治报告与学习，占用了管理层至少3个月以上的工作时间，也让企业的发展步伐慢了下来，由于国有资产的损失成为考核干部的重要条件，让企业的管理层能胜不能败，无法承担风险，变得异常保守。

市场有风险，企业家拼的就是对风险的判断能力和承受能力，风险越大，可能利润越大，利润从来都是伴随着风险彼此消长的，但审批企业能否投资的是坐在办公室中没有承担市场风险能力的人，当他们认为有风险，并可能追究他们的审批责任时，他们宁愿不批准企业投资也不愿承担这个风险，利润多少对他们来说则无关紧要。

市场岂能没有风险？企业投资岂能事事成功？华远也有过许多失败的案例，这些失败案例在开始投资时都有过成功，但市场是变化的，优胜劣汰。当一个产业的外部环境发生变化时，无疑企业也要做投资决策的调整，要有承担失败的能力，更要有承担失败的勇气。

华远最初时就是凭着这种荒山野岭中找食吃的野狼精神才进入了不同的行业，实现了主业突出、多种经营的综合效益。许多人大约忘记了20世纪80年代改革初期，政府鼓励办企业的一个重要原因是安排各种待业青年的就业，劳动密集型行业的就业就显得格外重要，因此那时的国企不能只从利润的角度考虑投资的行业与产业，还要从就业的角度解决政府想解决的问题，不仅从企业管理者的自身能力和兴趣考虑发展的战略，还要从社会发展的角度提供服务。

早期华远有展览公司、服装厂、袜子厂等多种企业，都有过成绩和辉煌，但许多都不断地改行或关闭了，有些企业并未收回全部的投资，也形成了一些亏损，但都在当时发挥了巨大的社会效益，并没有影响华远整体的发展。

外界大都知道华远是干房地产的，其实华远集团公司最大的投资在金融业，如银行、信托、保险业，但并非华远直接管理与操作，最多只是派出董事，因此大多不被人知。这些资产的增值、总产的收益和转让的收益却是巨大的。

华远第一支柱产业是房地产，不仅创造了巨大的影响和税收，也创造了巨大的收益。第二支柱是服务业，如购物中心、旅游、餐饮，这些企业安排了大量的就业，却不会比房地产产生更多的营业额和税收。集团公司同时持有部分物业和高科技公司，也曾多次承担国家"863计划"的科研任务，并多次获得科技奖和金奖、二等奖等，但很难将科研成果转化为民用产品。

如果一个企业不敢投资，不能承担投资的风险与损失，怎么可能找到更多的发展机会呢？

尤其是国资委不认为国有企业应有损失，对增值考核又是鞭打快牛，如果今年的增长高了，明年就要在今年的高增长基础上再保持高增长，但企业怎么可能连续保持高增长呢？经济怎么可能没有起伏呢？于是企业只好每年都保持略高于考核指标的较低的增长水平。因此自有了国资委之后，企业的发展速度不是提高而是降低了，企业不是努力地向前冲，而是越来越保守，可以不获利，但绝不承担风险，并不许有损失。

这样企业就无法在股票价值的高点时出售资产，因为今年的利润高了，明年没有股票行情时就无法弥补，所有的资产转让的特殊收益都变成了一种负担。管理者宁愿不获取这个利润，也绝不愿看到第二年员工工资收入下降，故会更加求稳而放慢步伐。

更让企业经营者寒心的是，国资委那种完全没有基础信任的审查和完全没有市场经验的保守判断。最值得一问的是，企业的经营者难道要向管理部门的科员、科长去请示工作吗？

我不想说没有国资委的时候企业是如何管理、如何生存与发展的，我只想说华远的党组织可以主动开除不合格的党员，华远的党委可以随时撤换党委委员，华远的党委也可以随时撤换常务副总一级和分公司经理一级的干部，并且绝不会因撤换而形成"上访"，这就是一个民主、公正的党委的作用，而这是国资委无法做到的。

一个企业的文化和主要经营者的作风，会对企业的团队产生巨大的影响，华远中除了因干部个人能力处理干部之外，从未发生过因群众举报而暴露出的干部腐败的问题，正是这种严格的自我约束与管理，这种榜样的能力与作用，让华远在数十年风雨之中仍然能大旗不倒，平稳前进！

华远的发展并非是国资委的功劳，但华远发展速度放慢一定是国资委管理体系的弊病造成的。与北京市其他区县不同的是，西城区的国有企业早在十多年前就开始上缴高额的利润（名为国有资产占用费），并被无偿地大量划拨资产以及做额外贡献，当然1998年之后，政府拨给大量资产和资金支持企业发展，国资委也用自己认为的支持方式在努力支持企业的发展，但遗憾的是，国资委认为的支持比他们设置的条条框框的限制对企业的影响差之千里。

还好华远有支能冲能打的干部队伍，虽然是两面作战，却各有突破，两个上市公司的重组都获得了批准。2008年1月，中国证监会正式批准了幸福实业的重组方案。2008年8月，幸福实业正式复牌，完成了重组与股份制改造。2008年10月，幸福实业正式更名为华远地产，2009年3月正式摘掉了ST的帽子，变成了一家正常的、健康发展的上市公司，华远地产再一次进入资本市场。

同样，2008年底，甬成功的重组也获得了批准，2009年恢复了股市的正常交易。

华远地产虽然再次进入股票市场，但错过了中国股市的辉煌时代，尤其是2008年之后，恰逢中国政府对房地产的连续调控，让所有的地产上市公司都失去了从公开的资本市场再融资的能力。华远付出巨大代价进入资本市场之后，却无法分享资本市场的融资红利，无法借资本市场成长。

至今，华远地产没有从资本市场中拿到一分钱，没有从公开市场的股民手中收过一分钱，却连续数年给资本市场中的股民分了大量的现金和红利。如果仅仅从企业上市前的股东的角度出发，华远的上市远不如不上市，如果不上市，所有的红利都属于原有股东，为了能有新的融资机会，为了跨入资本市场而拥有从市场直接融资的条件，这几年的分红让原有股东付出了巨大的代价。

自2008年公司上市之后的4年时间，华远地产累计向股东分配近5亿元的现金，同时送出了8亿多元的股票，按股票票面值计算，约分红13亿元，如果送出的股票按送股时的股价计算，则分红总额高达30亿元，其中30%多是由重组上市之前的幸福实业的股东拥有，其余的才是上市前原股东所分享的。

华远的借壳上市挽救了一个已经烂掉的公司和这个烂掉的公司的股东，却并未给经营实体中的原股东带来更多的收益，也许原股东可以在解禁时卖出股票受益，但上市对公司的经营者而言增加了经营的压力，却没有带来经营的资金。

至少到目前为止，华远上市之前的股东还没有卖出和增持股票，还没有从资本市场中获得任何收益。

能否从资本市场获得融资的支持，决定着企业的发展规模，如华远与华润合作，迅速从境外获得5亿美元的资本支持，因此迅速在几年的时间内从一个区属的无名小公司一跃成为当时中国最大的房地产企业。

但华远与华润分手之后失去了资本市场的支持，十几年的发展中未能从资本市场获得一分钱融资，因此也迅速被一些有能力借助于资本市场融资的企业超越。

华远上市时是中国第一家在香港上市的房地产企业，如今在国际资本市场上市的中国企业约有40多家了，在境内上市的企业也有很多。在中央政府的支持之下，中铁、中建等央企在资本市场的融资额一次就超过了400亿元。万科、金融街、SOHO中国等企业都在股市的高潮时借用资本市场的力量获得了上百亿元或数百亿元的资金，因此在2008年的紧缩政策和对房地产市场严厉调控中，它们都有了一定的现金流和抗风险能力，同时保证了企业的扩张需求。

华远名义上上市了，进入了资本市场，却失去了在资本市场融资的条件，不但没赶上所谓的6000多点的牛市，甚至没赶上在政府对房地产进行调控之前恢复交易。因此华远在公开上市恢复交易之后只能一个劲地分红，向外输出资金，却无能力借资本市场之力发展企业。

我不认为规模大就一定是竞争力强，规模大不代表盈利能力强。许多央企规模都很大，其规模与盈利能力多来自垄断资源和垄断市场，其实际竞争能力却远比不上许多民企，其盈利能力更是远远地低于许多的民企，如果扣除其无偿占用大量土地应缴纳的土地出让金，也许许多央企就没有盈利的能力了，因此如果按EVA的方式进行考核就会发现许多的央企资产是负值。

EVA(Economic Value Added，经济增加值，即税后净营运利润减去投入资本的机会成本后的所得)的考核能平衡企业之间因垄断地位而造成的资金占用优势，让经营者处于同一起跑线。

对股东而言，什么是真正的收益？对经营者而言，什么是真正的创造？其实就是投入同样的一元钱，哪个股东的实际收益更高，哪个经营者能创造更多的盈利。

有的投资者会用净资产回报率的高低来评价企业的经营能力和企业实际的竞争能力，确实，净资产回报率是一个重要的指标，但必须是一个多年的长期衡量指标，因为土地的获取时机、生产的周期长短会在不同的年份对净资产回报率产生较大的影响，而多年的连续性才能正确地反映出企业在市场中的表现。

中国的股市过多地受政策调控因素的影响，并不能正确地反映出企业的价值，许多股票甚至低于有盈利能力的企业的净资产值，说明股市已经失去了价值发现的功能，变成了客观政策的信心指标，而不反映单个企业的竞争能力。

许多不明真相的投资者更关注于企业的规模而不关注企业的盈利能力，造成市场对股价的错判，一些媒体的忽悠更影响股民无法做出正确的判断，让整个股市处于非理性的波动之中。

许多投资者都喜欢将任何一家地产公司与地产行业中的老大企业万科、保利、金地、招商相比，这几家龙头企业的总资产、净资产都排在行业的前列，华远的总资产和净资产都排在上市公司第40位之后，但多年以来华远的净资产收益率始终远远地超过这些所谓的龙头企业。

因为没有从资本市场获得资金，华远的资产规模远远小于这些龙头企业。按总资产计算，万科比华远高出30多倍，按净资产算，万科比华远高出20多倍，但万科的利润只有华远的10多倍，净资产回报率则远低于华远，并且连续数年如此。

到底是哪个企业的盈利能力更高呢？是哪个企业的经营者为股东创造了更多的利润和价值呢？

由于华远地产的企业规模小，因此并不被大多数投资机构与基金重视，也很少有机构做这种专业的分析，因此常常能听到股民在叫喊华远的股票跌跌涨涨。许多投资者都没有看到有的企业经营者在政府不许在资本市场融资时并不关心股价的变化，有的企业经营者却能在有限的资金使用条件下为股东创造高额利润，远高于那些看着规模很大盈利能力却不高的庞然大物。

自上市之后，华远没有一年不给股东现金分红，而如果没有融资的能力，其他企业的经营者通常会更加保守和不愿采取现金分红的方式，更愿意在经营者的手中保留更多的可支配资源。华远地产做到了更多地满足股东的利益，而非满足内部人控制的经营者的利益。

许多人在关注、议论和批评我从上市公司获取的劳动报酬太高了，尤其是有些人认为华远的经营规模远远小于万科，凭什么任志强的劳动报酬比王石还高？（这两年，万科的净资产回报率提升了，王石的薪水也远远超过了我。）这大约就在于许多人只看到企业规模的大小，而没有看到经营者的个人能力，如果按谁能用同样的钱创造更多的利润看，我的劳动报酬应比王石高出许多倍才对。为什么我的股东们愿意支付给我更高的工资？正在于他们知道华远的盈利能力远高于万科的盈利能力，这才是企业真正的核心竞争力。

尽管股东同意支付我高额的劳动报酬，按照国资委的规定我只能领取国资委批准我领取的部分（大约十分之一），大头都记在公司的应付工资的账上，但这个劳动报酬表明的是一个人在人力资本市场中的价值，是对经营者业绩和能力的一种评价。

回想2006年几件涉足资本市场的大事，最令人无法挽回的损失则是国资委的错误决定，使得华远地产未能装入自己的壳公司中重组，不仅造成数亿元的损失，更重要的是，如果华远自我重组，则没有财务上、董事会上、股东争议上的各种矛盾，可能几个月就能完成，不但有可能获取在股市牛市高涨中融资的机会，也能让企业在应付危机和调控政策时有更多的回旋余地。

国资委的错误决定让企业失去了再融资的良好时机，这也是许多年都无法挽回的重大损失，一步落后，则可能步步落后，数年落后。

市场中最重要的是能否抓住机遇，而机遇常常是机不可失、时不再来的。很遗憾我已经没有机会在资本市场中继续等待了，或许我将为此终身遗憾。

去二、三线城市拿地！

华远诞生于北京市西城区，涉足房地产业开始于西单地区的改造，走出北京寻找更多的发展机会一直是企业的重要战略之一。

早在我的上任领导戴小明任总经理的时代，华远就在海南成立了数家企业，在深圳、广州设立了办事处，20世纪80年代末期开始在境外布局，但华远南北分家之后，我接手华远总公司时，就只剩北京的路了。

90年代初，北京市实行开发公司的清理整顿，华远也在深圳、阳江、北海开展了一些地产业务，邓小平南方谈话和北京市的危旧房改造大规模推开之后，又将全部的资金与地产业务回归北京。

与华润分资时，大量的业务在北京扩张，华润收购万科时，则要求将华远地产的业务只能限于北京。

二次创业之后，同样要先站稳脚跟，华远仍然将全部业务集中于北京市了。

自土地严格招拍挂之后，除了昆仑公寓之外，华远未能从公开的土地市场中获得任何一块土地。国资委要求企业的经营活动局限于北京市，这样就可以将税收归于区政府的囊中，因此严格限制企业的自主投资能力和走出北京的机会。华远在这种体制管理之下失去了大量的异地作战的机会，当许多房地产企业从一级城市向二、三级城市转移时，华远仍死守着北京的地盘，无法走出去。

有许多人说大约是因为我对国家的房地产调控政策批评太多，每年都有必须由国土局答复的政协提案，因此国土局铁定不想让华远中标。也许是华远不会利用官僚关系，因此无法赢得评标人的票数。总之在这不公开、不透明的一系列招标之中，华远是个严重的失败者，甚至含有保护性住房的两次最高报价也被以"莫须有"的理由不中标，反而让二、三标中标了。

在外界看来，华远的国企背景、任志强的"红二代"身份、开发商的"公开腐败"，华远在北京拿地还不是如鱼得水？许多网民都是这样猜测和认为的。事实上，华远在北京的项目在实行严格的土地招拍挂之后，都是合作或收购的。华远的最高报价都比不上万科的第三报价值钱。真正的内幕恰恰证明华远是个遵守纪律和法律的市场经营主体，是不正当竞争中的失败者。

于是华远更需要走出北京了。最终我用2005年和2006年的投标案例说服了国资委，不得不同意华远地产将大量的资产投入二、三线城市。

借着中城联盟的兄弟公司的关系，华远通过与西安立丰公司的合作进入了西安，并迅速扩大了土地储备，扩大了发展规模。

当西安的媒体问我为什么投资西安时，我的回答是陕西曾是我插队的地方，也可以说是我的第二故乡，我对陕西人民仍保留着一份深深的厚爱——其实最重要的还是比较有把握从非公开的市场获取土地资源。

2007年我去过许多城市，但通过成本、市场的分析以及交通和生活条件的对比，最终选择西安作为重点发展的城市。

随后华远进入青岛和长沙。

目前华远在其他城市的项目总量不但远远超过了在北京市的项目总量，也成为公司重要的利润来源，走出北京是华远发展的重要一步。

类似案例有许多，只要风险可控、路径清楚就值得一试。没有风险的项目常常是要价最高和最贵的，有风险的项目则常常能用低于市场的价格收购。风险对应的是成本、利润、处理风险和法律关系的能力，也可以说是一种盈利的能力。

2007年10月初SOHO中国成功在香港上市，手里一下子多了100多亿的港币，小潘请我去香港参加他的庆祝活动。那晚在一片欢庆的气氛中，小潘高兴地对我说："这回有钱了，我可以再收购几个项目了。"一不小心我也高兴地顺口说出我刚刚收购了光华路的烂尾楼项目。小潘一听到这个消息差点把酒杯掉在地上，一句"是吗"还在嘴里慢慢地往外吐时，旁边坐着的闫焱就大叫了起来："这个项目我谈了快两个月了，怎么被你给抢走了？"

也许这个项目早在小潘的计划之中，只是还没上市拿到钱，还有些法律的风险，因此尚在犹豫，却不知道土地合同中有明确的缴纳出让金的最后期限。我是个干脆利落的人，一旦做了决定就会努力地快速拿下，这回可让小潘见识了平等竞争中的手段。

闲聊中我才知道了小潘的担心，知道了他不能成功的原因，也才知道他自以为别人收购不了，等等也还有机会的心理。话题变成小潘要我将这个项目转让给他，并且希望我能再帮他找几个项目一并收购。小潘很自豪这次成功在香港上市拿到了很多的钱，同时也在发愁如何把钱变成能盈利的项目。

正好第二天我要从香港飞去长沙，再一次落实长沙项目的收购，我告诉小潘，这要看我长沙项目的落实情况才能决定。如果长沙的项目能谈成，那就需要大笔的资金，就有可能给小潘一个机会，否则小潘就没戏了。散会时小潘一个劲儿地祝我长沙之行成功，背后的话则是"将北京光华路的项目转给我吧"。从小潘不怀好意的坏笑之中，我早知道小潘在想些什么了！

回到北京后小潘就不停地来打听消息，同时提出要整体收购华远已经建成但没有销售的北京公馆。小潘上市之后手里有了大把的钱，但没有在售的项目，一堆销售人员正处于青黄不接的阶段。夏天，小潘无奈地将全部销售人员借给阳光100的易小迪，专门销售易总在烟台的项目。要留住销售人员这支队伍，就必须要让他们有活干，有钱赚，而华远的北京公馆正处于可以立即销售的阶段。

华远本就想整售这个项目，不想将德国设计师设计的外呼吸式玻璃幕墙的节能建筑打散了卖，而小潘是化整为零的高手，更有比华远精明的忽悠能力，常常可以卖出更高价，于是光华路与北京公馆就都成了小潘眼中的肥肉。

关于我和小潘光华路项目的交易，网上有无数的谣言，尤以司马南、吴法天等一派人马为甚，编造了个"侵吞50亿国有资产"的谎言，并以"潘任美"为标题在微博上广为散播，也欺骗了许多民众。

为什么司马南的大肆攻击和所谓的公开举报却对我和小潘丝毫没有影响呢？因为谣言是经不起推敲的，是缺少事实依据和法律依据的。

其攻击我的理由之一是琼民源的历史旧账要记在我和小潘的头上，曾参与琼民源股权交易的刘纪鹏、李肃等人也借机加入这一攻击的行列当中。

实际上，琼民源早就在数年前由政府出面清理，将烂账交给了野力集团处理。光华路烂尾楼曾经是琼民源的资产之一，也是由野力集团下属的野力公司剥离债务时经北京市政府批准单独处理的，既有北京市政府的会议纪要、批准烂尾楼的变性和重新土地出让文件，也有北京市国土局签订的土地出让合同、规划批准手续等。

野力公司已与原来的琼民源的股东烂账没有任何关系了。

野力公司的股权转让给我后，收购股权的款项回到了野力集团。就算野力集团与琼民源的原股东有债务纠纷，也与我无关，应由野力集团收到股权转让款后自行处理。

从法律上说，法院如果拍卖了烂尾公司的楼，烂尾公司的股东最多去找法院用拍卖所得款项处理债务问题，没有理由去找收购了法院定拍物的公司负责解决债务问题，更不可能去找拍卖物多次转让后购买该拍卖物的公司，这是非常简单的道理。

琼民源的烂账交给野力集团处理，野力集团对政府负责，并经市政府批准将这个烂尾楼交给下属野力公司，野力公司又经政府批准将股权转让给了潘石屹，已经形成了多次交易，难道琼民源的债务不应该去找野力集团，反而要找潘石屹负责吗？这不成了天大的笑话吗？

其攻击我的理由之二是，我作为一家国有企业的领导，将项目低价转给潘石屹的境外上市公司，让国有资产损失了50个亿。这更是个笑话！

首先，光华路烂尾楼不是国有资产，野力公司是民企，我用华远地产股份公司收购这个项目，最多是国有控股企业收购的资产，并非国有资产。

如果我收购后加价卖出去，获得了利润，只能算我利用国有控股的资产为股东增值，岂有损失了50个亿的道理？如果是从我的手中低价卖出去的，那野力这个民营企业转给我时岂不是当了个傻瓜，难道野力是用更低价在出卖资产吗？

那些不懂行的造谣者用完成的产品价格计算与未建造前的土地原料价格对比差价时，是否想到过生产过程中的利息成本、生产成本以及税费？除了还建，一个不到10万建筑平方米可销售面积的项目能被编造出创造50个亿的利润的神话，在微博上居然会有许多人相信这个神话。

为此连华远地产公司的监管部门、湖北省证监局和上海证券交易所（上交所）都派人来专门了解项目交易的情况。

我将所有的批准文件、合同与交易记录都汇报了之后，两个监管部门都认为此项目交易中没有任何问题，并且也非低价转让，更谈不上造成国有资产流失。

何况SOHO中国作为上市公司，交易要接受香港联交所的监管，也在上市公司的公告中正式地、详细地披露了交易的情况。

这本来是件公开的交易行为，没有隐藏什么见不得人的猫腻，却也被一些满肚子坏水的造谣专家们闹得沸沸扬扬。

我曾用四五篇长微博说明此交易，但许多网友并不想真正了解交易的来龙去脉，而只被"50亿的国有资产流失"噱头吸引，宁愿信其有，也不愿信其无。

事实终究是事实。造谣专家没有用谣言达到他们捣乱的目的，也只能自己关起门来生闷气了。

我和小潘根本没有把这些流氓行为放在眼里，继续在网络上快乐地进行着相互的调侃，给网友们送上不断的欢声笑语。

CHAPTER ▶ 07
上帝之手
BEAUTIFUL AMBITION

国有企业获取的各种利润都与我个人无关,我未从国有企业中领取工资,而房地产公司则是集团的下属企业,必须受上级部门的监管,利润再多也同样装不进我的口袋里。我是个曾被关进监狱、接受审查而无罪释放的人,深知没事也有人找麻烦冤枉你入狱,更不会去犯这种错误。我宁愿承担风险去突破体制上的障碍,但不会为了牟取私利干违法的事。

BEAUTIFUL AMBITION

最难动的是"老臣"

"5·12"汶川地震之前,美国的次贷危机已经发生,中国政府并未充分认识到美国次贷危机将会对世界和中国产生的不可估量的影响,还没来得及认真分析美国的次贷问题,就被这场大地震打乱了阵脚,从中央到地方,几乎所有的注意力都集中在抗震救灾上了。

5月12日下午3点多钟,我接到了王石的电话,他告诉我四川发生了大地震,与我商议组织企业为地震捐款的事宜。当时王石是阿拉善SEE生态协会执行会长,我是SEE协会监事长,同时我俩也分别是企业家论坛和中城联盟的会员,于是我俩在电话中沟通,建议加上全国工商联房地产商会,由四个秘书处联合向所属会员企业发出通知,发动企业联合向灾区捐款。

当时我俩都无法知道地震的灾情到底有多么严重,会出现多少人的伤亡,只是凭着一种公民的社会责任感提出了这种倡议,最初只确定每个企业捐助10万至20万元,向灾区人民表示我们的关怀与帮助,后来将这个数额提高到了30万元。5月13日,四个秘书处联合发出了通知,以"拉住孩子的手"的名义,组织了数千万元的捐款(不包括各企业单独捐款的数额)。

事后我们才知道地震情况非常严重,超出了一般人的想象,于是又分别组织了各企业的捐款活动。

后来却发生了令人不愉快的事,我们最初不了解地震实际情况、单纯出于道义而提出的捐助，却被社会当成了不道德被误解了，这就是王石"个人捐款十元"的误解。其实当我们在电话中沟通并发起捐款活动时，都没法预测地震的严重程度。在国家媒体尚未正式报道灾情的情况下，能主动发起不管数额多少的捐款活动，这难道不也是一片爱心吗？可到那时候，任何解释都无济于事了。

当许多媒体与民众误解了王石的好意时，我还专门为此写了篇博客，想替王石去澄清，可那时叫骂已如倾盆大雨般倾泻而下，已经无法用任何方式去弥补了。

这场地震，让全国上下都将注意力集中到了救灾，而忽略了中国经济已经出现了严重的加速下滑，少数经济学家在用"破窗理论"来安慰民众，说这场抗震救灾会带来大量的投资，中国经济不会出现下滑，因此不需要调整现行的"两防"政策。

此外，影响经济政策调整的另一因素，就是将要开幕的奥运会了。各国举办奥运会时，都会有大量的投资活动，包括比赛场馆和机场、道路、宾馆等，中国同样有大量的投入，但临近奥运会前，这些投资大多已经完成。其他国家，如2000年的澳大利亚，都是在奥运之前半年就开始出现投资下降，奥运会后出现了经济下滑，但中国并没认真分析这种情况，只是全将注意力放在如何成为金牌大国上了。

尽管7月份中央已经将"两防"改为了"一保一控"，但并未从根本上解决经济运行下滑的问题，当胜利结束了史上最好一届奥运会之后，中国经济跌入了谷底。

中国经济许多年都没有出现过季度GDP增长低于7%的情况了，而2008年的第四季度GDP增长只有6.3%。

奥运会闭幕了，雷曼兄弟倒台了，中央和国务院才惊呼要用"四万亿"重振中国已跌入谷底的经济，并将所有的问题归罪于美国的金融危机。

奥运会前，华远地产终于完成了收购幸福实业上市公司的复牌交易工作，原以为中国的奥运会会让中国的股市也能为自己喝彩，却没想到迎来的不是开门红，而是经济的下滑和股市的下跌。好在企业的经营并未被宏观调控的政策所影响，华远地产也许是因为成立较早，比一般的房地产企业多经历了1988年的"停缓建"这种完全非市场化的调控和1993年的调控，因此对各种调控政策都多了一些应对手段。

赶在这次"两防"的调控政策出台之前，华远已实现了从中心城市向二、三线城市转移的战略布局，将北京占用巨大资金的库存变成了大量可动用的现金，实现了低成本进入西安、长沙，尤其是西安低价位的普通商品房只有 3000 多元 / 平方米的价格，不但没有在"两防"中受到影响，反而在"拐点"一片的喧嚣中成了热卖的重点。

当许多房地产企业在调控的"拐点"慌了手脚时，华远却在努力稳住现有的战略，扩大规模和影响力，从中国未来城镇化发展的需求大局出发，坚信这个市场的未来是前途光明的。

8 月份"幸福实业"重组成功之后，"甬成功"的重组也获得了证监会的批准，当外部环境动荡不定时，企业更需要内部的稳定。

这一年我也提出了"两防"：防止干部老龄化，防止思想退化。同时我进行了企业内部的结构调整，撤换了集团公司常务副总和三个分公司的经理，提拔了一批年轻干部，为公司的长远发展奠定了一个良好的基础。

2008 年是华远成立 25 周年，华远是个在改革开放初期为改革试水而成立的公司，那时已在国家体制内工作的人员大多不愿离开那个"保险箱"，就业也都会优先选择进全民所有制的工厂或企业，而华远这样一个没有纳入计划经济系列的市场化企业，则多是那些想闯闯世界的人才愿意进来，才愿意承担这种风险的。

因此，最初几年中大多是些复员或转业军人，因熟人或朋友关系聚到了一起而开始创业的，领导岗位的许多人都是最初创业的骨干。苦干十多年后，这些人大多站到了重要的工作岗位上，他们可以说都是位高权重的老臣了，都曾经有着赫赫的功绩。但随着年代的磨损和折旧，这些老臣有的居功自傲，有的放松了风险意识，有的开始盲目地扩张，有的动了些歪脑筋，虽然在严格的管理之下不敢过分地贪污，却也脱不了有些关联交易的不清不白。

企业内部最难办的就是处理这些老臣的问题，更有些老臣不但和我并肩作战多年，还有的在进入华远之前就与我有着各种千丝万缕的联系。如果他们明确有严重的错误或生活的把柄，那么理所当然会按法律或纪律办理，但恰恰这些东西又很难查清或说清楚，难以确定这中间到底有没有问题，这时就会在处理上面临许多压力。

我是个眼里容不得沙子的人，我可以允许努力和认真工作的下属出现工作失误，却难以容忍他们为私欲而利用公权，更不能容忍有任何的对企业不忠和背叛，而所有的纵容都可能造成他们的大错，如不能及时解除他们的职务和权力，不能及时亡羊补牢，那么就有可能给企业或个人带来极大的损失，甚至可能造成犯罪。

国企中最大的麻烦是，干部的调动总要找个理由，也就是所谓的对上对下都要有个说法，而我则认为"对企业的发展更有利"就是最好的理由，难道干部们一定只能上而不能下吗？换个工作岗位，或撤销某人的职务，只需要认为其不称职，而非要证明其犯了某些错误。

于是我直接找这几位谈话，按程序执行了党委的决议，办理了董事长或总经理的相关任免手续，限期办理交接工作。

当我向国资委书记汇报上述工作安排时，国资委书记从没收到任何当事人、员工或其他人的投诉。

其他区属企业，几乎都在为撤换那些无能的干部发愁，他们大多是资历很老但都已无创新精神的人，大多是凭资格混饭吃，没有大错，又长期占据领导的岗位，让国资委不敢也无法及时补充新人。无过错，又要撤换，就会有许多人帮助说情，或有各种投诉，企业内部也会乱成一团，上门告状和找领导麻烦的也大有人在，企业内的干部变动与任命，经常成为国资委的一个难题。

但在华远，就不存在这种情况，也许这是因为华远特殊的企业文化吧。

华远虽然挂的是国企的招牌，但从一开始就剥离于体制之外，没有人是有编制和计划安排的，所有人员与干部都是在没有国资委之前从社会中招聘的，靠朋友们介绍的和自己培养的，从未有依赖政府或上级来当官的，更没有巴结领导的习惯，大多是凭自己创业，靠业绩吃饭的。因此没有拉关系保职位的坏毛病，也都有"此处不留爷，爷还不稀罕"的英雄气概，这种风气，甚至成为一种文化。

"来去自由"写在了员工守则的最前面，"择优录用"则紧随其后，前者是个人的权利；后者是企业的权利，两者结合，则成为用人的文化。

没有调控政策干预的情况下，当市场好时，也许还暴露不出管理者的问题，企业经营得不错，业绩自然会掩盖矛盾，但当调控不当市场出现问题时，管理者的能力、创新精神和对外部环境变化的敏感性就全都暴露出来了。

企业的发展不在于市场好的时候，而在于市场不好的时候能不能发现问题。正如在结婚后的蜜月中看不出家庭责任的承担能力，更多的考验不是蜜月，而是过日子；更多的不是在顺境中看真情，而是在逆境中识朋友，过日子，特别是过那些平平常常或有点波折的日子时，最能体现和检验真正的责任感。家庭中夫妻之间是如此，企业也是如此，甚至家族式的企业同样是如此。

有些人可以一起过苦日子，用零工资去创业，但在一起过不了好日子，会在有利益冲突时出现各种矛盾，还有些人则可以一起过好日子，混饭吃，但一遇风吹雨打，就各奔东西了，这两类人大约都无法长久共事。

企业文化中共同的愿景与追求，就如"道不同不相为谋"一样，影响着每个握有一定权力的干部，不以企业的生存优先，而试图借企业之桥谋取私利时，力量与方向就会不一致。这个私利有时是财，有时是名，都会让权力进入歧途，当发现问题时，及时下决心让权力回到原位，则成为对最高权力者的一种考验。

谁也不愿意当刽子手，尤其是面对共同创业的，一路走过的，曾有着各种千丝万缕联系的"战友"，当你要举刀杀人时，就必须要有能说服自己的理由，你可以不在乎别人的评论与攻击，但你必须对得起自己的良心，真正能证明你的决定正确与否的，是这决定最终能否让企业的员工更加同心同德，能否让企业更加发展与壮大，否则就将证明你的决定是错误的。

任何企业的管理者都不是全能的，但企业的管理层要学会的是将合适的人放在合适的管理岗位上，发挥每个人的才能和优势，就像下一盘棋，让每个棋子都放在合适的位置上，发挥各自的作用。车、马、炮、象、士、卒各有各的功能，不仅是某个棋子的功能大小问题，而是全局一盘棋，各自摆在合适的位置上。这不是评价某个人的人品好坏和是否有犯法、犯规的行为，而是要摆在合适的位置，用人不偏不倚，既要识人，又要识术，更要因才而治，这是一门艺术。

一位曾经的老领导对我说过："要有处长之才，才能干好副处长的活。"才要高于岗位半格才能胜任，不是当了处长才有处长之能。否则既难为了下级也难为了上级，培养干部是应该的，但不能让其负担与能力差距过大的责任。将不胜任者放在重要的岗位，不是培养而是折磨。

这位领导也曾说过："一个人在某个岗位上时间长了，就自以为劳苦功高，会产生惰性。这种人如果不能再产生动力，就必须换掉。"中国文化传统中，最难搬动往往就是这种老臣，因为顾忌牵一发而动全身，但是老臣亦常常阻碍着企业的发展与进步。

最近与马云的一次谈话中，我们就达成了这样的共识。马云也准备用高薪请神的方式将所有创业时的老臣都清理出重要的实权岗位，让他们有名、有钱而无权，这大概是管理者在企业发展中发现的一个共同规律。

全国工商联房地产商会10周年年会

我在华远集团公司的管理岗位上同样待的时间过长，也越加保守，但这种保守恰逢国家不断对房地产行业严厉调控的时代，因此保守虽让企业发展慢了，却平稳了许多，规避了许多风险。我与马云同样思考的问题是，当我们这一代的创业者准备退出舞台时，应给后来者留下些什么。如果不能用我们的手换掉这些老臣，则一定会给后任，那些并非最初创业者的年轻人，留下许多包袱和障碍，那么还不如由我替他们扫清这些障碍，让后任者少背一些包袱。

我的那位老领导，因为陈希同事件，也被撤职和判刑了，我却不认为他真犯过什么重罪，他刑满释放后，我仍将其视为曾经的领导，还帮其重置破碎的家，每逢节日必上门送礼祝贺，我记住的只是他的教导。

几年过去了，事实证明我的决定是正确的，这大约也是这次调控风波中我最大的收益之一，任何事情都有正反两面的作用，关键在于顺势而为。

政府管穷人，企业管赚钱

2010年，中央开始了新一轮的房地产调控，试图将四万亿引发的房地产热再压下去。从开年之初就出台了许多文件，要抵制部分城市房价的过快上涨。"两会"期间，为房价的高涨争论个不停，更有了总理的亲自出马，要让国企、央企退出房地产市场，誓言将房价控制在合理水平。

遗憾的是，"两会"刚结束，北京的土地拍卖就有了两块由央企拍出的"天价"地，随之而来的则是各种平面媒体铺天盖地的大量报道，这等于是给了总理最响亮的两记耳光。当天晚上的央视新闻台更由白岩松喊出了"是总理说了算，还是总经理说了算"的高潮，公开地向总理挑战，并用充分的论点、论据，论证了在市场经济的条件下，资源配置的价格不是国家总理说了算，而是市场中的经营主体说了算，市场正是用价格的手在调节和配置资源，同时也说明了只有中国这种土地垄断中的特殊情况，土地如何定价本应是总理说了算，但分税制让地方政府可以充分地利用政府已经限定的游戏规则来获取最高的收益，恰恰是这种土地的垄断供给和地方政府对土地的特殊需求，才最终决定了房价的高低，当土地不断用"天价"冲击市场时，立即就对周边的一二手正在交易的房价起到了冲高的作用，在这种土地价格的不断冲高的竞争中,又如何让中心城市过快上涨的房价在本就供不应求的市场中下降呢?

中国正进入城镇化高速发展的时代,自1996年城镇化率突破30%时,就进入了诺瑟姆曲线(城市化过程曲线)的加速发展阶段,每年2000多万人口涌入大中城市,连续十多年都保持着这种超过2000万人口进城的快速移动之中。近几年北京的人口机械增长翻番,超越了国务院已批准的北京2020年的整体规划,人口提前十多年突破了规划指标,经济发展速度也提前十多年实现了GDP的增长目标,但土地的供给仍然在按批准的规划分期分批下达,远远滞后于经济与现实发展的需要。

中国的城镇化仍处于高速增长中的前两个阶段,一是农村人口大量向城市集中,二是中小城市人口大量向大中城市集中,每年不但有数亿的农民工在城市与农村之间流动,城市间的人口也随着经济的增长而自由流动着。

不同于外国的是,中国有着严格的土地国有与集体所有两种限制,国有土地属于城市,可以合理合规地建设大产权房、商品房,可以自由地交易,而集体土地上则只能建设小产权户,非商品房不能自由交易,于是人口从农村向城市流动,从产权制度上看就成了必然。

不同于外国的是,中国有着严格的户籍管理制度,而户籍制度的背后,则是公共福利的配套,城市户籍可以超越农村户籍享有教育、医疗、劳保、退休等多项特权,但农村户籍则缺少这些福利,于是农村人口当然要向城市移动并力争变成城市户籍。

不同于外国的是,中国有着严格的政府资源管制,如教育资源、医疗资源的配置,都必须经过严格的审批,甚至什么医院配什么样的医疗检查设备,都有严格的指标控制。于是几乎所有的公共资源都集中配置在大中城市,而要想分享这些教育与医疗资源,农村人就不得不拼命挤进大中城市。

不同于外国的是,中国有着各种审批与审核的分配制度,如向中央申请项目与资金,就要先一级一级地申报,最后变成跑"部""钱"进,这些权力都逐级变成了大中城市的集中度体现,因此中国的城市按管理的权限而自觉形成了等级资质。

与国外相同的大约是,城市的集中度越高,市场的机会越多,钱、权、银行、机场等大多集中于大中城市之中,尽管大中城市的生活成本很高,但机会和收入同样更占有优势,这就如同在人口较少的农村不可能有大量的第三产业,但在人员流动的机场,则靠擦皮鞋也同样能发财,做小买卖等小服务在大中城市中,会有更多的机会和收入。

国家机构、政府机构当然也大多集中于大中城市中,当公务员的机会也远远多于农村和小城镇,毕业之后留在大中城市,自然也是大多数大学生们的选择。

正是这种公共资源配置的特殊性、垄断性,人口密集地向大中城市集中就成了一种必然,而市场经济中如果没有户籍管理的限制条件,靠什么来平衡这种人口的流动呢?在全世界都一样的是生活成本的接受(或称支付)能力,而所有的生活成本中最刚性的就是房价和房租。

通常而言,房价高的地区房租就高,租不起大中城市的住房,就只好选择离开这个城市,房价就成为保护这个城市公共资源分享的防护墙,市场用价格来配置资源,同样,市场也用价格来分配资源使用的权利。

谁都知道,大城市会有道路交通拥挤的"城市病",因为道路资源有限,而人口流动无限,那么这种资源的使用就只有靠价格来调节。一是对使用道路收费的价格调整,一是用房价来限制人口的无限流入。

谁都知道,大城市中的公共资源好于中小城市,可这种资源却无法让所有人都有能力分享,于是房价就成了一道公共的门槛,让有支付能力的人进入这个城市,而限制了一部分没有支付能力,并需要增加政府保障性支出的人进入。这种市场自然的调节,虽然并非一种强制,却是减少大城市病的一种必要。重要的是政府应改变中小城市的资源配置。

中国部分重点的一线城市,特别是北、上、广、深等特殊城市,都面临着同样的人口输入性矛盾,也恰恰是这种人口的大量输入,导致这些大城市的房价过高。相对于当地人而言,这也许是不公平、不合理的,因为要跨越这道门槛,要分享这个城市中历史沉积下来的红利,外地人要支付远比当地人更高的成本,付出更多的代价,因此他们也必然带来更多的财富,这样房价就不再以当地人的平均收入水平,而是以那些必须支付高成本人的支付能力而定价了,土地价格如此,房屋价格也同样如此。当资源不足以满足更多流入人口和当地增长的消费能力时,就不再是平均分配,而是满足于这道门槛的要求被无形中提高了。

随着这场"天价"土地的特殊效应,4月份国务院再次出台严厉的调控文件,数月之间连续以国务院文件对市场进行调控的先例再一次被打破，而市场却似乎并没有停下脚步的意思，反倒是在社会上引发了更多人的关注，高房价在政府的文件指引下，将社会的不满情绪引向了开发商群体，尤其是温总理的一句"流着道德血"则更让整个社会都将开发商当成了兜里每个铜板都沾满鲜血的"阶级敌人"。

其实所有人都知道，如果没有开发商这个行业，所有的人都无法解决住房问题，传统的计划经济并没有解决城镇化的发展问题，同时也未能解决城镇居民的住房问题，取消福利分房的改革是在一种迫不得已的情况下，不得不进行的一种改革，也正是这种改革，才让所有人能摆脱住房分配的约束，成为可以自由流动的人，恢复了公民自由迁徙的权利，否则就将永远被福利分房捆在无法自由选择的单位分配上。

其实所有人都知道，企业是以营利为目的的社会分工组织，但长期的雷锋精神的愚昧教育和"阶级斗争"的观念，似乎让营利成为了一种不道德的品质，让追求利润最大化成为了"可恶的资产阶级"的剥削特征。长期的计划经济观念，总让一些人指望着可以退回到无偿的社会福利分配时代，以为因市场经济而带动的住房生产可以无偿或低价地进行再分配。当企业不能通过市场盈利而满足股东的回报要求时，仍会有大量的生产与产品服务吗？

其实所有人都知道，市场经济是靠盈利能力来吸引投资扩大生产的，资金总是流向利润与效益较高的行业，这样才能通过价格去调节商品的供求关系。当产品供应不足时，则价格上涨，吸引更多资金投入，以扩大生产；当产品供给过大时，则价格下降，排斥一些投资的进入，使产能过剩得到调整，而恢复合理利润，这种市场的意识与调节，恰恰靠的是价格与利润的关系，即所谓的那只看不见的手在发挥作用。

其实所有人都知道，市场开发商的工作是生产最好的产品，以提高社区或城市的价格，也都希望自己的产品能成为城市的雕塑或标志，政府的调控政策似乎却总是强调价格与民众低收入的关系，而不能从提高民众收入上解决问题时，就用抑制商品的价格来迁就不能提高的收入，政府的调控政策并不希望开发商产品的创新、节能与环保会提高房价，既不想降低政府从土地中获取的大量收入，又强制市场不能提高商品价格，那么这些产品又如何能提高城市的价值呢？

其实所有人都知道，没有一个地方政府和当地民众会欢迎开发商在自己生活的城市中建设一堆垃圾，也同样没有一个社区会愿意和同意与一个会让自己购买的住房贬值的楼盘为邻，都希望自己居住的环境会因新的楼盘而改善和升值，但中央政府和那些没有购买房屋或尚无力购买房屋的人们却在拼命地用价格作为拦路虎，试图挡住任何的进步，也许他们也在期待市场能提供更好的产品，但他们同时期望这些更好的产品，能有一个比那些较差的产品更低的价格。

其实所有人都知道，向社会中的低收入家庭提供保障是政府的责任，这些保障性质的产品不应高于购买商品房的消费标准，政府却希望市场能自觉地替代政府的责任和财力，向低收入家庭提供比纳税人自行购买住房更优越的生活条件，甚至不惜采用各种行政干预的手段来限制市场中的合理价格与合理消费。

其实所有人都知道，从经济规律的角度看，找不出任何对政府以控制价格为目的的调控政策的合理解释，而只能看到政府为逃避自身责任给出的理由，当政府试图用土地的垄断供给为自己增加更多的财力，又不肯将这些财力用于向市场中的弱势群体提供更多保障时，就只能将承担这些保障的成本转移给社会，转移给市场，转移给消费者，用抑制消费的方式，改变市场中短期的供求关系，以行政的手段转移社会矛盾，却不能从根本上解决城镇化的发展需求和住房供不应求的主要矛盾。

其实所有人都知道，民与商之间是一种服务与被服务的关系，并且商将民称为"上帝"，岂有商得罪于民的道理？但现实之中商被当成了奸商，民与商之间形成了对立，请问如果是自由的市场，民会选择奸商吗？可如果这个市场中就只剩下一个全都是奸商的行业，那么就一定是制定市场游戏规则的政府出了问题，否则为什么不用法律对奸商进行约束和严惩呢？为什么政府仍在与奸商们进行着各种交易呢？

哈佛讲课："反倒是叛逆者成了奇才"

第一次去哈佛讲课是2005年。那一次是应胡祖六先生的邀请，一同去的哈佛"中国论坛"，那次好像是祖六作为论坛主席，邀请了许多朋友一起参加论坛。从北京去的还有张欣、小潘等中国企业家和地产商。其中一个论坛的专题恰恰是"中国的房地产"。

之前我也曾参加过中国社会科学院研究员、著名经济学家樊纲先生组织的中国学者和企业家们赴美的交流与讲学，曾在加州大学等学校作过演讲，也是在那时认识了夏彬、易纲（中国人民银行副行长）等许多学者和官员。但遗憾的是，除了简单的几句生活用语之外，我就是个英语的文盲，必须靠别人的翻译才能交流。因此无形中减少了一半的会议时间，后来有了同声翻译，才好了许多。

此后又与冯仑等人共同在北京和纽约的哥伦比亚大学参加过两地合办的培训班，经过几个月的学习，更加了解了美国的情况。但还是只会那几句英文，仍无法充分地交流。

但是哈佛大学的"中国论坛"则不同，这里可以完全用中文作讲座，除了分布在美洲各国的中国人之外，大多数参会的外国人也都会些中文或自带翻译。哈佛的中国论坛集中讨论的是中国的问题，也是在美洲的留学生们最关注的会议。当然会议还是专门为我这种英盲的人配了专门的翻译陪同，让我可以方便生活与交流。

毫无疑问，美国的投资者也很关注中国的房地产市场，希望通过论坛更多地了解中国的情况。几次去哈佛都住在哈佛大学旁边的查尔斯酒店，步行几分钟就可以进入校园，有些单独小范围的活动也会安排在这个酒店之中。许多服务员也司空见惯地学会了几句中文，让这个小酒店多了许多中国味道。

第一次去哈佛时，我讲的是中国房地产的发展史和市场的未来，哈佛大学提出将那份REICO工作室的报告的中、英文版各一份存放在哈佛大学的图书馆，作为资料保存。中文版约70万字，英文版约7万字。这也许是中国第一份进入了哈佛大学图书馆的民间研究机构的专业房地产报告。

晚餐受哈佛大学的校董会邀请，在专门的校董餐厅就餐，主要是从中国来参加演讲的嘉宾和哈大的几名校董，在一起进行了交流。其中还专门提到了这份报告，并认为这是哈大"中国论坛"收到的一份最好的礼物。

美国人更看重的不是钱物，而是知识与文化，在学校中更是如此。他们对研究精神和研究成果的崇拜，远远高于对身外之物的财富的追求。正因为这份报告，也让我在餐会中的地位大大地提高了，虽然这不是我一个人的研究成果，但无疑其中也包括我提出的研究课题、研究思路与意见的组合，也有我付出的心血。这份报告能获得美国或者说世界一流学府的赞扬，当然也是我的骄傲。

晚餐后，大家的兴奋劲仍在，胡祖六又专门带我们五六人一行去了一个校外小街上著名的小酒吧里去聊天。这个灯光昏暗的小酒吧里挤满了各种肤色的年轻人，说着各种不同的语言，但丝毫没有影响人们之间的交流。小酒吧里散发着一种包容、开放和欢乐的气息。

这个小酒吧之所以出名，不是因为这个酒吧有多少年的历史，出了多少有名的人物，而是因为这是学生们可以在校外与社会交往的屈指可数的两个酒吧中的一个。祖六当年在哈佛读书时，就经常到这个酒吧中来寻找同乡、同学，寻找欢乐。这次回到母校，自然也少不了到这酒吧中来寻找过去的回忆，也特别向我们几人讲述了那时的许多趣闻趣事。当中也包括那个年代中的辛酸与艰难。

哈佛培养了无数的精英，也包括许许多多的中国青年，胡祖六就是其中的佼佼者之一。胡祖六作为中国人当时能担任高盛中国区的总经理，当然也是一件值得骄傲的事情。后来，胡祖六自己成立了基金。

数年之后，我再次来到哈佛，这次是与中国亚布力企业家论坛的众多成员一起，先在纽约参加了各种论坛与交流，将亚布力论坛与华尔街论坛相结合。在华尔街的交易所开了几场中美论坛，在著名而又古老的摩根图书馆进行了交流，听了纽约市长的演讲，还共同与中美的学者和企业家们交流了美国经济危机之后的动态、变化，也与《大而不倒》的作者讨论了危机的原因和应对。

数天之后，这一行人才又来到了哈佛。

背后的原因是陈东升（亚布力论坛的理事长）的儿子与田源（亚布力论坛的创始人）的儿子都参与了这次哈佛论坛的组织工作，所以这些企业家们也就更愿意到哈佛来捧场，参加这次论坛的活动。

哈佛的"中国论坛"不同于中国学校举办的活动，这个"中国论坛"虽然也由哈佛大学支持和提供帮助，却完全是由同学们组织的世界性论坛，而且并非是仅局限于哈佛大学学生，是由几十所大学中的学生自发组织和选举产生组委会，然后再选举产生论坛主席。这届的主席就不是哈佛的学生。而且参会范围扩大到加拿大和周边的国家，以大量留学生为主，也包括美国的学生。

论坛的经费包括学校提供一部分场所，其他的则主要靠社会赞助和参会费用。这次的参会会费比较高，却还是超过了千人花钱听会，充分说明这个论坛在美国各个学校与社会中的影响力。来参会的除了学生，也有社会中的各类组织，包括许多想了解中国或在中国有投资意向的企业，想在论坛中了解中国，寻找机会。

2012亚布力中国企业家论坛理事会（前排右四为任志强）

陈东升的儿子是本届副主席和下届的主席，因此对论坛格外热心。陈东升也当仁不让地邀请了中国企业家论坛的许多成员，参加纽约的论坛和哈佛的论坛。这种中外交流当然有助于企业和国家的发展。有些论坛中给嘉宾们配了同声翻译，大多数论坛则用中文进行。房地产的这场论坛就完全用中文演讲，包括那时任麻省理工学院（MIT）建筑系主任的张永和先生等，都是用中文演讲。这场有关房地产的论坛人满为患，连台阶、室内走廊、台前都坐满和站满了人。室外走廊中仍有许多人进不了会场，相比之下，其他会场就显得有些冷落了，虽然同样有许多人，却没有站满走廊和门口。

这说明更多的人在关注中国的房地产市场。特别是美国的经济危机中，房地产是个重要的指标，也与千家万户的生活密切相关，因此也有更多的人同样在关注中国的房地产，同时还有许多从事与房地产相关的上下游产业的人士，也在关注房地产对他们可能产生的影响，许多美国的中介也想把美国的房子卖到中国去，于是这个会场就成了讨论、提问都最为激烈的会场，也少不了有许多挑战。

论坛上中外双方就中国房地产市场中的"泡沫"问题有许多争论。我仍坚持中国正处于城镇化加速的阶段。房地产仍是中国经济的支柱产业。专题发言之后的提问时间中，大多数的提问都集中向我抛来。似乎这里不是哈佛，而是中国的某一个城市中的论坛。看来，无论是中国还是美国，大多数关注者都将眼光盯在了房价上，很少深入研究房价变化背后的深层次逻辑问题。房价其实是各种因素变化的结果。通过价格信号调整投资与需求的预期，才是形成价格变化的原因。

晚上组委会组织了专门的嘉宾欢迎晚宴，其实是组委会邀请了一些准备回国的学生和从国内来的企业家见面，讨论他们回国之后干些什么，或者是继续留在美国就业？更多的海外学子想回国报效国家，但对国内的股市、政治体制和经济都有许多担忧，他们也怕回国之后找不到自己合适的位置，这次中国许多知名的企业家来到了美国，自然也给了他们更多了解国内情况的机会，同时他们也在这些企业中做着不同的选择。

我倒希望这些从国外回去的海归们能进入国家机关中公务员的行列，不是进入好的企业中获取高工资，我已经没有机会和可能去改变中国国家机关的工作作风和思维方式了，这些海归们却完全有这种机会和可能，也许这些受过民主教育和更加开放的市场经济制度培养的人才，能帮助和推动中国的改革。

20世纪80年代初期，正是一大批海外回国的学子们用在国外学习的经验推动了中国的改革，成为第一批下海试水的英雄，如中国证券与资本市场的建立等，都是靠一大批国外回来的学子们努力闯出来的，如今中国又到了再次推动政治体制改革的时候了，从经济体制的改革到政治体制的改革，这也许是件更为困难却更为重要的事，早期中国的改革只解决了打破计划经济、向市场经济转化的制度矛盾，但这种改革开放仅限于部分经济领域，并且是在产权制度没有彻底打破公有制的基础上，作了些民营的补充。但当政治体制不改革时，这种公有与私有经济的冲突不断出现，也因此有了"国进民退"的变化，要从根本上解决问题，已经无法用经济制度的改革来推动，而是必须在政治体制上进行改革了。

这就需要更多的内外部力量共同推动中国的深化改革，但体制内如果不能输入大量的新鲜血液，从人的素质上进行改变，那么要打破利益集团的坚固堡垒，就会更加困难，如果这些海归们进入到体制内部，则有利于让堡垒从内部被瓦解。

但我的建议似乎同学们都不感兴趣，他们更多的还是想进入中国最优秀的企业中去，或成为华尔街的金融家，同时也有许多留学生在关注公益事业，看来美国的教育能培养出更多的专门从事公益事业的社会活动家，这也是中国最缺少的一种教育，有人说或许是因为宗教的影响，凡是有宗教信仰的地区或国家，这种不同阶级、阶层的普世的爱，远远比恨要多，从事公益事业首先需要的就是这种大爱无疆的情感，否则是做不好公益事业的，美国从学校教育中就一直培养学生的这种情感，给他们提供参与公益活动的机会。并且，一些自主的学生组织也背负着此种使命。

中国教育缺少的正是这种让学生们独立思考、自主组织的能力，包括学校组织的各种活动和论坛，大多是由校方、院方或官方组织的，因此学生们没有这种锻炼学习的机会，自然也无法培养出这种全社会的组织能力，更别说多个学校的学生共同组织一场国际化的"中国论坛"了，这种事却可以在哈佛出现。

我也曾参加过新加坡大学组织的这种国际性论坛，同样是学生们自主组织的活动，其他的国家大约也有，如英国、德国，但中国对"组织起来"有严格的定义和管理，包括对公益的社会性NGO组织的建立都有严格的管理和审批，总把"组织起来"当成敌对势力和反对党的行为进行约束，也致使整个学生的教育中失去了这种概念，也让更多的人失去了"组织能力"的细胞发育，这大约也是许多大学毕业生就业难的重要原因吧。

回头看,"文革"时的疯狂虽然从政治上是一种失败,可"文革"时红卫兵组织的各种活动却锻炼出了一批颇有社会组织能力的学生,这批人大多也成了改革中的先锋和市场中的企业家。毫无疑问,那段"乱世出英雄"的经历,对他们以后的成长产生了巨大的影响,也对他们的社会经验和独立思考能力提供了帮助。固然,谁也不希望再发生一次"文革"这种无视人权与生命、无视道德与法律的悲剧,但现在的学校完全可以用其他方式帮助学生们自发组织各种社会活动,以培养学生们的自主组织能力和独立生活能力,为国家与社会培养出一批有用的社会人才,而不是只让他们学会服从,只学会课本上的知识,却无力独立面对和走进社会。

中国以应试教育为主,将孩子们都培养成了考试的机器,忽略了他们智力的开发和能力的训练,则很难让这些学生融入社会之中,甚至让这些学生不知道该如何应对面试,在官员或评委的面前,无法展示出本人的基本素质,让许多在学校成绩不错的学生无法找到适合自己发展的位置。

从中国整个的受教育程度看,不是中国的大学人数多造成了就业的困难,而是中国的大学未能尽到教育的责任,让名义上拥有大学学历的年轻人并不掌握最基本的生活与社交技能,缺少基础的训练,没有独立思考与独立面对复杂社会与人群的心理承受能力,更缺少面对挫折鼓起勇气站起来的能力。过多的依赖,让多数人只能盲从而不能独立竞争,以至于拿着高学历,却成了社会弱势群体,甚至出现过许多败落与自杀的现象。

这大约也与中国的独生子女政策有关,但到国外学习的,也有许多是独生子女,为什么这些人都能自立呢?内外差别中,主要还是教育问题。

我既没有在中国的大学教育经历,也没有国外的大学教育经历,无法用亲身的体会对这两种教育制度进行比较。但我却可以从在中国的大学任教、参加论坛和在国外的课堂讲学与论坛对比中,感觉出这两种教育制度的差别。很明显,开放式的教育制度,更多地让学生去组织和体验自我组织活动的能力,对学生的教育与培养的效果,远远好于将学生当成绵羊圈养的结果。没有经过摔打的历练,很难让学生们变成有用之材。

中国许多有钱人都将孩子送到国外去接受教育,中国的官员们也利用各种关系或腐败的手段将孩子送到国外去接受教育。这种现象被社会既看作是一种鲤鱼跳龙门的捷径，又被社会强烈地攻击为一种不公平或不正常的现象。但在哈佛，你会见到的不仅是中国大陆的孩子，还有台湾地区、香港地区的孩子，其他西方资本主义国家和经济不发达的国家同样也会有大量的孩子会被送到美国接受教育。

因此应该承认，这种趋势主要是缘于教育的质量、素质和水平的差别，而与爱不爱国，是否完全有经济能力无关（许多留学生出国学习，都是国家出钱或奖学金），更不是什么纯政治问题。反倒应该检讨的是中国的教育制度，教育资源配备的不合理性，以及应试教育的弊病。

最终，所有的教育又都与国家的政治制度相关。当一种政治制度无法向学生提供一种全世界共同的学习与研究环境时，就必然会只输入一种单一观念，如坚持某一种主义。学校无法平等地让多元的思想进行博弈，尤其是无法让不同的意见充分地表达，那么就不可能碰撞出生命的火花。学生都只能在传统的教材、统一答案的标准模式下，像产品流水线一样生产出同一种标准的模块式人物，那这些人就大多只能是人力，而无法成为人才，反倒是一些叛逆者成了奇才。

同时，由于政治上的不开放，许多陈旧的教材不断重复着错误的理论和非客观的历史，让学生从认识方法到最终结论都无法更新，更不用说创新意识了。一些学校还错误地以为可以在学生的学习期间鼓励他们技术创业，而不是鼓励他们参与更多的自我组织的社会活动，反而让这些学生错误地认为，学习并不重要，发财最为重要，技术最为重要。

其实，培养人的社会组织能力与风险承担能力是建立团队与从事经营活动的基础。企业没有组织能力，再好的技术也难以变为市场中被接受的产品，更不可能有更大的推广。我始终认为，培养一个人独立思考能力和组织能力是教育的核心。

总理，总经理，谁说了算？

从2003年的调控开始，政府就越来越多地用计划经济的办法来解决经济上的问题，试图用行政性手段拉平经济运行的曲线，每当市场出现一些波动时，政府这只闲不住的手就会到处乱摸，想让经济按政府的意图行走，但经济的规律并不是依照政府的思路运行的，博弈之中，反而让经济的波动逆政府旨意而行，这波动就更加扭曲了。

2008年的下滑来自政府的"两防"——防止经济过热和防止通胀的强制措施,"四万亿"的振兴又让经济迅速回升,2010年的房价也在这种货币超发中暴涨了。

当政府违背了经济规律,让房价面临上涨时,又出台了"国十条",试图用行政的干预让房价回落,但是,从部分城市部分房价上涨过快,到全国的房价都在上涨,而"国十条"却无法让已经开动起来的机器刹住车。

养猪的周期要6~9个月,可以在一年之内实现供给的增长并保持价格的平衡,但盖楼要三至五年,从购买土地做出决策到向市场提供预售产品,至少要6~9个月的周期,而到竣工少则两年多则五年(超高层),因此一年内多次出台政策大多影响的不是当期的决策而是后期的决策,供给方的决策和生产并不完全被短期的政策操控。

需求方确实会受宏观政策调控的影响,但不同之处在于,调控所影响的需求会在短期内减少或压缩,却并不因此让需求得到满足和释放,这种需求并没有消失,而只是变成了积累,在短期内的观望,则让长期矛盾不但没有减弱,反而在预期发生改变时更加高涨。

古人告诉我们,"大禹治水"的方法是以疏导为主,李冰告诉后人的是无坝的水利工程最可靠,但政府的行政调控则更多用的是堵的方式,筑起一道限制消费需求的大堤,为解决眼前的供求矛盾,不是用增加供给,而是限制需求,从而为后来的发展制造了更多的麻烦。

每次需求被限制之后,如果消费者真的因政策的调控买到了价格大大降低的住房,那也算是行政的一种成功,可惜的是,当价格因调控政策略有松动时,人们以为政策的威力还没发挥出来,以为还会有更多的价格下降,并不愿在这时出手,但一段时间之后,发现价格又开始回升了,想出手时价格又变得更贵了,那些被抑制的消费需求再也按捺不住,一拥而上,反倒推动着价格更加上升,想买房者一次又一次在失望中悔恨,并把这种仇恨转向了开发商,转向了调控政策。

当开发商有大量库存时,因政策调控不得不适度降价,以收回现金,却不会在没有市场预期时进一步扩大生产,于是当解决了现金流的时候,市场中的库存也开始下降了,就将剩余的产品用高价出售,以弥补前期降价的损失,于是价格又开始回升了。

如此的反复之中，消费者中一部分人享受了调控政策的红利，但另一部分人则承担了这部分红利的转移，消费者整体而言并没有得到实惠，希望更高时反而让失望更多了。

从根子上讲，大约中国政府仍坚持骨子里的计划经济管理方式，从来没有相信过市场的力量，更不会相信市场自我的调节能力，始终用看得见的手代替看不见的手，变本加厉的行政干预只会破坏市场经济的生长机理，而不会对市场经济的体系建立有任何帮助。大多数民众和决策者更注重当前市场的反应和结果，并不关注长期的建设。因此，从2003年的调控开始，政府就都是以当年的短期行为为最大利益目标，至今也没有一个长效机制的建立，甚至没有这种研究和分析，更别说立法了。

从多数国家的经历看，"住宅法"似乎是解决国民住房权利的基本法规，这应包括不同收入的人群，用不同的方式解决居住权利的问题，同时也解决财产权利的保护问题和最困难投入群体的基本保障问题，并保持其长效性和预期性。但遗憾的是，全国人大从来都只是提出，而没有将"住宅法"纳入立法的程序，也没有广泛地讨论和征求意见，因此就在没有法律约束的情况下，任由政府随意改变与调整房地产市场的运行规则。实质上是将这个产业摆在调控经济运行中的工具位置，而非将最终解决日益提高的居民消费需求放在合适的位置。

每次的调控都是根据经济的热度、GDP增长的高低，将一个关系民生权利的产业政策，变成了为防止经济过热或过冷运行的手段，在可随意进行调整的短期行为状态之下，过热时严厉调控和打击，过冷时借民众的消费热情撬动经济的暴涨。2009年的调控就是这种典型，于是才造成了2010年的波动与变化，房价迅速攀升，到了不得不再次打压的程度。

计划经济时期，政府就知道国家管理经济的重要职能是解决好总供给与总需求的关系问题，怎么市场经济了，反而不从总供给和总需求的关系上下功夫了呢？也许是因为土地资源的垄断、城乡两种土地制度的差别、地方政府土地财政的特殊需求，导致政府不愿和不能用增加总供给的方式解决问题，也不愿让市场发挥资源配置的功能，于是就只好在抑制需求上用行政命令手段加以控制，让市场出现短期平衡的假象，但这些终究不能从根本上解决问题。

无论如何，中国都必须面对还有数亿农民要进城的问题，无论如何，都必须拿出一定数量的土地来保证中国的城市化需求，既然早晚都会硬碰硬地解决这个问题，不如从最开始就在土地问题上下点功夫，留出适度的余地。为什么在坚持18亿亩耕地红线不动的同时不从其他非农地上下功夫，不从城市周边的浅山区上下功夫，不从改变土地利用思路上下功夫？特别是严禁盖别墅的命令，恰恰堵死了对城市周边地区非农土地再开发利用的道路，并使消费升级只能集中于城市核心区，并进一步带动和推动了普通住宅的价格高涨，也让农村的土地在功能转化中失去了高效的利用价值。

城市化发展的四个过程中，第一是农村向城市集中，第二是小城市向大中城市集中。目前中国已处于这两个发展阶段之中，但土地制度和非别墅化，让第三个发展阶段即从城市中心向郊区转移的过程中断了，城市郊区的土地性质让这种转移成了梦。城市四周农村实行的土地所有制不但让财富向郊区转移成为一种不可能的事，也让公共资源和其他资源向郊区的转移难以实现，最终就更不可能实现合理的城市群概念。

针对经济运行中的特殊波动，政府完全有必要动用行政干预的手段，稳定局势，但对长期发展的经济大局问题，用临时性的行政手段，尤其是长期多年连续地动用行政手段，不断地对市场进行忽左忽右的调整，则一定会失败的，建立市场经济制度的基础还是要利用市场自我调节的能力来修正经济运行中的问题，供求的平衡和价格的调整本就是市场中的自我博弈，而现在变成地方政府和市场还有政策的空间进行博弈了。

不科学的行政手段无论如何都绝不会是滴水不漏的，或者逼良为娼，或者狗急跳墙，或者由小洞而变成大洞，总之不会正常地达到其政策目标的预期，都常常节外生枝，顾此失彼，造成更为严重的经济后遗症。

过去几年的调控就充分证明了这种情况，而历次调控也同样产生这种必然的结果，高烧不退就只好变本加厉了。

以后我看到的正是这样的情况，2011年初，在以政治为优先目标的基调下，政府出台了更加严厉的行政调控政策。

一是未经全国人大批准，仅以国务院第139次会议精神为上位法来推行"房地产税试点"，上海、重庆分别以不同的征收对象、征收条件、征收税率，开始了对居民住宅类房产征收财产税的试点。

二是继房地产税试点宣布之后的第二天，宣布对第三套住房购买的限购政策和对第二套住房购买的限贷政策，以及让地方政府签订限制住房价格上涨指标控制幅度的责任状，彻底撕下了"市场经济"的遮羞布，拉开了用行政手段直接干预市场微观的大幕，并让这一严厉的调控政策，正大光明地成为了掩盖"四万亿"救市政策失误的挡箭牌。

2011年，北京的房展会上组织了一场对政策影响的研讨会，会上有各种不同的声音和意见，许多年轻人在热烈地拥护国务院出台的房产税政策和限购限贷政策，也有人在预测房价的暴涨与暴跌。

许多人拥护房产税的出台，以为房产税可以抑制房价，可以杀富济贫，可以让房价暴跌。从世界各国的情况看，对房产这种财产征收合理的财产税是理所当然的，但房产税与抑制房价无关，即使中国最初提出税制改革，将间接税变为直接税时，也从未将房产税的征收与抑制房价联系在一起，而只是整个税制政策改革的一部分。

世界各国征收房产税，因为土地的产权是私有的。当政府的投入改变了土地的利用价值时，政府有权分得其中的一部分，更重要的是，地方政府免除了其他各种间接或直接的税种，而将大多数地产税变成了唯一的房产税，因此在许多国家的地方财政税收中，房产税成了接近于100%的税收来源。中国的土地是租用的，并且一次性缴纳了70年的使用租金（按复利计算相当于无限期的租金）却没有土地的财产权，房价中大量的价格组成来自地租的部分，又不是完全的财产权利，当然也就没有按财产价值纳税的道理，尤其是各种其他的间接与直接税众多，再对财产权利征税就相当于掠夺民财了。如国外征收房屋财产税的国家在个人收入从货币资产变为房屋资产时都减免个人收入所得税，因此有理由对免税形成的房屋财产征收房产税，而中国的房产形成之前早在货币收入时，就纳过个人所得税，对缴纳过税的钱转换成的实物资产（一种使用权的资产）再征税，当然是一种抢劫式的征收，更为不合理了。

还有人以为房产税可以增加地方政府的财税收入，从而减轻对土地财政的依赖，但我认为，这种试点的方式收到的税或许还不够征收的成本。如重庆对存量住房的征收，调查的成本也许就大于可征收的税收，今天看2011年上海税收为7000万~7800万元，2012年约为1.6亿~1.8亿元，与上千亿元的土地收入相比，可以说是九牛一毛了。

许多人在拥护限购措施，以为这样可以让房价下跌或不再增长。乐观者认为限购措施不会影响价格，他们以为房价还会保持10%~20%的增长，悲观者则在大叫，房价会下跌20%~30%，而我认为仍会保持5%左右的增长，于是引发了牛刀的不满，牛刀并放出豪言要与我一赌，如房价上涨超过5%则牛刀永远不再谈论房价，而如果房价下跌，则要我认错。我不认识这个牛刀是何许人也，也从不想与任何人将市场视为赌场，当然也不需要用这种赌局来提升自己的声誉与地位了。

但年终的最终结果是涨幅为5.6%，牛刀不得不低头，据说牛刀给自己开了个后门说，因为我没应这个赌局，因此牛刀也不算是输，当然还会继续评论房价。

事后许多媒体在热炒这一赌局之事，凤凰房产更是紧追不舍，我接受了许多采访，但绝不承认我曾设过赌局，尽管最终的事实已证明我是对的，但我从不想应这个明知已是赢了的赌局。

许多城市将限购作为防止城市人口过度集中的措施，因此对非户籍人口做了严格的条件限制，其实市场经济正是用房价作为一道门槛来防止城市人口的过度集中，这本是个自由选择的最好方式，却因为博得了民众喝彩的"好名声"而被当权者否决了，反倒要人为地压低房价，同时用提高非市场化的行政门槛的方式将非户籍人口挡在城市之外，还要让非户籍人口缴纳多年的社保和个税才能换取购房的资格，在国内迁徙，却要为购房资格付费，无疑是一种典型的官僚主义的恶政了。

过去我说过，在大城市买不起房的到中城市去购房，小城市购不了房的回农村，因此招来众人的臭骂，我说的是城市房价的门槛限制了人们的选择，这是市场竞争的本质，但现在政府说只要你没有城市的户籍就回原籍去，回农村去。到底是我错了，还是政府更狠心呢？要想进城先交门槛费，这个门槛费也许比房价更高，因为房价再高都是财产的一部分，并且会升值，带来更多的财产性收益，但是所谓的纳税证明和社保缴纳却不是财产的一部分，更不会带来财产性收益，也许只是上缴的钱，没有任何的回报，奇怪的是，一些人却在拥护这种无耻的限购政策。

为什么这种残酷无理的行政干预反而会受到许多人的欢迎和拥护呢？当眼前利益迷住了一些人的心智时，他们已经不会用头脑思考问题了，而只会用屁股坐在那一边去判断了，因此他们更推动和帮助了政府无情地破坏着市场的机制和掠夺着民众的财富。

2011年8月份之前的各种行政措施似乎并没有让市场的热度迅速降温，于是9月底政府再次出台了加码的政策，硬要将这种持续上涨的需求按下去。确实，10月份之后，市场迅速下滑了，但这不是因为政策的威力，而是因为银行擅自提高了个贷利率。

年初的政策延续了2009年重振经济时对个人购房信贷的差别利率水平，但银行大多悄悄地将购房个贷利率从0.7倍上升到了0.85倍或0.9倍，在物价上涨的背景下，低利率仍然支撑着市场中的购房消费，但10月份之后，银行已经不将国务院文件中的差别利率的规定放在眼里，而是将银行的个贷利率提高了1倍或1.25倍，不但取消了优惠，而且提高了信贷的利率，因此让市场中的消费能力备受打击。从0.7倍到1.25倍的利率提升，每100万元的贷款要多支付20万元的利息，这就不但吞噬了市场中开发商每套房降了10万元的差价，还要多支付10万元的利息，这种支付差距，大约会影响个人住房可支付能力的1/4，这也让许多本来可以借差别信贷的优惠利率购房的人群，变成了无力购房的人群。

很明显，市场的力量远远大于行政的干预，提高个贷利率对市场的影响远大于限购政策的威力，但中国政府要做的是讨好民众之心，而不是发挥市场的作用自我调节价格，当国务院的差别利率政策没有得到执行时，伤害的是民众的利益，却满足了管理层打压市场的虚荣心。于是政府就会睁一只眼，闭一只眼，任由银行借垄断地位而提高个贷利率。直到2012年"两会"期间银行自曝数钱数得手痛时，在人代会一片质疑声中，个贷利率才恢复了优惠，市场也重建了信心，并恢复了正常的增长。

2012年的"两会"上，温总理再一次高调喊出了"让房价回归合理水平"的口号，仍坚持用行政的手段来调控市场，并拼命想打压房价，但"政策八年都不出中南海"的调控能力不是早就说明，政府这只闲不住的手除了扰乱市场之外，并不会给中国的经济增长带来任何好处吗？如果一个公司的总经理所制定的政策"多年都出不了办公室"，那么这个企业在靠什么活着，而这个总经理还不该辞职吗？

2011年的"两会"上，全国人大通过了"十二五"规划，其中一个重要的指标性任务是5年之内要完成3600万套保障性住房，其中2011年和2012年分别完成1000万套，这又是一个拍着脑袋做出的决定。

1998年房改时，我就提出同步建立住房保障制度，以保障市场化竞争中失败者的居住权利，却遭到了官方与社会的反对，造成了巨大矛盾的积累，而今又试图用"大跃进"的方式一次性补足历年制度缺陷造成的民怨，试图用政府强制性的命令再次掀起人定胜天的"大跃进"高潮，用超英赶美的方式再创造一次奇迹。

尽管我是第一个提出要建立住房保障体系的人，但也反对用这种突击建设的方式建设保障性住房。

《世界人权宣言》明确指出，各国政府应保障国民的居住权利，因此应由国家用公共财政承担起住房居住权利的保障义务，但什么样的人群应予以保障则是应首先明确的法律。因此各国出台了《住房法》，对不同的收入群体给出住房解决的办法，并有明确的国家保障标准。保障不是普惠制度，而是一张防止社会底层崩溃的安全网。尤其是中国，已有约50年的福利分配制度的基础，真正要解决的保障对象应定在租不起住房的家庭上。

应保障的社会人群是随时变动的人群，当在市场竞争中他们失败或无力参与竞争时是弱势群体，应给予居住权利的保障，但当这个群体中的一部分人，通过竞争而提高了收入时就应退出保障的范围。子女尚未进入有收入阶段的家庭等，子女进入就业时，收入就会提高，可能通过家庭的努力而改变收入情况，可以不再接受纳税人的救济和保障。

正因为这个群体是个随时变动的群体，因此并不存在应保尽保的答案，更不应该用财产权利对流动群体给予保障，而应用居住权利给予保障，以合理解决"进入"与"退出"的问题，并逐步从"砖头补贴"向"人头补贴"过渡，最终变成完全以"人头补贴"的常态，"砖头补贴"是增加最初的房源存量，但这种保障条件是会随整个社会的发展水平而逐步提高和变化的，因此不应用静态计算的方式大量建设，大量建设会造成土地资源的浪费，而有了一定的存量后要用"人头补贴"，才能解决好流动中的退出问题和更换问题。

如果大量使用财产权利的保障，必然形成大量的腐败，保障不了真正需要保障的人群，并让中国的住房保障政策制造出更多的分配不公平和贫富差别。很遗憾，中国的3600万套保障房计划中，约80%是财产权利的保障，而只有20%的部分是居住权利的保障！

我不认为这个"十二五"规划是经过科学论证的结果，也认为根本不可能实现（也没必要实现），于是就在网上挂了篇《啥是中国的大跃进》的博文，从土地的供给、政府应提供的资金和中国现有的生产能力三个角度分别分析和论证了这种目标制定的不科学性和不可能性。

2010年之前，中国房屋竣工最高的年份中的总住宅套数量约为800万套。"十二五"规划要求在两年内分别竣工1000万套的保障房，这几乎是不可能的，除非全部停建一切商品房，否则连施工力量都无法保证。

我挂出这篇博文的第三天上午，住建部房地产司的沈建忠司长就打来电话，询问这篇博文中的内容和具体情况，我得知第二天温总理就这对篇博文中提出的问题作出了一大堆的批示，并指出了我博文中的错别字。

确实，我不会用计算机打字，所有的文字稿都是用手写的，之后由秘书打字输入计算机，变成网上的博客，打字时一个重要的单位量词"亿"被打成了"万"，这个明显的错误，被温总理一眼就看出来了，可见总理是认真进行了研究的，并对我指出的问题极为重视，要求住建部给出答复。

虽然我与沈司长在电话中并未争论出个结果，但沈司长最后轻松地告诉我，这个批复不由他负责答复，由保障司回复。

最终的结果是大家都已看到的：2011年的1000万套保障房用签订责任书的方式总算保证了开工（不是完成），其中也包括了大量的单位建房和市政拆迁房等非直接保障的项目，但2012年则不再是"十二五"规划中的1000万套，改为了700万套。

为什么"十二五"规划这个经全国人大通过的决定可以未经人代会修改，由一个住建部就做出了修改的决定呢？问题正在于，一个靠拍脑袋做出的决定，是无法靠"大跃进"的生产方式去实现的，用政治的手段管理市场，最终的结果必然达不到预想的目的。

一个涉及整个国家的住房政策，却不能做出科学的判断，只用政府的强权和个别人的意愿就贸然做出决定，只能说明当将经济问题当成政治问题来处理时，必然会出现巨大的偏差，即使用行政命令的方式可以勉强执行，也会留下更多的后遗症，让经济在政治因素的干扰之下，不断地暴露出问题。

也许这是中国政治制度和任期制所造成的恶果，本届政府只考虑当前的利益而忽略了长远的发展，尤其是没有民主对权力的制约，没有民众对行政错误的追查能力，政府可以不计后果，即便当期执政期间的负面效果出现了，也可以将所有可能产生的矛盾，扔给下一届政府。

正因为如此，从没有人对过去的调控政策进行评估，也无法从历史的错误中吸取教训，于是这种为换取一时的民心而出台的错误政策就一出再出，将好端端的一个中国改革之路，弄得七扭八歪，甚至出现了严重的倒退。

CHAPTER ▶ 08
退与不退

BEAUTIFUL AMBITION

　　将路上的危险告诉大众，虽然也会有人说你多管闲事，或说你故弄玄虚，但当这些人因你的警告而规避了风险之后，一定会有更多的人感激你的提醒，这就像现实生活中许多人在期待房屋降价，希望能用更低的成本享受更好的生活，看到房屋涨价了而归罪于你，但也有更多的人正因为听了你的分析而提早购买了住房，避免随后付出更多的成本与代价，会因受益而认可你。

BEAUTIFUL AMBITION

当"菜农"遇见"二道贩子"

工作中总有许多的烦恼，但生活不能让工作的烦恼破坏了，除了家庭和小女儿是我的最爱之外，我还有许多其他的热爱的朋友，比如小潘。

我与潘石屹相识是在1993年。当年冯仑带领这个同学从海南进军北京，他们希望能在北京市中心区寻找到房地产项目。我原准备将现在万通新世界大厦所在的土地转让给华润，但华润更希望从单个土地的开发合作变成与公司的合作。于是我又准备将这块土地转让给香港新世界地产，但是香港新世界通过中间的公司向华远交付了500万元的资金之后，我们却未能继续履行合同。因为崇文区政府给了香港新世界地产公司更优惠的条件和更多的土地，即现在崇文门地区的改造项目，于是我们这块土地落入了万通的手中，变成了今天的万通新世界大厦。

有一次，在中国大饭店举行的一次活动上，我通过唐欣与冯仑相识了，但来谈判和签署合同的都是潘石屹——一个连什么是"七通一平"都不知道的年轻人。合作期间，我们在董事会上不断地争论，我一点点地向他解释北京的法律法规以及建设的要求，渐渐地，我们便成了不打不相识的朋友。

1996年海南万通的兄弟们闹分家，于是小潘带着冯仑分给的一部分钱和已经以万通的名义谈得有点眉目的现代城合作项目离开了万通，开始另立门户了。

小潘的北京红石实业有限责任公司最初在保利大厦十层。那时他还两手空空，没签到什么项目。1996年6月现代城项目签约了，土地是原来酿酒集团的酒厂厂址。小潘占50%的股份，大股东是北京鸿运置业股份有限公司，这个公司的总经理就是原北京市政府秘书长、曾担任中国证监会纪委书记的黎晓宏先生。

1996年我正忙着公司上市的工作，小潘好几次约我去参加活动，我都未能参加。7月12日的开业酒会我也因故未能参加。9月份，小潘专门约我就中国的房地产业能否成为中国经济的支柱型产业、中国经济周期会不会进入低谷和如何推进商品房消费市场等问题进行讨论，我也都没有直接参加，而是通过文字方式与他们进行了交流，但双方并没有因此断了联系。

小潘总能引发社会的关注，总能制造一些新闻和热点，也总爱事事都叫上我，给媒体们一个演双簧的惊喜。自有了现代城这个项目，小潘就不断用各种奇奇怪怪的错误，吸引着媒体与社会的眼球，每一次的失误都被小潘充分地利用，大做各种宣传，并成功进行危机公关，将这些失误转化为一种"优势"，也让自己的个人品牌和企业品牌在风风雨雨中逐渐成长起来。

针对现代城销售不出去的问题，小潘想了个高招：聘请邓智仁的利达行公司代理销售，并在媒体上打出了"奖金5000万元，就等你来拿"的大标语。这个吸引媒体眼球的消息，就是一个流传极广、影响极大的广告。小潘就是用这种制造新闻的方式来节约广告费的。提高中介的代理费促进房屋的销售，看似是老板对员工的一种奖励，其实羊毛出在羊身上，都是消费者在为各种广告费与中介费埋单，但民众的眼球很难停留在大版的房地产广告上，都会自觉地被"5000万元的巨额奖金"的八卦消息吸引，他们会讨论谁会拥有这5000万元中的一部分，于是就会有人问是哪个项目，于是就会有人说这个项目在哪里，于是现代城就被人们多次提及，这个项目的情况就被不断传播。

于是媒体就对此有了跟踪报道，如邓智仁为这个5000万元招兵买马，当然也有许多人跃跃欲试地积极参与，小潘成功地掩盖了项目销不出去的困境，用"5000万元奖励"吸引了社会的注意力，成功提高了这个项目的关注度。

没过多久，这个"5000万元奖励"的吸引力就被"邓智仁率领团队叛离现代城"的新闻代替了，为了"5000万元"而招聘来的团队投靠了"国美中国第一商城"的恶讯又被小潘成功地炒作了一把。小潘把自己摆在一个被人坑了一把的弱势地位上，好像是一肚子的冤情无处倾诉，明着是要请媒体和业界的朋友们来帮其评断个是非，为其出一口恶气，希望大家帮其讨还个公道，实则是一种自我宣传和炒作。

那天小潘召开媒体见面会，特意把我先叫到一边的咖啡厅，希望我帮他说几句好话，我问小潘是否与这些人有劳动合同，小潘说没有。我说那你凭什么说这些人是叛逃呢？也许那时的小潘并不特别熟悉企业的管理，只习惯于海南的私人公司中的那套哥们义气，无法与一个在香港法制环境下成长起来的习惯于利用法律规则逃避责任的邓智仁对抗。

最初在海南成长起来的这些个体户们，大多并不重视合同的法律效力，更习惯于堂会式的管理方式，就像冯仑在《野蛮生长》中描述的那种企业生存与管理模式。在冯仑与"六君子"的分手过程中履行的同样不是契约，而是哥们义气。幸亏冯仑是个讲义气的汉子，否则小潘既分不到钱，也分不到项目，或者他们会争个你死我活。

偏偏小潘这次就撞上了邓智仁这个善于利用法律逃避责任的人，只有吃个哑巴亏，打掉牙齿咽肚里。

朋友是要帮的，但我这个人最大的毛病是不会拉偏架，这也是被社会上许多人认为说话不留情面的"坏毛病"。一位我的老领导、西城区政府办公室主任汤小泉，后来被邓朴方调到中国残疾人联合会当秘书长，后来又当了该联合会副会长和2008年残奥会的副主席。她就经常批评我说："不许将盲人叫瞎子，不许将肢体残疾人叫瘸子。"更有许多领导和民众批评和大骂我将不同收入的人群称为富人与穷人，一定要称为中高收入者与低收入者，但好像李克强总理也在说"穷人区"与"富人区"，而不是说"中高收入者居住区"与"低收入者居住区"！

或许人应该保留一些纯真的本色。这个社会应该能理解，这些真实语言并没有背后的意思。这些直白的称呼，并非是一种歧视与侮辱，至少对我来说，并不是因为看不起穷人和瘸子，才故意用这种习惯性语言去称呼他们。我只知道要说真话，要把话说得明白。

对小潘也同样，当面指出其错误，我认为是一种帮助，也许会让其在开始的时候难以接受，但习惯之后，他反省过来以后，就不再对此反感了。也正因为如此，冯仑、小潘等这些在合作中常被我严厉指责和批评过的人，将我当成朋友，真正的朋友，信得过的朋友。我们之间的打打骂骂，外人看起来也许很奇怪，而在我们这个朋友圈已经习以为常了。连小潘经常"骗"我去干些他想干的事，也变成他无所顾忌，我心甘情愿，成了一种乐趣了。

正式媒体在场的会议上，我首先批评了小潘根本不应该和邓智仁这种人合作，并当面指责了邓智仁在为我公司代理华远公寓的销售中扣留了巨额的售房款尚未归还，中国内地的法院判决了其公司应偿还的贷款数，但其在香港法院申请了公司破产，因此无须再承担和偿还这笔欠债了。从此他无法在香港注册公司骗人，就跑到内地注册了公司找上了小潘。

小潘恰恰又没有用严格的合同约束对方和保护自己，邓智仁也许有香港市场销售中介的经验，但缺少了诚信。小潘没有认识到这一点，疏于管理也应承担责任。

我将这场争吵称为"狗咬狗一嘴毛"，当晚的《北京晚报》和第二天的报纸几乎都将"狗咬狗一嘴毛"当成了这一报道的大标题。

小潘又一次成功将现代城项目进行了无广告费的全面宣传，当然我揭露了邓智仁的不良行为，也是对小潘的一种帮助，让小潘从市场契约的游戏规则中学会如何用法律来保护自己，这也促使小潘下决心建立一支自己能掌握的销售团队，不是再过度依赖社会上良莠不齐的中介来做代理销售。

很多年以后，小潘的成功正在于他拥有了一支自己的销售团队，这个团队不但成功地把小潘的产品推销了出去，还把"山药蛋"卖出了"黄金"的价格，这个团队也成功地帮助了易小迪在烟台楼盘的销售（这是后话），不能不说恰恰是这次邓智仁带领整个销售团队的"叛离"给了小潘一个改正错误的机会。

人的一生不可能不犯错误。如何面对错误是一门学问，尤其是一件在社会上引起关注的错误，如何面对公众，面对媒体，面对合作伙伴和用户，更是一门大学问。综观中国政府在绝大多数的这类公共事件的危机处理中，不是隐瞒就是欺骗，总是捂着、按着，总是将责任推卸给临时工等，都是极大的失败，并且还会因此失去民众对他们的基本信任。小潘面对多次危机，他却每一次都能正确面对，借媒体公开爆炒事件的本身，成功地宣传了自己的品牌和公司的诚信，赢得了更多的公众信任。

这次也一样，小潘敢于让自己面对媒体的质疑，反而消除了负面的影响，赢得许多人的同情和帮助。这恰恰是我无法学会的。

后来，现代城又有了"氨气事件"，在冬季施工中含有尿素的防冻剂常被使用，（当时科技不发达，没有更好的替代品，现在已不再使用）这种味道本会在施工周期中自然释放，但如果抢工期，就可能在味道未释放之前将房子卖给购房人，使他们可能在房屋还在释放氨气时入住。小潘却可以借此而用"无理由退房"来吸引眼球。许多购房人发现房子的价格已经上涨，所以，他们只好选择维修和开窗的方式释放味道。如此小潘又一次化解了危机，并借危机提高了自己的知名度与企业的营销能力。

2000年的SOHO概念的提出，更是现代城中被炒作得最为突出的点，也由此小潘打造了"SOHO中国"的品牌。

2000年1月8日开盘的SOHO现代城创造了当时北京的销售奇迹，许多人都被SOHO这个概念和生活、工作兼而有之的方式所吸引，2月20日现代城SOHO的样板间正式开放了，小潘也急忙让我去参观。

我忘了是不是正式对外开放的那天，我记得那天我刚从外地飞回北京，就从机场直接到了现场，那天有许多人观看，也对这种新的设计很好奇，小潘亲自陪我看了样板间，并一项一项地给我介绍，陪我到现场的还有我手下的一位部门经理，他是个胖子，想进样板房楼梯间下的厕所，可怎么也挤不进去。小潘开玩笑地说这个厕所是给他这样身材的人准备的。

现场好像还有许多记者，他们也询问我对SOHO现代城的看法。小潘当然想让我美言几句，我却发现了许多的问题，于是我对记者们和小潘说，等我回去会整理一个意见再告诉你们。

几天后我给小潘写了一封"万言书"，被称为是一个"菜农"给"二道贩子"的一封信，信中列举了样板房设计中存在的问题，同时让秘书将这封信转给了小潘和记者。

第二天，小潘是先从记者手中看到这封信的，于是很不满意地打来电话，质问我为什么给他的信他没收到，反而是记者先收到了。我为此专门询问了秘书，秘书很委屈地告诉我，确实是先传给了小潘，再传给的记者。传真机上也记录了小潘的传真机先收到了的信号（当时只有传真机，还没有计算机的联网），但小潘的传真机里没有打印纸了，因此无法输出打印，结果反而是记者先看到了传真件。

几天后，小潘又专门以"创新需要勇气"为题，以"二道贩子"的口气给我这个"菜农"回了一封信，并召开了个媒体记者会，做了专门的说明。于是，多家媒体在3月8日我生日的那一天，同时刊登了这一消息，其实我的信只给了看样板房当天与小潘同在场的记者，但小潘则将这封信和他的回信散发给了更多的人，同时也有意报复我，也让记者先看到这封信，其后才将信转给我。

于是《北京青年报》用了几个半版刊登了相关的图片和文字,《财经时报》更是用了整整两个版面合并了中缝,变成一个完整版刊登了全部信件,外加图片和评论,其他的许多平面媒体也都用不同的版面和标题刊登了这一消息和评论,各大媒体为此争吵得天翻地覆。

如果满分按 5 分计算,原设计和样板房确实最多是个 3 分及格成绩的产品。但我提出的意见让产品有了修改的机会,就如小潘所说,他将我的信转给了他的公司人员和设计单位,并对产品存在的问题提出了修改意见,以避免我指出的严重缺陷,负责此项目设计的北京建筑设计研究院院长朱小地还专门给我打来电话,征求我对修改后设计的意见,并表示感谢。

华远与建院有着良好的合作关系,华远的第一个项目华威大厦就是建院的作品,此后的华南大厦、西西工程等,许多作品都出自建院。我们相互有着充分的了解和信任,建院当然也知道我不是个完全的外行,许多实践中的经验也对建院的设计有所帮助,这次也不例外。

最后建成的 SOHO 现代城,几乎已经看不出样板房的雏形了,连建筑风格都发生了变化。按小潘自己承认的说法,大约根据我的意见修改了 50% 的部分,但我看到修改的远远不止 50%,只是小潘不好意思承认罢了。

我不是想吹嘘我比设计院更懂专业技术,但我一定比小潘更懂专业和市场,我完全是出于真心帮助他的,而不是为了贬低小潘的能力,但我很佩服小潘操纵媒体的能力,总能不花广告费地为自己做最好的宣传。

这一次我的好心又被小潘当成了嫁衣裳,成功地被小潘再次当作了广告宣传的工具,消费者都不关心那些技术上的问题,也不关心小潘会按我提出的意见进行了多少技术上的改进,但他们清楚我越是提出更多的问题,就越会让这个项目减少缺陷,越让这个项目更加完善。

后来,小潘专门就这件事情出了一本书,并用这本书来布置他在深圳展销会上的公司展位。在控制媒体与操纵宣传上,小潘永远要比我高上不知多少倍,也让我一辈子都学不完。一次活动结束之后,小潘说跟我走吧,我问他去干什么,他说别问了,到我公司去转转。这大约也是我第一次去建好的 SOHO 现代城中小潘的办公室。

小潘急急忙忙把我带到楼上的一间会议室中,这里已经架好了摄像机,原来他已经与某电视台"勾结"好了,这家电视台怕请我我不去,就让小潘把我骗到

SOHO 现代城的办公室去接受采访。小潘将我交给了电视台的人之后，自己就偷偷溜走了。我和电视台的人从中午 11 点半一直侃到了下午快两点，小潘是饭不给吃一粒，水不给喝一口。他自己跑出去又是吃饭，又是组织开会，早把我忘到脑后边。直到我把这些记者都打发走了。出门后，小潘也没露面，让我饿着肚子回了公司，而这些电视台的记者们却在心里拼命地感谢小潘！

但是，跟小潘交往，被小潘"骗"也给我们带来许多的友谊和后来的合作，也因此才有了后来包括"鸡蛋换粮票"在内的数次合作。

自从有了博客，小潘是最先教会我利用博客这个平台的。过去与媒体接触，许多的发言会被媒体有选择地断章取义，从而在社会上引起许多误解，但自从有了博客之后，任何媒体的误解都可以由自己在博客上作纠正和说明，这样就减少了许多的麻烦，也让大众可以更全面地了解事实的真相。后来有了微博之后，也是小潘首先教会我使用微博这个平台的。

从接受新鲜事物，特别是新的科学技术上说，小潘是个好学的榜样，而我这种"老脑筋"至今还坚持着用笔爬格子。在很多其他方面我也许可以当小潘的老师，但在计算机等相关高科技产品面前，小潘无疑是我的老师，始终走在我的前面，慢慢地小潘就成了我生活中的一部分，和小潘在一起总有许多的欢乐。

那一段时间，公司出现了无数的波澜，生活的节奏却没有随这些变化而被打乱。人的生存环境是不断变化的，人的工作与事业也一定是有起有浮的，但生活则要靠内心来把握，不能因为外部事物的影响而自乱其身。尤其是在遇到了巨大的困难与挫折时，更要把持住自己。

当船行入大海之中时，最怕的是随波逐流，失去自己的方向和动力。我们不管经历多少风吹雨打，都不能放弃既定的目标，更要找到平衡生活与工作的支点。家庭、朋友之间的交往，恰恰是摆脱困扰、放松心灵的港湾，在匆忙应付四面八方的冲击中，给自己留下一个平静而快乐的空间。

从那以后，无论是媒体上、网络上、微博中，总能看到我和小潘在一起的报道，哪怕我们本没在同一个场合出现，也会被故意放在一起。更有许多报道用 PS 的方式将莫须有的事情编成故事，并流传甚广，真实的故事却无法呈现。

2013年3月微博大V们在M餐厅聚餐

小潘教会我玩微博（左图）
拍了心形巧克力传给女网友，闹出绯闻（右图）

曾享有的"总统待遇"

2010年5月7日，应《安家》杂志刘文彬的邀请，我到大连参与了一场由当地房协和媒体联合组织的论坛。上午论坛的现场，我刚刚走上讲台，就遇上了一位20多岁的小伙子向我扔的两只皮鞋。扔完皮鞋后，他双手举到头顶，高兴地拍着手，从容离开了会场，似乎在等待全场观众的掌声。但当我在舞台上镇静地说了句"很高兴在大连受到了总统级的待遇"时，整个会场便哄堂大笑起来。这两只鞋也没有影响到我演讲的精彩，伴随着我的演讲，满场笑声与掌声不断。

早在2006年的一次网上评选中，我就在"中国人最想打的人"的排行中位列第三，排在我前面的是日本前首相小泉和台湾地区的陈水扁。在这方面那时我似乎就拥有了与"国家元首"比肩的"荣誉"，这两年又连续发生过美国总统布什被扔鞋的事件和中国的总理被扔鞋的事件，而我在大连也受到了同等待遇的"欢迎"。

当我还在讲台上演讲时，许多媒体与听众已将这一"被扔鞋"的精彩镜头放在了网上，这一视频在微博上被迅速转发，很快便传遍中国，并且连续多日都成了被媒体不断报道的一件大事。

当我演讲完下台时，便得知当地的会议组织者已经将此人扣留了。他们征求我的意见，问应如何处理，饭桌上我笑着告诉大会的秘书长，请他们将此人放了。我并不认为向我"扔鞋"这件事给我带来了任何损失，也不认为应对这个年轻人有任何的处罚。

如果这件事针对的是个国家元首，那当然应维护一个国家的荣誉，对闹事者依法严肃处理，但我不是国家元首，也算不上是个什么人物，民众即使用不合理、不合法的手段在表达反对我的意见时，如果我本人并没有受到身体上实质的伤害，也无须对其进行处理，更何况我被冤打、冤骂也不是第一次了，早已不把这种事当成一回事了，我也不会因这件事受到什么精神上的打击，最多只把这个当成是一首和谐曲调中的杂音。

从会议主办方处得知，这位年轻人是个从外地到大连打工的农民工，因为没有能力在大连购房，连女朋友也吹了，攒了一肚子的怨恨，专门到开发商这里来发火的。这些并不了解事实真相的群众，听信了媒体维护"道德"的鼓动，认为高房价都是开发商造成的，而任志强更是抬高房价的"吹鼓手"。

一个国家总理利用手中的行政权力，下发了无数个控制房价的行政管理文件，来约束市场的房价，却都无法抑制房价上涨。一个无任何政府职权的公司经理就能操纵房价，让它高就高，这难道不是一个国际笑话吗？其实真正能决定房价的是"市场的力量"，企业的管理者只不过是说出了自己对市场的理解与判断，并根据市场中的供求关系预测了市场可能发生的变化，以及这些变化可能对价格产生的影响。但这在一个非完全市场化的经济结构的环境之中，却变成了对价格的一种"操纵"？

历史上市场中也曾有用谣言来操纵价格的案例，如地震的消息、疾病的消息等都可能让人产生集中抢购的行为，因此而改变市场的供求关系并在短期内影响价格的变化。但房地产是个需要长周期的生产与建设的行业，是无法用谣言在短期内改变其整体的供求关系的，消费者大多也无能力对房产进行大量的囤积而改变市场中的供求曲线，人们可以因地震的消息而抢购大量的瓶装水，是因为瓶装水的价格低，消费者都有囤积的可能，但住房不同，它的高价格使得几乎多数人没有这种能力，因而也不可能囤积和抢购。

就像鸡叫是天亮的信号，但天亮了绝不是因为鸡叫一样。太阳有其运行的规律在前，而鸡叫则是这种运行规律的一种自然反应，它们之间的因果关系是绝不可能倒置的。因此开发商可能比非专业人员了解更多的市场信息，却无法以一个企业的力量去改变市场中的供求关系和产品结构，更不可能因开发商高喊一声就出现房屋涨价的现象。

但中国媒体的力量是巨大的，尤其是媒体断章取义的放大效应会让民众对市场的信息了解得不对称：一方面媒体不报道那些应让民众了解的内容，如市场中的实际供求关系的变化，从而正确分析市场中生产的价格变化的因素，如土地价格对房价的影响；一方面媒体又放大了开发商对市场分析的结果（却并不报道有这种分析的原因），直接用价格的涨与跌来吸引民众的眼球，因此这种扭曲的信息让许多民众以为是开发商在操纵价格，开发商在鼓吹和故意抬高商品房的价格等，于是也就有了民众对开发商扔鞋的举动和与开发商为敌的行为，更有了开发商是否"流着道德的血"的争论！

幸亏现在不但有了博客，也有了微博，一个突发事件之后，不仅媒体人可以说，每个人也都能同时表达观点。就扔鞋的问题，我曾写了篇长达上万字的博客，来说明当前的市场情况和问题所在。这篇博客有将近20万的阅读量和数百次的转载量，也有数千人对其进行了评论。

最初的博客评论是骂者居多,渐渐地,情况就发生了逆转,赞者居多了。博客还会改变传统媒体对舆论的垄断,现在有更多的人可以从博客中了解我的观点和真实的意见了。翔实的数据和有力的论据,支撑着我的论点,因此更多的人从我的博客中了解了真相,更多的人相信我的分析和观点了。

后来微博的普及,更是能让我可以在事发之后的当天就可以说明当时的情况并表明我的态度,也可以让更多的民众了解媒体报道之外的真实情况,这样就避免了许多非理性的八卦,尽管"扔鞋事件"是个别民众对我表达的愤怒,并因此被大肆报道,但它所产生的影响并非都是负面的!我当场表现的镇静和我的"总统级"的幽默,反而让我赢得了许多的赞许和掌声。

也有许多人批评我说,有些得罪人的话可以不说或少说,这样就不会成为被"扔鞋"的目标了。但是我的看法是,即使你的知识很丰富,能力很强,对世界认识很深,如果都只如茶壶里煮饺子,将观点藏在心里,不跟整个社会分享,那么你的知识又有什么用处呢?更重要的是,我认为勇于表达自己的观点是一种社会责任,如果你预测到一种市场风险,却不将它透露给社会与民众,这就等于间接害人啊,就像你明明知道前面的道路上有个可能引起翻车事故的大坑,但你却不愿将这个危险告诉路上的行人和车辆,这就等于是在害人。所以,我认为将自己的观点表达出来,是一种做人的责任。

将路上的危险告诉大众,虽然也会有人说你多管闲事,或说你故弄玄虚,但当这些人因你的警告而规避了风险之后,一定会有更多的人感激你的提醒,这就像现实生活中许多人在期待房屋降价,希望能用更低的成本享受更好的生活,但看到房屋涨价了而归罪于你,但也有更多的人正因为听了你的分析而提早购买了住房,避免随后付出更多的成本与代价,会因受益而认可你。其实生活中你也许听不到这些感激的声音,你的目的也不是为了获得这些感激,但你的提醒、你的真话确实可以让无数的人从中受益,这样你就对社会履行了你的责任。

从"大连扔鞋"现场回来后的月底,大约是2010年3月30日,应潘石屹的邀请,一群朋友聚到小潘位于长城脚下的私宅里,召开了号称是中国第一次的微博大会。

去之前小潘并没有告诉我去干什么,到了才知道,就是一群第一批泡在新浪微博上的媒体人的聚会，是新浪的陈彤让小潘召集的活动，许多人我都是第一次见面，只有个别人以前在小潘家的聚会时见过。

参加这次聚会的有新浪的陈彤、凤凰卫视的刘春、《新周刊》的封新城、《北京青年报》的段钢、《经济观察报》的何力、易凯资本的王冉、佳士得拍卖行的蔡金青和小潘夫妇。

那时新浪刚开始建立微博这个平台，还不知道它会发展成什么样，也不知道微博的感染力有多大和盈利模式该是什么。那时我的粉丝也只有几十万，大家都坐在一起讨论微博的优劣和未来。但这次的聚会和大多聚会的不同之处在于：虽然大家都面对面地坐着，但每个人的手中都捧着个手机，通过微博进行交流。

来之前许多人相互之间并不很了解，是靠小潘搭桥大家才聚到了一起，如刘春当时跟我并不相识，还对我曾经发表过的许多言论颇有微词，原准备见面后要与我辩论一场的，但是他跟我见面后，发现我傻傻的，微博上许多功能都不知道，不会用，才相信我是在真实地、坦诚地与大家交流，而不是故意自己包装自己去吸引社会的关注。

确实，除了小潘教会了我看微博、发微博之外，那时我连私信都不知道怎么回，也不知道如何去关注其他的人。当我看到小潘能熟练地使用各种功能时，别提心里有多羡慕嫉妒恨了，这也让小潘有了吹嘘和炫耀的机会。

小潘自告奋勇帮我将现场的所有人列入了"关注"的范围，并教会了我搜索好友和关注他人等微博的使用方法，却没有教我如何"拉黑"别人，也许小潘是故意不教我这个的，他可能有什么阴谋。还好我并不想"拉黑"任何人，不需要学会使用这个功能。但小潘试图挑起我和别人战争的阴谋得逞了。

当小潘拿着我的手机帮我加"关注"时，手机正好刷出一个网名叫"蝴蝶小艺"的网友的回帖，于是小潘就以我的名义，用我的手机给"蝴蝶小艺"发了条暧昧的回帖，并现场公之于众，似乎我与这位网友之间有着什么特殊的关系，而八卦通常是最能吸引眼球的，当时这些喜欢猎奇的媒体人立即将"蝴蝶小艺"当成了重要的聊天话题。

小潘的家坐落在水关长城深处的一个山坳中，小屋依山而建，屋前是在山坳中垫出的两个平台院，平层的院子中有一个小型的泳池，小潘的两个儿子在水池中不停地翻腾，我们聚会的桌子则摆在泳池远端另一侧的院子里，再下一层则是小潘给孩子们准备的小足球场，两个院子的接合处有个凉亭和外带泳池的更衣室。

我们正聊得火热时，天上下起了毛毛雨，于是大家就移步到了凉亭中，桌上放着的水果和巧克力之前没怎么动，也搬到了凉亭的茶几上，重新摆放。刚好有一盒心形的巧克力，于是小潘专门挑了一个粉红色锡纸包着的心形巧克力，摆拍了一张相片，在大家一片哄笑声中用微博发给"蝴蝶小艺"，更让这个"莫须有"的故事多了些神秘的色彩，也由此引发了微博上与陌生人交流与交友的话题。

不管国外的情况如何，在中国微博还是个新生事物，是个新的社会交流平台，许多陌生人可以就同一件感兴趣的事情发表不同的看法，或是批评，或是旁观，或是嘲笑，并可能从一件事件引发到另一件事情，变成一连串的事件。

那时微博上还没有那么多的敏感性政治事件和反腐的事件，大多讨论的还是生活与社会的问题，讨论也主要在熟人的圈子里，偶尔和陌生人交流一下。关注的大多是自己认识或知道的人，与关注的圈子里的人聊天，讨论问题会讨论得更深入一些，而与陌生人讨论问题的机会较少，激烈程度也相对小很多。

但是，我不太一样。大约是因为那时只关注一个人，就是送我手机的小潘帮我加的对他自己的关注，怎么关注别人我还没学会，因此我更多的是和网友们在交流。许多网友甚至抱怨，我回复的大多是女生。其实啊，在虚拟的网络上，用了年轻姑娘网名的人也可能是个七八十岁的老太太，甚至是个男人，就如张欣的母亲，用的就是一个好听的姑娘惯用的网名，她是挺我的一位"钢粉"。所以，我只是针对有趣的提问或自己关心的事情进行回复与交流。曾经有一段时间我还被认为是与不相识的陌生网友们交流最多的人。粉丝的增长不只在于你说了什么，同时在于你与网友们交流了什么。

当小潘告诉我要放弃博客、使用微博时，他的一个重要的理由是博客上有许多人会骂人，而微博上不会，但当我开了微博之后，发现微博上也有许多骂人的语言与评论。

博客的好处在于可以用长篇大论的方式、用充分的论据来系统地论证自己的论点，并可长期让人们查阅，缺点是时间会滞后，且无法一对一或一对多地对评论的部分进行答复，也无法对骂人的言论给予回击和纠正，甚至无法对谣言进行更正与批评，除非另外发表一篇长文去解释，却有些不值得，尤其是博客这个平台很难及时反映生活中的细节和当时发生的事情，也无法与朋友和陌生人混在一起即时地交流。

微博的好处就在于，它比任何媒体都更及时地反映生活和工作的细节，如我们在小潘家的活动，都随时被许多人从不同的角度，真实及时地放到了任何人都可以看到的平台上，这可以是生活的动态、工作的动态、思想的动态、信息的动态，以及你喜欢的任何动态。其缺点是只能写140个字，让你无法用长篇大论的方式分析问题，而只能用最简短的语言来表达观点，而这个观点背后支撑它的论据却很难被充分表达。反过来，微博也因此有了优点，你可以与提出问题的人及时进行交流，用对话的方式有针对性地回答和解释。这个交流的平台更可以让相隔万里的朋友如面对面一样打情骂俏，消除了人与人之间的距离感，并且这种交锋可以让所有人共享，这就难免会让许多不知内情的人产生误解，同时也会有许多不同见解在争论之中，引发抱怨、仇恨与对骂！

面对恶意的臭骂，小潘会组织公司的网管人员，专门为他删除博客上的恶意攻击和骂人言论，如果是微博上的评论，小潘则会毫不客气地将发评论的人"拉黑"，堵住这些骂人的嘴，也让微博的言论更健康向上一些，少一些污言秽语。

我却对此有自己的理解，博客上的骂我认为无须理会。这些骂声大多是因为对我提出改革认识的误解造成的。明为骂我，实际是表达对体制与改革的无知，真正应该骂的不是正确地解读市场的人，而是造成市场扭曲的背后的人，而这些是与我无关的，我只是当了个替罪羊。

微博上对我的骂有多种：一种是如博客上的骂，没有任何理由，而是针对房价的谩骂；一种是对你的言论不满，如许多人在帮小潘骂我，其实他们不知道我和小潘之间的友谊。一种是对社会的不满，如我们从事的公益事业也会被人攻击。其实他们并不是攻击我去从事公益的事，而是因为红十字会之类的事而误以为所有的公益都会犯红十字会这样的错误。一种是对我个人取得的成就不满，不光对我，他们对任何成功者都表示敌意，甚至自己的粉丝不如别人多也会成为骂人的理由。一种是渴望改革能更公平的群体，他们认为只是一部分人成为了改革的受益者，而另一部分人没有从改革中获得收益，他们渴望公平，因此对自认为是不公平的行为表示不满。于是这些企业家、成功者都被当成改革的受益者，也被当成了造成不公平的肇事者，也成了被骂的对象。

我认为，如果所有人都能在骂我的过程中让"他们自己"的精神得到了解放，那对我来说反倒是一种荣耀，这也给政府省了很多麻烦，这岂不是件功德无量的好事，于是我将这种想法发到了微博上，让大家都知道，但自那以后骂我的人反倒少了许多。

佛曰"我不入地狱，谁入地狱"，这句佛语并非单单鼓励人做牺牲，更多的是让人能负担起责任，有宽容之心。某些事总要有人做，许多人不想做的而又必须做的，那就我来做，这可能就是责任的承担吧。当我放下了虚荣和面子，当我理解了这些骂人者的心情和初衷，我就理解并宽容了他们。海之所以大，恰在其可容万物。

我不是什么大人物，却有些大量，可以坦然面对针对我的那些丑话、脏话，甚至故意回复他们的问题，解除他们的压力，当微博可以在媒体的报道之外更全面地反映一个人的生活、工作、理念、信仰与思维方式时，这种正面的回应，反而赢得了更多的信任和掌声。对待微博，其实跟对待人生一样：微博中害怕被责骂，就难以进步，更难以承担责任；生活中不能正视困难、挫折与失败，也同样难以进步。有些事我们无法改变，如微博上与社会上总会有许多人站在自己的立场上，用对问题的片面了解发表言论。我们无法改变他们，但我们可以改变自己，改变对生活的态度与认识。

那天活动在场的大多数人都赞成微博使用者能有更多不同的意见，这些不同的意见既是民主的开始，也是言论自由的一种开放，更是社会多元化的一种表现，自己想获得言论自由的权利就必须允许他人有自由言论的权利，也必须容忍这些言论对自己可能造成的不利，更开放和宽容的平台才能让更多的人使用这个平台，并畅所欲言，促进社会的改革与进步，同时政府也应充分地利用这个平台对民众进行正面的宣传与教育。

虽然那时陈彤并没有想好新浪微博的盈利模式，但所有参加讨论的人都知道，这个平台会是一场技术引发的"革命"，早晚会吸引更多的人参与，当这个平台有了巨大的影响力时，也许盈利的模式就会随之产生了。至少所有人都看好微博这个新生事物，都认为这个交流的平台将在今后发挥更大的作用。

这次活动的最大受益者应该算是我了。看到我对微博这么热衷，一直在努力更新，小潘向陈彤提出要求，让新浪送我一个iPad。当时这可是个新式的武器，国内还很少有，尤其是对我这个上了年纪的眼已花的人来说，iPad提供的大幅面当然让我看得更清楚，同时iPad又能让我将打电话和上网分开用，这样手机电池就会用得持久些。

那天中午我们是在小潘家吃的午饭,张欣还很认真地做了准备,但我最不喜欢在小潘家吃饭,尽管他们有很多花样,准备了一盘又一盘,但这种假洋鬼子的中西结合拼盘,真是不如普普通通的家常菜,永远也不如标准的中餐吃着可口。半西半中的自助型餐食,也不适合大家围在一起聊天,总有人在一个话题聊得热火朝天时离席去添加食品,而回来时这个座位已经坐上另外一个人了。大家都在不停换座位,一会儿还是这几个人在大喊大叫地争论着,一会又变成了另外几个人在讨论另外一个话题,不同的组合有不同的关注点和各自不同的观念。当然,这种"大杂烩"也会碰撞出不同的火花,但大多是争论得很热闹却没有一个统一的结论,这大约就是多元的效果。

午饭后散伙时小潘宣布了第一届微博大会的结束,并说明年再聚。

第二天,曹国伟真的派人给我送了一个iPad,这也算是新浪对我的奖励,让我从此多了一件更有力的武器,微博从此就成了我生活中的一个重要的组成部分。

几天之后我的粉丝就突破了100万,曾经有段时间我的粉丝数量甚至超过了小潘。其实小潘教我上微博时已经有370多万的粉丝了。我的粉丝量突破了百万大关时,新浪还派专人给我送来了一个礼物。那时我并不知道今天我的粉丝量已经超过了1500万,以为100万人的关注已经是个天文数字。

当我的粉丝在短时间内超过了小潘时,小潘的心里很是不平衡,就鼓励员工和朋友们为其助阵,并用网上给粉丝送书、送礼的方式来招兵买马,扩大队伍,两个月后小潘的粉丝一路高涨,很快就又将我甩在了后面。小潘告诉我一个吸引粉丝的秘诀,那就是不能把话说明白了,要经常话说半句并且要用问号,让网友们猜想。

其实我也会用问号。问号有多种含义:一是真问,不知道答案的问;二是疑问,模棱两可的事要问,这是求证;三是反问,知道答案,发问只是为了引发人的思考;四是明知故问,这就是小潘常用的做法。

对于普通的网友,我会多用前三种,并喜欢直来直去地回答问题,表明自己的态度,但对小潘则会什么问法都用,好朋友之间的相互调侃其实蕴藏着很多乐趣,有些乐趣可能外人无法体会,但圈子里的朋友们都知道,并且这种聊天发在微博上就能让更多的人分享其中的快乐。

生活并非单调一色,也有许多的色彩。媒体的报道通常会偏向一种颜色,但微博则会反映出生活的多种斑斓。通过微博让更多的人了解了传统媒体报道之外的我,让网友们知道了除了房地产之外的关于我的其他事情，也从此改变了许多人只是恋媒体的错误做法，所以，我是微博最大的受益者。

　　当微博可以让你无限制用各种表达方式（语言、表情、图片等）表达一个完整的我时，社会就不再将我孤立地看成一个房地产商了。我在经济、社会、政治、人生、家庭等各个方面都能有机会展现自己的立场，尤其是我参加的大量公益活动在微博上公布，不仅让更多的人了解我在做些什么，也让这些公益活动得到了广泛的宣传，并影响到更多人的思想和行动。

　　微博是个你了解社会、了解民众的平台，也是个让民众了解你的平台。我在最初发微博时，并没有多少人会回我，而只是跟某个人进行一对一的交锋，讨论问题或发表意见。但后来，我每次发微博，都会有无数的人回我，让我了解了许多原来我并没有关注的问题和事件，正是这样一种相互了解的过程，网友们才撇开媒体塑造的我的形象，重新认识真正的我。大家对我的评论也从更多的骂声变成了更多的赞声。

　　从被"扔鞋"到"微博聚会"不到一个月的时间里，这两件本来没有必然关联的事，却紧密地相连在了一起，用网络传出的"扔鞋事件"，也在网友们的交锋中平息了。正是微博让一件许多人将其视为负面的事件，最终变成了一个正面的事件。以后我每次去参加公开场合的演讲和论坛时，都会有主持人将"扔鞋事件"当成一件大事做正面介绍，慢慢地，一件可能损害一个人的声誉的恶性事件，在微博更透明的信息公布中转型成良性事件了。

　　许多人都称，我是通过微博而转变了个人形象的典型，同时也被当成一个案例，尤其是作为说服政府官方使用微博的案例，让他们看到微博的正面影响。可能微博上会有一些负面的报道与传播，但只要正确并充分地利用，用正面的回应去引导网友，将信息更加透明地公开，也最终会改变许多人的看法，如果这个阵地你不去占领，就会被别人占领。因此无论是政府、媒体还是个人，都必须正视这个具有很大影响力的传媒工具，并主动去占领这个必要的传媒阵地，最大限度地发挥它的正面影响。

　　2010年微博刚刚开始进入社会，人们更多争论的是这个新生事物是否能生存下去，并成为一种对社会产生冲击的力量。

转眼六十秋

转眼就要过 60 岁的生日了，人生一甲子堪称为大寿，是个值得庆祝的日子，同时也是个令人遗憾的日子，还是个许多人都关心的日子。

每年的岁尾，和许多媒体人一起庆新年，感谢他们对公司工作的支持已成为了惯例，过去他们最关心的都是楼市的盘点：明年的预测、对政策的判断，以及房价的走势。但 2010 年的聚会，五六十人一致关心的却是：明年我任志强是否退出房地产界？

大多数的媒体朋友们都知道我的年龄，对我的年龄也比较敏感，尤其是 2001 年与华润分手时，许多媒体都在我带领华远二次创业时提出"廉颇老矣"的质疑，都怀疑我能否将华远再次带入辉煌。如今华远二次上市已站稳了脚跟，而我已经到了退休的法定年龄，似乎华远的命运维系于我的留存之上，何去何从再一次成为媒体关注的焦点。

围坐在山釜的火锅前，我正式回答了大家的问题。当时正式的说法是"退而不休"。

华远集团公司开始是个挂着全民所有制牌子，依企业法登记注册的企业，最初以借款 20 万元起家，并没有国家资本的投入。直到 1998 年将退税转为国有资本金投入之后，才正式成为具有国有资产性质的企业；2003 年之后，国资委这一机构成立，就将其纳入了国资委监管的体系；2010 年，华远集团公司经国资委的批准，正式改为了国有独资公司。按照国资委的干部管理规定，年满 60 岁，就应退休（大多数人在 58 岁时就退入二线了）。

我是 1984 年进入华远当临时工的，最初是在下属的集体所有制企业任职，1988 年集团分立房地产公司后任房地产公司的经理，1990 年代理集团公司总经理，至今在这个位置上已经干了 20 年了，将华远从一个总资产不足亿元的小企业，变成了总资产 100 多亿元的企业，对公司不敢说有多少功劳，但至少是有许多的辛劳。每走一步都倾注着无数的汗水，都凝聚着智慧与胆识。集团就像自己辛辛苦苦建设起来的家，里面有我辛勤的汗水，也有浓厚的感情。

就像经过 20 多年的培育，让一个孩子终于长大成人了，有谁舍得在此时将其抛弃吗？但孩子大了总要离家独立的，人老了，也总要将位置让给年轻人的，虽然恋恋不舍却不得不正确面对。

2010年公司要转为国有独资有限公司的时候，实际已经做了组织安排，国资委已经同意由公司的常务副总杜凤超出任总经理和党委书记，做好了接班的准备，区委组织部也找我谈过话，讨论过此后的工作安排事宜。

2011年我满60岁时就会按国资委的规定从国有企业的领导岗位退下来，不再担任任何与国资委直接管辖相关的工作，但按照相关的规定，作为第一大股东相对控股（不足50%的占股比例为相对控股），国资委并不直接管理华远地产公司，不参与华远房地产公司任职的决定，并且我还是在任的北京市第11届政协委员，按规定也可以不办理退休手续而继续任职，因此就有了"退而不休"的说法。即从华远集团公司的国有独资企业中退出（包括与集团相关的企业兼职），而保留华远房地产公司董事长的职位，继续在地产公司任职。退出了国资委管理的国资系列，但保留了上市公司的职务。

中国的管理是个奇怪的资产管理结构，人事管理归组织部门。他们有一套关于年龄和机构设置（如政协、人大的特殊机构）的相关规定，这个规定根本不考虑企业的发展和经营，照章办事。国资委负责管理资产却必须服从组织部门的人事安排。组织部门选择的人选无权决定处置资产，但要对经营成果负责。这种用人制度会使国有企业干部有这里只是个战场，是个工作场所，但绝不是家的感觉。任职的干部仍然是"战士是块砖，哪里需要哪里搬"的心理状态，他们如流水过境，只服从于短期利益。

从干部任职的规律看，通常企业干部的任职期为7年，7年过后他们就必会变换岗位与职务，但像华远这种过去并非隶属政府，至今企业员工也非公务员的企业，是靠自身的能力从市场竞争中打拼成长的企业，因此这里的干部会将企业当作有归宿感的家来建设，于是我在这个位置上一干就是20年，经历了七八届政府的变更。许多从水平到资历都浅得多的干部，早就像坐飞机、坐火箭一样爬到了更高的位置，但我更热衷于在企业中干些自己喜欢干的事，哪怕再苦再累都是一种创造，更是一种乐趣，虽然母亲不让我去干个体户，因为老一辈认为干国企是为国家做贡献，干个体是为个人挣钱，我只能在国企中做些力所能及的事情，但我绝不会为了个人升官去政府机构任职，尽管我有许多次进入政府机构工作的机会，我都宁愿不受约束地干好市场竞争中的事，推动中国的经济改革和发展，这也是我对待人生和事业的态度。

房地产商在中国成了一个被政府和民众臭骂的职业人群，但企业的背后是无数的股民，公司的管理者只是股民选举出来的代表。是否那些购买了房地产企业股票的股民也都没有"流着道德的血"呢？尽管经营着这个人见人恨的行业，事实上我却对中国经济的发展和人民的幸福做出了巨大的贡献，所以我要在骂声中坚守岗位。

生日宴会上，我请来的都是与房地产业有关的媒体，当他们得知我还会在这个行业中继续战斗时，都松了一口气，因为他们一致认为如果这个行业缺少了我的声音，就不热闹了，这些媒体人也少了许多的乐趣，少了许多可以八卦的内容和对象，少了许多可以调侃的话题。

有些来晚的人一进门问的就是我是否会退休。这件本来不是事的事，之所以引起这么多人的关注，大约因为社会太缺少不同的声音了。如果媒体的官方声音都是一边倒的，那么当然希望民间能发出一些与官方意见不完全相同的"炮声"。

当听说我是"退而不休"时，许多人提出了新的策划，于是以长盛为首的电视人便开始为我准备一场特别的活动，于是就有了在"六一"儿童节让我回忆童年的安排。

这一年的生日记不清吃了多少次的生日饭了，我的60岁生日真成了一件人生中的大事。

最初的生日派对是区里的企业协会将一批属兔的企业家在春节后约在一起过的。十多个属兔的人中有数个是六十大寿，于是就集中在一起吃起了生日蛋糕。

区工会每年的春节都慰问全区的劳模，刚好有一批兔年的劳模们赶上六十大寿，他们又将劳模们集中在一起庆祝了生日，我刚好也是其中的一个。

一些朋友则分别在生日的前后约在一起庆祝生日，也有许多同年退休的朋友感慨要退出的无奈与迷茫，也举办了不少不同公司的聚会。

3月初恰逢全国的"两会"，又多了许多特殊的聚会，这些聚会都成了生日的祝福活动。3月8日的中午与一些来开"两会"的领导们相约，他们听说我过生日，也将工作聚会变成了生日的庆祝。

最令人难忘的是8日的晚上公司的员工们由工会组织给我过的生日晚会。中午，像我往年的生日一样，我和公司的员工们一起集中在楼下的大会议室，我与员工们共同分享我生日的快乐，分吃蛋糕。这一天也是妇女们的节日，于是各部门和朋友们送来的鲜花和蛋糕便成了全公司女同志们庆祝节日的礼品，其中当然也包括小潘送来的大蛋糕。

其实公司的工会会在每个员工过生日时都送上蛋糕以示祝贺，也都会在员工的婚庆、家庭成员生老病死时给予关怀和帮助，这已经成为了我们企业的文化，只是我的生日可以和所有女员工共同庆祝，于是每年的生日我都沾女员工的光，可以有许多人一起庆祝。

今年最开心的也是和员工们在一起聚会，公司里有一个年轻小伙子和我同月同日出生，于是我们便共同分享了大家的祝福。

晚上的聚会不仅是一个充满了欢乐的生日聚会，除了有歌声，有蜡烛，可以切生日蛋糕之外，还有工会主席给我捧上了一个心形红盒子，盒子的内外都写着英文的"love"，这个充满了"爱"的盒子中，装满了全体员工送上的祝福卡片，每个卡片都写满了员工的祝福语，同时还有每个员工的希望。

现场我每抽出一个卡片，就有一个员工站起来深情地念出自己写的那段祝福，并说出自己的希望，也许有人会以为这些员工不过是在为这个在位的领导拍马屁，但华远的字典中没有这个词语，有的只是真诚的心愿。

有的员工说出了进入华远的理由，有的员工道出了在华远多年的体会，也有的员工还传达了来自家庭的感谢，还有的员工记录的是我和他们一起的瞬间，连我在员工食堂排队吃饭的镜头，他们都没有遗忘。有的记录了一段散文，有的是一首古诗古词，还有的画上了一些图画，按上了手印或唇印，还有一张上是刚出生孩子的小脚印。这些都证明了员工们真实的感情和真心的爱。

看到这些员工的笑脸和写满一段段让人一生难忘的回忆的卡片，有许多次我都几乎忍不住要流下眼泪，还好很多员工表达的愿望会引起满堂的大笑，这都释放了我沉重的压力，缓解了那些深切的伤感。

有的员工希望公司发展，有的希望自己发财，有的盼着在活动中抽中大奖，有的只希望我能关注她的微博，还有的希望我能给他锻炼和提升的机会，也有的只要求在斗地主时能赢我的钱，更多的希望我能健康长寿，笑口常开。所有的希望都像是他们在说知心话，是坦诚的交流、爱的表白，而绝不是员工对领导的吹捧。

有几个第一次参加这种活动的新员工，他们感慨的则是华远有着一种与其他企业完全不同的文化，这里没有严格的上下级关系，更没有官僚的特权和新老员工的差别，进了这个大门，你就是家中的成员，所有的人都能平等地分享着企业和他人的快乐。

许多外地公司的员工无法参加这个生日的活动，也分别用录像送来了他们的祝福，视频中他们唱起《祝你生日快乐》的歌曲，有的还穿插着我们在一起共同生活、战斗的老照片和录像，这些更让大家都沉浸在回忆的快乐之中。

我的六十大寿只是个大家欢聚一堂的理由，而那些祝福和希望则早就蕴藏在员工的心中，他们不仅是为了这一天而祝贺，更多的则是想表达多年来对我的感谢与期待，一个物业公司的员工仅仅因为我每天向他为我开门说一声"谢谢"，就体会到了做人的尊严，更为自己能成为一名华远的员工而感到骄傲。

人与人之间的交流诚意，是从每一个生活中的细节传达的，尤其是一个企业的领导，你的一举一动、一言一行都会对企业的文化产生巨大的影响，这要比用各种声音和文字的教育对员工的影响大得多，通过眼睛看到的东西，比仅在耳朵中听到的要真实得多，这种长期接触中的印象，会在员工心中扎下深深的根。

我不是神，当然也会犯错误，但我一直坚持以身作则的作风。比如我完全有条件有权力建立员工食堂中的干部灶制度，我也可以让服务人员送餐，但我坚决不干这种事，也绝不允许任何人在这种共同福利上搞特殊化，而是和员工一样排队领餐，吃同样的饭菜。

如果因为工作需要比如遇到不能中断的会议，或者要去工地处理紧急事务，我会要求送餐，或提前用餐，这不是搞特殊化，而是任何一个员工如有这种特殊的工作需求，都能提出送餐到会议室或提前就餐的要求，这也是食堂服务的功能之一。

在我公司用过餐的小潘、长盛等都亲身体会过这种与员工平等的待遇，而董事会统一标准的炸酱面，更成了公司客饭的荣誉产品。

正是由于这种身体力行，才让员工有了一种家的感觉，正是这种相互间平等的细节，才让员工与干部之间打成一片，生活中不分新、老、上、下，也才让上下级之间相处得更加融洽，让他们更容易形成合力，发挥每个员工的积极性。

生日聚会中虽然我是主角，却在工会主席的主持之中成了个被动的角色，我要和大家一样参加游戏，要表演节目，要共唱卡拉OK，整个活动在一阵阵的欢笑中度过，似乎所有的人都在过自己的生日，在为自己庆祝今天和未来。

那天我也为自己填了一首《蝶恋花》的词，鼓励自己走好下一段的路。

《蝶恋花》

历经坎坷苗成树，
泪洗汗浇。
相伴风雨渡，
热血筑就辛和苦。
回眸知对草与枯。

昔日青春留不住，
欲语还休。
昂首莫贪顾。
刺破云天势无阻，
跃马扬鞭重上路。

楼市传媒的朋友还专门用这首词与我的相片合在一起，装裱在镜框中，当作生日的礼品。

3月8日的生日过去了，庆祝的活动却没有过去，3月9日的晚上又与一些平常不见的特殊朋友们举行了一次生日的聚会。

每个人的生活都有着不同的圈子，有体制内的、官方的、企业自身的，也有家人的、亲属的和朋友的圈子，以及工作中直接或间接的合作伙伴的，更有各种NGO和社会团体的，于是3月9日就办了一个各种组合人群相聚的活动。

我在山釜摆了两大桌流水席，第一拨来的是北京的一些朋友和商会的伙伴，第二拨是中城联盟的许多兄弟，随后来的是亚布力企业家论坛的朋友们，再后来是阿拉善的许多朋友，其中有在全国"两会"上开会的全国政协委员，也有担任全国人大代表的朋友们，除了祝贺之外也谈论了许多"两会"上的争论和对未来的看法。

宴会上，无意中乘着酒兴大家还"送"了我两个女儿：一个是代替姚长盛（《首都经济报道》主持人）来参会的北京电视台的宋阳，大家都说像我女儿，于是让我认了干女儿；另一个是黑龙江电视台的朱丹，也是亚布力论坛的主持人，在大家都将散席时由张醒生带着从机场赶来，朱丹将从黑龙江台转到北京发展，听说刚才我认了干女儿，于是也被醒生推给我做了第二个干女儿。

在社会腐败成风的时代，"干女儿"成了"小三"的代名词，尤其是"郭美美事件"发生之后，"干女儿"就成了法定的"小三"了，但这个社会真的就没有道德的底线和人性的约束了吗？难道就真的没有了人与人之间平等的亲情关系而只能是淫荡的黑暗了吗？我不相信这个社会是个无法挽救的社会，也不认为和"干女儿"会有什么不正常的性关系，更相信这个社会中还是有更多的真情的。

刚从"两会"赶来的胡葆森（河南建业集团有限公司董事长兼总裁），三杯酒下肚即吟出了一副好对联，将我这60年的经历浓缩在了52个字的上下联之中，上联为"历共和初创，经跃进年代，遭十载浩劫，沐开放春风，方为行业翘首"，道出了我们这一代人从出生到现在所经历的时代变迁。从新中国成立到"大跃进"时代，从"文革"到改革，从盲从无知到知天命，一路走来，多少风雨艰辛。下联为"品饥寒之昔，尝筋骨俱疲，忍牢狱之冤，付超人之劳，才享甲子寿桃"，从小在短缺经济的饥寒之中度过；大饥荒时正处于成长的时期，上山下乡，当兵训练则锻炼了我们的身体与意志；改革开放时期，我成了推动一部分人先富起来的牺牲品，但牢狱之冤，并没有挡住我们前进的道路，冤狱反而让我尝到了许多常人无法体会的感觉，并学到了许多道理，也因此在后来的工作中少犯了许多错误，尤其是不会再犯可能会被误解和冤枉而再进监狱的错误。

老胡不但吟得一副好联，并写一手好字，事后胡葆森专门将这副对联用毛笔书写并裱成一副挂幅送给了我。

那晚还有50多位企业家和朋友轮流赶到山釜，专门为我庆贺六十大寿，让我备受感动。人能混到让许多朋友能专程赶来祝贺的份上，自然是一种荣誉。那天我也收到了许多贵重的礼物，其中包含了战友的心意、中城联盟的心意、阿拉善的心意、亚布力的心意；也收到了许多不太贵重的礼物，但不管这些礼品的价值如何，哪怕只是一张贺卡都相当于千金之重，情与爱的价值远重于金钱的价值。

我的大多数生日都是与家人共聚的，而迷信的说法是55岁的生日要与一生中对你有过帮助的朋友们一起过，于是那年我离开公司的同事，专门请了部队的战友、中城联盟的朋友和宁总，这些人都曾和我有过紧密的联系和合作。

60岁的生日我邀请的朋友圈子更大了，前前后后大约过了一个月，各种各样的活动似乎都在庆祝我的生日，并且还为此举办了一个重回童年的活动。长盛将这个活动变成了一场"不退休"的粉丝见面会，并拍成了一部微电影。

6月1日那天，几百名粉丝报名来参加这场活动，当然我也邀请了我尚未成年时就在一个战壕里摸爬滚打的战友，阎阳生理所当然成了他们中的代表，因为我们不光是非常要好的战友，工作上还有许多联系，并且我跟他的夫人卓柳江也很熟，在他们未结婚之前我就跟他夫人认识，其后她又成为我创立华远人才公司时的助理，并一同战斗了十多年，直到华远与华润分手，她留在了华润，我们一直保持着良好的关系。

重回童年的第一段就是从回忆"我的小名叫什么？"开始的，为了烘托现场的气氛，所有的来宾，包括主持人和我都穿上了一个朋友单位赞助的海魂衫，参加活动的男男女女都是同一个打扮，这有助于大家重回童年的时代。

我的父亲是山东人，母亲是河南人，不知是按照什么地方的习惯，他们给哥哥起了个小名叫"大毛"，而我这个家中的第二个男孩顺理成章地就叫了"小毛"，但这个名字只有我的战友和比较熟的朋友知道。我在部队当兵时，同团有许多北京的干部子弟，我当年也有许多在北京上学时认识的同学和朋友，于是这个小名就在部队中传开了，所有的战友大约都知道我这个名字，但工作之后这个名字就很少人知道了，只有亲近的朋友才知道，卓柳江是其中之一。在学校上学时，同学们则称我为"老四"，不是因为我在家中排行第四，而是在上初中的第一堂语文课时，开篇第一章是《梁生宝买稻种》，这个文章中有个人物叫"任老四"，那时刚聚在一起的同学很难记住彼此的名字，班上又没有第二个姓任的同学，于是这个课文中的"任老四"就成了我的名字。直到今天同学聚会他们都仍然叫我"老四"。连我班上的辅导员王岐山至今也仍然称我为"老四"。

当这个问题提出时，网友们猜了许多的名字，却没有人猜出我叫"小毛"，揭穿这个谜底的当然是阎阳生与卓柳江了，阎阳生还借此爆料，说了一些我们在部队时的趣闻。比如我俩如何争强好胜地比这比那，分不出胜负时要和人打上一架，还爆料了阎与同团的一个参谋朱易在柳州鱼峰山上为争夺卓柳江而"决斗"的事。

阎阳生曾专门写过一些文章，记录我们的部队生活，发表在报刊杂志上，也收录在我以前出版过的书中。活动的第二段是让已经离开了华远的老员工们来评价我这个曾经的领导是个什么样的人。除了卓柳江之外，长盛还请来了曾经在中远工作、现在在万科当了副总的肖劲和在我爱我家房地产经纪有限公司当了总经理赵铁路，他们共同回忆了我们刚从学校毕业就进入了华远的一些事情。他们都已经离开了华远，也都各有一番成就，可以真实地说出自己当年的感受，给出一个不用拍马屁的结论，甚至可以痛骂华远，但是，他们依然铭记在华远工作和学习的日子，表达了对华远的深厚感情。

活动的第三段，小潘上场了，主持人故意让我们俩唱对台戏。小潘自称不知道今天的活动到底要干些什么，也不知道为什么上台。但当主持人问台下的粉丝们时，大家却一致高喊"为了爱情"，粉丝们看到我与小潘在微博上的"打情骂俏"，都理所当然地认为我和小潘是一对"基友"，这场戏就是要说清楚我们俩之间的这段关系。

小潘讲述了我们第一次进行土地交易的情形，抱怨和我签了几个亿的合同，却没有请他吃一顿饭，因此在几年后也让我饿了一回肚子。当然也少不了说说现代城的那封信和我们之间曾经发生过的许多故事。

我们在台上争论的同时，网友们还在不停地发着有关现场的微博，最令人意想不到的是张欣，也在微博上转发和评论网友们的帖子，被长盛调侃为"嫉妒"，成了现场中的一段佳话，长盛又将矛盾转移到了我们俩是否会"私奔"，网友们哄堂大笑。

除了小潘之外，还有另外一个重要的人物见证了北京房地产市场的发展与变革，那就是首创的总经理刘晓光，他曾经是北京市计委的高官，专管审批北京市的城建项目，直到下海。下海后，他也从事了房地产生意。晓光也在台上讲述了我们第一次见面就让我"罚站"的情形。

一段段经历都成了过去，却在回忆之中让我们心中备感甜蜜。我和一起战斗过的同事在时光荏苒中都成了好友，无论是和小潘还是和晓光。他们也都评价了我的为人和对我最初的印象，指出了我的缺点，同时也对我的优点给予了肯定。

除了对现场的人进行采访外，长盛还提前用视频采访了我的其他朋友们，大家都客观地讨论了"我到底是个什么样的人"。其实童年的记忆已经不深了，"童年"只是指"过去"。

视频中第一个采访的是中粮集团董事长宁高宁，他是最有资格评价我的人中的一个。宁总回忆了我们当时合作和分手的情况，肯定了我给社会带来的积极影响力，他还说我们不合作并不等于会相互仇恨。宁总现在仍是华远地产公司的独立董事。

他是我见过的最有市场敏感性又最懂市场规则的理性管理者,也是我的导师和朋友。

采访的第二位是原北京大学光华管理学院院长张维迎教授,张教授是亚布力论坛的首席经济学家,也是乐平公益基金会的董事,我们在众多的场合有着各种的合作(我也是乐平公益基金会的发起人之一,同时参加了五十人论坛),张教授将我夸为企业家中最具有经济学理论基础的人之一,同时有极强的社会责任感,将大量的时间和金钱投入到社会公益事业中。我也在张教授管理光华时给予了极大的支持。

中欧国际工商学院经济学和金融学教授许小年对我的评价其实可以只用两个字概括——"直爽",这是一种面对谩骂也要讲真话的品格,也恰恰是社会责任心的体现。十多年前我们在贵阳相遇时,他还在一家金融机构当总经理。他也同样有着爱说真话的性格,或许我们都因说真话而处于同一种被谩骂的处境,反而更容易沟通和交流了,自然也就成了好朋友。

冯仑先生在评价中则称我为"大哥",冯仑说我是"刀子嘴豆腐心",更热衷于在行业中帮助朋友,因此获得了"大哥"的称号。他最感动的是我曾为了女儿能看上周杰伦的演出而求冯总帮助找票,说我从来没有为任何事这样认真过,称得上是个好父亲。因此可以信得过。

这些人也许都是朋友,相互之间比较了解,因此夸赞的成分占多数,而现场的观众又对我会有什么评价呢?

下一段"演出"的主题是:女人眼中的任志强到底是个什么样?《华尔街日报》的袁莉和北京电视台的博文上场了。袁莉不客气地讲述了我们第一次见面、接受她采访时的情况。她说我回答问题时不抬头看她(这也许是我的一种习惯),她认为这是男人的一种羞涩,表现了这个人内心中的柔软。而博文认为我的表现过于粗鲁,虽然对就是对,错就是错,但表达的方式可以变得婉转些。这两位漂亮的女士到底谁说得对呢?女人眼中的男人与男人眼中的男人看到的明明是同一个人,但由于性别之差,结论也是不一样的,或者恰恰是性别之差让一个人变得真实了,不同角度的评价还原了一个人的本来面目,从不同的层面来看一个人的评价,确实是一件有趣的事。

话题一转,大家又将话题转到了星座上。同时上台的嘉宾还有新浪的陈彤和搜狐的刘春,他们和我一样都是双鱼座的,也都是微博上的活跃者。双鱼座的人有女人缘,也有兄弟缘。我从"人民公敌"变成"大众情人",当然要感谢新浪建立的微博平台。陈彤代表新浪微博感谢所有网友的支持，这个平台是在相互的支持与利用中才成长和壮大的，而我在陈彤的眼中则成了为微博而生存的典型，从微博与网友的交流中，陈彤说我有一种不装 B 的真诚。刘春在制作了凤凰卫视的许多优秀节目之后，又转到了搜狐，他第一次跟我见面时（小潘家），曾试图向我拍板砖，大约也是中了媒体宣传的毒，当时我在他的印象中只是个嘴里不断说着"穷人"与"富人"的怪物，但接触的时间长了，我们也成了朋友，他认为我最大的缺点是，一个男子汉怎么可以不喝酒呢？很苦恼没办法和我好好地拼一次大酒。

这个"六一"节不但是个回忆的节日，也是对我进行剖析的日子，不同的人分别从不同的角度谈了对我的看法。活动比预计的时间多了将近两个小时，说明大家都沉浸在欢乐之中，忽略了时间在偷偷地溜走。

现场还给我发了个"不退休"的荣誉证书，原因是这个行业少了我就不热闹了，在大家的各种祝福之中，活动才又回到了主题。后台推上来了一块大大的生日蛋糕，在全场欢唱生日快乐的祝福歌声中，所有人共同分享了生日蛋糕的甜蜜，虽然还有许多朋友没上台，但他们和所有的粉丝们一起共同分享了以"庆六一"的方式来给我过生日的愉悦。

直到这个"六一"的活动结束，才算是将我的 60 岁生日过完了。与孩子们一起过六一，确实是个好的想法，至今我还保留着那天孩子给我戴的红领巾，现场也有许多孩子们共同分享了一个 60 岁老人的欢乐。

我很庆幸我能被这么多的人关注，很庆幸我能成为行业中的一种声音，也因此能在与各种声音的斗争中享受着其乐无穷的快乐。这个社会缺少的恰恰是声音，特别是表达不同意见的声音。

历史上我国曾有过只有一种声音，不允许存在不同声音的时代，也曾对各种不同声音有过压制和打击的行动，因此发出不同的声音便有了特殊的意义。这需要有理论的支撑，同时需要有一定的胆识。可能，最初这种声音并不被社会所认可，但天长日久，它终于被实践证明是对的，被社会所承认，今天的活动也恰恰证明了这种声音有存在的必要，我为此而骄傲。

和阎阳生掰腕子

切蛋糕

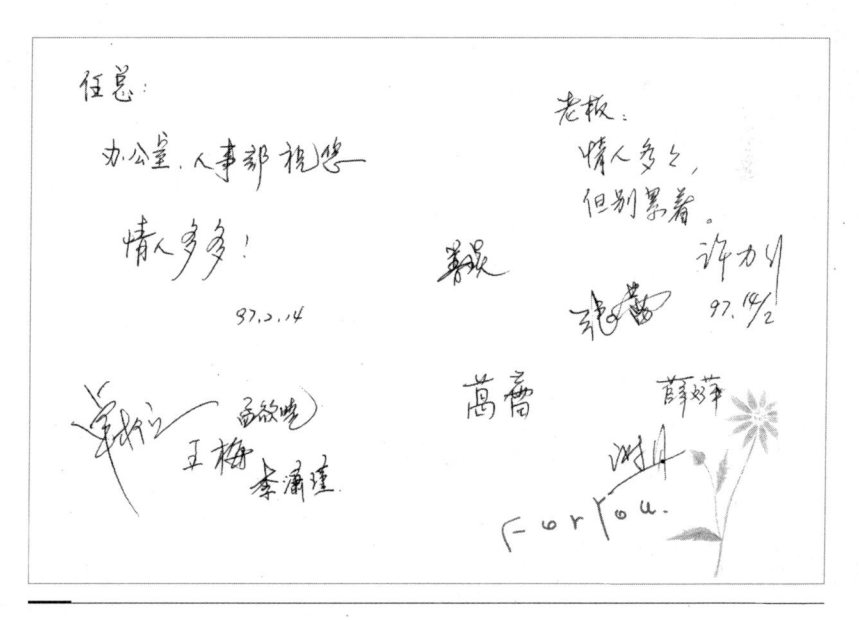

生日贺卡

与权威说"再见"

当我真的从集团公司这个奋斗了近 20 年的岗位上退下来时，心情是矛盾的，一方面舍不得这个自己全身心打造的平台；另一方面又从内心中希望能退出这个受到不合理管制的平台，去干一些自己想干又不能随意干的事，如各种社会公益。

担任集团公司的领导时，每年大约要用 1/3 的时间去参加区政府或国资委组织的活动，包括与企业活动无关的各种会议，包括每年组织的类似于党校学习的各种管理培训。几乎每次安排这种听报告和管理培训的活动时，上台演讲的报告人或辅导老师都会先客气地在讲课之前说"我曾经听过任总的讲课"或"任总是这方面的专家"等，其实我既不是"老师"，也不是"专家"，只是经常与这些朋友一起讨论管理问题或是其他的问题，会议和活动上见面的机会多了，他们就都很客气地捧场。但实话实说，这类的会议和培训对我而言大多是一种时间上的浪费，而这个时间又是上级用学习与登记的方式要求每个人都必须参加和保证的。

中国有句古话说"墙内开花墙外红"，原因在于"灯下黑"。常在花下走的人也许永远不觉得花红、花香，体制内的人只有身份、地位、权力的级别之差，而无能力、业绩与素质之别。市场上看到的是业绩与影响力，不是你学习政治的方法，而业绩与影响力大多来自私下的、自主的积极学习。体制内只承认体制安排的学习，并不关心你在社会中学到了什么；体制内只根据你的管理层次和级别来评定你的位置，而不论社会与市场如何评价，也不管你的企业在行业中处于什么样的地位！

国有独资企业归国资委管，于是国资委的任何管理人员都代表着你的上级。许多集团公司党委研究后上报的决策，却可以在国资委的一个普通人员或副科长的手中被否决。知识、智慧、经历等都在这面等级的大墙面前失去尊严。行政管理的下级服从上级超越了一切，已成为一道不可跨越的红线，但那些国资委的管理人员真的比企业管理人员具有更高明的决策能力吗？

服从于他们的管理和他们安排的培训是必修课，因为他们才是"权威"，虽然其中的许多课程早该学，许多国企干部没机会学，于是就"一刀切"地都必须服从于统一的课程培训安排，但对于部分已经超越了这些基础和阶段的人而言（华远专门组织有北京大学光华管理学院的 EMBA 培训），这是浪费时间。

退出这个岗位之后我自由了许多，不再参加区里的各种会议，不用去听各种区管理机构的报告，也不再参加国资委的各种培训，节约出来的这三分之一的时间全部投入到 NGO 组织的公益活动之中，真正干了自己想干的事。

慢慢地我习惯了这种更加尊重自我的生活状态。

但在华远地产董事长岗位上能干多久，仍然是个不得不面对的问题！

当我从华远集团公司董事长岗位上退下来时，因为还是未满届、正在履行职务的市政协委员，所以按照规定可以不退休，但不退休不等于仍担任行政职务。尽管华远房地产股份有限公司已经上市，华远集团公司持股 46%，是第一大股东，但仍存在我不在华远集团任职时谁代表大股东的权益的问题。

北京华远浩利投资股份有限公司是华远地产公司的第二大股东。浩利公司是区政府批准成立、华远员工持股的公司，我是该公司法人代表。如果我不能代表华远集团这个大股东，就只能代表华远浩利这个第二大股东了。

在市场化的国家这也许并不是个问题，委托代理制中是以领导者的能力为标准而衡量的。同时对职业经理人的道德要求与法律规范很严格，当然也就不用考虑是否人在体制内。社会聘用方式既打通了不同人才相互交流的通道，也打通了人才在政府与企业之间互相任职的通道。委托代理制恰恰要切断资本与管理之间的直接关系，优先管理的要求，而非资产所有者的要求，上市企业就更是如此了。

但在中国，忠诚度似乎不是由管理者的人品、素质决定的，而是由这个人是否是体制内的身份、是否是上级用行政命令方式管理决定的，身份重于能力。

我还是原来的我，一个曾经在体制内为华远集团的发展努力奋斗数十年的人，但因辞去了集团公司管理者的职务，于是从体制上而言，也就成了应被抛弃和替代的人。那么现代企业制度在这些体制内的管理者眼中又有什么意义呢？

所有的现代企业制度在国有资产的面前都变成了虚有，垄断的股权权力等一切都由上级管理者说了算，仍是神圣不可改变的基本原则。

难道我的身份变化了，就一定会失去忠诚度吗？难道因为年龄的超出，人的智力和能力也都会因此而改变了吗？是的，在体制内管理者的眼中，当你的身份不在他们管辖的体系时，你的一切也都变了。

2012 年，上市公司本应进行董事会的改选，围绕谁代表华远集团公司却出现了分歧，国资委认为应让我退位，由华远集团公司另外委派人员担任董事长。分管经济工作的西城区副区长专门约谈我，要求我主动辞去董事长的职务，上市公司可聘请我当名誉董事长，并强调这是国资委和政府的决定。

当我问到占10%以上股权的第二大股东能否推荐董事时，他们回答说当然可以，当我问如果推选的董事是我，而大家又同意选我当董事长时咋办？领导回答说大股东投反对票时我选不上。这很对。但如果小股东们都选我，而大股东投反对票时，公司会出现什么情况呢？如果出现这种情况对公司的发展有好处吗？

于是，所有人都沉默了，改选董事长的议程也暂时放下了，上市公司的公告中宣布暂不改选董事会。

如果是从纯国有企业的管理岗位上退出，我会毫不犹豫，因为我无法忍受这种体制管理下的困境。如果没有浩利公司管理股的退出问题，我也会毫不犹豫地退出这个岗位。有太多的公司要给我更高的股份和年薪请我去做某个CEO。

能留下根的是那片沃土，能留下人的是那份情感！

人总是要离去的，但情感越深则留住人的时间越多。

每个人都对自己的孩子有特殊的感情，哪怕女儿的出嫁本是一种幸福的追求，也会让父亲的心中有许多的感慨与遗憾。一个自己创业建立的企业就像自己的孩子一样，也有这种难舍的情分。尤其是华远房地产公司的几起几落，经二次创业的重新奋斗过程，更凝聚着我许许多多无法用语言表达的心血，让人更加留恋。

华远是个非常有"家文化"的企业，可以看到，凡是华远创业时期进入的人员几乎没有随意离开的，许多一毕业就进入华远的人员也大多留在这个企业不舍离去，反而是半路出家的"和尚"——那些半路招聘的人员有些没有留下。

离开的人员大多分为两类，一类是因个人的工作状态无法融入企业的文化，一类是在华远锻炼成长后被挖走高就了。离开的人员大多仍对华远保留着一份好感，许多人会常"回家"看看，有些仍经常与华远员工结伴外出旅游，恰恰证明了这种"家文化"的存在。

华远哲学概论

CHAPTER ▶ 09

BEAUTIFUL AMBITION

万科培养的大多是职业经理人，很少有能单干成为大老板的；万通没有培养多少职业经理人，但却培养了无数个老板，并且每个都干得有声有色，如SOHO中国的潘石屹，阳光100的易小迪，银信房地产开发的张民耕等大老板，还有苏南等一批中小公司的老板；华远的情况则兼而有之：一些人成了职业经理人，一些人成了小老板，虽不如万通的老板名气大，但都有了自己的一片天地，至少也混得比万科出来的单干户要好得多。

好制度都由"罪人"制定

在检察院下发无罪裁定书之前，80年代的企业大多延续着公务员定级的旧的工资体系，集团各企业之间又有一定的自主权进行自我调整。

工资制度千差万别，不利于平衡与调整，又缺少合理的考核制度和激励制度，不利于调动员工的积极性和创造力，更不用说是股权激励了，一个好的制度会对提高生产力和生产效率发挥巨大的作用。

我按照公司的部门与分工将工资定为22个级别，划分成5个大类：一类是高级管理人员，由总经理和总会计师组成；一类是中级管理人员，由部门经理、副经理和特殊人员组成；一类是低级管理人员，由部门助理和各专业组长等组成；一类是普通正式员工；一类是兼职与试用员工。每一类别中又划分为不同级别，并分别制定了任务、责任与考核的办法。

不是因人设岗，而是因事设岗，这在当时是一种突破，而定编、定岗、定职责也是一种配套的制度。只有从根本上改变管理的思路，才能调动每个人的积极性，"择优录取，来去自由，多劳多得"要成为优先条件，从而打破"大锅饭"的制度，并形成合理的淘汰，用激励奖励先进，用淘汰制约落后，形成双向流动。

对高层应为"无为而治"，对中层则"人之初，性本善"，对下层则"人之初，性本恶"，按道、儒、法的思路制定考核标准。

一个企业的核心在于20%的高管和中管（全高端技术人员），这些人的创造性、风险决策判断能力、寻找机会的能力、有效的组织实施能力等，决定着企业的盈利能力和竞争力，这些人才称得上是人才。而其余约80%的人大多是执行层面，或称"劳力"（尤其是劳动密集型生产企业）。因此在确定了企业的整体目标和方向之后，最高管理者只负责监督与控制全局。对能提拔到高层的人员，大多应给予充分的发挥空间，应用"无为而治"的道家思想管理。在充分的授权的情况下，让高层管理人员去指挥和决策，而非最高管理者对高层管理人员指手画脚、教他们如何管理，更不是极度的不放心的直接操控。高级管理层不是只出力而不出思想、不出创意，否则这个企业就会没有凝聚力，并僵硬死板，缺乏活力。

中层管理层是上下之间的连接，更是执行的主力，因此要给他们一定的自主权和一部分激励与处罚的权力。对中层用"人之初，性本善"的儒家思想管理，正是要对他们有充分的信任，而不仅仅是严格的监督与约束。比如对中层及以上的人员不要求打卡，要相信他们为完成任务主动加班的时间会比迟到的时间多。考核不是以时间来约束和要求，而是以工作任务完成的质量与节点来控制。使中层人员有一定的灵活性，以发挥他们的积极性。

下层工作人员流动性较大，是执行力的最基础部分，因此会用法家的"人之初，性本恶"管理，用严格的纪律与制度进行约束。不能有过多的灵活性和自主权，必须严格地执行上级的命令，要按时打卡，保证工作时间，并对加班加点给予奖励。由此我也同时做出了责任的限定，即"领导者决策，由领导者承担决策的责任，执行者只承担执行中的责任"，这样就解除了执行者对决策错误引起的执行责任的担忧，可以尽心尽力将工作精力放在执行层面。如生产什么是上面决策者的事，而生产质量的好坏和进度则是执行者的事。分解了不同责任的同时，强化了执行的坚定性和必要性。

正是按照这样一种管理思路，我将员工的薪酬与奖励纳入了工作职责和考核之中，打破了传统的定级方式，并将工龄津贴与服务年限结合，以保证如司机这种常规工作者的福利。

中国传统的社会主义制度强调的是平均主义的"大锅饭"。因此效率低，缺少竞争的主动性。且混年头比努力更重要，老实地服从让人的创造性被扼杀了。于是出现了"让一部分人先富起来"的改革，打破了平均主义与"大锅饭"，并鼓励当"万元户"。但什么样的方式才能让资本主义的这种竞争意识和多劳多得处于公平的约束和平等的竞争条件之下？这就需要有一种透明的、公开的制度，让所有人都在制度的硬约束之下竞争上岗、竞争业绩、竞争利润和工作任务。中国与日本还更强调封建主义的终身雇佣制。在传统的中国，这种终身雇佣制来自没有流动性的劳动力要素市场和社会劳动保护制度。每个被雇佣者只能忠诚地在一个单位中工作，从所服务的单位分配住房直到退休，并领取退休金以养老。日本的这种终身雇佣制则强调每个员工对企业的忠诚度，并使用年续列工资（即工龄工资的增长占较高比例，吸引职工自己延长在一个企业中的服务年限，并忍受近乎于残酷的、严格的管理纪律和制度）。

我认为一个好的工资制度应包括这三种制度的优点，并克服这三种制度的缺点，用相互制约的方式互相弥补，最有利于调动所有的不同层次人员的积极性。让企业成为一个整体，为一个共同的目标而形成合力。否则就会让一个企业的文化面临着多种利益的冲突，并有可能四分五裂。

于是我在新的工资制度的设计中进行了三大改革。

一是保留了社会主义的大锅饭的部分，某些补贴、津贴的标准是一致的，不分干部、员工和高低层的级别，没有任何的特殊性。比如午餐费的补贴，无论什么人都同一标准，没有干部性或特殊性。让所有人一律平等地享受企业的福利。并且一律排队打饭，干部与员工打成一片，建立良好的干群关系。凡是这类共同福利都不允许有歧视性的差别待遇。再比如外出活动一律乘坐公司统一安排的车辆，不允许干部单独开车前往（除非中途有特殊的单独工作性活动），干部、员工统一待遇（包括用品和用餐等）。

潘石屹曾多次到我公司的食堂用餐，也公开地在电视节目中攻击我公司的午餐水平较低。原因在于我没有搞特殊化，而是将午餐的标准统一并由工会决定食谱。我绝不去指责饭菜口味的好坏，只要求卫生和安全，保证员工的健康，如需要则统一由工会决定提高标准。当潘石屹来公司吃饭要刷我的饭卡，并无特殊待遇。

二是保留中国传统的封建主义的家族制的惯例，希望以此让员工安心并延长服务年限，增加企业的凝聚力，增加员工对企业的忠诚度，减少和降低自主的流动性。如有年工龄工资的规定，按服务年限增加固定补贴；如按工龄计分分配住房或其他集体福利（分房集中于1998年房改之前），并按工龄决定对住房的补偿（不够服务年限调离的不退房，但要补退一定数额的现金）。干部与员工之间可能随着级别有分差，但都能随着服务年限的延长而受益。

三是相当于市场经济的竞争关系的部分。也是最重要的激励部分，要用承担的风险与责任体现级别之差，给出职务的劳动贡献评价，并与市场的价格相匹配（相对匹配）。同时要体现多劳多得、多盈利多得的奖励制度。这部分就不是和人头或年头挂钩，而是和职务与业绩挂钩了。

前两者体现相对的公平性，而后者则以竞争、能力、贡献为重，并有淘汰，干不好要受到处罚，如扣工资或降级别等。前两者并不因工作纪律或工作错误而受影响。但后者严格地执行纪律和预防错误，并要承担风险。如当月只领取工资中的大部分，余额作为保证金在项目或年终考核时扣除、发放或奖励。

尤其是中、高级以上的管理层，级差会逐步扩大，就是要风险与收益共担。竞争中一定会有失败者，因此对参与竞争者要给予一定的优惠条件，否则就不会对参与竞争者有吸引力，就难以选拔出优秀的管理人员。

也正因为这种风险，完全用市场经济的一套会让员工之间形成竞争中的对立，也让竞争的残酷性破坏了企业内部之间的合作和相互关系。而前两者的作用恰恰就在于弥补这种纯商业化竞争的缺陷，让内部的竞争存在的同时，增加一些平等与非竞争的内容。增加一些家庭式的温暖，给干部、员工增加一些依靠感和忠诚度。

如何实现三者之间的平衡，则是方案设计中的难点。前者所占的比重过大会影响竞争，而竞争的比重过大则影响团结。最初我按 2∶2∶6 的比重进行了设计，后来又进行了不同的调整，开始进行改革时，并非所有人都能理解与接受，但必须迈出这一步。在今天竞争与激励共存的整个薪酬制度中，竞争大约占到了 90% 的比重，但已经可以被社会、员工所接受了。如今大约已没有人关心薪酬制度的设计问题了，大多是听天由命。但在改革的初期这可是个牵一发而动全身的大问题啊。

华远的工资制度随着改革的制度推进发生过许多次变化，但整个薪酬体系建立的大框架没有发生重大的变化，只是这三者之间的比重关系和级别的标准、考核所对应的条件等发生了一些变化。回头看，那时所确定的思路、原则和管理方法还是起到了重大作用的，并为此后的一系列改革奠定了良好的基础。

企业的薪酬制度是所有社会分配中的初次分配。至今仍未解决的恰恰是从国家法律与税收制度上如何解决所有国民收入分配中的初次分配问题，这也在社会上引起了许多矛盾。在打破"大锅饭"之初，最突出的问题是如何用激励机制调动所有人的积极性，让多劳多得体现劳动力要素的市场价值。适度扩大和拉开收入分配的差距，将平均主义的"大锅饭"淘汰出局。同时在企业最终所得利润中加大对员工的分配比重，除了法定的公益金之外，增加用于员工奖金分配的比重（这一分配比例需要上级批准）。

企业获取利润的目标，不仅应着眼于积累更多的资金扩大再生产，同时要提高员工的收益，保证生产力要素的效率提高。这应是相辅相成的关系。如今政策在强调的是提高或制定最低工资标准，实际恰恰是没有解决好这个相辅相成的关系而倾向于一边倒的机制。

企业的文化是用各种看得见、摸得着的制度体现的，而不仅仅是一种虚无的精神，这些"主人的精神"、"雷锋的精神"最终要体现在物质分配上，好的工资制度与福利制度是企业文化的重要组成部分。华远的文化也是在这一次次的改革与突破中逐步建立和完善的。

这样一套管理制度和薪酬制度的建立，在当时有许多的争议，但最终得到批准并实施了。

福利分房的怕与爱

1986年，检察院下发了无罪裁定书之后，我重新当上了总公司建设部的经理，那时按照《城市房地产开发企业管理办法》，总公司用"二块牌子，一套人马"的办法，同时注册了华远经济建设开发总公司和华远房地产开发公司这两块牌子。但房地产开发公司并未实行完全的独立管理，而是由总公司的建设部下设了三个筹建处分别进行管理。

第一个筹建处是负责西单商业大厦的建设与管理。在我入狱接受检察院的案件审理期间，发生了一系列的变化。一是市里原准备给予的财政拨款不再拨付了，于是批准可以合资进行建设。总公司与挪威的斯堪的纳维亚银行驻京办事处取得了联系，他们介绍当时挪威海军大臣的儿子欧乐先生来中国投资。双方用中方出地、外方出现金的方式注册了1000万美元的合资公司，双方各占50%的股份。并通过斯堪的纳维亚银行作为牵头行组织了世界12家银行和财团的贷款5500万美元（中国银行提供了全额担保），共同建设与开发这座大楼。并将这座大楼命名为华威大厦。外方聘请了一位香港人担任筹建处主任，我司派出和招聘了一些人员共同组成华威大厦筹建处，共同负责该大厦的建设工作。

华威大厦是华远公司从事房地产开发的第一座商业大厦，也是华远与外资合作的第一个合资企业，更是北京区属企业第一个进入国际资本市场、使用国际银团贷款建设的项目。

华威大厦的项目在当初的改革中有许多的突破性试验，创造了许多个中国的第一，也为此后的政策调整做出了贡献。那时还没有"社会主义的市场经济"一说，更重视的是"摸着石头过河"的尝试。

华威大厦创造了第一个中外合作设计施工的交钥匙工程项目。由挪威的布兰特首相和中国的李鹏总理出席了项目合作的签字协议。由香港瑞安建设和中铁北京指挥部合作，以总承包的方式完成大厦的建设工作。此后因为出现了各种诉讼，又引出了一系列的故事，华远又创造了许多个中国的第一次。

第二个筹建处是由许守礼负责的月坛北街的建设项目，主要是原西城酱菜厂的改造，与铁道部和计委（现在名为国家发展和改革委员会）咨询公司合作建楼，从而带动了整个月坛北街地区的改造活动。

第三个筹建处由张祖华负责，在西城有些零星项目，并策划红联北村与彩印厂的合作开发。

而我的任务是将这些所有和城市建设开发相关的业务进行有效的组合，并筹备将这些筹建处变成一个独立的公司。

三个筹建处分别在三个不同的地点办公，华威大厦是独立的合资公司制，大厦的建设并不由我公司负责，但配套的市政基础设施则要由公司负责代建，因此首先要解决综合的办公地点的问题。

区政府汇通祠公园和积水潭地铁站改造的项目遇到了资金困难，于是将这两个项目转给了华远公司。除了将公园山顶的房屋和园林给了区里做贡献之外，山体覆盖下的两层地下建筑变成了华远总公司第五个办公地点，并将总公司下属的大部分分公司安排在了此地，将原月坛北街9号楼的首层变成了华远地产公司的统一办公区。

1988年初，戴小明组织各分公司的"诸侯"们召开春季扩大会议，华远公司每年有春季和秋季两次联席会议，春季会议年初召开，总结上一年的情况，安排全年的计划任务；七月的秋季会议检查上半年的工作，调整年度的计划，以形成有效的监督和管理。1988年初的春季扩大会议还多了一项内容，以民主选举与竞选相结合的方式竞聘华远总公司的副总经理职位，以加强各分公司之间的协调配合工作，此次参会的人员范围扩大到了总公司的全体人员和分公司的部门经理以上人员。

当时参加竞选的有五六位部门经理和分公司经理，我也是其中之一。每个人都有十多分钟的竞选演说，也有回答提问环节，最后是参会人员的投票。这算是公司民主活动的一种尝试，既要调动各路"诸侯"们的积极性，又要用这种方式加强相互之间的了解与合作，并选拔优秀人才，加强总公司的业务协调能力。

有幸的是我在竞选中民主地胜出了。不幸的是区政府并不承认总公司任命我为副总经理。区委组织部坚持干部的任命权力不在总公司而在上一级。

戴小明坚持这个选举和任命在公司内部是有效的。其根本的用意大约是因为我曾被入狱审查和党内警告处分，要用这种方法给我一个向上级证明的机会。并利用我的能力将房地产开发公司的业务与总公司的业务剥离，完全独立。这样他就能腾出更多的时间和精力去开拓新的业务。上级的正式任命是在一年半之后，张大力副区长带领组织部到公司宣布的任命。区政府在一年半之后才正式承认了我这个副总经理。

社会上许多人至今仍在质疑我在华远公司的职位，都以为这不过是个"拼爹"的游戏，并不知道这里面有着许多有趣的故事。

实际上我根本就不在乎这个副总经理的职位。我也没有因为这个职位而在总公司的账面上领过一分钱的工资和福利。我最在乎的仍然是我进入华远时对戴小明提出的要求——"宁当鸡头，不当凤尾"。

由于检察院和区纪委的错误，我原来的华远人才交流开发公司被总公司收编合并了，我无法再当"鸡头"。但这一次整编给了我新的机会。竞选之后，总公司同意将华远房地产开发公司完全独立，并重新注册，由我担任法人代表。将房地产开发公司交给我重新组建和管理，我又拥有了一个新的舞台。总公司的建设部取消了，两个筹建处合并了，所有的开发业务集中管理了。

当时的公司注册资本为1500万元，但实际的账面资产为−1500万元。总公司给我下达了任务，我当年要完成的利润任务中除了实现账面现金盈利之外，还要向总公司上交实物和对华威大厦的市政基础设施建设提供保证。

给我的条件是非常苛刻的，多数人都认为这是一个根本不可能完成的任务。我把地产公司的干部们集中在白塔寺路口的一个餐厅中大吃了一顿，以鼓足他们的勇气。我承诺，几年之后我们不但要盖房，还要给每个员工分房子。

从三十八军出来的军人，大多不知道什么是困难。只知道不管有多困难，只要上级下达了命令，唯一的选择就是不管前进的路上有多困难，都必须去完成任务！我需要的不是一个安安稳稳的职位，可以轻松地坐享其成，而是一个可以由自己选择角色和编排剧目的舞台。我要证明自己不仅不是一个贪污犯，而且是个财富的创造者，我们要靠自己的双手和智慧，打造一个别人不敢想、不敢做的世界。

不招清华毕业的

自1988年华远房地产公司与总公司分家之后，我就非常重视加强自身的队伍建设，不断从社会和大学招募人才。1992年邓小平南方谈话之前，大学生多是统一分配的，小公司在大学申请生源时，通常排在国家机关、事业单位和央企、市企的后面。但我们仍不断地寻找机会，甚至不惜用重金"购买"。

那年我从清华大学土木工程系和建筑系等"购买"了5名大学生，每个名额5万元，但如今一个也没留住。第一个被我开除退回学校的是个学生会的副主席，也是个桥牌爱好者。但进入华远不到一个月的时间，本来准备请园林局吃饭，客人没来，他自己拿着支票几个人大吃大喝了一顿，严重违反了公司纪律，也成了一种腐败。我没想到清华大学居然能培养出这种大学生，就将该学生退回了学校。

有的大学生早在学校时就申请了出国留学。因华远公司实行人性化的管理，不强制要求大学生最少服务五年并写进合同，才屈才到华远这种区属的小公司，以便一旦获得留学申请就离境，拿公司当跳板。后来我知道这种情况并非少数，相当一批清华的毕业生都在未毕业之前就做了出国留学的申请，毕业时先找到地方领工资，一旦留学申请被批准就不负责任地远走高飞。这大约也是中国TOP大学的一门专利，也是我此后再也不要清华大学毕业生的重要原因之一。

早期我也曾招过花钱才能有名额的研究生。一个如今当了华润（北京）置地的副总。另一个刚到公司几天就私自闯进我的办公室，坐在太师椅上，将两脚高高地搭在办公桌上，享受着当总经理的滋味。正巧我回到办公室，这个年轻人丝毫也不觉得羞愧，连鞋子掉到办公桌上的泥土都不擦就一声不吭大摇大摆地走了。我也毫不客气地命令人事部将其退回了。

还有几个清华毕业生跳槽或单干了，也许是他们太优秀，无法融入团队。也许是华远的企业文化让他们无法接受，既然华远确定了"来去自由"原则，我从不限制任何人自由的选择。

我不认为我的企业文化有什么问题。因为除了清华的大学生之外，大多数学校的学生都能较长时间地认同企业的文化，较长时间地稳定在企业之中。整个公司的人员流动率一直保持在5%的较低水平，这还包括我们因业绩考核无法达标进行的主动淘汰。

1989年许多企业为了减少麻烦而拒绝招聘大学生。我认为人才的培养要靠领导的以身作则和企业文化，要靠企业的主动培训和实践培养。好的企业总会凝聚一批优秀的人才并形成一股力量，形成企业的竞争力。

1993年的股份制和1994年的合资恰是企业快速发展和扩张的阶段，仅在这两年我就招收了超过公司原有人员一倍以上的大学生。邓小平南方谈话之后，大学生不再包分配。而是开辟公开的社会人才招聘市场，或由学校举办应届毕业生招聘专场。于是我也在人才市场摆开柜台，大张旗鼓地开展招聘活动，招募了大批的人才。

在公司的人才培训上，每年公司都有大量的支出，我专门请北京航空航天大学经济管理学院为公司员工开办研究生班（有正式的报考研究生名额）。许多人通过这个学习获得了研究生学历。并专门请北京大学光华管理学院为华远开办了MBA班，让所有的中层以上干部享受免费的MBA培训。

公司先后派出了几十人次出国学习，包括美国、加拿大、澳大利亚、日本、新加坡等国，也在公司的制度中明文规定，凡考取自费硕士以上学位的凭学位证书公司报销全部费用。

公司还在员工的子女上初、高中和大学时给予帮助和补贴，以减轻员工的负担，让员工努力为公司工作，并培养员工成为优秀的专业人才。

如今1993、1994年进入公司的大学生们都成为优秀的人才。因公司与华润分手二次创业，一部分骨干留在华润置地当了副总或部门经理，一部人回到华远公司担任副总、总助和部门经理等职务。当然也有许多人单干，成了私人公司的经理或老板。还有一些在万科、当代、远洋、龙湖等优秀企业中担任副总和部门经理的职务。

万科培养的大多是职业经理人，很少有能单干成为老板的。有几个单干的大都是小公司规模。万通培养不了多少职业经理人，却培养了无数个老板，并且每个都干的有声有色。如 SOHO 中国的潘石屹，阳光 100 的易小迪，银信房地产开发公司的张民耕等大老板，公开私奔的王功权，还有苏南等一批中小公司的老板。华远的情况则兼而有之，一些人成了职业经理人，在各人公司当了副总、部门经理。一些人成了小老板，虽不如万通的老板名气大，但都有了自己的一片天地，至少混的比万科出来的单干户要好的多。

企业有不同的企业文化，培养出了不同类型的人才。华远最大的问题就在于同龄人太集中。在 1993、1994 年集中招募的大量的大学生，最初几年都年轻而无知，显不出差别，在短期大大提高了公司的效率和竞争力。1996 年万科到华远学习，在人才效率的报告中明确提出当时华远的人才效率大约是万科的 5 倍，人均资金占有量超过 4000 万元，人均生产面积（在施）超过 1 万平方米，人均利税超过 600 万元。

但麻烦在于无法形成不同层次、不同梯次的人才队伍。几年之后的竞争过于激烈，同龄人中相同水平的人很多，但部门经理以上的位置却很少。一批人提拔了，另外一批人则失去了提拔的机会。除非企业可以靠不断的扩张为新人提供更多的机会，否则新人就会被别的公司挖走。因为别的公司可以将培训的费用变成个人的工资收入，为个人可提供更大的舞台。

历史并不会给我重复选择的机会。特殊发展阶段的特殊需求让我不得不做出相应的选择。虽然不是最优的选择，却是高速发展时的周期病。

正是因为有了这支队伍，公司在此后的几年之中连续跨越了几大步，直到亚洲金融危机爆发，引发了许多新的事故。

道治、儒治、法治

最容易使一个企业崩溃的是企业文化的倒塌，就像一个人的基本生存信念被摧毁一样。"哀莫大于心死"。失去了精神的依托和失去了企业的远景同样让人无所适从。原来的华远房地产正是在华远企业文化的培养中服从于"整体最优",集合集团所有的优势资源而迅速成长。

但郭钧(2000年3月任万科集团董事、副总经理)的管理恰恰破坏了企业原有的文化,从"整体最优"变成了"个体最优",不仅失去了华远集团支持的优势,也失去了内部团结的优势。当传统的企业文化被破坏,郭钧试图建立的"新文化"——也许是万科的文化,又与原有企业文化产生了强烈的冲突,于是优势变成劣势,企业发展的速度因此受到影响。

或许是分家没有来得及给郭钧更多的时间让他建立一种属于他的文化,总之现实的冲突造成的结果是两败俱伤。

我曾将华远的管理文化列为三级,对高层管理人员要用道家的管理办法,"无为而治",对中层管理人员用儒家的管理办法,"人之初,性本善",对下层人员则用法家管理方式,"人之初,性本恶"。原因在于初来公司的下层人员尚未了解公司的变化,尚未形成凝聚力,因此要严格管理,以增进相互了解。中级是有了一定的基础可以基本信任的人员。高层则充分信任,放手发挥其想象力,给其较高的自由。

一位女银行家曾问我,那再往上是什么?我说可以比喻为"佛",即下级有问题与疑惑时,可以问"佛","佛"指出一条明路。就像百姓们会到庙中祈求佛的指引,百姓们可以不信佛,但可能在有疑难问题时找个心灵的安慰。这种所谓的保佑,正是一种精神的依靠和疑难时的帮助。

这位女银行家又问,那"佛"的上面又是什么呢?我说那就是"神"了。有人称为"上帝",有人称为"神",总之是一种寄托。"神"和"上帝"在不同的信仰中都是无所不能的。最无所不能的不是体现在具体的事物,而是体现在一种超越平凡的信任。这种信任可以称为"归宿"。当人的灵魂有归宿时,他才敢放开胆子去现实中拼搏。就像船在海上乘风破浪,可以在满身创伤时回到平静的港湾中补充给养,再战海上。

企业就是职场拼搏中的家。有了家的感觉时,员工才会把未来寄托在家的关怀与爱护之中,和家一起成长。过去的华远房地产做到了这一点,只要员工曾努力的为企业做出贡献,必然能从家中得到应有的回报、尊重和荣誉。

先富民还是先富企？

分配重在公开透明的分配原则，让每个人都心中有数，知道规则而避免错误，知道努力的方向和激励的重点，业绩与奖罚挂钩是华远薪酬与福利制度中最突出的特点，而这一点，曾在万科人事部门学习之后的报告中被批评为缺少人文关怀。但我认为这才是最公平的，如果在考核与奖罚之间，掺杂了许多非业绩硬指标的人文因素，则一定会造成更多的争议、纠纷与不公平。

华远的人文关怀更多地体现在大锅饭的福利和论资排辈的平等待遇及住房分配上，如吃饭补贴无差别，工龄工资补贴无差别，休假制度和补贴无差别，员工子女上学补贴无差别，员工个人参加业余学习补贴无差别等。

当公司有了明确的制度和透明的分配原则时，奖罚的分明才能被监督和投诉，也才能有工会的争议仲裁和人事部门的行政处理，而不是凭管理者的一己之私而左右摇摆，更不会因信息的不对称而产生逆向激励作用的错误。

公司日常的奖罚分为三级，即总经理根据全公司年度、月度一级计划的完成情况确定公司的 K1 系数，这些管理部门（考核部门），根据各部门二级计划的完成情况确定部门的 K2 系数，部门经理根据内部计划执行的情况决定每个员工的 K3 系数，这样形成月度的奖罚。

公司的月薪由每个人的工作岗位级别、类别确定，但按不同级别扣除一部分保证金，高级管理人员扣除 30% ~ 40%，中级管理人员扣除 15% ~ 25%，一般员工扣除 5% ~ 10%，月度工资按扣除之后的数额乘以 K1、K2、K3 系数，为实发工资（对个人单项任务的单独奖罚另计），扣除的保证金部分按公司年度完成董事会下达任务的指标比例计算并发放。

年度奖金则按董事会确定的任务指标和章程中确定的比例提取，年度完成利润占总指标的 75%，其他为土地储备、现金流管理等指标，章程中规定，提取利润的 4% 作为奖金，其中 0.9% 归董事会，0.6% 归总经理，1% 归中层以上管理人员，1.5% 归员工，这个 4% 对应于董事会的任务指标，完成考核指标的 70% 以上时才能提取奖金，低于 70% 则不能提取奖金。

这部分年终奖同样分为几个层次发放，一是按不同级别确定的大锅饭，即人人皆有的部分，这部分大锅饭与出勤考核挂钩，二是按业绩考核由部门经理确定的部门奖金，由公司按任务考核情况划到各部门（也由公司月度考核系数确定）由部门经理分配，三是由总经理分配额度，对部门或个人，主要是中层以上的管理人员分配，人事部门根据月度、出勤、病事假、违约等因素进行调整，形成一套公开透明的制度，以确保合理与公平。

华远公司的奖罚制度中，还包括了员工参加各种活动的情况，如每年组织的春游、秋游、外出（包括外地和外国）旅游、考察等，这些都是明文的制度，由工会负责组织、公司给予假期和定额补贴，其他自费，如果员工的家属在参加各种活动时出现违规违纪行为，员工同样要因影响公司行为和声誉而受处罚（视同员工本人违规违纪）。当公司有了明确的规定和制度时，这些具体的事就都不是董事长、总经理该管的事了。

1988年华远地产公司独立时，我就向干部员工承诺，保证员工能够分配上住房。1993年华远地产公司实行股份制时，我就提出让华远的员工都成为百万富翁，这个消息也被刊登在《北京青年报》的整版报道中，因此我用各种参股方式让员工投资，共享企业发展的成果，并以此来培育和稳固员工队伍，并希望员工能长久服务于企业，与企业共成长，因此制度中有许多与在企业工龄和服务年限直接挂钩的奖励政策，如工龄工资随服务年限而增长（这是日本的平序列工资制度的转换），如住房分配随工龄而增加补贴、增长住房分配的分数，这个分数决定员工分配的住房数和享受的待遇。虽然级别不同，分配有一定的差别，但老员工的积累所占比重十分大。

在传统的福利分房时代，国家机关、行政部门、事业单位等是靠行政拨款盖房分配，而企业则是靠提取公益金来支付住房建设资金的，当一个企业的经济效益不断连续增长时，这种住房分配和补贴才成为可能，而这种分配同时会成为激励员工加倍努力的重要因素之一。

在许多单位中，分房是件既让人爱又让人恨的事，爱是终于熬到可以分房了，有房可住了，恨则是因为分配不公而造成的差别。更有许多人想通过走后门，找领导去解决分配的问题，甚至闹得连家属都跑到单位来打架，闹得有人哭天喊地要自杀，许多单位把一件好事变成了"敌我"矛盾，长期影响了团结和工作。

而我则是委托工会对分配制度进行讨论，当讨论结果经过职工代表大会表决通过之后，我剩下的事就是如何利用有限的资金建好房子，至于分配的事，则由工会按制度来，与我这个董事长无关了。

也许有些领导认为这是培养亲信、拉拢干部、收买人心的好机会，会紧紧地抓住不放，更不会公布完全透明的制度，或总给自己找个理由，留下一个缺口和机动的权力，貌似公正地来调解和处理纠纷，其实是给自己留一个满足私欲的漏洞。

我却坦荡地将这个权力还给员工，彻底交给了工会，如果有投诉和纠纷，也由工会委员会讨论解决，我根本就不去参与。我从来不认为我有必要特别地拉拢某些人，而是认为，只要有一个让所有人都能公平分享的好制度，就能树立企业管理者的威信，就能得到大家的拥护，也就用不着为自己的领导地位担忧了。更重要的是，最高管理者的放权，其实是一种高明的管理方式，有助于建立良好的企业文化。

我在企业一把手的位置上待了长达20年的时间，我相信至今还没有哪个在我手下待过的人，包括被我开除的员工、干部，会对我这种坦诚的管理风格提出反对意见，至今为止，几乎所有被我辞退的干部都还能和我坦然相对，甚至想邀请我一起共进晚餐。他们毫无疑问地会在遇到困难的时候想到我，并毫不怀疑我会尽全力帮助他们，哪怕其中有些不完全合规的地方，我也会给他们找一条出路。最近就刚刚发生过一起这样的事情，而前前后后这种事情已经发生过许多次了，人到走投无路时首先能想到我这个曾经将他们辞退、降职的领导，只能说明越是公开透明的制度，越是尽可能不管的放权，你的管理才越具有权威性。

当我不得不管时，恰恰有制度在先，不是对人，而是对事，故人与人之间的交往不会因对事的处理而无法面对，公平的制度让双方的对立不影响人与人的好恶关系，也不损害上下级之间的关系，而可以做到换位思考、换位处理，做到人情、友谊长存，这已成为我做人的原则，也是华远"亲兄弟，明算账"的一种企业文化。

华远集团公司（前身是总公司）与华远房地产公司在1988年分立之后就变成了两个不同的主体单位，总公司先于房地产公司分房了。我有资格和权利在总公司享受分房，但为了照顾房地产公司员工的情绪，我放弃了，直到房地产公司正式分房时，为了回避自己给自己分配的嫌疑，我才选择了在总公司享受分房（在华远集团任职，同时在下属公司兼职的干部都有权做出在哪里领取工资和分配住房的选择，但每项都只能选择一次）。而实际上，房地产公司对员工住房分配的标准远远高于总公司的标准，因此大多数华远房地产中层以上的干部所实际分配的住房面积都远超过了我，包括最早给我开车的司机，最后住房分配的面积都超过了我所分配住房面积的一倍。

华远地产公司第一次住房分配是在公司进行股份制改造之前，1991 年做出大批的分房决定，这些房就是自己盖的了，1992 年房屋建成后再进行分配，除当年入司的人员之外，大约一半以上的员工都住上了新房，按入司工作的时间和级别高低，谁分高谁先挑，有的分了三居室，有的分了两居或一居，未分房的都是达不到最低分配资格标准线的员工。

所有的分房都是由工会负责组织，没有任何一个员工会来找我讨论分房问题，更没有任何职工家属会跑到公司来闹事，争福利，这应得益于公司有一套完整的制度，让所有的员工都心服口服，分了房的人在盼望第二次改善，未分到的有了明确的希望，让公司的员工都能充分体会到公司的文化、福利和以人为本的理念，当然也就有了努力工作的动力，虽然住房并非生活唯一的乐趣和奋斗目标，但在那个分配的时代，住房至少是生活尊严与自我尊严的一种象征，尤其是许多工作多年而未能在原单位分配到住房的老同志，有的已工作了二三十年，当他们在华远分到了住房时，浑身都散发出好似重新焕发了青春的喜悦，当然这也是我的骄傲。

1993 年公司股份制改造之后，开始了大规模的扩编，1993、1994 年公司先后招收了 100 多名大学毕业生，这就给再次的住房分配制造了巨大的压力，1994 年底合资之后，执行了更严格的财务管理与审计，住房分配与股东利益两者之间要严格分清。未进行股份制改造之前的利润分配比例可以报上级批准，多提取公益金或批准从利润中列支，合资上市之后就只能严格地用企业合法提取的公益金支出了，法律也明确规定合资企业的公益金用于职工福利，包括用于住房补贴和住房分配。

当员工的数量不断增加时，就必须提高企业的经济效益，获取更多的利润，这样才能按国家的规定提取更多的公益金，用于解决职工住房的建设问题。地产公司最大的优势在于获取土地，合理地分摊了土地的成本之后，用于解决职工住房的用地经上报政府有关部门批准之后，免征土地出让金，实现员工利益的最大化。

1997 年我宣布了第二次分房计划，这一次我把房屋的建设、设计的图纸、装修的标准等一切权力都交给了工会，而我只提供土地和控制预算总额，投资总额是按公司账面上的公益金总额来限额控制的，同时要求保证所有按规定有资格进入分房标准的员工都必须分到住房。

这次工会的权力可大了，他们经过计算之后，有意地提高了标准，扩大了每套住房的面积数，两居室扩大到了 98 平方米，三居室更是接近 150 平方米了，精装修的标准也大大提高了。开始他们还相对克制，但1997年、1998年的利润增长，让他们认为有可能提高原预算的标准，就撒了欢地设计，不放过任何可以增加福利的条件，在材料用品的采购上，他们也尽可能地降低采购价格而提高装修标准的费用。

这一次分配他们甚至等不及房屋开工，在图纸上就进行了预先的挑选和分配，有些人还单独花钱要求修改了图纸，有的将两套打通变成一套，有的选择了上下两层并加了楼梯，有的进行了二次分配置换，被换出的房也纳入了再次分配中，被预先选定了。这一次分配几乎让所有员工都分到了住房。

公司的分房规定中并不管员工是否已经有了住房，不管原有家庭的居住情况，是按在公司的表现和服务时间公平分配，住房分是累计计算的，随着时间的推移，标准在不断提高，已分过房的员工在第二、三次分配时仍有按累计分获得的选择权，其退出的房屋按分排列交回公司，让其他人选择。

公司的房屋分别在小西天的志强园小区、清华南门外的东升园小区和南二环边上的百合园小区，还有个别零散房源，1997年的这次分配大多是在图纸上进行的分配，最高分的人员大多分配了五居室，可以是一个两居加一个三居，得分最少的是一居室，除了1997年新入司的员工之外，所有的员工都分配了住房。志强园是第二批分配的房屋，但位置好，东升园远离公司，但房子很大，而百合园则竣工最晚。当1998年中央下达停止福利分房的命令时，我已完成了员工的分房计划，1999年和2000年入司的员工分别搬进了东升园和百合园的新房中，一部分员工住进了志强园腾出来的旧房中。

至此，我不但兑现了我对员工做出的分房承诺，也圆了员工的住房梦，但我个人只是享受着三个两居室的分房待遇，至少我可以坦然面对所有的员工，我从未从公司的福利分配中占什么便宜，更从未用自己手中的权力为个人谋求过任何不公开透明的利益。

1998年之后，公司按照中央的规定实行了房改。2000年之后，公司的员工按房改的规定和住改办审批的价格，公司将分房改售房，扣除公益金支付的住房补贴之外，大多数人补交了2万至12万元的现金，就将这些分配的福利住房变成了个人财产，我也同时兑现了让所有的员工都成为百万富翁的梦想。

这一系列分配只是说明，我绝不会在奖金分配上搞什么以权谋私，更不会去创造什么不公平的矛盾，当华润对我从华远集团拨款对房地产员工进行奖励提出疑问时，我对华润说，如果你们作为大股东愿意用股东的钱对员工进行奖励，我绝不会过问，同样我用二股东的钱对员工进行奖励，大股东也无权过问，我更不愿看到大股东不肯掏钱却要对二股东掏钱奖励员工的行为提出指责。

奖金与住房分配都是职工合理合法应得的福利，是自己劳动创造出来的，也是员工应得的，取消了福利分房制度后，财务制度上也取消了公益金提取这一项目，并增加了住房补贴的支出，变成了货币化分配。今天华远所有的员工，包括已退休的员工，都在感谢我为他们解决了住房问题，尤其是一个上市公司，一个合资企业，能靠自己创造的利润和提取的公益金解决住房问题，不能不说是一件值得骄傲的事情。

并非所有的企业都有这种幸运，绝大多数企业都没有能力解决员工的住房问题，关键其实还在于最高管理者的观念上，是要以富民优先还是要以富企优先，就像一个国家是以人民的利益优先，还是以国家的利益优先一样，当一个企业管理者关注于将更多的现金流用于企业发展而占用了应属于员工的公益金时，一定不是个好的管理者。

企业文化就是树立一个"神"

三国时期的关羽，本只是一名普通战将，但由于其三结义，寻兄护嫂又变成了忠义的象征，慢慢地从战将变成了战神，变成了大圣，变成了财神。这种演变的过程恰恰来自人们想树立一个神，给精神一个寄托。

企业的文化就是树立这个神。用企业的行为，看得见、摸得着的一种企业公民的责任，承担起员工的负担，慢慢地就有了神的形象、神的眼睛、神的精神。当这个神在现实中被推倒时，企业的文化也就崩溃了，人心一散，企业的力量也就散了。

中国历史上把毛主席当作无所不能的"神"。但"文革"之后，这个神像被现实推倒了，于是信仰也动摇了。人的价值观受到各种冲击与考验，至今也无法统一于一个标准，也因此有了各种不同学派的争论。但企业无法这样各自为政，必须拧成一股绳，才会有力量，才能在市场无情的竞争之中捍卫自己的权利，并生存下去、发展起来。这需要的是企业文化凝聚的合力。

北京华远新时代房地产开发公司于 2001 年 12 月 30 日正式完成企业注册,由华远集团公司、华远西单购物中心、华远国际旅游公司、华远金海马公司、华远生物保健品公司共同投资成立,但集团公司在与华润分手之后,就先一步与北京京泰公司、SOHO 中国、嘉里建设共同投资组建了北京京泰物流置业有限公司,开始北京朝阳物流港的开发筹备。

2001 年的 11 月 20 日举行了新闻发布会,公布了"新华远公司"的第一个建设项目"海润国际公寓"。

华远新时代在市场中还没有影响力,但华远集团的资源却可以帮助华远新时代迅速打开局面。

2002 年的 3 月,华远新时代与北京首旅集团下属的首汽集团和酒店集团共同成立了北京市首旅华远房地产开发有限公司和北京市首旅酒店物业管理有限公司,利用首旅集团现有的土地进行房地产开发,迅速扩大土地储备与项目规模。

6 月与京泰合作,收购了原京泰(北控)参股的烂尾项目"建华花园",通过股权转让的方式,获得了朝阳 CBD 地区约 30 万平方米的开发项目,建成"尚都国际"。

11 月通过收购颂阳房地产开发公司的股权获得了原"春晓花园"的项目开发权,建设了盈都大厦。

仅仅一年的时间,新成立的房地产公司从房无一间、地无一垄,迅速获得了大量的开发项目,再一次用高速发展的行动向社会证明了"华远"的品牌优势和能力。

同年的 8 月,经西城区国资办〔2002〕22 号文件批准,华远新时代房地产公司再一次进行了股份制改造,进行增资扩股。

对许多人来说,寻找合作伙伴、寻找投资来源是件困难的事情,但对于华远集团这个拥有品牌和市场信任的企业,这个曾经在国际资本市场上打过滚、闯过天下和拥有操作经验的企业而言,并非是件难事。

通过与京泰的项目合作和项目收购,京泰公司成为华远新时代股份制改造后的股东;通过与首创的成功合作和项目收购,首创阳光也成为华远新时代股份制改造后的股东;根据区政府的批准,公司员工成立了华远浩利投资管理中心(后更名为华远浩利投资股份有限公司),用员工自己的钱组成企业,也做了华远新时代股份制改造后的股东。

与俞正声"打"出来的交情

从历史上看,一个企业的成功,很重要的因素是将员工的利益与企业的利益紧密地联系在一起,最佳方式就是通过员工入股的方式让员工分享企业的成果;而不是将企业的利益与员工的利益分离,变成两张皮。员工仅仅能从企业领取工资和福利,却无法分享企业的利润,这样很难让员工以企业为家,更不会关注企业的利润和成长。

自1992年邓小平南方谈话之后,华远集团管理层就统一了认识,坚持要用股份制的方式让员工可以参股、持股共享企业的利润。因此我将华远集团下属的系列企业都经过合法的批准手续进行了股份制改造,让员工参股、持股共同建设企业、分享利润。

目前华远集团下属的西单购物中心,经数次改造,员工持股比例已超过50%,占到控股地位,国有资产在员工的共同努力中获得了增值。

华远集团下属的国际旅游公司,已经完成了全部的私有化过程,国有资本成功地退出了非核心产业,但仍享有"品牌"的收益。

华远集团下属的山釜餐厅虽然是个合资企业,也通过合资双方的努力,共同向管理层转让了各自的一部分股权。由管理层负责经营,员工共享经营成果。如今董事会除了分钱之外不再操心经营工作。

华远集团下属的其他公司在这种管理导向下,大多进行了这种员工占大头的改造。如物业管理公司、经纪公司等,都已让员工持股占了控股地位,既激发了员工的自主精神,保证了公司的竞争力。让员工以企业为家,更加努力为企业创造利润,更让国有资产少了一份经营责任,多了一份监督责任,并从中受益。

我虽然坚称自己是一名国有资产的守护者,但华远从出生到发展靠的都是民营化的市场经营方式。计划外全民所有制并没有从产权制度上让华远分享国企的垄断地位。区领导成立这个计划外全民所有制企业的初衷,恰恰是要打破计划体制的障碍,寻找一条改革之路。华远正是通过"野狗在林中找食"的生存方式取得了发展。累计至今,华远集团给区财政提供的税收超过百亿元。这还不计算华远集团无偿为区政府提供的各种实物资产,如区党校、区经科大学、区法院、区各干部活动中心、派出所、学校配套设施等各种非法定义务的贡献。

区政府坚持不许华远集团公司进行私有化改造，但批准了华远集团公司下属企业的私有化改造，用更加市场化的方式给了企业经营一条发展之路。

对于国有资产而言，我只是个管"钥匙"的"丫鬟"。但作为一个经营者，我清楚地认识到现在国有资产的管理体制无法适应市场经济制度的建设。仅仅靠共产党员的觉悟和责任心无法摆脱利益的诱惑，必须将责任心与财产权和收益权（分配权）有机地结合，才能既保证国有资产的增值保值，又能让经营者不靠贪污腐败、不靠侵吞国有资产获得利益，通过股权来保证经营者的风险与利益对称。

我复员之后首先进入的是集体企业的北京市青年服务社，深知市场经济的自由度是激发想象力和创造力的土壤。到农科院劳动服务公司任职时也算不上是国有企业，同样要从无路可走的荆棘之中找到活路。

华远虽然是全民所有制，靠的仍是在市场中寻找生存机会，虽然没有计划内的供应渠道和销售渠道，没有明确的主营业务，但也没有难倒我们这些创业者。

后来我升官进入了所谓的国有企业，但那时既无国有资本的投入，也没有国资委的管制，华远学会了不依赖于政府的垄断而重在市场中成长。华远的成长离不开政府的支持，但不是依赖。从内部经营机制上看，更不是靠政府的直接管理，而是靠企业的自我创造和企业文化形成的愿景和理念。

在国资委正式成立之前，华远是内部自我管理与约束的企业，由于有了良好的激励机制，自1992年就进行了让员工参股和持股的股份制改造，良好的企业治理制度也随之建立起来。有了股权，员工成了股东，民主的监督、权力的约束、公开透明的财务，多种意见冲突之后妥协形成的决策，必须兼顾各方的工资、休假、福利制度等利益，都不再是一边倒。

我接手华远之时，前任戴小明总经理把华远从借款20万元的小公司变成了有几千万元资产的公司。而我与华润分手之前，华远集团的总资产已经超过了130亿元。快速的增长，正是得益于职工参与的股份制改造。员工与企业不仅仅是雇佣关系，员工也是企业的主人。

当华远房地产进行第一次股份制改造时，北京市体改委的批准文件中就有职工股，后来在合资中被外经贸部要求退出，转让给了华润。股票不但多年分红，并且是增值后转让的。华远新时代再次股份制改造时，经区政府批准同时配有员工持股。区政府在文件中明确规定员工持股比例可以增持到30%。遗憾的是国资委成立之后这个文件被废止了，职工股不得再增加持股的比例。

早期的企业是从手工作坊向工业分工的演化中形成的。企业主既是投资人（股东）也是管理者。"一切为了股东"，企业主的对立面是"被剥削的劳动工人"（没有社会分工之前的作坊常常是以家庭成员为主的生产方式，没有这种矛盾的对立）。于是"劳动者真正创造历史与创造价值"的理论开始盛行，尤其在德国和日本。这两个曾是军国主义的国家，职工进入董事会或年序列终身制以立法形式确认。当经营资本与管理层分离形成委托代理制时，以管理凝聚力为核心的"二八"人才理论占了上风，将人才与人力再一次对立了。但内部人控制和信息不对称让以管理层为核心的理论受到了挑战，也出现了信息不透明的大量黑幕。当企业以股东利益优先时，投资人的利益才能得到保障。于是最终又回到了以股东利益为核心的管理理念上来，否则几乎所有的资本市场都无法融资。结合历史上管理理念曾发生的变化过程和回归，最好的办法就是将员工和管理层按不同的持股比例与投资人并列，让所有的人在成为员工的同时成为股东。这最容易解决利益冲突的矛盾，让企业在共同利益的基础上形成一股力量，减少内耗并增加动力。

华远集团正是用员工普遍参股的方式解决了治理结构问题、财务透明、员工参与决策与监督的一系列问题，并将激励机制与股权收益有效的结合，让员工分享企业成长中的每一步成果。

2002年底我出版了第一本书，曾经的西城区老领导、我的老上级、全国人大常委会副委员长何鲁丽写了前言，前任建设部部长俞正声写了序言。

何鲁丽曾是我的老区长，虽已离开西城区多年，却从未断过联系，经常参加华远集团公司组织的各种活动，包括每年的司庆活动。华远集团是西城区政府努力改革的试点，自然也被当成领导们的一片心血看待，为我的书写上几句也就理所当然了。

俞正声部长则与华远无关，是我在行业中"打"出来的交道。1998年的全国房地产业协会上，我对经济适用住房政策和建立住房保障制度的不同意见让俞部长备感恼火，以至到香港访问时还专门对华润集团的领导说了我的问题，提出了许多批评，但在后来的接触中我们成了朋友。

俞部长尊重有独立思考能力并敢于说真话的人，尽管我们的意见不一定一致，但可以相互交流，以长补短。尤其是当俞部长知道我每年拿出很多钱用于房地产市场的理论研究时，知道我用大量的资金支持中国经济体制改革的研究时，希望我能协助建设部做些专题研究。后来几个部长一起吃饭时，俞部长又提出希望我能出任建设部研究中心的主任一职。我提出如果是不给工资的兼职我可以考虑，因为如果我脱离了第一线，没有了华远房地产这个实践中的依据，许多研究就会失去第一手资料和感觉。我可以不领取工资，但可以将建设部的资源与民间的研究力量相结合，做出更好的报告，为决策提供好的建议。

几个部长在饭桌上都同意了我的意见，并开始准备上报审批工作。俞部长调任湖北省委书记前，正式通知我部里研究过了，每个月给我 1200 块钱的工龄补贴，没有其他工资福利。同时部里不给研究中心科研经费，要由我负责筹集，并完成部里交给的研究课题。谁知几天之后我等到的不是上任的通知，而是俞部长调任湖北省工作的消息，北京市原副市长汪光焘调任建设部部长。当然我也没有去建设部兼职。

当我请俞部长帮我的书写序时，俞部长已经到湖北任职，仍在序中专门写了这一段经历。虽然我没有去建设部任职，但仍然感谢那一任各位部长们的关心与指导，我从中学到中国房地产市场中的许多道理，也给予我此后的研究很大的帮助。

俞部长同时交代，虽然我不能去建设部做研究工作，但希望刘、郑二位部长在今后的工作中听取我的看法，以有助于科学决策。2003 年之后我多次被建设部邀请参加相关政策的研究讨论，并被建设部聘为顾问。

这本书中的许多文章是我对房地产问题研究的看法。中国那时没有系统的专业研究，因此我无法借用建设部研究中心的平台建立一套中国房地产发展史的系统研究，我决定用民间组织研究的方式建立一套系统的研究。

我以华远地产公司的名义，联系了首开、万通、全国工商联房地产商会、中城联盟等几个企业与协会，发起了研究基金，并在社会上寻找研究力量。

最初我通过改革基金会，准备委托北京国民经济研究所所长樊纲牵头，组织一套班子，进行系统研究。樊纲请了统计局参与，并安排了专人，开了几次方案讨论会，但后来樊纲打了退堂鼓，并退还我全部科研经费。

我又找到林毅夫教授，希望北大经济研究中心能组织力量承担这项研究任务，但非官方的研究机构获取完整信息有困难，也被拒绝了。

一次宏观经济的研讨会上，宏观经济研究会的副秘书长王健公布了他们关于中国城镇化和土地利用的报告。我又询问王健是否能组织这项研究，王健向我推荐了发改委宏观经济研究院的投资所。房地产与投资密切相关，投资所拥有专业的人才和系统的数据，尤其是可以从官方合理地取得各种数据，为国家做各种专业投资的研究。

感谢王健副秘书长的推荐，事后我与国家发展和改革委员会投资研究所所长罗云毅取得了联系，罗所长认为官民合作是个开创研究之路的好办法，但不能以官方的名义来做研究。同时投资所的研究力量也不够全面，还需从各学校、研究机构外聘一些力量共同参与，才有可能完成我提出的研究任务。

由此我们多家单位共同成立了REICO工作室，由我组织的基金提供研究经费，由罗所长组织REICO工作室的研究班子，由基金每年提出研究的课题，由REICO工作室独立开展房地产市场研究，"自主超然，格物致知"。研究结论及倾向独立于政府意图及商界立场，基金拥有专利权，但绝不操纵和干预研究成果。研究团队的所有撰稿人必须实名以个人身份参与，成果不代表撰稿人所在的单位、机构、院校。撰稿人必须遵守学术道德，引用观点、文献、数据等必须符合学术规范，并必须对因此产生的纠纷承担所有责任，以此保证报告的中立性、正确性。

REICO工作室不但集中了投资所的许多博士、博士后研究人员，也从各院校、研究所等机构聘请各种专业人员，还与国外建立了资料交换渠道，与国家统计局、国土资源部、建设部等部委建立了良好的合作关系，建立了完整的研究体系和系统报告，我用这种方式完成了俞部长想让我去做而未能做成的事。

从《任人评说》开始，经历了《任我评说》《任你评说》《任他评说》的多重跨越，正在于这种理论研究形成的基础与习惯，任何事情只有有了系统的研究、数据的支撑，才能找到其中的规律性，找到正确的解决方案。

给员工的孩子发红包

2003年是华远集团成立20周年。华远成立一周年时公司尚在初生期，在民族文化宫举办的一周年庆典，陈元书记对改革的新生事物——华远寄予无限希望。

我曾计划将20周年庆典活动安排在天安门城楼上，但申请未被批准。此时的员工总数比公司初期增加了几倍，于是活动分成两部分：先是提前在公司内部举行优秀员工表彰大会和工作报告会。司庆日则安排在北展剧场举行盛大的演出活动，邀请所有员工和部分家属参加，同时也邀请市政府各级领导和已经退休的老员工共同参加。

这次活动委托海政文工团表演，同样必须有专业演员与员工共同表演的反映公司文化与生活的多个节目。除了我与区长的简单致辞之外，就靠精彩的节目给大家带来欢乐，也让这些关心、爱护、指导我们成长的老领导们了解企业。

宋祖英此时已经是中国和世界的明星了，曾在华远集团十年司庆的活动上参加过演出。她第二次的参加演出经朋友打了招呼，最后压台子的宋祖英不但连续多唱了好几首歌，还在没有乐队和伴奏带时与员工们合作清唱了一曲。当宋祖英高喊"哪个来推我嘛"时，全场喊声雷动，高和着"我来推你嘛"，再一次将庆典推向高潮。

司庆不但是一个庆典，更是凝聚企业核心竞争力的一种力量，华远每年都会在司庆日举办各种活动，如爬山比赛、歌咏比赛等，每五年一中庆，每十年一大庆。每次司庆都是一种记录和激励。这种庆典活动一方面告诫所有的管理者肩上承担的责任，要将这个企业长久地办下去，必须努力从每一年做起，让企业的发展有坚实的基础；另一方面这是个考试，检讨今年的工作，和上一年的对比是更好了还是更差了。每一年都要向职工汇报这一年所做的事情，不但要对得起过去，也要对得起未来，更要用业绩来证明。

在华远的管理指标中，排在第一位的是对国有资产的增值保值，这也是一种社会财富创造的精神。没有社会财富的创造，就不可能有企业的利润。尤其是一个完全市场化、没有任何垄断优势和专属经营权的企业，不可能靠资源和政策的保护去获取利润；排在第二位的是考核员工效益的增长，如果企业的利润增长不能与员工收入增长同步，则是一种非公平的分配。

当大多数企业都有了员工持股，或员工持股占控股地位时，实际上第二个指标已代替了第一个指标，如果管理层和员工满意自己的收入（包括股权收入）增长，国有资产必然跟着受益。同时数年前华远集团就每年用EVA值进行考核，更加清楚股东的回报与收益。

每年职代会、股东会的满意度和年度的庆典与奖励是紧密结合的。

司庆让员工和家属参与是一种文化，让员工的家属了解企业，共享企业的成功与荣誉，让家属融入庆祝的气氛之中，更能培养企业的凝聚力。

除了集团公司组织这种司庆活动之外，各下属企业（不管是半紧密层还是松散层）因为成立的时间先后不同，各自有相关庆祝活动，这同样是一种文化。

地产公司每年至少安排两次这样的聚会活动，一次是全体员工的庆祝，一次是全体员工带家属们参加的庆祝（大多安排在春节前），让员工的家属们共同分享企业成长的酸甜苦辣。早在公司成立的那一年开始，我就坚持为每个员工的独生子女发节日红包（每人100元），一直发到该独生子女满14岁，至今已坚持25年多。一二百名员工的孩子欢聚在一起更是件欢乐的事。尤其是当孩子用幼稚的语言和画笔在贺卡上写上、画上他们对公司和对我的祝福时，常常让我的泪水不由自主地涌出。这与钱的多与少无关，而是一种心意，一种无法用语言表达的爱的传递。也许我无法记住孩子的成长和分不清是谁的孩子，但只要我的心中装着孩子们，员工的心中就会装着这个企业。

人性化管理和绩效考核是相辅相成的两种策略，缺一不可。前者更多体现的是家长的责任与爱护，后者则是打铁成钢的鞭策。仅有前者则爱之多而无约束，仅有后者则冷冰冰而无温暖。过度的溺爱会给人惰性，使人缺少吃苦的能力和拼闯的独立性；过于注重绩效的考核则会让员工变成只为目标工作的机器，缺少了团队精神和合作，更没有家的归属感。只有当两者有机结合时，企业才不仅有每个员工的战斗力，并且有凝聚在一起的合力，不是五指分开，而是攥成一个拳头。

比如公司的法定作息制度规定每周只有34个小时的标准工作时间，周一至周四每天工作7小时，周五工作6小时。节假日还总增加半天、一天或一天半的假期。但按任务考核时则不论工作时间，能在工作时间完成的自然按时上下班，如不能完成则需自己安排延长工作时间。按《中华人民共和国劳动法》，每周达40小时标准的工作时间足以弥补这些加班的需要了，因此并不安排加班费用。但对业绩的奖励远远超过按小时计算的标准工资。因此公司中从未有任何员工对工作时间与加班加点的问题提出异议，反而会主动为完成业绩延长工作时间。

比如为方便员工避开早高峰，公司食堂安排了早餐。员工因工作需要无法在公司食堂就餐时，可以在公司食堂的小卖部购买食品。工会组织员工出境旅游、员工

给公司员工的孩子们发红包

生老病死的活动慰问与救助等，都能让员工体会到企业对员工的关心与爱护。而员工培训和员工持股更让员工将企业的命运与自己的未来联系在一起，让员工自愿为企业的发展而奋斗。把员工的利益放在企业利益分配中的重要位置上，才能确保企业利益。

20多年的发展中，华远没忘记那些曾经在企业发展初期做出过贡献的老员工们，不管他们何时离去，如今在干些什么，只要他们曾在这个团队工作过、努力过，公司都不会忘记他们。他们能来参加公司的司庆恰恰是对公司的一种怀念、信任，也是公司的骄傲，更是对新员工的激励。

CHAPTER ▶ 10

我的"红二代"家庭

BEAUTIFUL AMBITION

父亲年轻时是个热血青年,很早就参加了革命,32岁就当了辽西省人民银行行长。30岁之前,我几乎从来没在父亲的面前抬起过头,总觉得面对的是一座高高的山。母亲是个马列主义老太太,我妹妹的女儿结婚的时候,我妹妹穿了一件漂亮的裙子,母亲就责备她说:"你穿成这样,让我这个共产党员的脸往哪儿搁啊!"

BEAUTIFUL AMBITION

.

2011年的父亲节,我在微博上发了一个帖子:"父亲已走了多年,但仍让人怀念。那一代人的生活字典中没有贪污与腐败,只有奉献。他们从未动摇过对信仰的迷恋,从未丧失过对理想的追求。也许他们的路径无法让他们实现美好的愿望,但他们无怨无悔,几经挫折而勇往直前,贡献了自己的一生。我为有这样的父亲而骄傲。如果有下一次,我还做他的儿子。"我以此表达对父亲的感激之情。

没想到这段话引发了网友们无数的感慨,主要的争论集中于两点:一是现在的党的干部中还有腐败现象存在,那么理所当然历史上党的有些干部也应是腐败的;二是既然当官的都是腐败的,那么"官二代"也一定是腐败的,这些"官二代"所拥有的一切,似乎都与个人的努力无关。而真实的社会却并非他们想象的那样。

庆幸有个好父亲

父亲是个严厉而慈祥的人。他严于律己而宽以待人,常常以弱者的形象出现,但内心却坚忍不拔,为原则而绝不后退一步。他几乎没有时间陪伴孩子,但只要有空闲就常常会给我们许多惊喜,让我们感受到深深的父爱。

父亲的祖籍在山东掖县(今称为莱州市)。家谱上记载着最初的姓氏,来自明洪武三年(1370年),明皇封姓任,曾任莱州刺史,从四川成都的新城县举家迁入山东。

祖上曾有历任官员,官位最高的是京城锦衣卫的副都统,也曾在兰州边关驻守。

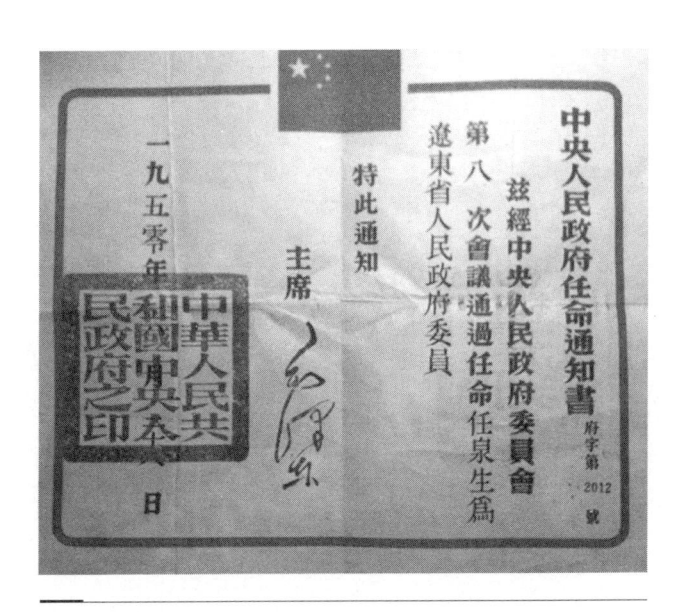

毛泽东主席签的委任状：32岁的父亲当了辽西省人民银行行长，40出头已经是副部长，我在已近而立之年却只是个连队的参谋

正是因为深知伴君如伴虎，宫中的事稍有差错便会满门抄斩，于是，祖上将一大家族拆为三支，分别迁往不同处居住，以避免全族的毁灭。

在落后的农耕时代，家族的兴亡不是靠个别人是否当官。任何官员都必须告老返乡，解甲归田。因此，家族中的人丁兴旺就成为农业丰收的必要条件，也成为抵抗外族侵犯的力量。自因担心满门抄斩而分裂之后，这个家族就开始走向衰落。此后，虽也曾有过秀才之类的人物，也曾有过从政的官吏，但大多不成气候了。

爷爷是一个勤奋的劳动者，农忙时种地，农闲时做小买卖。有闲钱就买些土地，土改时被定为富农，父亲一直为此感到不公，但也只能默默忍受，每次党内运动这都会成为一个问题，"文革"时更成为重磅炸弹，以出身论英雄的文化，似乎从过去到今天从来就没有消失过。

爷爷大部分时间是在农村，三年自然灾害时，父亲将爷爷接到北京住了一段时间。那时我还小，没什么印象了。但仍然能记得住的是爷爷做的小鱼炖萝卜，浓浓的鱼汤，连鱼刺都炖得酥酥的，可以吃掉。自爷爷那次回农村后，就再也没见过他的面了。

偶尔，老家会寄来一些海产品。老家紧靠着海边，家里的人会捞些海产品晒成干，如蟹肉干、虾子等，装在废旧的铝筒里寄到北京来。在缺少食品供给的年代，在菜里、汤里放上少许蟹肉干或虾子就成了美味佳肴，要是能碰巧吃上一块蟹肉也会高兴半天。这美味对于我们而言，更多的是一份家人的关怀，每次有这样的配餐时，父亲都会告诉我们别忘了这是老家寄来的特产。

爷爷的坟在村子与海之间的一片小树林中，不知何时坟边长出了九棵松树，于是，那里成了龙脉，更多的村里人将去世的老人也埋在了那一片树林中。爷爷的灵魂一直在护佑着这个家。

1996年时，一个算命的和尚让哥哥回家修祖坟，说是命里有血光之灾，要修祖坟才能消灾避祸。那年哥哥还没退休，不便回家，就寄了几千元钱给了大伯家的堂兄弟，委托同姓的家人去修爷爷的坟。但农村人太节俭，只花了一部分钱修了坟、立了碑，并将剩下的钱退给了哥哥。结果，那年夏天，哥哥在海南出了车祸，几乎丧命，除了心脏之外几乎所有的"零件"都受到重创，抢救几个月之后才恢复清醒。第二年，妹妹回去又重修了祖坟。妹妹回来说，哥哥修坟钱没花完是心不诚，结果祸没躲过去，还好有爷爷的保佑，到地狱门口又被推了回来，才有了再生。这虽然只是一句玩笑，但这却反映出一种家人的疼爱与关怀。

30 岁之前，我几乎从来没在父亲的面前抬起过头，总觉得面对的是一座高高的山，一种特有的威严，却也无时无刻不感到一种温暖、一种依赖、一个港湾。

小时候，印象中很少看到父亲，即使是周末。记忆中，许多个周末，同学们都被家长接回了家，而我却被宿管阿姨紧紧地抱在怀里。当月夜来临时，空荡荡的校舍中，静得可以听得见自己的心跳，只剩下阿姨唱着儿歌伴我入睡。

第一次被孤独地留在学校，眼见着欢蹦乱跳的同学们在父母的牵手下离去时，心中一阵阵酸楚，眼泪在眼眶中来回打转。只有死死地咬住嘴唇，不让它流下来。既不想让同学们看见，也不想让阿姨看见。

次数多了，慢慢就习惯了，更主要的是阿姨除了在学校陪我做作业之外，还常常在星期天把我带回她自己的家里去，给我专门做一顿可口的中午饭。那时，所有的家庭都很困难，粮食都是定量的，尤其是粗粮、细粮要用不同的粮票才能购买，能吃上一顿大米白面的细粮也像是过年一样。阿姨经常能让我吃上大米饭或白面条，却让自己的孩子（比我略大一些）吃粗粮。

阿姨是个身材高大的山东人，平常同学们都很怕她。尤其是晚上熄灯后，同学们会偷偷地说些悄悄话，她会突然地出现在黑暗之中，大喊一声"不许说话"，让同学们吓得像做贼被抓一样。同学们更怕的是阿姨第二天告诉班主任，但善良的阿姨从来没将我们的无知之错告诉过班主任。阿姨也会在我们光着屁股洗澡时，为每一个同学打肥皂、擦背，就像在洗自己心爱的玩具一样，精心地擦洗每一块污垢，顽皮的同学们将水花泼得到处都是，让阿姨的衣服没有一处是干的。慢慢地，阿姨成了每个同学信任的依靠。

那时，我并不懂得什么是责任、什么是爱。毕业后，我从未有机会再见到这位阿姨，但我至今还记得她姓耿，"耿直"的"耿"，一位耿直而充满爱的母亲。

还记得住在部机关大院的西四砖塔胡同 65 号的日子。两幢 L 形的楼围合成一个半封闭的院子，哥哥成了院里的孩子王，暑假中会组织院里的孩子开运动会。院里环形的道路成了跑道，哥哥脖子上挂着家里长着两个耳朵的闹钟当秒表，又是跑步，又是跳远，还会组织踢足球。无论多大的孩子，都挤在院里欢笑一堂，连尚未学步的娃娃，也被抱出来看热闹，那场面比"除四害"时的敲锣打鼓的喧嚣更有活力。

大部分的孩提时代似乎不是以父母为依赖，而是生活在孩子们单独拥有的环境中。不过，只要有机会，父母就会带我们兄弟姐妹一起玩。如一同去当时近似荒野的玉渊潭公园。那是不要门票、面对社会开放的领地，少年水力发电站让这里的一潭清水成了孩子们学习游泳的好场所，坡边的草地成了一家家人团聚、围坐的平台。家长们让孩子进入了大自然的怀抱，野花、野草、草蜢、花甲虫，给那个没有玩具的世界带来了许许多多的欢笑。直到"文革"时期，我还和同学们到那里冬泳，至今仍记忆着那曾经陪伴我们成长的地方。

最奢侈的是父母给我们兄弟姐妹四人买了滑冰鞋，尽管冬天里我们穿的都是露着大脚指头的破棉鞋，但宁愿在冰天雪地里去学滑冰。

当我们轻唱着《让我们荡起双桨》时，北海，这个市中心的公园就生活在我们的向往之中。父母曾带我们到那里爬山，教我们学会了划船，也在那里给我们讲述中国的园林文化与历史，还在那里教会我们如何在冰上站稳，如何从无数次跌倒中学会滑行。

爸爸喜爱京剧，也常常自己拉京胡。虽然也耐心地教过我，但大概是我缺少音乐细胞，哥哥学会了多种乐器，姐姐会拉手风琴，而我虽然许多种乐器都玩过，至今却没能用一样弹奏一支完整的曲子。而爸爸的京剧情结却影响了他一生。晚年，爸爸还专门资助了一个喜爱京剧的天津姑娘上学，从高中到大学，除了每月供给生活费和学费外，为祝贺她考上了中央戏剧学院，还将自己用了几十年的心爱的京胡送给了她。后来，在清理父亲的遗物时，我发现几乎中国所有的京剧碟盘，从老式录像带到新式光盘和盘式的录音带，他都全套拥有，可四个孩子都没有从父亲身上学到京剧爱好。

20世纪50年代末和60年代初，父亲访问了数个国家。全部的出国补贴没舍得为自己买件像样的衣物，却带回了三样物品。一是苏式小八音盒，外形是莫斯科大剧院，打开顶盖会响起《天鹅湖》里四个小天鹅起舞时演奏的乐曲，一直是家里值得自豪的摆设；二是一个拉杆式转动陀螺，成了孩子们唯一的玩具；三就是一台可拍摄12张照片的爱克发120折叠纸暗箱的照相机。那时，这不但是家中的宝贝，也是全楼人的骄傲，重大活动少不了借来照个合影。我的照相本领就是从这台照相机开始培养的。现在的傻瓜相机，早就不再对光圈、调快门速度和焦距了，一切都被机器自身自动化了，而那时这一切都是高深的学问。

"文革"后期，同学们一起去郊游，开始比拼照相的水平，所有人都自己购买显影液、定影液，自己冲洗胶片和相片。正是受父亲的影响，我也成了佼佼者。父亲一举一动的潜移默化，无形中成为孩子心底印象最深刻的导师，青出于蓝而胜于蓝，正是世界与人类进步的基础。今天的孩子从小就会被用相机记录下生活中的分分秒秒，甚至用录像机记录下从诞生那一刻到每一年生日派对的欢乐时光。而当年我们极少有机会留下时代的声音和影像，但却比现代的年轻人多了许多乐趣：在暗室中的红灯下，轻轻摇动曝光后的相纸，在显影液中慢慢发现一张张从局部到整体变化的笑脸……

父亲在老干部围棋比赛中拿过奖，常常和原石油工业部部长唐克在棋盘上征战，每有赢棋就要高兴一阵子，也摆弄过一些棋书，却实在是登不上大雅之堂。我的围棋至少比父亲强许多，让两个子以上的水平。但我的围棋连最初的"死"、"活"都是父亲手把手、一个子一个子摆着教的。"文革"后复课闹革命的一年中，我的大部分时间就在练围棋了。当年扑克牌和麻将都变成"封资修"的产物，只剩下这个老祖宗留下的、还保留着世界比赛的黑白棋了。于是，围棋成了吸引许多人的兴趣的源地，哪怕是下下五子棋也算是一种斗智的快乐吧！

记得在1969年我正在嫩江下乡，那是个极其寒冷的冬天，大多数同学都回了北京，就剩我和老裴两个人，白天赶着牛车去山上伐树，直径一米多的大车轱辘，在塔头地中艰难地行进。回到家中，一身的骨头都要被摇垮了，晚上在汽油桶改造的火炉边，我与老裴一起下围棋。老裴叫裴向南，但记得大家都叫他常谦。常谦的棋艺不错，让我两子以上时才能有个争夺，否则必是大败，让我的棋艺有了很大的进步。20世纪80年代末期华远技术公司赞助北京市围棋业余队参加了各种比赛，并取得了好名次，一位姓邢的高手让我有了提高，后来也曾与华远总公司原总裁戴小明、原招商局集团董事长秦晓等人对弈。

我每拿起围棋棋子，时常会回忆起许许多多不同时期对弈的情景，但永远不会忘记的是父亲最初教会我什么是"死"、什么是"活"的基础课。

小时候，父亲几乎从未讲过战争年代的故事，偶尔家里会有些老战友来访，但孩子们都被拒在了门外，甚至记不住这些叔叔阿姨们的姓名或模样，因此也无从了解父母的历史，只有在寒冷的冬天听到妈妈痛苦的呻吟。那是缺医少药的年代，许多病是靠扛，而不是靠治疗。冬天的楼房中虽然也有暖气，但温度低得厨房的水池中会结冰，四处漏风的窗户，每到冬季来临之前，各家各户都会用舍不得吃的一口白面调成稀稀的糨糊，用爸爸妈妈平时带回家的废报纸裁成一寸多宽的纸条，贴在窗户的所有缝隙上，以保留室内的温度，减少寒风的侵害。每到晚上就会听到风嗖嗖的呼叫声，以及干裂的纸缝中传进来的嘶嘶声。白天在室内也不得不穿着厚厚的棉衣棉裤，许多家庭还会在室内点起煤炉子，以解决老人与孩子的取暖问题。而妈妈每次总是在这种最寒冷的天气中，发出让人听了心碎的声音，每次这样的夜晚孩子们就会惊醒。父亲告诉我们，那是在战争的年代，风雪大别山的冰天雪地中，妈妈留下的寒脚病，每逢天气寒冷时都会重犯，除了止痛药外，似乎没有其他有效的治疗方式，这也是我在幼小心灵中对父母战争年代的最初了解。小时候记得家里有一辆德国狼狗牌的锰钢女式自行车，据说是战利品。它既是父母上下班的代步工具，也是我们的大"玩具"，直到上中学时妈妈给我买了辆新自行车时，这辆旧车仍在使用中。

"文革"初期，父亲被造反派打倒了，家里的电话也被造反派强行拆除了。当时我们兄弟姐妹也都是戴着红卫兵袖套的"战士"，在我们试图用战斗的精神保卫神圣的家时，是母亲用刀将我们堵在了屋里，不让我们与部机关的"红色战斗队"队员发生冲突。于是，这个我们都不会去使用的电话，生生地被造反派拆走了。

第二天，电话又被造反派送回来安上了。原来就在电话被造反派拆走的第二天，周恩来总理要父亲去国务院开会，可家里的电话被拆除了，等父亲到了机关批斗时，造反派通知父亲去国务院开会。没有汽车可用，父亲只能骑着这辆自行车去了国务院西门。门口的岗哨很认真，坚持不相信会有人骑着自行车到中南海来参加会议。经多方认证核实身份后，父亲才进了会场，但已耽误了很长的时间。李先念副总理毫不客气地一顿臭骂，直到知道家里的电话被拆除，父亲是骑着自行车去开会的，才按下了一团火，并命令立即恢复电话安装，以保证必要的工作联系。

这辆自行车也就成了家里的功臣，以后父亲虽然并不自由，但也没有更多地被造反派折磨。记不清什么时候，那辆自行车散架了，再也经受不住岁月的煎熬和重压了。

父母读马列，我读巴尔扎克

家里最值得骄傲的大概是那个装着四层玻璃门的书柜子。向外拉，向上抬，通过顶部的滑轨，玻璃门可以推进书柜之内。它们都打开时，就像一个没有玻璃门的书柜，取用非常方便。书架上，还可以放些小摆设，让书柜更加丰富多彩。

书柜最上层的显著位置摆放的是"马列全集"，这好像是干部们的必修课本，也是一个共产党员家庭忠诚与信仰马列主义的显著标志。父母的一生都曾拜倒在马列主义的神像前，不惜为此而献出宝贵的生命。至老，他们仍坚持着自己高尚的理想，尽管也曾有过迷茫，也曾多次为自己所信任和追求的理想所挫败，也曾多次被打倒、被免职、被关押进牛棚，但他们从未产生过动摇、从未有过抱怨，始终坚持服从于党的纪律，按中央的指示精神来规范自己的言谈举止，始终坚持为实现共产主义而奋斗。至老，父母家的书柜中仍然在最高层摆放着"马列全集"。

书柜的第二层是一套完整的《鲁迅全集》，是每本书都有书套的那种精装本；还有一套《资治通鉴》及部分史书，如《春秋》等。这些孔孟之道无疑既是文化的象征，也是文明的象征。在老一辈的革命者中，多少有些文化的人多是读过私塾的，《三字经》之类的大约都是入门识字的基础，对中国历史文化多少有些特殊的钟爱。爸爸妈妈都是"九一八"事件发生之后，抱着一腔爱国热血，投身于革命的学生。也许，他们那时并不知道马列主义，但从这些历史的"愚忠"传统中知道要保卫国家、保卫民族。他们在寻找真理的过程中，加入了中国共产党领导的抗日队伍，从此走上了革命之路。

妈妈的家庭是一个村中的大家族，其中四五十个同龄人中，一半在奔往延安的路途中在西安加入了国民党领导的抗日队伍，另一半则加入了中国共产党领导的抗日队伍。这大约就是抗日年代的中国青年的典型案例。虽然他们不懂什么是主义，但他们知道要保卫民族的利益和国家的利益，他们知道要将日寇赶出中国去。

而这些中国传统文化中的孔孟之道也曾是那一代人的行为准则和道德规范，比如"老吾老以及人之老，幼吾幼以及人之幼"、"己所不欲，勿施于人"、"三人行必有我师"等，不但影响着我们的父辈，也同样影响着我们这一代"红旗下生，红旗下长"的"红二代"。除了那些革命大道理之外，我们更多接受的仍是这些传统的道德观念。

书柜中的第三层大多是中国的古典名著，如《三国演义》《水浒传》《西游记》《儒林外史》《牡丹亭》《七侠五义》《拍案惊奇》之类的作品。我的印象中好像没有《红楼梦》，也许他们认为《红楼梦》是谈情说爱，太小资产阶级情调吧！

当然，书柜里还有其他政治时事类图书，如《简明党史》等，但显然父母的书柜中没有最适宜我们这群孩子的读物！

小时候，家里几乎没有什么可以让孩子阅读的图书。印象中最深刻的是《十万个为什么》《趣味数学》和《奔向二十一世纪》。经常陪伴我们成长的主要是孙敬修老人讲的故事和《少年儿童报》。当然，那时也有各种各样的连环画，如《三国演义》《水浒传》《西游记》等，也有关于董存瑞、黄继光、邱少云、罗盛教、刘胡兰等的小人书。这些连环画对孩子们来说简直就是奢侈品，谁要有几本连环画就能吸引一院子的孩子挤到他家里去抢读，更多的是，你有两三本，他有两三本，大家互相借阅。

缺少可读物也让在这个年龄段最需要获取知识的孩子们失去了阅读的机会，那时的孩子正因为没有书，反而对书的渴望，超越了自己的年龄。

小学四年级时，我的班主任老师叫田文明，一个高高个子的帅小伙，因为我的作文很差，开家长会时在妈妈面前告了我一状。回家后，妈妈严厉地要求我要认真读书，好好地补补语文课。直到今天，我仍然感激田老师的这一状，让我这个只对数学有着特殊爱好的偏科学生，养成了读书的好习惯。

不知道是继承了父母双亲谁的血统，从小我就对数字有着特殊的偏好。而之所以对《趣味数学》这本书有着特殊的记忆，正在于这本书让我对数学有了不同的理解与认识。小学时常常会在大操场中组织数学或者叫算数竞赛，每个同学都可以自愿坐在操场中事先摆好的椅子上，椅子的扶手多出一个不大的桌面，正好可以用来放试卷，写答案。每个同学都带着铅笔和橡皮参加竞赛，而几乎每一场竞赛中我都会是最先交卷并取得好名次的，当冠军的次数也很多。记得小升初的考试时，算术这门课我只用了三分之一的考试时间，却自豪地拿了满分，而语文只有80多分，并且是最后交卷，也没来得及写作文结尾。记得作文题目正是《我的爸爸妈妈》或《我的家庭》这类的内容，如果是今天，我定会写出篇好文章的。

正因为这个特殊的状况，家里的书柜开始吸引了我的注意，而此前那只是家长的圣地，似乎与孩子们无缘。四年级之后，我也开始成了书柜的常客，并将这个习惯保留到今天。

爸爸妈妈都有读书的好习惯，特别是妈妈岁数大了仍然坚持每天读报，了解国家与社会的事情，他们也会看些军史、战史（战争年代的各种回忆录等，我对父母战争年代的了解也大多来自这些回忆录），以及老年人与健康相关的养生图书。

父亲在世时一直坚持看文件与学习。20世纪70年代中期北京有了内部书店，首先为高级干部开放了读书禁区，爸爸就带我专门去书店购书。我优先买的是19世纪的名著和关于"二战"的回忆录，有巴尔扎克、左拉、大小仲马、雨果、狄更斯、德莱赛、马克·吐温等欧美大作家的成套作品，也有朱可夫、华西里耶夫、巴顿、艾森豪威尔等写作的战争纪实作品。当然，还有《第三帝国兴亡》《六次危机》《光荣与梦想》《赫鲁晓夫回忆录》《斯巴达克斯》，以及苏联第四代作家的代表作《人与兽》《多雪的冬天》《你到底要什么》《围城》《带星星的火车票》等对苏联的"社会主义制度"提出疑问的小说。"文革"禁书让我们这一代人无书可读，如饥似渴最能形象地说明当时的情况。

而父亲则大量购买《清史稿》和二十四史之类的史书，老人更注重从历史发展的角度和政权变更的角度研究中国的历史和现状的发展。仅一部《清史稿》就有48册，独自占半个书柜。史书在中国的文化中具有相当重要的地位，尤其在老一辈人的心目中更是如此。他们经历过清末的遗风环境和激烈的变革过程，却没有机会全面了解历史，"文革"让他们有时间和机会重新思考这些问题，重新认识自己投身的这场革命。虽然他们坚信自己努力奋斗的主义，却对"文革"的起起伏伏有了许多疑问。他们可以对"住牛棚、被批斗"充分理解和毫无怨言，却不愿动摇自己追求了一生的目标。因此，他们希望能从更多的历史与知识中寻找借鉴，提高认识能力。

从最初父亲的带领，到后期去的次数多了，大多数的店员都认识我了，开始时要持证才能购书，后来不用父亲带领，我也可以进出自由了。当时的消费能力并不能让父亲和我都能一次性地将想购买的书搬回家，而是事前预订、分批、分次才能将这些想看、想买的书，慢慢地积累起来。于是，家里又多了许多个书柜，但这些书柜即使每层都放里外两层，仍然不够用。我大量的书就只能放在箱子里了。

父亲的书柜早已成了书墙，上层是可以展示与陈列的书，下面则只好将不常用的书叠起来放。我的女儿进入读书阶段之后，学校推荐了一批书，大多都不用去新购，可以从这些存书中找到。名著仍是几代人都会重点阅读的好作品，父亲看过，我们读过，下一代也会继续学习。

除了存在父母家中的书之外，我独立成家之后，自己的家里也建了书库。此外，我还在公司里建立了自己私藏书的公益图书馆。几千册书排满了一个房间，让员工可以共同分享读书的喜悦。

直到今天，我也难忘那个最初的书柜，难忘田老师的强逼，难忘父母对我的教育

我的父亲

年轻时的妈妈和小时的我

我们一家人

我的妈妈和我的女儿

我的兄弟姐妹

上小学时候的我　　　　　　　　我和我的小伙伴们在颐和园

我和妹妹

与影响。也许没有幼年时的那次冲击，就不会培养出这种求知欲，也不会有此后的积累。十多年前，我给自己确定了一个日均不少于读 6 万字书的最低目标，至今仍在坚持。

不是所谓的"高干子弟"

严厉的家庭父母管教，也许会让许多孩子难以接受，但严厉与信任同时存在，则效果也许就大为不同。小时候，我一直惧怕父母严厉的批评，但今天我则无限地感激他们的严厉而让我养成了良好习惯，尤其是诚信与真实。人的品格的培养，重要的正在于幼儿时期的榜样影响和良好的教育。

在我们这些孩子们的印象中，父亲最喜欢妹妹，妈妈最喜欢我，也许是因为哥哥、姐姐都大了。其实，幼儿时，我们大多是警卫员在看护。妈妈曾讲过这样的故事，我出生时妈妈在丹东负责商品供应与管理，那是抗美援朝时期，1951 年 3 月，我就生在鸭绿江大桥的边上。当时的小警卫员大约只有 14 岁，也是个孩子，为了与当地的朝鲜族姑娘荡秋千，总想让我睡觉，并睡个较长时间的觉。于是，他就给我灌了一些当地的米酒，让我大醉不醒。当妈妈晚上回来时，见我还在酣睡，小警卫员才害怕地说了实话。据说，我连睡了两天才醒过来。也许正是那时留下的后遗症，至今我也无法痛饮，少量酒精就会让我像中毒一样大睡，故至今坚决不饮。再重要的领导、再重要的接待场合，我也会坚持象征性地举杯，实际不饮，以保持清醒。虽然少了一点儿热闹，但至少有一项违法之事落不到我的头上，那就是醉驾。

父亲总会很严厉地告诉我们要好好学习，同时又充分信任我们会自觉严格要求自己。小时候，父亲母亲很少日日检查我们的作业，包括寒暑假作业，只是偶尔问问看看。这正体现了自我监督习惯的培养，也许正因为我们不知道父母何时会检查作业，反而更加自觉地完成作业，这也是此后每个孩子都能具有极强的自觉性和自我约束力的重要原因。在我们的成长历程中，从没有父母的监督到没有领导的监督，再到自己努力创造，充分发挥工作学习中的主观能动性，自主寻找人生的道路，父母这种早教方式无疑起到极大的基础作用。

妈妈在我们小时候就坚持让我们从自己洗手绢开始，学会自己用刷子刷鞋，洗小件衣服，也一边给我们缝扣子、接裤腿、打补丁，一边教我们学会拿针、纫线。

那时，除了过年过节，可能添一些新衣服之外，"补丁加补丁"则是从父母到孩子的家常便饭，弟弟妹妹穿哥哥姐姐剩下的衣服更是普遍现象。每个母亲都无奈地要学会拆拆改改。当年家里有台缝纫机被称为大件，不只在于购置要花很多钱（要100多块人民币，相当于学徒工六七个月的工资、一个人一年的生活费用），还在于它在家庭中发挥着巨大的作用。姐姐从小就学会了使用缝纫机，不但自己做衣服、挎包，还帮妈妈为我们补衣服、接裤腿，也教会我们踩几下，多少学会了自己维持生存。特殊时期，也许人们生活的重点并没有放在美观上，而更注重实用。

"文革"后上山下乡时，我们在男校，整个插队点都是男孩子。幸亏妈妈早早就教会了我们自立，不但会自己做饭，还会自己钉扣子、补衣服、拆洗棉衣被。这些生活中大多由女性做的活儿并没有因为我是男孩子而吓倒我。几年以后，我参军到部队，连那些老兵都惊讶于我缝被子的本事，这也大大提高了我的威信。农村来的孩子被认为最能吃苦，城市来的学生被认为缺少锻炼，这似乎已成为部队首长和各级干部的共识。但城市的孩子比农村的孩子聪明，不仅表现在军事训练上，也同样表现在穿针引线上。我大大改变了许多人对城市兵的看法，其实，他们不知道城市家庭里的孩子并非都是娇生惯养，尤其是他们不知道，"文革"时，老干部都进了牛棚，因此而失去保护伞的孩子反而更能在社会上独立闯荡。从大串联的全国游到各地各组织之间的联合，再到后来的到农村接受贫下中农再教育等社会运动，让一批城市孩子更具有独立性和社会适应性，更能吃苦耐劳，更具有善于挑战未来的精神。

也许，今天的孩子难以想象当年十四五岁的红卫兵是怎样脱离父母臂膀的保护，在几乎身无分文的情况下远游全国各地的。他们也无法想象当父母在丝毫没有准备和任何交接机会的情况下被强制性地关进牛棚之后，没有了依靠的孩子是如何生活的，并且不仅仅局限于能生存，还会做出许多曾被看成是惊天动地的大事，如宣传革命、组织活动与武斗、出版报刊与杂志，甚至像地下党的工作者一样，刻蜡版、油印刷、撒传单、大游行。他们更难以想象从14岁到20岁的孩子们离家千里到广大的农村中去，到深山、草原上去，和农民、牧民同生产共生活，干农活、种庄稼、养牛、放马。

这些红卫兵也许并不知道中国的未来，并不知道自己的命运将向何处，但他们会顽强地活下去。或者是因为他们知道自己的父母就是在这个年龄走向社会，闯出了一条没有确定未来的道路，他们知道自己的父母是将脑袋别在腰带上去拼杀的，他们知道自己的父母一辈子都在面对前途的不确定性，勇敢地承担起国家与民族命运的重担，无畏地争取胜利。虽然有时父母无法为他们提供保护，也许也无法预知自己的命运，但父母从未怀疑过自己的一生，而且一生都在努力实现曾经的梦想。因此，这样的父母的后代，那些初入社会的牛犊们也同样以无畏的精神坦然地面对现实生活。我们这些孩子相信，父母能在更恶劣的环境中奋斗出来，我们也一样能改变现实环境，创造出更美好的未来。无论现实生活有多残酷，都远远无法与当年的生死威胁相比。父辈能走过昨天，我们就一定能走过今天。

在阶级斗争的年代，填写各种表格时都有一栏是"出身"，这一栏的内容常常会影响一个人的一生。一直到邓小平启动的改革开放之后，中国社会才不再"以阶级斗争为纲"，取消了以出身论英雄的先入为主，取消了以出身定阵营的敌对基础，让人与人之间有了出身的平等。

中国古代就有以出身论英雄的传统，如"虎门无犬子"、"书香代代传"等说法。那时，没有公共的普及教育，私塾与请家教是普遍现象，故家传影响极大，甚至有"传子不传女"的传统，如武功、药方大多传子不传女，学识也多父子相袭，女儿只学女红等。因此，出身就成为学习知识的基础要素。相传孟母三择其居，正是因环境对人的影响极大，近朱者赤，近墨者黑，试图改变因平民出身而不利的环境，在无法改变出身时，力争改变环境。在古代中国，出身这种环境要素对一个人的成长几乎成为决定性因素，尽管后来有了科举制度，但通过科举而改变命运的毕竟是少数，且困难重重。多数人因为起点的不公平而先天失去竞争优势。社会分工也常常取决于这种传承，铁匠、石匠、木匠这些谋生职业，也大多是通过世代传承而确定的。因此，在没有普及义务教育的社会环境中，社会阶层结构很难有大的改变，人与人之间的社会关系也同样由出身而左右。

20世纪初期，随着马列主义在中国的传播，特别是自毛泽东的《中国社会各阶级的分析》1925年问世之后，"出身"便有了另一种解释。古代的出身，大多指一种职业的特征，固然也有上下等人之分，但却有跨越的可能，如铁匠可能是下等人，但却有可能变成行业的管理者或代表者；非武人世家的子弟也可以因军功而成为将军，以一技之长而竞争胜出，成为人上人。客观讲，虽然在社会阶层划分中也有歧视与被歧视的对立，却同时存在不完全对立，可以跨越和变更的一面。

但"阶级斗争"学说传入中国之后，阶级几乎成为不可跨越的鸿沟，成为一种几乎完全对立的划分方式。以中农为界,以上者都为被革命的敌对人群,以下者都为革命骨干,中间为双方争取的对象。在抗日战争时期,曾建立过消除对立的统一战线,一致对外。但解放战争开始之后,尤其是为解放战争胜利而开展的土地革命之后,这种以成分与出身决定对错和敌我的情况更为极端和严重。"文革"时期则将其推向高潮,从"老子英雄儿好汉"、"黑五类"一直演变到"走资派"、"叛徒"、"保皇派"、"臭老九"等,本人成分与出身这些"阶级烙印"既可以让"坏人"升入"天堂",也可以把"好人"打入"地狱"。人因出身从孩提起就被分为几派,造成天地之差的不平等和敌我矛盾的"不平等"关系。

这种严格以"出身"划分"红"与"黑"的做法,今天则变成"太子党"、"官二代"、"富二代"等出身论的新说法,又一次在社会上引发争议和对立观念,其根源仍归结为与社会教育、家庭教育有关的竞争起点等公平问题。这种以"出身论英雄"的先入为主,虽不是阶级斗争的新产品,却也与以出身划分"红"与"黑"没有什么本质区别。而历史早已证明,这种以"出身"为基础的舆论和观念无论对整个社会的进步还是个人成长都只会带来灾难,而绝不会有任何益处。尤其是对80后、90后的新一代人来说,这种看法无异于一种毒药,不但影响他们今天的努力,也会影响他们的一生,或许还会影响他们的下一代。

我出生在一个"红二代"家庭,也可以算得上是"官二代"。对于我的出身,社会上有各种传闻和猜测,认为我是一个所谓"大"公司的经理,就一定是通过"红"或"官"的帮助,而不是靠个人的努力而得到的。但许多人却不知道,我这个"官"连个七品都不够,只不过是北京市西城区国资委管辖下的一家小公司的经理,这家公司最初建立时是只有20万元借款的注册资本金。而我在进入华远公司之前至少还是个直接归市联社直属管理的企业中的"官",管理的资产规模远远大于刚成立时的华远。而一个中央部级的退休高官,又如何隔着不同的行政管理渠道、差着无数的级别,为我去谋这样一个小"官"的乌纱呢?

也有许多人误以为我是一个个体户,是在利用父母的历史关系为个人谋发财,却不知道华远是一家国有企业,我不过就是个打工的——一纸公文任命的"丫鬟",替国资委打工——是国资委让拿多少就只能拿多少工资的"看家狗"。公司成立之初,陈希同是北京市市长,曾为公司题词"华厦大业,任重道远"。当陈希同被抓捕之后,李其炎市长也因此调离。新任书记尉健行与新任市长贾庆林都没有与前任书记、市长交流过,贾庆林市长也曾将我当成了个体户，一次会议之后还专门让孟学农副市长来调查我是不是共产党员。当了个芝麻大的官，在体制内、体制外，我都同样被误解。

还有许多人因为中共元老陈云同志之子陈元曾是北京市西城区区委书记，曾任华远公司的第一任董事长，故而对我产生了误会。于是，社会上产生了各种各样的谣言。有人说我是任弼时的后代（任老可是延安时期五大常委之一），也因此用这个"莫须有"的名头，否定了我付出的各种努力。还有人传我是任质斌的后代。任质斌也是新四军干部，与我父亲同在过一个部队，有些新四军回忆录中会出现这两个人的名字，也许有人道听途说而产生了误解，张冠李戴了。还有人传言我与任建新有关，大约是因为任质斌、任建新两位都从事法检相关工作吧。

总之，我爱我的父亲，尽管他没有那么高的职位，无论是"文革"被打倒时，还是社会在攻击"官二代"时，我都会毫不犹豫地公开我父亲的名字——任泉生，并告诉所有人我是他的儿子。我没学会"大义灭亲"，不仅是因为我在那个红得发紫的年代没有被污染，而且是因为我从来都坚信我的父亲是一位坚定的马列主义者，更坚信他们那一代人的所作所为、为我们做出的榜样和给我们的一切！

小时候，关于父母工作中的一切，我大多是从其他人的口中和回忆录中了解的。他们还没来得及向我们叙述过去的经历，就进入了"文化大革命"，没有机会去谈论历史，但他们的一举一动却给我留下深刻印象。

1949年之前的北京城内（以二环路旧城墙为界）大约生活着不到60万的人口，但解放后的几年时间超过了百万人，最高时约达400万人。原有的学校和教育设施已无法满足需求，于是，各部委或单独或联合兴办了一些子弟小学，沾父母的光，我得以到这种学校读书。但在用"红"与"黑"划分阶级的时代，子弟小学并非是专为干部子弟或高干子弟而建，而是对部委体系内的所有工作人员子弟一律平等。所有部委体系的工作人员，哪怕曾经在解放前是国民党政府的旧官员或俘虏兵，在进入这个系统工作后，也都同等拥有送子女到子弟小学读书的权利。总之，只要是子弟，都可以和有机会进入，除非因位家庭置距离和生活不方便等原因而自愿放弃，而且也不会按父母官职大小而分班。

在这种特定的历史条件下，没有人会认为上子弟小学是一种沾父母光的特殊待遇（工矿等企业也都有这类子弟小学），更不是"走后门"特殊权力下的腐败行为。与我同年级的还有许多住在同一个家庭区中的孩子，有几个至今还保持着联系。从幼儿园到小学，许许多多的同龄人几乎都在走着同一条路。同班同学中只有少数几个是学校所在地附近单位员工的子女，绝大多数同学的父母都是在一个系统中工作，从大院到学校，仍然有强烈的大院味道，只不过院子扩得更大了。

我所在的培英小学的孩子，大多来自西便门的国务院宿舍大院、铁道部大院、中国人民银行大院和粮食商业系统大院、新华社大院以及其他一些我已经记不清楚的国家部委大院。小学三四年级的一天，我正在双杠上玩耍，被老师叫到办公室，老师拿着当天的《人民日报》告诉我，上面刊登了两条第三届全国人大批准的任命公告，第一条是我父亲被任命为中国商业部的副部长（当时的部长是后来任副总理的姚依林同志），第二条是后来任中国外交部副部长的何英担任外交部某司司长。从此之后，我成了学校中的"特殊人物"。

当时，同学们的家长中司局干部很多，而副部级很少，于是，我被名誉上特殊化了。而实际的生活并没有因此而改变。在所谓的困难时期，名誉并不重要，尤其是对不懂事的孩子来说，吃饱肚子才是最主要的。黑黑的高粱面和红薯面的窝窝头都是定量分配的，一人一份，不多不少，饥饿的孩子们尽管知道吃了拉不出屎，也还是硬把这些黑黑的窝头飞快地塞进肚子。

那时候，我并不知道什么叫"高干"（老师其实也不知道），出身一栏中填的是"革命干部"。自父亲被任命为副部长之后，老师说你可以改填为"高干"了。但当时我回家问父亲时，父亲很严厉地告诉我，只许填"革命干部"，不许填"高干"两字。后来才知道，过去的干部管理分24级，13级以上就是高干（依此标准，当时的医院设有高干病房，连监狱中也设有高干牢房）。母亲当时是13级干部，已经是"高干"了。

在父亲的教导下，我理解了父亲的道理："干部不分级别大小，都是为革命做工作。干部的级别只是一种责任的划分与承担，级别越高责任越大，越要努力工作，不辜负党的信任。职务不代表个人的荣誉，而代表你必须承担的公共责任。"这种思想一直深扎在我的脑海中，不管是在部队等级森严的纪律下，还是在此后的商场拼搏中，职务从不被我看成一种重要的标志与荣誉。因此，至今我坚持不参加任何靠捐款买官而取得的评奖或职务，也从来不想用这些牌名去吓唬人。比如，有些人会在名片上印上"人大代表"或"政协委员"，有些人会印上带有全国字号的协会、商会等组织头衔。我的办公室主任也曾为我干过这种事，一张名片上印了一大堆公司名称，用几天就觉得别扭，后来便换掉了。现在，我仍然有全国工商联房地产商会执行副会长、中国房地产研究会的副会长，以及其他一大串职务，还有曾经最被社会推崇的慈善机构的职务等。但在所有公开场合，我更愿意只用最简单、最直接的一个职务，只要能说明自己的身份就够了。更多的职务一定代表的是更多的责任，而不是荣誉，也因为是责任，必须更加严格要求和限制自己。

父亲从来都非常严格要求自己，从来不搞特殊化。妈妈与父亲"文革"前一直在一个部委工作，尽管工作很优秀却常在她的提拔和重用的问题上与父亲争吵，多次机会都因为父亲作为上级领导干部的坚持而不得不放弃。在生活上，父亲也坚持与一般干部同吃同住，同等待遇，包括到食堂排队打饭。即使在"文革"期间，父亲被打成走资派被造反派强制"坐飞机"被"武斗"批判时，即使妈妈被迫上台陪绑时，也没有一个造反派就利用职权、贪污腐败等方面对父亲提出指责，而被指责最多的也正是父母的出身和裙带关系。

父亲出身于中等收入的农民家庭，"九一八"之后参加革命，"七七"事变之后，先在八路军学员队，后加入了新四军。新中国成立之后的宣传中大多只提延安的"抗大"（中国人民抗日红军大学，后改为中国人民抗日军事政治大学），因此，许多人并不知道当时还有一所中原的"抗日大学"。前几年在电视剧《彭雪枫》中所表现的竹沟干部学校，就是这所培养新四军、八路军军事、政治干部的第二"抗大"，而父亲最初就是竹沟干部学校中的政治教员。此后，父亲为新四军在敌后建立根据地，提出过红军的军队赖以生存的财政改革建议，并当上粮食、税务的局长、特派员，参与新四军货币发行与地方银行的建设工作，为部队在敌后坚持斗争提供了后勤保障，经历了皖南事变和中原突围的战斗历程，在李先念任师长、陈少敏任政委的新四军五师中坚持战斗了多年。

后根据中央指示，他随部队从山东进入东北，参与东北的解放与重建新政权工作，在陈云的领导下从临江转战于辽西、辽东之间，曾任辽宁省人民银行行长、省委委员、财税和商贸官员。1953年调越南任职时，路过北京向李先念老首长辞行，被李先念上报中央，留在李先念主管的财贸口工作，任中国百货公司副经理。

父亲的墓碑上写道：

> 任泉生，1937年参加临汾八路军学员队。1938年任竹沟新四军第八团留守处补充大队政治指导员，同年2月加入中国共产党。历任豫鄂边区

地委兼新四军挺进纵队政治部秘书、边区粮食总局局长，鄂东行政专员公署副专员兼鄂东行政分署财政处处长，中原局财粮委员会税务局局长。为边区抗日根据地的财金、粮食、税务等财经工作做出了重要贡献。1946年中原突围后坚持鄂东敌后游击战，后编入干部团，经陕南，转战东北。

1946年任辽宁省贸易分局监委、省贸易特派员、省银行行长兼省税务局局长、省政府财政厅厅长、省商业厅厅长、中共中央东北局财经工作部财政处处长、省人民政府委员，参加了四保临江和辽沈等重大战役，为东北人民政府的经济恢复，做出了贡献。

1954年任中国百货公司副经理、中国文化用品公司经理、中国纺织公司经理、商业部纺织品局局长。1964年任商业部副部长、部党组成员。在国家经济恢复时期，为我国的商贸流通工作做出了重要贡献。

而爷爷在父亲当年离家出走后，曾到烟台卖过烤白薯、烧饼，做过小买卖，并赚了点小钱，解放前夕回到村里，用挣来的血汗钱买了几亩地，准备在战争之后过个安生日子。恰在土改时，因为这几亩地爷爷被定为富农，于是，父亲的出身一栏就只好填写"富农"了。"文革"时这富农可是被列入"黑五类"的。父亲的后半生因为这个包袱再也无法进步，"文革"中为此吃了不少苦头。

母亲出身于一个大家族中，村中有许多同龄兄弟姐妹，都是抗日战争时的热血青年，这五六十个年轻人，上下不差几步，集体奔向延安，路经西安时，一半进了国民党领导的国民革命军，一半进了共产党领导的国民革命军。后来，妈妈也因为进入新四军得以和父亲在一个部队中相识。

妈妈的弟弟是县里的游击大队长，解放后当了县公安局局长，但在反右斗争中被打成右派，在三年困难时期中因提出不同意见而几乎失去工作。妈妈的一位亲属进入国民党军队，跟蒋介石去了台湾，后被派驻泰国工作。这两件事成为妈妈"文革"中的罪状，改革开放之后，右派平反了，对台工作也开始了，妈妈的包袱也才被最终摘掉。

让我最欣慰的是，我的父母从来没有因为这些政治上的因素而忘却亲情，更不会因为它们给自己带来的痛苦而怨恨和不主动承担责任。

在一般民众的眼中，特别是今天年轻一代的想象中，干部的家庭生活一定很富有,孩子们一定是娇生惯养的,却不知每家都有一本难念的经。父亲与母亲偶尔争论,恰恰是为那些必须承担的"责任"——每个人都要对自己的老家多少付出一些。他们的一部分收入既要维持自己四个孩子的家,又必须按月给老家寄钱,帮助那些在农村中的父老乡亲。

在中国现代历史上号称"三年自然灾害"的日子里,父亲将爷爷、奶奶接到北京。当时粮食是按人员和年龄定量供给的,多了两个人的需求,却没有定量的粮食供给,就只好从每个人的口粮中分摊,每个人都要少吃一口。父亲并没有把对自己的政治生活带来不利影响的富农爷爷拒之门外,印象中每次当农村的生活极度困难时,父亲都会将爷爷接到北京来供养。

妈妈也是如此,河南据说曾是三年自然灾害期间饿死人最多的省份,舅舅家偏偏又子女多。那年舅舅、舅妈带着两个还不会走的双胞儿来到北京,同样要靠挤出其他人的口粮过日子。那时的困难几乎各家各户都一样。小区中的空地被开垦出来,变成了菜园,种上了各种各样的菜,孩子们饿得不行的时候,常常将未长熟的西红柿、茄子偷偷摘吃了,叶类菜反而变得最安全。

在家里吃饭也是定量、分餐的,盛上一碗米饭,妈妈会用筷子从中间一划一分两份,分给两个孩子吃,看着我眼巴巴地望着米饭时,妈妈有时会与我分吃一碗饭,表面上筷子在碗的中间一划两半,但妈妈会悄悄地将筷子一偏,让下面的半碗饭变得一多一少了,妈妈自己将少的一半拿走,再用一点菜盖在饭上,将多的一半给了我,还怕被别的孩子看见。

那几年,妈妈的手、脚都长期处于浮肿中,营养不良是一个普遍问题。1962年,蒋介石反攻大陆的传闻给了我们一个吃肉的机会。妈妈是当时部机关里的民兵营长,带着民兵到内蒙古草原进行军事训练,准备保卫祖国。于是,在内蒙古的大草原中打了许多黄羊,民兵训练完毕回机关后,让所有人都有机会分到一些黄羊肉,这在当年算是天上落下来的美食了。尽管味道让许多人都难以接受,但却是重要的营养补充,也称得上是改善生活了。

我记得,每年都会有从老家来的人在我家住上一段时间,并带上一些食物回去。在物资与粮食短缺的时代,无论是农村还是北京,都同样供应紧张,后期高级干部发了一种特供票,好像一个月可以凭票买一瓶酒、两条前门烟、一斤糖,也许还有点什么,但大多都成了老家人带回去的礼品。

印象中，家里在楼道里还养了只母鸡，每天或两天能下一个蛋，用以改善生活，姐姐、妹妹和我小学都是住校，吃、住都在学校，只有节假日才能回家。爸爸、妈妈总将平时舍不得吃的好东西，留在星期日等孩子们回来后，全家一起分享，那时孩子们也许体会不到生活的艰难，但父亲、母亲都给我们留下了一个深深的印象，孝与家人的亲情是这个社会中唯一不可缺少的。

父母的善良之心和宽容之意，体现在许多方面，并传给了下一代。在"文革"中，和许多的老干部一样，父母都被打倒"坐飞机、被批斗""蹲牛棚、进干校"。但是，我从来没从他们口中听到过对那些造反派的怨恨，更没有听到过他们对党的抱怨与不信任言辞。他们始终坚信从年轻时就开始的信仰与追求，从不用自己的遭遇去评判和对比他人的对错，从战争年代到和平年代，都始终如一地努力工作，只求己安，而不指他过。

父亲在工作上坚持原则，并因此而得罪了"四人帮"，一夜之间从领导岗位上被撤下来，但却绝不会为了个人的声誉、荣辱而耿耿于怀，也因此在同行的老同志中间获得了好评。在为父亲去世而举行的追悼会上，许多老同志对我表示了上述看法，北京市原老副市长韩伯平还特意对我说："老部长过去对北京市给予了巨大的支持，那可是要顶着巨大压力的啊。"

父亲不会为一己之私而动用权力，对自己洁身自好的声誉，看得比任何利益都要重。当年，我被关进监狱时，父亲一方面坚信自己的儿子不会做出违反党纪国法的事；另一方面也绝不动用任何关系去询问和打听有关我的案件，更不会用权力去干涉司法的公正。父母都没有因为我的事而去找过任何一位领导，或在领导岗位上的同事、战友和下属，宁愿等待法律公正的判决。当我被释放之后，父母也从不过问我的案子，"从原因到结果"，直到我拿到最终的无罪裁定书，主动向父母作了汇报。父母最担心的，不是我是否有罪，而是绝不让外人将父母干预司法公正的帽子扣在这个家庭的头上。对此，我深表理解。

父亲那时虽已退休，但仍有官方协会的职务，并在中纪委中有许多熟人、同事和战友，妈妈也曾在北京市商贸系统有职务，但他们都不认为应动用他们的职务、权力与关系，去破坏中国的司法公正。他们更不会为自己儿子的"犯罪"行为，去破坏党的纪律和自己的人生准则。

当今时代的"我爸是李刚"破坏了整个社会秩序，也被一些人误以为中国从来都是这样的社会环境，尤其是许多80后的年轻人未经历过那个人性纯洁的时代，以为凡是中国官员都一定是腐败的，一定是自私的，一定是为一己之私而滥用国家权力的。这是何等的误解和无知！

这些现在的年轻人也许不能理解，老一辈革命家，虽然经历过延安整风、"三反五反"、反右斗争、庐山会议、"四清"与"文革"，但是，在所有的斗争中最不能碰的红线，恰恰是与个人利益、金钱、腐败等相关的纪律。他们可以为革命的利益抛头颅、洒热血，却绝不会为个人的荣华富贵而抛弃信仰。也许今天的年轻人们早已不再相信这个世界上还有为主义而献身的人。但是，在那个时代，这是一种最基本的社会道德准则，利用权力而谋一己之私，在那个年代就是死罪。

我对我的父母深表理解，正在于我深知，如果我违反了党纪国法，本身就是对他们一生所追求的信仰的玷污。再让他们为我的罪行去增添罪恶，就如让他们跳入深渊一样，天理不容。而我若无罪又何须他们为此而发愁，去求人犯错？我自会证明我的清白，让他们更放心自己的教育，革命的传统在这个家庭中会被继承与光大的。

我不敢说，后来的改革开放没有改变我们的观念，毛泽东思想确实已被重新认识和理解，并且必须承认其"阶级斗争"理论给中国带来的危害。共产主义理想即使不变，实现的路径也已完全不同，但严以律己，坚决守住道德底线，不违反党纪国法，则是不会变的。即使一个人不再为主义、为信仰而奋斗，但一个人绝不能丢失自己做人的资格，不能抛弃自己的良心。

在网络和微博上，我可以看到许多关于贪官与腐败的报道，也同样可以看到许多80后利用父母的地位、身份而横行霸道，还有许多人为了房子和钱财而祸起萧墙，甚至逼死父母。可以庆幸的，正在于我有这样的父母，因此没有让我在权力与利诱面前失去理智，至今都可以正大光明，且堂堂正正地面对社会、法律与家庭。

至今我的兄弟姐妹都没有因为这些私利问题，破坏过相互的和睦与亲情，相互之间从未因利益之争而撕破过脸，也从没有为躲避尽孝而发生争论。尽管工作不同、收入不同、但都可以放心地依托，包括第三代的孩子们。姐姐、姐夫已在国外工作、生活了十多年，从来不用担心放在北京的孩子会有什么危险与困难，任何兄妹的家都可以当成自己的家。

每到周末一大家人都会聚集在父母身边问寒问暖，凡回家几乎从不空手，尽管父母有些并不需要，但这份心意都是不可缺少的，过节过年更是如此。团聚，已成为了一个打不破的传统。

"文革"时，兄弟姐妹四人可以面对无数的造反派抄家而无所畏惧，团结起来共同保护父母和家庭；"文革"中，整个家庭四分五裂，父母去"干校"，哥哥去大连实习，姐姐分配留京，我和妹妹两地插队，但却相互关照，数十年之后又共同回到北京。大家都很珍惜这个家庭的存在，更敬重我们的父母，勇敢、善良、亲情与宽容，这些从父母身上遗传的做人的优秀品质，至今仍毫不褪色。

许多人也许会误以为高干家庭还不富得流油，却不知道这些在抗日战争与解放战争中冒着生命危险而冲锋的人，在半供给制中并没有拥有财富。就是在今天，他们或许还是收入较低的人群，在低工资时代退休的老干部，当时的高工资已变成中或低的退休金。父亲在第三代孙子辈的人参加了工作之后才发现自己已成为这个家庭中工资收入最低的人。

父亲一生中大部分时间是在供给制式的体制下生活的。直到退休之后，他才享受了私有化的生活。小时候，家里的全部家具上都钉着块小铁牌，上面写着单位、编号。从桌椅板凳到书柜、绿皮的保险柜、床架、床板无一例外。好像在我上中学之后，父亲才购买了属于自己的单开门大衣柜，后来成了哥哥结婚时的彩礼。20世纪80年代，他才有了属于自己的床，但其他的物品中，包括沙发，也都还是租用公家的物品，破烂得不行也难得修理。记不清是80年代末期，还是90年代初期，中央决定将所有的破旧家具全部折旧后归使用者所有，分月从父亲工资中扣除，大约一两年才扣完。后来，我家再购买家具就是孩子们出钱了。

90年代私有化之后，父亲已不能让单位换修家具，扔掉的不能再用，必须自己购买。于是妹妹定了个不成文的规矩，给父母购买大件商品所需要款项，如平板电视、沙发、衣柜等，均由我出50%、哥哥出25%、姐姐和妹妹各出12.5%，妹妹统一购买后大家按比例分账。1999年后，四合院还不能进行房改，中央便将许多退休的老干部统一搬进楼中，这次搬家后的大部分新家具都是按妹妹所定的规矩添购的了。房改时，父母的工资在扣除了两个人90年的工龄优惠之后也还是买不起，同样要靠子女的帮助。新旧工资的时代差别，让几代人之间的幸福感形成了不可跨越的鸿沟。

一直到去世，我的父母都保持着艰苦朴素的作风，很少在衣装上有所讲究，每次我们给父母买件衣服，都要把价签撕掉，还要在价格上减少个零，否则他们总是难以接受。我们常常要偷偷地将他们穿得很破旧仍在穿的衣服扔掉、捐掉，不然，他们仍会把新衣服挂在柜子里舍不得穿。妈妈除了在家里与家人打麻将之外，也就是爱好读书了（大多是一些战争时的回忆录或老年养生类图书等），但父亲还有些年轻时的爱好，一是会买一大堆的录音、录像带（后来是光盘），以京剧为主，以度时光；二是仍偶尔照照相；三是到干休所（养蜂夹道）去跳跳舞，但就他们的退休金水平来看，也仅够每个月去两回的。

自我们这些孩子工作并取得稳定收入之后，逢年过节就开始给父母送红包，钱从少到多，次数也不断增加，如开始是一年过年时孝敬一次，以后就加上生日，再加上五一、十一等节日。后来，则是逢年过节都有，心里总觉得时光不多了，因此变着法地找借口，让父母高兴，慢慢也成了一种惯例。

我们这一代人开始有孩子时，恰恰是国家刚开始推广计划生育的时代，"只生一个好"还不是一种强制性，但母亲坚决执行这一国策，告诉我们每人只准有一个。从那时开始，妈妈就将我们给的红包，又按孩子的名字变成存折，慢慢地，成为了他们结婚时的红包。

哥哥结婚时，爸爸将自己用了多年的唯一的一个单开门大衣柜（柜门是个大穿衣镜）当作礼物；而我结婚时，除了我花钱让爸爸原来的警卫员帮忙从东北做了几件桌子和箱子外，父亲只送给了我一双本来是为父亲自己定制的皮鞋。在父亲的眼中，儿子要靠自己去闯天下，承担起家庭的责任。而女儿不然，家里要帮忙准备些嫁妆、衣被等。当第三代人结婚时，做爷爷奶奶的就不用担心了，而奶奶为他们存下的独生子女费就变成了红包，不论多少都是老人几十年的一种惦记、一种无法用语言表达的深情。

爸爸花起儿子给的钱，是一种心安理得的享受。一次春节全家人的聚会，我到晚了。一进门哥哥就对我说："爸爸问你还来不来一起吃饭，并问今年的红包你还给不给。"话音未落，我赶忙递上给父母的红包！但父亲只被母亲称为是乱花钱的人。实际上，父亲悄悄认养了上不起学的孩子，每月给他们交学费、班费和课本费等，直到大学毕业。不知道父亲前后供养了几个孩子，只知道父亲在悄悄地帮助那些毫无关系的陌生贫困家庭。

父亲拥有享受单位专车待遇的资格，但打电话让老干部局派车很不方便，除非去远的地方，直到80多岁，父亲还常自己骑自行车外出。哥哥怕父亲被车撞或摔倒，坚持按月给父亲钱让他出门乘出租（包括母亲），但却很难改变他们的生活习惯。直到后来，90多岁的妈妈还经常自己悄悄地乘公交车跑出去，有时糊涂地将公交车的方向坐反了，常常让妹妹、妹夫开着车满北京地去找，看都看不住。他们一辈子都没学会如何享受，而更习惯于自力更生，除非病在床上起不来，否则绝不让别人照顾，这也成为曾让我们头痛的事。

有一年，妹妹的女儿结婚，妹妹穿了一件漂亮的连衣裙，衣服上还镶有一些闪闪发光的亮片。我开车拉着妈妈和妹妹去餐厅，一上车，看到妹妹穿的衣服，妈妈一脸不高兴，说："你穿成这个样子，让我这个老共产党员的脸往哪放啊！"等到了婚礼上，她才发现妹妹的服装其实很一般，只是妈妈永远改不了这种根深蒂固的马列主义老太太的观念。

妈妈是一位坚定的共产主义战士，从不对党的指示表示怀疑，只要是党中央的指示就坚决执行，无论是毛时代、邓时代，还是后来的时代。对他们这一代人而言，从一个旧时代，为解救中国人脱离日本人的奴役开始，经历了无数次的挫折和失败，而每一次都是党中央的指示让他们看到了光明，走出了阴影，实现了胜利，故而产生了一种虔诚的迷信。他们从没有吃没有穿的绝望看到了今天的发展，尤其是改革开放之后的巨变，因此，他们更相信，党可以领导好这个国家从失败走向胜利的，也一定能从落后变成先进。

年轻的一代人似乎没有权利去嘲笑他们。他们确实没有机会去学习那些在今天的世界中早已成为常识的科技知识，他们也不再可能通过知识的更新改变原有的观念，他们几乎全部的心血与精力都倾注于那个早已过去了的时代，他们早已没有能力再更新自己的大脑与体能了。他们看到的都是比过去更好的进步，又如何让他们知道和比较，中国在这个世界的发展中本来可以有更好的未来呢？

"文革"中，父母被打倒之后，他们早就失去了管教子女的自由，甚至不知道子女们是如何生存的。但当他们听到毛主席的指示，"知识青年到农村去，接受贫下中农的再教育，很有必要"，城里的学生也在狂热地高喊"我们也有两只手，不在城里吃闲饭"，各学校都在向家长发出要求学生上山下乡的通知，这时父母会迅速地通过单位给我报名，并从干校请假回京，帮我打好行装，再回到干校。妈妈不需要过多地解释什么，只知道妈妈做出的决定，一定有她的道理，虽然我们还未成年，但我们会让妈妈放心地自己上路去。

半夜里，几个同学用借来的三轮平板自行车挨着家地转，将我们的行装送到学校集中，我们不知道未来在哪里，但我们都知道如果我们不去，就会给父母戴上一顶更沉重的帽子，甚至会从"走资派"变成对抗毛主席指示的"反革命"。而这一别就将这些十六七的孩子们永久地推进社会。

在我尚未成熟的心灵中，父母给我留下深刻印象的，恰恰是他们可以对某个领导说"不"，对某些事情说"不"，但绝不会对党的指示说"不"。

自插队下乡之后，父母再也没有用教育的口气与我说过工作与人生，他们认为我们已经长大成人了，应该可以独立面对社会决定自己的选择了，今后的路要靠我们自己去寻找，自己去奋斗了。

下乡一年之后我到了部队，可以说是沾了父亲的光。当年许多老干部被当成走资派打倒之后，大批像我一样的孩子都远离了被关押的父母，也有些被造反派的势力所残害。周恩来总理出于保护这些革命者后代的考虑，默许了将这些孩子送到部队进行锻炼（实为保护）的请示，于是，全国出现了一大批"走后门"当兵的现象。如果没有这场"文化大革命"，又怎么会有这么多的孩子失学而当童工呢？如果没有这场"文化大革命"，又怎么会有这么多的孩子失去了父母的关爱而早早地走上社会呢？如果没有这场"文化人革命"，又怎么会有数千万的从14岁到20岁的城里孩子远走他乡去"接受贫下中农的再教育"呢？如今许多人在指责干部子弟"走后门"当兵的时候，他们可曾想过这些问题吗？如果有父母关爱，有学可上，又有几个人愿意弃学当兵呢？当然，有人会说许多非干部子弟不也没学上，不也在插队吗？是的，但至少他们还有没有被关进牛棚之中的父母的关爱。

相对于插队而言，当兵确实是个"天堂"的选择，但却绝不是一种享受，更不是一种特殊的待遇。

战争时期曾和父母共同战斗过的一些战友，解放后有些仍留在部队，许多当上了军区的司令、政委，济南军区、济南空军和山东省军区中恰恰有多位当时担任重要职位的叔叔、伯伯都来自新四军五师的部队中。这几位叔叔、伯伯深知那些被派到地方工作的战友的底细，也自信他们都是坚定的革命战士，虽然数年或数十年没有直接联系，但仍伸出援助之手，共同发起联络他们所知的战友的情况，帮助这些"被打倒的走资派"的孩子参军。

当时，我正在妹妹的插队地点——莫力达瓦达斡尔族自治旗的巴彦公社，莫名其妙地接到了一封让我执行一件在限定的时间到济南军区找某某报到参军的电报（当时农村没有电话，只有电报是最快的联络办法）。

从插队点前屯走到嫩江火车站，大约是七十多里路，中途没有一个村庄，11月的天气，已经是冰天雪地了，沿途除了有些杨树、桦树林之外，大部分是荒草地，草甸子里时不时地钻出几只狐狸和狼，这对一个孤身行走的十七八岁的半大小子来说，无疑是一种令人心里发毛的事。记不清我当时是怎么一口气赶到火车站的，对成为一名解放军战士的期待，也许是支撑我忘掉了一切恐惧和疲劳的力量。

从嫩江到齐齐哈尔换快车，到北京再换车去济南，中间间隔4个多小时，匆匆忙忙回家洗澡，换了一身干净的蓝制服。从姐姐嘴里，我才知道，是一位姓冯的伯伯发来的电报。他是父亲过去的战友，我可以放心地去军区找他，冯伯伯可以安排我当兵。在最困难的时候，一个生死战壕中爬出来的战友是最值得信赖的。

济南老火车站是德国著名建筑师赫尔曼·菲舍尔设计的德式建筑，也是哥特式的建筑群落，1992年被拆除了。我出了站，不认识省军区的大门朝哪开，上了一辆三轮车直奔省军区（当时没有出租车，拉客的都是三轮车）。到了军区，已近黄昏，哨兵严格执行军纪，让我用电话先联系，电话另一端的一位姐姐只问了我的父亲是谁，就到大门口将我接回了家。

今天的年轻人也许永远无法体会，那些战争年代出生入死的战友之情是多么的深厚、真诚。虽然"红二代"之间此前从未谋面，但那种相互的信任和安全感，正来自父辈的这种深情（这位姐姐的名字叫"抗胜"，是抗日战争胜利之后出生，为纪念这个伟大的事件而起）。

冯伯伯很想知道父母的情况，但我只知道，父母都在干校，已有近一年未见。伯母杜妈妈（后来父母都让我们叫伯母为妈妈）双目失明，用颤抖的双手仔细地上下摸着我的脸庞、眼眉和嘴鼻，寻找着战友的印象。看着杜妈妈那种期待的表情，我的心中一阵阵酸痛，他们真的像自己的父母看到了远归的孩子一样地关切。

饭后，我被带到警卫排驻地，一开门发现满地都睡满了和我一样的孩子，有近百人，原来早到的这些父母战友的孩子们已经穿上军装，在等待出发了，而我是最晚到的一批中的一个，屋里已住不下了。冯伯伯给济南的一位伯伯打了电话，我便和其他几个后到的孩子，被送到空司借住。

第二天，我们参加了体检，填写了几个表格，办理了入伍手续。其实，我的身体有残缺，视力勉强及格，胳膊刚骨折过，还伸不直，好在这只是走一个程序。

这实在是一个特殊的时代发生的特殊情况，省军区标准配备的新兵服装都不够了，增加的这些"后门兵"，许多和我一样是穿着老百姓的便装，登上火车，被送到部队的。后来才了解到，我们并不是在山东当兵，而是部队到山东招兵，伯伯们利用这个机会，让我们顶了山东的兵源名额，成为解放军战士。

感谢这些叔叔、伯伯给了我这样一次机会，我也没有辜负他们的一片心意，在部队的 13 个年头，11 个整年中，我先后立了集体和个人的二等功、三等功共 7 次，用优异的成绩，证明了我这个被许多人嘲笑的"后门兵"的价值。

父辈的旗帜

当我在部队连续立功受奖时，我很想像父亲一样去指挥千军万马，但我立功后父亲的一席话，让我的信心备受打击。父亲并不认为我立功受奖有什么可值得骄傲的，因为父亲在我当时的那个年龄，早已指挥过万马千军了。

虽然我不像父亲一样有机会从战争年代中成长，没有那种特殊年代中所特有的机遇，但我仍把父亲当作榜样，希望能像他们这些老一辈的革命家，闯出一条自己的路。

父亲是在学生时期为了抗日而走上革命道路的，那个时代的热血青年在"九一八"之后，就为雪洗国耻而立志要将日本军国主义侵略者赶出中国去。那些年轻人中有些加入了国民党领导的军队，有些加入了共产党领导的军队，父亲则被从临汾八路军学员队派往了新四军，这也许并非有意识的一种选择，只为能抗日，此后才在部队中逐步理解了党的宗旨与革命，但其一生都为这个曾经信仰的主义而努力奋斗。

当我决定从部队复员并闯出一条自己的路时，我时刻牢记父亲的教诲，宁愿去当临时工，也绝不向父亲开口求援，一定要靠自己的努力打一片属于自己的天下。

社会上的许多人都以为"红二代"的一切都不是靠自己的努力，而是靠父母的余荫，这种人不是没有，但大多数则恰恰相反，不是靠父母而是靠自己的努力。且不说当我到地方工作时，父亲已经退入了二线，在中纪委和协会中工作了，即使我被无辜地关进监狱，父亲都坚持绝不会动用任何老战友、老下级的关系去为我说情、鸣冤，直到我从狱中无罪释放，都要用自己的努力来向父母证明自己的清白。

20世纪90年代初期，我当选为人大代表，并被评为劳动模范，获得五一劳动奖章之后，父亲才开始肯定了我的努力。

为了争一口气，许多年我都很少回家，非要混出个人样来，才觉得可以直起腰来去见父亲了，慢慢地父亲一天天见老了，但我却越来越忙了，为了尽一份孝心，只好委托妹妹更多地照顾父母。小时候父亲最疼爱妹妹，家里最小的孩子。母亲则最偏爱我，但我却最少时间待在家里。兄弟姐妹都按"有钱出钱，有力出力"的原则来尽孝。于是，我只有用钱给父母创造一个好的生活环境，让他们在晚年可以有健康的身体和放松的精神享受。

老一辈的革命家，没几个能充分享受改革的胜利成果。他们的退休工资在邓小平南方谈话之后就逐步地由高变低了，因为整个社会的收入在迅速地增长，相比之下，父亲这个工作奋斗了几十年的退休者，反倒成了整个大家庭中收入最低的人。

父母这一代人大多在艰苦的战争环境中成长，养成了艰苦朴素的生活作风，改革开放之前他们应属于高工资的特殊阶层，但老家有老、小家有小，既要照顾家乡的父母和兄弟姐妹，还要供养我们四个孩子，不但是月光族，还常常预支。我上中学时，有了辆自行车，成了整栋楼里的骄傲。

紧接着进入了"文革"，父母都进了"牛棚"，机关每个月发给我们四个孩子几十元的生活费，直到孩子们都自己养活自己，家里的爷爷奶奶、姥姥们都过世了，家里的条件才慢慢改善了，而80年代初期父母都进入了退休的年龄。国务院机关实行了供给制改革之后，家里的桌、椅、书橱和床板，才从租用按月折旧变成了自己拥有，90年代之后才开始有了不带单位标签标价的属于自己选择的部分家具，直到父亲去世，使用的仍然是当年部机关配给的两头沉的办公桌和绿铁皮的保险柜，穿的仍然是打着补丁的睡衣睡裤。

父亲比母亲新潮，会去单位组织或街道文化馆的舞会去跳舞，但却会出门前自带饮料，如可乐或瓶装水，也极少在外就餐，却悄悄地资助和补贴着连我们这些子女都不知道姓名的贫困学生。

当我们这些儿女富裕起来后，很希望让父母能不再为开销发愁，改善他们的生活条件，也让他们多一些子女不在身边时的更多享受。于是，父母所想拥有的都由孩子们来置办，哥哥每月固定给父亲一笔钱用于打的，而坚决不许父亲再骑自行车外出，我也按月、按节和生日给父母固定的费用。

父亲喜欢京剧、戏曲，于是，购买了大量的录像带，在我们子女不能陪伴时，自娱自乐，后来又换成了光盘，父亲因此有了一个自我欣赏的空间。父亲一生爱好摄影，后逐步升级胶片相机为数码相机，西装也有了一两套新的，此外似乎就找不到什么更多的消费热点了。但父亲的钱好像仍月月都不够花，仍然在努力帮助更多的贫困学生。

母亲没有更多的偏好，喜欢自己在家里弄些花花草草，种葡萄、种豆角，从四合院搬进楼房之后，这些也都无用武之地了。我们子女就尽可能地在家里多摆上几盆应季的花，让母亲开心，而给母亲的钱，妈妈都悄悄地以孙子、孙女的名字按月存了起来，这似乎已成为老一辈的一种寄托。

妈妈身上穿的衣裤，仍然保持着朴素的传统，都是昏暗的颜色，妹妹给妈妈买的衣服，每次都是说十分之一的价格，也常被妈妈挂在衣橱里当宝贝。每天不忘的则是关心国家大事，必读某些报纸和看《新闻联播》，还常常教育我们要关心政治。值得欣慰的是儿子没有给她丢脸，得过一堆奖章和有大量媒体报道。

中国的历代王朝官府在县以下没有官府的直接管辖，靠的是乡绅、甲保、族群。而以家庭为生产单位时，家庭的忠诚、族群的忠诚，村落自治的忠诚、"诛九族"的法律成为保护与维护社会秩序的武器。但这一切在"革命"与市场化的广泛交易过程中受到了强烈的冲击。家庭忠诚这种传统的美德，遇到了新的挑战。

历史上的法国大革命是从摧毁家庭的自然关系开始了检举、背叛、诽谤及暗杀，兄弟之间的背叛、父子之间的背叛，让这个国家的道德沦丧，让背叛者受到了赞扬。

希腊悲剧大师埃斯库罗斯的著名悲剧《俄瑞斯忒斯》中反映的是一连串的家庭背叛。社会上常用朋友之间的忠诚代替家庭成员之间的忠诚。而现实中人们总是先有家庭，而不是先有朋友。如果没有家庭中培养出的信任与忠诚，又怎么会有朋友之间的忠诚，或者说如何选择朋友之间的忠诚呢？

希特勒的成功在于其破坏和取消了家庭生活与家庭内部的忠诚，主张孩子要和父母对立，希特勒青年团的成员被教导要将纳粹党作为自己真正的家。于是，对希特勒的忠诚超越了对家庭的忠诚，也才有了狂热的大屠杀和自相残杀。

斯大林时代的统治同样强调的是少年英雄帕夫里克·莫洛佐夫大义灭亲的精神，让他揭发和指证自己的父亲是叛徒的故事成为传奇，而放弃家庭忠诚的孩子成为"一心为共产主义事业作贡献的典范"。史料显示，肃反立功中大量的罪行指证，不是来自法庭的事实，而是来自家庭的指证，来自孩子的指控。

革命往往把背叛家庭作为一种骄傲，强调和鼓励对党和主义的忠诚。而一个缺乏家庭信任和人与人之间信任的社会，必然像残酷的地狱，而人间最重要的则是家庭成员之间的爱，以及普天之下人与人之间的爱。

我的父母都是因为抗日而参加革命的，那时他们不懂"主义"，但懂得抗日。后来，他们懂了主义，但没忘记家庭，虽然他们可以为了革命利益而舍弃家庭利益，我的未见过面的哥哥就曾因部队转移而被迫放弃，寄存于老乡家中而不知死活。但是，他们却不会因革命利益而背叛家庭。为了革命，一家人自我小时起就常常不能团圆，父亲奉调北京，一家人也还是分别了数年之后才都进入北京。"文革"时期，大家又各奔东西，十多年间没有一次全家齐全过个春节，但这却从未影响家庭的团结、和睦与亲情。

困难时期，不管是父亲家的老人，还是母亲家的亲戚，都会被父母接到家里来住。父母从未因老人家的成分带来的政治影响而吐露过任何怨言，而是共担风雨，同甘共苦，尽一切可能帮助他们。

"文革"时，不管社会上有什么样的风吹草动、抄家批斗，作为父母，他们都在努力地挡在皮带、棍棒前面，保护我们不被伤害，而作为子女，我们也会努力地站在父母的前面与造反派抗争，不让他们伤害父母，哪怕为此而被关押、暴打。因为，我们始终坚信父母是正确的，爸爸妈妈所做的一切都成为我们的榜样，给我们留下了很深的印象。在"文革"这个"你死我活"的时代冲突之中，我始终坚持和父母站在同一条线上，即使他们被送去干校，住进牛棚，撤销职务，都不能动摇他们在我心中的形象。

正是这种家庭的忠诚让我们几个子女在没有父母照顾的情况下，仍能维护这个家，生活艰苦的时期如此，生活慢慢富裕起来以后也是如此。这一家人，包括兄弟姐妹之间，都在互相关心，互相帮助，从未因金钱和各种家庭利益分配而打得不可开交，更不会斤斤计较而破坏家庭和睦。

慢慢地，我们这些孩子也都有了第三代，第三代成员都可以任意地放在其他兄弟姐妹家中长住，让这些独生子女也能在整个家庭的忠诚信念中成长，让他们从小就知道这个大家要比小家更重要，家庭的温暖是他们生存的依靠，他们可以在这个大家庭中找到和父母一样的信赖和帮助，而绝不会遭到拒绝。

我爱这个家，正在于我的父母带给我的不是荣誉，不是财富，不是享受，而是良好的教育，严格的管理和对家庭忠诚的信赖。父母教会我们这些子女的不是如何当官，而是如何做人。

兄弟姐妹四人中没有一个从政，也没有一个当个体户，最多也都只是做个处级干部。但每个人都经历过远离父母的苦日子，靠清清白白的努力实现奋斗的目标，踏踏实实地迈出生活的每一步。因为我们有值得尊敬的父母，一对正直的榜样。

父母的身体都应算是健康的，虽然每年都住几次医院，但大多是些季节性病症，通常住一两个月就出院了。父亲是严重的支气管炎和肺部病，从战争年代就有过肺结核，每次秋冬、冬春之季都会因支气管炎症（支气管破裂）到了吐血的程度，都会在医院治疗一段时间。次数多了家人也就习惯了，总认为没大事，会好的，但随着年龄的增加，到医院的次数也越来越频繁了。

2007年的春季，父亲又住进了医院，直到进入了夏季才出院回了家。7月23日是父亲的90大寿（老人都用虚岁），全家人一起为父亲祝寿，祝福父亲安度百年。父亲高兴得像个孩子，戏说着要抱重孙子的事，我也在暗暗地许愿退休后好好陪父亲度过晚年。

但遗憾的是，几天之后，父亲就离开了这个世界。

7月31日，哥哥和嫂子参加旅游团去了莫斯科，那晚国资委的领导和老干部局的领导到家里来看望和慰问父亲，妹妹陪着父亲和他们聊得很开心。第二天就是"八一"建军节了，父亲仍然怀念那个战争年代的故事，一段不可能被忘记的记忆。妹妹说父亲度过了一个愉快的夜晚。

8月1日的早上，我刚到公司楼前的路上，妹妹来了电话，我还在奇怪这么早会有什么事情。一接通电话，就听到妹妹哭泣的声音，让我赶快到中日友好医院去，说父亲病重，要不行了。

我没进公司的停车场，就直接打了电话，通知秘书说我去医院了，一路快速赶往了中日友好医院。中日友好医院是父亲的医保医院，也是离父亲家最近的大医院，每年都会去几次，但这次不是去的高干病房，而是去了急诊室。

妹妹、妹夫在医院的急诊室外焦虑地等我，没来得及细说情况，先带我冲进了急诊室。

父亲还躺在急救车上的担架式病床上，医生已经开始用电击强制恢复父亲的心跳了，十几分钟之后，显示屏上的心跳仍然是一条直线，一会儿高干病房的主治医生和院长都到了急诊室，但他们最终放弃了再抢救的一切行动。11点20分，院长告诉我父亲走了，病因是身体所有功能衰竭。

妹妹说父亲早上自己去厕所，小保姆做好早饭却不见父亲从厕所出来，就叫妹妹去看，妹妹见父亲还坐在马桶上，但头已经垂了下来，马上打电话叫了救护车，并将父亲扶到床上换了衣服，但到了医院父亲就没有心跳和呼吸了。

妹妹一肚子的委屈和内疚，总以为自己没有照顾好父亲，哭得像个泪人，早已没了主意，而我知道此时来不及悲伤，我还有许多事情要做。妈妈还在复兴医院住院，哥哥、姐姐都在国外，我必须承担起责任，安排好后面的事情，尽管这个突然发生的悲剧让心上重重地压着座冰山，却不能失去冷静。

整理好父亲的衣装，我深深地向父亲鞠了三个躬，办完了医院的手续，将父亲推进了太平间。

我没有告诉母亲父亲的事情，但必须通知远在国外的哥哥和姐姐，并向老干部局通报了情况，随后开始在家中安排灵堂，通知亲朋好友，安排相关的后事，直到深夜，我还在强迫自己，死咬住牙关，再想想还有什么遗漏的事情，绝不让自己的眼泪掉下来。

第二天晚上，哥哥从莫斯科赶了回来，我终于可以将剩下的事情交给哥哥办了。那天晚上我的眼泪再也忍不住了，一个人躲在房间里痛哭了一场。

好像很久都没有这样地痛哭过了。这也是我第一次失去最亲近的人，又拼命压抑了自己的内心多日，一旦放开这种强制的压抑之后，就像一库的水在暴雨滂沱之后，冲毁了堤坝，一泻而下。父亲的一举一动都浮现在眼前，像是就在身边，但我知道他已经永远地离开了我们。

更多的痛中还夹杂一种悔恨。总以为这个路还很长，还有机会能陪伴父亲尽一份孝心，但谁知道路的尽头就在脚下，我已经失去了这个世界上最宝贵的亲情——我的父亲。人们常常不知道珍惜今天，常常以为失去了今天还有明天，直到真的连明天都失去了的时候，才后悔没有珍惜今天，事后人们常常去想弥补失去的今天，但那只能是一种心灵的安慰了，而最重要的则是要在没有失去明天的希望时，就珍惜当下，珍惜每一个今天。

我已经失去了与父亲共享天伦之乐的机会，也因此下定决心，要尽一切可能地照顾好母亲，再不要让自己出现第二次悔恨和遗憾。

几年后，母亲也离开了我们，但我却多了心中的一种"安慰"。最后的几年中，我尽心尽力地陪伴着母亲，从在病房外的守候、精心地安排救治，到为母亲更衣换药、梳头擦澡，我尽了一个做儿子能做的一切，虽然仍不能时刻相伴，但却多回了许多次家，每次都从不空手，让母亲多了许多欢笑，直到最后在医院中的那一刻。

人总是要走完人生的历程的，而子女的忠诚则在尽心尽力尽孝了，我没有抗拒生命周期的回天之力，也没有无所不能的医治之力，但却希望能做到没有后悔。

两位老人都超过了90岁，传统的说法是"喜丧"，尤其是父亲没有在病床上苦苦的煎熬，而是在愉快地度过最后一晚离开的；母亲也只在病床上躺了两个月，是在手术后的恢复期发生的感染病变，不是在昏迷和极度的病痛中离开的，这是比许多老人更幸运的事，也是让我们这些做子女的心中没有太多压力的事情。

我也会老，人都会老，而一个家庭中对老人的态度，也是对自己的人生态度，当一个家庭中将老人看成是家中的一宝时，这个家庭中就充满着阳光；当一个家庭中因为父母的养老而发生争执时，这个家庭就会一片黑暗。对家庭的忠诚则让这个家庭充满了爱，而不论你在这个家庭中处于什么样的位置，在这种家庭中生活的每一个人都会将这种爱传递给整个社会。

也许成长的每个阶段都会遇到不同的事情和不同的人，但我的一生中始终伴随我成长的都是父亲，父亲不会总陪在你的身边，也不会替你去思考和决策，但父亲的行为方式、待人接物，以及其本质的品格和人生的态度却在共同的生活中在你的灵魂中留下了无形的印记，并指引着你的方向。

父亲最重要的是告诉和教会了我要独立地思考，不是盲从，教会了我要努力地学习各种知识和历史，而不是偏听偏信。在改革之初，别人将大把的钱用于生活消费时，父亲却将大把的钱用于填满家里的书柜，恨不能将"文革"时被抄家和烧掉的书都重新备齐，像长达数十册、上百册的《资治通鉴》《清史稿》这类现代人不屑一顾的古书、史书，都被父亲搬回家。每次跟父亲去内部书店时，父亲都会告诉我要真正读史读书，并选择性地读哪类的书，也告诉我如何通过读书而学会分析事物的方法，学会独立地思考。

父亲还常常会在我成长的不同阶段用各种方式激励我不满足于现状，要不断地努力争取攀登更高的山峰，教会了我为人的正直，不贪婪于权力，教会了我不利用职权而谋私利。如父亲有、权有资格使用单位配的专车,但父亲却很少使用,父亲觉得让司机从单位开车到家里,办完事再开回单位是一种浪费,宁愿让孩子开自家的车或骑自行车外出。这生活中的点点滴滴都在我心中留下了深刻的印象。

说真话更是父亲一辈子都坚持的性格,"文革"时也正因为这种说真话的性格而得罪了造反派和某些当权者,并因此而被罢了官,进了干校。同样也因为说真话而能独当一面、获得信任。退休后仍被机关的上下级、同事所信任。追悼会上,许多的叔叔、阿姨们都对我说,要继承父亲的这些优点,我也力争能坚持做个父亲这样被人们尊敬的人。

如今的世界丰富多彩,知识的来源和教育已不再主要由父母教育和传导了。但是那个时代,这却是一个无法被替代的来源。也许今天的孩子在学龄前就已经可以从网络中学到了很多很多,但请不要嘲笑你们的父辈,他们只能在那样一种环境中生存,那种环境也必然造就了那样的一批人。

虽然父母离开了我的生活,但父母永远活在我的心中,永远影响着我的一生,父母的形象永远是我追求的榜样。

CHAPTER ▶ 11

红色年代的中学时光

—— BEAUTIFUL AMBITION ——

"文革"开始,我和哥哥都成了红卫兵,哥哥还是一个红卫兵组织的副司令。后来我们的父母都被打倒了,被关进了干校。我们就成了一群没有爹妈管的野孩子,自生自灭,在城里瞎晃悠,我们还打死了一只大狼狗,几个人好好饱餐了一顿。但后来,逍遥时光也没了,因为我不得不去延安插队。

BEAUTIFUL AMBITION

初中辅导员是王岐山

1964年秋，我考上了第二志愿北京市第三十五中学。这所学校解放前就有了，曾有许多名人在这里上过学，但我记不得了。只记得有一年校庆日，王光美来了，我还跟她一起合了影。从三十五中走出来的如今最有名的大约就是王岐山了，当今的中国副总理、中央政治局常委。当时他还是我初二时的辅导员。

当时许多中学都是男女分校的。西城区内的四中、八中、三十五中等都是男校。据说在充满阶级斗争的年代，为保卫祖国、建立强大的中国军队，就必须保留这种男女分校的教育传统，以男校为主要兵源地。我的母校北京市第三十五中学就是一所典型的男校，而与我们一墙之隔的二龙路中学则是男女混合的学校。

当时我们第三十五中学被一条胡同分成了两个校区，北边是老校区，一座解放前的小红楼为其标志。初一时我就在老校区上课，校办也都在老建筑区中；南区则都是新教学楼，还有一个大操场。五层高的新楼从初二到高三，一个年级占一层楼，每层的中间有十个教室，楼层的两端是教员室、实验室、图书馆等。

每到下课，上千人挤在楼道和楼梯间中，很是热闹。男校有一个最大的特点就是除了教员室之外，没有女厕所。学生们可以闻到味就进，不用担心走错了门。

新学年开学的第一课，就是讲语文课中第一篇文章《梁生宝买稻种》，里面有个人物叫"任老四"。讲到"任老四"这一段时，老师提问了我，也刚好这个班只有我一个姓任的。于是"任老四"就在同学们相互都还陌生、彼此叫不出名字的时候,成了我的外号。至今也许有许多同学已记不清我的大名,但一定还记得我"任老四"这个绰号。如今仍和我保持联系的许多同学也都亲切地称呼我为"老四",这让一些圈外人误以为我是在家里的兄弟姐妹中排行老四。其实,班上的每个同学都在课堂中的某个时刻被起过有特色的外号。许多外语单词也都成了同学们的"名字",如"橘子"、"猪"等等。

五年级之后,同学们为了省下公交车费,常会结伴一起步行回家。那时我们住校,通常会在星期日晚归校时,拿到父母给的两三毛钱公交费。当时的公交车是按四分、七分、一毛、一毛五的标准,分站计价的。

五六站路程的车费一般在一毛之内,为了省下这一毛钱,我们会长途跋涉,步行回家,沿着城墙外的外护城河(由木樨地向南的那条河),经市府大楼取道木樨地,然后沿铁路向北到三里河。那是段自由欢乐的时光,一群背着书包的孩子一路上,或打打闹闹,或跑跑跳跳的。夏天采着草中的小花,撩拨着河中的清水,秋天抓着不再活跃的蚂蚱,品尝着红的、紫的叫不上名称的野果。从菜市口到三里河或军博,对十岁出头的孩子来说,也是一段不近的路程。那时的北京城还没有现在四通八达的马路,没有高楼大厦。城外尽是破旧的平房区、荒野和正在建设中的各种工地,我们还要从一条每天都有很多火车通过的铁路跨过。

上中学后许多人都有了自行车,有时仍会一路同行,回忆这段日子都会有无尽的欢乐。后来因为不分在一个班,"文革"后联系得就不多了。

上初一时班上的辅导员是姚明伟,姚依林的大儿子,高三后他去了越南学习,中间由蒋小泉接手过一段时间。再接下来就是王岐山了,当时他上高二,他是陪伴我们时间最长的辅导员,从在校学习到上山下乡,再到北京工作,我都跟他保持各种各样的联系。至今他还会偶尔在半夜打来电话,我们经常一聊就聊很久。

初中的辅导员对我们来说就像大哥哥,他们并不是什么精神上的导师,但却可以用比初中生更多的阅历帮助我们独立思考。满15岁之后我要退出少先队了,岐山找我谈话,让我写申请,申请加入共青团,但我的注意力却被小学没有的篮球、足球、排球所吸引,以致我最终和共青团擦肩而过。这件事让岐山至今耿耿于怀,数次见面都跟我一再提起,而这一步之差,对我的后来也影响深远。

不知道今天的中学,是否还有这种高年级学生到低年级学生班中当辅导员的制度。但对于初中生而言,有了哥哥或姐姐式的帮助比只有师生之间关系的教导要有用得多,遗憾的是我们连初二都没毕业,中国就开始了"文化大革命"!

在北京市第三十五中学上学时的我们

"红色"往事

最初的批斗活动从"海瑞罢官"和"燕山夜话"开始,并没有引起初中学生们的注意,当时并不知道这是拉开史无前例"文化大革命"战争序幕的两次活动。直到《五一六通知》和《我的一张大字报》,才让数十万中学生变成了这场血腥斗争的急先锋。

最早出现红卫兵组织的是地处海淀区的清华附中、北大附中、北航附中等八大学院的附中。西城区中最活跃的是四中、六中、八中、师大女附中等,三十五中则在"文革"爆发之前是以篮球队取得北京市学生冠军而闻名的。大多数红卫兵组织都集中于干部子弟较集中的学校,当然大多都是高中生为主要的组织者。从"三论"到"老子英雄儿好汉",短短几个月这些批斗活动让所有教育界都瘫痪了。从大学生到中学生,再到小学生,又传染到工人、干部以及社会其他群体。整个社会几乎都瘫痪了。

哥哥曾是北航附中的学生会主席,虽然"文革"那年他已是北京化工学院大一的学生了,但北航附中红卫兵组织者还是在发动之前来找哥哥讨论。一群人在家中的院子里大声地争吵着,有的拿着《资本论》,有的举着《巴黎公社》,还有自己印刷的《湘江评论》,在他们的眼中,初中生也许就是毛孩子。确实,我并不明白他们到底要干些什么,那时我和同学还沉醉于口袋里装有几毛钱,盘算着能到西单那些挂着"为人民服务"招牌的酸奶店去喝上一瓶酸奶,吃上几块西式蛋糕,美美地享受一下小资情调的好日子。

后来哥哥成了各大学联合组织的"第一司令部"的副司令,参与了三次组织红卫兵到天安门接受毛主席接见和检阅的活动。我们家也成了各种组织活动的据点,不但北京的许多同学来我家聚会(包括非专为红卫兵运动的活动),其他地方的同学也会来我们家。后来他们就经常拉帮结伙到全国各地去串联,终止串联活动后,就利用各种同学关系和火车免票机会继续跑来跑去。就连我也学会了用铁路部门的家属专用票,将作废的票用草酸洗去日期、地点,将其涂改成一张新票了。

其实,在大部分高中生热衷于闹革命、斗校领导时,大多初中生也在他们的影响下,斗斗那些有着华侨家庭身份或家庭出身不太好的老师或班主任。当时的初中生只知道在毛主席号召之下"造反有理",一种狂热地要进入共产主义社会的盲目让我们也跟着抄家、跟着批斗、跟着串联。

很快这种盲目的运动对象竟然转移到了自己的父母身上。北京第一个被女学生们打死的女三中中学校长就是我们班上一个和我要好的同学的母亲，我的同学也是一名红卫兵战士。当我们听到消息时，已经无法制止这个悲剧的发生了。于是我们开始疑惑，开始想问个为什么。但当时连我们最亲最近的父母都在一夜之间变成了"党内走资本主义道路的阶级敌人"，我们又该如何能理解这突如其来的变化呢？很快，连我们也都成了"保皇派"了。

随后的"西纠"、"联动"等事件，让人们从"中央文革领导小组"成员的变动中，发现了更多的问题，产生了更多的疑问。最初年轻人靠朴素的感情对江青阿姨怀有无限的信任，但很快这种信任变成了怀疑。于是在"怀疑一切"中怀疑这个"领导小组"与这场"革命"。

一位位曾经受人民敬仰的国家领导人变成了"走资派"、"叛徒"与"反革命"。一位位赫赫有名的将军变成了"二月逆流"的死党，一群造反派又打倒了"红卫兵"，于是有了"老兵"、"四三"、"四四"等学生中的对立派别。1966年12月北京展览馆的聚会之后，以"红卫兵"开始的这场轰轰烈烈的运动，最终以"革命小将"们的入狱而变了风向。"二月逆流"之后全国进入了"反攻倒算"。于是开始有了置身事外的"逍遥派"。茫然之中，大多数人开始无所适从，全国都进入了一片混乱之后，只有靠军队来维持局面，随后有了各地的武斗、各地的军管，以及军管之下的"复课闹革命"。

然而这个混乱的局面里，除了没有人怀疑毛主席和共产党之外，所有的事情都会有人用毛主席语录，说出正面和反面的理由，既可以向左，也可以向右。当林副主席的"一句顶一万句"像一座大山一样压在所有人的头上时，人们已无法用自己的语言去解释说明一件哪怕是最简单的事实，都只能用相应的毛主席语录来表达自己的意思或掩盖真实的想法。人们在"一种红色恐怖"之中，失去了生活的方向，无政府主义在一段时间内成为主流。

许多80后或许以为"文化大革命"就是红卫兵时代的打、砸、抢，其实十年的"文革"中，红卫兵的鼎盛期大约只有半年。而造反派则统治了几乎剩余的全部时间，他们进入革命委员会成了执政者。如果不公布全部的党内文件，也许所有的人都不会知道"文革"的全部真相，而经历这个时代的每个人都是只能以局部的眼光去描述局部的情况，并且都只能用当时自己所限的特定年龄、特定社会位置、特定的身份去看待问题。

"文革"最初发动的批判文艺的斗争，大多数人都不会理解，成年人大约也只将其看成一个局部的争论，干部们也以为是个别人的事情。而党内从"三反五反"、"反右"斗争到庐山会议，几乎年年都有这类的问题。也许正是因为毛对仅靠"文艺"批判而打倒"三家村"、"四家店"无法彻底解决党内睡在我们身边的赫鲁晓夫的问题，又苦于无法依靠这些久经战争和斗争考验的战友们、干部们，无法依靠几亿农民的力量，无法依靠那些有判断能力和政治觉悟的知识分子，才动用特殊的手段，调动了无知而冲动的学生力量，掀起了一场史无前例的全国性"大革命"。

"文革"的真正发动和全面升级、扩大正始于这些尚未成熟、盲目迷信的青年学生，他们以初生牛犊不怕虎、追随领袖无二言的精神，冲破了国家体制和法律的限制，形成了一股巨大的造反潮流，并从北京蔓延到全国，甚至农村、山村的角角落落。

学生运动的初期并没有出现普遍的打、砸、抢行为，不了解毛的意图的干部们，为了社会的稳定，派出了工作组，试图控制和引导这场运动。这恰恰有悖于毛的想法，并且成了毛再次利用的工具，挑起了红卫兵们对工作组的反感和斗争。随后有了当年土改时斗争大地主恶霸"黄世仁"的镜头。学生们努力要成为"苦大仇深"的斗士，将校长与工作组押上舞台，挂牌子、"坐飞机"，进行斗争，开始出现用皮带等手头一切可用东西施行鞭打的一幕。

毛主席多次连续在天安门接见红卫兵的活动，再一次将这群孩子们推上了历史舞台的最前沿。被领袖所赞扬和支持，强大后台让"破四旧"砸烂可恶的旧社会，从公共场所一直砸到了家里，从"地富反坏右"的家庭扩大到"走资派"、"臭老九"的家庭，从城市砸到农村，并从打、砸发展到抄家似的抢。

而"走资派"与"保皇派"的争夺战，则让抢人、抢物、抢地盘的派系斗争进一步发展到武斗，最终从舞台上的武斗变成了动刀动枪的武斗。

随着1966年12月之后，"联动"（首都红卫兵联合行动委员会）被镇压之后，中学生的红卫兵基本上退出历史舞台。紧随其后的则是几个大学中的受"文革"领导小组支持的组织，领头人有聂元梓、蒯大富等，还有工人阶级的造反派，各机关、事业单位的造反派。相对于学生而言,造反派更有社会经验。红卫兵抄家时抓的"地富反坏右"分子会被送到当地的派出所处理,连抄家收缴的金银珠宝和名人字画等,也会无私地送交到派出所去登记保存,甚至没有动过一丝偷拿的念头(那时如被发现定会被当街打死无疑)。

派出所当时忙不过来就到学校的红卫兵处求援,我就曾被派往二龙路派出所帮助登记物品,押送"反革命"回乡。因此在派出所常驻数月时间,和许多民警混得很熟。当时的二龙路派出所很小,于是让红卫兵占据了一个空四合院,作为派出所的临时用房,几年后这里变成了正式的派出所用房(据说这里曾是孔家后代的一个四合院,周总理在此家被抄前还在这里喝过酒。孔家后代的家曾成为地下党的接头站,并在解放战争时对地下党提供过帮助)。

这段经历也让我日后庆幸不已。记得一年多之后,街道的造反派们曾以夜查的名义半夜到我家去抄家,被哥哥及他的几个同学,当然还有我打了出去,造反派让派出所的民警将我们抓了起来,关押在马连良故居(在马连良被抄家遭反后被派出所征用)改成的临时看守所。第二天提审时,恰巧遇上了我所认识的民警,于是我被释放了。

当我从部队复员回京时,因入伍不是在北京,东城区公安局无法为我办理落户手续(此时我父母家已搬到了东城区),非要我户口迁出北京时的原派出所出具证明,才能办理户口落户。我在二龙路派出所找到了熟识的民警(这个当年的户籍民警已经升任副所长了)。他证明了我当时的情况,并开出了户籍是从二龙路派出所转出北京的证明,几经周折,我才又变成北京人,有了正式的北京户籍。

这位副所长还记得我办手续的派出所所在地,正是当年"文革"时期我们以红卫兵的名义占据的四合院,还领我重游了院内我当年住过的房间,那是一段难忘的经历。

从红卫兵的兴起到变成"老兵"的淡出,虽然只有半年左右的时间,却推动了"红海洋"的泛滥,让这场本就不知道终点的运动,变成了别人的游戏。

工人阶级的造反派成了管理国家和政权的实际大军,以王洪文为代表的工人阶级几乎成了国家的法定接班人。

"二月逆流"时老帅们不满大批领导干部的下台和国家秩序的失控,但再一次被镇压了。随着这段逆潮,几乎所有的干部都一层层、一批批地被打倒,各级政府的瘫痪,让行政机构无法运转。工人阶级上台了。而真正要控制局面则要靠军队,"枪杆子里面出政权"的理论再一次与实践相结合，"军管"开始了。"军管"不同于其他国家军队的政变，国家政权由军人所控制，中国"文革"时的军管是毛泽东的领导不变、共产党的领导名义不变，但彻底否定了全国人大权力，否定了全国人大选举和国务院任命的干部体系，否定了各部委编制和各省、市、自治区的人大及政府。这种"军管"是由部队的干部来代替全国人大与国务院的国家体制下的军队管理。

这时工人、农民就成了"革命"的主力军，占据了参与和控制政权的位置。而这些连父母都被打倒了的红卫兵们，大多都成了无人照看的流浪儿，最终这些几乎成了国家累赘的学生们被毛主席一挥手被迫地离开了家乡，离开了城市，离开了父母，去农村的广大天地中，名为接受"贫下中农的再教育"，实为让学生们在中断学业和不再接受教育的情况下，到农村中去自己养活自己。当时"我们都有两只手，不在城里吃闲饭"正是最现实的一种证明。当国家既无能力（也不想）让学生接受教育，又无法正常地安排就业，于是就只有让城里的学生们到农村去自己养活自己了。因"文革"破坏了正常的工作、生活、生产、就业的秩序，只好将城市生活的压力向农村转移，在不增加农村土地的情况下，请农民分担更多人口的生活压力。

计划经济时代，人的口粮是定期定量供给，上千万学生从城市向农村的转移中，当然也包括了城市粮食供给的转移。终于，上山下乡让毛主席松了一口气，

"串联"闯天下

这不是一本回忆"文革"时代的专题书，只是一个初中生回忆当年的情况。我没有按照日历的时间描述"文革"时期的日日月月（也许那样就无法出版了），只想说明我们成长中的中学时代曾经历过这样的一段时光。

无政府状态下的同学们分别利用大串联的机会，免费乘坐火车，去了许多过去只在地理课上见过的城市。那时被"天不怕，地不怕"的造反精神所鼓励，连五、六年级的红小兵都加入了大串联的行列。没有了父母的约束，更是天下来去任我行了。每个人的身上大约只有几元钱，有的干脆连零花钱都没有，口袋里最值钱的就是"红卫兵"、"红小兵"或者是什么"战斗队"等组织的证件，走到哪里都有红卫兵接待站或某学校的红卫兵司令部。总之是能混到饭吃，实在不行了凭着红卫兵的

证件也能在小饭馆里混上一顿，那时连国营的饭馆也要对这些革命小将礼让三分。

再加上各地同学老家的接应、各红卫兵组织的联系，让许多人不论年龄大小都如鱼得水。外地的挤着往北京跑，等着毛主席的接见；北京的往外地跑，到处去宣传毛泽东思想。一本《毛主席语录》成了敲门砖，走到哪里都高举着。开始全国各地小些的城市中，《毛主席语录》和毛主席像章还很少，像宝贝一样，既可以当路费，也可以换饭吃。许多外地的红卫兵羡慕北京的红卫兵袖套，更别提是接受过毛主席接见的红袖套了，这些都成了大串联时的资本，即使是后期武斗的两派也都还是对北京的红卫兵们另眼相待，至少他们拥有在天安门前受伟大领袖毛主席接见的荣誉。

火车上几乎全都挤满了南来北往的红卫兵，一节车厢中找不出几个正常出差的人、回家的人。满眼望去几乎都戴着绿军帽，穿着清一色的绿军装，腰里扎着宽宽的牛皮带，胳膊上绑着红色的标记带，写着红卫兵或其他组织的名称。上下车除了车门之外，所有的窗户都成了上下的通道，车厢内没有座位，连行李架上、座位下面都睡满了人。夜间还安静，一到白天，革命的歌声就在车内回荡，你唱了这首，那边就回了那首。不是《大海航行靠舵手》就是"一不怕苦，二不怕死"，总之是一股子火药味道。停车到站时，都去抢饭（专门有为红卫兵们准备的干粮、面包等食品），回来后不分彼此、是否相识都有份，就像进入了共产主义。

那时候，毛主席是天上的神，红卫兵就是保护神的天兵天将。从第一次押送"反革命分子"回家时我就发现红卫兵要比人民警察还牛（第一次押送"反革命"是一个警察带两个红卫兵，后来就是红卫兵单独押送了。我第一次去的是金华，盛产金华火腿的地方，第二次去的是贵州。后来我才知道这两位"反革命分子"都是被抓壮丁参加了军阀的军队，后来投入到革命队伍中的老战士。因为有着军阀部队攻打红军的历史，被打成了反革命。我复员后才了解到情况，金华的那位已过世了，贵州的那位平反后回到此京，躺在医院中。我还专门去道歉，但老人家早已没有了意识。这些情况都是二龙路派出所的那位副所长聊天时告诉我的）。借此机会我去过全国几乎所有的省份（有些是穿过，只在车站待过），也去了许多祖国的名胜山川，给我留下印象最深的是从成都骑了几十里路的自行车，过土桥、郫县，到了历史上最有名的无坝水利工程都江堰。翻墙进了院子，里面有一个班的解放军战士在把守，他们盘问了半天才把我们放出来。随后，我们又爬了青城山，住在老道的庙里数星星，心里一直在想成都"破四旧"为什么没砸了这些道观，今天应庆幸红卫兵们没有将中国文化彻底葬送。

借着大串联的机会,许多红卫兵都有着几个人或一个人就敢闯天下的经历,对这一代人的成长有着巨大的帮助。特殊的生存条件,总会给这些经受了考验的年轻人留下许多不平凡的记忆,到了终止大串联时还有许多人会想着法继续冒险。那时只凭红卫兵证件发放回程的车票(没有实名制的火车票),车票会很快地在一群互不相识的红卫兵中交换。想去北京的从我们手中换了去北京的火车票,而我们则拿到了去其他地方的火车票。这种情况又延续了不短的一个时间,直到最后的禁令让这种免费的串联活动彻底停止。

革命的大串联确实燃起了熊熊烈火,从大城市烧到了中小城市,再烧到了农村,连本来吃不饱肚子的地方也在比着铲除资本主义的苗。这种风气一直燃烧到20世纪80年代中。西城区的一位副区长因为请客喝了两瓶北冰洋的汽水,也被列入了奢侈性消费的小资情调中被批斗(北冰洋汽水,当时0.15元一瓶)。

但在落后的农村中,农民除了那点自留菜地之外,哪还有什么私有财产,又哪来的什么资产阶级啊!除了为保卫毛主席之外,也许那些"革命"的学生们根本就不知道自己所努力去做的一切是为了什么,当响应毛主席的号召要"打倒×××"时,其实也不知道到底为了什么要去打倒!

"文革"还没有全面铺开时,最有影响力的两台节目其一是总政歌剧团表演的肖华作词的《长征组歌》,让学生们爱不释手,让他们深知了毛的伟大和长征的故事,对毛的英明更是崇拜有加;另外一台节目是空政歌舞团表演的《江姐》,一首《红梅赞》唱响了全中国。有一次西单民族文化宫演出《江姐》,为了买票,我们兄妹数人前一天傍晚就去排队,通宵守候,就为了第二天能买上一张好票,接受革命英雄前辈们的教育。而我们最恨的也正是《江姐》中的叛徒甫志高,也无疑都想成为革命的接班人,"誓将革命进行到底"。

因此当党和国家需要时,当伟大领袖毛主席发出号召时,这些备受革命传统影响的年轻人,就会像干柴遇上烈火一样地燃烧。一是坚决地、毫不犹豫地跟着毛主席的指挥棒,指哪打哪;二是对"地富反坏右"以及叛徒绝不放过。于是,年轻人们力争做一名爱憎分明、最优秀的革命战士。这些鲜明的特征都与当时这两台最优秀的节目所要宣传的口径一致。红卫兵在宣传毛泽东思想的伟大,也同样在宣传、表演这两台节目。即使后来《长征组歌》的作者肖华将军(当时的总政治部主任)

被打倒了，但因有毛主席《长征·七律》诗词被编为了歌曲，长征的精神仍深留在年轻人的心中。尽管后来连"双枪老太婆"都被查出了政治问题，但甫志高却永远也没有翻身的机会。

年轻人也许并不知道，更没见过什么是资本主义，那时以为中国是最富有的国家，革命是解放全世界尚未解放的 2/3 的受苦阶级兄弟。我们当时的努力都是为了尽快在全世界实现共产主义，让所有的受苦兄弟都能过上中国人民一样的幸福生活。而今天我们才知道那时的无知、那时的荒谬、那时的愚昧。而今天的年轻人则恰恰相反，他们不知道那时自以为幸福的人民生活是多么的艰苦、困难，并与今天有天壤之别啊！

我们虽然还没有从初中毕业，但中间也有一两年的时间是无所事事的，几个要好的同学就一起蹬着自行车漫游北京四周的公园和大山。

登香山、爬佛香阁、游十渡、探云水洞，同班几个要好的同伴都是父母被打倒的子女，每隔一段就会聚在一起去玩，也由此学会了照相和自己洗相片。我们去学校的图书馆偷书以解空虚和饥渴，最了不起的是我从学校的广播室里偷了一台已经没有面罩的报废的老式磁带录音机和几大盒的录音带。经修理这台录音机又复活了。我从同学家借了大磁盘的手摇电唱机和苏联红军歌舞团的唱片，把这些唱片翻录到录音带中，从此有了自己的音乐库，我家也成了许多人常去的俱乐部。

从照相洗相到放大相片只是个很短的过渡，放大机是自己用木头做的，一个底盘，边上一个立柱，两个方木盒套在一起上下移用，底部可以安装照相机上的镜头，顶部在机盒中装上白炽灯，再用黑纸和绒布将缝隙填满，就可以用来放大相片了。用底片盒将底片插入移动的木盒中，上下移动木盒调整大小尺寸，再用镜头调整焦距、光圈，用开关控制曝光的时间，再显影和定影。那时的学生不但能自己放大照片，还会将不同的底片洗成一张照片，就像今天电脑中 PS 的照片。其实在那个笨手笨脚没啥科技含量的时代，这种游戏就已经开始了。

一群没了父母看管的孩子，在这一段时间中不得不自己照顾自己，一日三餐都靠自己的双手。我们一帮同学虽然都是男孩子，但也同样操起了菜刀、炒勺，有时几个人会今天到你家，明天到他家。记得当时没本、没票是买不了猪肉的，而我们最得意的是包骆驼肉的饺子吃。骆驼肉、驴肉、马肉当时是不用本或票的，而这些肉也是大多数人无法接受的，但那时的孩子用中国的老话说是"孩子十七八，吃死爹和妈"，正是疯吃疯长的年纪，哪还在乎是什么肉啊，只要是肉就吃个痛快，更何况当时骆驼肉几毛钱一斤，比猪肉、牛肉便宜很多啊！至今几个中学同学聚在一起还念念不忘，常提起当年骆驼肉馅的饺子！

最大的聚餐是北航附中（北京航空航天大学附属中学，哥哥和姐姐都是该校学生）的一帮同学不知从哪套杀了一只大狼狗，装在麻袋里，拖回了我家。一进院子麻袋里浓浓的臭味就散发出来。我们在后院吊起狼狗剥了皮，生了两个炉子，架起两口大锅，开始炖狗肉，用光了我存的大葱和大料，又买了些生姜、辣椒，并放了黄酒和其他各种调料以盖住臭味。四五十个大小伙子，又是喊又是叫，东一言、西一语地出着各种点子，也不知道谁是主厨，总之是炖出了香喷喷的两大锅狗肉。肉还没炖好，敲门声就不断，陆陆续续地又来了一些人，如今赫赫有名的投资家方风雷（厚朴投资董事长、高盛高华证券董事长）就在其列。最后大家都如狼似虎地美美吃一顿肉食，散伙时院中一片狼藉，让最后剩下的几个好友忙着收拾打扫了好半天，而大多数吃客早就酒足饭饱，不知何时溜走了。埋在后院里的狗皮和内脏好些日子散发着臭味，我烧了好几天都压不住，还好知道爸爸妈妈都在干校不会回家，很长时间后这股臭味才渐渐消失。

还有一次是伙伴们到官厅水库打鱼，鱼有一米多长。又和吃狗肉一样，弄了个几十人的大聚会，好在这次全是新鲜的，虽有腥味却可以接受。同样是两个炉子、两口大锅，同样是陆陆续续有人来，又是酒又是鱼地海吃了一顿。那时没有钱去吃馆子，更别说是去饭店了。北京少有的几家饭店并不对外开放，腰包里没钱更没胆量靠近了。最有名的馆子大约是前门全聚德的烤鸭店，8元一只烤鸭已经是奢侈品了。还有东来顺、又一顺的涮羊肉，再就是老莫（莫斯科餐厅）和新侨的西餐了。两三个同学凑点钱去撮一顿是有的，但要想十人聚在一起就根本不可能了，所以在家里的小院中进行这种野餐式的聚会就成了当时最时髦的消费方式。

上山下乡之前我和班上的同学也来了一次这样的餐会，各家带来的鸡、鸭、鱼肉，准备大吃一顿就各奔东西。九个要一起下乡的人为主，还有几个送行的在家里各显手艺，摆开了大席。一个同学说大师傅做饭会在烧锅时倒些水，结果一个同学没听明白，当掌勺的同学大喊来水时，一个同学把早准备好的一大炒勺水都倒进了火炉里，菜没熟，反倒把火浇灭了，弄得大家哄堂大笑，而这个同学还没明白过来发生了什么，幸亏不是只生了一个火炉。

学生时代的每一次聚会都在拉近相互之间的关系，加深生活的印象，对于那些缺少家庭温暖的孩子而言，这种相互依赖是非常重要的。也许今天始终生活在父母关怀之下的孩子难以建立这样的一种同学间的关系，但那个时代，没有父母照顾的孩子，就是靠相互之间的帮助来支撑精神上的欢乐，驱赶心灵上的孤独。

我们也在一起下棋、打牌、听音乐，唱外国民歌二百首、《长征组歌》，这已成为我们生活中重要的组成部分。

现在的许多年轻人是通过文艺作品去了解"文革"的，如《阳光灿烂的日子》《血色浪漫》等，包括大院生活。而我家恰在"文革"爆发之前，从大院的宿舍群中，搬进了四合院。

这是个巨大的驸马府，据说一个国家领导人曾经住过，后来给了某部机关，几经周折，变成了几个部机关合用的大院。其中有一部分是商业部的宿舍，前后共七个院子加旁边的花园，住了许多家庭，我家住在最后的一个院子。看着是标准的四合院房子，但实际有三面房子朝院内开门，南房的门开在前院，只有后窗后墙对着院子。锁上通往前院的边门，就成了一个独立的小院，北房的东边也打通了一个边房，开了个独立的后门。东边的隔壁，也单独与前边院分开，开了后门成了一个单独的小院，院里有栋小二层楼，同样住了一位部里的副部长。

院里三间东房、三间西房分住了各一户人家，后来都搬走了，成了独门独户的院子。北房正房有三间，耳房各一间，是高大的官家建筑，屋脊超过十米高，巨大的屋顶，夏天室内也很凉快，标准的古建筑，前出廊，后出厦，都有两米多宽的廊，但后廊已被改造成室内，让室内的前后距离超过了八米。

最麻烦的是冬天要生炉子。每个房间中都必须安个大火炉，烧煤球的那种。冬天来临之前，就要先糊窗户缝、安炉子、架烟囱、装风斗，每天还要弄煤球、倒炉渣，经常要把没烧透的炉渣和煤渣拌在一起做成煤饼再使用。每次添煤、通火，屋里飞起一层的灰，桌子、床上一天弄几遍也弄不干净，还容易发生煤气中毒的事件。父亲前后发生过两次煤气中毒。孩子都在身边，让父母自己用炉子生火取暖过冬，真是件让人头痛的事。

在"文革"中被打倒的父亲平反后，一开始安排的是去山西当省"革委会"（革命委员会）副主任，兼太原市"革委会"主任，于是全家准备向西进山区了，但经济待恢复期间更少专业干部，又是李先念（当时是主管财贸工作的副总理）知道此事后将父亲调回了商业部，重操旧业，这样父亲才有机会换了个有暖气的四合院，虽然房子和院子都比以前小了许多，但脱离了煤气中毒的危险。

住进四合院时我已基本脱离了原来的大院生活，又没有融入这个新的院子中，反而成了以同学为主要伙伴的特殊群体。我们也曾一起成群结队打过架、带过刀、包中装过凶器，但大多是以自我防卫为主，从未主动发起过攻击，若有挑衅也绝不手软，照样打得头破血流。一次学生去学农（"复课闹革命"后，部队到学校组织的）时，因为排队打饭的事，两个班的同学争吵起来并动了手，我的武器是刀子，同学们用的是装满热水的水壶、装着砖头的饭盒，动用了手头的各种工具将对方打得入了医院。当时的军代表（一个胖胖的、缺少文化的农村班长）大发雷霆，却无可奈何，虽下手狠，却错不在我们，最多是个防卫过当。

那时路上发生骑车抢军帽的事情并不奇怪，但打架斗殴的事并不是天天发生。也有"拍婆子"（一种用非正常手段找女孩子的俗称）的说法，但这种谈恋爱、找女孩子的事多发生在高年级的同学中，特别是男女合校之中。男校的特殊性让许多男同学没有这方面的知识和兴趣，甚至有许多人得了怕见女孩子的病，不知道如何与女孩子们打交道。红卫兵时期的女孩子们常常出手更狠，当时有几大金刚的说法。西城除了女三中之外，师大女附中、女八中等女校都有打死人的案例，武斗起来一点也不差于男生，"疯婆子"也是一种美誉的称号。

我们这些相对要好的同学中没有发生过和女孩子们有瓜葛的事，甚至八九个男生一起去插队，都将专门为每个知青点配对的女性同学赶到山里其他小队，成了全公社唯一一个男性村，一群臭小子也乐在其中。

1967年开始"复课闹革命"，军代表进驻学校，但除了化学、物理这些自然科学的课程之外其他课程没有确定的教材，上课也是在混。九月，开始招收新生入学，妹妹按家庭地址就近入学的原则，成了三十五中的第一批女学生，从此三十五中由男校变成了男女生混合学校，北京所有的男女生分校教育从此之后都变成了男女不再分家的混合学校了。我不知道那时的男、女生分校制给我们这些人带来的是更多的好处，还是坏处，但无论怎样都不会再来一次了。

野心优雅 // BEAUTIFUL AMBITION

在延安插队

同学们不知道什么是毕业,也不知道是继续上学,还是参加工作走入社会。新学期后,第一批离开学校的是征兵,班上的几个同学直接应征入伍了,当时的条件首先是父母没有被打倒和出现有争议的政治、历史、出身等各方面的问题。我当然被排除在外,否则也许根本用不着再走后门去当兵了,而当时符合这种条件的同学并不多。

第二批离开学校的是去黑龙江建设兵团的同学。班上的几个同学去了二师的部队,当时黑龙江建设兵团按"建设钢铁长城"每个字为一个师的编号建制,是半军事化的农场,后来梁晓声的《今夜有暴风雪》反映的就是那时的情况。兵团虽也艰苦但至少比下乡到农村多了一份稳定口粮和收入,能去也是一种幸福。从此也拉开了上山下乡的序幕。

无法解决城市大中学生的口粮与就业问题,无法让这些孩子在打烂的教育体制之下完成本应继续的学业,就只好不分年龄段地将所有的学生都赶出城市,送到边疆,送到乡下,送到山里,送到农村,并名曰"接受贫下中农的再教育"。

终于我们从无政府主义的状态中开始觉醒,开始考虑未来的人生道路。其实绝大数人是根本没有选择权的,唯一可以动动脑筋的不过是在学校(其实是政府统一安排)公布的所有下乡地点中做一个选择,前面未来得及选,就最后统一行动一起搬家了。

在我之前的一批同学去了山西晋西北的阳高县,那里是八路军的根据地,也是最贫困的地区之一。西城、海淀的学校有些分到了绛县等晋南较富裕的地区,也有许多学生利用父母过去的关系,如家乡、根据地、警卫员们的家乡或警卫员们当了官而未被打倒的地方等安排回乡或插队。妹妹就在我之前随着北航附中(北京航空航天大学附属中学)等其他中学的一群同学们分入了东北地区的莫力达斡尔达斡尔自治旗巴彦公社兴农大队。"工业学大庆,农业学大寨"并没有能让工业在缺少投资的情况下安排更多的就业,但"农业学大寨"却可以将数千万的学生淹没在中国广大的农村中。

毛主席一挥手,一声令下,结束了所有中学生们的学业,开始了中国历史上最大的一次城市移民活动。除了西藏之外,与他国相邻的边境地区,从云南、广西、新疆、内蒙古到黑龙江，所有军队农场、建设兵团和农村都集中安排了从上海、北京等大城市去的中学生，补充强大的国防力量，为再打一次世界大战作准备，"保卫边疆，建设边疆"成了正面的口号。山西、陕西、宁夏等全国二线地区也建立了第二道防线。这既是一种战略布局，也是一种无奈之举，中小城市则以就近下乡安置的方式，将城里的学生们都安排到农村去就业。这种上山下乡替代解决就业的现象一直延续到打倒"四人帮"。恢复高考之前，"到广大的农村去"已成为所有人完成中学学业之后的唯一出路，许多人都和我们有着同样的经历。

那是一个令人难忘的场面，每一次到火车站送同学远行时，所有人都不知道未来会何时再相见，也不知相见时身在何处。一些父母就如送儿女上了刑场，变成了生死离别；一些仍怀着对伟大领袖无限热爱和崇敬心情的同学，别离时高喊着毛主席语录，虽不是英勇就义，但也壮志情怀，他们忍着心中的悲伤，希望给我们留下一个美好的形象。也有许多人没有父母同学来相送，他们来自父母被关押的家庭，成了"黑帮子弟"或"黑五类子女"，只有默默地躲在角落里哭泣。对所有人来说，火车将开向何方，那将是一个什么样的陌生地方，今后的生活与未来会是什么样，都没有明确的答案。

当火车慢慢移动时，挥舞着的双手很快就做出了捂着嘴和擦着眼泪的动作，那些高昂的喊声也开始嘶哑了，口号声中断了，换来的则是低声的哭泣，最后几乎是全部车厢的哭泣声和火车站台的哭泣声，感染的作用会让那些本来无关的人们，让那些性格坚强的人们也都流下了眼泪，连那些学校安排的低年级的欢送人员也都以为这是自己的未来而哭声不止。火车渐渐远去，许多人还在继续目送，久久不肯离去，车站的工作人员们默默在一旁等候，不愿去打断这种仍在空中飘荡的思绪。

一个孩子走了，另一个孩子也去了，无数个家庭在短短的时间里四分五裂。按照北京市的规定，一个家庭中有多个中学生的，原则上可以有一个留京安排工作。我姐姐就幸运地留在了北京，安排在酒仙桥的工厂（现在的798艺术区）中就业。但家庭中有历史问题的、严重政治问题的，出身或成分不利的家庭则不享受这一特殊安排，都要去接受再教育，于是每个家庭都分成了多个部分。我们兄弟姐妹四个分处于祖国的四个城市，而父母在干校又另居一地，大约十多年之后全家人才重新团聚过上了一个完整的春节，而其他的年份中总是缺东少西的，总有个别人无法回家。

在那个只有阶级斗争而缺少人性的年代，在那个鼓励子女大义灭亲揭发父母罪行的年代，在那个时常发生与父母断绝父子、母子关系的年代，在那个为了革命可以不要家庭、抛弃亲情的年代，家庭不再是一个生产或生活的必要条件。因此政策的制定根本就没有家庭的概念，留一个子女在家里是为了减轻社会照顾老人的负担，并不是家庭可以选择的一种权利（如果有选择可能，留在身边的都是儿子了）。而分裂的家庭以后如何生活则并不在政策的考虑范围内，这是比战争年代更残酷的一种分裂，服从于组织，是不得不同意的一种选择。

1968年底到1969年初，从零星出现到加快步伐，各城市开始了大规模的统一行动。最初都是几个学校的学生合并为一列车，随后就变成了一个学校几个列车。我是1969年1月9日出发的。我们既不是最早的，也不是最晚的，但已经是一列车都是一个学校的同学了，因为都是男同学（只有几个搭伙的女同学），这个场面就更为壮观了。

火车上一片叫嚷声，这是在抢座位、抢行李箱时发生争吵。站台上几乎都是女人，有个别父亲和兄弟，两种完全不同的风格充分显示出来：车上是壮士一去不复返，车下是送子离乡上前线；下面无限的深情和期待，上面是满不在乎的无奈。"大丈夫勇闯天下，二十年后又是一条好汉"仍在最后的时刻成为别离时的精神支柱。也有人梦想着在革命圣地延安再创一片辉煌。再坚强的汉子也有些伤感，回头看不到这些亲人的身影时，车厢里一片寂静，泣声不时地从角落传来。这些人中毕竟有许多人还是未成年的孩子，许多人还是第一次离开父母单独生活，许多人甚至是第一次离开北京，如果再是单人被分配到与并不熟悉的其他同学一个队时，就更加不幸了。还有几位是从"文革"一开始就被抛弃的，如右派的子女，整个"文革"中都没抬过头（之前也同样不太敢抬），此时此刻，失去家庭和保护伞，就更是一筹莫展，不知前途何在了。各种心理状态集在了车厢之中。还有的是在三年的"文革"之中结了仇，打了架，有过各种冲突的群体聚在了一起，每节车厢中都有一股火药味，许多人的旅行包中、大衣的下面都藏着种种防身武器，我的大衣下面藏的就是日本三八大盖上的刺刀，在中途火车站抢中午饭时，险些出手亮剑，好在我们一个班的同学（有20多人）都在，让对方不敢前进一步，几句争吵之后，乖乖地排到了后面。

火车路过西安。这里曾是震惊中外的"西安事变"的发生地，改变了中日交战的格局，并最终取得抗日胜利。这里曾发生过许多值得关注的历史事件，"七七事变"之后，又有多少热血青年是从这里奔赴去了延安，这些都是我们从小就开始学习、被教育的，如今我们也将从这里奔赴革命的圣地延安了。

接我们的"驴倌"（早已忘了他的真名，从过去到现在都一直称呼其为"驴倌"）是个朴实的陕北汉子，头上缠着的白羊肚手巾早就变成黑灰色了，比我高一些的个子，一双茧手，操着浓重的当地口音，与我们一路同行，走了60多里地，才到我们生活、生产的地方。一路上我们好奇地问着各种各样的问题，但大多都听不懂。虽然在串联时我们也走过土路，踢足球也满场叫个不停，但这几十里山路对城里的学生而言仍然是个考验。

沿途有山无村，有沟无流。因为是冬季，山上还有少量的积雪，也有局部的沟中存了点细水。这里没有过冬的庄稼，有些地就是一片雪白了。山上偶尔可以看到握着羊铲放羊的汉子，羊群在沟坎之间跳跃，寻找着早已经干枯的草叶、草根。远远地山上偶尔也传来一两声高亢的信天游，这是山里人的最爱，路上走的时候，"驴倌"也高兴地喊上几声。我们第一批同学就这样走进了大自然的怀抱！班里的其他同学分在了不同的村子，就我们班上的同学而言，我住的是个离延安最近的村子。

队长带着村里的几个人在村口迎接我们，队长姓崔。老人、小孩看戏似的指指点点，大概是村子许久没有来过外人了，更别说一下子从大老远的北京来的、毛主席身边的文化人来了，从衣着打扮上就与当地人存在着巨大的差别。就像当年城里学生投身革命而奔赴延安一样，今天终于又来了投奔乡下的城里人。

不知谁带头喊起了口号："向贫下中农学习"、"向贫下中农致敬"，村里的农民也回应了几句口号，而我一句也没听清楚他们回答了些什么。一个瘸了腿的赤脚医生在帮我们做翻译，他是个非本地的伤兵，留在了当地的山沟沟里，他说自己是小八路，也有人说是胡宗南部队抓的壮丁，有点文化，成了医生。当地人对我们说："后生们辛苦啦，在屋里暖暖吧。"

整个村庄有十几户人家，沿着沟向上分布。每隔一段就挖一个窑洞，挖出了的土正好用来在洞前填起一个土坪，成了院子。并不是所有的地方都能挖窑洞，要选土填坡，要将坡削成了完整的墙面，土层要有一定的厚度才能打洞。因此村庄非常分散，东一户，西一户，高低之间相差百十来米。路边有几个石窑，是队部和学校。队部有两洞石窑、两个碾子、两盘磨，外加12头毛驴，一辆平板毛驴车，耕地用的四头牛，这就是队里的全部家当。小学另有三间窑，只有一名村办教师，一间是教师住，两间当教室，这也是村里最好的建筑。

从路边到沟底，中间有些田，是各家各户的自留地，也是村中最好的地。平时下雨或者发大水时，沟底会有水，村里的水井也打在沟边上，方便给自留地浇水。整个村子除了自留地之外，只有十亩左右的半平地，剩下的就是靠天吃饭的大山坡。

村里给我们准备的窑洞是队里的仓库翻修的。一口整窑，旁边有一个占据半窑的炕，窗户正对着两米之外羊圈的门。隔壁就是两个空窑洞，养着队里的几十只山羊。早晚队里的羊群就从我们的门前过，每到半夜羊群中会传出不断的咳嗽声，就像有人站在窗外咳嗽一样，时而有些贪吃的大老鼠会惊动羊群，羊圈就又会出现一阵骚乱，许久才能安静下来。开春后这里更忙，村里人要将一部分的羊粪挖出来堆在我们门前的场子上，用镢头将大块的羊粪捣碎，要尽可能捣成粉状，再将麦种按比例与羊粪拌在一起，用驴毛编织的麻袋背到山上。播种时前面的牛或人拉着犁，把地犁出一条沟，后面的人将掺有羊粪的麦种均匀地撒在沟里，下一道犁翻出的土将撒过种的沟盖上，之后就等着老天爷下雨了。山坡地不肥，因此施肥都是用这种办法，将羊牛粪混在种子里同时下地的。而我们成了羊群的保卫者。

窑洞一进门是两口大缸：一口大缸中是村里为我们准备的过冬菜，用盐腌的蔓菁，一种类似于萝卜的当地菜；另一口是水缸，村民们都要从沟边的井中挑水，存放在大缸里，缸里的水要用白矾净化沉淀，否则会从水缸里跳出蛤蟆来，几天就要淘一次缸，否则缸底就沉了厚厚的一层泥，往缸里续水时会将整缸的水都搅浑。再往前走是一块石板搭成的案台，是放碗筷、调料和切菜的地方，有个圆圆的菜墩子。紧接着就是灶台，能放两口锅的火灶，烟道在炕下盘绕，窑洞的底部边上有个垂直的烟道，一直通到山顶上，冬天这就是唯一的取暖设施了。

灶火既要解决做饭、吃水的问题，同时要让余热成为暖气，提高洞内的温度。常听老人和书上说的"一亩地，两头牛，老婆孩子热炕头"或许指的就是这种热炕，而夏天做饭就要到外面去另起炉灶了。洞的底部靠墙的位置又局部向里挖出了个平台，这里就成了储存室、大衣柜。平台底下一层摆着箱子，上面放杂物。白天被子要卷起来堆到墙角，让炕上的温度传到室内。有时要在炕上吃饭，杂物就堆在这里了。炕桌是不可缺少的，除了吃饭外，写信也全靠它了。村民点的是一种碗状的煤油灯，而队里给我们准备的是那种有灯罩不怕风吹的马灯，也比一般的油灯要亮些，还可以方便地放在车上或挂在窑壁上。我们来的时候带了蜡烛，原本以为多余，现在却当成了宝贝，不到关键时刻舍不得拿出来用，通常是在大家都睡了，而某人还想单独看书或写家信时才拿出来用。

水缸的另外一侧摆了两个木凳，方便人坐，余下地方都是放些杂物，如零碎的工具等。里面的半间炕和储藏室除了睡两个人外就成了仓库，放着粮食和衣物等。共约20平方米的地方住了七个大小伙子，虽拥挤但也其乐融融。

烧的主要是柴禾，每家每户的院里都是成堆的柴禾。这里太穷，所有的庄稼秆都变成了牛羊驴的饲料，不像平原地带，可以将庄稼秆当柴火烧，做饭用的柴火都是从山上砍的灌木类植物。平时每日出工，回来时就顺便到沟沟里砍上一捆柴背回来，日积月累地存着，而新柴必须晾干了才能点得着，因此，总是这样堆新烧旧轮着来。每家也会存些炭（一种拿火柴和纸能点着的煤），一般是在下连绵雨或者家里来人要摆席时用，平常舍不得用。

炭窑是在离我们几十里之外的杜坪（王岐山住的村旁边）十几米深的煤洞，工人们用辘轳将大筐放到坑底去挖炭，再用辘轳将炭摇上来。这种炭是陕北特有的，经常像石头一样一整块一整块的，但用手都能掰碎。通常一个驴车将成块的煤堆在外围当墙，不成块的放在中间（碎块很少），就运回家了。一车炭八元钱，可以烧很长时间。我们刚到这里时没有存柴就只有花钱买这种炭了。开春前一段时间我们在农村的主要任务之一就是上山去打柴，做好后期生活的准备。

同年的八月，珊珊（姚明珊）坐这种大筐下井时绳子断了，从半路掉下去将腿摔骨折了，只好回北京去养病。我刚好是胳膊摔断了在北京，去她家看望时她还躺在床上下不了地。那个年代每个人都有一段特殊的经历。

学生下乡第一年的粮食是计划供给的，一月生活费8元钱，包括买粮食的钱，第二年的口粮就要靠自己赚工分了。最初队里给同学们定工分是一天6分，加个早工能多一分到二分。每个窑洞中都有一个单线的小喇叭，公社的广播站会用这个小喇叭来传达上级的指示。每天早上六点半到七点（冬晚夏早）小广播就开始播放《东方红》，于是我们就开始"早请示"。村里百姓集中在村头的场子（交粮、秋收打粮用的场子）上，面对着一堵有着毛主席像的矮墙，高举着红宝书（《毛主席语录》）喊着"斗私批修"之类的口号，随后就上太阳出来之前的早工。虽然并非强制性，但除了生病，则必须出早工。后来我们会了一些技术活，于是分工有了差别，我和两个同学最高评到了8.5分，早工也涨到了1.5分，于是一天下来能挣到10个工分了，一个完整工的分值。而当时村里10个工分相当于2分钱，那时一盒火柴也是2分钱，因此我们一天的劳动就能挣到一盒火柴钱。晚上下工，大家还会在队长的带领下到主席像前"晚汇报"，这之后才能各回各家。有时队里还会按上面的要求轮流由张三、李四来安排晚上的学习，如读几天前的《人民日报》社论，阶级斗争在农村这个山沟沟里也丝毫不能松懈。

除了精神食粮外，我们首先还要解决基本生活中的吃喝。山里没有炒菜的油，连酱油类的调料都要到十几里外的下坪去买。附近几个村里只有下坪一个供销点供应给我们的毛粮，还要拉到这里来加工，如高粱去皮、小麦磨面、小米退壳等。烟、酒这些对当地的农民而言都是奢侈品了，八九分钱的一盒烟等于是好几天的工分。

这里供应的油是麻油，一种大麻子产的油。当地农民都会在自留地上种大麻子，收下来熬油，存着过年或有客人来时用，平时都用的是动物油，如猪油、羊油等，记得村里曾给我们准备了一挂羊油。当地人化羊油时，用的是圆底的铁锅，在热油中横穿放入两根麻绳，油冷了之后，就变成了硬邦邦的一坨，拉着两头的绳头就整个提起来了，用绳子挂在墙上，每次炒菜时用热铲子一削就削下来一块，也可以用刀削下来再炒菜用。一开始大家都不习惯吃用羊油炒的菜，许多人一闻那股味道就吃不下去饭，但时间久了，肚子饿了，慢慢也就习惯了。记得一次一个同学自己在家做饭（同学们是按天排值日做饭的），偷偷跑到老乡家买了十几个鸡蛋，自己在家煎鸡蛋吃，一铲子羊油，煎一个鸡蛋，一连吃了十几个，等我们回来了，羊油少了一大块，这同学也捂着肚子躺在床上起不来了。

在农村平常想要吃点肉是非常困难的，今天的年轻人也许难以想象当时的生活状况，农村现在的生活发生了巨大的变化，而在当时吃上肉则是件极大的幸福的事。临近春节大家都在家，我们就与小学的教师一起按当地的习惯来了一次"打平伙"，即今天AA制。每人出2元，6个人出12元，来了一次聚餐。当时每人的生活费也就每月1块多，村里的羊10元钱一只，当然最值钱的羊皮要交公，一只羊有20多斤的骨头肉，又请了几个常帮助我们的老乡，大家美美地大吃了一顿。

同村的另外三个同学则是第二批随着女十中（北京市第十女子中学）的同学一起到延安的。按照北京市的安排，一个男校下乡，同时要配一个女校的同学，否则无法调节男女比例和进行劳动力安排。我所在的郭庄大队，实际有四个小队。我们第一批来的五个男同学没有分配到其他的队，大队原想等人都到齐了再一起分配到其他小队，结果我们就"占领"了有利地形，也坚决不分开。等第二批的三个同学到了时，实际是三套行李，两个人，其中一个在出发的前一天去当兵了。另外两个一个是相声《昨天》的创作者、海政歌舞团团长的儿子，姓赵，后来当了海南省海关关长，父亲因为相声《昨天》被打倒了；另一个则是赵的亲戚，他连自己的父母在哪都不知道，十五岁的一个孩子，只好被赵一同带来插队了。他们俩就都随着女同学们分到了更高的山里，一起去了其他队。

当天半夜，我们整体出动，像鬼子进村一样，迅速将两个同学和三套行李扛回了我们所在的村，住在了一起。第二天队里来与我们交涉，坚持要按男女合理搭配进行调整，但我们团结起来坚决不同意，一个重要的原因是一个窑洞中没法同时住男又住女，原来的一个半窑洞，队里是想将男同学安排在主洞，女同学安排在半洞之中啊！这在当时来说并不是一个新鲜事，大多情况是一个窑洞中住着一家的男男女女，更有一个窑洞中住了两个家庭的情况，而这对于城里来的学生而言则成了一件难以接受的大事。不但男同学们不干，女同学们也不干了，而我们的男队长再也拿不出更多的窑洞来让男女同学分开住了。另外两个小队也同样上报公社，北京来的老师们不同意男女共居一洞。于是我们的斗争成功了，七个男生都集中在了一个队中，可怜的是那些我印象中根本没见过面的女同学们，她们只好分别进了深山沟。

我们并不在乎没有女同学帮助做饭、洗补衣服。我们这些父母被打倒或关押在干校的孩子可不是一般的城里学生，早就学会了独立生存，既能自己做饭，也能洗衣缝补，做个针线活。可是苦了那些女孩子，光说每天下山挑水就不是件轻松的事，连我们也是从半桶水挑起，经过一段时间才磨出来的。每逢刮风下雨，这短短的一段山路就变成了艰难的旅途，黄土地的山坡，一下雨就是一片泥泞，光着脚都打滑，挑着两桶水上山就更不是件轻松的事了，弄不好就连人带桶一起滑下了坡。让几个女孩子担如此重担，定然不是件容易的事，可我们这些男校里长大的男孩子们当时没学会怜香惜玉，既没有去了解她们的难处，也没有想过与她们联系，同在一个大队中生活，既不知她们的过去，也不知道她们的现在，甚至连姓啥名谁都没有留下一点痕迹。我走了以后，据说因为纪念"八一八"活动（毛主席首次接见红卫兵）闹出了大事，整个村的知青被公社解散了。据说与有人要整王岐山有关，王岐山只好再次出动,将我们村的几个同学分别"发配"到了其他的知青点,以解后顾之忧,这个男生聚集的知青点就被彻底地"消灭"了!

冬天的主要农活是铡草,为牲口准备饲料。我们刚到农村时正是村里最闲的时候,除上山打柴之外,还没有太多农活安排。偶尔队里会安排铡草,铡的其实不是草而是玉米秆、谷子秆,铡草要两个人配合,一人按铡刀,另一人往铡刀下喂料。开始我们力气不够大,由于使不上巧劲,完全靠手臂的力量,一大捆玉米秆送进去根本铡不断,就从少量的半捆开始,后来就和成年人一样能干了。喂料也是一种技术活,一捆草要用右手按住,左手前推,双手合力将草拔住,不能散了,有节奏地每次向铡刀下移一寸左右。尤其是配合铡刀下降的同时,草捆不能后移,否则一松就铡不断。草长的时候还好弄,短的时候就容易连手都伸到了铡刀下了。

每铡一刀,草中的尘土就扑鼻而来,草末子也四处乱飞,喂草的人一会儿就从头到脚都变成了灰的了,除了眼睛还闪着亮光,就分不清其他的五官形状。尤其是低着头喂料时,草渣子会从后衣领顺着脖子钻进衣服里,爬满整个后背,摩擦刺痒得厉害,晚上回去后背是一片通红,还没个地方洗澡,只能在窑洞中飞快地(因为太冷)用湿毛巾擦洗。这大约是我们下乡之后学到的第一门带有技术性的农活了。

村里的秸秆不够牛吃,还要到山外去买。一次购买玉米秸秆,有几个北京来的没敢参加,只有我和另一个同学去了。先要走30里的山路赶到安塞,再背着一人多高的秸秆赶30多里的山路回到村中。当时陕北家家都有这种特殊的背具。背具是一根长长的绳子,中间有一根柳树枝编成的圆木环。背柴背草的时候,将绳子放在地上,草放在绳子上,再将绳子穿在木环上,拉紧,捆实,背着的时候,就将绳子的两端拴在肩膀上。背驴毛麻袋也是如此。驴毛麻袋是圆的,直径足有脸盆大,有一人高,不像一般的麻袋那样扁宽。这主要是因为运输方式不同:扁宽的麻袋适合平摞得很高,方便车、船运输;山区的长麻袋则适合于搭在牲口的背上,防止掉下来。当我们背起这堆玉米秸秆时,几乎就看不见人了,只能看到一堆玉米秸在移动。早上的星星还在眨眼,我们就爬起来一路夜行,吃过早饭入市,去晚了集市上的玉米秸秆就卖光了。回程重负在身,走不了那么快,走了几里地就要歇歇喝点水,中午还要吃点干粮,最后的路几乎就是咬着牙拖着身体行进了,不光身上的玉米秆变得越来越重,连自己的双腿都变得不像自己的了。脚上打起了泡,就连整个人都

1969年冬，莫力达瓦达斡尔自治旗巴彦公社兴农大队的知青骑上中国当时最好的马

"文革"插队知青在延安宝塔山下重聚

当年插队的窑洞

当年，我就睡在这扇窗户下的土炕上

知青王岐山开会报销条

变得沉重了，最后自己都不知道自己怎么把秸秆背回去的。在村里人看来这都是一件很艰苦的事，而我们两个城里来的娃竟然和村里的壮劳动力一样完成了任务。当晚那一觉大约是我到延安后睡得最沉的，连羊圈里的咳嗽声都没听见。也正因此我们赢得了贫下中农们的信任，参加了这次活动的学生也最先提高了工分。

对圣地略有失望

春节前我们相约要去亲身体会一下传说中的革命圣地延安，要登上宝塔山。半夜两点钟，我们从村里出发了。我们翻山越岭体验黄土高坡的西北风景（许多山头上只有孤零零的一棵树），在月光下伴着狼啸，高唱《长征组歌》。走了几十里山路之后到达了公路，我们又拿出当年红卫兵的老把戏——开始在大马路上拦车。终于一辆回城卡车让我们少走了30里的路，早上六七点到了县城。当时天刚蒙蒙亮，没有几个行人，店铺自然没有开门，无处可去的我们在寒风中找到了一个交通警用的岗亭，挤在里面睡了一觉。过往的车辆和热闹的行人将我们吵醒，我们去吃了一顿热乎乎的泡馍，但没有羊肉只有汤泡馍。吃罢饭第一个任务是找个澡堂子洗去一身的臭汗，两毛钱泡了热水澡，再让搓澡的师傅搓上一把，真是神仙一般的舒服感觉，一路疲劳都消失了。我们几乎一个上午都在澡堂里度过了。当时的整个延安城只有沿河的一条街，从这头走到那头大约也就一个小时。我们每个人多少都买了点日用品，却没有什么可流连和欣赏的。大家一起跑到延河的大桥边，照了一张合影，至少可以告诉家里人，我们到了延安。30年后我们一起在同一位置又照了一张合影，但此时这里已是另外一番天地了。

我们爬上了心中盼望已久的宝塔山。那里山还不是绿的，只有稀稀拉拉几棵树，年久失修的破塔早就千疮百孔，塔内所有的木头都脱了漆，并刻有"到此一游"的刀痕。我们从最底一层一直爬到顶楼都没找到一个能下刀的地方，最后我们像猴子一样爬到塔顶的梁上，硬是在房梁上刻下了自己的名字和"誓将革命进行到底"的革命誓言。今天这大概涉嫌破坏文物了吧，而那时除了还有点革命幻想的青年之外，就没有人关注这个破旧的宝塔山了。

站在宝塔山的宝塔下，我们开始争论，开始思考，开始回忆。我们问自己我们的未来难道就是在这个山沟沟里生活一辈子吗？而我们又能在这种环境体制下做些什么？我们的国家又将如何实现共产主义的伟大理想呢？我们没有答案，我们甚至无法说服自己，最终我们无奈地带着无数的疑问回到郭庄。但是，至少我们已经开始思考，开始用信件与其他人讨论，开始重新读书去寻找答案。

其实我们每个人来延安时都带了一些书。有的是家长专门让带的各种课本，他们希望我们不要荒废学业，希望我们学习知识，他们坚信中国的发展是需要知识的，他们坚信我们会再有上学接受教育的机会。近十年之后（1977年）这个苦苦等待的机会终于来了。当然我们也偷偷将一些抄家时藏起来的古典文艺作品和境外的文艺作品放到了箱子里，如《安娜·卡列尼娜》《母亲》《三国演义》等。几乎每个人都带了书。下乡伊始我们都忙于适应当地的生活，根本没有心思读书学习，但此后我们又都回去将箱底的书集中起来，放在窗台上，开始寻找那些不知道在哪里的答案。

从乡里走向延安时，我们满怀着希望，希望能从革命圣地中找到精神支撑，但从延安回去时，则带着满身心的劳累和失望。不甘心在这山沟里待上一辈子的一丝火光点燃了我们心头的灯。我们开始行动，要先向贫下中农们证明我们"一不怕苦，二不怕死"的精神，他们能做到的，我们也能做到。

这一别就是三十年。三十年后的"五一"长假，我约上七位在郭庄插过队的同学重游故地，一位同学还带上老婆与孩子同行。

自我因伤离开延安回京治疗之后，就再没回过延安。后来去了妹妹插队的内蒙莫力达瓦达斡尔族自治旗。因父母不放心妹妹，我便以家长和知青的双重身份去了草原，又从那里直接去了部队当兵，从此与在延安插队的同学们失去了联系。据说一次活动时，他们因庆祝毛主席接见红卫兵与其他村的同学和老乡发生了冲突，犯了"政治错误"。于是在北京去的学生插队工作队和王岐山等人的干预下，将他们分散转移到了其他的村。再以后有的招了工，有的考了大学，有的因父母生病等原因分别回到了北京。三十年后，许多地区的插队知青掀起了回乡的大高潮，我也组织了当时的所有同学回到延安。

其中一位同学后来在央行工作，正好央行对口支援延安贫困地区，央行派了个干部在原来延安县、现在的宝塔区代职任副区长。他听说我们回郭庄，就陪着我们一起去。离别三十年,当地多少发生了一些变化,但很让人失望。

一是通了路,大约与中央的指示有关,要求村村通公路,于是山沟沟里也开始有了长途车。我们开车从李渠镇下柏油路向山里行进。那年山里大旱,到了五月还没播一粒种子下地,地里的土干松得像沙漠。汽车下路后没开几公里,沙尘飞扬,驾驶员就打开了雨刷器,否则就看不见前面的路了。车窗披上厚厚一层土,连车内都是黑的。

土路变宽了,可以容得下两辆大卡车并行,我们插队时连两个驴车相遇都要找个山洼的位置才能错车。当年从村里坐车到延安大约要四元钱的车票,贫穷的农民多数为了省四元钱宁愿用两条腿走路。这四元钱对他们太重要了,他们的人均年收入才四百多元啊。

途中路过原公社所在地冯庄,才知道原来的一个公社变成了两个乡。我们所在的公社已经由丁庄乡管辖。丁庄乡的乡长按照区、县的指示已做好了迎接知青回乡的准备(那一段回乡的知青很多,区、县有要求,要热情接待。大多数回乡知青当年都为村里、乡里做了些贡献,这点微薄之力对那些贫困区而言是一笔巨大的财富)。

第二个变化是央行出钱给各个村通了饮用水,相当于有了自来水。解决了大旱之年饮水少的问题,结束了用水桶挑水的时代,却没结束用水缸存水的时代。

相邻的八个村都接上了水管,水源来自山上的一眼泉,还修了个大型的蓄水池,将泉眼保护得很好,再用石渠和钢管接到各村各户。但山泉的水无法满足农户的使用,于是各村轮流用水缸存水。今天这村放水,明天那村放水,日轮一次,让各村都能有自来水用。牲口不能放养了,也要靠它来解决吃水。少量的水源解决了人畜的饮水难,却无法解决农业种植的用水问题。那年的大旱让春季的种植都泡了汤。

路上尘土飞扬,我们爬到村对面的山上给村子照相,登山的一路全是极度干燥的浮土,一脚下去就像在雪地里行走,留下几公分深的脚印。

第三个重大变化是农村有了电和电视信号,结束了煤油灯的历史。这也得益于中央政府对农村建设和改善的资助。村长家里有台黑白的14寸电视,每天限定播放不超过两小时,村里的人都可来挤着看。因为付不起电费,村里人用电大多都用最低的度数照明,用最短的时间照明,以节约出每一分钱的电费。对他们而言,用电仍是一种奢侈消费。

村里的老乡们早就接到了我们要回村的通知。许多当年和我们一起生活的老人在村中迎接我们，后面还跟着一大群娃娃。一见面许多人都热泪盈眶，一如又回到了当年，相互指认着当年的张三李四。三十年过去了，老队长早已去世，村里也少了好几位老乡，能认识的大约只有十几个人。我们印象最深的还是当年接我们的驴倌、和我们一起放羊的羊倌以及给我们送菜、送饭的大妈大嫂。尚健在的当年一起下地干活的人屈指可数。

农村的生活相对以前有所提高。至少衣服的颜色种类增加了，孩子们穿上了花衣服，学生们也穿上了运动衫。但最明显的穷的标志仍是老汉们腰里还扎着布腰带，这比当年的麻绳没有太多的进步。除了队长家里有台手扶拖拉机之外，连农业生产的工具也没有发生太多变化。村里多了几口窑，书记家里也盖上了石窑，但大多数人家仍生活在当年的窑洞中，连门板都还是当年的门板。

我们在村里生活时全村有不到 100 人，现在有将近 300 人。地还是原来的地，山还是原来的山，人口的增长无法在原有的恶劣条件下让生活发生巨大的变化。土地承包制尽管可以提高农民的生产积极性，却无法改变自然条件的约束。

我们早已知道村里的贫穷，却难以相信三十年后仍这样贫穷。这是中国第一个建立党支部的村，三十年后仍然是全国最贫困的九个乡之一，靠政府的补贴生存。区里曾试过移民，但当外移一部分人口之后，剩下的人口有了更多的土地和资源，不愿意离开了。于是留下来的村民几年后又繁衍了大量的人口，贫困继续。这种不彻底的移民计划不得不中止，贫困像噩梦挥之不去。

出发之前我们做了精心的安排和准备。并不是每个回城知青的生活都彻底变了，有些也并不富裕。我发起了这次回乡，就由我承担了所有人的机票、住宿等费用，让大家回乡看看。我带了 10 万元现金，想为村里盖一所小学，其他的同学们则凑钱买了一台彩电送给村里，表示一点心意。同时我们还从北京和延安分别买了许多香烟、酒、糖果、点心，大量的羊肉、猪肉、鱼类，要请村里的老乡们一起大吃一顿，庆祝一下。

当年村里的小学校如今变成了大队部，集会就在这里举行。电视机当场打开后就吸引了全村的孩子们，这也许是他们一生中第一次看到彩色的电视画面，以后村里人就可以每天都看到外面的世界。但当我当着全村老老少少的面捐款要建个小学时，村里却有了不同的意见。于是副区长、乡长、村里的党员们，队委们和最年长的几位，一起开起了讨论会，多数人都反对建立小学。一是虽然村里的娃越来越多，上学的需求越来越高，但是五里地外的丁庄有了"完小"（一到六年级的完整小学），虽然孩子们很辛苦，但是可以解决上学的问题。二是上小学之后没有初中可上（初中在另一个乡，很远，或要到城里去上）。三是上完初中以后的后续上学就更困难了，也没钱供娃们上学，还是要回到家里务农。因此落后的老乡们认为上了小学识得几个字就够用了，知识并不能改变他们的生活。

他们更关心的还是种地生存问题，还是要先解决如何让几百人吃饱肚子的问题。他们最渴望能在沟边上修建出一块平地，辛苦耕种变成良田。乡亲们一致决定要把我捐的10万元用于请机械队来推山填沟，整理出一块能够保障基本生存口粮的土地。

于是这些钱转到了县里，由县里负责完成这项巨大的耕种工程（当时推一亩地大约要800元）。老乡们希望能更好地改变这里的生产、生存环境，以解后代的后顾之忧。

1998年朱镕基上台当总理之后，一个重要的举措就是保护自然生态环境的退耕还林。而我们所在的大山中，除了山就是沟。农民的提议，让这10万元成了退耕还林的基础，也得到区县乡的支持。我回乡时感觉最大问题就是人口增长对自然环境的破坏。没有了林的保护，水土流失更严重，干旱也越来越严重，亩产量降低。人口增长的恶性循环让人们去开垦更多的山地，破坏更多的自然环境。如果说我们插队时山里有几棵枣树、柿子树等，三十年后再上山时则连小灌木都不见了。满眼望去，除了村子几乎看不到一点绿。原来各村都会沿着沟边栽一些树，村子要用这些树来更新、补充生产工具，如锄头杆、镢头把，包括窑洞中用的代替钢筋的支箍、门窗等。如今连这些树也都变少了。

几年前，延安市的领导专门到北京，知青们聚会时我还询问了村里的情况。今年初毕京京将军（当年那个岁数最小的同学，如今是国防大学的将军了）回村里去，用手机给我发了几张照片，介绍了一些村里的情况。

村里已按中央的要求进行了退耕还林。村对面光秃秃的大山，已变成绿油油的一片。而村里唯一的口粮田（就是我当年捐款由区里整理出的一片平地）如今已经变成了良田，全村人均分到三分口粮田。大山由此得以恢复，多多少少改变了当地的生存条件。村里人说那是一次重大的改变,没有这些口粮田,也许他们永远都只能在荒山上打主意了。

再接着说回村的那一天。高兴的不仅是那些曾与我们相处的成年人,还包括所有的孩子们。我们让全村的成年人在大队部前的院子里一起聚餐,摆了五六张大桌,每桌有十来人。我们带来的羊肉等食品由书记的老婆带领一些婆姨们按当地的口味变成流水席大餐。大家又是烟又是酒地一起回忆当年,老汉们高兴地唱起了信天游,他们过年都没有这样高兴过。二十多年来都没有出现过全村人一起欢聚的情景了。也许是我们带的东西太多,除了羊肉,村里人将猪肉、鱼类等其他食品都收藏了起来。他们没有我们想象的那样奢侈,大吃一顿羊肉已经很奢侈了,剩余的食品,村里准备留着下次再聚,或者分配给各家,慢慢地改善生活。

孩子们虽然不能上桌与我们共餐(农村的习惯一般是家里有客人时孩子不能上桌,在一些地方女人也不能上桌,我们这里例外,有许多不认识的婆姨们也来了),但最高兴的也许正是他们。我们带了几大箱的各种糖果、点心,每个孩子的口袋都装得满满的。许多父母悄悄地将他们嘴里的胜利品收起来,想把这个幸福的滋味保留得时间更长一些。

而根本的问题则是如何改变他们的观念,如何让他们自己改变自己的命运,让他们彻底走出贫困,而不仅是靠国家的补贴和偶尔的一次施舍去享受什么是幸福。这不仅是国家改革的问题,不仅是自然环境的问题,还有如何自己学会奋斗的问题。

我们重回当年住过的窑洞。羊圈已经塌了,包产到户之后,队里不再集中养羊,而是各户自愿养羊。为了保护环境,不许上山放羊(山羊会吃掉草根)。失修的羊圈在风雨中倒塌了,而我们住的窑洞还在。自我们离开之后,这里就变成了仓库,堆了些破旧的生产工具。我爬进当年住的那个半窑,窗户上虽然已经没有了窗户纸,但框框上遗留下来的居然还是三十年前的旧报纸,已经看不清楚日期了。这个窑洞自我们离开之后就再也没有人住过,也没有人打扫过,门板上还有我们当年刻下的入住日期的痕迹,这段历史就这样淹没在这里了。

这是我们第一次走入社会的起点,但不是我们生活的终点。然而对于在这里土生土长的人们,这里是他们祖祖辈辈生活的地方,既是他们的起点,也是他们的终点。几十年过去了,他们没有走出过大山,没有离开这个地方,他们只知道这里是他们的唯一。

如何才能改变这种现象并让他们的生活有所改善呢?如何让他们的下一代走出这群大山,走向更广阔的天地呢?难道中国的农民们就只有这唯一的一条路而无法选择吗?难道他们注定要与贫困相伴一生吗?

我与区、县乡长、书记、队长们座谈,我提出了一个方案,让乡里、队里挑出几个高中生,由区县的武装部进行一些基本的训练,我把他们带回北京去安排工作,力争改变他们的生活。授人以鱼,不如授人以渔,也许这样可以让他们彻底走出贫困。

几个月后我派了专车来这里拉了约四十人回京。整个乡、县也找不出四十个高中生,于是一大半的初中生也加入了培训的队伍,一同来到北京。

那年是新中国成立五十周年大庆的日子,市里为了安全,要清理所有的外来农民工。我将这些陕北的娃们安排在了顺义我的华中园的别墅项目中。男孩经过培训当小区的保安,女孩子们在会所、餐厅当服务员。除了管吃、住、服装,每月还有几百元的工资,而当地人均年收入也就几百元。但两个月之后,所有的人都跑回了老家,他们过习惯了那种无组织无纪律的散漫生活,无法接受这种严格的时间与纪律约束。这让我很无奈。五十年大庆时我带这些外来无户籍的人口进京可是要承担巨大风险的。我想为插过队的农村做些贡献,但最终失败了,故此我也不再愿为"授人以鱼"努力了,完全依赖于外来帮助是无法改变自己命运的。

我先后在延安大约待了半年的时间,连我插队带去的全套行装都留在延安。我忘不了在那里上过的每一课,包括那里的贫穷,那里的愚昧,那里老乡们的朴实与纯洁,以及国家体制今天也没有解决的城乡差别问题。重要的不仅是孩子要接受贫下中农的再教育,防止资本主义在中国的复辟,重要的在于要先使他们改变生活的现状,永远脱离贫穷的困扰。

这仍将是个长久的工作任务。

苦难不是财富

春节本应是农村中最重大的节日，但在这个穷山沟里，再热闹也苦于没钱而只能自娱自乐。各家都在准备过年的饭，大多是磨些豆腐，做点炸糕，一种用糯黄米磨成的面做成的糕。当地的大娘也教会了我们用豆面和玉米面加些榆树皮做成面条。没有白面时，豆面和玉米面就要靠榆树皮磨成的粉面来加强胶合力，否则就无法变成面条，下锅一煮就全烂了。过节农民会打起腰鼓来庆祝，但也只是在有了亲属串门的时候。全村也杀不起一头猪，最后是两个村合计杀了一头猪，每家交些钱，各自拿了少量的肉。有些老乡会给我们这些"穷娃儿"送上一碗家里做的肉菜，而我们则只有拿从北京带来的干酱油当礼品了。白面饺子则是一种奢侈品，一般只给老人与孩子包上几个。

按农历算，农民每个月都有一个节日：一月一日的春节、二月二日的龙抬头、三月三、四月八、五月五、六月六等等。每个节日都有说法，如何时要给牛喂豆腐，以防牛耕地时会上火、生病；何时人会吃什么，纪念什么等；何时开始种地，何时开始开镰等等。将种田的知识通过节日一点点传给了下一代，年长日久，每过一个节日，孩子们就记住了一些事情，等孩子们成人时，也就知道种庄稼的道理了。

村里最好的地都拿来种地瓜。要打垅、浇水，将上年存下的地瓜种切成牙块栽在垅上。地瓜是产量最高的品种，而小麦在这种黄土坡上一亩也就打二三百斤，还得是好年成，一年下来一个人分不了几升麦子，而地瓜则可达到亩产几百斤或上千斤。谷子的产量因少雨也并不高。村里人经常用小麦换小米或玉米，这样可以一斤换几斤增加口粮的数量。农村的说法是小米最能顶时候（抗饿），而玉米则能吃饱肚子，地瓜则是忙闲搭配时的主要口粮，特别是对娃儿来说地瓜是最主要的口粮。

严格地说，陕北是个吃返销粮（返销粮大多是高粱米或地瓜面）的地方。在贫困的山区，农民的口粮勉强自给自足。再增加这么多的学生，这么多张最能吃的嘴，这不是给这片最贫瘠的土地增加了更重的负担吗？村民要将最好的粮食当公粮上缴，相当于农业税，然后再获得最差的返销粮，以维持生存。现在又要用这些本就连当地人口都无法养活的土地，再多养活城里安排不了就业的大批学生们，那就只好将更多的山地开垦成农田，严重地破坏了生态环境，将本来还有些草皮保护的山坡变成了一年只能种一季口粮的劣质田，造成了更严重的水土流失。这是费力不讨好，并没有从根本解决口粮的问题。

中国历史上的农民起义大都是源于吃不饱肚子，最穷的地方最容易爆发农民的反抗斗争。中国的革命史也体现了这种规律，最穷的地方和压迫最重的地方最容易建立起革命根据地。陕北刘志丹的革命就爆发于此，陕北成为革命的圣地和摇篮也正在于此。

长征之后，这块贫穷土地上的百姓欢迎共产党的革命，是因为共产党打倒了地主，减少剥削，减轻了农民吃粮的负担。但要靠农民去养活这几万人的革命队伍几乎是不可能的，于是有了后来的大生产运动，有了南泥湾。

原来的陕北尽管是黄土高坡，但山沟里还是有些树的，但革命队伍的大开荒运动和张思德的砍树烧炭则破坏了原始的生态平衡。革命队伍生存下来了，留下的却是被严重破坏之后的贫穷。这种贫穷和生态的恶化紧密相关，直到解放后也没有得到任何的改善。大批学生的上山下乡运动再一次残忍地对这块本就不堪承受重荷的自然环境造成更为严重的伤害，让本来还可以在山上放羊的土地为了填饱这些学生的肚皮而做出了牺牲。人与自然环境的争夺、人与牲口的争夺愈演愈烈。

1971年，越南总理范文同来访。周恩来总理曾陪他再回延安，十里长街百姓们迎接周总理的重归，从四面八方赶到了延安，自发排起长队，手提着大红枣、鸡蛋与炸糕，以表达一片怀念之情。总理询问当地经济发展，得知1971年的GDP经济总量与1946年相等时，不禁泪流满面，说了数句"我对不起大家"。确实，延安人民用心和血养育了中国革命，但并没有从革命的成功分享到胜利的喜悦，没有因此而提高生活水平，没有提高生活质量。村里还有几个人合盖一床棉被，几个人合穿一条长裤的现象，更有无数孩子处于无学可上的文盲状态，更别提缺医少药的情况了。

比我们更缺文化的贫下中农们教会了我们如何在艰苦的自然环境下学会生存。他们拿出当年支持红军、八路军的精神，把最好的粮食高高兴兴地上缴给国家，自己宁愿饿着肚子，吃糠咽菜，并在这种半饥半饱中坚信毛主席和伟大共产党的英明。他们也用无限热情迎接我们这些学生的到来,并不抱怨因此而增加他们的生活负担。

他们自觉地替国家分担着眼前的和长久的困难，他们始终坚信自己是这世界上幸福的人。而我们却永远无法理解和接受在新中国成立的几十年后，中国农村仍这样贫穷；无法理解和接受"文革"的再斗争、再革命，连农村的自留地都成了走资本主义道路，难道这就是我们所追求的共产主义？

我们学会了如何用锄头锄草而不伤及麦苗，学会了如何挥镰割草、收麦，学会了如何打捆和背麦。我们终于看到了自己种下的种子，开花结果，迎来麦收。

将麦子连穗带秸平铺在场院上，蒙上眼睛的毛驴拉着石轱辘，转着圈在麦秸上压过，将麦穗的麦粒分离。更有许多人要用连枷将麦粒从麦穗上敲打下来。场中有人在不断用扬叉将麦秸翻来翻去。最后要用木锨（场锨）扬场，通过手腕和胳膊的配合将麦粒和穗秸秆扬到空中，借风的力量吹去麦秸而将麦粒堆在一起，最后再将麦粒装进麻袋。

所有使用的工具大约都与解放前的工具没有任何的差别和进步，许多大约是几千年之前的农业工具。最古老的石轱辘(石磙子)、最古老原始的连枷、最古老的木锨，都在重复着远古时期的劳动方式，难道这就是我们必须学会的生存本领？

队里给每个人分了几升麦子。口粮的分配首先是按人头计的，这大约也是农村不断拼命生娃的原因之一。除了毛主席所说的"人多力量大"、"人多好办事"的谬论之外，按人口分配口粮的制度大约也是鼓励多生的重要原因。这种原始的农业生产方式必然会对劳动者的需求有一种刺激，加上这里根本不具备计划生育的医疗条件，所以土地的贫瘠与稀少并不能阻止农民无限制地生娃。还好这里许多人穷，娶不了媳妇，而只能打一辈子的光棍，否则这里早就人满为患了。

农民们很珍惜分到的麦子，他们也许只给自己留下少量的麦子用于过年过节时装装门面，而大多数的麦子会被拿到集市上去换成更多的粗粮或换些零花钱，用来买布做衣，供孩子上学或看病。

只有我们这些城里来的孩子，看到了自己亲手种出的粮食，非要尝尝鲜。尽管我们上半年所有的劳动成果都不够换成钱来买这些分到的麦子。几个同学拿到所分的麦子，当时就去磨面。队里专门供队员家里拉磨用的驴已经下班，我们就自己推磨，自己摇箩。本来这个麦子要先后磨多遍（一般九遍），过多次箩，从细到粗，然后将先后箩出的面混合，剩越少的麸子越好，或者变成全粉面，不留麸子，但我们却只磨了两三遍。箩过三遍之后，我们就拿着这些白面（精粉）迫不及待地去和面蒸馒头了，结果蒸出来的馒头又硬又黏根本没法吃。老乡告诉我们，一二遍箩出来的精粉基本是面筋，面粉必须要粗细搭配才行。喜悦的心情也在无知中变成了苦恼，老乡们比我们更心痛这样好的粮食被浪费了，真是"心急吃不上热豆腐"。而我们的生活经验正是在这些无数的失败教训与经验的总结中丰富起来。

一次休闲活动中，大家骑着小学教师的自行车玩耍，而我的个人英雄主义玩砸了，从自行车上摔倒，将右胳膊摔折，肘关节脱节并骨裂。当地并没有医疗条件，我就和另一位大拇指也出现骨折的同学一同回京治伤。

一个人闯关东

从延安回京治病之后，我又去了莫力达瓦，来到东北部大草原，领略北国的风光。几个学校的一群群学生已经来到这里插队落户了。巴彦公社的兴农大队，分前屯和后屯两个小队，每个队里都有几十名学生。队里分了"东头"、"西头"两个知青点，共计 40 多名学生。一拨是北航附中（北京航空航天大学附属中学）的学生，另一拨则是另外一个学校的同学。

莫力达瓦达斡尔族自治旗因为行政区划发生过多次变化，既归黑龙江管过，也归内蒙古管过。是兴安岭与平原的相交处，一个半农半牧的地区。地理资源的优势条件让这里成了中国的大粮仓。几公里之外有国营农场，也有许多知青点就是国家重点的粮食生产单位。而我们村则大多是各地流民落户的地方，是历史上逃难开荒形成的村落，后来学生人数反而超过了原来的村民。

一个小村只有一条路和路两侧的十几栋房屋，村里只有十几户人家，但却生产了吃不完的粮食，有小麦、玉米、大豆等，还有人均不少于三头的牛群、羊群等，这里与延安真有天壤之别。之后学生每人除分到粮食之外还分到了 88 元钱，盖起了宽大的木屋，让我这从山沟里来的知青大开眼界。

在这里插队的知青中也出了许多优秀的人才。在莫力达斡尔生活过的名人中有曾经的北京市市长助理、香港上市公司的董事长衣锡群，著名的投资家方风雷，曾经是农研室出来的翁永曦，还有贾岩燕等，他们都曾在社会上盛名远扬。

对比延安和东北，我发现最大的问题是资源配置的不合理性。

延安黄土地用无数鲜血培育出中国革命的成功，承载无数人的希望，如今又要用几代人的贫穷分担本就无力抚养的大量人口，让这片有着光荣传统和巨大贡献的土地继续承受着不堪重负的压力。但东北这块地肥沃得可以让许多人不但能吃饱肚子，还能养牛、养马、养羊，因此吸引了大量的逃荒者、开拓者和战争的残留人群。

东北这片沃土不但成为战后中国重建时的粮仓，也在"文革"之后的再次去城市化过程中发挥了巨大的作用。

那时我们并不知道"资源配置合理性"这个名词，但我们能深深感受到土地资源的差别与人口生存环境的差别让本就不应再增加大量人口的土地承担更多知识青年的生活重担，而东北这个本可以养活更多人口的土地却被忽视了。

这里的土地耕种主要依赖于附近农场的机械，部分小麦、大豆的收割也依赖于机械化，只有田间管理如锄草要靠自己。这里的玉米长得并不高，要靠妇女们去掰棒子，而玉米秸秆则大方地留在田里喂牛，根根草草就在轮耕轮种中成了天然的肥料。从黄土高坡的山上下来的我为这片黑土地赞叹。这里的土地可奢侈到成百亩的土地轮种而得到自然养息，而在延安，连山沟里能用得上的巴掌大的土地都种上了口粮。

我去的时候那里已完成了秋收，剩的就是场上的活儿了，如去皮收豆、玉米脱粒。满目看到的都是丰收的景象，一个村生产的粮食几乎比我在延安一个公社的收成都多。

秋收之后农村大多是农闲了，东北叫"猫冬"，但这里却还有许多的农副业。

一是大量收割一人高的牧草，卖给军队当马粮。在冬季来临之前用大砍刀将青草收割，堆成半人高的一堆，让草被风干而保持绿色。到冬季时将自然风干的草再装上马车运到几十里外的火车站，由军队收购后发往全国各地。

二是上山砍柴。这里有大量的原始森林，木柴是这里的主要燃料，一冬天要准备一年的干柴。割草我没赶上，但学会了砍柴。

清早套上大木车轮的牛车上山，一路上有许多的塔头地。因此这里的车轱辘又高又大，直径有1米5左右。车轮直径大，可以轻松跨越这些坑坑洼洼，不会陷入泥坑之中。

说是上山砍柴，但斧头是干零活的，主要靠锯子。两个人一起上山，选择那些不成材的松树,从根上锯。锯得差不多要断时,在另一侧用斧子砍个缺口再用力一推,树就倒了。冬天砍柴,树木冻了之后是脆的,砍起来很容易。再用锯子和斧头清理了枝杈之后就可以装车了。在延安时,我们要去砍灌木、拾干草,与羊争食。而这里烧柴却只要树的主干,枝枝杈杈都奢侈地扔在了山里,让其自然腐烂变成了长木耳与蘑菇的原料。

一牛车的木头拉回来后,要锯成一尺半左右的一段段圆木,再用斧头劈成瓣子。这个活也要在冬天树木中的水分都冻住时干,一斧子下去自然就裂开了,如果在树木不干的夏天,这个活就要费力气多了。

再将劈好的木头瓣子一排横一排竖地交叉垒成堆,慢慢将湿柴风干,这样烧时屋里就不会冒烟了。通常每家每户都会在冬天堆上几垛这种木头瓣子,像存粮食一样地存上一大堆的干柴。过了冬天就没时间再去忙这些闲活儿了,也没有冬天那么容易干了。

更重要的是刚刚盖起的新房还没来得及吊棚。大多数同学都在忙了一年之后陆陆续续回北京了,连妹妹也和同学们一起回京了。空荡荡的五间大房中除了在山里运草的几个人之外,就剩我和常谦两个人了。

裴向南的名字不叫"常谦"。过去有个叫《秘密图纸》的反特电影,电影中的特务名字叫"叶常谦",胖胖的,一说到火就结巴。老裴因为长得像这个特务,于是大家就都叫他"常谦",反而把他的真实姓名忘记了。常谦人很好,现在做了医生。当时给我印象最深的则是他下得一手好围棋,闲时让我两三个子我才能与他勉强对弈,慢慢地,我的棋艺也大大提高了。

老裴赶着牛车,我们一起去山里砍树。这里有无数的白杨林,树干笔直向上,但吊棚木料恰恰要用未成材的细料。先在梁上钉上木格龙骨,再在龙骨上糊纸棚,夏天防止室内过热,冬天防止热气外流。

我们必须沿路上山去选择那些火烧林。这里人烟稀少,山上春秋两季常常会有天然火灾,如雷电引发的山火。而经火烧过的白杨林远看是直直向上,近看会发现弯弯曲曲。这些被火烧过的白杨林就很难长大成材了。当地人将这些不能成材、有些弯曲的树木砍下来专门做围墙、围栏等,当然也包括架屋顶、吊内棚了。

冬季这些树木也同样变脆了。胳膊粗的树木长到六七米高,几斧头一削就可以推倒。我们几天的时间就备好了几大车的料。回来后用刨子将树枝两侧削平,就成了一根龙骨。半个月的时间，我们连木匠活也学会了。最后多出来的树干用来搭粮食垛。

这里玉米等粮食不怕人偷（因为也没人偷），但怕动物（不仅是牛马羊，还有其他的野生动物，如野猪等）吃。于是就搭个高高的架子，将玉米等粮食堆在架子上。既解决了粮食的安全问题，还可以靠通风保持粮食的干燥，不会发霉、变质。这些都需要用大量的树干。

吊棚用的报纸是我从北京背来的。每个从北京回来的人都会带些基本建设所需的物资，有人背报纸，有人带钉子。总之，建设这个"家"时，没有人知道未来的出路在哪里，但都知道最现实的生活是在这个只能靠自己的地方。

先将龙骨钉好，再用玉米面加白面打的糨糊糊棚，然后是拿大扫把托住涂了糨糊的报纸，一张张往龙骨上刷，既要让报纸平展，又要一张接一张不能出现粘贴过多或出现缝隙。这也是个技术活，虽然辛苦，但看到胜利成果时，心里总是很有成就感，毕竟这是自己在完善自己的家。

这里的房子不同于延安的窑洞，大多是用木头架子搭的房子。墙是厚厚的干打垒泥墙，是用草与泥混在一起硬堆出来的，有近一米厚，为了保温。但新墙常常在冬季冻裂，一道缝可以从里看到外，还要年年用草泥补，数年之后墙变厚了。屋顶同样是草泥，但草多泥少，一层层铺满，同样年年加层。老乡们还会将大量的榛子壳混在泥里铺在屋顶上，天长日久房顶上不但长出了草，也会长出榛果。

开拓者们的房子最初是在黑土地上挖出个四方的坑，在开门的地方挖出一个斜坡，再用树木前高后低搭上个顶盖，在树枝、草叶的屋顶上盖上厚厚的一层土，顺着坑边的土墙挖出烟道，再装上个树枝编成的门，里面挂上草帘子，就成了生存的地窨子。这种房子从后面看与地面没有太多差别，从侧面看是个斜坡，正面能看到的只是一个门口的坡道，既隐蔽又保暖，又可以防止野兽的攻击。

如今在野外打草、打工时，老乡们仍然用这种办法搭建临时居住地。记得距离我们村100多里地之外有个大杨树火车站，村民为车站盖房子时，就住在这种地窨子里。外面是寒冷的冰天雪地、呼呼的北风席卷着雪花飞扬，但屋里却温暖如春。几十个人挤在一条长长的大炕上睡觉，早就忘了室外零下四五十摄氏度的天气。只是屋里的气味让那些没有在泥土、风沙与臭汗中打过滚的人无法忍受。那些一身疲劳的人早就习惯了这种味道的浸泡，他们更关注的是能饱饱吃上一顿，再美美睡上一觉，明天等待着他们的仍是寒冷与疲劳。

能住上房子并享受玻璃窗的阳光，无疑是一种奢侈。尽管冬天大部分的玻璃上都布满了一层霜，室内的温度尚无法让玻璃上的冰雪融化，但这总比延安的窗户纸要现代多了。那个年代，玻璃在农村也是一种高档消费。而在没有电的时代，玻璃带来的光明，又可以节约不少点煤油灯的钱。

这里没有石头、水泥等，就将各种榛壳、硬果壳撒在屋内的地上，就变成了混凝土中的石子，慢慢就变成了不再翻浆的硬地面。资源丰富的东北大草原与山林的接合部真是上天恩赐的幸福，只要人们勤劳创造，这里的自然条件几乎可以满足人类的任何需求。

但气候同样也给人们的生活带来许多的不便。这里日照时间短，冬季很晚天才蒙蒙亮，而下午四五点钟太阳就回家睡觉了。冬季的温度可以低到零下50多摄氏度，虽然没有像小说中说的尿出的尿也会结成冰棍，但也差不太多。

农村没有室内厕所，都是在屋前屋后用树木、秸秆围起一个厕所。几块板架在坑上就是蹲坑式的便池了。冬天要拉屎就成了件痛苦的事，没有风雪的日子还好些，否则真要把屁股冻裂了。拉完的屎自然就冻成了一个个山坨坨，常常在上厕所前要将高出来的坨坨敲掉，不然粘到屁股上就会粘掉一层皮。

东北几乎所有的用具都在人手直接接触的部分用木器。这是因为空手接触任何铁器都会被粘住，开门锁都必须戴着手套。冰天雪地在这里是个自然美景，也是一种常态，关键在于人们如何去面对，如何去体会。

冷也有冷的好处。丰收之后队里都会杀牛、杀猪，让全村人都大吃大喝一场。东北的特殊习惯是女人不能上席。当然这里的女人除了掰玉米棒子也不下地，只干场里的轻活和家里的活，如磨米磨面、做饭洗衣等。村里的男劳力和学生们（学生们不分男女都参加农活，也都有资格庆丰收）都会一起大吃大喝。村里的女人们则在外面等老公或兄弟。每次大喝都几乎是一醉方休，虽然只是当地的粮食酒，但同样会醉人。每次都是谁喝醉了，就被从屋门扔了出来，屋里的人大喊一声"张三、李四"，于是张三、李四的媳妇就过来提着两只脚将自己家不争气的男人像拖死狗一样在雪地上拖回了家。

许多家庭为了防冻，冬天会将母猪与猪仔也养在屋里过冬，同时也防止被狼偷吃。而人却不怕在雪地里打滚，这些醉汉从雪地中被拖回家，仍然沉睡在梦乡里。

411

每家每户都能分到一些牛肉、猪肉。这里很少将肉风干或做腊肉，而是将鲜肉用大锅炖熟后装入大缸中，处于半冷冻的状态下。既不会坏，吃起来又方便，每次做菜时挖上一两勺直接放入菜中就行了。东北有名的一道菜叫"乱炖"，大约就是形成于这样的一种饮食习惯吧。

这里冬藏的菜中，既有萝卜、白菜、土豆，也有许多风干的豆角和叶类干菜。主食则以小麦、玉米、大豆为主。冬天懒得做面食，我们就炖上一大锅玉米楂子和豆渣子混合饭，可以连吃好几顿或好几天。那时的饭量都很大，每个人都用中个的洗脸盆当饭碗，一次至少要吃半脸盆的饭。这里的大豆是出了名的，《松花江上》《黄河颂》都唱到了这里的大豆、高粱。而我们所在的地方高粱不多，大豆、黄豆却是丰产。

人多时做饭烧的火就多，通过炕道将屋里炕上都烧得暖暖的。当大多数人回京后，做饭烧的火连炕都烧不热了。于是我们用汽油桶做成了个大炉子放在室内。但既怕晚上睡着了失火，又怕离远了太冷，晚上睡觉时就会把火封上。于是每个人都多盖几床被子来保暖，头上还要戴上皮帽子护住耳朵。最怕的就是半夜起来上厕所了。尽管家家都准备有尿桶，但这一出一进被窝就会被冻得半天都暖不过劲来。延安的冬天也很冷，窑洞的窗户和门缝中也同样风声呼啸，但如果和东北相比那真是相差千里了。在屋里呼出气都能看到一股白气，更别提在室外干活的时候了。刚放下的锯子是热的，但当我们架好第二截树干再拿起锯子来，上面就又结了一层白霜。

在延安时跟老乡们学会了卷烟抽，老乡们说这是为了解乏。东北的人几乎大人、小孩、男人、女人包括老人都会卷烟抽。而这里抽烟则大多是为了防止蚊子与小虫子咬了。一个地方有一个地方的风俗，一个地方有一个地方的特殊环境，同样也就造就了一套各自的生活方式。这个人烟稀少的地方，似乎是与世隔绝的。也许这里本就是一些土匪、氓流和逃荒者生存的地方，因此"文革"并没有对这里造成太多的影响。虽然也挂着毛主席像，但却没有"早请示，晚汇报"的习惯，更没有对"地富反坏右"的斗争与仇视。我们这群学生中，大多是"黑帮"子女，但并没有因此而被歧视。老乡们也没有刻意"再教育"，甚至没有人关心你的家庭、你的过去。反而是一群学生们在不断研究着《资本论》，关心着国家大事，偷听着各种广播，讨论着政治局势。也许此刻他们的父母都还在"水深火热"之中，反而是当地那些只知道自己的世界如何好的老乡们给了他们更多的关怀与温暖。

我们村里的知青分为两拨。以北航附中为主的一群盖了新房，住在村里的最东侧，于是叫"东头"。而原来房子里住着的叫"大孙"的弟弟带来的第二拨学生，住在了"西头"。西头一个眼睛有点偏光的同学就成了《资本论》通，恨不得倒背如流。而西头中最有名的则是改革初期"京城四少"中的翁永曦了。看来当时仍在思考着中国前途与未来的一代，并没有因为被政府抛弃于农村的广阔天地而丧失对政治的关注，更没有自暴自弃。那颗心仍在天空飞翔，改变社会与现状仍是他们的追求。

事实最后也证明这一群群曾被发配到边疆、到农村上山下乡的学生们中确实有许多不甘寂寞的人才。在如今的社会进步中，恰恰是这样的一代人撑起了改革事业的风帆。许多人进入了领导岗位，许多人开拓了市场经济，也有许多人成为了改革中的失败者和牺牲者。但至少这一代人没有因为离开城市被剥夺学习权利而放弃了自身的努力；没有因为政治前途被父母所影响和拖累而失去生活的方向；没有因政治局势的悖逆而不再思考与探索。追求人生的生存价值支撑着这一代人不放弃任何时间、机会，他们没有忘记"革命还在继续"。

幸运的我在没有任何思想准备的情况下突然接到了一封电报，让我限期赶到济南去当兵。从此，我中断了上山下乡的插队生活。

村里没有"小芳"

70多里的夜路，我一个人在狼嚎伴随中，坚定地奔向了火车站、奔向了新的希望。许多人从电影中、歌曲中看到或听到过那个时代有关"小芳"的故事，但实际生活也许并没有那么浪漫，"小芳"只是部分地区的个别现象。

从整个延安地区插队回京之后的统计情况看，实际与当地人成婚的比例不到千分之一。"小芳"的故事则在万分之一以下了。更多的情与爱大多仍发生在同学之间或原有的生活圈子之间。"文革"混乱时期曾有过许多"拍婆子"的故事，这种恶性争夺的不雅并没有像"小芳"一样广为流传，但却成就了更多的婚姻。

当年插队的学生年龄跨度很大，从15岁到23岁之间。年龄小的同学尤其是初中生也许还不懂什么是情、什么是爱,而高中生中这种朦胧的关系早在插队之前就开始了。许多人正是由于家庭变故,父母都被打倒或关入"牛棚"等相似的命运,在困难中不得不靠相互帮助来面对无法确定的未来。抱团取暖优先产生的情在天长日久的接触中慢慢变成了爱。还有一些则是在处理困境时展现出了更多的个人魅力,吸引了异性的注意。所有的人都无法继续学业,开始将更多的精力放在了对不得不参加的工作、进入社会和成家过日子的思考之中。如果共同插队,就让这种相互的依靠进一步加深,并将暂时的过渡性依赖变成了长远地一起生活。插队也让许多原本相互依靠的人转入了不同的地区。有些靠书信保持相互的交流,有些则不得不中断过去的交往而自谋出路了。现实总是让许多美好被腰斩了。而那个年代所有的人都没有能力去改变现实,因而就不得不默默承受被别人决定着的命运,至少要在这种日益恶化的环境中生存下去。

现在的年轻人并不知道早期的中学教育中有大量的男女分校制。尤其是北京西城区的一些重点学校大多是男女分校的,如男四中、男八中、男三十五中、女三中、女八中、师大女附中等。因此这些学校中没有同学间成双成对的现象,这只会发生在机关内、大院内、大串联时的社会交往之间。

我第一封给女孩子的信就是写给大院中的青梅竹马。我们住在一个大院内的同一个楼门内,只是在不同的楼层。双方的父母在同一个单位工作,每到年假日,双方的家庭之间都有往来。如春节父母会在不同的家庭中打麻将,孩子们则会在不同的家庭中玩耍,也会共同在屋顶的阳台上唱歌、扔包、跳房子。

小学我们同在一个康乐里小学,虽然不是同一个班,但也会一同上学、一同回家。中学时我家搬到了四合院,双方的接触少了,但和大院里保持着千丝万缕的联系,都相互知道各自的情况。"文革"时则各自在不同的学校和圈子里活动,这种联系就更少了。

我们插队的时间各有先后,但同样都到了陕北的革命圣地。我插队的村在安塞与延安之间的山沟沟里,而她则是在名义上处于赛江南的南泥湾。两人的母亲都在盘锦的干校中,于是希望我们能用信件互通双方插队的情况,相互支持和鼓励。

在山沟沟这个信息闭塞的地方,确实需要了解外部的信息,而通信则是获取消息的重要来源。同学们会将各自从各方收集的信息当成饭后重要的话题。那时的我们几乎还都没有要立足于农村的想法。虽然不知道会在农村生活多少年，什么时候能离开，但至少都知道这种"再教育"的过程不应是一生，也不甘心将这一辈子都扔在山沟沟中，因此既没有成家立业的念头也没有相亲相爱的启蒙。

那时单纯得就像一张白纸，画上朵花都显得多余。精神上的支撑仍然是伟大光荣的毛泽东思想。今天的年轻人也许无法理解那一代"红旗下生，红旗下长"的人们如何会对毛泽东思想到了盲目崇拜的地步。尽管"文革"中"造反有理"、"怀疑一切"、"文革领导小组"人员变换、革命老干部被打倒等让年轻的一代开始对"文革"中的政策、行为表示怀疑，但却从来没有人会怀疑毛的正确。也同样可以用各种理由来解释毛的错误，内心中却绝不会对毛的神坛地位表示任何怀疑，毛的革命思想仍是年轻一代人的学习榜样。正是由于从生到长的过程中接受的都是毛的主义（除了毛之外也没有其他的可参考内容），也只知道中国有个毛主义，而其他的一切都是敌对和错误的。因此那时同学之间的信件中都还是充满斗志昂扬的情绪，如何面对艰苦条件、如何渡过难关、如何面对生活与劳累的磨炼、如何从做人开始树立起伟大理想等成为讨论的主题。而毛的"与天斗其乐无穷，与地斗其乐无穷，与人斗其乐无穷"则成为一种生活中不可缺少的伴随。通信中更多的语言不是传递爱情，而是相互的鼓励，以防止倒下。

这种通信需要几个月才有一个来回，但慢慢地却成了一种惦记。直到我当了兵，这种通信仍在继续。后来她有幸以"工农兵大学生"的身份进了西安交大。遗憾的是当我随着年龄的增长开始把她当成一个女人而不是院里的玩伴时，她已有了心上人。毕业后他们双双回到了北京工作并很快组成了家庭。今天我们仍然是好朋友，两人之间也从未在语言文字中谈到过爱，甚至连谈情的基础都还没有形成，但她却是第一个与我保持了数年通信的女孩。

也许是太贫困的原因，在延安时，山沟沟里的许多男子都打了一辈子的光棍，能找到对象并娶媳妇的大多是家境情况较好的。沟里的姑娘则只要有可能就会嫁到一个沟外的好地方、好人家中。能与我们一同下地干活的年轻姑娘中，只有一个地主儿子的童养媳，再也找不到第二个同龄的女青年了。连配对安排的女十中的同学们也被我们这群男校出来的秃小子们撵到了更深的沟沟里去了。女人"小芳"似乎与我们无缘。

到巴彦的知青点后，几十个男女人数相当的同学中，确实有过一些在谈恋爱。

有几对至今仍相亲相爱，白头到老，儿女满堂。但与当地人相爱的却没有听说。或许是我们的圈子中大多是"黑帮"子女，相互之间臭味相投，而与外界格格不入，因此少了许多趣闻吧。

一年左右的插队生活，虽然时间不长，却是我从学生进入社会的第一个阶段，是离开父母、家庭独立生活并承担责任的一个阶段。我从中尝到了什么是生活的酸甜苦辣，什么是挺起腰杆做人，尤其是如何做一个顶天立地的男人。

虽然缺少了"小芳"的插曲，却不失为人生中一幅精彩的画卷。

CHAPTER ▶ 12
咱也是当兵的人
BEAUTIFUL AMBITION

1976年1月，周恩来总理逝世了。那时候，政治形势不明朗，一片混乱，我和战友们私下商量，如果"四人帮"们真的上台了，我们就拉上一帮人上山去打游击。我们开始策划要转移一批军用物资，以备不时之需。当我独自回京时，我的随身行李中装有大量的雷管、炸药等爆破物，也正大光明地携带着上膛冲锋枪和手枪。

BEAUTIFUL AMBITION

　　30年前，当团长陈晓庄封给我一个"鸡肋"的称号时，我就知道我的性格也许适合战争时期的军队，但绝不适合平时的军队。

　　也许是因为我永远学不会在长官面前唯唯诺诺，因此失去了提拔的机会，加上婚姻生活的种种不愉快，更使我对无法承担的家庭之重感到无奈。我根本不可能身在部队而去解决好远在北京的家庭矛盾，更无法让个人小家庭服从国家大家庭，忠孝两全几乎不可能做到。但促使我下决心离开部队的更重要的因素则是来自父亲的刺激。

　　当我荣立三等功时，我满心欢喜地向父亲做了汇报。这个三等功，是我当干部之后，由师以上的单位授予的，对军人而言，这是个值得骄傲的荣誉。至少我可以向父亲证明，儿子没有辜负他的培养，没有给他丢脸。父亲却对我说："立个功有什么可吹的？我在你这个年龄早就是×××一级的干部了！"一句话就让我呆立当场，半天都说不出话来。

　　是的，像我这个年龄层的人的父辈们有着特殊的生存环境，中国的动荡和日本的侵略，让他们必须在学生时期做出选择，未成年的他们已走上了寻找中国未来的道路，他们在二三十岁时已经经历了无数的战争，指挥了千军万马。而我在已近而立之年时却还只是个连队的参谋。

　　我们没有父辈那样的机遇，又恰逢"文革"运动，失去了学习的机会，也因为父辈们的被批斗而被剥夺了一部分生存的权利，更不可能在和平年代的竞争中迅速创造出成长的机会。当我自认为已经是部队中的佼佼者时，父亲却提出了更高的要求。

动乱年代的后门兵

在那个混乱的时代，军队是唯一纯洁的地方，也是一把巨大无比的保护伞，更是当时社会中唯一不可缺吃穿的地方和唯一得到更多尊重的地方。

50多年后的今天，一些人对周恩来总理在强权之下的行为表示怀疑，而不知道可敬可爱的周恩来总理在自身极度危险的边缘却无私地保护了一大批革命老干部；同样，通过放开参军这个口子，保护了一大批当时被打倒的老干部的后代。

如今有个流行的名词叫"后门兵"。许多人认为，这是一种"拼爹"的腐败，但是，却不知道，如果没有"文革"的颠倒黑白，又何须走这个后门去当兵呢？1968年正常招兵时，如果不是因为父母是"走资派"，也许我也当兵了。如果能有学上有书读，又何须挤着去扛枪呢？当然，也会有人问，"文革"对所有人都是一种摧残，为啥别人留在农村，而你去当兵呢？从表面现象看，这种质问是有道理的，但是，从另一种角度看，我要反问：为啥我们的父母为革命流血流汗更多，我们却反而成为"走资派"或"黑帮"子女呢？为啥我们的父母要被关入牛棚，我们成为无人看护的孩子？当时，最不可能"走后门"的人们、最痛恨"走后门"的纯洁干部，也不得不拿起各式各样的武器来保护那些在不公平待遇中的孩子。这也是一种责任，历史的责任。

中国有句古话叫"师傅领进门，修行在个人"。这句话的意思是讲，入门仅仅是第一道关，就如一个偶然的机会，你也能迈进少林寺的大门，但是，要成为一名优秀的武生，则要在进门之后勤学苦练，打出十八罗汉堂才能下山。进门，并非是"鲤鱼跳龙门"，可以一跃成龙，部队的大门里还有无数的坎坷与竞争在等待着。

我是少数的几个穿着老百姓的衣服进入军营的人之一。当时，在穿上军装的新兵都被分配完连队之后，才轮到将我分配到二营四连，而我们几个人则只能从团后勤单独领取军装和被褥等用品。一进军营的大门，我们就成了带有特殊标志的人物。

这是一座凸字形的营房。一、二、三营与团直分别占据"凸"形下部分长方形区域的四个角，中间是一个巨大的操场。正南门的一排二层楼是团部，"凸"形突出部是后勤仓库与库房，突出部与长方形的接合部是礼堂，突出部两侧是猪圈和小工厂，猪圈的外围是靶场和菜地。部队的家属院和服务社在东门外，弹药库在营房的西南方向几里外单独成院。

自"文革"开始,这支部队从东北调入华北之后,就在这个营房驻扎,至今虽然有了许多变化,但营房位置一直没动过。

紧靠营房的江城村是公社所在地,更是我们经常光临的地方。到了新兵连之后才知道,我所在的4800部队是一支英雄的具有光荣传统的部队——在中国革命战争史中赫赫有名的三十八军,其中,既有经历过长征成长至今的红军连队,也有抗日战争中组建的优秀连队,更享有朝鲜战争中的"万岁军"称号。

在解放战争中,四野独立完成辽沈战役,并配合完成平津战役,更用极短时间(29小时)攻克天津,活捉天津警备司令官陈长捷,并从中国版图的最东北一直打到最南端海南岛,在解放全中国的作战中成绩辉煌。1969年,正是四野司令员林彪元帅已成为副统帅和接班人的"文革"时代,曾是四野一纵的三十八军就更是红极一时。我这个"红二代"来到这里,也算是名副其实吧。

在新兵连中,除了国歌《义勇军进行曲》之外,我们学唱的第一首歌不是当时最红的"毛主席语录"歌曲,而是晓星作词、刘炽作曲的三十八军军歌《钢铁的部队》。每一个光荣的部队都有自己优秀的连队和优秀的战史,都有一支代表军魂的战歌。《钢铁的部队》的第一句便是气势极大的"钢铁的部队,钢铁的长城,钢铁的战士,钢铁的心",整首军歌记录了这支部队的光荣战史,振奋着所有的战士、所有的心。

在这里,我不想重复三十八军的优秀战史和光荣业绩,但无疑这支具有优秀光荣传统的部队,对我个人的成长起了极其重大的作用。严格的纪律,顽强的拼搏,勇夺第一、永不服输、不屈不挠、宁可战死绝不后退的战斗精神,在每一位战士和干部的心中扎下深深的根,最终影响整个一生。

新兵连生活是一种一切都从头开始的生活。军队里没有"自由",只有"服从"。在新兵连里,有严格的先来后到的服从顺序,按入伍时间长短,先来的就是老兵,后到的就是"新兵蛋子",除了上级的命令要服从之外,老兵的命令也必须服从。这些命令不但涉及所有的军事训练、队列训练和内务训练,也涉及所有的生活内容,从穿衣、穿鞋、铺床、叠被子、上厕所、洗脸、刷牙、扫地、打饭、吃饭、洗碗、缝洗衣物,到紧急集合、跑步、列队、持枪……

部队的行动都是制式化的,动作严格要求统一规范。在外人看来这些似乎并不重要,但是对军人而言,尤其在各班、排、连、营的长期竞争中,就显得格外重要。

军容风貌、举止仪表,这些军事生活中的一举一动都代表着训练素质和军队风气。因此,在部队中常可听到的一句话是"看他这个熊样,就知道不是老兵"。

于是,老兵就成为新兵学习的榜样。每天,从早上起床号开始,新兵就在老兵(新兵班长)的催促下,手忙脚乱、连滚带爬地穿衣、叠被,然后跑到屋前集合列队,这一切动作必须在三两分钟内完成。本来尚在不知所措地适应新环境的新兵,在班长的大声喊叫中更是忙了东、忘了西。有的来不及叠被子,就把被了像在农村生活一样卷成一团,堆在床角;有的不是忘了穿袜子,就是左右脚穿错了鞋;也有的不是忘戴帽子,就是忘系腰带,更不要说是整齐的军队仪表了。尤其是半夜吹紧急集合号之时,新兵更会乱成一锅粥,不但集合时间不够用,连背包也打得不成样子,一路跑下来,不是把鞋丢了,就是背包散了架。于是,许多新兵晚上睡觉都不敢脱袜子,更有的连裤子都穿着。其实,老兵不过是在睡觉之前就将衣物按着装顺序习惯性地摆放在合理位置,每天都习惯性地按标准顺序摆放,熟能生巧而已。几周之后,这些就不再是我们生活中的难题了。即使是农村来的战士,也会很快改变旧的生活习惯而适应新的营房环境。

队列训练是每天必修的早课。先是一个3000米越野跑,一段时间后是10公里武装越野跑。刚开始,大多数新兵都喘不上气,许多人掉队、呕吐,大冬天的每个人头上都冒着白气,像一口开了水的锅。这样的体能训练是战士的必修课,每天都要坚持。

然后,进入队列训练。从稍息、立正的姿势开始,要站得像根钉、像棵松,而且坚持一小时不晃动,这真是个力气活儿!随后,是从单兵到整体的队列训练,从看齐、向左右转,从齐步走、正步走到徒手走,以及从徒手到持枪的各种行进、分列式等。

在完成最基础的队列训练之后,新兵们才多少有了些士兵的样子,才能唱着嘹亮的《打靶归来》,踏着整齐步伐,列队行进,为以后的拿刀持枪训练打下基础。

早操之后,则是洗脸、刷牙等整理内务。不过,新兵先要忙的不是自己的内务,而是先给班长打好洗脸水。这成为每位战士抢着干的活儿,似乎有无上光荣,不仅是"学雷锋",更是通过表现自己让班长高兴,以便多学些技术的"拍马屁"。当然,也少不了要抢着打扫室内卫生和厕所之类的积极活动。为了争取进步,更有些战士半夜爬起来打扫厕所,以便让自己的名字可以写在连队黑板报的"好人好事"上。

整理内务中重要的一环是叠被子。今天的我军连队仍保持着这一光荣传统。整齐的被褥必须像豆腐块一样,被整得有棱有角。新兵的被子里都是新棉花,蓬松而没个形状。这就要求用被包带在练习打背包的过程中拼命挤压,有时还要用硬纸板撑,用报纸包着砖头压,直到整条被子形状变成习惯性记忆状态,以便更容易被折叠成"豆腐块"。上级在检查内务时,除了挎包、水壶的悬挂,脸盆、牙杯的摆放,还会特别关注"豆腐块"。不管被子在土里、泥里滚得多脏,都必须叠得整整齐齐。枕头包里则是用来替换的新军装。新战士除了军需装备之外,没有其他更多私人物品。这个睡觉的枕头其实就是被打扮成枕头包的衣物袋,既是每次紧急集合和行动时必须携带的物品,也是一个战士的全部家当。

从炊事班到特务连

单兵是组成整个部队战斗力的基础,只有把每一位战士都变成进可以攻、退可以守的战斗堡垒,整个部队才能变成一个战斗集体,发挥十倍、百倍于敌人的战斗能力。

兵是战斗的最小单元,也是组成所有战术的棋子,通过单兵训练提高每位战士的基本战斗素质显得格外重要。部队中有一句名言"冬练三九,夏练三伏",即是把每位战士都放在最艰苦的环境之下千锤百炼,将其锻造成一块好钢,既要训练必要的军事技术,如投弹、射击、刺杀、障碍、战术等,也要训练在艰苦困难的环境之下的顽强战斗意志——要像一根钉子一样,钉在哪儿都要纹丝不动地坚守岗位。

冰天雪地里全面的体能训练、技能训练和纪律训练是同步进行的。新兵连在冬天只有一个多月的集中训练期,但最后的比武与较量则不仅关系到每位战士而且关系着连队的荣誉。为了荣誉而战而练,成为一股激励每位战士的力量。当然,除了精神动力之外,班长们绝对不会"温良恭俭让",也会用旧军队、旧军阀采用的拳打脚踢方式"帮助"每一位落后的战士。从某种意义上讲,"打是亲,骂是爱"代替了革命军队不许打骂的纪律,也只有这样才能让每位新兵牢牢记住什么是命令、什么是荣誉。

摸爬滚打式的训练让新军装变得伤痕累累。卧射训练时,战士有时会在冻土地上一趴几小时,刺刀上吊着砖块,让枪身重了几倍,隔着棉衣棉裤,胳膊肘与膝盖也都会磨破一层皮。我才注意到,农村士兵原来并不比下乡的城里学生更能吃苦,但城市兵却比农村兵更容易知道什么是"标尺"、什么是"准星"、什么是"三点成一线"、什么是"水平"、什么是"合力"。

总体来说,在所有单兵训练项目中,主要拼技术和头脑的项目,大多有文化的新兵会占些便宜,尤其是城市来的学生兵。但是,主要拼体力与耐力的项目,则大多是农村的壮小伙更占优势,如10公里全副武装越野跑,城市兵大多会落在后面,不过,其中插过队的学生也颇显优势。

1969年的冬天非常寒冷,华北平原上的沙风更是"一年刮两次,一次刮半年"。这种恶劣的天气,不但对城市兵而且对那些在南方温暖气候中成长的农村兵(江苏兵)来说都是一场灾难,但是,对我这个既在陕北黄土高坡的大风中吹过,又在大兴安岭冰天雪地中混过的人来说,则完全无害。华北的风与沙,没有陕北的冻,也没有东北的寒,在这样的环境中,我这个城市兵不但不会在向左右转的问题上被老兵踢屁股,而且过去一年多农村生活的锻炼让我在体力和耐力上不差于任何农村兵。

我当时已具备了一种重要品质——面对困难保持良好心态,以及由这种心态而产生的顽强意志。每当别人在抱怨天气恶劣时,我会想到在农村时更恶劣天气下的生存;每当劳累而无法继续跑下去时,我会想到每次背着粪料上山、挑着担子赶路、扛着麻袋上坡的艰难。大多数负责训练新兵的班长都是农村来的,他们最看不起那些吃不了苦的城市兵。不过,这种歧视性眼光、藐视性语言,反而让我产生了无限动力,哪怕是为了面子,也绝不能落后于他人,人的意志和性格恰恰是在这种矛盾之下,经过无数的挤压和敲打而逐渐坚强和成熟的。

新兵训练没有任何投机取巧之处,拼体力、拼耐力、拼意志,远大于拼技术的成分。虽然熟能生巧,但是,军队并没有给新兵更多的时间和机会。而在新兵连的表现和成绩则关系着新兵将被如何分配下连。成绩好的,往往被分配到具有光荣历史传统的班、排,也自然会有更多进步的机会;而成绩较差的,则常常被安排在一般的班、排。因此,从进到新兵连的那一天起,人与人之间的较量就开始了。每个班、排的领导都在仔细观察每位战士的表现,以便在后者分配进入连队时挑挑拣拣。

我的胳膊在插队时曾发生骨折,伸缩受限,严重时摸不到自己的肩膀,却又不敢让领导知道。于是,只好靠力量和灵活性掩盖这一缺陷。但是,投弹时这一缺陷就明显暴露出来，优秀战士投弹距离可以远到 80 米，一般都在 45～50 米，但我的投弹距离常常在 30～35 米的及格线上晃荡，偶尔达到 40 米良好线。一直到当了干部，我才从跑、跳、投的单兵技能中"解脱"出来。

此外，我的视力也差，右眼勉强达到 1.0 的标线，而左眼只有 0.8。因此，我射击时就遇到困难。所有战士在练习百米实弹射击时都会用标尺一瞄准靶心圆环，但我却因为视力差只用标尺三，把瞄准线降低到胸环靶的底部，于是，瞄准点从一个圆心变成一条白线，以利于控制平行和弥补视力差。借此，我不但取得了优秀成绩，后来还有幸进入师射击队，参加了师、军对抗比赛。

个人军事技术是一个战士最大的竞争资本。你可以对班、排长拍马屁，你可以"学雷锋"，但如果个人军事技术不过硬，在各种考核中拖了成绩的后腿，就会永远抬不起头，也永远不会被连长重视，更没有"进步"的可能（除非你另外有其他特长，如打篮球、弹奏乐器、写作等）。军人，首先要的是军事技术过硬，单兵技术是最能体现军人资格的荣誉。

新兵训练中来不及进行组织班排的合作训练科目，但队列也是一种集体合作项目，齐步、正步、立正、稍息等单兵动作是基础，更重要的则是队列的整齐统一，行进中的横平竖直，踏步、踩点的步调一致。行如虎，静如松，个别战士在站姿训练中，常常被班长要求背靠大树而一站数个小时，而绕着大操场跑几圈的处罚更是常见的事情。走正步在部队被称为"拔正步"，要单个动作分解训练，常常一只脚站立，另一条腿踢出 45 度。一"拔"就是十几分钟，许多战士双腿打抖，直到摔倒在地，晚上睡觉时，许多战士常常腿痛得上不了上铺。

队列的整齐度，既包括单兵的动作标准，如踢腿的高度、75 厘米的步幅、手臂摆动的高度、摆头的角度，行进时脚跟与脚尖的着地，立定时脚跟与脚尖的开合等，同时，也包括听到口令之后的反应，如动作的快和慢，以及相互的配合。许多新兵在训练初期常常迈错脚（标准是左脚先行，但许多新兵会习惯性先出右脚），更有许多人顺拐，这种看似在舞台才会出现的卓别林现象，在生活中也常会出现，只有严格的训练才能改变旧有生活习惯，让战士们养成统一动作、统一生活习惯的节奏，成为"国家机器"。

如果是非徒手队列，要求就更多了，战士的背包、挎包、子弹袋、手榴弹和枪支等配备都会有影响，尤其是半夜里紧急集合，背包上别的鞋子常常会跑掉，接着就是小包散架，然后是整个背包散架，更别说许多东西相碰会叮当乱响。一个战士的背包散了，常常会让整个队列都乱了套。打背包和一身穿戴都是战士的一项硬功夫。白天，从睁着眼睛打背包开始练，再到用毛巾蒙上眼睛，摸着打背包，直到完成一身穿戴，扛上枪在原地跳上几跳，以确保不出声响，不会散包。这些动作，一些战士直到新兵连训练都快结束时，也难以熟练到合格程度。因此，部队里常有这样的一句话："新兵怕炮，老兵怕号。"老兵不怕上战场，但就怕半夜里紧急集合。其实，新兵不但怕炮，也更怕号，穿着半装（脱上衣而穿裤子）睡觉的不在少数，直到习惯为止。

严格的训练中，战士不但要蒙眼打背包，更要蒙眼睛拆装枪炮。这两种蒙眼睛训练，我宁愿选择拆装枪支，也不愿选择打背包。我认为，将一个装有新棉花的新被子，蒙眼打成一个像样的背包，比硬碰硬地装卸枪支还要难得多。

话说回来，这些相关动作成果都与整体队列有关，队列是单兵动作与整体配合的结果，每位战士都与整体表现相关，最终考核则是对所有人综合成绩的一种检验。

新兵连的训练只是一个最简单的入门，真正的训练都是在被分配到与老兵一起的班排之中进行的。但是，没有这个入门，则从乡村、城市以及不同省份来的人就无法统一于一个标准框架之中，无法形成一个整体，甚至无法形成一个基础的外形。这就像一家企业的新员工，也要先进行入职基本培训，包括文化理念基本规则、内部要求与工作流程，它们代表着一家企业的形象，也体现着企业的竞争力。

寻找荣誉之光

新兵刚到部队时，只知道部队的代号。所有战士都要往家里写信报平安，部队代号就是对外的通信单位。部队的战斗序列也都是按号排列的，当新兵完成保密教育之后，才被告知。我所在部队的真实番号是中国人民解放军第三十八军，所在师是第一一三师，所在的团是第三三七团。

在历史上，三十八军既有许多红军时代的连队，也有许多在抗日战争的时代的英雄连队。其中，最辉煌的则是在解放战争中的四野第一纵队，不但完成了三大战役中的两大战役（包括解放天津，活捉国民党天津警备司令官陈长捷），而且在抗美援朝战争中荣获了"万岁军"的称号,在军事装备上也是中国人民解放军中最好的第一个摩托化军,也是人数最多的一个军。全军共十万兵力,一个团的编制就两千多人,真可谓解放军中的第一王牌军!

一个王牌军中也分三六九等,一一三师是主力师,最有战斗力,一一二师重在防守,一一四师是预备队。同样,在师里,也是三三七团打主攻,三三八团打防守,三三九团当预备队。在团里,红军连队历史最牛,我们团则是三、五、八连最优秀,尤其是"钢八连"更是全中国人民解放军中的最优秀连队之一,四连则大多是预备队的地位。

一个没有光荣历史的连队,不但对战士是一种压力,对干部也是一种压力。如何在和平年代创造出业绩,提升连队地位,是每位干部和战士的一种压力,也是一种动力。这种荣誉感就像一把刀,时刻悬在你的头上,让你每时每刻都在梦想创造奇迹,让自己所在的连队成为佼佼者。

三十八军的传统教育,不仅是历史教育,更多的是荣誉教育,"永不服输,永争第一"已成为不成文的军条。跌倒了可以不爬起来,但不能不再前进。当时的师长、后来的副军长裴飞正,曾受过多次军纪处分,但大多时候都因为采用连犯军纪的战术去争夺战争的胜利。其实,对一个军人而言,"不择手段"地争取战争的胜利已成为每位指战员内心中的秘密。

看过电视剧《亮剑》的人大多知道,赫赫有名的"李团长"是如何违反军纪而夺取胜利的。大多数人都会为"李团长"违反军纪的行为鼓掌、喝彩,却没有多少人会知道这种违反军纪的行为可能是要掉脑袋的,是要受处分的,也是难以升官的。每次成功的同时,也许都是处分或功过相抵的处理,但那个时代的指挥员并不看重个人得失,而更看重集体荣誉,或是战争胜利。

在随时可能牺牲生命的战争年代,个人得失远远低于生命代价,而荣誉比生命的时间更长。人们也许不会记住一个人的错误,却会永远记住生命所换取的荣誉,因为荣誉不仅属于个人,更因为荣誉拯救了更多生命。在我们的师史和军史中,就有"宝贵的5分钟"的战例。它不是一个编出来的故事,而是用无数战士的鲜血铸就的事实。

在举世闻名的平津战役中,最重要的一仗是29个小时全部解放天津的战斗。这一仗活捉陈长捷,彻底动摇了傅作义的军心,换取了和平解放北京的胜利。

天津是一座被称为是固若金汤的城市，由多重环形工事、城池、地堡组成了明暗街防，弹药与粮草充足，做了充分的准备。对我军来说，迅速打开防城圈缺口，关系着整个战役的成败。

我师是主攻师之一，能否第一个将红旗插上天津城，是所有主攻部队的必争之重，也影响着扩大战果、撕开敌人环形街防等一系列问题。时任我军突击队长名叫裴飞正，也正是他将我军的第一面红旗插上天津城楼，成功打开了进军天津的突破口。

我军有强大的攻击炮火，在进攻前压制了敌军反击。但如果当炮火攻击延伸之后再发起地面攻击，虽然不会使战士死在自己炮火之下，但是会给敌人喘息机会。在现行的战争题材电视中，我们经常可以看到，当敌军炮火猛击时，我军战士会隐藏在战壕或掩体内，等着敌方的炮火向纵深延伸后再回到战斗岗位，迎击敌方步兵进攻。同样，天津守敌也会采用同样办法应对我军进攻。

但是，我军知道炮火攻击和向纵深延伸时间，而敌军并不知道，这就增加了胜利机会。于是，时任突击队长的裴飞正命令部队在炮火延伸之前，提前5分钟发起进攻，冒着自己的炮火前进。正是这"宝贵的5分钟"让部队在敌军准备反抗之前就冲到敌军面前，没给敌军任何喘息之机就占领了天津城楼，突破了敌军的防线，为整个解放天津的战役创造了巨大的战机。

冒着自己的炮火前进，也会给自己部队造成重大伤亡。许多战士没有死在敌人的炮火之下，却死在了自己的炮火之中。这当然是违反军纪的行为，许多人会从道德层面进行攻击——这是多么残忍的事，"让自己的战士死于自己的炮火"！处分是当然的了。

但又有谁知道，如果没有这5分钟的提前进攻，当敌人在我军炮火延伸之后，占据坚固防线的优势进行有效防务时，又会有多少战士将死在敌军枪弹之下呢？又有谁知道，攻占敌人重新稳固有效防守的阵地时，又要牺牲多少战士的生命才能打开一个缺口呢？又有谁知道，如果不能迅速解决天津战斗，傅作义又会有什么样的变化呢？历史是不能假定的，也不会重演，但这"宝贵的5分钟"也许就是决定了历史的关键一着棋，而天津战役的完胜对解放全中国而言则是一个无法用一个处分来否定的巨大成功。军史上将永远记载由三十八军第一个将红旗插上天津城楼的荣誉。

军史中有无数这样的战例，都无一例外地是告诉每一名战士，如何用生命与鲜血，争取胜利，捍卫荣誉。

荣誉在军人的眼中不仅是一面奖旗，更是一种保家卫国的责任，不管是战时还是和平时期，他们都随时做好投入战斗的准备，随时做好牺牲生命的准备，维护社会秩序，保卫人民生命与财产安全。当时，在部队中流行的口号是"革命战士一块砖，党让去哪往哪搬"，"一不怕苦，二不怕死，坚决完成上级交给的一切任务"。责任就是军人的生命，责任就是军人的一切，为了光荣的责任，无论是牺牲生命还是付出血汗，都责无旁贷地勇往直前。正因为如此，也许历史记不住"三十八军"，但会记住"万岁军"这个称号。而今天社会上最缺少的也许恰恰是这种责任感和使命感。

我所在的四连既不是红军时代建立的具有优秀历史的连队，也不是抗战时期、解放战争时期建立的战功连队，更不是抗美援朝时期的英雄连队，当然，也就没有太多优秀战绩（没有太多不等于没有）。于是，就只好在现实中寻找优秀——以节能优秀连队成为当年全军最有名的典型。

我们的连长是一位参加过中印边界反击战，从外部调入的老兵，指导员则是1965年入伍的东北新秀，靠学习"毛选"而一跃成为积极分子。东北的天气让连队取暖成为一个令人头疼的问题，部队大多是供应煤矸石（一种低价煤石）。如何用最少的钱解决最大的困难，成为连队生活与管理的大事。

四连的创新是，在无暖气时代用砖火墙技术，扩大了火炉供暖效果；用拾煤渣的土办法，创造了全军节煤纪录，成为全军的学习榜样。没有战争时代的骄傲，至少也获得了现代专项技术锦旗，这在和平年代大概也算是一种荣誉吧。

新兵训练结束后，开始分班了，大多数战士都进入战斗序列班排。而我这个没穿军装走进军营的"后门兵"，也享受了一种别人没有的殊荣，被分配到炊事班。指导员明确的指示是："城市兵，先到炊事班去锻炼。"

炊事班在固定营队中被称为休闲的自由兵，不用出早操，很少去操练，冬不练三寒，夏不练三伏，也很少按号令起床和睡觉，自由度较大，考核较少。但是，同时，他们从事的也是被大多数人看不起、又脏又累的活计，四五点钟起床，喂完人之后还要喂猪、喂驴（每连有一辆小驴车，拉粮、拉菜），清扫猪粪，拉大粪，浇菜地，三九天也要用冰水洗米、洗菜，拉煤、烧火，捡煤渣、倒炉灰，腌酸菜，衣服上更是油渍和煤灰混合，连被子都是油烟味道，更别提一两个月才能洗一次澡，去去身上的味道了。

如果是野营、拉练，那炊事班可就更惨了，不但要背着行军锅等各种炊具，配料、木柴等装备，和战士们走同样的路，还要早起做饭，中途野外搭灶做饭，入住后要先做饭，忙个四脚朝天，不得安宁。

连长、指导员并不知道我这个所谓的学生兵，并不是直接从北京这个大城市进到部队来的。他们不知道我插过队的经历，不知道我过的是远离父母的独立生活。而这个经历远比那些虽然生长在农村，但从来依赖于家庭和父母的经历更有价值。

人生中，常常有许多经历是令人难忘的，尤其那些人生之初时感觉痛苦的经历。我们尚未成年就独自远行，在无人可依靠和帮助的情况下到农村艰苦的条件与环境中生活，靠自己的一双手去劳动，靠自己的一副肩膀挑起全部生活的重担，不但要生产劳动，还要挑水做饭，缝衣补裤，心中委屈却无处哭诉，手冻裂，脚冻伤，仍要坚持披着月亮上山、望着落日下山劳作。那时的苦，不仅苦在身体，苦在心底，同时，也苦在精神的压抑。

那时，也会痛哭流涕，也会灰心丧气，并不知道在人生的道路上还将遇到什么样的事情。那时，更无法知道那段人生经历的重要与可贵，更不会感谢毛主席"上山下乡"的一挥手，让这些在城市中成长的年轻娃娃在人民生活的艰辛中发现生命的可贵、人民的朴实、万物生长的自然环境和"颗颗皆辛苦"的劳动味道。今天，回首过往，我要说，没有这些经历，也不会有此后生活中的各种精彩。

因此，当连队的干部用他们认为最脏、最累的炊事班的环境和条件来磨炼城市兵时，对我而言，这些工作再苦再累、再脏，也远比农村的生活条件好上百倍、千倍，比较之下，才能知道两者之间的巨大差距。

也只有此时，我才会体会到曾经的那段经历的宝贵，才会感谢那段经历为此后的人生和生活打下了一个良好基础，创造了一个机会和平台，让那段不平凡的经历成为拼搏人生的新起点。

正因为有了插队经历，我可以比别的战士起得更早，可以比别人睡得更晚，可以更无任何顾虑地跳入猪圈和厕所的粪坑，至少不会落于人后。这些令人惊讶的表现无疑为我这个戴着"后门兵"、"城市兵"帽子的"落后分子"换来许多荣誉。

那个时代讲究艰苦朴素，这本是劳动人民的本色，要坚持打倒"党内一小撮走资派"，而"城市兵"则天生带有"小资"色彩，更被称为"温室里培养的产物"。在传统军队干部眼中，"城市兵"进部队要过的第一关正是"劳动改造"、"在艰苦环境中锻炼"的关口。而农村的插队生活让我提前适应了这种生存环境，自然也就称不上是如何艰苦的"过关"了。

他们也许无法想象，一个"城市兵"在连那些农村兵都觉得脏累的工作面前，为什么会无所畏惧地冲在前面。因为，他们并不知道，这些对我来说已不是第一次。在下乡的日子里，当手捧与种子混在一起的大粪播种时，心中是期待收获的喜悦，早已忘记了各种脏和累。我知道，这些是获得丰收的甘露，因此，也学会了如何利用这些值得珍惜的资源。

没有人知道，逆境遭遇或自认为的磨难经历，会在此后的人生道路上起到什么影响。但我知道，不管一个人处于什么样的环境，受到什么样的不公平，经历什么样的艰苦磨难，都必须认真地正视，抱怨并不会给人带来任何收益，而坦然地面对一切困难，并努力征服困难，从中找到生活的乐趣，必将会终生受益。从这个意义上讲，我的一生无疑受益于这段许多人都不可能获取的经历。

炊事班在连队中具有特殊地位，班长被称为是大班长，也许是战争年代炊事班长都是岁数大的老同志担任，于是，这个叫法就传承下来。炊事兵又称为伙夫，而伙夫的称号则大多来自国民党军队的称呼。每个解放军的部队都在解放战争时期接收了大量投诚或起义过来的国民党军队，于是原来部队中的一些称呼也传入了解放军部队中，但这些旧军称呼大多在调侃和玩笑时出现。我们团长就是个俘虏兵，据说也是个炊事兵出身的伙夫，经历了解放战争、抗美援朝的战争，但因为是俘虏兵一直提升较慢，最后以团职退伍。

我在炊事班中的第一份工作就是烧火。烧火是炊事班的技术活，尤其在一个全军闻名的烧煤节能连队，烧火最先学的是盘灶，不但要照常学会盘固定营区中的固定大灶，也要学会盘在农村与野外的灶，还包括战时的散烟灶等。对炊事兵来说，别人训练的是玩枪打炮，而我们练的是挖坑盘灶，一要速度快，二要隐蔽无烟，三要通风、抽力大、火力旺，四要节省燃料。没有一个好的抽风灶，既谈不上战时的速度要求，也谈不上无烟与节能。

盘灶功夫对四连来说是一项过硬技术，是可以到全军各连队推广经验的拿手好戏。对四连来说，也许在军事技术上比不上二、五、八连，但节煤技术则是全军有名的，而盘灶技术则更是无人能敌。

在农村生活时，几乎所有的灶都是火门在前，烟道在后，但营房中的大灶则相反，灶台前干干净净，烧火间在灶台后面，烟道要回风，藏在操作间的大墙上。这样设计的目的是在操作间不会在烧火添煤钩火的过程中出现大量灰尘，从而保持卫生环境，也正因为这些条件的约束才让盘灶发展出回风燃烧的功能。

但仅有一盘好灶还不行，还要有烧火的技术。部队上百人一顿饭，一次要下200多斤粮食，常常要做两锅饭，100人的大锅，装水就要好几桶，火大火小既和时间有关，也和节煤有关，更和是否做出夹生饭有关。如果用的是正常煤，也许并不是件困难的事，但那时部队烧的却是煤矸石，一半以上的矸石几乎送进炉灶是啥样，烧完了还是啥样，不但自身燃烧的能力很差，还会影响好煤燃烧。这就要事先将煤矸石尽可能打碎，再将打碎的煤矸石与质量好一些的煤混合在一起，以提高燃烧质量；当然，还要将没烧透的煤渣再扒出来，重新投入炉中使用——只有这样才能节省更多能源。

老兵们告诉我们，当年创造节能纪录时，每顿饭烧多少煤矸石都是要用秤称的，但获得荣誉称号之后，好像就再也没有听说用秤称的事了。但老兵们留下来的这一套经验还是有效的，至少许多连队还在请我们去帮助盘炉灶，而经我们盘的炉灶至少是比他们自己盘的炉灶要好用得多了。

部队里已流传我曾从燃烧的火炉中，直接用手取出红红的煤块给战士们点烟的故事。这并不是谣传。那时，我每天要挑拣未烧透的煤渣，开始时要用钩火的铁通条。但大灶烧火的铁通条要一米六七长，拨弄煤渣很不方便，慢慢地，我就开始用手去捡煤渣。煤渣外面不红时，并不等于已经凉了，许多还很烫手，常常一烫就把手上的肉皮直接烫焦了。我原以为在农村干活练得满手都是老茧了，捡煤渣没啥问题，但实际却并非如此，也正因满手老茧才没有被烫出泡，而是直接烫焦了。于是，时间长了，满手都是一层厚厚的焦皮，再去捡那些红着的煤块就不再有痛苦的感觉了。

每天长时间地烧火，对每次钩火时漏下来烧完的红炭，已习惯于顺手就捡出来，重新扔回炉膛。久而久之，点烟就不再用火柴、打火机，而是直接用炭火了。厚厚的焦皮会影响翻书（手上没有了触摸的感觉），过不了几天就要用小刀像削苹果皮一样将这层厚厚的焦皮削薄一些，以不影响这双手除了捡煤渣还能干些别的事情。

人的适应能力是很强的，生存环境的变化会让人不得不去适应，只要你不甘心于默默接受，只要你在试图战胜自己，那么就一定能适应不得不生存的环境。我曾经做过的事情，并不是刻意要去做的，并非为了显示或作秀，硬咬牙去拿红煤块给战友点烟，而是一种习惯成自然的事情。在别人的眼中，这也许是一种不可能的事，但如果当你在那个生存环境中不断从尚有余热的煤灰中捡煤渣时，你也会比常人能更多地忍受和习惯于手上的皮肤被烧焦，也能做到常人所不能做的事情。也许，这就像每天锻炼身体一样，你就会比别人更有力气，需要的是你比别人有更多坚持，有累了的时候能再坚持多锻炼一会儿的恒心。努力，总会让你比别人有更多收获。

当我离开炊事班时，除了盘灶烧火之外，还学会了野地求生。军队中无烟灶训练会让你在不乱用明火热水煮食，在有限条件下吃上一顿热餐。几年后，我调到特务连，进行野外侦察训练时，就比别的战士多了一套野外做饭的本领。

人的一生中也许会遇到各种的情况。如果你能将生活中每一次磨炼都当成一次学习机会，求深求精，也许此后的哪一天，这种经历与经验就像一件宝贝，会让你永远处于比别人更领先的地位。珍惜而不浪费每次的机会，总会给你意外的惊喜和收获。

小兵插曲

炊事班中也有红案和白案分工，但都要练得一手好刀功，也同样要会包包子、烤蛋糕。平时，战士们的饭就像"猪食"，小米饭、二米混合饭占多数，面食通常是混合面。冬天的菜也大多是冬储大白菜和萝卜、土豆，大锅炖出来的菜，当然没有什么滋味，只有过节、过年和特训时，才会见到猪肉和纯大米、纯白面。最好的病号饭也就是鸡蛋、面条。那时部队的伙食标准一人一天只有3毛多钱，除去买粮买煤，剩的就不多了。改善伙食，就全靠连队养的猪、种的菜。哪个连队的副业搞得好，哪个连队的伙食就好一些。就像农村中的自留地，所有部队都有自己的农场，要自己种粮弥补军粮供给不足，每个连队也都有猪圈与菜地，以改善伙食。

对农村来的战士和我这种在农村有过吃不饱肚子经历的年轻人来说，最重要的并非是伙食的好坏，而是能否吃饱。至少在部队，不用担心饿肚子。在炊事班当战士，也许会被许多人看不起，但最大的好处则是有机会合理合法地比别人能多吃上一口。

那时的炊事班中没有多少可以"近水楼台先得月"的好东西，连鸡蛋班长都数过数的，剩馒头和大米饭要先供连部，有剩余时才能在别人吃粗粮时，我们优先吃馒头，但这也是个极大的特权。

记得当时连队中先后有几个像我一样的"后门兵"，其中有几个比我到得还晚，都是未经过新兵连训练就直接分到班排之中的。开始他们还很自豪可以扛枪训练，但后来常常晚上偷偷跑来找我，只求能分享馒头，抹上猪油吃，那时也是一种格外的幸福。于是，慢慢地，我就成了他们中的核心人物。

当时最响亮的口号是"工业学大庆，农业学大寨，全国学人民解放军"、"五七干校好"等，用大生产方式来解决"文革"中的发展问题以及停工停课闹革命等因素造成的生产力下降、粮食严重不足等问题。那时的部队也无法仅仅靠国家供给来满足粮食需求，基本上是三年一个轮回：一年全训，一年半训，一年生产，从军到师再到团，都各自按三分之一的分配方式进行训练与生产。

四连不是英雄连队，也不是具有光荣历史传统的连队，因此不管如何排队都属于专职生产的连队。

第二年刚开春，部队就开进白洋淀——河北省高阳县一个叫曲堤的地方，那里是一望无边、一片白茫茫的盐碱地，干旱天气早就让原来是汪洋一片的芦苇荡，只剩下三分之一不到的水面。周围以前以打鱼和编织苇席为生的渔民，早就翻晒船底，干枯的淀塘也变成了无主的土地。力量单薄的渔民无力将这些土地开发利用，也许还在幻想，老天爷遍洒甘露，再让这里变成水肥鱼美的天堂之乡。于是，大批的部队开进白洋淀，准备在这片盐碱地上大生产。

凭借机械化和大量青壮年劳动力，我们修起数公里长的水渠，将本来所剩不多的淀水引入这片盐碱地，开出上千亩的水稻田。战士们在冰碴尚未融化的泥地中，打埂、育秧，用塑料膜保护这些在此地尚不适应的稻种。

农忙时，几乎全团部队都前来插秧，而到了田间护理时，就剩下我们一个连在场部留守，等到要收获时，那些在外训练的部队又都整齐地到农场集合，沟边村庄也都驻满部队。延安时流行的大生产方式仍在继续，持续多年。那时的战士并不懂得什么是宏观经济，只知道上级让干什么就干什么，而今天回过头来看，才知道"文革"时的政治运动并没有给中国带来任何经济收获，反而让中国本就一穷二白的生活更雪上加霜。连部队都必须靠自力更生的生产来满足基本生活保障，而这种对土地占用和掠夺会更严重地破坏自然环境和侵犯周边农民利益。社会并没有在这场运动中进步，反而严重地倒退了。

战士只知道，当年南泥湾的大生产打败了国民党军队的封锁，从而取得解放全中国的胜利，今天的大生产可以"丰衣足食"、"解放全世界三分之二的劳苦大众"，"一不怕苦，二不怕死"、"排除困难去争取胜利"在鼓舞着战士们"与天斗其乐无穷，与地斗其乐无穷"。在白洋淀，他们围堤造田，不断缩小水域面积，不断扩大可耕种田地，要多打粮，战胜美帝封锁，做好一切战备准备。

相比大田里的风吹雨打，炊事班的工作则成为一种美差，虽然免了日晒雨淋，但喂猪种菜也不是轻松的农活。只是农闲时连队的战士也会安排一些军事训练，而炊事班还是在喂猪做饭，不同的是炊事班的人要早起做饭，因此可以在熄灯号之前比连队中的战士早睡。炊事班生活的最大好处，对我来说则是有更多时间读书，比如一个人在烧火间时。那里是一个自由的天地，可以有更多个人自由。

当时，可读的书除了《毛泽东选集》之外几乎没有其他的，记不清是谁从北京带来了范文澜的《中国通史简编》和斯大林的《论辩证唯物主义与历史唯物主义》，对我们来说真是如获至宝，只能传阅。从《中国通史简编》开始，我才对中国历史有了完整了解。中小学阶段，虽然学过历史与朝代，以及中国文化的传承，但"文革"让这一切都成了"四旧"。反而是经历了一番社会磨炼之后，我们才开始真正学会思考，学会重新回顾历史。也许是长大了，也许是不再为了考试而学习，也许是更多的社会乱象无法用学过的言语加以解释，求知的渴望燃烧于内心，而空虚的头脑刚好可以装得下任何的东西。于是，点点滴滴的学习就会有许多收获。

当然，那时最少不了的还是学《毛泽东选集》。虽然不像姜昆的相声《如此照相》中所说，每一张口必先说句毛主席语录，但三两句中也多少带出一句"毛主席语录"。那时军中流行"一帮一，一对红"，即一个老战士带一个新兵，一个党员要帮一个落后战士，积极申请入团、入党则是每个战士的心愿。如果"一帮一，一对红"让几个人都入团入党，或一个人带动、教育另一个入团入党，那都是响当当的成绩。和所有战士一样，我们也会努力加入革命队伍中。

这是一场无情的战争，每个班、每个排都在努力，希望在各项工作中取得比其他班排更多的荣誉，当然也希望自己的班排中出现更多的团员和党员。因此，所有的战士都会更积极地表现自己，早上常常有战士提前起床打扫院落卫生，打扫厕所，许多人晚上努力多站一班岗，老乡之间也在相互帮忙。班排之间，更是你争我抢，所有内外事务都是一场比拼，插秧、育种、开渠、放水、开会、唱歌、整理内务等，都成为一种可以分个高低的竞赛，为此而明争暗斗。荣誉，对每个战士来说，真的比生命更重要了。

今天的年轻人可以感到市场的压力、就业的竞争、知识的竞争，以及学历的竞争、考公务员的竞争等，但是，可能无法理解，那时的环境与气氛中为了荣誉的竞争更具有火药味。今天的竞争，大多都有实物收益，但那时的竞争却没有任何实物收益，除非提干，所有的战士薪金全都按年限计算。而因为责任心而产生的竞争又要求战士必须付出比别人更多劳动、更多汗水、更多代价、而争到手的只是"荣誉"，这些荣誉来自黄继光和董存瑞、雷锋与王杰。而如今，这些在现代人眼中大概都是一场过眼烟云罢了。

今天的年轻人难以想象那一代人的冲动。但部队的战斗力，恰恰就来自对荣誉追求不舍的精神。最能啃下硬骨头的连队，恰恰是在平时训练中就培养出的追求荣誉的冲动、不甘人后的冲动，无论是否有能力都要坚持一拼而勇夺第一的冲动。

冲动，是当时那些尚处朦胧中的年轻战士们所具有的素质，也是支撑部队始终保持旺盛的战斗力源泉和面对各种困难绝不后退一步的精神所在。

当兵的第一年，正是靠着这种被自然感染的"冲动"，我被评为"五好战士"，在第二年年初当上了二排四班的副班长。

按照部队的规定，本应是敲锣打鼓将喜报送回家的，大多数喜报都由部队转入当地武装部，由武装部负责将立功受奖情况登记入案后，再转送到战士家中。而我们这路"后门兵"却无法让部队将奖状转到武装部，因为我当兵走的不是户籍所在地招兵程序，也没有通过当地武装部，甚至不知道自己应归于哪个武装部管辖。我的户籍在陕北延安，我们家在北京，我的父母在干校，我当兵却出自山东。那个时代，这一切都变成说不清楚的一件事。

我的奖状是悄悄寄回家的，没有人知道（当时也不敢让人知道我是个兵）我是光荣的"五好战士"。

幸亏有了这个奖状，否则会闹出更大的麻烦。1971年年初，北京赴延安插队知青工作团的领导和当地派出所的人半夜到我家敲门，当时只有我妹妹在家，一群人像抓逃兵一样准备将我抓回延安。他们以为我胳膊摔伤后早应恢复了，但一直没有返回延安接受贫下中农再教育，必须对我这种行为实施无产阶级专政，押送回延安插队。当我妹妹说我已当兵时，所有的人都不愿相信，以为是一种逃避的借口，直到我妹妹找出我寄回家的"五好战士"奖状，他们才在"全国人民学解放军"大旗的军威下，无奈地离开了我家，并没有再来打扰过了。

这一纸奖状，也改变了当地派出所的看法，街道的打扰大概也因此而减少。

当然，更重要的是这个"五好战士"奖状，让我的父母、为我"走后门"的叔叔阿姨们可以放心，我没有辜负他们的希望。我作为一个革命家庭培养出来的后代，在任何时候和任何情况都绝不会放弃自己的努力，放弃对理想的追求，更不会落于人后，成为一个败类。

虽然我们对"文革"迷茫，但那时无法明确知道中国未来的道路将会如何变化，仍然对伟大领袖毛主席与国家未来接班人林彪副统帅怀有无限崇敬和毫不怀疑的信任。毛林语录更是主要学习文件，纯朴的阶级感情让所有的战士都总怀着红心向着党，坚决跟党闹革命，"誓死捍卫无产阶级专政"。

贫与富是一个永远争论不休的社会问题，从原始社会就存在分配的差异，今天仍然存在分配的差别，并成为社会不平衡发展中影响社会进步和国家稳定的问题。

贫与富，是一个相对比较的结果。当兵的第一年每月只有6元的津贴，但我却成为兄弟姐妹间最富有的人，因为当兵不用再为吃穿发愁。当然，除此之外，我不可能有额外的消费机会。那时每个月的生活费用只用不到一元钱，除了牙膏、肥皂之外，最大的开销是抽烟。

卷烟对战士来说是一种奢侈品，从几分钱的劣烟到二毛钱的卷烟都是奢侈品。绝大多数从农村来的战士舍不得花钱去买九分钱一盒的太阳牌香烟，几乎每位战士都会收到从家乡寄来的烟叶，用看过的报纸自制香烟。那时，所有的烟头都会被收集起来，剥出剩余的烟丝，晒干后再与其他烟叶混合起来，卷成"大炮"接着抽。

河南的黄金叶与山东临沂的烟叶当时被称为上等，将烟叶放入裁好的小纸条中，卷成一头粗、一头细的喇叭形状，抽起来是蛮有滋味的。插队时，老乡们很少见报纸，大多用烟袋锅，只有在请别人抽烟又没有私用烟袋锅时，才舍得拿出几片旧报纸卷的卷烟。但是，部队有专供的《解放军报》等报纸，看完之后通常就变成免费的卷烟纸，也成为招待战友的佳品。与农村不同的还有，火镰变成火柴。不过，两分钱一盒的火柴也会被珍惜，通常，许多人要同时卷好烟，再用一根火柴点多根烟；冬天在有其他火种时，连火柴也都舍不得用了。

每个月能存5元钱，就成了"富翁"。我们插队时，姐姐留在北京的工厂当工人，学徒工每月 18.5 元，不但要吃、要喝、要穿，还要用，比我的负担大得多。她参加一场工厂组织的篮球赛，统一购买一双回力牌篮球鞋，大约 10 元钱，都不得不向我求援。妹妹后来没当成兵，也是父亲的一位老战友帮忙转入山东同村的一家军工厂学徒，一个月只有 16 元，比姐姐更困难。每个月给妹妹寄钱，就成了生活的常态，直到后来她们的收入提高之后，这种局面才慢慢改变。

当兵的前三年津贴是 6 元、7 元、8 元，每年涨 1 元，第四年 10 元，第五年 15 元。不过，这个增长速度虽然比学徒工两年后涨到 30 多元慢多了，但当兵不用在吃、穿、用上有更多消费，我仍然是个月月有存款的"富人"。毕竟，我们不像农村来的战士，要将存款寄回家中给父母，他们的生活负担更重。那时，中国的农民生活在一种更困难的条件之下，几分钱的现金都很少见。驻地周边农村就流传着寡妇会为一盒火柴钱而和男人睡觉的故事，而当兵时的涨一元钱则是一种奢侈了。

如今的一元钱也许顶不上当时的一分钱。那时在农村购买的鸡蛋大约二三毛钱一斤，如今要三四元一斤了，城市中的土鸡蛋会更贵。经历过那个年代的人才能真正体会到一元钱的实际价值。

钱，对提高生活的质量当然十分重要，但是，钱比不上亲情的重要。那时无论是农村来的战士，还是像我们这种所谓的"官二代"，都同样遇到许多生活困境。当我们的父母被下放到干校或关押于牛棚之中时，兄弟姐妹之间就承担起父母应承担的责任，尽一切可能相互帮助，维系这个被"文革"摧残了的家。最困难的时候，人们会发现，亲情远比钱更重要得多，而财富中最值得珍惜的不是物质的多与少，而是那些永远无法用物质换来的亲情。

如今，许多人更注重物质追求，而忘记在这个世界上，亲情是比物质追求更可贵的财富。

拼爹不如"拼自己"

那时的三十八军在"万岁军"的盛名之下如日中天，成为所有当兵者梦想的神圣之地。无数的曾在三十八军战斗过的各级干部纷纷将子女送回到自己战斗过的连队，那里既有他们流血的回忆，也有他们留下的战斗的荣誉。他们的子女在他们曾经生长、战斗过的队伍中，除了感情之外还有关照，历届军长、师长、团长的孩子几乎都集中到三十八军中，分布在不同的师团。这是第一层。

第二层是仍在部队任职的将领们利用各种关系将自己的子女送进三十八军。他们的现任职务当然也会让子女在部队中得到保护。

第三层是虽然不在部队任职，但与三十八军下来的干部有现职联系，他们也会通过这些关系将子女送入部队。

第四层是与三十八军没有任何关系但可以使用当地权力，利用正规征兵渠道将一些干部子女从征兵地送入军队。我就属于这种与三十八军无任何关联，但利用三十八军在山东省正式招兵机会，通过当地军区办理了正式招兵手续而参军。

当然，还有用征兵交换等其他方式进入三十八军的子弟兵。由这些人员组成的号称"三千子弟兵"的强大团体，在部队中成为一个竞争团体。

我所在的三三七团比较特殊，因为它不但是具有光荣传统的英雄团队，更集中了红二代的各路精英，从毛主席的外孙开始，有谷牧、李天佑、彭富九、刘贤权、于敬山、李连秀等当时的中央委员和将军们数不清的孩子，一大批前军、师、团干部的后代，当然还包括许多父母仍被关在牛棚、干校的干部子女，以及各级干部子女等，当时是一道特殊的风景线。按如今的说法，那就是"拼爹"的时代，但实际上，那更是无依无靠而"拼自己"的时代。除了个别在本军担任现职的军师干部外，所有的干部子弟都同样在比拼"个人的能力"。尽管个别现象存在，但"个别"人物如果不能有出众的表现，同样无法建功立业，更何况还有许多双通天眼在监督。

中国有个传统，规定做官的要"告老还乡"，一是让这些京官不得倚老卖老聚集京城闹事，二是让这些京官在"告老还乡"中形成对地方官员的一种监督，让地方官员不能过度腐败，从而让竞争更加公平，打破了仅靠"拼爹"而形成的垄断。

尤其是在一个具有革命光荣传统的部队大熔炉中，在英雄先烈们用鲜血和身躯而争取的荣誉面前，硬实力的较量更有说服力，因此让从文到武的竞争都更加公平。如果在一个连队之中，只有一两个城市兵，那么要拼的只是体力与竞争，至少在文化与认识上多少有点竞争力（那时的农村兵很少有识字的）；而如果一个连队中有十多个这种都多少有点儿关系的城市兵，那么竞争就格外火爆了。毕竟，能当官的只是少数，大多数人没有能力与机会在竞争中胜出。"拼爹"，过去也存在，但却是极少和偶然的情况，而真正的实力在于个人的努力。

这些子弟兵大多都在事后证明是优秀人才，至少极少有蠢材，但在当时部队竞争中能胜出的却是少数。这正应了中国的一句古语"师傅领进门，修行在个人"，不管用什么方式进入部队这所大学校、大熔炉之中，是铁还是钢，能否炼成材，还是要靠个人的努力和表现。

几年之后，这一大批子弟兵们为三三七团、为三十八军争取了无数荣誉，在军、师、团各级的班、排球队中，集中了这样一批子弟兵；在军、师的宣传队中，集中了这样一批子弟兵；更重要的是在中国人民解放军全军的三项全能比赛军事项目中，也集中了这样一批子弟兵。我记得，全军的刺杀比赛中前十名中有九人是我团的子弟兵，连10公里越野等以耐力、体力为主的比赛中，也都以子弟兵为主。而理论业务的比赛与考核，更毫无疑问地被以文化为优势的子弟兵包揽。

这三千子弟兵虽背负"后门兵"的恶名，至今仍被社会与不知真相的民众以"拼爹"之名而指责，但他们却并未辜负父母的期望，担当起时代责任，用实力证明了自己的能力。

那时，刘历远只身跳入冬季农村深井，抢救百姓生命，曾被军队树为学习榜样。他曾在"文革"中被以打砸抢罪名关押，成为被劳教的孩子。虽然父母身居高位，却屡被命运折磨，1968年曾以"后门兵"入伍，但只有几周时间就因父亲被批斗而被退回北京受审，1970年才再次入伍。

那时，农村中的派系斗争已形成你死我活的对立面，"支左"的部队根本无法打开局面，但这一跳井救人的子弟兵的行动普遍在群众中引起好感，也树立了解放军子弟兵的光辉形象，为部队赢得信任创造了条件，对后来平息武斗、收缴武器起到了意想不到的积极影响。而这种案例在各连、各排中都曾出现。"子弟兵"的称号在大家共同的努力下，最终代替了"后门兵"，成为正面形象。

"文革"时，三十八军，这支林彪曾经指挥的四野一纵，抗美援朝中的"万岁军"，作为中国最有战斗力的一支铁军，被从关外调入河北，驻扎在距北京最近的地方，成为保卫北京、保卫中央、保卫革命政权的核心力量。

珍宝岛战役之后，发出了一号战备令，准备对付北侧之敌。于是，大练兵全面展开。在冬季拉练中，部队在各种训练中跑遍从北京到河北的山山水水，积累了丰富的战斗技术经验。这片抗日战争时期就有着光荣革命传统的山区、平原，也在培养着新一代的革命军人，"备战备荒为人民"的响亮口号在当时压倒一切，并让人们几乎忘记了那是一个"文革"的时代。

我们所在的连属于"备荒"的生产连队。当大部分部队进行训练时，我们还在农场坚持生产。我当兵时的第一年和第二年中的大部分时间在农场承担生产任务，以保证部队的口粮安全。

1971年年初，为参加"十一"国庆天安门阅兵式，我们又开始了队列大练兵。一米七以上的战士都被列入阅兵式训练，当我们在大田里放水、抓鱼时，他们正在操场上"拔"正步，准备为军、为国争光。

部队的战士将走正步队列训练称为是"拔正步"，因为当把走正步分步慢动作时，就不是"走"而是"拔"了。战士们要一只脚着地，另一只脚距地面30厘米，两腿站、踢得笔直的，如此站立数十分钟，像一根钉子一样一动不动，称为"拔正步"，是"旱地拔葱"。烈日之下，这种站立的拔，会让汗水打湿整套军装，却不会动摇战士坚定的信念。

从单兵动作到队列动作，正步走是最严格要求整齐划一、落地有声的，手臂一样高或一条线，前有横后有斜，踢腿一样高，步伐75厘米一步，不多不少，数十人一排，要保持同步节奏，要保持一条线，没有艰苦的训练，几乎是不可能的。

接受毛主席在天安门的检阅，在当时是一件令人兴奋而备感荣耀的事，尤其是那些未经历毛主席接见红卫兵、没去过首都神圣的天安门广场的农村战士，更是件一生之中最大的事。能作为三十八军的一员，代表全中国人民解放军在天安门前走着正步接受检阅，是一生中永远的骄傲。

然而，众所周知的原因让这个美好的梦破碎了。

当巨变发生之后，所有的部队似乎都不再以历史荣誉作为一种骄傲，而更注重于自身的大练兵了，但骨子里的那股傲气、那股勇争第一的精神却是无法被代替的。这支部队仍然是一支打不垮、拖不烂、战无不胜的英雄部队。

以后在各种训练、演习和特殊任务的完成中，也都证明了这支部队的战斗力和英雄精神。部队的历史与光荣再一次成为军队灵魂，至今仍鼓舞战士们的士气，这是一种无法用语言替代的精神。

当兵的时候，我甚至不知道父母的消息，自插队离开北京之后，数年之中都没有再见过父母一面，还是从姐姐那里知道他们一直在盘锦的干校。但对他们的生存环境和政治处境一无所知，更不用说得到他们的关怀与照顾。其实，那时大多数干部子弟都是在这样一种条件下独立生活过来的。

今天的年轻人认为那时的"官二代"会得到父母的照顾而一路青云直上九重天，以为那时就像现在社会中存在的某些腐败现象一样，是个靠爹靠官的时代；以为所有的"官二代"都是"公子哥"，都是"太子党"，都是靠着一张关系网爬上"龙门"，取得荣誉与富贵。且不说那时的干部自身的革命性、党性与纯洁度与今日完全不可同日而语。毛时代的革命纪律与反对资产阶级思想的强大威力，早就将"私"与"修"消灭于"一闪念"之中。更不用说，当时我们进入社会，正是成长中最需要父母的帮助与指导的时候，但他们正处于被打倒之中，关入牛棚或在下放劳动，我们不但无法依靠他们，甚至还要在头上加戴一顶"可以教育好的黑帮子弟"的帽子，成为长期的思想负担，引发了长期的社会敌视。这也让我们清楚地知道，不管前途将遇到多少艰难险阻，都不得不勇往直前，靠自己的努力去争取未来。

总之，那个年代的军旅生活主要还是要自己做决定，而更多的"爹"是希望培养出一名能为国家奉献的接班人，而非践踏法律的败类。

在部队中，"爹"也在竞争。我们团中的"官二代"分成八个层次。一是现任军师各级干部子女，二是前军师领导子女，三是现任高于军师职务干部子女，四是非我军师现役干部子女，五是非我军师非现役前军队干部子女，六是其他非军队干部子女，七是非军队非现职干部子女，八是尚被下放在干校、未被解放的干部子女。

虽然有正规与杂牌军之分、军队与地方之分、现役与非现役之分、在职与非职之分，但是，除个别外（如现本军干部），连排层干部大多分不清"爹"的身份地位，而是按成绩与能力提出建议，就将"爹"的功能削弱了；数千百之众的竞争，也将"拼爹"削弱了。最终绝大多数人处于一种城市与农村、官与民之间相对平等的竞争环境。而我虽被称为干部子弟，但多处于是好是坏尚未定论的最底层，除了靠自我努力之外，无依无靠。就像多次填表才入党，我也曾填过多次干部提干表，这些都在证明：仅靠爹在那个年代是靠不住的。

1973—1974年间，正是步兵"打坦克"的训练期。于是，我成为到各连队讲解地雷与炸药包的小教员。虽然不是个官，却也是"专家"一个，威风十足，更重要的是结识了更多朋友。各营都住在一个营房大院，但大多是在营内活动与交往，营与营之间的接触机会较少，而团直属队与各营之间的配合就更少了。

那时的部队多是半生产、半训练，而特种兵则训练得多一些。在生产之年，军队会在团农场、师砖场、军盐场或军区指定的工程之间轮换，这一年基本没有专门的军事训练与考核，但冬季则大多会进山拉练。在半训年，一半部队生产，一半部队训练，也会轮换，让部队有更多的训练时间。当兵毕竟还是要准备打仗的，军事考核还是定期进行的。在半训年，特殊兵种一般还是以训练为主。因此，到特务连之后，除了个别秋收活动，我们都在训练。而到了全训年，部队便都集中在营区或山区训练，各营才有机会每天见面，训练虽在不同场地，但星期天还会走营串连，见了老乡，有时还聊聊家常。

不过，像我这种可以通过正常训练而不断到各营、各连走动的并不多。因此，我也成为团里的名人，许多战士我不认识，但他们几乎都知道我，称我为"教官"，一个不穿四个兜军装的"教官"。

这项训练也要进行比赛和考核，于是，我就成为各连邀请的"专家"。除了正规训练课时之外，有的还要"开小灶"。经批准，我就光明正大地有了特殊的自由，训练间隙也多了些其他乐趣。

"文革"之时，麻将、扑克等都被当成"腐朽的资本主义残余"被粉碎了，但进入20世纪70年代后，扑克又回到社会之中，成为一种娱乐工具。一些北京的朋友就凑在一起学起打桥牌，而我在上初中时就学会了桥牌，自然也成了桥牌的传播者，不但教会了许多干部战士，还私下组织了桥牌协会，举办各营之间的桥牌比赛。

我用橡皮刻了个协会的章子，给会员发起会员证。这也是"文革"在学校时学会的手艺，专门刻红卫兵组织的印章。外出串联时，红卫兵的介绍信比什么证件都好用，既可无偿乘车，还能不用钱和粮票混饭吃。那时，我也学会了刻钢板和油印，没想到，这些雕虫小技，后来都派上了用场。

我有了到各连窜来窜去的优先权，才建立起相互的联系，让这项娱乐活动在一个较大范围内开展起来。那时的计分水平落后，先是计局分，后来才改为贴点式，而远远不如今天的计分法合理。但乐趣比输赢更重要，尤其是在那个几乎没有什么书可读的年代，这无疑是一种进步。

1974、1975年有了更多的军事实弹演习，尤其是邓小平复出并担任军职之后，军队训练在批判大比武之后又掀起一个高潮。所有实弹演习都给我们最好的表现机会，排布雷区、演示炮火效果，都是我们排的专业（大家在电影中看到的那些炮火燃烧、建筑物爆炸的场面，其实也都是我们这一行展示的效果）。而在一场演习中最精彩的正是我们在幕后操纵的烟花，尤其是傍晚时分的爆炸，在一片绚烂的火光之下，硝烟弥漫，士兵们穿插于火光之中，时隐时现，更是逼真和壮观。

1974年，在对团的演习考核中，我试验了各种烟花技术，让部队和师团领导都看得眼花缭乱、目瞪口呆。在年底军区领导来团里进行原子弹爆炸之后的测试，团里给我们排下达了模拟原子弹爆炸效果的任务。那时别说我们没见过原子弹爆炸，就连原子弹爆炸的蘑菇云图也都是领导现给的。而如何展示爆炸之后的蘑菇云是谁也没干过的事儿。虽然教材上也有过案例，但谁也没试过，排长将这个任务交给了我。

那时，我又当上班长了。我带了几个战士用装汽油的油桶，在上部捆上一圈硝铵炸药，在野外进行试验。没想到，炸了一次就出来蘑菇云，但并不高，圈不大，没有威力与火光。我分别用TNT、导爆索、在汽油中加入镁粉等方式进行不同量试验，最终让军区干部们大开了眼界。镁粉在汽油的燃烧中发出耀眼的白炽光，增加了爆炸效果，高高升起的蘑菇云久久不散，即使在傍晚夜色中也清晰可见，再加上其他的发光弹，爆破效果真是如同战场。

事后，司令部的参谋们告诉我，考核的干部早已忘了步兵的神勇，而一直谈论那些漂亮的蘑菇云。没见过原子弹爆炸的老士们，还真的将这个演习的效果当成了一件开眼的事！

这两场配合行动都受到上级好评，我也出了名，于是，提干上了议程。但是，第一次提干没有通过，我这名优秀战士却因超龄被挡在了门外，排长都没当上。

1975年军事演习考核又给了我一次机会。进山之后，我接到了司令部通知，作战参谋直接将演习方案交给了我，让我来做整个演习效果的配合方案。这在团里大约还是第一次。过去，都是作训股提出演习配合方案，交给我们执行任务。正是由于前一年的成果，这次司令部直接将配合方案的制订也交给了我们。

在与排、班长们一起进行讨论中，排长全权让我来设计安排。其实，排长早就知道了我的能力，更希望给我更多的表现机会。这是一次较大的实战演习，师领导也会直接在团里指挥现场，接受军区考核。我们当然知道这次行动的重要性，更不敢有丝毫的马虎与失误，进行了周密的设计。我们的方案一条没改地被作训股通过了，也得到司令部的认可。

我们将有限的兵力分布在不同的山头，设置了多道火线，加大了烟火浓度，尤其控制好时间，防止实弹的爆破对部队前进造成伤害，一旦出了人命那责任就重大了。重点的部位则不是靠电控，而是完全靠人来控制。许多炸药在实弹射击的弹道坑中隐藏，用人工控制模仿外部投掷效果，既保证效果，又保证安全，确实费了我们不少工夫，也承担了一些风险。

在整个演习战场，一大片的山头，我们不知提前跑了多少遍，埋了多少个点，挖了多少个掩体坑。如何转移阵地的路线，每个战士都多次跑位；每根导火索的长短、每个拉火环，也都要安排到位；预埋的电线都要多次试验线路和安全可靠性——实弹演习可是开不得半点玩笑的。

当然，功夫不负有心人。演习很成功，既保证了真实、热闹、美观的效果，又没有发生任何事故，反倒是步兵连的配合中，隐藏得不够好，发生了被折射流弹和碎石击伤的事故。工兵排的保障配合得到了表彰，现场观战的张副师长更是赞不绝口，给了我们许多的夸奖，也让他事前的许多担心消失了。

我记不清，演习开始前因为什么，张副师长曾要求我们减少一些爆破效果，尤其要撤掉在实弹射击弹道范围内的爆破，要最大程度地保证演习配合的安全性。为此，我越级向张副师长做了汇报，并拍着胸脯、夸下了海口，保证安全，副团长吓得在副师长背后向我摆手，但演习马上就要开始了，战士们早已就位，无法临时改变方案。我也只好硬着头皮，犯了一次反抗命令的错误。张副师长同意了我的意见。万幸的是，效果还不错，也没有事故，军、师两级都给出好评。这个犯上的错误也很快被副师长和副团长遗忘了。我这个战士又有了一次提干的机会。团里试图直接将我提为副连职干部，跨过排级干部的年龄线，但遗憾的是，这次又没有被批准。

好在这些成绩没有被遗忘。那年我因成绩突出，尤其是演习配合任务完成出色，而被获评"个人三等功"，同时也为工兵排记了集体三等功。这是我当兵以来的第一次立功，开始有了第一枚三等功勋章。当兵的第一年，我曾被评为"五好战士"，那是我在和平年代的最高荣誉，而立功在没有特殊任务和优秀事迹时是件很难的事。自林彪事件之后，部队整体取消了"五好战士"这个称号，一般的成绩优秀和表现突出也就能获得连队的嘉奖了，而嘉奖我几乎每年都有，这也只是个连营级的嘉奖荣誉。而战士立功则不同，立功是由团一级颁发的命令，二等功则要由师一级才有权决定，级别越高、范围越大，竞争越激烈，获奖难度越大，荣誉的级别越高，这些也影响到退役、退休时的待遇级别（对农村兵而言，补贴有所不同）。"功臣"二字，过去是在书报和电影中经常看到，如今我也戴上了勋章，成为了一名功臣，部队给我的不仅是一枚军功章，不仅是一个荣誉，更多的是未来和希望，是一个新的起点，是对辛劳付出的肯定。

虽然我的努力并没有把我送上干部的岗位，但我至少用行动证明了自己，至少可以用军功章给父母一份安慰——我在履行自己的责任。

许多战士选择了复员，于是，提干再次成为大家关注的话题。

提干的机会总是少数人拥有的。当大家都同样优秀时，这个机会只能优先给对部队更有价值的人，当然包括"拼爹"的因素。而许多人只能靠自己而没有"拼爹"的实力。不过，农村兵不必担忧"拼爹"，部队知道要靠他们稳定部队的大众群体，"铁打的营盘，流水的兵"，但每次从一个地区成批招兵的制度，让部队习惯于把当地战士提干，以便管理招兵工作，因此，抵消了"拼爹"的影响。至少老兵们都知道这种当地兵的带动效应，而"拼爹"是无法替代这些乡土之情的，而部队的战斗力常常与这种乡土之情融为一体，造就不可缺少的凝聚力。

那时规定，三年义务兵复员回城就业为一级工，拿32元工资；而超过五年的服役期则可定为二级工，拿40多元的工资；八年以上，则定为三级工。因此，三、五、八年的服役期成为三道门槛。当自认为没有提干可能之后，许多来自城市的战士都会借此而做出选择（当时城里的复员军人是保证安排就业的）。而我并没有急于回京就业的打算，又因立过功，曾两次讨论提干都未成功，仍想做一次最后的努力。

我始终相信，努力付出就一定会有收获，而所有的不成功，都是因为没有做出最后的努力。

入党之艰

上中学时，班上第一位辅导员叫姚明伟，中间是蒋小泉，后来是王岐山。当时，有初高中的学校，通常是高中里的佼佼者（党员或团干部）到低年级初中班任辅导员。初一时，我还只是少先队员，初中退队之后，岐山就鼓励我积极争取加入中国共青团。但是，那时心思似乎不是干革命，而是"学好数理化，走遍天下都不怕"，因此，没有提出申请，但经过"文革"，尤其是进入部队这个大熔炉之后，入团、入党则成了必争目标。

城市兵进入炊事班，反而给我开了入团的绿灯，只要能吃苦，干好自己应干的活，炊事班这个被大多数人认为脏活、累活多的地方，就成为"镀金"的摇篮，越是没人去的地方，反而会换来同情与尊敬。因此，不到半年的时间，我就被批准加入共青团，从时间上走在了大多数同年入伍战士的前面，在第二年当上副班长。

但申请入党则成为一件难事，经历三次曲折，也证明自己成长中的不成熟，当然，这也严重影响到升官提干等其他的后续发展。

第一次被党组织批准填写入党申请表的时间早于同年入伍的大多数战士，但我连提交党支部讨论的机会都没有，就自我灭亡了。

记得那天的中午，我的入党介绍人、当时的排长刘军生，让我留在营房填写入党申请表，告诉我将在下午的党员大会上讨论我的入党申请。当天的中午，全连安排在营房外菜地种菜，而我则没有参加种菜活动。

部队的任何活动几乎都是一次竞赛，这已成为惯例，种菜、劳动和训练同样都会以班、排为单位进行竞赛和评比。而落在后面的班排，毫无疑问会受到批评，而被批评，当然不是件光荣的事。

我当兵时部队中许多人是1968年入伍的山东掖县、北京房山和大兴、四川、山西和河南兵，1969年春季入伍的主要有山西、河南兵，1969年秋冬入伍的则以江苏、湖南、河北、四川兵为主。很明显的是，山东掖县兵占有文武竞赛的优势，三四年之后，大部分班排长的位置都被山东兵占领了。当时，我的班排长都是我的老乡，是山东掖县的兵。也正因为这层关系，平时在一起打打闹闹的事也就很自然，排长和另一个掖县的班长就成为我的入党介绍人。而我的班长却自认为卡住我这个副班长的入党门槛，有助于加强班长的权威地位，反而没有成为我的入党介绍人。因此，排长让我不参加劳动在营房填表，也让他吃了一惊，似乎还有些不愿接受这个现实。

我并不知道中午劳动竞赛的结果，但从班长满身尘土、吊着个长脸回到营房的情况上看，大概我们班没有获胜，而这与我要入党了的表现成为强烈反差。

更糟糕的是，我们班拿了个倒数第一，班长一进门就将满腔怒火烧到了我头上，劈头盖脸地一通大骂，将原因都扣在我身上。确实，班里少了棒劳力时，无疑会影响竞争力，但不参加劳动并不是我的逃避。当我试图用排长的命令当挡箭牌时，反而更引发了对班长自尊心的伤害，手中挥舞的入党申请表也成为一种挑衅。

过度的高兴与低落的情绪在对立之中爆发了。愤怒的班长开始动手抢我的申请表，没去劳动是因为填表，于是，这张表成为祸根。班长的气撒在我头上，也撒在这张表上，而我则视这张表为政治生命，当然也会无畏地反击。如果在平时，也许我和班长的搏斗会势均力敌，但班长是一种情绪发泄，底气不足，而我是在保卫政治生命而全力以赴，班长最终被我打翻在地。

争斗是以我的胜利结束了。但这张被我拼命保护的入党申请表却作废了，不管是什么理由，一个将班长刚刚打翻在地的副班长，都不可能在下午被讨论如何加入中国共产党。

这一仗我赢得了许多新战士的敬佩，但在部队以下犯上是大逆不道的，而老压新、上压下已成为一种惯例，是部队战斗力的组成部分，同时也让无数优秀的战士感到无限压抑。他们总试图用各种方式和成绩向这种传统挑战，但却难以得到认可，更无法用公开对抗的方式证明，无法用一对一的方式展现。而我对班长无理行为的对抗，尤其是一对一地将班长打翻在地，给了他们精神上的鼓励和发泄的机会。他们只能幻想挑战老权威。

然而，这种胜利给我带来的压力是巨大的。这一战将我长期努力工作的一切成绩都抹杀了，多少个日日夜夜的加班加点，多少次的摸爬滚打，多少次行军中帮战士扛枪、背包，平时帮战士洗衣、缝被、站岗……这些努力和付出都在一时好胜之中丢失了，而更重要的则是上自指导员下至班长，这些老兵都想维护传统与特权。"铁打的营盘，流水的兵"，每个战士都可能调动和复员，不再受军纪约束，但军营、部队这个铁打的营盘是不会改变的。而维护这个铁打的传统，则成为每一个在其中成为一砖一瓦的军人的自觉意识。任何试图破坏和挑战这个传统的行为无疑都是大逆不道的。任何时候，挑战权威、挑战传统都面临巨大压力，尤其是以一个人的行为面对一个巨大势力，哪怕本身并不是为了挑战传统，而只是想保护自己的权利，但无论如何这种行为都会为自己引来烧身之火，也会为再次争取加入党的组织增添无数困难。

是一种完全的偶然，是一种得不偿失的行为，还是一种生活的考验？当事情发生时，人们也许来不及去想事件可能引发的后果，也无法预测可能产生的长远影响，而行为都在瞬间发生了。如果人们能预知所有的一切，那么这个世界就不会有精彩了，更不会有进步和惊喜了。因为未来有无数的不确定性，人们才会努力去奋斗、去坚持、去追求、去探索，而失败被称为成功之母，是因为失败会告诉人们，许多在顺利和成功中无法知道的辛酸、痛苦、后悔和冲动等，只有身历其境才能感受。尤其对于一个刚进入社会不久、只不过20岁的年轻人来说，失败、失误都会留下深刻的印象。失败对于一击就垮的人而言，是没有任何意义的，也不会成为成功之母，只有那些将失败当成一种考验，从失败中寻找原因，汲取营养并将失败踩在脚下，勇敢地从失败的门槛上跨过而顽强地争取明天胜利的人，才会从回顾失败中找到生活的乐趣，像欣赏美好的生活一样，把它们当作音符谱写入不断演进的乐章。

一度，我也曾沮丧，但更多的则是自我检讨。那时，父母都还在干校，兄弟姐妹各居一方，没有人可以听你倾诉，所有的痛苦都只能自己承担。而无依无靠背后则是一种责任的压力，一种不能再给父母精神上增加任何负担的压力。也许，我们无法帮助他们重回领导岗位，过上正常人的生活。但我们很清楚父母的心愿，是希望我们能加入中国共产党组织，成为一名共产党员，这是他们一生的追求。那些送我来当兵的叔叔阿姨们，也将希望寄托在我们身上，他们最大的安慰与回报，就是我们也加入到他们的队伍，成为中国革命领导力量中的一员，这成为支撑我努力和坚持的一种强大力量。

"文革"之中，我们这一代人尽管并不明确人生的发展之路，虽然在心中崇敬伟大领袖毛主席，深知领导我们事业的核心力量是中国共产党，但是，"文革"也让我们对革命的前景与方向、对中国的未来方向产生迷茫，盲于革命一代的前辈为中国流血牺牲却不断被打倒，盲于不断革命中的权力之争，盲于一派"誓死捍卫毛主席"而另一派"誓死保卫共产党"，盲于"打着红旗反红旗"事件不断的发生，盲于如何才能实现共产主义的远大理想。

也正是因为这种迷茫，反而促使我们这一代人努力地想要加入到党的队伍之中，成为其中的一员，以更多地倾听党的声音，了解这个组织内部的运行规则，更想参与一份力量，而不是在外面作为一个旁观者。这是一个门槛，也是一种资格，更是一种荣誉，被革命前辈的鲜血染红的一种荣誉。"入党、入党、入党"，这就是睡梦中、耳边不断响起的声音。这是当时最明确的短期目标，一个不仅是努力争取而且是迫切要求尽早实现的目标,一个不管前途路上多艰险也必须不达目的誓不罢休的目标。

很快,我从步兵排调入了炮排,所以,征程又从零开始了。

1970年后,部队里的骡马换成了摩托,半自动步枪也换成全自动步枪,连队还配备了汽车,这是中国人民解放军全军的第一个摩托部队,但生活却没有现代化,除了办农场以保证部队的口粮之外,还办起了小工厂,用土法生产单晶硅,但没多久,单晶硅炉就发生了爆炸,四名战士被炸得残缺不全。于是,团里又开始其他的生产,汽车是重要的生产工具。但严格的纪律让所有军事装备必须服从军事行动,而不能用于生产服务。于是,我被派回北京为团里购买汽车。

部队很清楚每个子弟兵的家庭背景,也很会利用这种社会关系。"走后门"已成为计划经济时代采购的重要途径,但唯一与现实社会大为不同的是,那时的"走后门"几乎没有以将钱财装入个人口袋为目的的,总是都能找出一个符合当时政治口号的理由和原因。在"全国山河一片红"的革命思想压力之下,每个人都在"斗私批修",到处都是"批评与自我批评"。"走后门"也都必然地打着一心为公的招牌,使之变成一个为了"革命"的正义活动。

是的,当我拿着盖着部队代号大印的介绍信进出所有的政府机关时,"军委会"管理之下的工作人员都是满脸笑容地接待。在"全国人民学习解放军"的大旗之下,一个普通战士也许正在指挥着一个曾经指挥过千军万马的将军,只因为这个将军到了地方工作,正在接受"军管"。

解放军向地方政府求援,"走后门"申请在正规的计划供给之外,购买一辆北京生产的120汽车,也变成了支军、支"左"的正当活动,当然,没有熟悉的"后门"关系,打破计划仍然是一件不可能的事。但在那种随时都有政治风险的环境中,再硬的"后门"关系,也要有能为"走后门"特殊性做掩护的足够强大的挡箭牌,至少让破例审批的官员不会因此而承担政治风险。"支持军队建设"在当时就成了最好的政治理由,任何人都不敢和不能对支持部队建设的革命行动提出反对意见。

虽然历经挫折,但在多方共同努力之下,经北京市计委批准,我终于完成了任务,为团里购买了一辆120小货车。今天,这车已算不上什么稀罕物,但在那个产品短缺的时代,可以说是天大的事了。

我们这些无知无畏的孩子也借机学会了开车,团派来的司机赵建华也是干部子弟,他教会了我开车,但这个借机却给我带来了许多灾难。灾难一是,后来和我一起回北京的一位姓金的战友（已经英年早逝）的弟弟趁大家熟睡时私自将车开出去玩，而这二把刀无情地将车撞在了树上，还好没有出人命。

当我们从美梦中被惊醒时，才知道大喜之后的大悲是一种什么滋味！

我们不敢向团里汇报新车被撞之事，但一个月只有几元人民币的津贴又如何去修车呢？我们自己当起了修理工。

半夜，我们将前挡风玻璃都撞碎的新车开到了修理厂门旁的马路边，等待着修理厂上班。没有了往日的欢乐，只有天上的星星在嘲笑我们。

幸亏有解放军这面光辉的大旗，修理厂的领导和工人师傅们像当年在解放战争之中一样，给了我们极大帮助，将工作分解，让我们自己干所有粗活，他们只干技术活，这样就能将修理费用降到最低。于是，我们就在三十八九摄氏度的太阳光的照射下，开始了拆卸、打磨等各种能干的工作，好在身上穿的这身虎皮才少了许多民众的围观，也正是我们在部队的锻炼，无惧于各种吃苦的活，更别说脏与累了。我们同样感动了那些工资收入不高的工人们，他们也帮忙加班，干了许多额外的活儿。终于，我们在没有外援帮助的情况下渡过了难关，用最少的钱将车几乎完美地修好了，而每个人都难以忘怀这段并不光彩的经历。

不过，这最少的钱也是我们当时的收入无法支付的，只好用最原始的、欺骗的办法来弥补这个空缺。

那时，没有几个能以公务名义报销公共汽车票的，更不用说出租车了，但我们可以，于是，就骑着自行车在公交车站垃圾桶里寻找票根，将五分、七分、一毛的车票根一叠一叠地贴在一张报纸上。如果要能偶尔捡到几张两毛一张的票根，我们就会高兴半天。用这种方法，我们积累了一些票根弥补修车费用。当然，还要靠朋友和家人的帮助才能真正过关。

当时的年轻人早已有多次身处无援之困境的经历，常常在未成年时就必须独立做出对未来的一生都具有极大风险的决定。而且，许多决定都是在根本无能力、无条件可以判断未来发展起势的情况下做出的。

屡战屡败之后，我们开始学会了思考，学会了不再盲从而独立做出决定。

当我们的父母被当成走资派被打倒时，我们做出了正确的决定，要保卫我们的父母，保卫他们曾经为之浴血奋战的信仰。我们坚信他们是坚定的共产主义战士，于是我们也被打成了"保皇派"，但我们绝不会和父母脱离关系，也不会为此而低头。

我们做出了决定，宁愿因此当"黑帮子女"，终生背上这个恶名。

当我们的父母被关进"牛棚"、"干校"时，我们做出了正确的决定，不需要被什么人"托管"，而勇敢地担起家庭的责任，我们虽未成人，但洗衣、做饭都完全独立安排，兄弟姐妹之间合作从未因缺少父母的仲裁而有失公平。

当我们在农村插队时，我们不得不自己决定向何处去，不得不对自己的行为承担责任。当我们凭一纸电报而奔波去当兵时，没有人可以发表讨论意见，都只能靠自己做出决定。于是，我们从"文革"开始就不得不自己做出决定，包括盲从，包括一点点清醒，当然也包括面对陌生世界的无依无靠。

那一代人也许尚有许多迷茫，不知道未来会是什么样，但都养成了绝不退缩、勇敢面对的个性。我们知道"天下没有救世主"，只能靠自己去奋斗，哪怕最终并不是一个理想的结果，但至少我们努力了。我们对得起自己的良心，我们承担了应承担的责任。

在听到撞车消息的第一时间里，我们首先的反应是问"是否伤人？"，然后才是"车撞得有多严重"，才是"如何去修车"、"如何向团里交代"，如何让坏事变不成好事，也要说得过去。虽然那时我们都不成熟，但却习惯于思考，习惯于有计划和节奏地解决问题，最重要的正在于我们知道除了硬着头皮往前闯之外，我们没有任何退路，置于死地而后生，已是我们常常身不由己的绝境。

独立自主恰恰是一个人成长中最需要挖掘和培养的精神，花可以靠养，但人的精神则相反是靠逼的，常常在被逼无奈之中的磨炼，才让这种精神具有随时都可以被激发的活力。

撞车事件不管多困难，但都没有将我们打倒，在一群人的共同努力之下，终于可以交差了。

但这一阶段发生的另外一件事成为几乎无法跨越的障碍。

部队强调最多的是"三大纪律、八项注意"，其中除了坚决服从命令、服从指挥之外，最重要的大约就是男女关系了。"文革"以来，"以阶级斗争为纲"成为社会的主导灵魂之后，爱情就成为小资产阶级的产物，不但文艺作品中没有了爱情的表述，在现实生活中也成为禁区，在部队这个满营房都是男人的世界中就更是禁区中的禁区了。《柳堡的故事》在部队只是一个美好的传说。那个年代，战士除了在家之外，是不得谈恋爱的，而干部才有资格谈。只要是在营房这个地界之中，爱情就是个潘多拉的魔盒，一旦打开了就再也无法控制，因此，部队非常严格地按住魔盒的盖子。而我们则成了打开这个盖子的人。

那个时代是个"全国人民学习解放军"的时代，除了部队在地方政府、各大部委机关军管之外，连工业厂矿、文化团体、农村支部也都被军事管理，同时，文艺团体也下放到部队进行军训。到我们团军训的是中国铁路文工团。今天也许很少有人知道这个文工团的名字，但大家都还会记得北京有个二七剧场，这个团里曾有侯宝林的儿子侯耀文在说相声。

铁路文工团有三个分团，一个是说相声的曲艺团，下放在一营，曲艺团给我们带来了无穷的欢乐，但也给一营的战士们带来了许多苦恼。说欢乐大家都很容易理解也容易接受，而苦恼最后也会变成欢乐，就不是所有人都能理解和接受的了。

说相声的人有个拿手绝技，那就是"学"，可以学各种各样的声音，并且惟妙惟肖。正是那个当时还不是很有名气的侯耀文，经常在战士们高高兴兴地过礼拜，有的洗衣，有的下棋，有的睡懒觉时，躲在窗台下或室门外，突然学起团政委或团长的声音，还用战士的对答，告诉屋里的战士们，领导下连队视察了。吓得那些衣着随便、行为不雅的战士们迅速穿衣叠被，乱作一团。等战士们整装待发之后，这个领导的声音突然消失了。战士们出门一看，哪里有人在？连侯耀文都不知躲到哪里去了。直到这种事发生了许多次，战士们才发现了这个"秘密"，也将曾经的苦恼变成了美好，变成了欢乐。

杂技团驻扎在三营，一群天真的孩子在苦练着残忍的绝技，更多的是有保护之下的危险，各种有趣的手法和"猫腻"，也让许多战士对魔术与戏法入了迷，对大师们敬而远之，总怕身上的子弹会面对面地就不见了。愉快的是他们常常在点烟时故意不拿出火柴，等着魔术师来点火，总想借机学两手，但每次都无可奈何，根本没有看清魔术师做了什么动作，他们会从战士的头上、肩上、腿上、鞋上等任何地方，抓来一把火就把烟点着了，总是让战士们保留着无限的神秘感。

驻在二营四连的是歌舞团，这当然是一群最青春浪漫的花样青年。男男女女都十分秀丽，除了个别歌手之外，都是和战士们同龄。他们和我们一起出早操，我们跑步，他们压腿练腰；我们高喊口号，他们唱歌吊嗓。最吸引战士们眼球的则是像仙女下凡般的姑娘们，不仅农村来的战士会眼花缭乱，连城里来的学生兵也会心有所动，不同的是，在严格的纪律之下，绝没有一个战士敢向那个群体移动一步，我当然也不敢跨越雷池。

但一个偶然的机会让这一切都改变了。姐姐代表父母到部队来探亲，看看我的情况如何。恰巧歌舞团中一个漂亮的姑娘和姐姐是初中的同班同学。那个时代，大多数孩子都没有过长期外出的机会，尤其是被动地远离家乡，故此真是"老乡见老乡，两眼泪汪汪"、"同学见同学，共诉亲情结"，两个同学相见，自然分外热情。

那时，营房中经常会有来探亲的家属，部队有专门的招待所，用来接待探亲家属。虽然不一定都是单间，但却可以给战士一个说家常话的地方。于是，这里就成了亲朋、战友聚会的地点。来探亲的都少不了带些家乡的土特产或糖果、香烟、蛋糕等。在那个物质紧缺凭票供给的年代，花生、瓜子、大枣等都是好东西，更别说有糖果和蛋糕吃了。团部招待所就成为一个特殊的天地。

姐姐来时与徐迎新战友的女朋友同在一个内外有隔断的房间，那个战友也是北京人，于是这里成了北京人的聚会场所，当然有一些非北京的干部子弟也借机请假来凑热闹。许多北京人也将姐姐当成了信使，当然少不了歌舞团的朋友们。这样许多人都与姐姐的同学混熟了，我也认识了几个团里的其他姑娘。

当年我们在北京修车时，自然少不了要到这些朋友的家中转转，谁知回到团里这就成了个大问题，早就被传得风言风语，添油加醋。其实，姐姐的同学，比我大两岁多，在当时的观念中这是不可能的事，但谁能说得清楚呢？战士谈恋爱，即使她是我的家乡人，本来与连队军纪扯不上关系，那也就成了违反纪律。

本来为团里"走后门"买汽车是立了功，连里也在讨论我入党的事情，但与文工团女演员的交往则成了入党的障碍。

还是团里的领导知道其中的关系，也了解各自家庭背景上的差距，根本没把它当成回事，但我第二次申请入党又在四连泡了汤。团领导不得不将我调入到特务连，重新又开始当普通战士。

后来，我才知道当时是连里的某个干部在歌舞团里找对象碰了个钉子，"癞蛤蟆想吃天鹅肉"没吃上，于是，就故意地倒打一耙，成了我的"罪过"。

第三次申请入党并得到通过则是在特务连的事了。一个班长重新当回战士，自然就是个最优秀的战士，熟能生巧，当然会有许多的优势，但是，军训就完全不同了。

特务连由三个排组成，一个是警卫排，专门负责团部的警卫与服务工作，基本不参加连里的出勤和训练；一个是侦察排，专门训练擒拿格斗、攀登、游泳、驾驶、破坏和敌后侦察；另一个是工兵排，专门训练架桥、修路、埋排地雷、敌后爆破，因都有敌后的活动，于是有许多工兵排和侦察排共同训练的科目，如擒拿、格斗、攀岩、敌后侦察、看图作业、深山老林中按图寻宝、野外求生、工兵排训练中步兵连队中的射击、刺杀反而成了偏门。一个工兵排的装备中只正、副排长有配枪，其他战士装备的都是专业用器材和工具，大大小小的箱子，可比步兵的种类多多了。没有车就寸步难行，包括地雷、炸药等物品，光靠人背是无法保持战斗力的，这就要求兵种配合。

一般的步兵连都是在团内训练与考核，尤其是共同科目的竞争，但炮兵、工兵、侦察兵等特殊兵种则在团里没有同类，必须全师集中训练与考核，要在各团之间去对抗竞赛，这样不但提高了难度，同时都有个为各团争光的荣誉，相比之下难度就更大了。

第一次全师工兵科组织集中训练时，我就像每一个新兵一样，初次接触那四本厚厚的专业教材，更是第一次摆弄这些地雷、起爆引信、雷管和炸药。但学校中学习的文化知识却让我比那些缺少基础文化教育的农村兵，更容易或轻松地知道串联、并联的电路关系，更容易知道压力、机械原理、载重、坡度与浮力，也更能轻松地背诵课文中的条条框框。农村插队的生活，让我不亚于那些农村兵，去挥动锹锹镐镐，理论与实践都占有一定的优势。当然，我不会在考核之前暴露出自己的实力，尤其是那时我已从班长变成战士，全师的各团之间本就没有多少平常的交往，师里的教员和其他团的干部战士就更不了解我这个新兵了。

四个月的军训很快就过去了，最终的成绩要在考核这一关验证，先是单兵的作业，从纸上的文字答题，到实战中的各种对抗，我以全科各项成绩综合第一占据了榜首，迅速地让排、班长都刮目相看了；随后是以班、排为单位的综合作业，如架铁丝网等防卫阵地、摆地雷阵、架便桥等。当然少不了编组作业，我这个组代表了班、排，也都取得了最好的成绩，最令人高兴的是，多年的这种全师集中培训考核中，我们团从来没拿过第一，而这一次却名列前茅，自然皆大欢喜。这里也少不了我的成绩。

随后进山的训练中，从图上作业，到用指南针勘绘地形，深山老林中野外生存到打石头、定向爆破等，我不断地学习了新的知识，也同时在各项考核中成了标兵，得到了班长的赞誉和表扬，年底我终于填了个人历史上第三次的入党申请书，排长、班长成了我的入党介绍人。排长贾得峰是个老实人，恰恰也是我老家掖县的同乡，不会说太多的漂亮话，但却充满了山东人的朴实和热情，正直而敢于坚持自己的意见，给我留下了很深的印象。

班长王立章也是个老实巴交的人，来自山西太原，后来调到了师后勤当干事，给过我许多的帮助，复员后回到山西太原在省国土厅当干部，现在已经退休，不久前我去山西的时候还一起吃了顿饭，一起回忆当年。

两位直接领导的推荐介绍以及我优秀的考核成绩，终于让我的入党申请被批准了，经历了三次填写入党申请书的曲折变化，我变得更成熟了，但仍止不住心中的激动和眼中的泪水。越是来之不易的东西，也许会让人越觉得珍贵，那个"革命"的时代能成为一名中国共产党员是所有人的追求，也是一种理想与信念的梦想，是跨越人生的又一个里程碑。

我的父母都是20世纪30年代的共产党员，他们将一生献给了党的事业，无私无畏地做出奉献，自小我们这群孩子就立志要成为像他们一样的人，要成为一名共产党员，要为党的事业而奋斗终生。今天我终于实现了这样的目标，入党后的第一件事就是向父母和兄弟姐妹们报喜，告诉他们我已经是一名共产党员了，我相信这个消息对尚在干校而未能恢复工作的父母来说，是个最大的鼓舞，你们的儿子没有辜负你们的培养与希望，为了共产主义将与你们一起并肩战斗了。

1969年底入伍，1970年入团，而1971年和1972年两次入党受挫，并没有让我因此而退缩，因为我们知道后退是没有出路的，1972年底的第三次申请终于在1973年初被批准了，相比同年入伍的战士而言我算是入党较晚的"落后分子"了，但无论如何我终于跨进了党组织的大门，从此更坚定地为追求党的事业而努力奋斗。

今天的年轻人也许体会不出那个时代的疯狂，也无法理解人们对入党追求的热衷。更不会相信那种痴迷"共产党员"不是一个荣誉的象征，而是一种责任，一种奉献，一种要用生命与热血捍卫的坚强、党不仅是母亲，更是信仰中的神，虽然林彪事件的出现，让我开始思考，开始怀疑，开始重新审视历史和"文革"，但几乎所有的人都从来没有怀疑过它是伟大、光荣、正确的党，没有人怀疑伟大领袖毛主席领导的这个党，没有人怀疑过追求共产主义理想的目标。

野心优雅 // BEAUTIFUL AMBITION

1976，准备上山打游击

对中国人来说具有特殊意义的 1976 年，对我也具有特殊的意义。

1976 年 1 月 8 日，周恩来总理去世，全世界为之哀悼。那时的政治斗争已从社会向军队转移，战士们在越来越多的动荡之中也闻到了许多火药味。城市兵有更多信息渠道，更能从中寻找到社会中的变化。我们也在思考。

部队那时和地方一样，也开展"批林批孔批周公"的运动，虽不像地方那样对抗性斗争性强（部队没有直接的批判对象，也没有可以影射的领导），但对"四人帮"的不满，对曾是红军、八路军和解放军的前辈情感，也在私下中流转，成为一种特殊的力量。

周总理逝世的消息，战士们是从每天统一播放的广播中听到的，但因团部没有发出明确追悼指令，而在广播的消息中也没有毛主席的表态，于是，坚决服从命令听指挥的指挥员谁都不能私自下令。但是，那些多少有些政治头脑的官兵们，那些"官二代"精英们，都不再等待，私下串通商量，发起了一场自发的追悼活动。

几个挑头的干部子弟鼓励俱乐部主任，用大礼堂广播，播放哀乐，也不知是谁在礼堂前安放了周总理遗像。二营副政委吴鲁生（其父是北京军区副政委、曾任老三十八军政委的吴岱）带头命令二营组织追悼活动，刘历远（谷牧的三公子）组织了一营和炮连的战士，我和侦察一班长（一个宣化兵）鼓动特务连和团直属队，忘了三营是谁挑的头，总之，在非强迫命令中，一队队战士涌向大操场，集合到礼堂前，有的制作了白花，有的打着连队旗帜，有的用床单改制成花圈。没有统一的军令组织，但半个团以上的士兵都参加了追悼活动。

寒冷的天气，还有些雪花，战士们摘下军帽，默默地在哀乐声中站立，长久地不肯离去。没有一个连队和营里的干部下令阻止战士们的活动，证明了他们也同样的心情。其实，团里的干部也在哀痛之中，他们悄悄地在司令部的小楼窗前望着战士们的行动，既不下公开的命令组织哀悼的活动，也不愿意下令取消、禁止或限制。

虽然曾经在党下发的学习文件中要"批林批孔批周公"，但这种批周公的影射丝毫也没有动摇周恩来总理在人民心中的地位。那时，周恩来是人民心中的好总理，是与"四人帮"对抗的一种力量，更是廉洁公正的象征，其对中国革命的贡献，其在"文革"中的做法，其亲民爱民的形象，始终是正面的和高大的，而其晚年所遭遇的不公，只能引发更多人对老朽中的毛的怀疑与责问，当然，这些矛头首先还是指向"四人帮"的迫害。对总理的热爱，都是发自每个人内心的，这种被压抑的不平，平常都只是在私下之中偷偷议论，今天，终于在总理去世的消息传来时爆发了。

许多新兵并不敢加入悼念的队伍中，他们也许至今仍在奇怪为什么没有上级的命令，那些战士们自发集合到礼堂前、广场上。是的，这是一场并没有预谋的突发事件，仅凭几个人就能鼓动起这种集体的行动，是大家共同的心愿，只是纪律的约束让人已习惯于听从命令。终于有人挑头了，那么，在悲痛之中就暂时忘掉命令吧，不管会受到什么样的处分和批评，一部分人勇敢地振臂一呼，从而成就一场集体的行动，成就了一场貌似有组织的哀悼活动。

公开表达对"四人帮"的不满，实际上是从周恩来总理逝世时开始的。虽然"四人帮"还在台上，但更多的人已经在"文革"的重压之中慢慢觉醒，开始用各种方式发泄不满情绪了。总理的去世成为激发这种不满情绪的导火索。

在我们团发生的自发追悼活动并非孤立事件。事后得知，在干部子弟较多的团里都发生了类似事件，也都没有被军、师等各级领导阻止，直到北京举行周总理追悼会和骨灰洒向大海之后，团里才正式组织追悼活动，而那一次的自发事件也才算告一段落。

这中间的一段日子，团里私下都在议论这次活动。许多人曾担心会被部队当作一个重大的"反革命"事件来处理。但最终人心向背是分明的，从上到下都在默认这种追悼活动。当上下一致的共识占据上风时，这种政治诉求的表达就不仅仅代表少数人，而代表社会的共同利益。官兵行为的不一致，并不代表意愿的不一致，只是在那个时代中，表达的方式不同，战士、干部与高级干部的位置所承担的风险不同。虽然这件事最后不了了之，但它在全军官兵心中的影响却长期存在。

后来，在10月抓捕"四人帮"的消息被公开之时，全国上下都疯狂地爆发出一片欢呼。这种强烈的反差对比，正是始于年初这场自发的追悼活动。应该说周恩来总理逝世启动了对"文革"颠覆的一年，1976年发生了一系列重大事件："四五"天安门事件、邓小平二次下台、朱德总司令逝世、唐山大地震、毛泽东逝世、"两个凡是"等，"四人帮"最终也倒塌于这种力量之下，十年浩劫终于告一段落。

虽然那年1月时，我们并不知道后来将发生的一系列事件，但是那时一群人已经开始悄悄地酝酿如果"四人帮"真的上台了，"我们"将拉出一支部队上山打游击。

很快，我们排接到命令，配合师侦察连到中蒙边界线打坑道、修哨所。

自1969年3月中苏"珍宝岛事件"之后，中蒙关系一直比较紧张，"备战备荒为人民"并没有因为林彪事件而改变，"深挖洞，广积粮，不称霸"成为备战指令，这句话本来自李闯王的"高筑墙、广积粮、缓称王"，于是，全国都在"文革"后期广修防空洞，要求所有建筑都必须修防空洞，大量资金投入到这种无效的战事准备之中。在此期间，北京的很多城墙被拆除了，地下修起类似莫斯科的环形地铁，并连接长安街沿线的重要设施和中南海，伸至城外的石景山，旧城墙和护城河原地就是如今北京的二环路一线。"以阶级斗争为纲"的时代四面树敌，让本就并不富裕的中国无法将主要精力用于发展经济，而不得不用于军事和防御。

那时的内蒙古从战略上讲是将在战争中被放弃的地区，因此，内蒙古没有完整的公路和更多的城市建筑，也没有更多的防御部队。内蒙古军区的三个师都是低兵力编制军队，前哨一个连的编制只有40多人，只能起到巡逻和放哨的作用，而三十八军的步兵连则多达150人；内蒙古军区装备也相对落后，一个师骑马；一个师一半马，一半骆驼；一个师全部骑骆驼，发现敌情后根本没有抵抗能力。而真正的防御重点和古代没什么两样，还是集中于长城一线的山区，从贺兰山到张家口，大量部队也是沿这一线驻扎的。

内蒙古的部队连巡逻这样的任务也是由内地部队派出临时兵力补充的。我们团里也曾派出部队参加这类军事活动。那年，曾有一个蒙古国的中校参谋外出打猎，遇上暴风黄沙，迷失了方向，开车进入中国的地界，被我军抓捕，差一点闹出战争事件。其实，内蒙古与外蒙古之间的边界线上是和平的，外蒙古虽然驻有苏军少量兵力和军事顾问，但并没有侵略中国的能力和野心。我打坑道所在的那个哨所就曾发生过这样一件事。一个战士立功心切，晚上站岗时趁另一个哨兵上厕所，先跑到山下放了两枪，再跑回来追击，想用制造假象证明自己的英勇。当哨所将这个敌情上报军区时，军区立即回复，这不可能是军事行动，请分区再查，等天亮了真相也就大白了，说明中蒙边界还是和平友好的。

在中蒙边界上设有双方固定的会晤站，不过，建有专门的交通道，只要对方的车辆在专用通道上行驶都是安全的。即使当时落后、有限通信中断了，没有事前通知，双方也会派人、派车联络。两国之间还建有专为居民交易往来的自由市场。

这个地区的风沙较大，有时会将蒙古国的牛群、羊群随风刮到中国境内，有时也会将中国的牛群、马群刮到蒙古国去。一般居民上报之后，双方都会主动将对方的牛羊退还，不会有太多争议。而蒙古国的军官最愿意到中方会晤，因为这里有好烟、好酒招待。当时，中国还很穷，但还是有特别的开支用于改善和维护双方外交需要，而定期的会晤则是一种常态。

不过，历史证明，防人之心不可无，因此，我们还是要加强边防哨所建设的。那一年，全师共从各团抽调四个完整连队去内蒙古，分派在四个哨所，分别打四个坑道。我们排和八五炮连的四个观察兵，共同被派到师侦察连配合，完成其中一个哨所的坑道建设。当时，我的排长被外派学习，于是，整个团里派出的部队都由我代理而统一指挥。

北京已进入三月，我们却发了皮大衣、皮帽和大头鞋，预告我们内蒙古还是严冬天气。部队在师里集中后出发，一过张家口就变了天，风沙与温度都像是并不欢迎我们。汽车也从柏油路的平稳开始跳起了摇摆舞。当时为了防止敌人的空中侦察和使进攻的敌军迷失方向，内蒙古的道路是一段柏油、一段硬沙、一段草地交叉的多种路面，以防止从空中识别。在草地中硬压出的路段，高低不平，硬沙路在雨水冲击和重车碾压下也早就变了形，直到了锡林郭勒盟军分区驻地才又见到柏油路。整个锡林郭勒盟就像那里所有普通的小县城一样，整个城市的空气中都散布着浓浓的羊膻味。营房的食堂更是膻味冲天，许多南方来的战士一张口吃饭就恶心得直吐，就连我这个在陕北的羊肉汤中泡过的人都难以接受，这些让战士们充分领教了内蒙古的生活习惯。

从锡盟出发又走了一天的路程，终于到达了东乌珠穆沁旗。整个旗中有3万多人，而旗中心所在地还不如一个内地村。一条不长的街道，沿西街只有十几幢平房，也就是旗的政府所在地。这一条街上只有一个小饭馆、一个不到60平方米面积的供销社，我们一个连队的战士们就买光了所有的香烟和全部的砖茶。师侦察连的老兵告诉我们，沿街两边的树，都是他们几年以前来过时栽下的，如今都已经几人高了。

从县城到我们要去的哨所，还有240多里地，当时都用国界的界桩编号标识。两个哨所之间也有200多里地，常常是两个哨所的战士寻查边界线，各自骑马走过十来天，两边一碰头，再向回走。界桩与界桩之间都相距得很远，两边边界线都有宽宽的防火道。防火道就是用机械深耕而不长草的很宽的黑土地带。如果有人越界就会在这宽宽的耕地带中留下痕迹，而草场着火时，也就成了防火隔离带。每隔一段时间，防火道就会被重新翻耕，始终保持着无草生长的状态。

从中国的地图看我们所处的位置，大约是在鸡冠子的下端的三角区，主要与中蒙交界，但不远就是中、苏、蒙三国的交界处了。

刚来时，这里还是一片白茫茫的雪景，一路上随处可见死去牛羊的残骨，有些秃鹫在残尸间觅食，雪中会有些黑黑的牛粪，偶尔会看到牛羊圈栏杆和被掩盖的井盖，这是游牧民临时季节性的驻地。一路上，只看到一个蒙古包。大约冬季，牧民都藏在有高地保护的小凹凹里，以保护他们的牛羊，避免风雪的冲击。天气转暖，草地返青之后，正常的游牧活动才会开始。

在一个绝对高度只有百米多的山头后面，汽车停止了移动，这就是我们的目的地了。哨所在山的另一边，有三五幢砖房，也是刚盖了不久的，而我们的连队住的只是帐篷。

为了防止被风吹走和取暖，帐篷的大部分埋在地下，只有窗口以上部分留在地上，有些象我在东北插队时的"地窨子"。取暖用的是火炉，但烧的却是牛粪，水则是取之不尽的雪水。

到达目的地那天，老天爷有眼，既没有刮大风，也没有下雪，是个有阳光的天气，但地冻得硬硬的，用锹、镐都难以撼动，这就给了我们最好的用武之地，展示了我们工兵排威力。

师侦察连挑选的战士大多是五大三粗、动作灵活的好兵，特种部队通常都在新兵到达之后有优先挑选权，因此特种兵看不起我们四个矮个子的侦察兵，常常摆出一副看不起的面孔，但这次我们让他们不得不服气地另眼相看了。

当他们凭着年轻有用不完的力气，拼命地挖地三尺与冻土搏斗时，我们都用钻孔、用定量爆破的方式，三下五除二地就掀起约一米深的冻土层，很快地搭起帐篷。他们也许忘记了我们是架桥修路的高手。于是，连长不得不亲自请我们也用同样的办法给他们一些帮助，否则到了天黑他们也钻不进帐篷。也就是从那时起，连长将施工的技术指挥权交给了我。

我们还需要开车外出去寻找牛粪，将一垛垛牧民存放在牛栏边的牛粪搬回营地，以解燃"煤"之急（牛粪就是最好的燃料），严防严冬的报复。

天气说变就变，第三天的夜晚就刮起了狂风，随后又下起了鹅毛大雪，早上起来了雪已经堵住门口，盖过了帐篷顶。室内的温度无法让积雪融化，这也才让我们真正体会到为什么说厚厚的白雪能给冬小麦压上一层棉被，帮助小麦御寒过冬。有了大雪的保暖层，反而让室内的温度不容易外传而降低。

但是，这一阵狂风却让堆在外面的汽油、机油箱都不见了。这可是我们的必备品啊！全连只好分别开车寻找这些装备物资，还给每部车都配备了步话机和照明弹，最怕在一片白茫茫之中迷失方向。好在这个地区没有人烟，不必担心物资丢失。终于，在二三十里地的沿线，找到了这些被大风吹倒后一路滚走的油桶，最远的竟然跑出去30多里地，可见这阵狂风的力量。还好，我们的帐篷大部分都在地下，否则也一定会像油桶一样不知要飞到几十里之外。

大雪封路的前几天，许多机械设备还没到，连图纸也没有，战士们反倒像放假一样轻松。只是随车带来的新鲜蔬菜都吃光了，又断了后方供给，伙房就只好发蔬菜罐头，有胡萝卜、酸菜等两三种，刚开始战士们还觉得很新鲜，很好吃，几天之后，就坚持不住了，一看见罐头就开始骂娘骂天。司务长告诉大家，如果风雪再这样持续下去，一周之后连这些罐头也没得吃了。

还好，一周不到风雪停了，汽车可以出动到军分区领取补给。补给车回来时多了一辆北京吉普车，是军区吴参谋来送图纸和布置工作任务，原来，他也因为风雪而被困在军分区。同时，运来了压缩机、风钻等各种设备，木料、钢筋、水泥、搅拌机则随后陆续运到。

我们的任务是测量、爆破，干技术活，侦察连主要是提供劳动力，从此就可以看出脑力劳动与体力劳动之间的差别。此后，近一年的时间，这些工作打下了我后来无障碍地进入了房地产业的基础。

当我们用军区下发的图纸实地勘察、放线、定桩时，却发现几乎所有的坐标和标高都对不上。这是一个用环形工事围绕着山头，在环形工事的中间建有数个独立的混凝土碉堡和观察哨所，折形穿越整个山头，两端分别连接工事有一个专门的坑道，坑道内设有各种小室和设施，也就是像电影《上甘岭》一样，只能死守山头而没有任何退路。哨所的任务是坚守与观察，只能等待后援或全都战死。

图纸被我们反复核对过，但多次测量证明是错的，于是，只好将情况向军区汇报，得到的指示是由我们自行调整图纸后再上报。我们摸索着当起了设计师和绘图员，调整了坐标和标高，最终获得军区的批准，开始了正式定点、放线，边摸索、边设计、边施工，放响了第一炮。

在计算机普及孩子的今天，也许这一切工作都不是一件很困难的事。但那时，且不说所有的数据都只能用手计算，连个三角计算尺都没有，更别说是计算器了。而几乎所有的干部战士都没什么文化，我这个初中没毕业的就算是高文化了，再有个同排优秀的班长是个技校的中专生，一个炮兵的观察班长会计算，三个臭皮匠就硬着头皮装起了诸葛亮了，这一切都是在极困难的情况下完成的。

也许，今天的小学生都可以轻松地计算出根号，但那时我们几个早就忘记了如何计算开方和求根。我们就用树枝、木棍、钢筋头，不停地在地上先正着算过去，再反着推回来，找到了求根的办法和放样不同的拱形模板。

而对一张图上重叠排到四至七层的钢筋图，常常要翻来覆去地试许多遍，有时要用筷子搭积木一样试验多次，再在图纸上用不同颜色进行标记才能弄准。我们不但要学着配比不同标号的混凝土，还要自制塌落度筒，做不同的试验。我们不但要学会用风钻打炮眼，还要学会打风钻，甚至架起打铁炉，自己锻造磨平了风钻头。我们一次次地改善炮眼的位置与药量，以加快掘进速度和坑体完整性，还要防止回填过多和塌方。我们每放一炮之后都要十分慎重地重新测量方向和标高，以保证两头分别掘进的坑道在各转了几个弯之后能在中间准确对接。我们要保证所有的混凝土浇筑不出现空洞、蜂窝和麻面，从支模到编扎钢筋，从浇筑、捣实到砌筑，从防水到防漏，从水管到风管，几乎一个建筑全过程中从小工到技术员的工作，都是从头学起，环环相扣。那时，我们既不知道什么是怕，也不知道什么是难，只知道不管什么样的问题，我们都必须去克服，去解决，战胜自己，也战胜困难。

我们开始放炮修路让汽车能开上山，边界那边就开始注意。边界两侧的哨所基本是一对一的，以便两边互相监督，只要对方或我方开设一个哨所，我方或对方也一定会同样建立一个哨所。两个哨所之间用20倍或40倍的望远镜都能清楚地观察到边境，不但能看清机枪孔、炮孔，也能看清人在走动，更可以观察到对方是否增加兵力。当我们把空压机、混凝土搅拌机等设备拉上山头时，对面就出现了3辆装甲车或坦克之类的车辆。也许，他们最初以为这几个大家伙是什么新式武器，但我们日夜放炮一段时间之后，对面也就习惯地没什么动静了。也许，他们已经知道了我们的意图，知道我们不是为了发起进攻而只是为了防御。

打坑道，先要由工兵打眼、装药、放炮之后，再由侦察兵负责清渣运土，然后，再打眼、放炮、清渣，而一个作业面只能同时摆开三部钻机，洞子里也只能一来一往地摆开两辆小推车，每一次都无法展开更多的兵力。而我们的任务又必须在入冬之前完成，于是，部队就必须用三班倒的方式，日夜连续作战。三个班正好按八小时作业，轮流休息，但我们一个工兵排的三个班，合成三班倒，还要有后面的配合工作兵力，就不够分配了，尤其是四个侦察兵，两个作业点就更不好分配了。于是，就只能按两班倒，每个班变成12小时，而我和二班长就只好带一个排，一个在山上，一个在山下，在上面时指挥实际作业，下面时还要看图纸，每遇到疑难问题时，就只好都一起上山共同商量了。

钻头的方向发生偏移时，爆炸效果就会让坑道方向偏移；当底炮发生偏移时就会出现高差偏移，当石层发生变化时就要调整钻的深度和药量，当方向转弯时就要调整钻孔的钻面等，每一个交叉点我们都格外小心，还要随时保证各种装药、爆破的安全，特别是哑炮处理，更要防止落石、塌方。

这里的天气也会影响到工程的进度。最后一场雪是5月29日下的，最早的一场雪则是9月5日下的。这中间只有3个多月的无雪期，山上的最低温度可到了零下四五十摄氏度，大多是零下二三十摄氏度，山上的帐篷里摆了两个火炉，也说不上暖和，而野外的作业让皮大衣也变得透心凉，战士们要靠酒来取暖和保证手脚不被冻伤，但和石头、铁器打交道，又有几个不带伤的呢？

在坑里打钻，几个风钻同时嘟嘟，每个人说话都必须大喊，而钻孔中飞出来的灰尘正好飞进了正在呼吸的鼻孔、正在说话的口中，更不用说头上、面上、眉毛、头毛和耳朵中了。开始大家还用口罩，但很快口罩就没得供应了，连土豆和菜都要跑到张家口去采购。风雪中的天气，就是满身的泥土也没地方洗澡，最多是回到帐篷里用毛巾蘸着脸盆里的水擦擦，战士们常常一下山就晕倒在床板上，有时连衣服都没脱就睡着了。

到了6月份，我们用废石料砌了个长宽各两米多的池子。于是，可以提供一个洗澡的地方了，印象中我好像100多天也没洗过一次澡，早就不知道什么是脏了。

那时候，年纪轻、体力壮、雄心勃勃、斗志昂扬，大山之中早就忘了外面的世界，一门心思地只知道完成任务，部队的竞赛无时无刻不在进行。哨上各班各排，每天都要刺刀见红地比上个你死我活，战士们的单纯朴实和"一不怕苦，二不怕死"的精神，越是在困难时期越能充分体现出来。

身上穿着皮大衣，在满地满坡的睡觉中，在坑道石壁的摩擦中，还不到6月份

野心优雅 // BEAUTIFUL AMBITION

就破烂不堪了。翻毛皮头的大头鞋，在每天踢石头中，早就露出了脚指头。早晚的温差让人直到六七月身上还穿着棉装，但上下工的路上战士们仍然斗志昂扬地唱着战歌。而我最长的纪录则是连续奋战了70多个小时没下过山，也不知道当时是怎么熬过来的。记得两个大型碉堡的浇灌必须在45个小时内不间断地连续作业，一次完成浇筑。为防炮击而不能留施工缝，120多立方米的混凝土要用小车一车车推上山，还要捣固层层支模和加筋，也不知是怎么熬过来的。为了记录下这一切，那年我还写了厚厚的好几本日记，有80多万字，也不知道是一种什么样的精神支撑着熬过来的。

四月中，虽然还时时有小雪，但地上的草都返青了，满地的野花香。这里的土地中盛产着黄芪和野葱，为了增加新鲜蔬菜，我们也会采些野菜、野葱改善生活，山上有许多深深的洞子，天暖之后就会钻出许多动物。开始，我们也不知道是什么，就在洞口下了许多套子，活捉之后才知道是旱獭，没肉吃我们就拿来烧肉吃，许多战士将皮剥下来晒干了卖。旱獭的肉有一股酸味，也许是缺少必要的调料，吃过两次后就没人再吃了。从内蒙古完成任务回来时，连队还专门带了几只活旱獭送给河北保定动物园。

为了改善生活，连队开着车去打黄羊、打鹤，那时也不懂个什么叫保护动物，连秃鹫、狐狸和狼肉也都尝过了，终于有了牛群的出现，连长下令从牧民手中买了头牛，连队没人会杀牛，连长就硬是用手枪打了牛脑袋，把牛打死了。我们并不知道不能当着牛群杀牛，半夜里帐篷的四周响起了一群群此起彼伏的牛吼叫声，整个牛群都围在营区的四周不肯离去，为被我们杀死的牛哀悼，三天之后牛群才离去。

内蒙古的生活习惯是放羊要有人和狗看守，晚上要将羊群集中到围栏里加以保护，怕被野狼叼吃了；马群和牛群则没有人看着，任由它们自由地吃草，一段时间才有人将牛马群赶到另一片草场去。牛马都有对付少数野狼的能力，草原上又没有人会去偷马偷牛，正常好的草场，草要超过40厘米，这样的草场是不怕牛群来吃的，如果草的高度低于20厘米，那么就要适度地保护了，而鼠患是对草场最大的破坏，鹰和鹫就成了保护草场的卫士。因此，牧民们不会去伤害鹰鹫这类老鼠的天敌，而希望它们自由地飞翔。

牧民们也许是马养得太多了，他们似乎也没有养过特别的好马，对马并不很重视，但却非常重视必须有一副好鞍，常常在马鞍上穿金戴银，马跑死了可以放弃，但必须带好自己的马鞍。马鞍就像生命一样。大约也是全部家当。那时的牛群、羊群由于不可自由交易，基本没有太多的推广价值，就像口粮一样以维护生存。因为交通不便，人口稀少，边境地区基本无经济活动，多为自生自灭的独立生存方式，牛、羊最多也就交换了盐、烟之类的生活用品。

交通的不便不仅让牧民的生活基本上与世隔绝，也让我们的信息封闭。除了军用的专线，电话和电台之外，连收音机也很难收到信号，书信要二三十天才能收到，这还要看天气的好坏，如果老天爷不赏脸，连续的大雪或风沙，那就会错过定时的通信车，就要等下一班了。

四月底，我才收到家里和一些朋友的来信和照片，才知道北京的清明节期间天安门广场爆发的"革命"。这与1月份在团里发生的那一幕有些类似，但更加公开透明。群众集中在天安门广场借对周恩来总理的悼念，用各种诗歌在颂扬历史的革命和英雄的业绩的同时，表达着对"四人帮"的不满，支持和呼吁邓小平同志的出山，用"小瓶不倒"来表达对政局的抗议。那时，虽然没有人丧失对毛的信任，没有人直接对毛的伟大表示怀疑，但普遍地认为毛已老去，政局被"四人帮"控制和欺骗，要用"革命"的行动来唤醒民众，唤醒睡狮。

这是一场呼唤结束"文化大革命"运动的战斗。自"文革"以来，"中央'文革'领导小组"代替了正常的国家秩序管理机构，将党的领导改变成独裁体制，在失去了周恩来总理的权威和平衡力量之后，上层像失控一样，几乎是一边倒地转向"四人帮"一方。老一辈革命家们都纷纷靠边站，政治的舞台被"四人帮"占领和统治。人们在绝望中挣扎，在为未来而呐喊。无数已经觉悟的年轻人冲在了前面，而从老到少的群众涌向天安门广场，人民英雄纪念碑前摆满了花圈，连广场四周的松树上都扎满了白花，这是远胜于"五四"运动的号召力，更是一次民众集体意志的怒吼。

而乌云密布的政治局势下，白色恐怖镇压了人民的"革命"，但也同时动摇了毛对局势的控制局面，动摇了"四人帮"执政的基础。

我们虽然远在边境，虽然不能亲临现场，却能感受到那股热浪、那种悲哀、那种愤怒、那种爱之深恨之切的气氛。烈士们的鲜血不会白流，广场中的行动将影响更多的民众重新认识"文革"，认识中国。

除我之外，还有许多人也接到同样内容的信息。于是，许多人也相互介绍着自己了解的情况，传阅各自收集的照片。虽然后来上面正式下发了统一思想认识的文件，对"四五"运动有了官方的定义和结论，但是，已经觉悟的战士更愿意相信这些亲人和朋友寄来的照片，更愿意相信他们在信中的说法和判断，在心中深埋下"革命"的火种。至少，大多数人的思想已经统一，如果"四人帮"真的上台，我们就重来一场革命。大家都在盼着下一次的信使带来更多的信息，以了解更多的情况。我们人虽在祖国边境，但心却早就飞回首都，在寻找中国政治动向的脉搏。

但是，下一个信使带来的却是朱总司令逝世的消息，人们的心中增加了更多的忧虑。老一辈的革命家开始离我们远去，他们奋斗了一生没有一个得到好的结局，甚至没有得到国家更多的认可，没有获得他们应有的荣誉。而这些都是因为"文革"，因为"四人帮"。人们在叹息，同时，又都对毛抱有希望。人们在发问，英明伟大的领袖啊，救救这些生活在白色恐怖中的人民吧！

北京已是进入夏天的时节，这里还是冰天雪地，5月29日下完了年初的最后一场雪。工程进度在加速，没有因为天气的变化而受到影响，只是不需要再用喝酒来保持体温。终于，我们要实现两洞的对接，按照图纸上的尺寸和现地测量，这应该是两个洞对接的最后一炮。虽然我们每一步都走得非常小心，进行了严格的测量与核对，但真正地将有折线、有不同高差坡度的两个洞实现对接前，我们并没有十足的把握。这也是考核我们胜利成果的最后一刻。

当两边的装药同时完成之后，我希望让两边的炮同时响，将最后的一段石壁打通。一声令下之后，炮响了。当我们分别从两侧冲进洞里时，却只见一堆碎石而看不见对方，战士们在拼命呼喊，隐约能听到不同的声响，但又同时在怀疑自己的耳朵，分不清是洞里的回音还是对面的声音。于是，我们没等着清渣就用风钻插入了石堆，向对面钻去，突然风钻失控地向前冲去。对面已经没有了石壁的阻挡——"通了！"两边同时响起了阵阵欢呼。

对接成功了！

当一部分战士在忙着清渣时，我向连长正式做了汇报。"两洞接通"，是个值得庆祝的时刻。我们没有那一挂挂喜庆放的鞭炮，但我们有的是一堆堆炸药。于是，战士们将炸药当成了鞭炮，向山下扔去，轰轰隆隆的爆炸声在庆祝着我们的胜利。

等炮声沉静下来，我坐在洞口的石头上，突然想号啕大哭一场。几个月来的鏖战，全靠这一种非要突破难关的傲气。有些人在面对困难时最能鼓起勇气，越是困难就越是斗志昂扬。当我带领工兵排的战士们参加这次行动之前，连里、团里对我最大的重托就是坚决完成好上级下达的战斗任务，要为三三七团争光。

这个重托就像一块石头重重地压在我的肩上。图纸上的错误，从头开始的重新设计，每一炮中的危险都没有将我们难倒，生活上的困难、工作上的苦累、天气的寒冷、几天几夜的不睡，都不能让我们后退一步。我们的目标非常明确，必须在预定计划时间内打通坑道。而当我们提前了数天完成了这个任务时，人突然就像泄了一口气，满肚子的辛酸苦辣全都涌到了嗓子眼。

真的，真的，好想大哭一场。

不过，接下来的又是一个坏消息，7月28日发生了中国有史以来的最大的天灾唐山大地震。第一个拉上去救灾的是我们军的一一二师，随后全军都投入了救灾的活动。部队传回来的消息是整个唐山市都塌成了平地，几十万人被地震吞噬了，整车整车的死尸。一个个令人痛心的消息，人祸、天灾几乎都同时集中在了这一年。

家里来信说，华国锋总理担任了全国抗震救灾指挥部的总指挥，爸爸当了副指挥，负责救灾物资的调拨与分配。但在第一次去唐山的路上就发生了严重的车祸，被送回北京了。爸爸没有回家而是带伤直接住在了指挥部，并且连续很长时间都没有回家。指挥部设在人民大会堂，恰恰就在后来悼念毛主席的临时灵堂的旁边。

唐山大地震已经拍成电影，但在那个年代，连电话都无法联系的时代，信息大多只能靠信件，边境上知道的大多是几十天前的消息了，连报纸都是多少天才能送一次。

龙年通常被中国人看作是吉祥的年份，但这个龙年却从年初就一连串的都是惊天动地的坏消息，而且还在继续。

8月底，我们基本完成了全部的技术性工作，就剩些环形工事通道的构筑的收尾了，师里派来了慰问团，张副师长带着防化连的喷淋车来到了营地，战士们可以美美地好好洗个热水澡了，恨不能一下子洗去这一年的污垢。

张副师长当然少不了带了些慰问品，可以让我们好好地吃上几顿新鲜菜和炖猪肉。

师侦察连的官兵常在师部活动，当然也和师里的参谋、副师长混得面熟，而我们这些常在团里的战士，却是远离师领导的，因此我们仍然正常地安排着上山的工程。

第二天，我突然接到连部的通知，让我到连部去，本以为是张副师长要上山检查工程情况，就穿着一身破烂的工作服去了连部。一进连部，吓了我一跳，帐篷里除了副师长、师里的参谋和连长之外，还有锡盟军分区的领导和专门负责该项工程的付参谋长。一堆人像是要审犯人一样围着坐了一圈，我以为是我犯了什么错误。

张副师长问了我一堆的问题，最后哈哈一笑，满脸的麻子都开了花，大喝一声"这个人我不能给"。原来，我出色地完成任务，让锡盟军分区看上了，要向张副师长申请将我留在锡盟军分区当参谋，专门负责各边防哨所的建设。他们早就了解了我在团里两次未能提干的情况，希望能让我留在军分区提干（边防的提干条件宽松，为吸引人才留在边防放宽了年龄限制）。而他们的要求让张副师长很好奇，于是，就要当面见见我这个能让锡盟军分区看上的战士。

张副师长明确地说："这个战士，我们要留着"，"我负责，回去保证提干的工作"。张副师长没有食言。

9月本应是阳光明媚的秋天，是收获的季节，但9月5日，这里就下起了尚未入冬的第一场雪。还好山上的工程已经进入了收尾的阶段，不会因天气而受太多的影响。

随之而来的则是毛主席逝世的消息。中国从1949年以后的四位领导人，一个被提前当作叛徒打倒了，三位在同一年中离我们远去了。中国像是失去了撑住这片蓝天的顶梁柱，天似乎真的要塌下来了。所有人都沉浸在一片哀悼之声中，在全国的举哀中，也有一些人已经在考虑着未来的中国将会怎样。

一些干部子弟聚在一起讨论，如果"四人帮"上台控制了中央和国家之后，我们将怎么面对，是否要准备再来一次武装暴动式的革命，是否要重新上山打游击。

是的，我们虽然不知道后面的结果将会如何，我们不知道中央将做出什么样的安排，也不知道残存的这些老帅们是否能重掌政权，但我们将做好上山打游击的准备。

我们开始策划要转移一批军用物资，要有些枪支弹药、雷管与炸药，至少不能让"四人帮"的政权就这样平安过渡。这些武器弹药虽然不足以武装一支军队，但至少可以搞些暗杀等破坏活动，至少不是赤手空拳而无还手之力。其实，在强大的中国人民解放军面前，这点武装是微不足道、无能为力的，但当时我们相信会有更多的人投入到反对"四人帮"的队伍中来。我们能做的是凭一腔热血的暴力活动，制造一个或几个连续的事件，引爆这场打倒"四人帮"的革命运动。我们还希望能用这些武器当作革命的火种，让人民可以觉悟，让"四人帮"不得安宁。

山上的工程基本已完成，就等着军区最后的统一验收。我向连里请了假，回京探亲。连长知道我这一年的辛苦和功劳，因此特别批准了我单独提前回京，用专车将我送到张家口。但是，他们却不知道我的随身行李中装有大量的雷管、炸药等爆破器材，也正大光明地携带着带有实弹的手枪。

师侦察连里管自己的装备，而不管我们配合部队的装备。从团里配备的装备编制在团，而由我这个临时指派的队长管，枪支是有携枪证的，但雷管和爆炸品则列入消耗品管理，账本在我的口袋里，当然就给了自己许多的方便。

回京后，却发现整个北京都沉浸在哀丧中，人民大会堂中设置了毛主席的灵堂，群众在有组织地进行瞻仰活动。整个天安门广场都在一片哭声之中，街上的行人也大多都戴着白花，人们自觉地停止了各种娱乐活动，所有人都在等待，等待着在天安门广场的追悼会召开，等待着下一个可能产生的变化。

整个追悼会就是两个阵营的较量。人们从追悼会的准备中找着政局变化的蛛丝马迹，想知道今后谁在这个国家中说了算，谁是毛的接班人，谁能领导这个国家继续向前。虽然全国人民都知道毛的遗言是"你办事，我放心"，但大多数人都对华国锋的领导能力表示怀疑，尤其担心他会被"四人帮"架空或篡权。

10月4日，《光明日报》发表了"两个凡是"的讨论文章，被当作是"四人帮"将要篡权的信号，局势变得紧张起来。但两天之后，就传来了令全国人民欢欣鼓舞的消息，华主席秘密抓捕了"四人帮"。

整个的1976年，几乎所有的事件都是令人痛心的事件。连"十一"的国庆日都在毛主席逝世的悲哀中度过，没有人在庆祝和欢呼，但打倒"四人帮"的小道消息却让人心振奋。很快，中央就正式宣布了这一消息。一块石头落地，全国人民都从沉痛的气氛中走出来，满街的欢呼、歌唱、鞭炮齐鸣。不管最后是谁掌握这个国家，但只要打倒了"四人帮"，就都又有了希望。我也可以将武器装备带回部队，不用再考虑上山打游击了。

打倒"四人帮"之后，也就等于要终止"文化大革命"，要开始清理一切和"文革"有关的阶级斗争和武斗的一切地方武装。河北省曾经是两派武装斗争十分激烈的地区，清缴活动首先要从民间的武器收缴活动开始。部队接到了指令，回到驻地，分区分片，收缴散落在民间的各种武器装备，要恢复正常的社会秩序。

我也就是在这时接到了团里的命令，调任二营机枪二连任排长。到任后的第二天，部队就拉到了河北省高阳县去收缴民间的武器了。年初，军区对我军派驻内蒙古军分区的优秀施工任务给予嘉奖，师部给我成绩最优秀的师侦察连记了集体二等功。名单上当然也包括所有参加这次行动的每一个战士和干部，也包括我们这些参加此次配合行动的战士们。荣誉是给参加施工的每一个人的，同时团里为我们带领的工兵排也记了集体三等功，我个人也再一次立了个人三等功。

这一年是翻天覆地的一年，无论是从国家的命运、政治的生活、个人的经历，还是以意外的喜讯与收获上来讲，从国到家到个人，上上下下都是此起彼伏、极不平凡的一年。国家一年内去世了三位重要的国家领导人，但也打倒了"四人帮"，个人从一个战士变成了超龄的干部，同时又立了集体二等功，个人三等功，可以说是幸运的一年、骄傲的一年、人生重大转折的一年，也是思想相对成熟的一年，阅历和经历都深深得到磨炼的一年。

没过多久，我就从机枪二连调到司令部作训股任参谋了。这一年，我将打山洞、建工事时遇到的工程计算难题，如混凝土不同标号的配比计算、工程土方量的计算等，套用爆炸计算量的表格旋转方式，设计制造了工程施工计算量，在当年全军科技竞赛中获得科技二等奖。我本人也在当年再次获得了个人三等功的奖励，但这次立功与过去不同，连级参谋的三等功是由师审批的，级别高了一级，荣誉当然不同了。

打倒"四人帮"之后，部队恢复了军校的培训体制，从团里调了许多干部到石家庄初级步校当教员，包括我的股长和许多熟悉的连排干部，我也被团里选送到步校的参谋班子进行学习。同年，社会上也开始了恢复高考，恢复大学教育，但已参加军校培训的人员不能参加社会高考的条件，学习又开始成为正面的社会风气。

自张铁生交白卷之后，学习似乎成了一种错误，尤其是数理化成了小资产阶级知识分子的标志。但几年之后，这种废除教育制度的做法，没有给社会国家带来发展，"文革"将过去17年的教育制度批判得体无完肤之后，整个文化教育的体系被彻底摧毁了。除了毛的红宝书之外，所有的图书都比"焚书坑儒"时代更加稀少，只有这样，才能让愚弄群众更加容易，才能让错误的政治制度具有基础，才能让"文革"在群众不清醒的头脑中横行多年，才能将贫下中农的地位升高，才能让工人阶级重新获得力量，而臭老九则只能去打扫厕所，住牛棚。

打倒"四人帮"，让社会生活重新回到了正常轨道，读书上学终于可以名正言顺地登上了大雅之堂，学而无用论终于退出了历史的舞台。

1977年的北京高考语文状元，是我一个团的战友，叫阎阳生。他的《我在这战斗的一年里》的作文卷登在大大小小的报纸上，成为了当时的新闻。这是团里的一件大事，自然也在部队中成为团里的骄傲。

阎阳生"文革"前就是清华附中的才子,也是我的好朋友,在部队时常在一起竞争,比射击,比枪弹,比立功,常比得结果是平手时,就动手真的对打较量一番,互有胜负,这种友谊还有一个特殊的关系。

那年军足球队到南方训练,正好阎的父亲恢复工作后调到四十一军任职,阎就借此关系,将军足球队联系到柳州训练。"文革"时期最流行的是八个样板戏,柳州歌舞团正在上演着芭蕾舞剧《白毛女》和《红色娘子军》,而这个柳州歌舞团剧中的白毛女和吴琼花是同一个女演员,叫卓柳江,父母是南下解放全中国时的军队干部,后留在柳州人民医院任院长。

军足球队培训期间,团里的作战参谋朱勇(父亲是天津警备区的副司令)和阎阳生同时与卓柳江谈起了恋爱。要论长相,阎阳生可差了许多,满脸坑洼不平,根本无法与标致英俊小伙朱参谋相比,但阎有一肚子的文采,常写些如《井台上》的手抄本小说,写起情书来那更是远胜朱参谋不止一筹了。

一日傍晚,三人相约上了鱼峰山,这可是柳州著名的旅游点之一,拔地突起的山峰,像个从水中跃出的鱼头,下面是一片水塘,不停地冒着泡(大约是石灰岩的石灰气)。传说中的刘三姐被从桂林赶走之后,地主恶霸一路追杀,就是从鱼峰山上跳入了下面的水潭之中,山下潭的旁边,立着刘三姐的石像,潭中的水在不断地哭泣,不停地冒着泡泡。

那天这个美丽的山顶上,却几乎演出了一幕惨剧,朱参谋要与阎阳生在山顶决斗,失败者很可能被打落山下,还好参谋的觉悟让朱勇在最后一刻没有抢起他的拳头,也因此而失去了竞争的机会。

阎阳生也许还可以与我对打,但朱参谋的身体锻炼得像个铁桶,身材虽不算高大,却上下一边粗,肌肉一块一块的,有棱有角,单杠、双杠的运动都是教练级的,真要打起来,阎大约只能当"刘三姐"了。

朱参谋本胜在外表的健美、彪悍,能在初次接触的瞬间吸引女孩子的目光。但在真正要表现其男子汉气概的关键时刻,朱的纪律性压抑了男子汉的豪情,使其成了爱情道路上的失败者。而阎的文字的"花言巧语",则用精神的内涵表达了蓝天、白云一样青春纯洁的小资情调,勾引了"无知"少女的心,最终成就了这一段婚姻。

一年后,我有事因公出差到柳州,亲见了柳州的山山水水,柳侯祠没给我留下太多的印象,但鱼峰山却至今难忘,在于这里曾发生过自己身边战友的一段故事。

四十一军的军部位于龙船山地区，三个机关部门各占了一个小山头，柳江支流的水分别将三个小山头变成了三个小岛，狮山、虎山与龙船山分三地立于军部的一侧。传说中狮虎曾为争一江之水而大战数日不止，致使民不聊生，玉皇大帝闻讯乘龙船而至，狮虎见龙驾到，各自扭头而逃，被玉皇大帝点化为两座山，而玉帝已去，独令龙船也化山看守，狮虎而不得再祸害人间。此情此景，美不胜收。

　　我曾为此情此景而赋诗一首："春风古祠一水环，独生绝卓奇峰山。残阳袭柳百花妒，自沿清江驾龙船。"阎父亲笔将此诗变成毛笔大作，裱画加框，常挂于堂中。而宋汉东（三营的书记）是一个专攻李白、杜甫的诗才，将此诗列入了另册，并对我说，如能再出一首类似的作品，就将我的诗列入李白、杜甫之列。

　　今天我们已届花甲之年，但我与阎的友谊千丝万缕，"白头到老"。

战士可以独立思考吗？

　　次年初，团里再次接到军区指令，要拉全团到内蒙古打坑道。我当然是不二人选。这次是全团的整体行动，团里还专门为我配备了手摇计算器。

　　在今天这个电子计算机早就无处不在的时代，也许无法体会手摇计算器的先进。在只能用口算、笔算的时代，手摇计算器则是重要的高精尖设备。计算全团的兵力、设备、工程量等，在那时也可称得上是个庞大的系统工程。整个司令部中也没几个能帮得上忙、搭得上手的参谋，我成了主角。而我设计的计算盘也正好可以派上用场。

　　当整个方案将要完成时，局势发生了重大变化，所有的施工任务都被取消，部队进入一级战备。对越战争开始了。作战股墙上本是去内蒙古的各种路线和地点的图纸，都换成全国地图和越战前线图。

　　我军的任务不是向南参加对越战斗，而是向北，防止苏联从北线挑起战争，因此每天在图纸上标注的有敌情通报，除了中越边界的战事之外，更多的是新疆和东北地区苏军的部队调动和兵力布置，部队则从准备施工转入了军事训练。

　　直到中越战争的后期，全军才抽调了几百名侦察兵和干部参加了实战，不是主力战斗部队，而是以培训为主的机动部队。我在特务连时任侦察排长、后调到师侦察科当参谋的耿援朝，有幸参加了这次培训，后来当了团长。

对越战争中暴露出许多部队训练中的问题，多年没有实际的战争实践，让部队更多停留在原有的军事技术水平，很难适应现代的战争需要，部队再次掀起了大练兵的热潮。抗美援越时，三十八军曾派出高炮团负责保护河内大桥。曾在抗击美军的轰炸中击落多架美军飞机，荣立多次军功，这次却没有机会再上越南的战场。更多的目标则是针对于珍宝岛战斗之后的苏军。更多注重打坦克和大军团作战，当然单兵的技术训练也是必不可少的考核项目。

团里换了新的团长，陈晓庄团长是一位曾在内蒙古给内蒙古军区司令员滕海清将军当过秘书的干部。因"文革"中的"内人党"事件也曾随领导而受到不公正的牵联。陈也是个有文字功底的好干部，滕海清的"内人党"问题平反后恢复了工作，逐步升任我团团长。

陈团长给我下达的第一个任务就是限期在军、师来考核之前，重新建设和修好靶场。这次军、师的考核项目多，从固定靶到机动靶，从近距到远距，从手枪到机枪和高射机枪平射。老靶场已多年未修，且距离不够长，要从200米加到300多米的射距，于是将围墙后移，把一部分原来的菜地划入了靶场的范围。射距加长后，靶档的高度也要相应提高，以加大安全参数，还要加厚防护层，以满足40火箭筒实弹射击，还要维修运动靶轨和机房，调节不同运动速度，以满足不同射击考核需求。

比起打坑道而言，这些活的技术含量都不算高，但时间要求却很紧张，我不得不安排配合施工的部队日夜加班，尤其是短时间内我无法用大量堆土的方式加高靶档，就向团长建议，在现有靶档顶部筑一道两米多高的混凝土墙，以满足时间要求，我不会什么理论计算，就直接套用了修哨所时的图纸，做了减筋量的修改，画出了靶档砼墙的图纸，进行了施工。这道靶档在我十数年之后回部队时，仍屹立在靶场之上，巍然不动，背面成了营房的一个广告。

当靶顶的档墙连续施工一多半时，副团长郭民政带领着钢八连的战士荷枪实弹地来到了靶场，非要让我临时停工，要提前进行对八连的实弹考核，待八连实弹射击考核完之后，再继续施工。

我调入特务连时郭民政就是特务连的连长、我的顶头上司，后调到钢八连任连长。钢八连是全团最优秀，也是全中国人民解放军中最有名的连队之一。以前的"十一"游行时，钢八连都是走在最前面的红旗方队，恢复全国运动会的开幕式上"钢八连"代表全军表演的跨越障碍，更不用说从红军时期、抗战时期、解放全中国和抗美援朝时期的光辉历史了。这是三三七团的骄傲,也是全团的王牌连队,当然也是每次军、师考核中的重点连队。

我在作训股任参谋当然知道这次考核的重要性,平时划拨装备时,我也会重点照顾"钢八连",他们出勤训练的任务重,次数多,装备的损坏率高,我总是给他们最完善的配备,包括在数量上都会多一些机动数,调拨实弹射击用的实弹时,也会比给其他连队多一些子弹,以重点培训技术较差的战士,我和连里的干部战士们都有着良好的合作关系,全团都知道他们的成绩代表着全团的荣誉。

很遗憾的是这次我并没有执行副团长的命令,坚决地拒绝了副团长的要求,我说:靶场是团长给我的任务,完不成任务全团都无法交代,除非团长下命令,否则说什么也不能影响修靶场的工程。

当着八连全体官兵的面,我让郭副团长很下不来台,但我必须坚持,以保证施工的进度和混凝土作业的连续性,副团长无奈地将连队带离了靶场,而我的背后,那些已在靶档上努力施工的战士们,给了我一片掌声。

还没回到营房,营房里就闹翻了天,"任参谋将副团长挡在了靶场之外"的消息传得到处都是,像炸了锅一样,还有许多人添油加醋地渲染。当我拖着疲倦的身体回到司令部吃晚饭时,接到了通信员的通知,让我跑步去见团长。我才从通信员嘴里知道这事闹大了。

在部队多是官大一级压死人,下级必须坚决地服从上级的命令,副团长的官则比我这个参谋不带长的高了许多级,全团自我当兵以来未发生过一个参谋可以拒绝副团长命令的事件,也许以前的历史中也没有发生过这种事情,但这次不同,我执行的是团最高领导的命令。当然部队也有个不成文的惯例,在第一现场当两个不同上级的命令发生冲突时,应执行在场最高指挥官的命令,和我们在许多美国电影中都看到过的情况类似,最终执行的大多是现场最高指挥官的命令,而非远离现场的更高指挥级别的命令,但这次也不同,靶场离营房并不远,如需修改命令完全可以提前安排或通知,由最高指挥官下命令,同时副团长下达的是局部任务,我执行的是全局任务,我当然有理由和有权力坚持完成自己的任务。

我早已记不清,我是如何向团长汇报的情况,也记不清当时团长都说了我些什么,从团长办公室出来时只记住了两个字,团长给我的评价是"鸡肋"。

我请炮兵股的张参谋专门用一号特大图纸,每张纸写一个字,将"鸡肋"两个大字挂在我宿舍中的一面墙上，用以牢记。

三国中曹操曾将这两个字作为口令。杨修一时聪明，猜出曹操进退两难和必退之心，于是令下属打包行李准备撤退，被曹操以"乱军心"为罪名杀害，以定军心。"弃之可惜，食之无味"，成为了今日的典故和成语。而我将如何面对呢？

部队不是民主的政体，而是必须坚决执行命令的工具，古有"军人以服从命令为天职"之说，因此部队最讲究的是"坚决执行命令"，这背后的潜台词是为执行命令可以放弃一切，包括人最宝贵的生命。但"文革"中部队这个工具常遇到许多两难问题，一是从国家的领导到军队的领导，都出现过许多巨变，昔日英雄、元帅都会在一瞬间变成了"叛徒"、"反革命"，听从命令反而成了罪恶和帮凶，有的甚至变成了反党集团的一分子；二是左一派、右一派的革命群众都打着同样的"拥护毛主席，拥护党中央"的旗帜，无法辨别谁对谁错，执行命令就必须站在某一边，而对立的一边中有着和我们同样戴着红五星的帽徽的解放军。如果接到的命令是抗震救灾，像防止大西洋水库的崩堤安全，没有哪个战士丝毫地犹豫，都会坚决地执行命令，但如果是向"支左"时某一派开枪，就会多了一份迟疑。

战士们长期在不管对错都必须执行命令的压抑之下，常常产生了许多反抗的情绪，尤其是连队之间为了荣誉而争得你死我活中，连干部常常会为了争一口气，而让战士们大吃苦头，培育战士们的荣耀感时，也会多了一些不正之风，就像如今有的地方政府官员为了政府的风光和表面业绩，也会做出许多不利于社会民众的"壮举"，因此，也埋下了许多只顾执行命令的祸根。

抗上而爱下被看作是一种良知，更是一种英雄气概和汉子的标志。当我以下犯上而维护了正常施工连队的利益时，维护了施工任务的尊严时，在全团赢得了战士们的好评。当然，我也知道这种抗上的行为风格、这种坚持原则而寸步不让的态度，在部队已经不再有任何的发展前途了，"鸡肋"既可以说是一种表扬，也可以说是一种惋惜，更可以说是一种结束，也由此我开始产生退伍的念头。

其实，直到今天我这种"不唯上，不唯书"的性格，恰恰是部队培养出的一种结果。当兵时我还刚刚成年，正是性格养成的重要阶段，年轻时的积淀就像小树成长时的树干，决定着今后生长的基础。那个思想开始成长的初期，我们正在怀疑和思考之中，所有的社会变动和身体力行接触的事物都会变成人生图画中的色彩，并决定着这幅人生图画的最终表现。

在三十八军提干后的我

多次立功获奖

在三十八军当兵时的我和战友

哥哥去部队看我

野心优雅 // BEAUTIFUL AMBITION

谈恋爱是奢侈品

那时,谈恋爱更是一种奢侈品,连女孩子都看不到,军营中只有清一色的小伙子。

一些战士提了干部之后就有了谈恋爱的通行证,除了在北京认识的同学、同乡之外,大多是通过媒人关系介绍而与女孩子相识的,部队中仅有的女孩子都在师以上的单位,如师里的卫生科、宣传队,团里大多没机会相识高攀,离我们驻地最近的工厂是保定的变压器厂,有十多里地,在我团到保定市、去军部、师部的必经之路上,那里也有北京籍的几个女孩子。于是,她们就被团里的这群恶狼盯上了,也成了我们聊天的乐趣,还真有两对在这种追逐中成了夫妻,后来一对离了,一对仍在甜蜜之中,当然也有老战友之间的子女结亲。

我们团所在地是满城县的江城公社,营房旁边最近的村就是江城村,村子离营房一里多地,这里有几个北京的子弟插队。其中一个叫师右林,曾是北大附中"文革"时的八大金刚之一,虽是个女孩子,却在那时威风凛凛,成了红卫兵中的领头人,后来当了公社的书记,我们都管她叫妞妞。

团里的北京人都将江城村当成了自己营房外的一个家,大多数的干部子弟都常到那里坐坐,聊些在营房中不敢公开聊的敏感事,尤其是北京发生的政治变化。慢慢地,那里就像我们的会所,虽然部队经常不在营房而外出训练,但每次回来大家也都常去光顾,也常常在那里吃到一些好吃的农家菜。那里,成了我们营房外的避风港。慢慢地,我也与妞妞接触多了,也产生了特殊的感情,或者说是发展到了爱的程度。但当时的阶级斗争时代,她的父母都还未获得解放,而我的父母获得上级信任,条件则是要我和妞妞以后少接触,否则就将因此而受到牵连,我选择了孝。妞妞接受了这种残酷的现实。她的理智更远远超过了一般人。也许这些都来自于那个时代的特殊性。而我第一次结婚,正是在江城公社进行的登记,是妞妞将证书送到了我的手里。

妞妞已经成为我生活中重要的一个部分,也是对我人生影响极大的一个特殊因素,虽然我们没有任何的越轨行为,没有组成家庭,也没有因此而影响以后各自的家庭,但由于那一段特殊时期下的交往,至今仍保持着一种信任,可以将生命相互交付的一种信任。

她去美国后,我们中断了一段时间的联系。数年之前,她回到北京,我们又相遇了,相互的信任仍没有发生任何的变化,至今我们仍保持着这种信任。

CHAPTER ▶ 13

我的私享生活

BEAUTIFUL AMBITION

小时候，女儿最喜欢和我睡在一起，睡前听我读书、讲故事，但睡了之后的女儿，却会在梦中练武，一会儿拳打脚踢，一会儿翻来覆去，我总要不停地起来给她盖被子，常常睡着睡着小脚丫就跑到了枕头上，从没有一次安安稳稳。每次和女儿睡在一起的第二天醒来，都像熬了一夜，但心里仍然是甜滋滋的。

BEAUTIFUL AMBITION

　　决定写这本回忆录之前，我一直在纠结，是否应记录下自己的私生活，是否应将内心的感受公布于众，是否应避免对心灵的拷问，是否应给自己保留一块自留地，是否会因为过度的描述而变成一种表白，是否会因这些而损害了自己的形象，是否掩藏在内心之中会给外人留下更美好的一面，或者能减少许多流言蜚语和八卦消息。

　　左思右想之后，我选择性地留下了一部分私生活的内容，当然也省略了许多，尤其是两次婚姻之间的过渡。我想让大家知道我也是个有血有肉的人，有自己的生活，有自己的辛酸，有自己的委屈，也有自己的眼泪。一张表面严厉的面孔背后，也有自己的虚弱，有无数的缺点。一个人无论事业是否成功，外表是否强大，都无法摆脱人的本质，也无法保证永远不犯错误，无论是生活中还是事业中，其背后都有不被人知的内心斗争。告诉别人我的成功与失败，就会避免更多的人犯与我同样的错误，就能挽救更多等待救助的心灵。

失败的第一次婚姻

　　1976年毛主席逝世之后，我从内蒙古边境返回了北京，父亲那时已恢复工作，回到商业部任副部长。唐山大地震之后，父亲被派到全国抗震救灾指挥部任副指挥，华国锋担任总指挥。父亲去唐山视察的路上发生了车祸，只好回京治疗，没过两天就带伤长住指挥部，几个月都没回家。当时的指挥部就设在人民大会堂里，正好在主席逝世之后的灵堂旁边厅中。

改革前是严格的计划经济管理，全国的商品与物资都是由部里统一安排与调动的。也正因此，全国的各重大活动时都会有一位商业部的副部长任副指挥或副主任，为重大活动安排和调动物资。如每次的全国体育运动会，连运动员的服装、食品、体育器材等都要由中央统一指挥调动才能保障，而爸爸的特权就是有一张在各体育比赛场馆都能进主席台的通用票。当每次父亲因工作原因不用这张通用票时，我和哥哥也会偷偷拿着这张票去看一些比赛。

我第一次将妞妞带回家之后没几天，军代表就找父亲谈话（当时实行军管，所有国家机关中都有军代表监管）并提出了反对意见，理由很简单：妞妞的父亲有问题。不记得当时说是"反革命"罪，还是"叛徒"罪，反正是有严重的政治问题。在那个"四人帮"横行的时代，政治是生命，我们曾目睹了无数革命干部在"莫须有"的政治面前失去了生命。那时的思想觉悟，还不足以支持为了爱情而牺牲家庭，牺牲父母的政治生命。"万事孝为先"深植于心中，为了爱情我可以放弃个人的得失，但不会放弃和伤害父母的政治前途。

"孝"实际应是一种责任，不只是听从父母的教诲，还有养护感情，更重要的则是维护，维护长者的信仰与利益。尤其是那个动荡的时代，哪怕是当"革命群众"要打倒父母这一辈"走资派"时，我也坚决地站在父母的一边，与抄家的"革命小将"们面对面地抗争。我坚信他们选择的道路与信仰，更坚信他们对我们的爱！

我只能服从退出。为防止这种政治危险的重演，在我家暂住的姨代父母做起了大媒，将一位父母老战友的女儿带到了家中。

抗日战争时期父亲在新四军作战，从竹沟新四军干部学校的教员开始，到后来的税务官、粮食官、财政官、后勤官，结识了许多的战友。中原突围之后离开新四军五师，转战到东北，妈妈和姨也都在新四军参加作战。虽然解放后这些战友都少有联系，但"文革"的划线，让老战友们不得不又串联到一起了。"文革"时的大清查，翻历史的账，每个人都不得不找那些尚未被打倒的战友们为自己的清白作证明，战友之间的活动与联系反而更加活跃了。

前岳父是一位老将军，曾在五师任过十三旅的旅长兼政委，解放后在军队的政治学院任任任，"文革"后任过成都军区、武汉军区的政委，是位有文化的"军阀"。曾在抗日战争和解放战争中立下汗马功劳，和父母都是老相识，一起出生入死许多年。姨和前岳母曾在一个连队搭档，更是感情深厚，因此从父母的层面看，这当然是一段好姻缘。

见面没几次我就奉命回了部队，第二年春节假期回京时就举行了婚礼。从见面到结婚大约一共不到两个月的时间，中间只见过几次面，或许谈不上什么感情，但父母之命的婚姻在那个年代并不只有我一个，或许这是大多数人的命运安排。

所谓的婚礼就是两家人聚在家里一起吃顿饭（后来又与亲朋好友在森隆餐厅以每桌20元的标准摆了两桌酒席），再说些祝福的话，那晚也许是想起了妞妞，梦一样的婚礼上只喝了很少的酒，我却早早地要昏睡了。

饭间离席而去，睡在所谓的"新房"中却不知道什么是"初夜权"。

三天后，姨以为我生理上有什么毛病，还逼我专门去医院检查，她们并不知道心里的伤痛并不可以用行为来解释。

姨认为，两位出生入死的战友子女结亲，既有历史的深厚友谊，又门当户对，本应完美无缺，亲上加亲，恩恩爱爱，战争年代大多数人都是先生活后恋爱的。"文革"时，早就没有了爱情，爱情被打入了十八层地狱，被当作是资产阶级思想的产物，被社会所不容，因此先结婚后恋爱则成为一种正常的婚姻状态，似乎爱是因婚姻而产生，否则就是不道德。

那时虽然刚刚打倒了"四人帮"，但政治斗争的硝烟仍然弥漫，政治上的可靠性，仍是婚姻的重要指标和条件，战友之间的子女联姻成为一种风气。父母们、长辈们似乎因"文革"而重新回到了战争的年代，就像那时他们选择了革命一样，不是因为懂得什么是革命，而是为了打日本而选择了革命，而在后来的战争中慢慢了解革命。他们同样认为，选择了婚姻，也就会慢慢懂得了爱。

即使到了今天，在婚姻与爱的选择面前，丈母娘们仍常常将住房、收入、学历等与爱无关的物质条件当作婚姻的先决条件，而把爱放在第二位。婚姻的好坏，似乎是由外部条件决定的，而不是由两个生活中的主角之间是否有爱决定的。

我的第一位夫人，年幼时就很优秀，越南的胡志明主席"文革"前来访时，参观北京的少年宫就是她代表少年宫演奏钢琴，其后中学又考入了北京最优秀的师大女附中，长相也很端正美丽。我唯一不知道的则是"文革"中，她入伍不长时间因父亲被打成了"走资派"，部队将其关了禁闭，做了不公正的处理，使她的精神受了刺激，直到她父亲"解放"之后才逐步恢复正常，而这个特殊的经历为此后的生活埋下了伏笔。

  部队的制度让我们俩在一起生活的时间局限于一年最多不到两个月，干部有一个月左右的探亲假，家属可以到部队探亲一次，通常野战部队营以上的干部才能享受随军家属的待遇。许多营以上干部才能将生活在农村的夫人与子女带到营房的家属院居住，长期分居就给建立更亲密的感情制造了许多障碍，军队的生活也许并不适合建立家庭。

  按照部队当时的规定，连、排干部应两人相加满50岁，方可结婚，两人满54岁方可生孩子。也许是为了维系婚姻，她在我认为安全的条件下怀孕了，但违反了有关规定。

  母亲是位坚定的马列主义者，有极强的纪律性，尤其是经历了"文革"时的干校生活，更深知要严格地遵守党的纪律和各种规定，哪怕是一种号召式的精神。那时并没有严格的独生子女制，只是提倡"只生一个好"，但母亲就已经对子女们下达了命令，每个子女都只能生一个娃。尤其是不得违反部队的规定。

  哥哥生了个女儿，妈妈当然希望我能有个儿子，但那时哥哥的女儿只有两岁，还没有资格去幼儿园，妈妈希望等哥哥的女儿送了幼儿园我再要孩子，这样既遵守了部队的规定，又不会在家里因同时有两个娃娃要照顾而产生矛盾，但矛盾真的产生了。

  直到现在我也不知道，我在部队期间家里到底发生了些什么。那时一大家子的人都住在父亲分配的一个四合院中，两个小孩和两个保姆让本来就不大的空间更加拥挤了，为了孩子难免会发生许多的矛盾。

  只知道父母为这些矛盾争争吵吵，气得生了病，哥哥好心到我的岳父、岳母家里告了一状（那时岳父、岳母住在海运仓的部队招待所中），令这个本就带些"军阀"作风的岳父大怒，认为颇对不起老战友，更加使矛盾激化了。

  也许在我家和夫人自己的家中，我的夫人都受到了不太公平的待遇，结果是精神的不正常再次爆发，常常做出一些令人无法接受的事情，我也曾为此而施展过军人的暴力，但一切都让事情走向了反面，没多久我们就分手了。

  遗憾的是她的两个哥哥都与我命运相同，后来都离婚而重新建立家庭，只有她的妹妹，找了个不被父母所接纳的人坚决组成了家庭，幸福坚守到如今。

  也许这是一个时代的悲哀，或者说我们都是"文革"时代的牺牲品，当人们迫于某种外界环境的干扰而无法自由地生活时，尽管人们都从最安全和善良的好心出发，但最后得到的并非是预期的结果。

那个时代许多家庭都遇到了同样的问题，许多的这种本应是"亲上加亲"的婚姻都变成了"愁更愁"，许多子女因此只能在缺少父爱或母爱的条件下畸形地成长。那时的婚姻破裂也许不是因为房子，不是因为钱财，更不是因为小三，也养不起二奶，种下的种子缺少爱的基因，因此无法结出爱的果实。

如今的一代至少在选择上是自由的，没有那些本就与爱无关的政治环境，没有那些人为造就的限制性因素，也没有那种政治斗争中的危机感，当然也少了许多"不得不"的压力。

自由也许是爱生长的土壤，历史的阴霾，希望永远不要在我们的下一代身上重现。

后悔只生一个女儿

2008 年的 7 月正是北京忙着迎接奥运的紧张时刻，女儿小学毕业了，让我参加她的毕业典礼，这也算得上女儿成长之中的一件大事了。

我们兄弟姐妹这一代人都是在小学就独立住校成长的，父母都没有太多的时间看护，只好将我们都安排在学校住宿，从小就培养独立生活的能力，也培养我们独立思考的能力。

女儿从小就被送到住宿制的幼儿园，上的也是住宿制的小学，周六、周日才能回家，最初在 21 世纪幼儿园和小学，如果有空我常会在周日的傍晚送女儿去学校，并在学校陪女儿参加活动。三年级之后，女儿转到了汇佳学校，学校有专门的班车到家门口接送，我就再没有专门去送过女儿，连学校也没去过，总觉得欠了女儿许多，这次女儿小学毕业了，无论如何我也要去参加女儿的毕业典礼。

汇佳学校的副校长通过我与开发商联系在住宅小区中办理配套幼儿园和小学的合作事宜，因此成了朋友，当然也希望我能和其他的家长们一起去参加学校一年一度的毕业典礼活动，并早早地在大礼堂前的广场上等候。

许多家长和我一样，带着夫人，捧着鲜花早早来到了学校。广场上，一队队的学生们穿着统一的校服，小脸上透着灿烂的笑容，相互在指点着各自的父母。毕业后，一部分同学会继续在这里上初中，一部分同学则会到别的学校去上初中。

从此一别而相隔甚远，典礼成了他们告别的庆祝。

校长专门把我和几个也许是身份特殊的家长安排在第一排的贵宾席上，和校领导们坐在一起，并在介绍参会者时当作贵宾做了专门介绍，这也许是为给学校撑面子，当然也会让这些家长们的孩子感到自豪，但我觉得很别扭，对孩子们来说这是一种歧视，会让更多的孩子们心中有种不公平的压抑，我也不认为这会对我的女儿有什么正面的教育意义。

正如后来社会上发生了许多"拼爹"的事件，从"我爸是李刚"开始出现的都是一些负面的消息，这种教育方式并不能培养孩子们独立的生存意识，也不会对他们的成长有正面的帮助。我小的时候，父母教育我们不许用父母的职务在外招摇，一个院子中，楼上楼下都是级别相差无几的干部，因此反而没有哪个孩子去攀比父母的职务，更不敢假借父母的地位去惹事，深怕因此给父母带来不好的影响。

而今社会的贫富差距拉大，反倒出现了更多借贫富之差、借父母的职位来提高孩子生存地位的坏现象。这既有父母本身的教育之过，也有社会风气的传染，更有"人民公仆"变成"人民父母"的权力影响。对子女过度迁就，其结果不是百炼成钢，而是吹出了虚胖，让整个下一代一遇风吹雨打就不堪一击。

介绍完嘉宾，然后由高年级的学生代表主持毕业典礼，校长和学生家长代表致贺词，学生们用中英双语朗读着一段段的诗歌，毕业班的学生们表演着各种节目，诉说学习、生活的体会和对老师们的感谢，这个学校不是以老师们为主角占领舞台，而是将舞台和时间更多地给了孩子们。

最后所有的毕业生依次上台领取毕业证书，并给了每位孩子与校领导和班主任合影的机会，这是对孩子们的一种尊重，也让孩子们有了一种精神的放松。

结束前少不了的是校领导与贵宾们的合影，结束后则是家长与孩子们自由组合在毕业典礼舞台的背景前的合影，这是个值得记录的时刻，孩子们开始长大了，将要从儿童跨入少年的时代了，看到孩子们的笑脸，我仿佛也回到了那个时代，遗憾的是那时我们没有机会和能力留下这一刻的记录。

我们的毕业典礼不是在礼堂，而是在大操场上举行的。砖砌的小讲台背后是一道影壁墙，面向校门背对操场的一面写着"好好学习"，背对校门而面对操场的一面写着"天天向上"。影墙与讲台中间立着一根旗杆，专为重大活动升国旗。孩子们戴着红领巾敬礼，庄严的升旗仪式之后，合唱《我们是共产主义接班人》，之后是校长与老师们的讲话，然后就是班主任将各班的同学带回到教室里分别发放毕业证书。

我们这代人的父母们似乎从来没有时间参加孩子们在学校的活动，我小学三年级时已经代父母帮妹妹背行李去学校了，哪有父母的接送一说！毕业后，孩子们就像成了大人，自己收拾行李回家，一床被子、褥子，几件换洗衣服，鞋只有脚上穿的一双，没什么多余的东西，捆成一卷，往肩上一背，几个同学就一道走回家。

当生活富裕之后，孩子们的生活条件也改变了，加之独生子女政策，让所有的家长们都恨不能变成孩子们的"奴隶"，自己省吃俭用，也要让孩子能体面地生活，自己不怕被别人看不起，但很担心，也绝不愿孩子被别人欺负和看不起，让整个社会进入了畸形的发展。

独生子女政策作为中国的基本国策是从人口的角度出发的，但却谋杀了人性，让子女变成了一种权力的垄断，当父母生育的权利被独生垄断之后，其他非人性的结果就成了一种必然。中国的传统文化中皇帝大多有三宫六院七十二嫔妃，许多人将此理解为是皇帝的淫荡，其实这是一种政治制度的需要，几乎所有的历史记载都证明，皇帝并非单为性欲而宠爱某一妃子，反而大多是为了皇子的安排。因此后宫中的斗争大多围绕着皇子而产生，而皇女则多是被看作拉拢外戚或重臣的工具。

皇朝的盛世大多是多子多孙的时代，皇朝的弱势则多是独子、幼子或无子的时代。

历代皇朝都想传承不衰，就必须从多子中产生竞争，虽然太子多为长子，但实际继承皇位的大多并非长子，而是能者居之。

冷兵器时代的战争，除了皇帝亲征之外，大多是靠皇子参战或监战，一是锻炼，二是培养，三是可靠。因此皇子多需习文同时习武，欲参政，多需参战，死伤者必多。竞争才能淘汰弱者保留强者，竞争中常有祸起萧墙，兄弟之间相互残杀，这也是一种竞争，最后的胜者多为明君，反而于国、于民有利。

纵观历史会发现这种皇权统治之下的政治体制，必然会要求皇帝必须多妻多子，以防各种自然死亡或事故死亡，以增加竞争中的选择，确保能者执政，让帝国强大。

家庭有如王朝，同样存在着竞争与继承的问题，尤其是如今改革开放之后出现许多个体户和家族式的企业，都存在着发展与继承的问题，但独生政策却让这种继承变成了唯一，变成了没有竞争的享有。也改变了父母的心态和教育方式。

过去多子的时代，父母有选择权，也能只生一个孩子，但这个孩子如果不努力就会受到父母再生一个的威胁。独生政策消除了这个后顾之忧，让孩子享有唯一无可选择的继承权。即使不够努力与优秀，但制度让父母别无他选，只好迁就。

爷爷、奶奶将其当成唯一而宠爱，父母也同样无奈，于是子女在家中的地位甚至超越了父母，从小就失去了参与社会竞争的意识，一旦离开了家庭之中这种被宠爱的环境就没有了竞争力，就对一切不满，就学会了抱怨，学会了用家庭来比较，就有了越来越多的恶习。如果父母一代的兄弟姐妹少，或成了独苗，就更缺少同代人之间的友爱，连爱与被爱的权利也被独生政策剥夺了。

独生政策之中的双胞家庭的子女大多比独生子女更优秀，恰恰就在于有比较、有竞争，反而产生了更多的激励，有了更多的主动与能动，而独生子女则将天生的优势，变成了垄断的劣势。家庭中孩子之间的争宠，有时也会是一种竞争的过程，更有利于孩子的成长。

好在我的兄弟姐妹多，家里人团聚时女儿还有许多伴，还有哥哥姐姐的爱，不至于陷入孤独，但独自在家中的时候，仍难免常将自己关在小屋之中。如今的孩子们多沉迷于网络，大约正是因为独生的政策，让孩子无法在家中与同辈交流，就只好面对着屏幕消磨时间和寻找乐趣了。

无须从国家人口的角度去谈论老龄化和劳动力短缺等因素对未来中国发展的危害，仅仅从独生子女的家庭关系和人情世故上看，就必然会是一种人性的扭曲，也必然是一种失败。

我结婚生子的年代，还是"只生一个好"的政策，但母亲已经开始响应党的号召，要求我们几个子女都只能生一个孩子，而现在看来，这也许是一种失误，但已经无法挽回了。

独生政策让子女成了父母心中的大事，独生子女成了唯一，独享了父母的全部，却也因此而失去了许多。

她永远是大事

平常的日子里很难和女儿在一起,通常都是长假带女儿出去。春节、五一、十一是带女儿到全国各地去度假的最好时机。春季去武夷山、海南、昆明、桂林这些气候温暖的地方,五一、十一则爬黄山、去沈阳、上少林、下青岛,女儿毕业那一年安排的是迎奥运、看奥运。

七月就开始了奥运的开幕式预演,站在家里的阳台上就能看到鸟巢的灯光,少不了要让女儿到现场去看开幕式和各种比赛,虽然我的工作仍然很忙,但让女儿去看预演和开幕式则是更重要的大事。

我的家在盘古大观南侧的楼上,华亭嘉园是华远开发建设的小区,用公司发放的住房补贴,我在这里购买了第一套商品房。站在楼顶层的平台上,正好可以清楚地看到水立方和鸟巢,站在阳台上甚至可以居高临下看到李宁在鸟巢顶圈的奔跑,这大约是最佳的摄影地点。

每次预演家里都聚了许多朋友,拍夜景和烟花,会比周边任何一个角度都更宽广。临近开幕式的最后一次预演时,家里也来了许多朋友,在阳台上欢聚、照相。一会儿就来了两个民警来敲门,询问家里都有些什么人,尤其是不许有外国人!

我告诉这两位民警,这是我的私人住宅,家里住了许多外国籍的朋友,但我并不违法,警察无权干涉。警察可以在屋顶上站岗、放哨、保卫奥运的安全,但却不能干涉我在私人住宅中接待家属和朋友。我告诉民警,开幕式很可能连凤凰电视台都会来(凤凰电视台曾专门到我家来看过场地,准备将采访台放在我家的阳台上,但后来他们选择了盘古大观)。这两位民警听到我的回答有些吃惊,也许这种情况让民警难以处理。一位女民警(可能是助手)要打电话向上级请示。我说你不用害怕,不管有多少外国籍人士,都不会是坏人。

巧得很,那天在我家居住的有夫人舅舅的女儿和孩子,她们已经是美国籍了,还有我的好朋友阎阳生一大家人,阎阳生的弟弟和孩子是法国籍,还有几个朋友是香港人,都是为了奥运专门到北京来的。我无法满足让所有的朋友都能看预演和开幕式,但可以让他们到家里来看外景和烟花。灯光下的水立方不停地变换着屋顶与墙壁的颜色,如果不是站在高处,是无法看到这种屋顶的颜色变化的美景。灯光下的鸟巢更是要从高处俯视,才能看出那种壮观的美。

当我亮明了身份之后，这两位民警才放了心，虽然他们仍向上级报告这些情况，但我相信，他们的上级也会相信我这个遵纪守法的政协委员的，更不用说本届奥委会的主席、副主席都是充分了解我或者说是可以朋友相交的人。送这两位民警出门时我告诉他们以后不许再到我家里来敲门了，进了我家门后的任何事情都由我负责。以后他们再也没有来打扰过我了。

如果是个普通的家庭，或许民警会提出许多不合理的要求，但当民警知道了我的身份，有了可以信任的安全保证之后，反倒可以不用那么紧张了。楼顶上除了民警之外，还有武警，他们有他们的安全职责，但不影响我们和平相处。

开幕式当天，许多朋友专门带着相机来照相，哥哥是个摄影爱好者。这里照的照片在摄影杂志上刊登了许多张，连王文波这个专家级的摄影大师，也专门跑到我家的阳台来取景。

这个消息传开之后，刘淀生等摄影迷也在闭幕式时背着三、四套各种各样的工具跑到这里来照相。几个大阳台上，开闭幕式时都架起了几十台机器，几十个人忙得团团转。

这个暑假中女儿和全世界的体育爱好者们一样，沉浸在奥运的赛事和喜悦中。

父亲对女儿的情意是无法用言语来表达的。虽然许多父亲不善于表达，但却可以为了女儿去摘天上的星星，纵有千辛万苦也绝无丝毫怨言。

小时候的女儿最喜欢和我睡在一起，睡前听我读书、讲故事，但睡了之后的女儿，却像在梦中练武，一会儿拳打脚踢，一会儿翻来覆去，总要不停地起来给她盖被子，常常睡着睡着小脚丫就跑到了枕头上，从没有一次安安稳稳。

每次和女儿睡在一起的第二天醒来，都像熬了一夜，但心里仍然是甜滋滋的，好在女儿只在周末回家。直到女儿上小学时，女儿回家时总是愿意和我睡在一起，这也许是天性。

后来工作越来越忙，周末经常出差，陪女儿的时间越来越少了，心中却时刻惦记着女儿的一切。女儿的事，在父亲的心中，永远都是大事。

一次女儿要看周杰伦的演唱会，而我知道这个消息时距离演唱会开始只有几天的时间了，我为了保险，分别托了冯仑、杨希、阎维文三位朋友帮助寻找演唱会的票，只怕不能满足女儿提出的要求，无论如何也要圆了女儿的心愿。当我从冯仑那里拿到演出票时，高兴地将这个消息发到了微博上，以让女儿知道，结果在微博上引起了许多的争论。有的说我在惯着孩子，应让孩子自己排队去买票，他们不知道我的女儿那时还在住校，有的说这么贵的演出票，是一种奢侈性消费，不利于对孩子的教育，有的说这样会将孩子变成了追星族，还有的说我在微博上发布是一种炫耀，总之批评占了多数。但我知道父爱是不讲代价的一种付出，没有道理只有亲情，对子女的教育中最重要的首先是爱，如果一个家庭之中缺少了父母的牵挂，就不会是一个温暖的家。

有能力满足女儿这种并非常有的特殊要求，我认为是做父亲的责任，如果我有能力托朋友帮忙，为什么不努力去做呢？既然我已经严格地让女儿从小就脱离家庭，去全托的幼儿园、全托住宿的小学，培养其独立的生活精神，为什么不能让女儿把家当作最可靠的避风港呢？

父亲永远是女儿的靠山，让她可以放心地去外面闯荡，也许她会在远离父母的看护后受伤，但她知道家是她可以无忧无虑安心疗伤的地方，她可以不用有任何顾忌地向父亲提出任何合理要求，甚至可以赖在父亲的怀中撒娇，对于一个未成年的孩子来说，这是她的权力。

如果我无法满足女儿的要求，或不能满足女儿过分的要求，我会坦白地向女儿解释，平等地与女儿商量解决问题的替代方案，但我绝不会拒绝女儿的任何要求，更希望让女儿相信父亲永远都是她的后盾。

在女儿的学校中，女儿的许多同学的父母也许是比我更富有的私企老板，也许是有显赫地位的政府官员，也许是特殊身份的明星，但我的女儿知道这些都不是她想要的，父母的财富与地位都不重要，最重要的是父亲能给她的一份爱。

从出生到现在，我没动过女儿一手指，也从没对女儿大声说过话，父亲的权威不是靠打或呵斥来树立和维护的，而是靠身体力行的榜样作用影响的，你的每一言、每一行都会在女儿幼小时留下深刻的印象。

我和夫人都没有吃零食的习惯，夫人的"愚民政策"，让女儿在上幼儿园之前甚至不知道冰棍、冰淇淋这类产品和饮料的滋味，家里放着的巧克力糖除了招待客人，几乎没人动，这种除了水果之外不吃零食的习惯，一直影响着女儿。

每次带女儿回我的父母家看爷爷、奶奶时，妈妈总是准备了一大堆的零食，给孙子、孙女们吃，还要亲手剥开送到孙子、孙女的嘴中，女儿除了为让奶奶开心吃下之外，从不主动去吃。

心爱的女儿

对孩子的教育不是靠讲大道理，而是言传身教中的感化，父母和长辈的行为是最好的案例，孩子总是首先从最亲近、最信赖的父母身上寻找做人的行为规范，并由观察中学会了待人接物的礼节，从父母对长辈和晚辈的态度中学会爱和恨，从父母对社会与事物的评价中分辨好与坏，从而慢慢形成了孩子自己的道德标准。古语云"子不教，父之过"。不是说父亲应如何去教育子女，但子女的学坏，除了可能被社会所影响外，首先来自家庭中的影响。

男人们在小时候常被父母为培养男子汉气概而教育压抑自己的感情，不能自由地宣泄，常常让男孩子不敢在父母面前哭，也不敢在女孩子面前哭，更不敢在大庭广众之下哭，这种情感与心灵的压抑，就让男孩子们转而用另外一种方式发泄，就会用打架、争强去展示自己的勇敢，甚至在女孩子面前用暴力来显示自己的权威和强壮。其实每一次的展示之后，他并不能博得正义的欣赏，于是就当众一次比一次更强悍，而事后一次比一次更虚弱，内心中越加空虚，外表就越要假装强悍。在这种压抑之下成长的男孩子，当了父亲或丈夫时也仍然难以改变，内心世界中有一种恐惧，会在突发事情或情绪激动的时候暴露出来。

《圣经》说：爱是恒久忍耐

我的第一次婚姻并不幸福，还在当兵的我，也曾动武发泄过心中的怒火，但事后我知道不管是因为什么样的事情，导致自己压不住这种冲动，都不是正确的。离婚之后的单亲教育给孩子留下了永远也无法挽回的心理压力和恶劣的影响，从此之后我下定决心，一定要改掉这个坏毛病，在家庭中绝不能使用武力。

忍是人生中难以跨越的一道门槛，但没有应忍时的忍就难成大事，人生中最要争的是一口气，许多人会为争这一口英雄气而不顾一切地拼命，甚至做出许多出格或违法的事，他们认为忍不下这一口气，忍是莫大的耻辱。

其实忍得住恰恰争得一口气，忍住恶气换来的则一定是正气，尤其是有时为争一口小气而坏的恰恰是大局。

在媒体记者渲染之下，大家都觉得我脾气火暴，以至许多媒体采访我时都觉得我可怕。但采访的次数多了，与我接触与了解多了的人就会改变这种看法，因此有些媒体特意用"任志强很温柔"为标题来进行报道。许多网友在微博上说，关注我之后才改变了对我的看法。

许多媒体报道了大量的恶性拆迁的案例，许多民众也都以为这些拆迁都是可恶的开发商干的，且不说中国农田减少中用于房地产开发的土地只有2%～3%，大量的土地拆迁是工业、市政或其他用地。自2003年的土地招拍挂之后，拆迁都变成了政府的行为（除少量的政府土地一级开发者之外，已不许开发商直接拆迁了）。即使在20世纪90年代开发商旧城改造直接拆迁时，华远也不会做这种违法违规的事情，强拆的案件常有，但一定是政府裁决或法院裁决之后的事情。许多人并不相信我的说明，被打的不是拆迁户而是我。

根据市、区两级政府的批准，华远曾在西直门内的东冠英小区进行旧城危旧片区的改造，有数千户居民的拆迁，当现场报告说被拆迁居民闹事时，我正在区建委开会，为防止事态恶化，我与建委主任及时赶到现场。工作人员汇报完情况，让我不要露面，坐镇办公室指挥就行，建委主任许燕生也不让我去现场，怕我会发脾气，在现场打起来。但我坚持亲临现场，解决矛盾。

到现场后，确实有一些尚未拆迁的居民在阻止现场已搬家居民的拆房活动，一位已接到一周内必须搬家，否则政府将执行强制拆除决定书的中年妇女（原为西城区房管局的干部），在挑动一部分群众阻止拆房活动，理由是这个正在拆除的四合院中，尚有一户人家未搬走，拆除了其他房屋和院墙，家里就不安全了。

这位中年妇女知道我是公司经理后，还没容我说话，就怒气冲冲地上来打了我一耳光，并破口大骂，公司的员工们都以为我会冲上去还手，我不动声色地问了一句："还打吗？"全场都静了下来。

不知是谁在外围喊了一句："任志强是人大代表，殴打人大代表是犯罪。"有些围观者听到这话之后偷偷地散去了。

建委主任听说我被闹事的群众打了之后，也赶到了现场，但闹事者和打人者已都散去了。

所有人都没想到我能忍住无辜被打，其实我早已有这种心理准备，被打也许是解决问题的最好办法，对被拆迁民众强硬，也许并不是解决问题的最好办法，凡事都必须占个理，而忍常常让本来就在你一边的道理可以让许多并不清楚真相的人反而可以了解到真相。不是我要违法拆迁，而是按政策的规定办理。讲理的人、占理的人不需要用武力解决问题,这种无理取闹的蛮横,反而帮了我一个大忙。这位中年妇女第二天就搬家了,没有再组织一次强迁,毕竟大多数民众都知道打人并不是解决问题的办法,也不是一种文明的行为。

如果我不忍,还手打了民众,则会给这些闹事者一个理由,甚至导致下一步的拆迁工作无法继续进行。

还有一次,公司中一个被行政处分的员工到我的办公室告状,我告诉他,要开完会再去处理,他一急就揪着我的头发和衣领,非要拉我去现场评理,以致激怒了所有的员工。虽然被揪掉了一大堆的头发,我没有还手自卫,也没有让其他的员工动手揍他,并且没有因此给他任何处罚。

员工到总经理处告状是一种信任,性急之下的方法不对也可以原谅,这并不是敌我矛盾。这一忍不但没有降低我在公司中的威信,反而提高了我在员工心目中的地位,事后这位员工向公司提出了辞职,我一再挽留,这位员工反倒更觉得内疚,最终离开了公司。

2009年宁高宁要求我辞职时,许多人觉得我窝囊;2001年与华润分手时,许多人为我咽不下这口气,但无论是面对武力或委屈,不管被扔鞋还是冤情,早在我从监狱里出来时就学会了忍。从个人的角度而言,任何委屈都是可以忍的,但从公事和公理而言,则是能说必说,能动必动,而无须忍。

忍与不忍之间很重要的一个界限正在于为私利需一忍再忍,为公利则忍无可忍。1989年进行西单大市政改造的管线施工时,一天黎明,小石虎胡同街口突然发生了严重的塌方。我立即组织现场疏散周边的群众,并组织新的围挡和抢修。但在胡同口危险塌方区的边上有个流动的卖冰棍的车和一个健壮的小伙子,就是不肯挪地方。一是如果继续塌方那里就成了大坑;二是妨碍了现场的围挡和机械的入场抢修,几个施工队的工人怎么劝说都无效。我只好亲自去劝说,但小伙子说:"我有执照,你管不着,就不挪地,你怎么着?"

情急之下,我冲上去就是一拳打在他的鼻梁上,将其打翻在地,并让工人们将冰棍车推走,将人抬出危险区之外,开始推沙包挡土墙,防止继续塌方,如果再拖延时间,这个地方也许就真的塌下去了,可能会出人命的。

这个小伙子是刚从新疆放回京的刑事犯。因打架斗殴伤人而被判了刑,出来后也成了西单一带的小混混,当地人大多不敢惹他。街道无法安排其工作,就批了个营业执照，让其经营流动冷饮食品自谋生路。他背后还有一群小兄弟跟着，自是不甘心被打了一拳，回去后就找了几个兄弟要找我报仇。

幸亏在我拆迁西单沿街商户的过程中认识几个比其资历更深的已改邪归正开始做正经生意的老大、老二们，都想等我尽快完成工程，好回迁经商，便替我出头平息了此事。他们从和我谈判拆迁、回迁的过程中，知道我是通情达理的人，颇有江湖中的大哥精神，因此愿意与我交个朋友，学些正经的经营之道，当然也就愿意揽这个事，帮这个忙。

多年之后，张宝全的今日美术馆开业时，曾邀请我和小潘各写了几个字，在画馆现场拍卖，也是这位西单的哥们听说之后，专门到现场用高价拍下了我的"舍我其谁"几个大字，非要表表自己的一番心意。

我在部队时曾在特务连当兵，擒拿格斗是专长，虽然多年不练了，却也并不陌生，那时还年轻，与一般人对打，还不至于打不赢，但除非是为公事而忍无可忍，否则是绝不会争强好胜与人动手过招的。人不可招事，也不可怕事。

在监狱与看守所中也同样，不招事都可能被打，别说招事了，但怕事同样可能被打被欺，有时还是需要硬着头皮打，打赢了你是"爷"，打不赢也没人敢把你当孙子，至少让大家知道你是会坚决反抗的，"是条汉子"也许是看守所里犯人们眼中最高的荣誉了。正因为我在这个污缸中混过，连那些黑老大们都不敢小看我（虽然有些人不知道我这个经济犯是无罪释放的，以为我也是改邪归正的），这成了我与黑道上的人打交道的资本。

古话说得好，"小不忍则乱大谋"，事如此，势也如此，市亦如此，家更如此。

那年去福建打球，刘建国的一位战友老韩，看到我们都全家出行，很是羡慕。饭桌上聊天时，问我怎么处理和老婆的关系，我说把你的所有收入都交给老婆，她就放心了。老韩说："那不行，她月月要钱，那还不都乱花了。"我说："你错了，你不给她就月月要，你真给了她就不花了。"这不是花钱的问题，而是信任的问题。从有银行卡的那天起我的工资就全在老婆的手中，有多少钱，花多少钱，我从来不问，这样就给了她信任的空间。不信你可以试试，一次就给她几十万，她就舍不得花了。几年后老韩告诉我，他试了一次给老婆几十万后，发现老婆再没要过钱，那几十万也一分未动。

忍和舍其实是一个道理，放不下，舍不得，忍不住，犯的都是同一个毛病，只有放下面子，家庭之间、夫妻之间的关系才会得到真正的改善。

2011年底我在上海参加《名人范》节目录制，阎阳生说网络中将你比作"大众情人"，是不是许多女孩子喜欢你？现场一位嘉宾对女主播立即说："你这么凶，一定对老婆不好。"我说："我给老婆送花，可以让老婆说'送多了'。现场有几个人能做到？"

夫人50岁生日，我请全家人一起给夫人过生日吃大餐，却忘了给夫人送个特别的礼物，于是引起了夫人的不满，也当着女儿的面，吵了第一次架，本来说好一起回母亲家共聚，气得夫人半路自己走了。我深知自己之过，从那以后，每周必让花店专门送花，以表歉意，过节、过年、过生日更是必不可少。夫人的气很快就消了，给我秘书专门打了电话，转告我不要每周都送花了，但我仍坚持重要的日子一定要送花，以弥补自己的过错。

其实平常相互送的东西都很多，但这个特殊日子的疏忽成了夫人心中的一块病，夫妻之间的相互尊重，"忍"字则尤为重要，而我给夫人送花的另外一层含义则是要挽回我在女儿心中的形象。

父亲在女儿的心中是一家之主，是支撑这个家的顶梁柱，是这个家中行为的典范，不应该对妻子恶语相向。当着孩子面的争吵，无疑会损害父亲在女儿眼中的正面形象。

段子里常有这样的问题，当母亲和妻子同时落水时你先救谁，或者当妻子与孩子同时落水时你先救谁。从理性讲应先救无能力自保的人，后救有能力自救的人；从亲情的顺序上讲，则应先救母亲，再救妻子，最后救孩子。父母是唯一而不可替代的，是先天的血缘关系，而妻子和孩子则是后天的，也许我是个过于传统和保守的大男子主义者，万事孝为先，丝毫不敢怠慢。没有母岂能有己？同样，没有妻又岂能有子？现实中常见的则是母与子都排在了妻的前面，太多的小三让妻子成了家中最不重要并随时可能被替换的人了。

当两个人的感情中对方已不再重要，失去了爱的基础时，离婚是一种自由与解放。反之，就应维护这个家庭中的忠诚与信赖，爱是维护这个家庭的基础，忍是爱的组成部分。

CHAPTER ▶ 14

为公益而共和

—— BEAUTIFUL AMBITION ——

红旗下长的一代，从小不知道什么是公益，只知道什么是雷锋，什么是对党的忠诚和无私奉献。改革开放之后，人们经济意识增长，大家才知道什么是有偿，什么是无偿，才知道什么是贡献，什么是牺牲，也才开始知道什么是公益！

BEAUTIFUL AMBITION

公益的心事

"红旗下生,红旗下长"的一代,从小不知道什么是公益,而只知道什么是雷锋,什么是对党的忠诚和无私奉献。即使是在上山下乡时期,雷锋精神仍然发挥着重大影响。部队里,这种为革命、为人民甘愿牺牲的雷锋精神更是被无限发扬光大了,无偿地为人民做出贡献似乎是理所当然的事情。但改革开放之后,随着人们经济意识的增长,大家才知道什么是有偿,什么是无偿,才知道什么是贡献,什么是牺牲,也才开始知道什么是公益!

华远集团的宗旨是"来源于社会,服务于社会"。这是在初创期就确定的企业文化。那时我们仍然以为企业生存的目的,不是为了创造财富,创造利润,而是为了赚更多的钱来"服务于社会"。

当邓小平提出"让一部分人先富起来,但最终目标是实现共同富裕"时,共同富裕仍被放在首位。但市场经济的竞争让社会逐步认识到,大锅饭是无法实现共同富裕的。邓小平南方谈话之后,社会才懂得了什么是市场经济,才知道企业责任、一次性分配、二次性分配、社会保障等概念,才知道什么是社会公益,什么是政府的责任,以及什么是社会的责任补充。

市场中经济组织的使命就是创造财富并在第一次分配中获取合法利润,就是要在法律法规的约束下,为股东、员工创造利润,同时创造税收。企业的税收则被国家用于二次分配,来保障市场经济竞争中失败者的生活,保障竞争中弱势群体的利益。如果将国家的二次分配职能强加于企业头上，那么企业就无法使股东和投资者的利益得到保障，无法使企业员工的利益得到保障，企业也会在竞争之中逐渐落后，最终无法在市场中生存。

雷锋精神是一种个人自主分配个人财产的行为，但却不能以此来要求企业或各种营利组织。因为企业不是在支配个人的财产，而是要对财产的所有者负责，对组织中的所有成员负责，对企业或组织的法定行为和利益负责。

社会公益是整个社会对政府一次和二次分配过程中造成的不足给予弥补的一种纠错行为。一个国家在进行一次与二次利益分配时产生的不合理，可能是制度造成的，也可能是非制度原因造成的。为了协调这种不平衡，这就需要依靠社会组成的三次分配来弥补政府制度与工作的缺陷，或者纠正政府行为的错误，并用这种社会共同救助的方式，促进社会的进步和和谐。

最初华远的公益是来自政府的指令。当政府希望做一件对社会有益但却没有财力和技术支持的事的时候，就通过企业拿钱完成该项工作。

如改革初期，华远帮助学校建立电教教室，改善部分地区落后的教育现状，起到试点示范作用；代政府组织大龄青年进行社交活动，减少社会矛盾与压力；组织华远之声音乐会，丰富社会的文化生活；给红十字会等慈善组织捐款，以帮助贫困的弱势群体等等。

后来华远公益行为的方向大多都是定向的了，如支持和赞助中国的桥牌运动长达 20 多年，使之最终赢得了两次女子组世界冠军，为国家争取了荣誉。华远在 20 世纪 90 年代初就成为了中国经济改革研究基金会的最大赞助者，为推动和促进中国经济制度改革做出了贡献。华远还建立了网球与乒乓球的基金促进会，来推动中国体育制度市场化的改革。

当然，华远也带动员工自愿参与各种公益。最早的活动是员工自发给北航的一个没下巴的同学捐助手术款，后来这种活动就越来越多，并和公司大的公益基金捐款活动联合起来了。

从不自觉到自觉从事公益活动，从被动到主动从事公益活动，从盲目到有目的地从事公益活动，华远在不断的行动中，不断加深对公益的认识。

目前我投入时间和精力最多的三项公益活动，都不是出于上级指示或者个人爱好才参与的，也不是我投入资金最多的，但却被认为是社会最需要的。

我赞助时间最长的是桥牌基金会，20多年时间我投入了几千万元的资金。除了因为我热爱桥牌这项运动外，还因为一次打牌时听说邓小平希望我们中国人至少在智力上不输于其他国家，于是我便开始坚持不懈地赞助这项运动，希望中国桥牌能获得世界冠军。终于，中国的女子桥牌获得了两次世界冠军。华远队的六名队员，分别参加了这两场比赛，都获得了冠军的称号。但是，这项公益活动并不是我付出主要精力的领域。

同样，我赞助中国经济改革研究基金会也长达20多年，支持了中国多项经济政策的研究，对中国的经济改革起到了巨大的推动作用。

许多人认为救死扶伤的慈善更为重要，但我却认为"授人以鱼，不如授人以渔"。直接对个体的援助远不如促进整个国家制度的改革重要。重要领域的研究成果、社会经济改革的推动，救的不是一个人而是一群人，整个社会都从制度的改革中受益。

当然这种慈善基金会也有，我也因此成为了西城区慈善协会的名誉副会长。我也曾参与和发起房地产界捐助治疗儿童兔唇的基金，救助了大量的残疾儿童。

但目前我更关注的则是能为更多人谋利、为整个社会谋利的公益活动。目前我比较关注茅于轼老师、吴敬琏老师发起的乐平公益基金。许多企业家和社会精英如张维迎教授、汤敏教授、资中筠教授、胡葆森、柳传志、周庆志、吴鹰、马云等，都积极成为了发起人和赞助者，当然也少不了我和潘石屹。虽然这个基金的成立过程中多次遇到困难，但最终获得了注册批准。这个基金会所从事的都是旨在促进社会发展的活动。

茅于轼老师最早在中国的贫困农村试验了提供小额信贷的活动，以帮助最贫困的农民解决资金，发展生产，脱贫自救。茅于轼等人兴办的富平家政学校帮助了大量贫困地区的农民走进城市，使他们获得了谋生的知识和手段，从而打通了从社会最底层走出去的通道。

"千千树"农村幼儿园的建立给贫困农村的留守儿童提供了一种新型的教育方式，让社会公平从教育开始。

同时我也组织并和员工一起参加基金会组织的各种活动，如给盲童当一天眼睛，领他们去参观博物馆，陪孩子们过个"六一"儿童节，领孩子们去看歌舞剧。组织并参加将"千千树"农村幼儿园孩子们的图画、手工作品在社区拍卖的活动等等。虽然基金会的活动占用了我许多的时间和精力，但当用心投入，把公益活动当成一种自我的责任时，公益活动就不再是种额外的负担了，而变成了一种使命。

我关注的另一个重点是阿拉善 SEE 生态协会 ?SEE 基金会。北京长期受沙尘暴侵扰，每年春天有 40 多天是沙尘天气。为治理北京的沙尘暴，2004 年，首都创业集团董事长刘晓光召集了一群北京的企业家，并联合包括台湾、香港等全国各地的企业家和新加坡的一些在中国投资的企业家们，共同发起建立了阿拉善 SEE 生态协会，并于几年后注册了 SEE 基金会。

最初大多数人并不知道阿拉善沙漠（中国第三大沙漠）与北京的沙尘暴到底有什么关系，只知道刘晓光说北京的沙都是从阿拉善沙漠刮来的，并且这些沙还一直刮到了朝鲜、日本甚至到了美国的洛杉矶，成了中国和世界的一大灾害。当组织人到了阿拉善沙漠之后，他们的观念改变了，从最初只是看刘晓光的面子捐钱变成了后来的热心投入。

第一次成立大会是 2004 年在阿拉善的月亮湖召开的。我们从北京乘飞机到银川，再走公路，沿贺兰山山脉向这个过去曾是神话般美丽的草原，如今是一片黄沙的大沙漠进发。途中不但可见到西夏的皇陵，还能看到曾是中国防御外敌的天然屏障：贺兰山和旧长城，我家家谱上有祖先在贺兰山驻守的记载，因此，此次旅程对我来说就有特殊的味道了。

在到达沙漠之前，人们还有兴趣欣赏沿途的风景，但到了沙漠，这种观山望景的心情就被打断了，城里人习惯的高速公路到了沙漠的边上就没了，所有人都必须从舒适的大客车上下来，换乘部队中常见的北京 212 型越野布篷吉普车了。

乘坐吉普车行驶在沙漠，感觉就完全不同了。车队很快被一眼望不到边的沙丘包围，这里渺无人烟不说，高高的沙丘甚至让你迷失前进的方向。当汽车仰面爬坡时，你会感觉车都立起来向后仰了，就像车根本就爬不上去，人在车里跟着使劲一样。当汽车顺着沙坡侧滑时，你会紧紧地拉住把手将自己固定在车上，有时候，你看着车好像要翻一样，它又在下一秒进入了弯道，让侧滑变得平稳了些。当汽车顺沙丘正面向下俯冲时，你会觉得屁股都离开了座位，整个人都向前冲去，难以控制。许多人在这种上上下下的颠簸中都没忍住，吐了一地，没呕吐的人要紧闭双眼不敢看向四周才能勉强忍住，直到人们欢呼着终于看到了民居，看到了水面，看到了沙漠中的绿洲时，许多人才松下了紧压着的一口气，睁开了眼睛。

大风一来，沙漠就随着风向移动，大约以每年 40 公里的速度向贺兰山挺进。

如果再不治理，沙漠很快就会从内蒙古进入甘肃、宁夏，并淹没贺兰山外所有村庄和田园。今天沙化的步伐已经停止，胡杨林和棱棱木组成的绿化都在一点点恢复。

刘晓光在组织成立大会上，首先介绍了协会成立的意义、目的、组织形式等情况，然后让与会者就一些议题进行表决。出师不利的是，需要表决的第一个议题就遭到了大家的反对。当刘总从口袋里拿出那张在北京就拟好的协会执行理事会的名单，准备宣读时，许多人都提出反对意见。于是大会不再按照刘总的议程执行，而是将一切推倒重来，从制订新的协会规则开始。一个充分发挥民主、严格遵守罗伯特议事规则的组织在一个四周全是荒漠的蒙古包里诞生了。

已经有过民主选举经验的台湾企业家们发挥了巨大的影响力，其中几个曾参与台湾"立法"工作或曾参与过"内阁"工作的人，介绍了民主的基本议程和要点。在争论了一段时间之后终于制定出了一个半政府化、半企业化的民主制度。

同时需要选举三个协会领导机构：一个是执行理事会和执行会长、副会长，领导管理与决定协会的日常事务；一个章程委员会，负责编制和修改协会的章程，但章程还需要会员大会会员表决通过；一个监事会，监督执行理事会的活动是否符合章程的规定和法律的规定，让整个协会的活动公开、透明。

每个会员可以自愿报名参选，每个参选人在选举会上有两分钟的自我介绍和竞选说明，不参选的会员负责进行选举的各项工作。选举活动一直进行到半夜四点多，但直到那时所有人都还兴致勃勃，尤其令所有人都兴奋不已的是最终的结果与刘晓光的内定名单不尽相同，但能充分反映出绝大多数会员的心愿。会员们最满意的则是这是一个完全民主、充分体现了会员共同利益的公益组织。

在所有我曾参加过的公益组织中，尤其是捐款才有资格参加的公益组织中，我从来都是不用参加竞选就自动被选为理事、副会长、监事等职务，总之不会是白丁，但只有在阿拉善SEE生态协会这个组织中我两次参加监事的竞选都落选，这恰恰说明这个协会不是一个拍马屁的协会，而是一个真正想为公益事业做出贡献的组织。

在我参与的几个公益基金会中，我对阿拉善SEE生态协会赞助的钱最少，但投入的精力与时间最多。几年之后，当网上将我评为"全国人民最想打的人"时，我才借助《三联生活周刊》的"人民公敌"封面，高票当选了基金会的监事长，此后隔了一届之后当选了章程委员会主席。

为什么一个远离北京的治理沙漠化的公益组织会让200多个企业家投入大量的

阿拉善SEE生态协会2004成立大会（前排左六为任志强）

中城联盟合影（前排左六为任志强）

精力、时间、金钱？原因在于所有人都亲临了沙漠，看到了大自然的报复，看到了环保事业在我们生活中的重要性，看到了这个组织的历史使命，尤其是为了下一代能够远离恶劣的生存环境。

"基于阿拉善，而不限于阿拉善"的原则，展示了这群企业家立足于阿拉善治理荒漠化，但同时面向全国推广企业家们的环保意识的决心。阿拉善SEE生态协会同时拿出相当一部分资金用于奖励和赞助全国弱小的NGO环保组织，将环保意识的星星之火，传播到全国，变成燎原大火。

NGO组织与企业的最大不同在于它的非营利性，所有参加的企业家都不是将在协会的工作当成赚钱养家的行当，而是一种自愿的付出、一种奉献。企业家将环保作为一项有利于子孙后代和千家万户的事情，大家都主动参与，成为了一种时尚。如果所有人都能将环保作为一种时尚，那么环保就不再是一件困难被动的工作，而会变成人人有责、从我做起的事情了。

如今，阿拉善SEE生态协会成立已近十年，已经成了中国最大的NGO环保组织，会员捐款总数高达1.3亿元，如今，年预算已高达5000万元。这些金钱数目并没有将这几百个企业家的精力、时间与智慧的投入计算进去，这些投入不是以金钱可以计算的，协会产生的巨大社会影响更不是可以用金钱计算的。

授人以鱼，不如授人以渔

除此之外，我投入精力更多的则是中国金融博物馆的书院举办的每月一至两期的读书会。

两年前的一个偶然机会，我在去天津参加活动的高铁上发了一条参加天津某活动的微博后，便接到了王巍的私信邀请，让我结束上午的活动之后，下午到天津的金融博物馆去做个讲坛活动，我答应了。王巍就通过微博开始征集参会人员，并邀请了经常参加博物馆活动的朋友老金当主持人，这样就拉开了书院读书会的序幕。

其后我又参加了苏州基金博物馆的大型开讲活动。通过天津金融博物馆与天津各大学的这种讲坛活动，我从中看到许多年轻人渴望获得更多知识，看到这个社会有待唤醒。唤醒社会，需要培养年轻人独立的思考能力。要培养年轻人独立的思考能力，则不能仅仅靠讲坛的碎片化信息，应让他们从系统化的读书中获取，书院与读书会就在这种背景和共识中产生了。

2011年的7月第一期读书会由王巍主持，我和刘晓光做嘉宾，主讲第一轮。至今一年半的时间已经办了30多期，同时在北京国际金融博物馆办了数期"江湖"的另类讲坛活动，并在整个社会产生了巨大的影响。

我为什么要投入这么多经费和精力去从事没有任何企业和个人收益的读书活动？我曾为从事公益活动，专门阅读了以描述巴菲特和比尔·盖茨的人生为主线的《从贪婪到慈善》这本书，书中70多位名人专家对社会责任和公益慈善问题进行了充分的讨论。我也专门阅读了索罗斯的几本关于"社会开放基金"的书，从而充分认识到社会的觉醒、青年的独立思考能力的培养需要通过读书会这个渠道来完成。

通过读书会推荐书目，介绍各种不同的认识方法，与书友们进行无边界的交流，则是打通精英与社会大众交流的渠道。

当网络信息量爆炸性增长时，社会中的大多数人，特别是年轻人，大多会通过网络快速获取信息，因此读书被忽略了，但这些网络信息常常是碎片化的，远不如书中的信息系统、完整。

了解一些历史片段很容易，但要了解这段历史形成的原因却并不容易，事物背后的那些因果关系远比信息片段更重要。

读书过程中更重要的是学习别人认识与判断事物的方法，培养独立思考的能力，用自己的头脑去判断事物的正确与错误，而不是仅仅靠别人的判断去认识世界。

我们这一代红旗下生、红旗下长的人，大多接受的是红色的革命教育。从小就立志要当"共产主义接班人"，一切都服从于"党"的安排，只要是毛主席说的就都是对的，因此那时没有养成独立思考的习惯，只知道像奴隶一样地服从于上级的指示与领导的安排，甚至到了无条件地献出生命的地步。

儿童一般尚未具备独立思考的能力，要靠父母和老师指点，以判断是非；成年后，就应有独立的判断能力，自己去区别是非。然而中国社会更多强调服从，从孔子儒学中的"君君、臣臣、父父、子子"的等级概念，到共产党时的纪律和信仰，都要求无条件服从。

因此也就有了"文革"运动。尽管"四人帮"的一些行为引起了民众的怀疑，但那时大家并不真正具备判断是非的能力，也因此毛主席一挥手大家就都上山下乡了。当兵时，接受的教育仍是"革命战士是块砖，党往哪搬就哪搬"。

后来，"批林批孔批周公"、邓小平几上几下、天安门事件等一个接一个地爆发时，更多的反思开始了。多数人开始觉悟，开始重新寻找支撑生活的信念，开始学会用自己的脚走路，用自己的脑子独立思考，而不再是随意跟在别人的后面一味盲从了。

"文革"让这一代人没有机会去完成最基本的初高中教育，更没有机会正常进入大学，接受高等教育。张铁生的一张白卷，打碎了许多人的求知梦，小时"学好数理化，长大当个科学家"的口号变得那么遥远。书对这一代人来说成了珍品，大家渴求知识，从只要是书就读，慢慢过渡到有选择、有目的性地读，也从小说类开始向人文社科类迈进。

20世纪70年代中后期，中央首先对高级干部开放了内部书店。那些在市面上无法正常流通的禁书首先在体系内部对高级干部优先开放了。沾了父母的光，我也可以跟在父亲的后面到内部书店去购书了。

与父亲不同，我首先成套订购的是18世纪世界名作家的书，如雨果、马克·吐温、西奥多·德莱塞、大小仲马、巴尔扎克、车尔尼雪夫斯基、高尔基等的作品。然后是中苏美日关于"二战"的战争史和人物传记类的书，恶补过去荒废的知识。随后书店里开始出现了与政治相关的书籍，如《赫鲁晓夫回忆录》《我的奋斗》《六次危机》等。

从《静静的顿河》《1918》到《钢铁是怎样炼成的》《母亲》《州委书记》，这套书记录了苏联从十月革命之前到"二战"之后的历史变迁；而《多雪的冬天》《你到底要什么》《带星星的火车票》等则质疑了苏联的共产主义制度，这也恰恰与我心中的疑惑相对应。人们在重新拷问自己"我们到底要什么"，而如今的《秘密演讲》《6号特工》《44号孩子》则是反思那个惨无人道的时代，金雁女士的《倒转红轮》从俄国知识分子的思想变化过程中推导出中国可能经历的思想变迁，倡议中国今天已经不能再沉默了。

我对读书的兴趣恰恰就是从那个时代开始的，虽然那时收入不高，但买书是生活中最大的一笔支出，不管怎样也要省出每一分钱力争能多买几本书。

也正是这些书籍让我逐步学会了独立思考，有了一套自己独立的想法、独立的分析方法。

改革开放之后，一个初中还未毕业的人如何在改革的浪潮中拼搏呢？这再一次给每个人提出了新的学习要求。上军校时的军事业务虽然给了我中专、大专的文凭却没教授给我有用的知识。那时我就只好参加各种夜校，去学计算机、财务管理和企业管理，同时给自己定出了每天最少读六万字的读书任务。连续几年的恶补才让自己多少有了些底气。

20世纪80年代末、90年代初我迷上了武侠小说，走到哪里都会随身携带一本，厚厚的一本书我很快就能看完，通常一天要读两三本。直到将中国台湾地区、香港、韩国所有买得到的武侠小说都看完了，才又转回到经济、管理等社科类书籍中来。至今这个阅读的习惯没有改变。

最初读书大家都是一本书几个人共同读，读完之后讨论，力争将看不懂的通过多人的讨论弄懂。那时读的是范文澜的《中国通史简编》、斯大林的《历史唯物主义和辩证唯物主义》、恩格斯的《反杜林论》等。

再后来有了几个好读书的朋友，慢慢形成了能相互推荐好书的圈子。这样让我们读起书来就轻松了许多，有助于淘汰一些名声很大但实际很烂的书。当民间协会成立以后，协会之间会相互推荐许多好书，如京城企业协会成立数年来推荐和发放了许多好书。读书的圈子也相互交叉，于是有了更多的机会。

如何将读书的圈子扩大？如何将少数人的行为变成整个社会的行为？如何唤醒整个社会进而推动社会的进步？于是就有了今天的读书会活动。

中国金融博物馆书院的读书会，已经举办了30多期，在社会上产生了巨大的影响。过去也有许多内部圈子里的读书会，但大多都不对社会开放，而要想唤醒整个社会，就必须以公益活动的方式对整个社会开放。

要培养整个社会独立思考的能力，就不能限定读书会的边界，要允许不同的声音参与进来。我们坚持用非专业的主持人，以非演出的方式，将活动办得朴实自然。

在嘉宾人物的选择上，我们也有意识地选择不同身份、来自不同领域的人物，有中国现任或退下来的各级官员，有在专门领域有特殊研究成果的专家。他们从不同的角度讨论问题，揭示历史与社会事件的真相，并引发整个社会的读书风潮。

当当网的李国庆总裁告诉书院，每次书院推荐的书在当当网上都能增加20%～30%的销量，于是也有些出版社免费给我和书院送了些书，希望新书能通过书院推荐的方式扩大销售量，同时也支持了书院活动。

举办读书会活动并不是件容易的事。书院没有专门的读书会组织机构，主要靠志愿者来配合完成。这就要解决经费来源的问题，仅靠华远提供场地和服务是不够的，就要靠社会支持，一直以来也得到了新浪网等媒体和一些书店的支持，并获得了部分单位、机构和个人的赞助。

我和王巍等人的主要任务除了组织活动外，更重要的是选择和邀请嘉宾。

《读书》杂志曾用了十多年的时间来做这种公益活动，但却未能有效坚持并发挥出巨大的影响力，这在于他们一直无法请到很多有巨大社会影响力的嘉宾。

一项公益活动能否成功不仅取决于这项活动是否有利于社会和民众，还在于活动组织者的社会号召力和公信力。

当一个全世界的公益性组织红十字会在中国却变成了一个腐败的机构，中国红十字会失去了民众的信任，也失去了其从事公益事业的能力。

任何公益组织和活动都必须以赢得社会公信力为基础，乐平基金会如此，阿拉善 SEE 生态协会如此，中国金融博物馆书院也是如此。

当北京的国际金融博物馆开业之后，书院又举办了每月一期的"江湖"论坛，在北京的一"东"一"西"开办了两种不同类型的启蒙和学习活动。"江湖"则以个人的经历和某一发展阶段的历史过程为背景，让更多人了解中国的过去。

两个讲坛吸引着众多的听众，虽然由于场地的限制每次只有四五百人参会，但报名者却可能高达七八千人次，足以说明活动的正能量。每次读书会的固定座位不到三百个，许多人只能坐在小板凳上，或靠临时发的垫子盘坐在讲台前的位置。也有许多人只能站在两侧的走廊上、坐在阶梯座位的走道上，即使是这样，全场活动两个多小时也绝不会有人随意走动，不会有人大声喧哗而影响会场的秩序。

每次的活动都还会有一些特殊的听众，他们专门从千里之外赶来听讲，从深圳、兰州、郑州、青岛等不同城市乘坐飞机或火车，专程来参加读书会，同时他们也以高价购买了现场拍卖的有嘉宾与主持人签名的红酒，以赞助读书会的公益活动。

书院也许改变不了整个社会，公益活动也许改变不了整个社会，但却能为整个社会的转变起到思想动员的作用。

我很高兴看到已经有一些城市的市长、书记关注到了这个读书会。他们向书院发出邀请，希望书院能将读书会的活动扩大到他们所在的城市。我相信，读书会的活动就如"农民讲习所"一样，会变成"星星之火"。

网络已经开始传播"江湖"的现场录像了，而读书会则要靠光盘传播。许多人无法每次都来现场，但他们可以通过光盘知道读书会的内容，学习各种知识。中央人民广播电台的财经栏目也很积极地参加到这项活动的传播之中。

书院不会框定嘉宾的思路，嘉宾可以完全自由地发挥。主持人的任务就是让两位嘉宾碰撞出火花，听众从嘉宾争论中得到自己想要的知识，得出自己的结论。

书院希望社会的思想是多元的。就像经济在市场竞争中才有生命的活力，思想也要在激烈讨论中有所进步。

在所有人都贫穷的社会，很难有NGO组织的公益活动出现，人们最多也只能是个人学学雷锋，做做好事。当市场经济调动了生产的积极性，一部分人先富起来，开始出现贫富差距，政府的二次分配无力阻止大量社会问题的升级，此时就要靠社会的NGO组织来发挥作用。

早期中央政府禁止社会自发组织活动，将NGO组织当成"结党营私"来禁止和限制，因此中国的NGO组织和社会公益活动远远落后于其他国家。此举增加了更多社会矛盾，导致公益组织在中国生存艰难。当社会共同努力，用各种方式将社会的资金动员起来，突破重重阻碍，建立了越来越多的公益组织时，中央政府也才逐步认识到NGO组织的重要性，认识到非政治性的公益活动对社会创伤的修复作用。

我参与过十多项公益活动之后，认识到"授人以鱼，不如授人以渔"的道理，认识到提高整个社会人群的觉悟与生存能力，让所有人都能独立思考才是最重要的。

不被认可的公益事业

并不是所有的公益事业都能得到社会的认可，各种对公益活动的质疑从来没有消停过。

当你支持体育运动时，会有许多人说，中国还有那么多的贫困家庭，为什么要支持体育运动呢？发展体育应该是国家的事。

当你支持经济体制的研究与改革时，会有许多人说，这是政府高层的事，为什么要靠民间的赞助呢？

当你支持治疗儿童的兔唇时，也会有许多人说，还有许多生命要救助的儿童，为什么要支持治疗兔唇呢？

当你支持茅老师的扶贫计划时，有许多人会说，茅老师是个为富人说话的人，怎么会做好扶贫的事呢？

当你支持环保事业时，有许多人会说，饭还吃不饱，为什么拿那么多的钱去治理环境呢？

当你组织公益读书活动时，仍会有许多人说，这是宣传非马列的思想，应该抵制。

总会有人说，富人参与公益是为了出名，为了掩盖剥削罪行，为了显示自己的富有。他们希望这些社会捐助能无偿落在他们的口袋里，只要他们没有分享到这些公益的利益，就会一概表示坚决地反对。

无论是因为仇富，还是因为自己没有获得利益，总之社会上会有各种质疑和反对公益活动的声音。

选择什么样的公益活动是捐助人本身的权利。有的人会选择对教育的支持，有的人会选择对儿童的救助，有的人会选择对某种疾病的防治，有的人会选择对社会制度的改革和推动。并非只有对弱势群体生活上的帮助、医疗上的帮助才是善意才是公益，不是在做政府应做而未做的事就不是公益。

其实社会捐助在任何情况下都应得到支持，受到表彰。这些人（无论是穷人还是富人）本都可以不去承担更多的责任，他们额外的付出就应得到尊重。这种公益无论多少都会对社会形成一种帮助，没有帮助到你，但一定会帮助到别人，这种帮助对那些人而言也许恰恰是他们最缺少和最需要的。

有人当自己需要帮助时会责备社会没有把这种公益扩大到他们的头上。是的，许多时候缺陷要靠社会弥补，但公益做不到救助所有需要帮助的人；也并非所有政府的缺位都能靠社会的力量弥补，但这些并不应成为任何人反对公益活动的理由。

尤其是某些政府机构会禁止某些公益活动，以掩盖政府不作为暴露出的各种社会问题，甚至不惜以停电等方式阻止公益活动的进行。当今社会所缺少的恰恰是无边界的爱，缺少针对陌生人的帮助与爱。公益本就是建立在非为小我而为大同的基础上的，本就是对事而不对人的一种无私投入，本就是针对社会现象而非针对某个个体的奉献，因此公益是无私的。公益也成为大多解决了温饱问题的企业家们最热衷的一项活动。

乐平公益基金理事会议（后排左四为任志强）

朋友在潘石屹家聚会

华远读书会

CHAPTER ▶ 15

逆袭者：从人民公敌到大众情人
BEAUTIFUL AMBITION

网上曾发起一个投票活动：选出十个中国人最想揍的人。排第一名的是小泉，这个日本首相参拜靖国神社的行动激怒了所有的中国人；排在第二名的是阿扁，这个台湾地区民选的领导人，因为"台独"事件而激起中国人的口诛笔伐，而排在第三位的则是我——房地产商任志强。

BEAUTIFUL AMBITION

　　网络上曾发起一个投票活动：选出十个中国人最想揍的人。十个最想揍的人中排在第一名的是小泉，这个日本首相参拜靖国神社的行为激怒了所有的中国人。排在第二名的是阿扁，这个台湾地区民选的领导人，因为"台独"事件与他自身的腐败被列入了中国人最想打的人中。我也"有幸"名列前茅，排在第三名。我这个什么头衔都没有的普通人，由于媒体热炒的"雷人雷语"，让我站在了这个"光荣"的领奖台上。

　　我之所以能上榜，其实是因为中国人痛恨不断高涨的房价，但房价高跟我有什么关系，难道房价的上涨是我能喊出来的吗？为什么国家多少条的政策都管不住的房价，我一个小小的公司董事长就能喊出个房价暴涨吗？民众痛恨我，只是因为民众不明真相，以为开发商能把房价炒高，开发商就成了政府一系列调控政策不合理的"替罪羊"。

一不小心成了"人民公敌"

　　有些媒体在做报道时，为了吸引眼球就会删除发言人的语境，断章取义地截取发言人的一句话作为醒目的大标题，当一句话没有了上言、下语之时，就可能引起读者对发言人的误会，当这种误会导致整个社会对这个发言人产生反感时，他便在不知不觉之中成了牺牲品。

1988年2月22日的《人民日报》，就在批评北京的房价1600元/平方米太贵了，如果按照刚毕业大学生的工资标准来计算，他们100年也买不起一套住房，但《人民日报》似乎以为工资收入是不会增长的，而现在回头看1988年时的大学毕业生还有哪个没有买房呢？他们不但买得起，现在他们许多还将之前的小房子换成了大房子。即使是20世纪90年代中期毕业的大学生们又有多少没有能力购房的呢？也许今天普遍在高喊房价过高的就只剩一部分80年代之后出生的年轻人了吧？

房价的高低从80年代末期有了商品房之后就开始争论，到今天这种争论也没有停止。从1988年开始大家就在讨论买房的问题，当时的观念是每人都应该拥有房产，那时大家还没有租房的理念。如果从那时就开始培养租房的理念，也许今天的大学生就不用着急一毕业就要购房了。

1998年进行住房市场化改革，终止福利分配而变成货币化分配之后，那时的上海房价不高，并且供给充足，有了大量的存货，于是上海市政府不得不出台购房减免个人所得税的方式，激励民众市场化购房，自行解决居住问题，这一政策直到2003年6月才取消。

1998年之后政府出台了大量的购房优惠政策，鼓励民众把未来的收入变成今天的消费能力，并通过鼓励对住房市场投资拉动中国经济，使之从亚洲金融危机中走出来。

1998—2003年之间房价指数平均年均增涨幅度只有3.5%，但人均可支配收入的增长却超过了9.5%，房价收入比在不断缩小，而不是扩大，到2003年全国市场的城镇平均房价收入比仅为1∶3.84，北京和西藏最高也仅为1∶6左右。

但2003年之后，土地供给政策的垄断使土地价格不断上涨，土地变得稀缺，所以，造成了房价的不断上涨。从经济运行的角度看，不解决这种土地制度的问题就无法增加土地供给也必然会导致房价持续上涨。当我利用我背后强大的研究力量，说出了这种经济规律的必然性时，就被当成了鼓吹房价高涨的黑心商人的代表。

还有无数的言论被这种标题式的断章取义变成了所谓的"雷人雷语"。

例如，当我发表"品牌企业就应该是暴利"时，许多媒体将此改为了"房地产就应该是暴利"。其实品牌企业的品牌产品，比如像LV等品牌，它们的价格都是高于一般非品牌产品的价格的，因为品牌本身就是一种价值，遗憾的是去了"品牌"两个字之后，我那句话就被媒体变成了"房地产就是暴利"了。针对这种情况，第二年我专门请REICO工作室做了份正式研究报告，证明房地产是非暴利的，但这个结论很难被民众所理解。

于是，又有了许多民众要求公布房地产开发成本的争论，也有了媒体热炒的"公布成本等于是公布老婆乳房"的说法。其实有此争论时，一些公众房地产公司早就公布了它们的财务情况和开发成本，这就像参加模特大赛的模特当然都要公布自己的三围一样。但你不能随便要求任一家公司向你报告它的开发成本和财务状况，就像你不能随便要求所有的女人都告诉你她们的三围一样，你也更不可能随便问别人老婆的乳房大小。

随后REICO工作室也专门做了房地产成本构成的研究报告，并在"两会"期间由全国工商联主席黄孟复提交给政协大会将其做了主题发言，并在中央电视台就此做了现场讨论。经过这一争论，连国土资源部都不得不承认，土地和税收占了房价的约70%，实质上是土地的价格在影响着房价。

例如，当许多农村来的年轻人在电视节目的现场询问在大城市里买不起住房时怎么办，我的回答是：大城市买不起就去中等城市或小城市，连小城市都买不起，就回农村吧！但媒体的标题则是"农村人买不起房就回农村"，于是大量的年轻人开始骂我。可如今的限购政策呢？我说的是经济能力达不到就不要在城里买房子，而限购政策则说的是农村人没有城市户籍，有钱也不让你买房子，那又该去骂谁呢？这种户口歧视难道不比我说的因为经济承受能力导致的自然淘汰更为可恶和该骂吗？如果按北京的规定要先交五年的各种保险和税收才能取得买房的资格，难道这五年的时间和交的钱不是购房的成本吗？

我说"商品房是给富人盖的，穷人的房子应该政府盖"时，媒体中的标题就只剩下"房子是给富人盖的"了，房子不等于是商品房，而商品房按中国的法律只能建在出让的土地上，开发商也只能依法在出让的土地上盖房子，全世界没有一个国家会在给穷人盖房子的土地上收取土地出让金。中国也同样将给穷人的住房如经济适用房、廉租房建在划拨的土地上，这划拨的土地国家是免收土地出让金的，那么法律不是明确告诉人民，商品房是给富人盖的吗？而开发商要想给穷人盖保障房也必须是受政府委托的，否则就是违法了，开发商只能被委托代建各种保障房。这些保障房不是自由交易的商品，开发商不能决定房子卖给谁，购房人也无法自由将其再交易。这也从另一个侧面证明了商品房从来就是给富人盖的。虽然许多人不想承认这一点，但他们却愿意凭着媒体的断章取义而开口大骂"商品房不应是给富人盖的"，开发商不主动给穷人盖房就是奸商，可他们从不问除了政府谁还有权能划拨土地，并决定土地的出让权的。

例如，人们永远会问何时该出手买房，许多人解释说房价会下跌，有些所谓的"专家"一直在用这种谬论误导民众，我却会说"不买是傻瓜"、"房价还会继续涨"，于是骂我的人很多，信我的人很少，但结果是信我的人都买了房，发了财，而骂我的人本来可以用他之前的钱买一套小房子的，现在只够买一个厕所了。

陈志武教授写了一本书《金融的逻辑》，张维迎教授也写了本书《市场的逻辑》。两本书里，他们都讲述了一个道理：支付少量首付款锁定当前的房屋价格，用抵押贷款将未来增长的现金流变成今天的消费能力，对市场、对个人都是一种有百益而无一害的事，然而社会中大多数的民众却更愿意听到房价的下跌，让他们可以用更少的钱买到更大的房子。

媒体断章取义我的"雷人雷语"还有许多，当这些"雷人雷语"汇集到一起时，我就变成了"人民公敌"。在中国能享有这一称号的人并不多，一个是曾为中华民国总统的蒋介石，另一个大约就是任志强了。自有了这个称号之后，每次我跟吴敬琏老师见面时，他都习惯用"人民公敌"跟我打招呼了。

我记得三联出版社将封面印有"人民公敌——任志强"的杂志交给我的那天，正好是阿拉善 SEE 生态协会的会员大会日，几十名企业家聚在一起要改选阿拉善协会的执行理事会、监事会和章程委员会。

阿拉善 SEE 生态协会是一群企业家发起和组建的环保公益组织（详见第16章），是用民主选举的方式选出自己的执行理事会机构、监事会机构和章程委员会机构的，两年一届，由会员大会每人一票直接选出，参选的人有五分钟的竞选发言机会。

第一届选举时我就报名要竞选监事，想监督第一任执行会长刘晓光，却落选了。后来，在香港一次会议上，要补选一名监事，我又被台湾曾当过国民党的一位财务专员的企业家打败了。这次是我第三次参选。

其实这次我并没有参选的意愿，但选举会上王石要参选执行会员，大家怕王石太强势，会独断专行，都希望我去参选监事长，以便能对王石进行有效监督。前一届是马蔚华行长当监事长，就是因为对他疏于监督，才使协会出现了公共管理和财务制度上的一些问题。这次，马蔚华还想来竞选监事长，但其本人未到会，让招商银行北京支行的行长来代为发言参选，被大家给否决了。公益环保工作如本人不能积极参加活动，自然会失去大家的信任。

其实，我出钱赞助的公益组织很多，包括各种协会和 NGO 组织。在这些组织里，我都不用选举就理所当然可以当上什么理事、监事、副会长、副理事长等，但在阿拉善则不同，任何会员想担任重要职务，都必须经过民主选举，才能当选。

我连续两次参选都落选了。而这一次，我高票当选为监事长，原因却在于我是"人民公敌"。我上台做竞选演讲时，高举这本刚出版的新杂志，指着封面上的"人民公敌"告诉大家："这就是我。"

正是这种不惧被称为"人民公敌"的勇气和坚持讲真话、坚持原则不变的精神，让所有的企业家都深信，我一定能坚守原则、不留情面地对王石进行严格的监督。后来也证明他们的选择是对的。我这个监事长立了许多监督的规矩，有效避免了执行理事会可能会破坏章程和损害会员权利的做法，赢得了所有会员的拥护。

要感谢这本杂志，感谢这个"人民公敌"的称号，它让我顺利在众多参选者中脱颖而出，成为了阿拉善协会监事会的监事长。并且，当我参加各种论坛时，这个称号都无一例外被主持人提起，它变成了介绍我的最有特色的词。

当媒体有权力按自己的思路去宣传和"塑造"一个人的形象时，会用各种语言和表现手法，让民众以为某某就是媒体说的这个样子，而实际情况却不尽然。

于是小潘教我用博客来进行"纠偏"，博客就成了一个自媒体，但博客这个自媒体是个被动的选择方式，只有关心和关注你的人才会看你的博客，博客的内容只被他们所知，报纸、杂志等平面媒体和电视媒体却可以强迫别人接受某种宣传。民众大多认为某某媒体为权威，所以会认为他们传播的信息比较可靠，并且媒体在做一种宣传时，会惯用一些噱头，比如，我的"雷言雷语"，这些"雷言雷语"很适合被人们当作茶余饭后的闲聊话题。借着这些闲聊，媒体的宣传会被广泛地传播，我的"雷人雷语"就是这样被大肆传播的。

但博客还是在一定程度上改变了传统媒体只手遮天的状况。博客至少让媒体的

媒体眼中，我是"任大炮"

声音不再是一边倒了。它让我们有机会去纠正媒体的一些片面性报道，于是也开始有更多的民众看到了媒体大标题之外的任志强，以及另外一些不被大众知道的真相。一些媒体也开始用博客上的摘录来反思之前报道的一些"雷人雷语"了。

更重要的是，有许多事实证实了我对形势的预测和判断正确时，越来越多的人发现时寒冰、易宪容等人先前的判断很多是错误的。

在2008年"拐点之争"时，与我的论点相反，一些所谓的"专家"高喊不要买房，让房价再跌个50%～30%，让房地产的泡沫彻底崩溃，但事实是房价仍保持了上涨的趋势。这些事实在争论之后的很多年，人们开始重新思考和认识我发表的那些"雷人雷语"，这时大家就会惊讶地发现，被民众臭骂为"人民公敌"的我不幸"猜"中了中国经济和房地产市场可能出现的一些变化。

袁钢明老师和我以前有过很多次的争论，从2003年开始，我们的意见一直是针锋相对的。但在我和他都同时参加的一次清华大学的论坛上，他却这么说："多年来我这个研究经济学的专家，在面对很多经济问题上，都与任志强的意见不一致，为什么每次都是他说对了，而我这个专家教授却总是错的呢？"这是一个我的对立者对我重新认识和肯定的典型事例。

以此类推，可能整个社会中有很多民众也会像袁钢明老师一样重新思考对我的认识吧。于是，社会的舆论开始发生变化了，越来越多的民众开始从另一个角度重新认识任志强了，真实的任志强。于是，一个本来对社会无足轻重的小人物，自成为"人民公敌"之后，再次上了网络评选的榜单，成为了"姑娘们最想嫁的人"。

"姑娘们最想嫁的人"

2009年网络上评选"你最想嫁的人是谁"。没想到的结果是在之前网络评选中成为"人民公敌"的人现在却成了姑娘们"最想嫁的人"。这一结果再次成了八卦新闻讨论的焦点。

为什么，我能成为"姑娘们最想嫁的人"呢？

原因其实只有一个，那就是我真实，并且诚实不说假话。有些话可以不说，但说就要说实话。实话是自己对世界和自己认知的最真实的表达，讲实话是指不受外界因素,比如政治因素和民众舆论等影响,表达自己真实的想法,不为讨好某些领导与民众,做任何伪装和欺骗,但是,实话不一定正确,需要实践去检验。

中国实行计划经济多年,还没有培养出市场经济必须具有的契约精神。计划经济时代,票证代替了契约,认证不认人,这使人的精神与地位,服从于票证,而忽略了内在的素质培养。要想突破票证的限制,唯一的方式就是造假。凡是在限制过多的体制中,造假就成为了争取"权力"的最好方式。

如今说真话都是一种危险的行为,会给人带来致命的伤害。于是,人们为了生存,不得不将外表伪装,说违心的话,久而久之,这便变成了一种生活方式。在这种环境中生活得久了,人们就渐渐忘了真实的自己,以至在同一个家庭中亲情都要用假话来维系,人与人之间像隔着一层皮,"知人知面而不知心",邻里之间也慢慢变成了鸡犬之声相闻而老死不相往来了。

当市场经济来临时,由于市场中没有诚信和契约精神,于是假酒、假药便开始出现,甚至大型的食品企业也出现诸多问题,如三鹿集团出现的三鹿事件;再后来像红十字会这样的公益组织也出现了郭美美事件,"5·12"大地震时社会上还出现了"捐款门"事件,因为这些事件,人们对要献爱心的公益事件都发生了怀疑;渐渐地,连被称为教育殿堂和白衣天使圣殿的学校和医院都出了许多问题;最后,很多事件如"7·23"的高铁、"7·21"的大雨,政府也无法解释,人们开始对被称为民众最后一道保护网的政府信誉也产生了怀疑,一个一个腐败官员落马更是直接打击社会对政府的信心,加重民众对政府的信任危机。这时,真相就成为了所有民众的一种渴望。

似乎整个社会都淹没在了谎言之中,被政府公开驳斥的谣言,一次又一次被证实为事实。于是,有些谣言,政府越是驳斥,民众就越认为是真的。

终于他们在媒体的一次次欺骗之中发现了事实。越来越多的民众发现那些被媒体当作标题忽悠的雷语,原来是真话。那些被媒体当作谣言的规避的,却被证明是事实,于是民众找到了一个可以作为尺子的"榜样"。

太多的女孩子会在爱情的海洋中迷失方向,太多的女孩子会在等待中失去信心,太多的女孩子会被因谎言欺骗而撕断肝肠,她们只渴望有男人对她们能有一份责任,有一份担当,能干脆利落地给她们一个爱或者是不爱的明确答复。

在这种背景下,网络上才会出现这样的言论:嫁人要嫁任志强。

其实，这里的"任志强"只是一个符号，一个现代社会中缺少的符号。人们呼喊出"嫁人要嫁任志强"，就是希望能在这个社会中看到更多的这样的符号。

当一件东西很多又可以转易得到时，也许人们并不珍惜，但如果一件东西虽然很平常，但人们常常得不到它，它就变得稀缺了，进而变得珍贵了。

我并不认为是因为我比别人更优秀，而是在大众的心目中，我追求真实，说实话，而说实话是大众的期待，它也必将成为社会的主流。

有了微博后，我就有了更多的粉丝，民众可以从微博上了解到一个更加全面的任志强，了解到任志强的一举一动和一言一行。

媒体过去对我的报道，大多是关于房地产行业的事情，讲述的是我的工作状态。这就是为什么以前别人总问："你为什么不笑？"

世界是阴阳平衡的，人也同样是阴阳平衡的，一个人怎么可能只有哭而没有笑呢？大约是因为媒体记者们大多都是在工作场合与我相见，而没有见到我生活中的一面，他们只看到我工作中的一面，所以就很少见到我笑，但事实上，我在与朋友的交往中，笑的时候要比哭的时候多多了，与家人在一起的时候也自然是笑比哭多。

有了微博就不同了，我的微博除了反映我的工作状态还会展示我的生活状态。在单位工作时，你接触的人大多都只和你有工作关系，只是你的上级、下级和同事。家里则大多只有亲情而没有了工作，谁也不会也不肯在家里板着个脸讨论工作上的事，而谈得更多的是家务事了。

微博圈子不同于朋友圈、工作圈和亲人圈。微博上有你很亲密的朋友，你们虽然身隔万水千山，却可以如同面对面一样交谈，可以说许多外人不知道，而只在朋友圈子里知道的事情。有些言论可能让许多粉丝摸不着头脑，但圈子里的人明白其真实的意思，看了会哈哈大笑。这些言论陌生的朋友可能不能理解，但他们可以感受到你和你朋友之间的友情和欢乐。

微博上有家人，你随时都可以跟他们打个招呼，你还可以和他们拉家常、叙家务。这时，虽然你的粉丝不认识你的家人，你也可以将你们聊天的内容和所有人分享。比如，许多人会发现我每天会自发或转发许多比较有哲理的段子，许多一些励志故事和名人语录等，也许这些只是我想让家人、孩子知道的东西，但同样可以和所有人分享，正因为有家人在看，因此你必须说真话，不然就会在朋友与家人的心目中留下一个坏印象。

微博上有公司的同事在，虽然许多外人不知道，但你却不能不注意自己的语言和形象，因为你在微博上的言行会影响到你在公司作为领导者的尊严与威信。

微博上有上级在，他们也会通过微博了解你的动态与思想，了解你对事物的看法和判断，了解你待人接物的方式，进而形成一个对你的看法，这些看法反过来又会影响你的工作与生活。

微博上有你的客户在，虽然你不知道，但他们却知道你，他们会通过你的一举一动、一言一行，决定是否成为或继续成为你的客户，也许个人的言行，也会影响到公司的品牌，公司的形象和在社会上的影响。

正因为微博上有许多你知道或不知道的朋友，有许多关心、关注你的人，因此，你在微博上的言行就受到更多的人监督，更多的人也会通过这些言行了解你，看到你胸怀的宽广、看问题思想的深入，看到你的生活和工作状态，看到你对社会事件、国家政策、经济形势等的看法，也会注意到你看过什么书，以及了解到许多过去媒体未曾报道的"内幕"和"八卦"。

微博会全面反映一个人的面貌，也给了你更多与陌生人交流的机会。当你回答了一个你不认识的网友的问题时，就会有更多的网友愿意和你交流，如果你从来不回答网友的问题，那么无形中你就在你与粉丝之间竖起了一堵墙，因此只要时间、条件允许，我就尽可能多地与网友们交流，微博上没有上下级，没有我必须服从你、你必须服从我的位置之分，只有平等的交流，我在明你在暗，但只要心是明的就不会影响这种交流。

有博客之前，反对我的网友占绝大多数，而支持我观点和同情我的人又无处表达，因此我就有了"人民公敌"的称号，但有了博客之后，我的许多观点就能比较全面地反映，反对我的人就逐步减少了，也有许多人可以和开始表示支持了。有了微博之后，则让更多的人有了更全面的了解，同情与支持的人就越来越多，骂我的人虽然仍有一些，但所占的比重已经越来越低、无足轻重了。

有人会问，为什么网上、微博上有那么多人在骂你，你却一个也不拉黑他们？是的，有人骂，说明人们在关注我，如果骂我能减轻他们工作中、生活中的压力，这难道不是一件好事吗？佛说"救人一命，胜造七级浮屠"，我虽然不信佛，但知道这仍然是件救人的好事，一个不关心你的人何苦要骂你呢？不管这种关心是出于什么原因，要达到什么目的。虽然许多脏话确实很难听，但只要心里放得开、放得下，有些宽容的肚量，就会不在意他们用什么语言在骂，而只在意他们骂的是否有道理，是否自己真的说错了什么，做错了什么。做到有则改之，无则加勉。

因此我常专门挑选一些因误解而骂我的网友，回答他们提出的问题。这也曾引起其他网友的不满，正是因为他们对问题、观点有误解，我才专门回答他们的问题，以减少和避免产生更多的误解，最终赢得他们的理解，并影响更多有这种误解的人。

这个社会中已经有许多的矛盾和疙瘩了，我要做的不是用拉黑的方式激化矛盾，而是用平和的解释和交流去解开这些矛盾，消化这些不平，社会在相互的爱与理解中才能更加和谐。

和谐从来不是靠对抗、压制能达到的状态，反而是给他们更多骂人的权利和质问的机会，给他们更多的关爱和交流，这样才能有个交换看法的机会，也才会有相互的理解与进步。

许多的微博网友被小潘拉黑之后跑到我的微博中抱怨、骂人，我也多次和小潘讨论拉黑的问题。微博不应是语言的垃圾桶，而是人们共同生活的家园，拉黑并不是解决问题的办法，小潘说"眼不见为净"，但这些垃圾如果不倒在你这儿就可能倒在别人的地盘上，而所有人的地盘都生存在同一个平台上。污染在你这里不治理，就会影响到他人，这与世界环保的道理是相同的。

这也许恰恰是那些自认为是绅士和精英的人应该自觉首先做到的。我坚持无论如何都不使用拉黑的功能，有时我也会火冒三丈，但咬咬牙，停住自己伸向拉黑功能的手指，最终还是能战胜内心中的虚荣，坚持正能量。

不拉黑是一种忍，是一个人的肚量。顶着骂声继续和努力地亮出自己的观点和看法，则需要有点勇气。并非是与你直接相关的事，你却能主动地去表态、去批评，就更出于一份责任心了。

社会上就有许多怕被骂的人，他们会小心翼翼地躲开那些敏感的话题，尤其是不涉及政治政策和特殊事件，于是被大家认为是缺少正义感，其实他们都有正义感，但在一个言论不自由、不开放的社会管制中，他们压抑了这种公开表达意见的心情，因此给家人和自己的工作与生活带来许多麻烦。

也有许多人专门就这些敏感的话题而大声呼吁，路见不平而拔刀相助，但他们中许多却难以提出或主动提出自己的主张。我被许多人称为"大炮"，正在于我有自己的主张和意见，从政治到生活，从经济到体制，从民间的小事到民主与自由，从读书的体会到每日一点一滴的感悟。刚开始坦露自己的观点也从无人理睬，慢慢变成了上千万人的关注量，从每日必读微博慢慢地变成了许多人转发我的微博。

不是我想成为"公知"，而是我只想保持自己的原汁原味，我爱这个国家，爱这个民族，爱这片土地，我希望这个国家变得越来越好，成为国人的骄傲。

也许恰恰是因为我常成为社会、媒体调侃的对象，常成为引发社会争议的对象，我也从"最想打"变成了"最想嫁"，再变成"大众情人"，而这个"大众情人"早已脱离或超越了性别的概念，变成了一种喜欢的概念。

因为我是开发商，买不起房的一族和自认是"房奴"的一族，会始终牢记我的工作背景和行业，永远将我看成奸商或暴利的追求者，但生活中，我的微博中除了涉及行业发展和对经济判断之外的言论，越来越多地被多数人所接受，随着各种公益与平等的交流，"大众情人"的流传也许胜过了所有的社会评价，变成一个正面的形象。

我是"仁心炮弹"

若干年前起，大队人马就陆续进入华远，开始了各种清查，譬如2005年开始，就连续清查3年的财务和税收。市税务局的熟人悄悄地告诉我，在税务总局的眼中，似乎华远是个巨大的国企，一定存在着许多税收中的漏洞，却不知道华远既不是央企也不是市属的国企，不过是个区属的小国企，最多也就算个处级吧，而集团下属的房地产公司大约只算得上是科级企业吧！

潘石屹戏称，华远地产公司也就是个"妇科级"。

正如社会上许多民众都以为我这个"富二代"、"红二代"是靠老爹的帮助才当上了华远这个国企中的好大的一个官，却不知道这个屁大的官连个行政上的处级待遇都无法享受，老爹兢兢业业那么多年，真要动用权力，好赖也能给我弄个局长当当吧！

其实华远无论政府按什么样的级别进行管理都与公务员待遇无关，靠的是用改革的精神和市场化的机制，从无到有地拼搏出了一片属于自己的天地。华远的创业者都是"红二代"和"官二代"，但却从来没有人利用这种关系去为企业或为个人谋私利。

华远从一成立就是个严格遵纪守法的企业，并且被评为各种先进，并被北京市税务局评为荣誉纳税人称号，按规定可以三年免检，我个人也同样被评为荣誉纳税人。

清查数月之后，检查组实在找不出企业在纳税中的问题，只检查出几张小额的假发票，于是以企业对社会公益的捐助费用来缴纳企业所得税为由要求华远补缴了相应的税款。

这种专门指定的税务检查本是目标明确的专项检查，但企业的严格守法行为，并没有给税务机关留下于己不利的漏洞，也证明了企业的严格管理和自觉纳税的约束能力。

当媒体上公布了国税总局要对这些企业进行税务检查时，一些媒体的记者认为可以抢到些八卦的新闻，在检查期间多次来询问和了解情况，以为能借此抓条大鱼，但最终检查的结果让这些媒体大失所望，华远既没有在这次检查中出现大量的应缴而未缴税款的情况，更没有偷税漏税的行为。

华远从成立之日起就是各种机关检查的重点，早已习惯于接受和被强制各种检查了，而这些检查更帮助企业建立了更严格的内部制度，让企业更加安全了。

也许一个企业最值得骄傲的不是你做出了什么可以吹嘘的丰功伟绩，因为你能做到的别人同样也能做到，值得骄傲的或许是当你被恶意或有意识地严查之后，仍然保持清白，就像进监狱都不会被认为是好事，但如果你能无辜地被关进监狱审查，却又能被无罪释放一样。进监狱的不一定都是英雄，但进监狱而被无罪释放的肯定不是狗熊，至少是件值得骄傲的事。

所有的误解大约都来自于信息的不对称，包括不知与无知，也包括用道听途说的零散信息做出的判断。尤其是通过网络和媒体片面的报道获取的不完整信息，更容易对社会产生误导作用。

当国税总局点名要对北京市华远集团公司进行清查，也许只是因为从网络或媒体中知道华远集团公司中有个任志强，并不知道这个企业只是个区属的企业，更不知道其资产规模和利润总款，也不知道其利润组成是来自于集团公司自身还是来于持股企业的税后分红,但却事先预定了一个远大于公司年利润的巨大数额的征税额,而实际检查之后却发现毫无油水可捞,即使牵强地将本不应于审计年纳税的额度归并,也仅仅只达到预期补征数额的几十分之一,这让税总的官员们大失所望。

或许国税总局只是听说我在媒体中的影响大,却根本不了解华远是个什么样的企业,好在企业自身没有什么不干净的把柄,身正不怕影子歪,顺利地通过了检查。

这种检查可能带来的负面影响,反而会在检查无丑闻中洗干净了,给了企业一个更好的证明。北京市税务局发的奖状是真实的,企业没有在税收问题上愧对过自己的良心,也不是靠偷税漏税骗取利润的。

其实区属企业要做的恰恰是增加区财政的收入,华远在税制改革之前,曾经是区财政的主要税收来源,自然查的、缴的都比别人多,也养成了依法纳税的好习惯。除了纳税之外,其他的事情也有着同样的规律,听说的声音反而超越了实际的情况,也让许多误听者会失去正确的判断。

坚持一种诚信的态度,是每个人天生都应固有的一种品质,但当今的社会却让说真话成为一种稀缺的资源,于是我就有了"大炮"之称。

说真话就如同放炮一样的社会,缺少的是言论自由和诚信。

当我还是幼儿时,父亲、母亲就教我要诚实,可以有善意的谎言,但却不能有恶意的欺骗,如可以谦让而假装吃饱了,可以谦让而假装喜欢,却不能做错了事而不承认,尤其是自己做出的错事。前者的谎言出于善,后者则是出于恶。

当我上小学时,学校同样教给我的是诚实。和现在的小学一样,老师会将每周的成绩单交给每个同学拿回家给父母看,并请家长签字带回学校。那时不管成绩好坏,都会如实地向父母汇报,父母会教育我们几个子女尽可能地独立学习,但不会因成绩的好坏而过度地批评,因此没有那种怕父母批评而隐瞒成绩的想法。

常听说现在的小学生中有假冒家长签字而隐瞒成绩的做法,这其实和家长过度地强调成绩而对孩子太严厉有关,于是反而让孩子变得不想诚实和不敢诚实,长大了也不会将诚实当作一种人生宝贵的品质而珍惜,但"长在红旗下"的一代则是在一种革命英雄主义的教育之下,坚定地树立起要当共产主义接班人的信念的一代,一种狂热的冲动中也包括了这种诚实素质的培养。

"文革"时大量的抄家活动,从那些被打倒的人家中抄出的金银财宝,没有一个人会想私吞,都会在没有任何登记的情况下全部如实上交,并引以为豪。

这一代人的怀疑与动摇是在"文革"之中,突然在一夜之间父母与亲人被打倒了,自己的革命冲动也变成了"反动"的行动之后,思想开始发生了变化,开始了另类的思考,开始了真与假的斗争。

一部分人为了避免被残暴的武力镇压的噩运,放弃了诚实,有些人甚至要与父母断绝关系,开始揭发自己的父母,以显示"革命"的真诚;一部分人不得不隐藏自己的家庭背景与身份,不得不用一些假象和欺骗去保护自己与家庭;也有一部分人则用高明的假话拼命地向上爬。当这个社会摧毁了一切规则和信用体系之后,诚实也逐渐地被愚蠢所代替,成了这个社会中最不值得尊重和最没有价值的品德。

但还有一些人哪怕是面对着死亡,也会坚持真实地表达自己的看法。

我亲眼目睹了父母在群众队伍的暴动之下的诚实,他们始终没有放弃做人的尊严,他们可以保护孩子而忍受各种痛苦,他们为诚实而牺牲现有的职位,他们可以去"坐飞机"、被批斗、蹲牛棚、下干校,但绝不会为了保护自己的安全而去造谣,更不会为了自己而恶意地陷害领导与同事,不会为保护自己而去揭发他人。

诚实在他们的眼中就如生命一样宝贵,失去了诚实的人就失去了灵魂。他们可以为诚实而失去生命,但不会为了延续生命而抛弃诚实,而他们的榜样也让我们这些做子女的继承了这种血统中的基因,至今我们兄弟姐妹四人之间从未发生过因为不诚实而产生矛盾,相互之间都可以不用有任何顾忌地,直截了当地协商任何事情,甚至争吵,但却绝不会欺骗,更不会用欺骗去伤害他人而为己谋利。

许多实话不能说也许是因为纪律、保密等要求,但并不表示不诚实,不可说则不能说,但能说而不说、可说而造假,则与诚实背道而驰了。许多的实话在舆论的压力中、官方的打压与威胁下变形了,或者在多一事不如少一事中消失了。

人的天性是诚实的,孩子不会说时就会用哭来表达自己真实的想法,如用哭来告诉周围的人和父母,饿了、病了、拉了、尿了,他们不会掩饰自己的真实,但在逐渐的成长过程中,如真实不能让他们受惠,反而让他们受害、挨打,那么他们就会为了生存和受益而无奈地改变自己的表达方式。直到为了获取父母的爱与奖励,而主动地用假象、假话去欺骗,这种欺骗包括了骗他人和骗自己,这种骗就淹没了原有的真诚，淹没了人性中的善，变成了一种社会风气，形成了一种行为规范，最终变成了特有的恶性文化。

但假话并不都能让人受惠，也会让人受害。尤其是假话也会既伤害他人，也伤害自己。如假货、假药会伤害每一个人，如假话被事实揭穿时承担责任和代价，于是就有了真与假之间的博弈，也就有了人的两面性和"见人说人话，见鬼说鬼话"的选择性。当假话文化被事实不断地打击时，当选择不同场合说不同的话也会因选择的错误而撞墙时，这个社会中就有更多的人开始质疑和反抗这种欺骗，开始重新寻找被遗忘的诚实。

其实伪与真的对抗之中，伪只能让少数人在局部的时间和环境的条件下获益，真才能让多数人在长远的时间和多数的环境中受益。遗憾的恰恰是一些人总在追求眼前和短期的个人利益，而忘记了未来和大多数，并以此为榜样地影响着更多的人，于是真就在这种冲击中变成了稀缺的资源，尤其是坚持这种真就变成了一件困难的事情。

我也同样在这种真与假的博弈影响中成长，但我所遇到、看到的则是那些本以为是真的，本以为是对的，本以为是美的言论、现象、主义、精神，都在"文革"中、"文革"后一点点地被打碎了，原来的被推翻了，反而对这种假产生了更强烈的恶感和对抗，反而更坚定了要追求真、诚实的信念。

当红卫兵小将被当作工具，勇敢地冲在前面，却被一棒子打倒时，我们发现被欺骗了；当我们的父辈革命数十年，艰苦朴素奋斗一生，却被当成是"走资派"时，我们发现被欺骗了；当我们上山下乡接受再教育时，发现解放几十年后的农村生活并没有好过解放前，我们发现被欺骗了；当被称为副统帅、接班人的林彪变成了叛国贼、反革命时，我们发现被欺骗了；当邓小平一次又一次被打倒时，我们发现被欺骗了；当周总理逝世却无法正常悼念时，我们发现被欺骗了……

压抑了十年的真话开始像潮涌一样爆发，伤痕文学大量出现，说真话、实话再一次占了上风。中共十一届三中全会之后的"敢"字当头，带动了一大批大胆改革的言论，一时间敢说、抢说、实说成为一股推动中国改革的力量。邓小平南方谈话之后，"不争论"再一次开放了言与行的结合，让许多只说的人下海，将说变成行，敢说实话，办实事，大胆地说与做并没有太多的障碍，市场的开放中最初以假和仿造为主的小市场逐步以诚信改变形象，可惜好景不长。

近十年中，山寨成风的同时，真话、真改革则成了和谐旗下的大敌，假大空再一次成为了主流。从媒体的宣传工具开始带头，用假、大、空来掩盖事实的真相，错误的政策无法得到监督和批评。央视新闻成了社会的笑话，而从中央到地方政府的朝令夕改、左右摇摆，完全没有契约精神，随意地用行政手段粗暴干预市场的行为，政府大量从不兑现的承诺，数年之久无法落实的政策，以及明为优秀、实为贪腐的官员等一系列的事件，让民众对本是最终依靠的政府失去了信心。

而一个摔倒的老人将救助者告上了法庭，并索赔巨额补偿的案件和中国慈善机构的腐败、救灾捐款的挪用等，则在社会中打碎了人与人之间的基本信任，一边是屏幕上的伪装，一边是实际生活中的伤害，越来越多的人从投身于中国的建设与改革的队伍之中，退到了旁观者的行列，没有基本诚信的社会，让人们不得不隐瞒起自己内心世界的冲动，不再敢真实地表达自己的想法与意见而明哲保身，忍辱负重的风气，反而助长了虚假之势，让诚实和说真话变成了不和谐的"炮声"。

这应该说是整个社会的悲哀和无奈，维稳的口号之下无数的正当要求和声音被"稳"字当头淹没了。

那时尚没有微博这种可以自由发言的平台，而媒体不但被严格地控制，并且会有选择地操纵着舆论的导向，尤其是会用醒目的标题来吸引眼球，而不管这个标题是否正确地反映了真实的信息，于是那一年在众多的不同声音中，凸显出了带有任志强的"炮声轰轰"，"任大炮"这个名号不但超越了"人民公敌"的盛誉，并且越来越多地在媒体与网络中出现。

年初的一次活动中，曹景行老师提出用"任屹行"的标题，推出由我和潘石屹主讲、曹老师主持的访谈节目，类似于"三人行"的一种聊天与评论。这样可以正确地反映当事人的真实想法，避免被媒体片面地报道而误导社会。

我们先后大约录了十多期节目，并在一些电视台播出了，但审查时同样会被删除一些所谓敏感的话题，让节目变了味道，并没有达到预想的效果，因此这个节目的录制并没有坚持下去。

长期地生活在一片假象之中的年轻人，更希望寻找真诚，而谁能说实话，谁就能得到群众的认可。不断调整、修改和变化的改革让市场失去了明确的未来发展预期，经济总在忽上忽下中波动，尤其是关于民生的许多利益冲突的事件，让许多民众失望，于是当有一种能反映民众心愿的批评声音出现时，就成了"炮声"，而如果政府能允许这种批评的声音更多一些的话,那么这个社会就不会将这种批评当成是"炮声"了,也不会被媒体爆炒,不会与政府形成直接和鲜明的对立了。

冯仑为我总结过三句话:"一是把自己的事不当事;二是把别人的事当自己的事;三是没事找事。"此后小潘也常引用这三句调侃我。

自己的事岂能不当事?一个企业的领导首先应考虑也必须经受考核(国务院国有资产监督管理委员会考核与股东考核)的业绩就是自己的事,在公开的各种论坛中,我几乎从来不提华远的企业成绩,不做华远的产品广告,而只讨论行业发展的趋势和问题,因此被冯仑认为是"把自己的事不当事"。

"把别人的事当自己的事",则在于我常参加行业内各企业的宣传与论坛活动,包括开盘活动等,只有当行业有所发展时,自己也才能发展,因此要把朋友、同行的事当自己的事。由此行业内许多人将我看成是老大、大哥,就在于我总是热心地、尽可能全力地帮助所有的企业。这也是我每任行业或协会的轮值主席都被誉为是最出色、最有成绩的一届的原因。如果每个人都不能把朋友的事当自己的事,这个朋友也就不是朋友,如果每一个人都不能把行业的事当自己的事,也不配在这个行业中发展,更不可能成为行业协会的领导。

"没事找事"则是我常对一些调控政策提出不同的看法,有些调控政策影响到整个行业,但并不影响我的产品与市场,不影响企业的操作,完全可以与己无关高高挂起,但我不愿袖手旁观。最初保障房体系的建设就与开发商无关,但我认识到要房改就必须同步建立住房保障制度,因此在1998年就呼吁建立住房法,同时建立住房保障制度,否则就必然会影响市场的正常发展。政府在住房保障上的缺位必然会让商品房市场承担社会保障的责任。结果正如我1998年时提出的意见一样,当政府不顾和不能适时地建立住房保障制度时,只会无限制地要求市场提供高价地中的低价商品房、限价房,让市场承担社会的保障责任。如果在那时同步地建立保障制度,何须在矛盾激化之后的今天用"大跃进"的方式发展和建设大量的各种保障性住房?

许多人将冯仑的话当成是一种批评,我则认为这是一种表扬。国家不能让所有人都"匹夫有责",但也绝不能没有人对政策提出不同的意见,任何国家的权力都是贪婪的,都必须纳入到民众的监督之下,否则权力就会被滥用,并将让所有人遭受损失，需要有一批人用各种声音来维护和争取公民应有的权利。

我不是英雄，而只是敢于将自己的认识真实地表达出来，希望能引起政府和市场的重视，希望不要让错误的政策影响市场与社会的发展、阻碍公民争取自己的权利和自由，如果所有人都能全力地推动市场和体制的改革，才会在国家强大的同时让所有的公民更加富有、更加自由、更加快乐与幸福。

有些人更相信经济规律的必然性，有些人更相信政府强大的行政力量，有些人则是生活在自己认为美好的幻想之中，所有人都期待生活有最完美的结果，但事实却是残酷的，在无数种力量的博弈之中，路径也许是弯弯曲曲的，但曲径通幽，最终总是会回归于经济规律的本质层面，就像长江之水滚滚流，不管中间有多少山脉、水坝、有多少人工的阻挡，自然的障碍，最终都会东流大海。

历史上这一代人曾经被"人定胜天"的豪言壮语所迷惑，以为靠人的力量可以战胜一切，进而演变成由人组成的政府的力量力大无比，不但能战胜天，也能战胜社会，并战胜经济的市场力量，但结果却是付出了巨大的牺牲自然的代价，最终却被大自然无情地报复。新中国后曾用强大的计划经济的手段试行着"人定胜天"的神话，结果却是以无数人在饥饿中死亡、全国陷入一片贫穷与苦难之中的代价宣告了计划经济的失败。勤劳勇敢的中国人一直致力于"解放全世界三分之二的劳苦大众"的事业，却发现这三分之二的劳苦大众都比中国人活得要轻松、自由、富裕。当国门打开之后，人们发现外面的世界更精彩。自以为站起来的中国人还只是生活在泥潭之中，并不比那些没站起来的人们更高、更强大。

事实证明，政府从来就不是最聪明的，甚至可以说在领导经济建设上是最不聪明的，否则也不会用强大的手段去维护一个并不能让中国人吃饱穿暖的计划经济了。正因为政府从来就不是聪明的，因此大多数国家会用民主的方式将权力交给公民，由公民来监督、制约政府的权力，并有权更换不被公民信任的政府。这种对权力的监督要解决和防止的正是政府利用权力去犯些自以为聪明的错误。

于是大多数政府将市场的事交给市场去做，而政府专门去做那些市场不能做的事，如国防、公共事业、社会福利、安全、教育、卫生与保障等。

中国进入改革开放后，要做的恰恰是建立市场经济，打破政府对经济的计划和垄断，让市场更有效地配置资源，用价格去调节供求关系，给市场自由生长的条件。

于是十多亿中国人只用了十几年的时间就解决了温饱问题,并逐步跨入小康社会。

早期的计划经济时代,家中的四大件还是自行车、手表、缝纫机和收音机,这是新中国前30年未能解决的问题,但土地承包制让农民在几年的时间内就超越了这个梦想的阶段。价格的闯关尽管遇到了很多的困难,但最终那些严重供不应求的商品都变成了供过于求。总供给与总需求本就不是个靠市场能平衡的数量关系,而是在消费能力不断的升级中变化的,要靠市场经济那只看不见的手,逐步地淘汰落后、刺激生产,最大限度地满足升级的需求。供给充足了,价格自然也就平衡了。政府总想让经济在一条直线上不产生波动,结果反而造成了行政力量与市场力量之间的冲突与对抗,反而让本来可以自我调节的经济在不停干预之下大上大下地波动着。2008年的经济下滑固然有世界金融危机的影响,但在美国已经开始用减税刺激经济增长时,中国仍用紧缩货币政策在"两防",不能不说是一种政策的错误。而2009年的经济反弹靠的是四万亿和十个振兴计划及近十万亿的信贷。这种"快上"的后果,仍要由整个社会来分担。

当猪肉的价格上涨时,中国政府出台了给母猪发工资、补贴和上保险的政策,结果一头母猪可以获得1000元的保险。农民将母猪都杀掉,既获得了卖猪肉的钱,还能得到1000元的保险补偿,比养猪还实惠,何乐而不为呢?这种违反市场经济规律的政策,都是政府自以为聪明地干不利于市场发展的傻事。

历史上最听话的中国人对政府的指示奉若神明,更曾有"最高指示一句顶一万句"的迷信,但改革开放之后,"实践成为检验真理的唯一标准",打破了"两个凡是"的同时也打破了神坛,让神像在倒下的同时,也让政府的指示在"摸着石头过河"中有了博弈的可能,更多的农民用生命推翻了法律的约束,并最终修改了宪法,这让更多的中国人知道,政府并不是真理,也绝不是神仙,政府也常常会犯愚蠢的错误,政府必须在民众和实践的检验中学会改正错误,政府恰恰是在不断地纠正政府过去的错误,从修改宪法开始,逐步撤销和修正了那些历史上错误的决定和开放历史上曾被封为禁区的领域。建立市场经济的框架,在邓小平的南方谈话之后被列入了党的工作重心,"发展是硬道理"在那一段时间成为了推动改革的后盾,让中国从贫穷的困境中迅速地走出来,并成为了世界经济增长的中心。恰恰是在这种博弈中有了民间的各种创新的实践,才让中国有了理论上的突破,有了生产力的发展,但当中国政府口袋中的钱越来越多时,强势的政府又回到了要指挥一切，从垄断的配置资源，到政府主导的经济发展，让改革的步伐在凯恩斯主义的大棒下倒退了。

许多人常叩问自己为什么活着。也有许多人因为不知道为什么活着而轻生。

我觉得活着更主要的是为了责任。

每个人对生活有不同的理解方式，对人生有不同的追求，但一个人生下来之后就不再是一个个体，而是与整个家庭、家族或社会紧密相连，并产生了一系列的责任。一个人的生死会牵动着无数人的心，牵动着他们的未来，甚至他们的生与死。除了血缘关系之外，人与人之间更多的是一种责任的关系，如父母对子女抚养、教育的责任，子女对父母的赡养责任等。一个人出生之后无形中与其他人形成了一种法定的责任关系，整个社会恰恰是由这些法定的或相互的责任组合而成的。

最初人们的相互责任产生于生存压力，被迫联合起来，才能提高效率并获取生存的条件，这几乎与至今仍存在于自然界的动物种族的责任关系一模一样。社会的进步让家庭成为主要的生产单位和生存团队，强化了家庭成员之间的责任关系。当社会的分工与协作让更多的人脱离家族或家庭的约束与帮助，可以独立生存时，反而更强调家庭中的责任关系。于是就有了相关的法定责任关系，责任成了与生存相关的特定条件。

许多人说活着是为了信仰，信仰可以改变或丢弃，但责任不会改变，更不能丢弃。在人们还没有信仰时，就早已有了责任。孩童时期的人大都不会有信仰，尤其在一个没有宗教信仰的国家，但孩童时期人们就开始接受责任的教育，并承担起责任的重担。特别是一个历史上严重"重男轻女"的传统文化统治之下的国家，男人的肩膀成为了承担责任的支点。

四岁时和妹妹一起玩耍，奔跑中两个人都摔倒时，父母总是会更关注妹妹，又拍又哄，对我则是"男子汉不许哭"，从孩童时期起父母就教会我男人的责任。不但自己不能哭，在父母忙不过来时，还要奉父母之命"快去帮助妹妹"。男人天生就有这样一种强者帮助弱者的责任。

我上小学三年级时，父母都忙得四脚朝天。新学年开始，送妹妹上学的担子就落到了我的肩上，于是替妹妹扛着行李乘公共汽车去学校的光荣使命成为我作为一名"男人"的骄傲。

"男子汉，大丈夫，顶天立地"，似乎是与生俱来的责任，正是从幼儿时期就这样被父母一点一滴地培养起来的。

上小学时"唧唧复唧唧，木兰当户织"成了朗朗上口的歌谣，这首很难背诵的古诗显示了女子的英雄气概，也体现了男子汉与女人之间的差别，更体现了男子汉保家卫国的责任和女子替父从征的责任与家国之间的历史责任，因而成为了孩子们都喜欢的古诗。

从父辈和电影中看到和听到最多的同样是男人要有男人的样子，男人就要敢于承担责任，哪怕是面对枪林弹雨也不能后退！

陈赓将军常在面对困难时用"你还是不是个男人"来质问下属并激励自己，刘伯承元帅在战争最危险时同样用"你还有没有男子的样子"来激励战士的斗志。

在几千年以农耕、狩猎为主要生产方式的历史中，男人是获取生存能力的主力，因此有着特殊的社会地位，而这种社会地位正来源于男人必须承担起维持家庭或家族生存的责任。

战争年代，男丁成为保卫国家、保卫财产权利和掠夺胜利果实的中坚力量。在冷兵器时代，军事力量的对比完全在于男丁的数量和男丁的强悍程度。即使是在火器时代的战争中，男丁的数量也是战争对抗和维持战争物资所需的不可忽视的因素。男人的责任则正是由历史的发展决定的。

责任，特别是男人的责任，像一粒会生根发芽的种子，从小就扎在每个人的心中，有的长成了茂密的大树，有的则在生长过程中夭折了，但无论怎样，责任都永远落在男人的肩膀上。

自幼开始的革命教育，让"生在红旗下，长在红旗下"的一代，从小就立志要当"共产主义接班人"，将做人的责任变成了为国、为民、为事业、为世界的责任。

历史上，中国经常处于被外来者侵犯的战争状态，因此传统的教育把国家利益列在很重要的位置。尤其是有中国教育家鼻祖之称的孔子，出生于春秋乱世，诸候逐鹿，孔子的思想融入大量建设国、立国、卫国的内容，为国而牺牲个人成为一种常态。北宋灭亡，金、元、清等被灭国之后，都涌现出大量辛弃疾、岳飞、文天祥式的英雄人物。19世纪的鸦片战争和卖国条约，让国民受辱，抗日战争和抗美援朝战争则给现代人留下了极为深刻的印象。

国家荣誉、民族信心在多年的外来侵略中成为突出矛盾，为国而不惜牺牲家庭与个人，在相当长一段历史发展进程中成为一种被国民奉为圭臬的精神。

困难当头时，民族精神不再分阶级、职业、贫富的差别，拧成一股力量，并成功地争取了抗日战争和国际反法西斯战争的胜利。

新中国成立后，仍将战争的威胁放在教育的首位和经济建设的首位。国民在困难危险的面前，不得不失去自由。国家的资金、资源都无条件地为战争付出，每个人都必须无条件地承担保家卫国的责任，节衣缩食，省吃俭用，以最低的工资、报酬和生存条件，以无限的国家义务和责任，服从于以国家名义做出的任何安排，甚至形成了以国为尊的盲从。

即使是大炼钢铁，超英赶美都以"反攻大陆"、"中印边境反击战"为出发点，几千万人的饿死，远没有"东方红"上天和"原子弹爆炸"更激动人心，"文革"的阶级斗争也远没有"中苏的珍宝岛"更能让国民意志形成统一。国家的利益与责任一直统治着政治领域，"解放全世界三分之二的被压迫阶级"一直是那一代人的未来重任。在国家与阶级责任的面前，个人的责任和家庭的责任反而被忽略或谋杀了。

"文革"中之所以有许多家庭为了国家或革命的利益不惜祸起萧墙，兄弟残杀，父子反目，恰恰是国家的利益远远高于一切亲情和友情。

然而，改革开放恰恰打破了这种国家威胁论，用对外的改革开放、对内的搞活经济，还原社会和经济发展的本质。把满足人的自身利益需求和物质消费需求从阶级斗争中剥离出来，把被阶级斗争蒙蔽的工具化人格从小资产阶级情调中和追求资本主义生活方式中解放出来，把人的尊严、家庭的和睦、对财富和幸福的追求变成了现实生活中看得见、摸得着的梦。不但打开了中国密闭的门和窗，也让中国人目睹了世界的进步和普世的价值，知道了什么是社会主义发展的初级阶段，知道了什么是市场经济，知道了什么是国家的责任，什么是做人的原则和做人的责任。

一段时间内中国人如同迷失了方向的羔羊，只能靠摸石头的办法寻找过河的方式。同样人也在重新探索在社会、国家与家庭中的定位，重新建立人与人之间的关系，人们在寻问国家利益不再是人生的唯一之后为什么而活。特别是改革开放让中国出现了财富积累之后的贫富差别，也出现了奢侈性消费和名牌效应的普及化，竞争让生存的压力不断加大，而年轻一代既没有"文革"前的思想束缚，也没有曾经的"革命思想",更增加了代际之间的冲突。如何增加不同年龄人群和不同收入人群之间的沟通成为全社会共同关心的问题。

抛开一切理想与信念,重回到人的基点上,我仍然认为责任是无论如何也无法逃避的根本。在"人人为我,我为人人"的经济与社会的活动中,人的自私和人的责任是并存的,如果不负责任而只顾眼下的自私,那么这个社会将无法发展。

责任不分性别,一个心智健全的男人尤其不能逃避责任。

花甲之年并经历了新中国不同的发展阶段之后,我不认为用什么"崇高"的政治理由能统一社会中人们的认识,但责任是每个人与生俱来的,公平而天赋予之。

只有重新认识责任在人生中的意义,才能建立社会的共识。

结束语
—— BEAUTIFUL AMBITION ——

任历史评说

当我将部分回忆录中的段落放在微博上时，引起了许多人的关注，其中小潘就评论说："写自传容易陷入自我为中心，要警惕。"还有许多的网友更关注电影中曾经反映过的某些知青时期的八卦，如"村里的那个小芳"、"同桌的你"，以及创业的历程等。有的是为了了解一个人的全面情况，有的是想从中有所借鉴，有的则希望找到一条成功的捷径。

我只想记录下我们这一代人曾经走过的路和自己在这段路上看到的风景，只想把自己曾经的思考摆在桌面上，让更多的人可以评说，当然也包括自己的价值观。

早在我出版的几本书的书名中，可以看出我本就是个以自我为中心的人，因此第一本书名叫作《任人评说》、第二本《任我评说》、此后是《任你评说》与《任他评说》，恰恰都是以我为中心，让别人去说吧。

其实每个人的心中都有许多讲不完的故事，不同的经历有不同的讲法。曲折的故事也许能吸引更多的人去看，平淡的故事只要能坦诚地吐露心声也同样会引人入胜。真实也许是最重要的。

我力争还原于真实，但时间太久远，查了许多资料，尽可能按时间排序，却也仍然可能有许多的错误，也隐去了许多人的姓名，怕给他们带来不必要的麻烦。至少我主观上是想还原于真实的。有些话也许今天仍无法直接喊出来，但我已尽可能地表达出了其中的含义。

  我爱这个国家，我爱这个民族，我爱这片土地。有爱也才有各种各样的批评和质询，这是公民的义务，也是一种责任。当所有的人都能发出呐喊的声音为争取一个更好的生存环境而努力时，这个社会才会变得更加美好。

  让每个人都能坦白地说出自己的经历、自己的成长过程和想法，本身就是一种呐喊，也希望所有人都能同样将自己的人生经历展现给社会，让更多的人从中找到生活的乐趣，找到跌倒再爬起来的勇气，找到人生的快乐。

  回忆录不是为了吹捧自己的过去，是一种思恋，有血有肉的沉浸在欢乐与痛苦之中的思恋。像野狼在用舌头舔着受伤的躯体，为了明天的生存而激励。

后记
— BEAUTIFUL AMBITION —

用年轻人的目光找寻"老任"

衣锡群（北京西城区前区长）

"为我的回忆录写点什么吧！"7月14日，我在任志强办公室等候书院活动开始，任志强将回忆录的目录交给了我。他显然认为我即使尚未阅读全书，也可以完成此作。我浏览书的目录，如同注视他一路走来。第二天，我在飞往台北的飞机上，开始在心中试笔。

我于1987年7月奉调到西城区任区长。在我听取各方面情况汇报的时候，我听到并记住了任志强这个名字。那时，他刚刚结束一年多的看守所生活，恢复工作。这段经历，在任志强的回忆录中记录甚详。当时，无人认为任志强是因贪赃枉法，以私欲致祸，而其间似另有原委。最终，区委、区政府以给任志强党内警告处分结束此事。"告诉任志强要正确对待：抓，是正确的；放，也是正确的。"区委书记，一位至今享有广泛尊敬的领导，让我如此通知华远集团党委。任志强不久即频繁出入我的办公室。那时，华远承担了西单北大街的规划和改造，任志强是一线总指挥。又过了一年，华远的第一任总经理赴港工作，任志强接任总经理。此后，华远启动了以房地产开发为核心业务的转型，进入了快速发展阶段。

1991年10月，我离开西城区到市政府工作，但仍与志强经常往来。西城区的各级干部，很多人毕业于西城区的中学，这种同事加同学的关系产生了一种独特的凝聚力和认同感。我在北京市其他城区没有观察到这种联系。自任志强领导华远集团后,每年数次邀集历任区领导聚会,沿袭数十年,已成为传统。在这种场合中,任志强对老领导恭敬有加,一改发号施令或一士谔谔的形象。在每次聚会的留影中,任志强总是站在后排。难得的是,这一切他做得十分自然,完全没有恭维和矫饰的成分。这或许与他在部队的经历有关,也与他忠于职守的禀性相一致。

其实,华远后来的发展超过了我的预料。我说的并非是其速度和效益,而是在任志强主导下实施的资本运作。作为区属国营企业,1993年,华远建设实现股份制改造;1994年,通过与华润集团的合作,华远嵌入市场化、国际化机制。至今回顾,仍不免惊叹其选择的清醒和超前。以后,华远下市,又再次于国内上市,成为北京市区属企业于境内外间接上市的首例。其间,任志强每每与我讨论思路、流程,言谈中流露自信和对细节的把握。市场上往往视任志强为一强悍型国企老总,只有与他长期接触,或在业务上与其过手,才有机会了解他思虑周延、心细如发的特点。

任志强小我四五岁,属于一个年龄段,经历也颇为相似,加之联系不断,我本以为对他已有充分了解。但正像我和其他人目睹的那样,网络的出现和影响,改变了社会信息传播方式,也改变了网络的参与者。任志强就是一个生动的案例。

大约是在2010年的一天晚上,我和任志强及另外一些人在潘石屹、张欣家做客。"你们知道微博吗?"潘石屹问。接下来,潘石屹和张欣热切地给我们演示微博能够多么迅速地得到关注者的回答。潘石屹自豪地告诉我们,他已经有几千个粉丝了。就从那天起,任志强开始接触微博。以后的事情,借助任志强的微博得以呈现和记录。仔细分析任志强的数万条微博,我相信人们会发现,在与公众的互动中,任志强逐渐形成自己新的品格。这种品格仍然在丰富和发展,目前还很难预测其功能和意义,正像我们尚无法预测网络的社会功能和意义一样。毫无疑问的是,网络具有的海量举证功能,使遮蔽真实成为不可能。在真、假的反复甄别和对照中,人们的认知模式得以调整甚至被置换。我能观察到,越来越多的人正在经历这一过程。任志强既是其中之一,又以自己的影响加强了网络的能量。

这些年,不少人谈到了任志强公众形象的转换,而对长期注视他的人而言,任志强依然是任志强。他的观点,甚或他与社会互动的方式或许有变,但他固有的性格一如既往。大多数情况下,他给你的第一印象就是他的真相,他脱口而出的话语,即他的心中所想。当然,有时也因人而异。他并非看不懂某种游戏规则,他也会做一些入乡随俗的事,说一些模棱两可的话。此时,熟悉他的人会看到他表现得不自然,如同他穿西装时的模样。但总体上,他不喜欢以复杂的方式与人沟通和周旋。这与他的情商或适应能力无关,这是他的为人,也是他的处世之道。他不愿意让他轻视和厌恶的东西改变自己。

在网络上和公众场合,任志强往往语出惊人。起初是在房地产的趋势分析方面,近两年,特别是通过微博,任志强针砭时弊,无远弗届。我无法接受他的所有意见,甚至他的表达方式。但是,我认为他有权利陈述他所认识的逻辑和真相。我相信,包括任志强在内的许多人,他们的所作所为,与其说是试图改变客体或他人,毋宁说是在追究自己:追究自己的责任,追究自己的使命,最终,追究存在的意义。任志强属于那种人,他固然在意社会对他的评价,但更在意来自自我的审视。焦虑会与这种人终身相伴,因为他们不愿意做其他选择。能使他们感到欣慰的,是常识与良知在扩展,似乎具有自我实现的力量。使用网络的人,都能确定无疑地感受到这一点。

2009年,我从北控集团董事长岗位离任。过了两年,任志强也辞去华远集团董事长一职。其后,我们相遇和相处的机会反而日渐增多。2011年,在王巍、任志强和刘晓光等人倡导下,中国金融博物馆书院创立。我被聘为学术委员会主席。书院活动之日,我或在现场,或通过网络,看任志强临阵不乱,指挥若定。每逢此时,华远多功能厅均弥漫着一种静静的兴奋。不管当天的主讲人或主持人是谁,场内数百位年轻人首先用目光找寻,直到他们看到任志强。

我希望任志强永远停留在人们的目光中。

后 记

斗智斗勇与亦敌亦友

潘石屹（SOHO中国有限公司董事长）

我进北京从事房地产开发的历史，就是与任志强斗智斗勇、亦敌亦友的历史。

任总要出自己的自传，让我给他写一段话。我与他的故事很多，这些故事也很典型，正是中国过去20年房地产发展、中国逐步城市化、中国社会在一年一年进步的缩影。但我不能写得太多，因为写得太多的话就成了我的自传，就会喧宾夺主。

写两三个与任总相关的故事吧！

那一年，我正在艰苦创业，遇到了很多困难，缺钱、缺资源，最主要的是还没有建立起客户对我们的信任。那年，我们刚做好SOHO现代城的样板间，就请来任总参观，希望得到他的支持和认可，借他在北京城里房地产老大的地位给自己充充门面。之前，已经与他有过一些合作，双方合作得很愉快，他们也赚了不少钱。

但万万没有想到的是，他劈头盖脸地把我批评了一顿。其实用"批评"这样的词都算温柔了。随后，他又写了一封一万多字的信，他写完没有直接发给我，而是发给了记者。我第一次是在记者那里看到这封信的，当时有点慌了神，心想这可是我遇到的一次大的危机。冷静下来后，我没有发动公关公司去删帖，也没有去到处打点北京的房地产媒体，而是给任志强写了一封回信，标题是"创新是需要勇气的"，副标题是"一个二道贩子给菜农的回信"。北京的媒体一下子热闹起来了，客户也因好奇来看房了，我们的生意大好。我们进而以任总给我的信以及我给他的回信为主，请天津社科院出版社出了一本书，书名叫"投诉潘石屹，批判现代城"。新书刚出来的那天，正好上海在举办一场房地产展览，开发商纷纷在摆沙盘、挂各种漂亮的效果图。我们的展台上，没有沙盘，也没有效果图，而是把刚出炉的新书《投诉潘石屹，批判现代城》撕成碎片，贴到了墙上。这吸引了大批来自全国各地的开发商来参观，据说也吸引到任总来参观。

午饭时，我与任总相遇了。在餐厅里，我们相对而坐，无数媒体等着看后面的好戏。沉默半天，我们两个人互相在心里较劲，不知如何开口。最后，任总说："穿着戏服来演戏了？！"我当时穿一身中式衣服。我回答说："演出开始了！"

我想从这件事之后，任总心里会认为，我是他在商场中一个不可忽视的对手。

后来又发生了许多商业上的故事，亦是斗智斗勇，有了成交金额上百亿元的合作。后来在网上有人造谣说我与任总联手侵吞国有资产 50 亿元人民币。我劝任总："宁可与明白人打场架，也不能与糊涂人说句话。"不要搭理。他不听，非要在网上搭理，结果遭到了无数板砖的袭击，这帮人还给我们起了一个名号叫"潘任美"。

我与任志强做了好几年的生意，居然没有请过任志强吃过一次饭。

这是他常在嘴上抱怨的。

我一直怀疑在今天网络信息高度发达的社会中，写书的价值到底有多少？任志强出自传对社会的价值到底有多大？许多很重要的人物传记销售得并不好。

但有一次，他对我讲，他写自传一直写到深夜，最后是泪流满面。任志强还有哭的时候？我看到的都是他把别人气哭。从此，我开始相信这本自传的价值。它的价值一定是真诚、说真话、不装。一个人纵然他有无数的才华、知识，但如果他不真诚，一切都将会化为乌有。"诚实是一切美德的基础"，一个讲真话的人、诚实的人最终会赢得所有人的尊重，包括他的对手、敌人。最近，他把大量的时间放在公益事业和环保上来，他已经过了 60 岁，但劲头十足，真正的生命似乎刚刚开始。

如果有人问我，任总身上的哪一点特质让他成为了成功人士？我会毫不犹豫地说是诚实、讲真话。只有在诚实这种价值观的护佑下，一个人才能越走越远，他的境界才能越来越高。

我为有任志强这样坦诚的朋友而自豪，读了他的自传，真正了解他的人，也会成为他的朋友。

你是直的

刘春（搜狐公司副总裁）

早起，听一阵虎头蛇尾的雷声，喝茶，抽烟，看几个老不死的跟"小时代"的粉丝骂架，上三次厕所。

酝酿完一切情绪后，开始码字。

为大炮哥的自传写后记，百分之二百五的狗尾续貂，纯现眼，找抽。

宁高宁给他写，因为他是他领导是他同事是互相干过仗的"战友"是红过眼交过心分过手的中国合伙人，对的；冯仑给他写，因为他们都是专业做房地产兼提供思想火花的，按隋唐好汉排名，应在伯仲之间，惺惺相惜，对的；潘石屹给他写，因为他欺负过他，因为他喜欢他欺负他，因为他们后来走到了一起，施虐与受虐，一场风花雪月的事，一段潘任美的佳话，请注意，潘是在任的前面哦，所以，全国人民都知道，对的。

我算哪根棒槌？

截止到2010年国庆之前，我都不认识任志强。当然，跟你一样，知道他，知道他臭名远扬。回想起来，我那时跟百分之八十以上的国人一样，不喜欢他，不喜欢他是"奸商"，血管里流淌着不道德的血液，据说；不喜欢他和其他房地产商人一起，一次次把房价推高，据说；不喜欢他老讲实话，说房价就是涨就要涨，就是涨来就是涨。次奥，不说实话能死啊，不知道我们小老百姓就喜欢做梦就爱喝心灵鸡汤吗？更不喜欢他说实话时那副得理不饶人的表情，眼镜片后有凶光，充满着对我们脑残一族的轻蔑。大哥，做人要低调这个常识你不懂啊？

总之，不喜欢。

所以，当那只鞋子穿过空气砸向他时，我仿佛听到成千上万的阿Q一起叫好。

很快，微博出现了，微博是上帝送给他的一个礼物，小而美。通过微博，大家发现，原来老任是对的，他唯一的错误是不善于拐弯，他是直的，一个彻头彻尾的直男。

鲁迅先生说，一家人给孩子过满月，众人尽说些福禄寿喜升官发财的吉祥话，只有一个人说这孩子迟早要死的，结果，这个人被鼻青脸肿地赶出门去。这个人，多少有些像老任。

还是潘石屹最了解任志强，他不止一次跟我讲：老任太直。

2010年国庆节，一个风调雨顺月经准的良辰吉日，在潘石屹的好像在纽约的长城公社别墅，我见到了他。没什么废话，不善于彼此调和，不喝酒，埋头看微博刷微博。看得出，他和微博才是真爱，他们正在成为彼此的天使。那天，阳光真的好，风真的好，长城脚下的花草真的好，包括中间非常羞射的一场小雨都刚刚好。老任也越来越好，他开始加入聊天，开始他最擅长最乐此不疲的对小潘的调戏，他的语言开始越来越机智，他的目光开始一点点温柔，柔得秋光旖旎。

跟他交往久了，你会发现，他除了直之外，还特别好脾气，他大大咧咧，他无所谓，他不生气，他享受着人们对他的"欺负"。他越来越像青年小潘，除了没有一颗玻璃心之外。他跟潘总的关系其实早就微妙地掉了个个儿，他才是承受的一方，是的，人们精确地把他俩的关系叫作"潘任美"，潘在任的前面。

一个目露凶光的慈祥的喜欢被"欺负"的老任。

当然，他喜欢抽烟，不像潘石屹什么都不喜欢。我妈好像说过，有缺点的人更可交。

于是，我们就成为朋友了。

一定要找比你富的人做朋友，这好像也是我妈说过的。任总嘛，自然比我富多了，所以跟他交往，我不得不占便宜。比如喝酒，他不喝酒，他知道我喝酒，所以，每次见面，他总是带茅台，给我。这一点，任总比我身边的好多资本家朋友都好，他始终惦记着一个爱喝茅台的小伙伴。榜样的力量是无穷的，潘石屹兄，你要学习啊。你自己喝蔬菜汁，不代表人家也爱喝。

朋友眼中无伟人。要我看，除了直之外，任总也就这么几个优点吧：爱看书勤思考，活到老学到老；认死理好抬杠，不气昏领导不姓任；老顽童真性情，潘石屹基本被他玩残了；还有，就是数学好，用数字做学问，拿算术做生意，门儿清。

除此之外，就数他在学问方面的慧根了，基本算打通了任督二脉，属于周伯通这一派，随心所欲，双手互搏。

哦，还有他们这一代人的家国情怀吧。似此星辰非昨夜，为谁风露立中宵。这种子规啼血的情怀，也是他身上的大优点。

任总写过很多书，也送过我不少。老实说，我还真没认真看完。关于房地产的，我不感兴趣；关于市场经济的，我也粗通一二，况且，况且况且，他的很多观点都在微博上被碎片化了。至于他写的那些诗，嘿嘿，反正他没出诗集，我就不评价了。

在所有任总的书里面，我最想看的就是这本自传。

原因嘛，我就喜欢看自传，每一本自传都是一个社会学读本；我想看到一个有血有肉有七情六欲的任志强，那样更亲切；我喜欢看人在具体生活中的感悟与反思，理论是灰色的，生命之树常青，老歌德这句话说得漂亮。

还有一个原因，是我对任志强这一代企业家充满好奇。他们基本算共和国长子了，跟共和国差不多同岁，他们出生在大院中，有过幸福的童年（这是我和潘石屹这辈子注定没有的了），他们经历过"文革"、上山下乡，村里有个姑娘叫小芳，他们赶上改革开放的最好时光，他们天生是弄潮儿，他们很早就站在舞台中央，他们一直站在舞台中心。

可是，有谁知道，那繁华喧闹后的孤独落寞、那走向成功中的艰辛痛苦、那悬崖刀锋边上的恐惧惊险、那花开花落时的疲惫黯然？

是的，我就想看名人的不容易，看他失恋33天，看他脸朝黄土背朝天，看他蒙冤入狱，看他在深夜痛哭失声，看他梗着脖子后的脆弱，看他打落牙齿和血吞的直，看他其实内心有过的弯，等等。

啊！多么痛的领悟，这是我想看的全部。

你会写吗？

附录：若干文件
—— BEAUTIFUL AMBITION ——

北京市西城区人民检察院

北京市华远房地产股份有限公司

你公司于1996年11月7日来函，询问任志强于1985年被我院审查一事。经查，任志强于1985年9月29日曾因涉嫌经济问题被我院审查，经工作依据我国有关法律规定，业已无罪处理。

特此函告

我的无罪证明

北京市华远经济建设开发总公司（报告）

关于任志强代行总经理职务的报告

华总字（91）001号

签发人：戴小明

戴小明同志因病需住院诊治，考虑到华威大厦完工及西单购物中心开业在即，为使华远公司经营管理活动不因此而受影响，可否在戴小明同志住院期间，由华远总公司副总经理兼城建开发公司经理任志强同志代行总经理职务，此事已经华远总公司领导班子议过。

当否

请批示

戴小明、胡纪平

1991年1月7日

代理总经理

北京市西城区人民政府（通知）

西政干[1993]76号

关于任志强任职的通知

区政府各委、办、局，各处、公司：

经区政府常务会议研究决定：

聘任任志强为北京市华远集团公司总经理。

特此通知

1993年11月1日

任职总经理

特急

中华人民共和国建设部办公厅

建办住房函〔2005〕293号

关于召开若干房地产开发企业
负责人座谈会的通知

北京市建委，上海市房屋土地资源管理局，河南、四川省建设厅：

根据国务院领导指示，为了解《国务院办公厅转发建设部等部门关于做好稳定住房价格工作意见的通知》（国办发〔2005〕26号，以下简称《通知》）下发后各地贯彻情况及房地产市场情况，定于6月6日下午2:30，由汪光焘部长在部机关主持召开部分房地产开发企业加强房地产市场调控和稳定住房价格工作座谈会，听取若干房地产企业负责人对有关问题的意见。现将有关事项通知如下：

一、会议内容

1. 对近期国务院及有关部门出台的有关房地产市场宏观调控政策（主要是《通知》）的认识；

2. 结合公司开发经营现状，谈对当前房地产市场状况和发展走势的分析；

3. 对落实稳定房价政策的意见和建议；

4. 对汪光焘部长3月29日在房地产市场与房价问题企业座

"特急文件"

野心优雅 // BEAUTIFUL AMBITION

建设部政策研究中心

任总：

有个棘手的事还望您能给我以帮助。

最近汪部长批示让我中心调查潘总、任总两公司的成本盈利情况。老实说，我也不知道这有什么意义以及为什么。但部长要求，我只能照办。为简便、真实起见，可否请您指派人员帮助我提供一个3000字左右的短材料，可包括以下三个部分：

1. 贵公司在房地产开发上的总体成本利润水平（简说即可）。
2. 具体分析贵公司操作的一或两个项目的成本利润情况。
3. 对房地产业总体的成本利润情况发表点看法。

建议不要对利润合理与否、是否暴利、公布成本是否有意义等发表评论。客观说明情况即可。

谨望在一周内（5月22日周一前）提供。

本材料只由我中心汇集后直报汪部长，不做他用，更不对外透露。

诚请协助。可否，谨望回复。

联系人：建设部政策研究中心科研处处长　文林峰
联系电话：010-58933935（兼传真）　13911770900
电子邮件：wenlf@mail.cin.gov.cn

建设部政策研究中心　陈淮

2006年5月15日

政府对华远的几次调查（1）

北京市建设委员会

关于对华远集团有关项目情况调查的报告

刘志华副市长：

2006年5月18日，汪光焘部长召集会议，要求我委配合建设部稽查办、房地产司和法规司，就5月17日CCTV《中国财经报道》播出的"到底有多少房没有卖出去"节目中任志强发表的"办了预售证的房子不等于具备了销售条件。我手里有了办预售证的房子大概有二三十万，其中有十几万我准备7月份就开盘，我1月份就办了销售证……"等言论内容立刻调查核实。会后我既与任志强进行了联系了解，并根据我市审批预售的核实情况，向汪部长上报了调查报告。

今天下午，汪部长再一次召集会议，要求"继续调查，部里由原有工作人员外，增加市场司、规划司。北京市工作重点，要将情况依法查清，必须集中精力，尽早落实。"会后我委既通知华远集团于周一上报其相关六个项目预售许可时及当前的建设进度、建设资金投入和预销售的具体情况，再报建设部调查组。

政府对华远的几次调查（2）

华远集团昆仑公寓、北京公馆工程
执法检查报告

汪部长：

按照您的指示，我们和稽查办邀请了市规委、市消防局组成联合检查小组于5月25日下午，对位于朝阳区新源南路的昆仑公寓和北京公馆工程进行了联合执法检查，现将有关执法检查情况报告如下：

一、工程基本情况

1、昆仑公寓（报建工程名称为昆仑酒店式公寓）：位于朝阳区新源南路2号，该工程结构类型为框架-剪力墙结构，地上17层、地下4层，建筑面积29646平方米，工程造价4446.9万元。由北京华远嘉利房地产开发有限公司开发建设，中建国际（深圳）设计顾问有限公司设计，江苏省第一建筑安装有限公司施工，北京建工京精大房工程建设监理公司监理，目前已完工。

2、北京公馆（报建工程名称为新源大厦地下部分）位于朝阳区新源南路5号，

地下部分（报建工程名称为新源大厦地下部分）：地下3层，建筑面积15492平方米，工程造价2087.5万元。由北京千禧房地产开发有限公司建设，中国建筑科学研究院建筑设计院设计，中地建设开发有限公司施工，京兴建设监理公司监理，目前已完工。

政府对华远的几次调查（3）

"请给我们一次申诉的机会"

给刘淇市长的汇报

一、问题的提出

最近一年多来，提到华远公司，一些市领导就会头痛；提到任志强，就成为众矢之的。华远公司在成为新闻正面报道的中心的同时也成为市领导负面批评的重点对象。

1、1998年8月22日的西单文化广场工作会上，市领导批评华远公司在西单文化广场的建设资金问题上与市政府讨价还价。

2、1998年10月，市领导批评任志强在市政协会上关于经济适用房研讨会上的发言严重错误。

3、1998年11月，市领导批评华远公司在图书大厦断暖问题上行为极端恶劣。

4、1999年8月初，市领导多次批评华远公司起诉国土资源部的行为。

5、1999年8月23日，汪市长就上述四个问题再次批评华远公司和任志强。

①市政协会上关于经济适用房的发言是反动的；

②西单文化广场的问题华远算帐太精，既然华远已在西单改造中盈利了这么多钱，应为政府多做贡献，不应再与政府要补偿；

③图书大厦的断暖问题严重错误，市政府垫了几十亿的市政建设费用，华远垫些钱做市政算什么？

④告国土资源部更错误，是汪市长专门写信告刘市长，这样的开发公司不能要，告政府的企业一定要垮台。以及说上市公司做假帐，以引指华远公司做假帐；华远与政府搞僵了一定要完蛋等。

6、1999年9月，汪市长多次在与华远公司无关的会议中，批评华远公司自以为钱多，四处树敌，早晚要垮台，并反对华远公司作为建设部的试点单位上市。

7、1999年9月6日，北京市房地产管理局不顾事实的真相和国家的法律规定专为支持国土部的诉讼而指责华远公司，出据了连法院都不肯作为依据的函。

使我们感到，在市政府的心目中，华远公司似乎成了北京市城市建设和改革开放的"绊脚石"了。

二、真的不可救药了吗？

华远房地产股份有限公司是正规的中外合资股份制企业。93年，当时的华远建设开发公司经各级政府和有关部门批准严格按国家规范意见改组成华远房地产股份制公司（公司的组成文件已成为北京市工商局审核股份制公司的文件范本）；94年经多个境外著名的会计师和律师行的审核之后，经中国外经贸部批准成为中国唯一一家没有投资总额限制和合资年限制的综合房地产中外合资的股份制公司。1996年经香港联交所批准外方股东在香港成功地上市。1997年上市公司在国际发行了1.725亿美元的可换股债券，并且全部

给刘淇市长的汇报

北京市第一中级人民法院
民事判决书

(2000)一中民终字第3310号

上诉人(原审被告)交通银行北京分行,住所地本市西城区金融街33号。

负责人王洪宾,行长。

委托代理人宋学成,共和律师事务所律师。

委托代理人袁冬梅,共和律师事务所律师。

被上诉人(原审原告)北京市华远房地产股份有限公司,住所地本市西城区南礼士路36号。

法定代表人任志强,董事长。

委托代理人徐培建,男,1950年4月15日出生,北京市华远房地产股份有限公司副总经理,住北京市西城区南礼士路36号。

委托代理人张汝平,北京市宜君律师事务所律师。

被上诉人(原审被告)北京市新华书店,住所地本市西城区西绒线胡同甲7号。

法定代表人郭明,总经理。

委托代理人乔冬生,远东律师事务所律师。

上诉人北京市新华书店(以下简称新华书店)、交通银行北京分行(以下简称交行北京分行)因欠款一案,不服北京市西城区人民法院(2000)西民初字第3300号民事判决,向本院提起上诉。本院依法组成合议庭,公开开庭审理了本案。上诉人交行北京分

和西单图书大厦打官司,华远赢了(1)

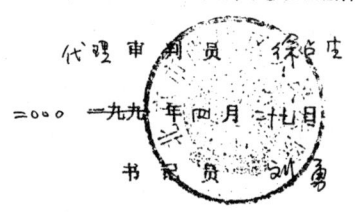

和西单图书大厦打官司，华远赢了（2）

北京市第一中级人民法院
民 事 调 解 书

(1999)一中民初字第1560号

原告北京市华远房地产股份有限公司，住所地北京市西城区南礼士路36号。

法定代表人任志强，董事长。

委托代理人刘玉明，北京市周刘律师事务所律师。

委托代理人张德才，北京市周刘律师事务所律师。

被告中华人民共和国国土资源部。住所地北京市西城区东冠英华地大厦。

法定代表人田凤山，部长。

委托代理人陈烽，天达律师事务所律师。

委托代理人顾永忠，天达律师事务所律师。

案由：建筑承包纠纷。

1999年6月29日，北京市华远房地产股份有限公司(以下简称华远公司)以中华人民共和国国土资源部(以下简称

调 解 协 议

甲方：中华人民共和国国土资源部

乙方：北京市华远房地产股份有限公司

鉴于乙方于1999年7月就甲乙双方于1995年7月25日签署《代建合同书》，对甲方提起诉讼，以及甲方就办理房屋产权事宜提起的反诉，现甲乙双方经友好协商，就诉讼事宜达成如下和解：

第一条：甲方同意于《调解书》下达之日起三日内向乙方支付壹仟伍佰万元人民币，除此之外，甲乙双方均不再主张各自在本诉及反诉中的其他诉讼请求。

第二条：甲乙双方同意由北京市第一中级人民法院以本协议为基础出具《调解书》，《调解书》对甲乙双方均具有法律效力。

第三条：甲乙双方同意各承担50%诉讼费，因本案诉讼费已由乙方全部预交，故甲方同意于《调解书》下达之日起三日内将50%诉讼费，即玖万伍仟伍佰肆拾元支付给乙方。

第四条：本案涉讼房产由甲方自行办理产权证，乙方提供必要的协助。

第五条：甲乙双方同意因本案产生的律师费和其他费用由双方自行承担。

第六条：甲乙双方对本协议内容互负保密义务。

甲方 经办人 (盖章) 2000年6月14日

乙方 经办人 (签字) 2000年6月14日

将国土资源部告上法庭（2）

万科企业股份有限公司
第十届董事会第七次会议决议

关于同意郁钧在北京市华远房地产股份有限公司任职之决议

万董字 10-07-07

万科企业股份有限公司第十届董事会第七次会议于2000年3月27日在深圳万科公司总部举行。会议同意郁钧在北京市华远房地产股份有限公司任职，认为郁钧在华远公司任职不仅不会影响本公司利益，并且可借此加强万科与华远两个公司间的业务合作，更好地发挥各自优势，有利于双方的更大发展。

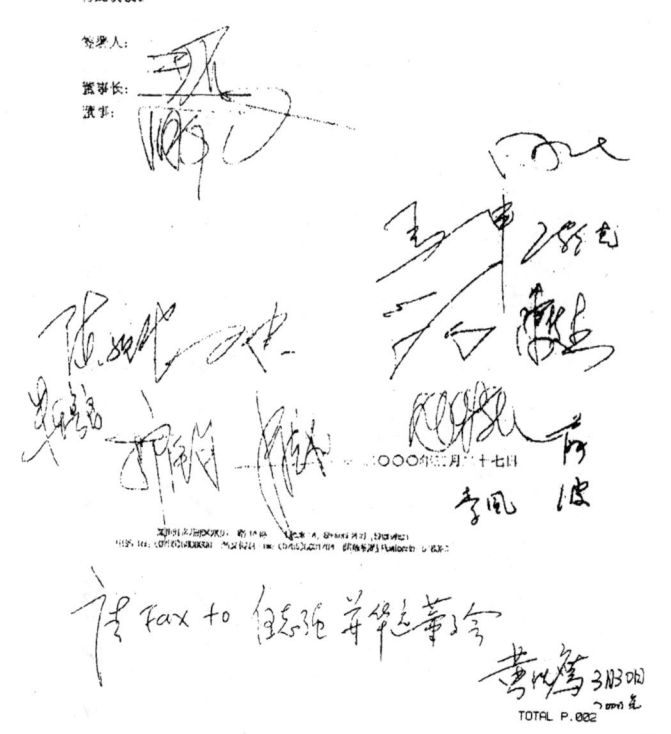

特此决议。

万科的人在华远做了一把手

1996年华润置地上市后

华润集团
├── 华润创业 51.45%
├── 美国高盛 8.75%
├── 美国国泰财富 9.8%
└── 公众股份 30%

华润北京置地 100%
├── 其他中国股东 24.4%
├── 北京华远集团 13.1%
└── 坚实发展有限公司 62.5%

北京市华远房地产股份有限公司
（注册资本10亿元）

1997年华润置地发可转债后

华润集团
├── 华润创业 51.45%
└── 其他股东 48.55%

华润北京置地 100%
├── 其他中国股东 16.5%
├── 北京华远集团 13.1%
└── 坚实发展有限公司 70.4%

北京市华远房地产股份有限公司
（注册资本13亿元）

万科 2.71%（B股）

2000年华润收购万科后

华润集团
├── 华润创业 51.45%
└── 其他股东 48.55%

华润北京置地 100%
├── 其他中国股东 16.5%
├── 北京华远集团 13.1%
└── 坚实发展有限公司 70.4%

北京市华远房地产股份有限公司
（注册资本13亿元）

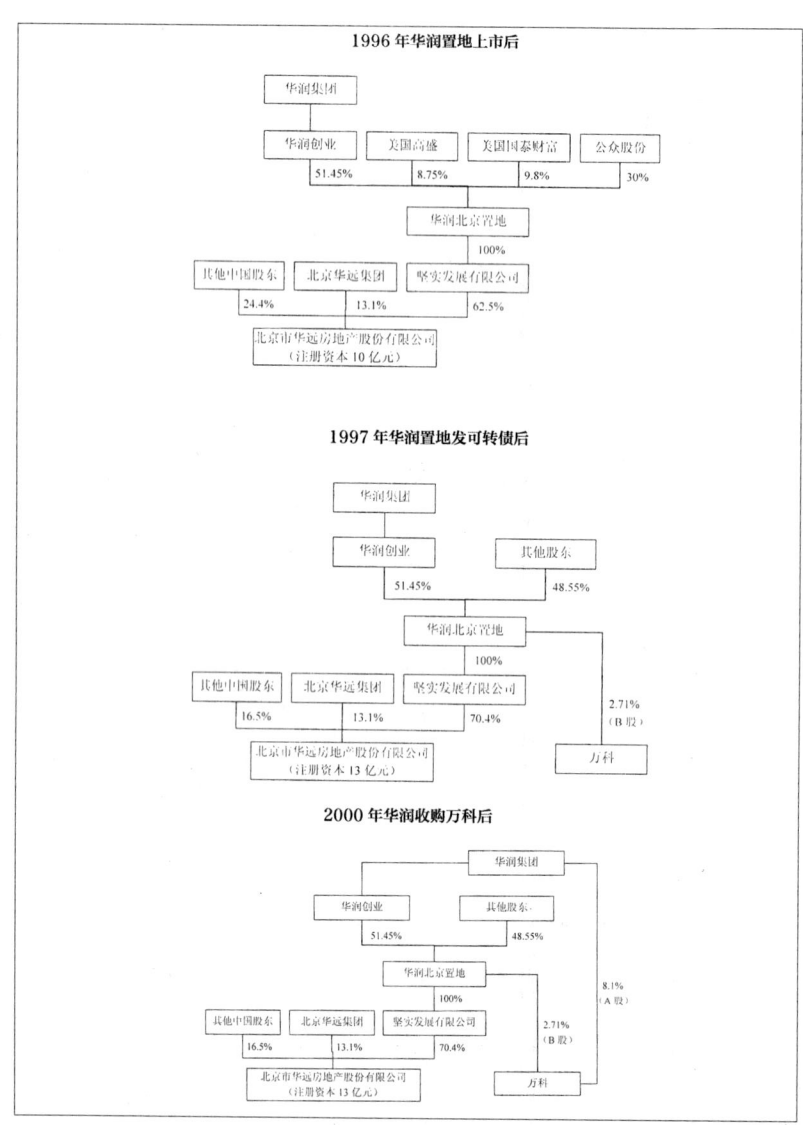

万科 8.1%（A股） 2.71%（B股）

股权说明

附件：1. 第二批开展税收自查的 36 户企业集团名单

一、总局定点联系企业中 18 户企业名单

序号	企业集团名称	企业总部所在地	总局稽查局责任处室
1	万科企业股份有限公司	深圳	稽查一处
2	国家电网公司	北京	稽查三处
3	中国建筑工程总公司	北京	稽查三处
4	中国交通建设集团有限公司	北京	稽查三处
5	中国银河证券股份有限公司	北京	稽查三处
6	中国兵器装备集团公司	北京	稽查三处
7	中国冶金科工集团公司	北京	稽查三处
8	中国邮政集团公司	北京	稽查三处
9	神华集团有限责任公司	北京	稽查三处
10	中国远洋运输（集团）总公司	北京	稽查三处
11	中国华润总公司	北京	稽查三处
12	联想控股有限公司	北京	稽查三处
13	中国铝业公司	北京	稽查三处
14	中国光大（集团）总公司	北京	稽查三处
15	中粮集团有限公司	北京	稽查三处
16	中国五矿集团公司	北京	稽查三处
17	中华人民共和国铁道部	北京	稽查三处
18	上海复星高科技（集团）有限公司	上海	稽查四处

二、总局稽查局自选的 18 户企业名单

序号	企业集团名称	总部地址	总局稽查局责任处室
1	金地（集团）股份有限公司	深圳市	稽查一处
2	保利房地产（集团）股份有限公司	广州市	稽查一处
3	中兴通讯股份有限公司	深圳市	稽查一处
4	大连万达集团	大连市	稽查二处
5	中国第一汽车集团公司	长春市	稽查二处
6	西部矿业股份有限公司	西宁市	稽查二处
7	soho 中国有限公司	北京市	稽查三处
8	北京北辰实业股份有限公司	北京市	稽查三处
9	北京市华远集团公司	北京市	稽查三处
10	中国有色矿业集团有限公司	北京市	稽查三处
11	中国普天信息产业集团公司	北京市	稽查三处
12	新华人寿保险股份有限公司	北京市	稽查三处
13	泰康人寿保险股份有限公司	北京市	稽查三处
14	益海嘉里集团	上海市	稽查四处
15	绿城房地产集团有限公司	杭州市	稽查四处
16	江西铜业集团公司	贵溪市	稽查四处
17	铜陵有色金属集团控股有限公司	铜陵市	稽查四处
18	戴尔（中国）电脑有限公司	厦门市	稽查四处

突击检查华远税务

BEAUTIFUL AMBITION